国家出版基金项目
NATIONAL PUBLICATION FOUNDATION

王德朋 著

金代佛教史

辽宁大学出版社 沈阳
Liaoning University Press

图书在版编目（CIP）数据

金代佛教史/王德朋著. --沈阳：辽宁大学出版社，2023.12
ISBN 978-7-5698-1330-2

Ⅰ.①金… Ⅱ.①王… Ⅲ.①佛教史－中国－金代 Ⅳ.①B949.2

中国国家版本馆 CIP 数据核字（2023）第 133747 号

金代佛教史
JIN DAI FOJIAO SHI

出 版 者：	辽宁大学出版社有限责任公司
	（地址：沈阳市皇姑区崇山中路 66 号　邮政编码：110036）
印 刷 者：	大连金华光彩色印刷有限公司
发 行 者：	辽宁大学出版社有限责任公司
幅面尺寸：	170mm×240mm
印　　张：	26
字　　数：	480 千字
出版时间：	2023 年 12 月第 1 版
印刷时间：	2023 年 12 月第 1 次印刷
责任编辑：	徐振利　金　华　张　蕊
封面设计：	高梦琦
责任校对：	李振宇　范　微

书　　号：	ISBN 978-7-5698-1330-2
定　　价：	198.00 元

联系电话：024-86864613
邮购热线：024-86830665
网　　址：http://press.lnu.edu.cn

内容简介

本书在充分发掘辽金元史料，尽力吸收、借鉴学术界已有成果基础上，从历史学、宗教学、考古学视角出发，着重研究了金代佛教发展的历史基础与发展历程、佛教制度与仪轨、佛教信众与寺院、佛教宗派与佛学思想、佛教文学与艺术等问题，勾勒了金代佛教发展的整体面貌，构建了金代佛教研究的学术框架。本书在注重金代寺院功能、僧团管理、信众组成等微观研究的同时，更着力于对官方佛教政策、佛教发展走势等"大事件"的探讨，从而为进一步提高金代佛教研究水平，弥补中国佛教史研究的薄弱环节做了有益尝试。

作者简介

王德朋（1966—），男，历史学博士，内蒙古民族大学历史与旅游文化学院教授，博士生导师。近年来，主要从事辽金史教学与研究工作。在《世界宗教研究》《宗教学研究》《中国边疆史地研究》《光明日报》等国内重要报刊发表论文70余篇，出版专著3部，主持国家社科基金等科研项目20余项。获得辽宁省政府二等奖、邓广铭学术奖励基金三等奖、辽宁省优秀教学成果一等奖等教学科研奖励及荣誉10余项。

绪论 /1

一、问题的提出 /1

二、近四十年来金代佛教研究的回顾与展望 /3

三、研究思路与研究方法 /21

四、主要史料 /22

第一章 金代佛教的历史基础与发展历程 /23

第一节 金代佛教的历史基础 /24

一、辽代佛教对金代的影响 /25

二、北宋佛教对金代的影响 /32

三、周边政权及民族对金代佛教的影响 /38

第二节 金代佛教的发展历程 /41

一、金代前期佛教 /41

二、金代中期佛教 /47

三、金代末期佛教 /57

第二章 金代佛教信众 /63

第一节 金代僧尼 /63

一、金代僧尼的家世背景、出家原因及前提条件 /64

二、金代的度僧制度 /78

三、金代僧尼的诸种名号 /98

四、金代的僧官体系 /108

五、金代僧人的日常生活 /117

六、金代僧人的圆寂与安葬 /139

第二节 世俗信众 /152

一、皇室阶层 /153

二、士大夫阶层 /156

三、普通百姓阶层 /158

第三节 佛教对金代社会生活的影响 /160

一、向寺院捐资疏财蔚然成风 /160

二、建立各种佛教邑社 /164

三、佛教对社会成员的思想产生重要影响 /169

四、佛教对生活习俗的广泛影响 /172

第三章 金代佛教寺院 /179

第一节 寺院的建造及空间布局 /180

一、建造寺院的发起人 /180

二、寺院的重修与扩建 /184

三、寺院选址 /187

四、寺院的平面布局与建筑结构 /190

第二节 寺额管理制度 /195

一、官卖寺额 /195

二、禁无名寺院 /204

第三节 寺院僧职的设置及选差 /208

一、僧职的设置 /208

二、僧职的选差 /211

第四节 寺院的社会功能 /216

一、社会公益功能 /216

二、文化活动功能 /220

三、客舍功能 /223

四、游览功能 /225

五、奉安御容 /227

第五节 寺院的经济生活 /230

一、寺院财产的来源 /230

二、寺院财产的种类与规模 /235

三、寺院田产的经营与保护 /239

四、寺院赋役 /245

第四章 金代佛教宗派及佛学思想 /247

第一节 金代主要佛教宗派 /247

一、禅宗 /248

二、华严宗 /264

三、律宗 /267

四、净土宗 /271

五、密宗 /272

第二节 金代佛学著述及其思想 /273

一、万松行秀的佛学著述及其思想 /275

二、耶律楚材的佛学思想 /283

三、李纯甫的佛学思想 /294

第三节 三教合一在金代的新发展 /306

一、国家政策层面的三教并用 /307

二、宗教理论与实践层面的三教融合 /310

三、个人信仰层面的三教兼修 /317

四、社会交往层面的三教相亲 /320

五、金代三教关系的若干特点 /322

第五章 金代佛教文学、艺术与佛经刊刻 /327

第一节 金代佛教文学 /327

一、金代僧人的文学创作 /328

二、文人士大夫的涉佛诗作 /335

第二节 金代佛教艺术 /342

一、经幢 /342

二、佛教造像及石窟艺术 /354

三、佛塔 /361

四、佛教书画 /365

第三节 金代的佛经刊刻 /372

一、金代的单刻佛经 /373

二、《赵城金藏》的雕印情况 /374

三、房山云居寺石经的金刻部分 /378

主要征引文献 /383

金代佛教大事年表 /397

绪　论

一、问题的提出

自佛教传入中国以来，佛教研究逐渐兴起。20世纪80年代至今，中国佛教研究呈日益蓬勃之势。其中，汉传佛教研究可谓硕果累累。从通史的角度看，任继愈的《中国佛教史》[①]、赖永海的《中国佛教通史》[②]堪称翘楚。从断代史的角度看，汤用彤的《汉魏两晋南北朝佛教史》[③]和《隋唐佛教史稿》[④]、斯坦利·威斯坦因的《唐代佛教》[⑤]、顾吉辰的《宋代佛教史稿》[⑥]、黄启江的《北宋佛教史论稿》[⑦]、闫孟祥的《宋代佛教史》[⑧]、任宜敏的《中国佛教史·元代》[⑨]和《中国佛教史·明代》[⑩]、郭朋的《明清佛教》[⑪]堪称各有所长。

[①] 任继愈主编的《中国佛教史》已由中国社会科学出版社出版了三卷，分别为1985年出版的第一卷、第二卷，1988年出版的第三卷。
[②] 赖永海．中国佛教通史[M]．南京：江苏人民出版社，2010．
[③] 汤用彤．汉魏两晋南北朝佛教史[M]．北京：北京大学出版社，2011．
[④] 汤用彤．隋唐佛教史稿[M]．北京：北京大学出版社，2010．
[⑤] 〔美〕斯坦利·威斯坦因．唐代佛教[M]．上海：上海古籍出版社，2010．
[⑥] 顾吉辰．宋代佛教史稿[M]．郑州：中州古籍出版社，1993．
[⑦] 黄启江．北宋佛教史论稿[M]．台北：台湾商务印书馆，1997．
[⑧] 闫孟祥．宋代佛教史[M]．北京：人民出版社，2013．
[⑨] 任宜敏．中国佛教史：元代[M]．北京：人民出版社，2005．
[⑩] 任宜敏．中国佛教史：明代[M]．北京：人民出版社，2009．
[⑪] 郭朋．明清佛教[M]．福州：福建人民出版社，1982．

遗憾的是，在洋洋大观的佛教断代史专著中，金代佛教史[1]至今仍是空缺。实际上，即使在佛教通史性著作中，金代佛教的内容也所言甚少，多数是寥寥数语，一笔带过。长期以来，受史料稀缺和一些传统偏见等因素的影响，金代佛教研究一直是中国佛教研究史上的薄弱环节之一。

从佛教发展历程来看，金代佛教在中国佛教史上具有不可替代的重要地位。仅就佛教宗派的传承来说，某些在南宋趋于没落的佛教门派在金代却发展良好。例如，曹洞宗在进入南宋之后，宗风不振，大有薪灭火绝之忧。幸亏早年离开江南来到河北磁州的鹿门自觉一系，经青州希辩、大明宝、王山体、雪岩满、万松行秀等诸代法嗣的弘扬，曹洞宗才盛于中国北方，进而避免了曹洞宗悄然自灭的后果。云门宗的情况与曹洞宗相似。北宋时期，云门宗虽然高僧辈出，但进入南宋以后逐渐衰落。因此，谈及云门宗的法脉，有学者甚至以南宋为下限。实际上，佛觉法琼在金太宗天会年间北上，将云门宗风传播到中都[2]。随着云门宗影响范围的不断扩大，其在北方逐渐成为与曹洞宗、临济宗三足鼎立的门派之一。此外，个别影响较小的佛教门派，如密宗，一度被认为在唐顺宗永贞元年（805）慧果圆寂后，逐渐式微[3]。实际上，密宗在金代仍有传播[4]。这些事实说明，金代佛教在保存和弘扬佛教门派方面发挥了重要作用，其承上启下、保元振颓之功不可埋没。

金代佛教自身具有丰富性与复杂性，并且在中国佛教史上具有重要地位，因而开展金代佛教研究具有重要意义。如前所述，自汉唐迄于明清，不同时代的佛教史都有学者在做专门研究，且成就斐然，如汤用彤之于魏晋隋唐佛教研究，游彪、闫孟祥之于宋代佛教研究，任宜敏之于元明佛教研究，林子青、于海波之于清代佛教研究等。面对佛教断代史研究的繁荣局面，金代佛教研究不应继续缺席。通过长期艰苦的努力形成一部《金代佛教史》，改变金代佛教研究的落后局面，弥补中国佛教研究史的薄弱环节，是当代学者义不容辞的责任。

---

[1] 本书所言金代佛教均指汉传佛教。
[2] 刘晓. 金元北方云门宗初探：以大圣安寺为中心[J]. 历史研究，2010(6)；刘晓. 宋金之际中国北方云门宗的传承：以佛觉法琼、慧空普融法脉为中心[J]. 中国史研究，2021(2).
[3] 郭朋. 中国佛教思想史[M]. 福州：福建人民出版社，1994.
[4] 欣荣. 金代五台山佛教史[J]. 五台山研究，1987(2).

二、近四十年来金代佛教研究的回顾与展望

20世纪的中国佛教史研究蔚为大观，以汤用彤、野上俊静诸先生为代表的一大批中外学者对中国佛教史做了非常深入的研究。在此过程中，金代佛教也逐渐进入学术界的视野。目前，在已经出版的金代通史性著作中，张博泉的《金史简编》[1]、何俊哲、张达昌等人的《金朝史》[2]、宋德金的《金史》[3]都有专门章节介绍金代佛教情况。一些以宋、辽、夏、金为研究对象的专题性著作，如朱瑞熙、刘复生等人的《辽宋西夏金社会生活史》[4]、漆侠的《辽宋西夏金代通史·宗教风俗卷》[5]、宋德金与史金波合著的《中国风俗通史·辽金西夏卷》[6]、游彪、尚衍斌等人的《中国民俗史·宋辽金元卷》[7]都对金代佛教有所介绍。此外，一些佛教史著作，如孙昌武的《中国佛教文化史》[8]《北方民族与佛教：文化交流与民族融合》[9]，潘桂明的《中国佛教思想史稿》（第三卷）[10]、《中国居士佛教史》[11]，杜继文与魏道儒合著的《中国禅宗通史》[12]等著作对金代佛教亦有论及。但总体来看，受篇幅和研究主旨等因素的限制，这些著作对金代佛教的整体情况研究有限，关于金代佛教更为细致、全面的成果主要体现在一些论文及论文集当中。

（一）金代佛教整体状况研究

崔广斌在《金代佛教发展述略》[13]一文中，研究了从金初到金末各个

---

[1] 张博泉. 金史简编[M]. 沈阳：辽宁人民出版社，1984.
[2] 何俊哲，张达昌，于国石. 金朝史[M]. 北京：中国社会科学出版社，1992.
[3] 宋德金. 金史[M]. 北京：人民出版社，2006.
[4] 朱瑞熙，刘复生，张邦炜，等. 辽宋西夏金社会生活史[M]. 北京：中国社会科学出版社，1998.
[5] 漆侠. 辽宋西夏金代通史：宗教风俗卷[M]. 北京：人民出版社，2010.
[6] 宋德金，史金波. 中国风俗通史：辽金西夏卷[M]. 上海：上海文艺出版社，2001.
[7] 游彪，尚衍斌，吴晓亮，等. 中国民俗史：宋辽金元卷[M]. 北京：人民出版社，2008.
[8] 孙昌武. 中国佛教文化史[M]. 北京：中华书局，2010.
[9] 孙昌武. 北方民族与佛教：文化交流与民族融合[M]. 北京：中华书局，2015.
[10] 潘桂明. 中国佛教思想史稿：第三卷[M]. 南京：江苏人民出版社，2009.
[11] 潘桂明. 中国居士佛教史[M]. 北京：中国社会科学出版社，2000.
[12] 杜继文，魏道儒. 中国禅宗通史[M]. 南京：江苏古籍出版社，1993.
[13] 崔广斌. 金代佛教发展述略[J]. 黑河学刊，1996(5).

时期佛教的发展情况。他认为，世宗、章宗时期，金代佛教繁荣，这一时期的佛教宗派也非常活跃。金朝末年，受战乱的影响，士大夫与佛教的关系密切起来。崔广斌强调，"金代佛教在中国佛教史上占有着重要的一页，有它自身的特点和贡献"。宋德金在《金代宗教简述》[①]一文中，首先对金代不同时期佛教传播情况做了归纳整理；其次，分析了佛教传播对金代社会经济生活的影响；最后，梳理了金代佛教理论，特别是禅宗理论的进展情况。王新英的《从石刻史料看金代佛教信仰》[②]以石刻史料为依据，具体探讨了金代佛教信仰群体的构成情况，认为"金代佛教信仰群体不仅涉及阶层、民族广泛，在数量上也是可观的"，同时还分析了佛教信仰的缘由、方式等问题，总结了金代佛教信仰的特点。华方田的《辽金元佛教》[③]一文，具体地介绍了金王朝与佛教的关系、金代的佛教宗派、佛教文化艺术。都兴智在《金代女真人与佛教》[④]一文中深入分析了金代女真人接受佛教的具体过程。他认为女真人对佛教的信仰是有限度的，金代女真人信仰佛教并没有达到汉人、契丹人和渤海人那种程度。李清凌在《宋夏金时期佛教的走势》[⑤]一文中指出，金继辽、宋以后，佛教隆盛不衰，刻经事业取得新进展，佛教各宗都在金朝流行，禅宗尤为兴盛。作者在综合评价宋、辽、夏、金时期佛教发展情况之后指出，这一时期中国佛教与前代相比有许多新的特点，其在社会上发挥作用的形式也与前代有所不同，但在发展趋势上与前代相比不仅没有衰落，反而有许多新的发展并产生了新的特点。李清凌对于宋、辽、夏、金时期佛教走势的判断正确与否虽有待学术界进一步讨论，但这种将宋、辽、夏、金时期作为一个整体并考察其在中国佛教史上地位的做法值得称道。

在对金代佛教整体状况进行宏观研究的同时，还有一些学者近年来开展了对金代特定地区佛教状况的微观研究，这在一定程度上促进了金代区域佛教史研究的发展。金上京、金中都曾先后作为金朝的都城，今天的山西地区自汉唐以来就是佛教重地。因此，学术界对上述三地的金代佛教发展颇为关注。关于上京佛教，韩锋在《由佛教遗存看佛教文化在金上京的

---

① 宋德金. 金代宗教简述[J]. 社会科学战线,1986(1).
② 王新英. 从石刻史料看金代佛教信仰[J]. 东北史地,2010(1).
③ 华方田. 辽金元佛教[J]. 佛教文化,2004(2).
④ 都兴智. 金代女真人与佛教[J]. 北方文物,1997(3).
⑤ 李清凌. 宋夏金时期佛教的走势[J]. 西北师大学报(社会科学版),2002(6).

传播》①一文中认为，金上京佛教的传入与皇室关系密切，考古发现说明佛教在金上京一直兴盛。金宝丽的《金代上京地区佛教发展情况考证》②，着重考证了佛教传入金上京的时间。她认为，佛教在金政权建立之初开始在上京地区传播，太宗时期佛教已经逐渐被女真上层统治者认可和接受。熙宗和海陵王统治时期是上京地区佛教发展的兴盛阶段，随着都城地位的失去及金政权实力的衰落，上京地区佛教因失去发展的特殊动力而归于平淡。王佳的《辽金时期东北地区的佛教信仰和舍利崇拜》③一文则梳理了辽金时期东北地区舍利塔、经幢、佛教邑社的情况。

金中都地区的佛教是近年来金代区域佛教史研究的一个热点话题。于杰、于光度的《金中都》④、徐威的《北京汉传佛教史》⑤等，都有专门章节探讨金中都的佛教。其中，徐威的探讨尤为系统。何岩巍在《金中都寺庙社会功能及地理分布简论》⑥一文中认为，"金中都城内的佛教寺庙数量最多，分布最广，建造时间也最早，而其寺庙分布规律也说明佛教相比道教，更早为统治者重视"。苗天娥、景爱的《金章宗西山八大水院考（上）》《金章宗西山八大水院考（下）》⑦则根据史籍所载，考订了八大院的具体名称及地理位置，并对其沿革、变迁及现状做了考述。范军在《金诗中的中都胜迹——纪念金中都建都850年》⑧一文中，探讨了金代诗歌中展现的香山寺、悯忠寺、栖隐寺、大延圣寺等寺院。

自魏晋以来，山西地区佛寺林立，名刹如云。进入金朝以后，山西佛教得到进一步发展，学术界对金代山西佛教状况进行了深入研究。王万志在《金代山西宗教文化简论》⑨一文中提出，金代佛教寺院大部分在山西

---

① 韩锋. 由佛教遗存看佛教文化在金上京的传播[J]. 边疆经济与文化,2012(1).
② 金宝丽. 金代上京地区佛教发展情况考证[J]. 黑龙江史志,2007(5).
③ 王佳. 辽金时期东北地区的佛教信仰和舍利崇拜[J]. 地域文化研究,2019(5).
④ 于杰,于光度. 金中都[M]. 北京:北京出版社,1989.
⑤ 徐威. 北京汉传佛教史[M]. 北京:宗教文化出版社,2010.
⑥ 何岩巍. 金中都寺庙社会功能及地理分布简论[C]// 朱明德,梅宁华. 蓟门集:北京建都850周年论文集. 北京:北京燕山出版社,2005.
⑦ 苗天娥,景爱. 金章宗西山八大水院考:上[J]. 文物春秋,2010(4);苗天娥,景爱. 金章宗西山八大水院考:下[J]. 文物春秋,2010(5).
⑧ 范军. 金诗中的中都胜迹:纪念金中都建都850[M]// 北京辽金城垣博物馆. 北京辽金文物研究. 北京:北京燕山出版社,2005.
⑨ 王万志. 金代山西宗教文化简论[J]. 牡丹江大学学报,2009(2).

地区；金代山西建、修或重建、重修的寺、院、庵共计164处；山西地区是金代华严宗的中心。刘锦增的《金代山西佛寺地理分布研究》[①]通过查阅文献，统计出金代山西地区寺院共有814所。其中，西京路分布最少，新建寺院数量也很少；河东北路和河东南路分布较多，而河东北路下辖的太原府新建寺院数量最多。影响金代山西地区佛教寺院分布的因素包括社会政治环境与民众信仰需要、社会经济条件、国家政策、历史渊源、自然地理环境等方面。欣荣在《金代五台山佛教史》[②]一文中，详细梳理了金朝历代皇帝与五台山佛教的关系，简要研究了五台山的佛教宗派。崔正森的《五台山佛教史》[③]用一章的篇幅详细研究了五台山与金代诸帝、五台山与金代佛教宗派、五台山僧众与抗金斗争、元好问与五台山的关系等问题。荣国庆在《金元时期泽州宗教、民间信仰的演变》[④]一文中，统计现有金代佛教寺院碑刻42通，从碑刻内容可以看出官方重佛政策对当地佛教的促进以及佛儒相融的宗教形态。

（二）金代佛教政策研究

王新英在《从石刻史料看金代佛教信仰》[⑤]中提出，虽然金代不同时期佛教政策时有变化，但就全国范围来说，抑佛政策并没有从根本上影响金代社会各阶层各民族对佛教的信仰。都兴智在《金代女真人与佛教》[⑥]一文中认为，女真统治者对不同宗派采取兼收并蓄的政策，"自始至终把佛教作为一种统治工具，以儒治国，以佛攻心"。有些学者以专文探讨金代的佛教政策。王宏志在《略论金世宗的宗教政策》[⑦]一文中认为，金世宗对佛、道两教采取了限制与尊重、保护和利用的政策，其原因在于世宗时期佛、道势力在全国已有一定影响。同时，三教合一思想对金世宗的佛教政策也产生了一定影响。武玉环在《论金代女真的宗教信仰与宗教政策》[⑧]一文中提出，金代佛教自熙宗时期开始兴盛，世宗时期采取了一些

---

① 刘锦增. 金代山西佛寺地理分布研究[J]. 五台山研究, 2015(4).
② 欣荣. 金代五台山佛教史[J]. 五台山研究, 1987(2).
③ 崔正森. 五台山佛教史[M]. 太原：山西人民出版社, 2000.
④ 荣国庆. 金元时期泽州宗教、民间信仰的演变[J]. 晋城职业技术学院学报, 2009(5).
⑤ 王新英. 从石刻史料看金代佛教信仰[J]. 东北史地, 2010(1).
⑥ 都兴智. 金代女真人与佛教[J]. 北方文物, 1997(3).
⑦ 王宏志. 略论金世宗的宗教政策[J]. 中国历史博物馆馆刊, 1989(总第11期).
⑧ 武玉环. 论金代女真的宗教信仰与宗教政策[J]. 史学集刊, 1992(2).

限制佛教的措施。明昌之后，金朝又放宽了对佛教的约束和限制。温金玉在《辽金佛教政策与律学发展》①一文中认为，在辽金佛教文化圈中，权力机制推行着独特的宗教政策，辽代佛教的过度膨胀成为后继者金朝统治层的一条警戒线。刘浦江在《辽金的佛教政策及其社会影响》②一文中，系统地研究了辽金两朝的佛教政策，并对它造成的社会后果做了分析。在这篇文章的金代部分，作者认为"金代社会崇佛之风依旧，但统治者鉴于辽代佛教的消极影响，实行了利用与限制并重的佛教政策，加强对佛教教团的统治，并使其逐渐制度化。金朝佛教政策的调整导致了僧侣社会地位的跌落"。宋立恒在《论金代对僧侣阶层的压制政策》③一文中，归纳了金代对僧侣阶层采取压制政策的具体表现，并分析了采取压制僧侣政策的原因及产生的后果。王峤的《金世宗大定二十年毁佛寺考——兼论金代佛教政策对佛教建筑的影响》④一文，总结了大定二十年（1180）金世宗颁布圣旨毁弃民间无名寺观的原因。他认为，金世宗晚年对佛教态度的变化是主因，而女真人的信仰、国家政治文化的高度儒化、辽朝崇佛造成的社会损害也是促成这次毁弃佛寺的重要因素。

作为金代佛教政策的重要组成部分，金朝曾长期推行出卖紫衣师号及僧道度牒、寺观员额制度。学术界对这一制度的研究颇为深入，冯大北、白文固两位先生对此贡献尤多。白文固在《金代官卖寺观名额和僧道官政策探究》⑤一文中，详细考察了金代官卖寺观名额和僧道官政策的发展过程，提出这种"挖肉补疮"的办法造成了诸多社会弊端，使原来属于宗教文化的度牒、紫衣师号等变成了可以买卖的商品，进而破坏了僧道读经与修行的风气。此文刊出后，受到冯大北的关注，他在《〈金代官卖寺观名额和僧道官政策探究〉补正》⑥一文中，详细分析了官卖寺观政策的起止时间、形成钱数差异的原因及审批程序，并同唐宋时期的相应制度做了对比。与其他研究者不同的是，冯大北认为片面强调金代官卖寺观政策的负

---

① 温金玉. 辽金佛教政策与律学发展[J]. 佛学研究, 2008（总第17期）.
② 刘浦江. 辽金的佛教政策及其社会影响[J]. 佛学研究, 1996（总第5期）.
③ 宋立恒. 论金代对僧侣阶层的压制政策[J]. 满族研究, 2009（4）.
④ 王峤. 金世宗大定二十年毁佛寺考：兼论金代佛教政策对佛教建筑的影响[J]. 黑龙江社会科学, 2020（1）.
⑤ 白文固. 金代官卖寺观名额和僧道官政策探究[J]. 中国史研究, 2002（1）.
⑥ 冯大北.《金代官卖寺观名额和僧道官政策探究》补正[J]. 宗教学研究, 2010（3）.

面意义似有失客观,官卖寺观政策对于缓解财政危机、减轻农民负担有一定帮助,对于促进佛教、道教的发展亦起到重要作用。冯大北在另外一篇文章《金代官卖寺观名额考》①中阐述了类似的观点:将官卖寺观政策置于金代政教关系中考察,我们不能忽视官卖寺观政策在佛教、道教复兴中的作用,它对缓解财政危机、减轻农民负担,以及赈灾备荒、促进钱钞流通均有一定积极意义。

(三) 金代佛教宗派、佛教人物与佛学思想研究

有金一代,禅宗在佛教界占主要地位。在禅宗"五家七宗"中,临济、曹洞二宗在金代尤为活跃。因此,学术界对它们的研究也相对深入。其中,李辉博士用力尤勤。她的《金朝临济宗源流考》②一文,利用大量石刻资料,对临济宗在金朝的传承发展进行了梳理和考证,认为北宋临济宗分出的黄龙、杨岐两派在金朝都有传人。李辉在对金代临济宗法脉传承情况做了详细分析后得出一个重要结论,即"临济宗在金朝佛教中占据主流地位"。李辉与冯国栋合作的《曹洞宗史上阙失的一环——以金朝石刻史料为中心的探讨》③一文则根据石刻史料的记载,详细研究了金代曹洞名僧大明宝的生平、法嗣,对大明宝之师青州希辩的生平及在曹洞宗谱系中的位置也进行了深入考证。此外,《金史》卷五曾经记载海陵王杖责僧人之事,但被杖者究为何人却未明载。李辉、冯国栋通过详细考证,在该篇论文中指出被杖之僧即为大明宝。张志军在《金代河北之曹洞宗》④一文中,分析了鹿门自觉一系的法脉,并对大明僧宝、玉山师体、雪岩慧满、万松行秀的生平及思想做了深入研究。刘晓在《金元北方云门宗初探——以大圣安寺为中心》⑤一文中认为,与云门宗在南宋地区的衰落相反,金朝时期,云门宗在中国北方地区得到了发展,并形成以中都大圣安寺为核心的丛林集团。作者分析了佛觉、圆通广善等云门高僧的行迹,认为在历代宗师的努力下,形成了云门宗与曹洞宗、临济宗三足鼎立的局面。温金玉在《辽

---

① 冯大北. 金代官卖寺观名额考[J]. 史学月刊,2009(10).
② 李辉. 金朝临济宗源流考[J]. 世界宗教研究,2011(1).
③ 李辉,冯国栋. 曹洞宗史上阙失的一环:以金朝石刻史料为中心的探讨[J]. 佛学研究,2008(总第17期).
④ 张志军. 金代河北之曹洞宗[J]. 禅,2010(4).
⑤ 刘晓. 金元北方云门宗初探:以大圣安寺为中心[J]. 历史研究,2010(6).

金律宗发展大势》[①]一文中简要介绍了悟敏、悟铢、法律等律学大师的生平。温玉成在《金元糠禅述略》[②]一文中提出,糠禅的创始人是刘纸衣,此派最初流布于今河北、山东、辽宁、山西各省,该教以清净寡欲、修头陀苦行、严守戒律为解脱法门。潘桂明在《中国居士佛教史》[③]一书中结合有关资料,介绍了耶律楚材对糠禅的立场和态度。

对金代佛教人物的研究,主要集中在两个方面:一为僧侣,二为居士。在僧侣研究方面,对青州希辩、大明宝等金代名僧的研究通常和金代佛教宗派、佛学思想研究联系在一起。目前,就金代僧侣来说,对万松行秀的研究最为集中和深入。于嫒龙的《金元之际的邢州禅宗名僧——兼及当时佛教传播的社会背景》[④]一文简述了万松的师承、行迹和著述。刘晓的《万松行秀新考——以〈万松舍利塔铭〉为中心》[⑤]一文,确定了万松行秀的师承体系。刘晓还根据《邢台县志》所录《万松舍利塔铭》的记载,详细钩沉了《万松舍利塔铭》所涉及的诸多史事。程群、邱秩浩的《万松行秀与金元佛教》[⑥]一文,主要研究了万松行秀之生平、著述、学术思想及影响。释清如的《万松行秀禅学思想之研究》[⑦]一书则透过对万松行秀所著《从容录》的整理、分析与解构,厘清了万松行秀所传承的曹洞宗禅法的思想沿革与特色,同时也对其禅学的思想内涵进行了深刻的剖析,从而在佛教史上为万松行秀寻得新的定位与时代意义。除集中研究万松行秀等名僧外,也有一些文章对金代僧人进行了个案研究。王嘉元的《宋金元代名僧》[⑧]一文介绍了几位金代高僧的事迹。包世轩在《金元大庆寿寺高僧寻索》[⑨]一文中,结合多种文献碑刻,对金、元两代大庆寿寺住持僧的身世做了考证。

在金代居士研究方面,学术界对李纯甫、耶律楚材着墨最多。关于李

---

① 温金玉. 辽金律宗发展大势[J]. 世界宗教文化,2008(4).
② 温玉成. 金元糠禅述略[J]. 法音,1988(8).
③ 潘桂明. 中国居士佛教史[M]. 北京:中国社会科学出版社,2000.
④ 于嫒龙. 金元之际的邢州禅宗名僧:兼及当时佛教传播的社会背景[J]. 承德民族师专学报,1997(3).
⑤ 刘晓. 万松行秀新考:以《万松舍利塔铭》为中心[J]. 中国史研究,2009(1).
⑥ 程群,邱秩浩. 万松行秀与金元佛教[J]. 法音,2004(4).
⑦ 释清如. 万松行秀禅学思想之研究[M]. 台北:财团法人法鼓山文教基金会,2010.
⑧ 王嘉元. 宋金元代名僧[J]. 山西文史资料,1994(4).
⑨ 包世轩. 金元大庆寿寺高僧寻索[J]. 北京联合大学学报,2000(1).

纯甫佛学思想研究，张晶在《李纯甫的佛学观念与诗学倾向》[①]一文中认为，佛家思想的浸润对于李纯甫的诗学倾向具有至关重要的影响，李氏"尚奇"的诗学观念与其对佛学的崇尚具有深刻关系，佛学尤其是禅学，对他所主张的"文无定体""惟意所适"的诗学倾向具有颇多启悟。刘洁在《李纯甫的诗学观念及其禅学渊源》[②]一文中认为，李纯甫"诗无定体""惟意所适"的诗学主张深受禅学"以心为师""游戏三昧"思想的影响，他的诗文也因此成为达到禅家自由解脱境界的重要途径。封树礼的《李纯甫佛学思想初探》[③]一文，以李纯甫现存著述为主要研究内容，对李纯甫的佛学思想进行了初步探讨。潘桂明在《中国居士佛教史》[④]一书中，集中讨论了李纯甫的三教思想，认为李纯甫提倡的三教合一，最终要"指归佛祖"，他要通过贬低儒（尤其是理学）、道两家，重新确立佛教的特殊社会地位及佛教思想的主导作用。

近年来，对于耶律楚材的研究成果丰硕，耶律楚材的文学思想、法学思想、经济思想、儒学思想、治国思想、佛教思想和个人心态等尽在研究范畴之内。刘晓的《耶律楚材评传》[⑤]一书详尽地介绍了耶律楚材的一生。作为金末元初最重要的佛教居士之一，学术界对耶律楚材佛教思想的研究比较深入。孟广耀的《论耶律楚材的佛教思想——兼释他的"以佛治心，以儒治国"的济世方针》[⑥]一文，在着重分析耶律楚材"以佛治心，以儒治国"思想的内涵之后认为，"在楚材的思想中，佛教的威望超过儒家"，"在他世界观中占主导地位的是佛教，而不是儒家，更不是法家"。存怀在《耶律楚材与儒释道的关系》[⑦]一文中则认为，"楚材尊崇圣教，维护正道，批判异端邪说，且以释氏之道修心，老氏之道养性，夫子之道齐家治国平天下。这就是他对儒释道三教的基本观点"。罗贤佑在《儒释思

---

① 张晶.李纯甫的佛学观念与诗学倾向[M]//赵维江.走进契丹与女真王朝的文学.北京:文化艺术出版社,2006.
② 刘洁.李纯甫的诗学观念及其禅学渊源[J].北方文物,2010(4).
③ 封树礼.李纯甫佛学思想初探[J].辽宁工程技术大学学报(社会科学版),2009(6).
④ 潘桂明.中国居士佛教史[M].北京:中国社会科学出版社,2000.
⑤ 刘晓.耶律楚材评传[M].南京:南京大学出版社,2001.
⑥ 孟广耀.论耶律楚材的佛教思想:兼释他的"以佛治心,以儒治国"的济世方针[J].内蒙古社会科学,1981(6).
⑦ 存怀.耶律楚材与儒释道的关系[J].五台山研究,1986(6).

想影响与耶律楚材的心路历程》[①]一文中,探讨了耶律楚材思想、行为形成的政治气候和文化环境,分析了儒、释、道对他的多重影响。通过论证,笔者认为,耶律楚材最主要的精神支柱是儒家的入世信条,而不是佛家的出世禅理,支配耶律楚材一生行止的,是儒而不是佛。么书仪在《面对佛道二教的耶律楚材》[②]一文中认为,在耶律楚材的观念和内心情感上,入世的儒家信条一直是他最主要的精神支柱,而佛家的出世思想只是他遇到无法排解的矛盾和遭到挫折后的精神安慰。至于耶律楚材攻击丘处机及全真教的原因,笔者认为一方面是耶律楚材作为一个儒生兼佛门俗家弟子在儒、佛受到威胁时所表现出的卫佛、卫儒的姿态,另一方面也有一些个人情绪上的因素。朋·乌恩在《耶律楚材儒释道观评析》[③]一文中提出,以儒家思想作为自己政治行动准则的耶律楚材,在理论上却藐视儒学、推崇佛教学说,这种重佛轻儒意识的产生同当时的社会思想文化潮流有密切联系,而耶律楚材对道教持否定态度的直接原因在于佛教与全真道之间的矛盾。王月珽在《论耶律楚材的宗儒重禅》[④]一文中认为,耶律楚材的思想兼有"宗儒""重禅"的特点,并有调和儒、佛的色彩,但他实际上恪守的是儒教的基本教义。李向平在《"治天下匠"的佛教信仰——论湛然居士耶律楚材》[⑤]一文中认为,耶律楚材的希望与理想并非构建普度众生的极乐佛国,而是孔孟仁政的美好实现,是尧舜圣德泽惠天下的教化新貌,而佛、道之间毫无反唇相讥的必要。所谓治世治心,无非是说法不一但又殊途同归的主张。张勇在《论湛然居士的和谐佛教观》[⑥]一文中指出,耶律楚材提倡禅宗内部融合、禅教融合,乃至三教融合。耶律楚材从"三教同源"出发,以佛教的理论与思维方式来论证三教融合的可能性与必要性,既调和了立场上的儒佛矛盾,又在理论上坚持了佛教的本体地位。潘桂明的《中国居士佛教史》[⑦]认为,耶律楚材"虽在理论上主张禅教一致,但实际上又往往偏于禅"。由以上叙述可知,在耶律楚材的思想

---

① 罗贤佑. 儒释思想影响与耶律楚材的心路历程[J]. 民族研究,1999(3).
② 么书仪. 面对佛道二教的耶律楚材[J]. 文学评论,2000(2).
③ 朋·乌恩. 耶律楚材儒释道观评析[J]. 内蒙古社会科学,2001(2).
④ 王月珽. 论耶律楚材的宗儒重禅[J]. 内蒙古大学学报(哲学社会科学版),1990(4).
⑤ 李向平."治天下匠"的佛教信仰:论湛然居士耶律楚材[J]. 社会科学家,1992(2).
⑥ 张勇. 论湛然居士的和谐佛教观[J]. 民族文学研究,2009(2).
⑦ 潘桂明. 中国居士佛教史[M]. 北京:中国社会科学出版社,2000.

体系究竟偏重儒还是偏重佛的问题上,学术界的看法不一。遗憾的是,这些彼此不同的观点并未展开充分论辩,学者们一般以阐述个人观点为主,基本未点评他人立场、观点。

除李纯甫、耶律楚材外,学术界对元好问、赵秉文、王寂等金代士人与佛教的关系也做了初步探讨。关于元好问与佛教,姚乃文在《元好问与佛教》[①]一文中论述了元好问与诸多佛教僧人的往来及其游五台山诗,剖析了元好问对佛教的认识。狄宝心、任立人在《元好问对佛教文化的弘扬兼蓄》[②]一文中指出,元好问作为金元之际的文坛领袖,以儒家文化为安身立命之所,对佛、道文化采取了兼收并蓄的态度,对佛家的慈善胸怀、敬业精神和文学贡献给予了充分肯定和热情赞扬。李正民、牛贵琥在《试论佛教对元好问的影响》[③]一文中认为,元好问对佛教独特的体认可以从三个方面来论述:一是对生命价值的珍惜与关爱;二是对生命意义的体悟与发挥;三是对诗禅关系的阐释与实践。李献芳在《元好问〈续夷坚志〉与金末元初宗教》[④]一文中在对《续夷坚志》中涉及宗教内容的志怪小说进行分析后指出,这些小说从一个侧面反映了金末元初儒、释、道三教圆融贯通,特别是在研究佛、道两教的相互渗透、包容问题同时,作者还从不同角度探究了金末元初三教融通局面形成的原因。

关于赵秉文与佛教的关系,方旭东在《儒耶佛耶:赵秉文思想考论》[⑤]一文中认为,赵秉文在《滏水集》中并不以出现与佛老有关的文字为忌。推其缘由,当是因为他并不觉得语涉佛老就一定有违儒家立场。实际上,赵秉文在所有大是大非上都明确地奉行儒家准则,其本色自是儒家无疑。孟繁清在《赵秉文著〈道德真经集解〉与金后期的三教融合趋势》[⑥]一文中认为,赵秉文所著《道德真经集解》的主旨,既兼融儒释道,又援佛入老,极力消解儒、道、释三者之间的壁垒,集中反映了金后期三教融合的发展趋势。

---

① 姚乃文. 元好问与佛教[J]. 五台山研究,1986(4).
② 狄宝心,任立人. 元好问对佛教文化的弘扬兼蓄[J]. 忻州师范学院学报,2000(4).
③ 李正民,牛贵琥. 试论佛教对元好问的影响[J]. 民族文学研究,2005(3).
④ 李献芳. 元好问《续夷坚志》与金末元初宗教[J]. 中国文学研究,2002(3).
⑤ 方旭东. 儒耶佛耶:赵秉文思想考论[J]. 学术月刊,2008(12).
⑥ 孟繁清. 赵秉文著《道德真经集解》与金后期的三教融合趋势[J]. 河北师范大学学报(哲学社会科学版),2003(6).

郭锐在《金代文学家王寂与佛教》①一文中，集中探讨了王寂与佛教的关系。该文认为，由于家庭环境的影响、社会背景的推动，王寂身上体现了浓厚的佛教情结，佛教对王寂的交往视野、诗文创作、生活态度都产生了极大影响。这从另一个侧面反映了金代文人与佛教的良性互动。

（四）金代佛教文化艺术

与唐宋相比，金代佛教文学稍显冷寂，但这并不意味着金代佛教文学是一片荒漠。元好问、赵秉文、杨云翼和王若虚等金代文坛巨子创作了一大批具有强烈佛禅色彩的诗词、散文、碑铭和小说。刘达科对此做了系统研究，先后发表了论及佛禅与金代文学的论文十余篇，如《佛禅话语与金代诗学》②《耶律楚材与孔门禅》③等。刘达科关于金代佛教文学的观点集中体现在《佛禅与金朝文学》④一书中。该书从佛禅对金朝文人作家的影响、佛禅对金朝文学创作的影响、佛禅对金朝文学批评的影响三大视角切入，着重考察、阐析佛禅语境中金朝文学活动的各种现象，以期从外部规律入手揭示12—13世纪初中国北方文学的某些特征。此外，学术界其他诸贤也有一些文章专门讨论金代佛教文学。张琴在《论金朝咏寺酬僧诗》⑤一文中，将金代的咏寺酬僧诗划分为三种类型，认为这些诗歌从不同侧面反映了文人在思想情趣和生活行为上与佛禅的密切联系，以及佛禅对开拓金诗题材的重要贡献。王树林在《金末诗僧性英考论》⑥一文中考证了性英籍贯、行止和卒年等问题，并对性英的诗作给予高度评价，认为其"诗境清幽枯寂，风格淡远，有晚唐风"。姜剑云、孙昌武在《论完颜璹创作中的佛禅意蕴》⑦一文中认为，完颜璹的诗词作品中渗透了非常浓厚的佛禅意蕴，或者表现对佛禅的体悟，描写随缘自适的心态；或者表现淡泊功名之心、幽隐闲逸之趣，其佛禅意蕴的生成原因较为复杂，但大致可以离析为政治因素、个人因素和文化因素三个方面。孙宏哲在《金代文学

---

① 郭锐. 金代文学家王寂与佛教[J]. 北方文物，2011（1）.
② 刘达科. 佛禅话语与金代诗学[J]. 社会科学战线，2009（12）.
③ 刘达科. 耶律楚材与孔门禅[J]. 江苏大学学报（社会科学版），2011（1）.
④ 刘达科. 佛禅与金朝文学[M]. 镇江：江苏大学出版社，2010.
⑤ 张琴. 论金朝咏寺酬僧诗[J]. 太原师范学院学报（社会科学版），2010（5）.
⑥ 王树林. 金末诗僧性英考论[J]. 南通大学学报（社会科学版），2010（5）.
⑦ 姜剑云，孙昌武. 论完颜璹创作中的佛禅意蕴[J]. 河北大学学报（哲学社会科学版），2003（2）.

家王寂文学创作的佛禅意蕴》①一文中提出，王寂运用佛禅思维与表达方式，参借佛禅话语，借咏寺、酬僧、题画谈禅说法，创作了大量具有浓厚佛禅意蕴的文学作品，构成了区别于同时代其他作家的创作特色。她的另一篇文章《民族融合视域下金代皇族涉佛文学创作》②则分析了金代皇室成员涉佛文学作品的情况，认为佛禅已经成为皇族文化生活和个体生命不可或缺的重要部分，这也为女真族逐步融入中华大家庭提供了思想文化基础。

关于金代佛教艺术，学术界研究较多的是金代佛教壁画、石窟、佛塔等。在壁画方面，山西省繁峙县岩山寺金代壁画以其较高的艺术价值、较好的保存现状而受到学术界的关注。柴泽俊在《岩山寺文殊殿壁画》③一文中认为，壁画作者通过画面表现了丰富的宗教历史，展示了宋金时期的社会生活图卷，保留了关于古代科技史的形象资料，丰富了中国绘画史的内容。阎瑜民在《论岩山寺壁画艺术》④一文中从主题的表现、性质与范围、审美意识的演变、价值与意义等角度，分析了岩山寺壁画在宗教、艺术、社会生活等方面的价值。陈蓉在《略论岩山寺文殊殿西壁界画》⑤一文中则论述了岩山寺文殊殿西壁界画与北宋院体绘画的关系。除探讨岩山寺壁画的艺术价值外，还有学者着重研究该壁画在中国科技史上的贡献。徐岩红、高策在《繁峙岩山寺壁画艺术中的建筑及其特征》⑥一文中，从建筑艺术的角度，结合有关历史文献和中国建筑史现象，对岩山寺壁画的建筑图像进行了系统整理与研究，对壁画所展现的建筑形制及特征进行了探讨。高策、徐岩红的《繁峙岩山寺壁画〈水碓磨坊图〉及其机械原理初探》⑦、史晓雷的《繁峙岩山寺壁画〈水碓磨坊图〉机械原理再探》⑧，对岩山寺壁画《水碓磨坊图》中水磨机械的原理、结构及一些技术细节做了详细讨论。

---

① 孙宏哲. 金代文学家王寂文学创作的佛禅意蕴[J]. 求索，2013(3).
② 孙宏哲. 民族融合视域下金代皇族涉佛文学创作[J]. 黑龙江民族丛刊，2018(1).
③ 柴泽俊. 岩山寺文殊殿壁画[J]. 五台山研究，1990(4).
④ 阎瑜民. 论岩山寺壁画艺术[J]. 五台山研究，1992(3).
⑤ 陈蓉. 略论岩山寺文殊殿西壁界画[J]. 美术观察，2011(9).
⑥ 徐岩红，高策. 繁峙岩山寺壁画艺术中的建筑及其特征[J]. 文艺研究，2008(6).
⑦ 高策，徐岩红. 繁峙岩山寺壁画《水碓磨坊图》及其机械原理初探[J]. 科学技术与辩证法，2007(3).
⑧ 史晓雷. 繁峙岩山寺壁画《水碓磨坊图》机械原理再探[J]. 科学技术哲学研究，2010(6).

除岩山寺外，郭华在《关于资寿寺金代壁画的考证》[①]一文中提出，山西省灵石县资寿寺部分壁画为金代壁画，认为该壁画为研究金代女真服装服饰、宗教信仰、文化艺术提供了依据。王时敏、李国华在《朔州崇福寺弥陀殿壁画内容浅探》[②]一文中，分析了崇福寺弥陀殿壁画的艺术风格，认为该组壁画沿袭了唐代画风疏阔开朗的雄浑气势，是一组承袭晚唐画风的佳作。除以上文章外，一些涉及山西佛教艺术的专著，如柴泽俊的《山西寺观壁画》[③]，也对岩山寺、崇福寺弥陀殿的金代壁画做了详细阐论。

金代在石窟艺术上的建树，主要表现为对前代石窟的维护和对部分小规模石窟的开凿。辛长青在《云冈石窟的金代修建工程》[④]一文中，对《大金西京武州山重修大石窟寺碑》所记金皇统年间修建石窟的史料进行了逐一考证，据此提出"金熙宗是金代最崇信佛教的皇帝之一"等十个方面的启示。董广强、魏文斌在《甘肃合水安定寺石窟调查简报》[⑤]一文中，则根据相关资料，认定甘肃省庆阳市合水县太白乡安定寺石窟是金代开凿的石窟。作者在介绍了该石窟的地理位置和实测情况之后，认为安定寺石窟是经过阜昌二年（1131）和大定十八年（1178）两次工程才完工的，洞窟形制和内容与陕西北部的宋金时期石窟在很大程度上具有一致性。負安志在《陕西富县石窟寺勘察报告》[⑥]一文中，介绍了富县石窟寺第2窟内金代雕刻的佛教造像、题刻情况，认为富县石窟寺造像和各地金、元以前石窟造像相衔接，成为中国石刻艺术史上不可分割的一部分。李秋红在《吉县挂甲山金代浅浮雕佛教图像分析》[⑦]一文中，则以实地调查资料为基础，采用考古类型学与美术史样式论结合的方法对挂甲山石窟金代雕像进行了具体分析，认为该图像显著受到绘画技法影响，与众不同的佛陀饰耳因素应来自罗汉画，人物造型呈现鲜明的时代和民族特征。两铺图像所见诸多中土创作的印度式文化因素，连同"碧眼胡僧"偈赞文字，反映了有意制造胡人风尚的情况。李静杰的《陕北宋金石窟题记内容

---

① 郭华．关于资寿寺金代壁画的考证[J]．名作欣赏，2011(27)．
② 王时敏，李国华．朔州崇福寺弥陀殿壁画内容浅探[J]．文物世界，2011(1)．
③ 柴泽俊．山西寺观壁画[M]．北京：文物出版社，1997．
④ 辛长青．云冈石窟的金代修建工程[J]．文物季刊，1994(1)．
⑤ 董广强，魏文斌．甘肃合水安定寺石窟调查简报[J]．敦煌研究，2010(4)．
⑥ 負安志．陕西富县石窟寺勘察报告[J]．文博，1986(6)．
⑦ 李秋红．吉县挂甲山金代浅浮雕佛教图像分析[J]．文物世界，2016(3)．

分析》①，基于陕北宋金石窟题记资料，分析了陕北金代石窟的施主身份、工匠班底、住持与经营、开凿背景四个方面内容。刘振刚、王玉芳在《富县石泓寺石窟历代题记识读与分析》②一文中，分析了富县石泓寺石窟六条金代题记，并进一步提出石泓寺主窟第2窟的开凿时期为金代早期，该窟的造像思想可以作为研究金代造像的参照。

金代佛教艺术的其他方面研究。刘变琴、刘卓在《太阴寺金代雕塑艺术》③一文中，介绍了太阴寺内三尊金代彩塑菩萨的形态、雕刻技法、艺术价值，认为太阴寺雕塑在某种程度上荟萃了金代雕塑艺术的样式与风格，是我们了解民间佛教雕塑艺术的良好素材。景爱在《金代飞天玉雕》④一文中，描述了绥滨县中兴金墓出土的金代飞天玉雕的形制特点，肯定其雕刻技法上"人物线条清楚，形象生动逼真，刀法洗练、技巧纯熟，充分地表现了金代北方雕刻艺术的特点"。周峰在《辽金经幢之美》⑤一文中认为，辽金经幢之美体现在造型美、质朴美、残缺美。张明悟在《辽金经幢研究》⑥一文中，详细梳理了金代经幢题记情况、经幢所刻佛顶尊胜陀罗尼的版本流变情况，进而对经幢与密教的关系做了深入探讨。

（五）金代佛经刊刻

近年来，学术界关于金代佛经刊刻的讨论主要围绕三个问题展开：一是房山石经中金代刻经的问题，二是法门寺大藏经问题，三是赵城金藏问题。有关房山云居寺辽、金两代石经镌造事业的碑记，涉及辽代的内容较多，涉及金代的内容则极少。在有限的研究成果中，田福月在《房山云居寺发现金代重要石刻题记》⑦一文中，充分肯定了云居寺行宫遗址出土的《镌葬藏经总经题字号目录》碑的重要价值。黄炳章在《房山石经辽金两代刻经概述》⑧一文中，详细研究了云居寺石经中金代刻经的经末题记、刻经年代等问题，并对题记中涉及的"皇伯赵王""皇伯汉王"的身份进行了考证。

① 李静杰. 陕北宋金石窟题记内容分析[J]. 敦煌研究, 2013(3).
② 刘振刚, 王玉芳. 富县石泓寺石窟历代题记识读与分析[J]. 敦煌学辑刊, 2016(3).
③ 刘变琴, 刘卓. 太阴寺金代雕塑艺术[J]. 文物世界, 2010(2).
④ 景爱. 金代飞天玉雕[J]. 学习与探索, 1980(1).
⑤ 周峰. 辽金经幢之美[J]. 佛教文化, 2001(6).
⑥ 张明悟. 辽金经幢研究[M]. 北京：中国科学技术出版社, 2013.
⑦ 田福月. 房山云居寺发现金代重要石刻题记[J]. 法音, 1988(5).
⑧ 黄炳章. 房山石经辽金两代刻经概述[J]. 法音, 1987(5).

1987年，陕西省扶风法门寺发现大小不等的两种金代石碑，其小者学界称其为"法门寺藏经碑"，系金承安五年（1200）所立。李发良撰文《金"法门寺大藏经"钩沉》[①]，通过对碑刻内容的详细分析考察，认定在中国佛教史上曾经有一部《法门寺大藏经》。该藏经的修造始于宋哲宗元祐七年（1092），完成于金承安五年（1200）。它的底本，一为该寺固有装藏之轮藏；一为广泛"搜索流通"所得。李发良的观点引起杨维中的关注。杨先生在《法门寺金代经藏考略——与李发良君商榷》[②]一文中，经过对碑文的详细疏证，认定此碑确切名称应为"法门寺转轮经藏记"，而非雕刻大藏经的记录。

　　自20世纪30年代《赵城金藏》被发现以来，关于《赵城金藏》的研究日益深入，近三十年来，《赵城金藏》研究更是成果丰硕。王泽庆的《解州版〈金藏〉募刻的重要文献——雕藏经主重修大阴寺碑考释》[③]、咸增强的《一座不容忽视的出版史料碑——从〈雕藏经主重修大阴寺碑〉看〈金藏〉募刻的主要人物》[④]，均围绕《雕藏经主重修大阴寺碑》的历史意义展开探讨。前者提出，《金藏》募刻劝缘的真正发起人不是崔法珍，而是她的师傅实公律师伊矧乃；后者提出，《金藏》募刻是集体之功，以崔法珍贡献最大。扈石样（疑为"祥"）、扈新红的《〈赵城金藏〉史迹考》[⑤]以及方自金、马学良、张克清的《〈赵城金藏〉发现始末及其版本问题》[⑥]，分别围绕赵城金藏的发起、刻印、发现、保护等问题展开阐述。张德光在《关于赵城〈金藏〉研考中几个问题的商榷》[⑦]一文中提出，《金藏》的雕刻工作以"解州天宁寺开雕大藏经板会"的名义，由天宁寺寔公法师和崔法珍大师两人先后主持完成，其雕印与"平水板"的制作有密切关系；《赵城金藏》与《赵城藏》应有明确区分。何梅在《〈赵

---

①　李发良．金"法门寺大藏经"钩沉[J]．文博,1996(5).
②　杨维中．法门寺金代经藏考略：与李发良君商榷[J]．文博,1998(1).
③　王泽庆．解州版《金藏》募刻的重要文献：雕藏经主重修大阴寺碑考释[J]．文物世界,2003(4).
④　咸增强．一座不容忽视的出版史料碑：从《雕藏经主重修大阴寺碑》看《金藏》募刻的主要人物[J]．运城学院学报,2010(3).
⑤　扈石样,扈新红．《赵城金藏》史迹考[J]．世界宗教研究,2000(3).
⑥　方自金,马学良,张克清．《赵城金藏》发现始末及其版本问题[J]．图书馆建设,2010(12).
⑦　张德光．关于赵城《金藏》研考中几个问题的商榷[J]．文物世界,2006(1).

城金藏〉的几个问题》①一文中认为，《金藏》的始刻年代应以金皇统九年（1149）为准。该文还指出，《赵城金藏》中同本异译经的排序有错误并分析了产生错误的原因，提出此藏缺帙待补的典籍可参照元代《至元法宝勘同总录》和北宋《大中祥符法宝录》补足的看法。李际宁的《〈金藏〉新资料考》②则围绕在北京图书馆善本部发现的有关崔法珍刊雕《金藏》的两则题记，对"赵讽碑"及有关问题做了详细考辨，提出有关崔法珍刊刻《金藏》的传世文献，其来源无出《永乐大典》者，而《永乐大典》资料的来源，其底本应是"赵讽碑"原文。李富华在《〈赵城金藏〉研究》③一文中，对现存《金藏》的施经题跋做了详细分析，提出元初补雕《金藏》的时间当在1224—1271年。其中，补雕《金藏》最集中的年代应在1242年前后。《金藏》是《开宝藏》的覆刻藏，但《金藏》内容在《开宝藏》基础上又有新的突破。宿白在《赵城金藏、弘法藏和萨迦寺发现的汉文大藏残本》④一文中，分析了元初补雕金藏经版和1959年在西藏萨迦寺发现的汉文卷子装印本大藏残本之间的关系。童玮在《〈赵城金藏〉与〈中华大藏经〉》⑤一书中，系统讨论了《赵城金藏》的雕刻情况，以及该藏在中华藏经史上的地位。

（六）金代佛教考古

佛教考古是金代佛教研究的重要组成部分。在相关文献资料不足的情况下，考古工作中发现的金代佛教资料显得尤为珍贵。近年来，考古界对金代寺院、佛塔进行了详细调查和发掘，学术界对发现的碑、塔、铭、记等佛教遗存进行了认真解析，产生了一大批研究成果。孙勐在《浅谈北京地区金代佛教考古的发现》⑥一文中，以历年来北京考古工作中发现的金代佛教遗迹、遗物为研究对象，结合相关文献记载，考察当时佛教在北京地区的存在、发展状况，认为金代北京的佛教长期盛行，北京地区仍是北

---

① 何梅.《赵城金藏》的几个问题[J]. 中国典籍与文化，2008（3）.
② 李际宁.《金藏》新资料考[M]// 方广锠. 藏外佛教文献：第三辑. 北京：宗教文化出版社，1997.
③ 李富华.《赵城金藏》研究[J]. 世界宗教研究，1991（4）.
④ 宿白. 藏传佛教寺院考古[M]. 北京：文物出版社，1996.
⑤ 童玮.《赵城金藏》与《中华大藏经》[M]. 北京：中华书局，1989.
⑥ 孙勐. 浅谈北京地区金代佛教考古的发现[J]. 北京联合大学学报（人文社会科学版），2011（1）.

方佛教文化传播和交流的中心。陈志健在《彰武金代祐先院碑为复建藏经千人邑碑考》①一文中，分析了祐先院碑碑文的内容，阐述了祐先院千人邑的组织形式、性质及社会意义。解光启在《金〈太原交城县王山修建十方圆明院记〉与〈第二代体公禅师塔铭并序〉碑》②一文中，分别阐述了对《圆明院记》《体公塔铭》的认识。许志国的《金大定七年沈州双城县北范家庄西山道院宗主禅师石塔考略》③收录了"塔铭"全文，认为该"塔铭"是研究金代大定初期沈州地区州县设置变化和宗教传播的珍贵文字资料。李逸友的《呼和浩特市万部华严经塔的金代碑铭》④，则依据万部华严经塔的金代碑铭分析了该塔所在的本州城内的街巷名称及城市布局、村落方位。任喜来、呼林贵的《陕西韩城金代僧群墓》⑤，介绍了1986年发现的陕西韩城金代僧人群墓的墓葬法物、葬具、葬式及随葬物品情况。2014年9月，北京市文物部门在考察谷积山灵鹫禅寺时，发现一座名为《谷积山院建佛顶尊胜陀罗尼幢》的金代石经幢。马垒的《金天眷元年〈谷积山院建佛顶尊胜陀罗尼幢〉考》⑥，通过对石幢所刻佛经及题记进行释读和分析，明确该经幢为继昭大师门人长寿为报先师教诲之恩所建，属于密教陀罗尼经幢，所刻文字以佛经为主，用于传播赞颂《佛顶尊胜陀罗尼经》的神奇法力。2012年，在山西忻州兴化寺遗址发现了七通金代经幢。侯慧明在《忻州新发现金代七通"佛顶尊胜陀罗尼幢"考论》⑦一文中，详细记录了经幢上的文字并做了分析，指出七通经幢有五通均刊有《佛顶尊胜陀罗尼经》，但经文却出现较大差异，这反映了金代密教仪式化、程序化修持发展至民间化、大众化的情况，是密教被边缘化的体现。

1981年6月，在辽阳市发现金世宗母亲贞懿皇后《通慧圆明大师塔铭》刻石，学术界就此展开讨论。邹宝库在《辽阳市发现金代〈通慧圆明

---

① 陈志健. 彰武金代祐先院碑为复建藏经千人邑碑考[J]. 辽海文物学刊,1996(1).
② 解光启. 金《太原交城县王山修建十方圆明院记》与《第二代体公禅师塔铭并序》碑[J]. 五台山研究,2000(2).
③ 许志国. 金大定七年沈州双城县北范家庄西山道院宗主禅师石塔考略[J]. 北方文物,2004(3).
④ 李逸友. 呼和浩特市万部华严经塔的金代碑铭[J]. 考古,1979(4).
⑤ 任喜来,呼林贵. 陕西韩城金代僧群墓[J]. 文博,1988(1).
⑥ 马垒. 金天眷元年《谷积山院建佛顶尊胜陀罗尼幢》考[J]. 文物春秋,2016(2).
⑦ 侯慧明. 忻州新发现金代七通"佛顶尊胜陀罗尼幢"考论[J]. 博物馆研究,2014(2).

大师塔铭〉》[①]一文中,对塔铭记事进行了诠释;张博泉的《辽阳市发现金代〈通慧圆明大师塔铭〉补证》[②],则对邹宝库文章中的某些观点做了订正和补充。方殿春的《金代〈通慧圆明大师塔铭〉再证》[③]认为,现辽阳白塔是辽代广佑寺塔,与贞懿皇后墓塔无涉,与贞懿皇后相关的金大清安寺和垂庆寺当在辽阳故城之北。

  以上是近四十年来国内学术界关于金代佛教的研究情况。需要指出的是,国外学术界,主要是日本、韩国、俄罗斯、美国的一些学者也不同程度地开展了金代佛教的研究工作。其中,日本学术界对金代佛教研究所做的贡献尤为突出,胁谷拧谦、桂华淳祥、野上俊静、今井秀周的研究成果甚至填补了金代佛教研究史的某些空白。日本学者的金代佛教研究主要集中在金代佛教政策、寺观名额官卖与金代财政、《赵城金藏》等几个方面。其中,胁谷拧谦的《辽金时代的佛教》[④]堪称20世纪日本学术界研究金代佛教的奠基之作。进入20世纪80年代以来,今井秀周、桂华淳祥集中讨论的金朝寺观名额官卖问题对中国学术界关于该问题的研究极具启发意义。随着中日交往的加强,日本学术界的一些研究成果也被译成汉语介绍给中国同行。例如,桂华淳祥的《关于金明昌元年〈西京普恩寺重修释迦如来成道碑〉——金代佛教史的一个侧面》[⑤],经赵云旗译成汉语后在中国学术刊物上发表;野上俊静的《辽金的佛教》[⑥],译成汉语后也在中国学术刊物上发表。

  总结上述研究成果我们可以看出,近四十年来金代佛教研究取得了一些重要进展,特别是在金代佛教政策、《赵城金藏》等问题上的研究更为深入,但存在的问题也不可忽视。

  第一,有关金代僧人群体的研究相当薄弱。目前,关于金代僧人的研究仅仅停留在万松行秀等少数高僧大德的层面上,而那些为数众多的普通僧人因何出家、如何弘法、怎样生活则极少有人涉及,这就使目前的金代

---

① 邹宝库. 辽阳市发现金代《通慧圆明大师塔铭》[J]. 考古,1984(2).
② 张博泉. 辽阳市发现金代《通慧圆明大师塔铭》补证[J]. 考古,1987(1).
③ 方殿春. 金代《通慧圆明大师塔铭》再证[J]. 北方文物,2007(1).
④〔日〕胁谷拧谦. 辽金时代的佛教[J]. 龙谷史坛(第126号),1912.
⑤〔日〕桂华淳祥. 关于金明昌元年《西京普恩寺重修释迦如来成道碑》:金代佛教史的一个侧面[J]. 赵云旗,译. 五台山研究,1987(1).
⑥〔日〕野上俊静. 辽金的佛教[J]. 方红象,译. 黑龙江文物丛刊,1981(1).

僧人研究几乎成为另类版本的"金代高僧传"。因此，对金代僧人群体做整体性的、更为细微的考察是当务之急。

第二，金代僧官制度及寺院管理研究基本处于空白状态。在金代史料中，只有《大金国志》等个别古籍简略介绍了金代的僧官体系。因此，由于史料的限制，学术界还未开展金代僧官制度的系统研究。至于金代寺院中设立哪些寺职，这些寺职又如何选授，学术界则尚未涉及。寺院经济是佛教史研究中的一个重要课题，也是寺院管理的一项重要内容，但学术界专门探讨金代寺院经济的成果仍显薄弱。

第三，对于佛教对金代社会生活的影响尚未做系统研究。佛教本身是金代社会生活的一个侧面，但这一侧面非常独特，以至于佛教对社会生活的其他侧面产生过不可替代的影响。迄今为止，佛教如何影响并在多大程度上改变着金代的社会观念、生活习俗？佛教信仰如何成为金代社会活动的重要内容？学术界就这些问题所进行的研究是分散的、初步的。

特别令人遗憾的是，与中国历史上其他时期佛教研究的兴旺局面相比，迄今还没有一部完整的金代佛教史问世。

三、研究思路与研究方法

金代佛教的发展是一个连续的、历史的过程，这一过程又与金代社会变迁紧密结合在一起。局部的、专题的研究虽有助于我们在个别问题上形成深刻认识，却无法带领我们一睹金代佛教的全貌。因此，本书的主旨在于对金代佛教进行整体的、综合性研究，其目标在于通过多角度的历史观察详细探究金代佛教全貌，最终形成一部完整的金代佛教史。为此，本书在三个方面努力有所突破。第一，本书致力于研究目标的转换。以往的金代佛教研究，论者大都着眼于对金代佛教个别问题的探讨，本书在这种探讨的基础上，努力探索金代佛教全貌。第二，本书力求拓展研究广度，把金代佛教研究和这一时期的政治、经济、文化变迁结合起来，力争在宽广的历史背景下对金代佛教做准确摹画。第三，本书着力拓展研究深度。以往的研究主要着力于官方佛教政策、佛教发展走势等"大事件"。本书在此基础上，更加注重寺院功能、僧团管理、信众的组成与信仰方式等微观环节的研究，从而拓展研究的深度，努力触及核心，填补空白。

在研究方法上，本书以历史学的研究方法为基础，广泛借鉴宗教学、考古学、社会学的研究手段和研究成果，力求把佛教文献分析、历史文献分析与考古资料分析有机结合，努力构建多学科共同攻关的学术态势。

四、主要史料

金代佛教史料大致出自以下几个方面：一是《金史》《元史》等正史。遗憾的是，这些正史中关于金代佛教的资料稀少。二是《归潜志》《湛然居士文集》《元好问全集》等金元时期的笔记、文集。这些史料部分地涉及了金代佛教人物、佛学宗派、僧俗往来等内容，其记录者均生活在金代或金末元初。因此，他们记载的佛教史料较为客观可信。三是《佛祖历代通载》《补续高僧传》等佛教史籍。这些史籍部分地介绍了金代佛教情况，惜其阐述有限，未得窥见金代佛教全貌。四是相关地方志。地方志是记述地方情况的史志，举凡地方志、山川志往往用一定篇幅记载历代佛寺兴衰，这为我们研究金代佛教提供了便利。五是石刻资料。近年来，石刻资料的重要性日益显现，与前面所述的正史、笔记及佛教典籍相比，石刻资料在数量上更丰富，在内容上更详细，既可补正史之不足，又可纠正史之偏谬。目前的金代石刻资料，除《金文最》等先贤汇辑的传统石刻史料外，当代学者和学术机构在石刻史料的校对、编纂、出版方面做了大量工作，出版了《辽金元石刻史料全编》《北京图书馆藏中国历代石刻拓本汇编》《石刻史料新编》《金代石刻辑校》《全金石刻文辑校》等石刻资料。这些石刻资料的出版为开辟金代佛教研究的新领域提供了可能，为提升金代佛教研究水平奠定了重要基础，为金代佛教研究的发展提供了新动力。六是考古资料。近年来，金代考古不断有新发现，其中有些考古发现有助于解决金代佛教的某些疑难问题。例如，出土的金代碑铭、砖刻，发掘的金代墓葬常常能够反映金代的佛教信仰、佛教宗派、高僧行止等问题。

鉴于金代佛教史料的具体情况，本书在研究过程中将放宽视野：一方面从宋、金、元时期及其后的正史、佛学典籍和相关著述中发掘更多的佛教史料；另一方面将密切关注金代考古的新进展，力争从考古发现和传世文物中发现新的线索。

第一章
金代佛教的历史基础与发展历程

约公元前6世纪至公元前5世纪，佛教始祖释迦牟尼在古印度创立佛教。从公元前3世纪阿育王统治时期开始，佛教逐渐从印度向周边国家和地区传播。佛教传入中国的时间各家说法不一[①]，但经过长期讨论，目前学术界大体认为佛教入华当在两汉之际[②]。除此说外，还有学者进一步提出，西汉元寿元年（公元前2世纪）是佛教传入中国的标志性年份[③]，其标志性事件即《魏书·释老志》所载之"汉明帝夜梦金人"：

> 后孝明帝夜梦金人，项有日光，飞行殿庭，乃访群臣，傅毅始以佛对。帝遣郎中蔡愔、博士弟子秦景等使于天竺，写浮屠遗范。愔仍与沙门摄摩腾、竺法兰东还洛阳。中国有沙门及跪拜之法，自此始也。[④]

从这则史料的情况看，这位"项有日光，飞行殿庭"的"金人"与佛陀的形象相去甚远，而与中国传统神话中神仙的形象颇为接近。不过，这

[①] 任继愈主编的《中国佛教史》列举了佛教传入中国的八种传说，详见：任继愈. 中国佛教史：第一卷[M]. 北京：中国社会科学出版社，1985：45-67；李静也归纳了佛教初传入华的八种说法，详见：李静. 佛教初传入华的几种说法[J]. 佛教文化，2005(5).

[②] 郭朋. 中国佛教简史[M]. 北京：社会科学文献出版社，2012：1；任继愈. 中国佛教史：第一卷[M]. 北京：中国社会科学出版社，1985：67.

[③] 孙昌武. 中国佛教文化史：第一册[M]. 北京：中华书局，2010：113.

[④] [北齐]魏收. 魏书：卷一百一十四：释老志[M]. 北京：中华书局，1974：3025-3026.

并不影响佛教初传时期中土大众对佛教的信仰,"汉明帝夜梦金人"甚至被写入中国最早译出的佛教经典《四十二章经》的《经序》:

> 昔汉孝明皇帝,夜梦见神人,身体有金色,项有日光,飞在殿前,意中欣然,甚悦之。明日问群臣,此为何神也。有通人傅毅曰:"臣闻天竺,有得道者,号曰佛。轻举能飞,殆将其神也。"①

无论是正史还是佛教典籍,均对"汉明帝夜梦金人"之说收录不疑。它从一个侧面反映出汉魏以后该则传说影响之广。及至金朝,佛教信徒对这则传说更是深信不疑并屡屡提及。金大定年间,云中段子卿曰:"迄至汉明帝之有天下,夜梦金人飞空而至,爰从傅毅之占,远出天竺之使,委寻佛法。"②释行满云:"昔有汉时,明帝夜梦金人身长丈六,乘空而来。"③蔡如云:"汉明帝梦金人顶佩日光,飞于殿庭,乃遣蔡愔、秦景使大月氏,与摄摩腾、竺(法)兰遇焉。"④

从上述记载来看,金代全盘接受了"汉明帝夜梦金人"的传说,并以此作为佛教传入中土之始。这为金代的佛教信徒找到了信仰的源头。在此基础上,经过吸收前代佛教文化遗产,经过与周边政权及民族开展佛教交流,金代逐渐形成了具有浓郁地域特色、时代特色、民族特色的佛教体系,进而在中国佛教史上写下了重要篇章。

第一节 金代佛教的历史基础

金代是中国佛教发展进程的重要节点。从佛教史的角度来看,金代佛

---

① 四十二章经:经序[M]. 尚荣,译注. 北京:中华书局,2010:1.
② 〔金〕段子卿. 华严寺薄伽藏教记[M]//国家图书馆善本金石组. 辽金元石刻文献全编:一. 北京:北京图书馆出版社,2003:141.
③ 〔金〕释行满. 沃州柏林禅院三千邑众碑:卷八十五[M]//〔清〕张金吾. 金文最. 北京:中华书局,1990:1245.
④ 〔金〕蔡如. 褒贤显忠禅院重修法堂记:卷二十二[M]//〔清〕张金吾. 金文最. 北京:中华书局,1990:304-305.

教既受到女真人固有的宗教传统的影响,又受到辽、宋、西夏、高丽等周边政权和民族的影响。本节将对这些问题进行重点讨论,以便为梳理金代佛教发展历程、总结金代佛教特点奠定学术基础。

一、辽代佛教对金代的影响

辽代佛教颇盛,以致后世有"辽以释废"[①]之说。从辽代的实际情况看,这种评价虽有偏激之嫌,但辽代佛教的空前繁盛则是不容置疑的事实。翻检辽代史籍,特别是辽代石刻文献,崇佛气息扑面而来。《辽代石刻文编》《辽代石刻文续编》共收录辽代石刻资料513篇,其中佛教石刻资料共291篇,占两书收录文献总量的57%[②],辽代佛教的繁荣局面由此可见一斑。

女真人在金朝建立前曾长期接受辽朝的统治。有辽一代,佛教大盛,以致元世祖忽必烈有"辽以释废"之疑,因而辽朝的崇佛之风不可能不对女真人产生影响。女真灭辽后,原属辽朝的大片领土为女真人占领。收国二年(1116)五月,"东京州县及南路系辽女直皆降"[③]。天辅四年(1120)五月,攻克辽上京外城,"留守挞不野以城降"[④]。天辅六年(1122)正月,"取中京"[⑤];同年三月,"西京降"[⑥];同年十二月,阿骨打率兵伐燕京,辽知枢密院左企弓、虞仲文等奉表投降[⑦]。辽朝时,五京佛事颇盛,五京相继入金为佛教在女真人中间的传播奠定了重要基础。总之,辽朝浓厚的崇佛之风和大量辽朝领土相继入金对金代佛教发展产生了深远影响。

(一)辽代建造的大量佛教寺院为金代佛教传播提供了空间依托

寺院是佛教僧侣参禅弘法之地。辽朝时,朝野上下皆崇佛教,因而造

---

① [明]宋濂,等. 元史:卷一百六十三:张德辉传[M]. 北京:中华书局,1976:3823.
② 向南. 辽代石刻文编[M]. 石家庄:河北教育出版社,1995;辽代石刻文续编[M]. 向南,张国庆,李宇峰,辑注. 沈阳:辽宁人民出版社,2010.(文中数据为统计上述两书篇目所得)
③ [元]脱脱,等. 金史:卷二:太祖纪[M]. 北京:中华书局,1975:29.
④ [元]脱脱,等. 金史:卷二:太祖纪[M]. 北京:中华书局,1975:34.
⑤ [元]脱脱,等. 金史:卷二:太祖纪[M]. 北京:中华书局,1975:36.
⑥ [元]脱脱,等. 金史:卷二:太祖纪[M]. 北京:中华书局,1975:36.
⑦ [元]脱脱,等. 金史:卷二:太祖纪[M]. 北京:中华书局,1975:39.

寺之风颇盛。早在唐天复二年（902），耶律阿保机"城龙化州于潢河之南，始建开教寺"①。阿保机建辽之后，更有大批善男信女慷慨施捐，用以建造寺院。《妙行大师行状碑》云："清宁五年，大驾幸燕，秦越长主首参大师，便云弟子以所居第宅为施，请师建寺。大率宅司诸物罄竭，永为常住。及稻畦百顷，户口百家，枣粟蔬园，井□器用等物，皆有施状。奏讫，准施。"②这类由辽朝皇室或贵族变宅为寺而建立起来的佛教寺院不仅有房舍屋宇，而且附带果木田园，甚至还有民户人口，进而为传播佛教提供了非常便利的条件。这些寺院在入金以后得到保护和利用。金代明昌年间，王寂巡行辽东时宿懿州宝严寺，见人呼该寺为药师院，乃谓寺僧溥公曰："此寺额宝严，人复呼为药师院者何故？"溥公对曰："尝闻老宿相传此辽药师公主之旧宅也。其后施宅为寺，人犹以公主之名呼之。今佛屋，昔之正寝也；经阁，昔之梳洗楼也。"③

辽代佛教寺院的兴盛，除皇室贵族不断施舍外，普通百姓的大力捐助也是一个重要原因，兴建寺院俨然成为全社会参与的一大盛事，此即"国王大臣与其力，富商强贾奉其赀，智者献其谋，巧者输其艺，互相为劝，惟恐居其后也"④。这种全民参与佛教寺院建设的态势最终导致佛宇遍地，"城邑繁富之地，山林爽垲之所，鲜不建于塔庙，兴于佛像"⑤。以燕京为例，有学者研究，"辽代北京地区有年代可考的佛教寺院有四十余所，其中以新建佛寺居多"⑥。更有学者认为，辽时燕京共修建佛寺可考者达46所。其中，新建佛寺34所，寺院修建的数量仅次于唐朝⑦。燕京地区宏伟壮丽的佛教寺院给人留下了深刻印象。宋宣和七年（金天会三年，1125）金太宗嗣位，北宋遣许亢宗出使金国致贺。许亢宗在途经燕京时，

---

① [元]脱脱,等.辽史:卷一:太祖纪:上[M].北京:中华书局,2016:2.
② [辽]沙门即满.妙行大师行状碑[M]//向南.辽代石刻文编.石家庄:河北教育出版社,1995:586.
③ 贾敬颜.五代宋金元人边疆行记十三种疏证稿:王寂《辽东行部志》疏证稿[M].北京:中华书局,2004:280.
④ [辽]王鼎.蓟州神山云泉寺记[M]//向南.辽代石刻文编.石家庄:河北教育出版社,1995:358.
⑤ [辽]沙门行鲜.云居寺供塔灯邑碑[M]//向南.辽代石刻文编.石家庄:河北教育出版社,1995:614.
⑥ 徐威.北京汉传佛教史[M].北京:宗教文化出版社,2010:157.
⑦ 何孝荣.辽朝燕京佛教述论[J].北京联合大学学报(人文社会科学版),2012(1).

赞叹燕京"僧居佛宇，冠于北方"①。辽代在燕京兴建的这些佛寺入金后仍然发挥着弘法功能，成为金中都重要的佛教场所。例如，圣恩寺"建自唐，至辽开泰重修"，"金皇统九载，即其地而新之"②，而且辽在燕京兴建的这些寺院入金之后仍然保留着浓厚的辽代佛教文化印迹。例如，报先寺"有辽圣文神武全功大略聪仁睿孝天佑皇帝御书华严经觉林菩萨偈"③；仙露寺有"重熙九年二月记"④；三觉寺"寺有契丹昭孝皇帝大碑记"⑤。纵观金代佛教寺院的地理分布情况，中都堪称金代佛教重地。究其根源，除金代新建了大批佛教寺院外，前文所述的圣恩寺、报先寺、三觉寺等辽代遗留下来的寺院对中都佛教的发展均起到了重要作用，它们为中都佛教的进一步繁荣提供了广阔的空间和可靠的物质依托。

除了燕京这样的通都大邑外，偏远地区继承辽代寺院的情况更为普遍。王寂于明昌二年（1191）二月初十至三月十二的三十余天里，曾经奉朝命巡按辽东，沿途看到不少辽代遗留的寺院。例如，汤池县护国寺，"护国寺之经始岁月无可考，独寺僧言：老宿相传，寺起于有辽，藏经亦给于有司。视其经背，皆有朱印，云'宣赐护国寺藏记'七字，又经藏梁记云：'太康三年建。'则寺僧之说，为可信也"⑥。此处的"太康"应为"大康"之误，乃辽道宗年号。大康三年（1077），王寂巡按此地为金明昌二年，即公元1191年。从辽道宗大康三年至金章宗明昌二年的百余年间，这座辽代兴建的寺院入金后仍然继续使用。辰州兴教寺是王寂巡视途中留宿的一处寺院，该"寺宇荒凉，亦无碑记可考，唯经阁上有梁文，云'维

---

①〔宋〕确庵，〔宋〕耐庵. 靖康稗史笺证：宣和乙巳奉使全国行程录笺证[M]. 崔文印，笺证. 北京：中华书局，1988：7.

②〔元〕熊梦祥. 析津志辑佚：寺观[M]. 北京图书馆善本组，辑. 北京：北京古籍出版社，1983：68.

③〔元〕熊梦祥. 析津志辑佚：寺观[M]. 北京图书馆善本组，辑. 北京：北京古籍出版社，1983：67.

④〔元〕熊梦祥. 析津志辑佚：寺观[M]. 北京图书馆善本组，辑. 北京：北京古籍出版社，1983：72.

⑤〔元〕熊梦祥. 析津志辑佚：寺观[M]. 北京图书馆善本组，辑. 北京：北京古籍出版社，1983：78.

⑥贾敬颜. 五代宋金元人边疆行记十三种疏证稿：王寂《鸭江行部志》疏证稿[M]. 北京：中华书局，2004：184-185.

清宁四年岁次戊戌，己巳朔，十四日辛未巽时建'"①，此处的"清宁"亦为辽道宗年号。从这段文献记载的情况看，兴教寺始建于道宗清宁四年（1058），王寂巡视时，距辽代兴建该寺已有130余年。这座起于有辽的古寺在历经百年后虽已颓败，但从王寂住宿于该寺的情况看，兴教寺在入金后仍然发挥着传播佛教的功能。

需要指出的是，由辽入金的寺院在进入金朝后，由于年深日久或遭战火破坏，大都需要加以维修。遵化附近之宝塔山龟镜寺始建于辽代，"天会间，寺尝为剧盗所据，火其居，逐其人，芜废殆尽"，后来由演秘大德义秉及其徒澄辉"始终相继，增完如故"②。义州奉国寺始建于辽开泰九年（1020），"处士焦希赟创其基"，"特进守太傅通敏清慧大师捷公述其事"，入金后，"天眷三年沙门义擢成厥功"。经过由辽至金的屡次修缮，奉国寺"宝殿崔嵬，俨居七佛；法堂弘敞，可纳千僧；飞楼耀日以高撑，危阁倚云而对峙；至如宾馆僧寮，帑藏厨舍，无一不备焉"③。经过修缮的奉国寺入金后成为辽西地区的佛教活动中心，直到今天仍然焕发着佛教文化的光彩。辽代遗存下来的其他一些寺院在入金后也大都经过翻建、扩建，其具体情形在金代石刻史料中有所反映。

寺院是僧人居住及弘法之地，是佛教得以生存和发展的物质依托。辽代兴建的大量寺院在入金之后经过保护和维修，规模得以扩大，功能得以完善，这为金代佛教的发展提供了重要条件。

（二）辽代佛教的繁荣为金代佛教发展累积了大量人才

辽代佛教的高度繁荣造就了一支庞大的僧人队伍。一方面，朝廷为民众出家大开方便之门，咸雍八年（1072）三月，"有司奏春、泰、宁江三州三千余人愿为僧尼，受具足戒，许之"④；另一方面，一些高僧大德广度弟子，如六聘山天开寺守常禅师住持本山30年，"所度白黑四众二十余

---

① 贾敬颜. 五代宋金元人边疆行记十三种疏证稿：王寂《鸭江行部志》疏证稿[M]. 北京：中华书局，2004：187-188.
② [金]王寂. 宝塔山龟镜寺记[M]//[清]张金吾. 金文最：卷二十三. 北京：中华书局，1990：323.
③ [元]卢懋. 大元国大宁路义州重修大奉国寺碑并序[M]// 王晶辰. 辽宁碑志. 沈阳：辽宁人民出版社，2002：50.
④ [元]脱脱，等. 辽史：卷二十三：道宗纪：三[M]. 北京：中华书局，2016：311.

万"①，法均大师主持金台僧务时，"自春至秋，凡半载，日度数千辈"，法均受西楼、白霫、柳城等地之请前往传法时，"前后受忏称弟子者，五百万余"②。这些受度者虽然不可能全部出家为僧，但其中出家者应不在少数。此外，辽代僧人总数虽无精确统计，但从传世文献中亦可观其大略。太宗时，辽代佛教尚处于兴起阶段，但会同五年（942）六月，因皇太后不豫，太宗幸菩萨堂时，"饭僧五万人"③，可见此时僧人规模已相当可观。道宗时期佛教大盛，僧尼人数剧增，大康四年（1078）七月，"诸路奏饭僧尼三十六万"④，有学者据此提出辽代"约有36万名僧尼"⑤。以饭僧数据来估测辽代僧尼数量显然欠妥，但彼时僧侣人数之多则确定无疑。

辽代特别是辽末庞大的僧人队伍为金代佛教发展提供了重要的人才支持，一些辽朝僧人在入金之后继续弘扬佛法。金中都天宫院法师即缘受戒于辽道宗大安六年（1090），出家后夙夜为勤，博通内典，一度"摄门徒五十余"，在地方有较大影响，即缘圆寂于天会十四年（1136），其时"俗年七十六，僧夏四十六"⑥，据此推算，他入金后传法21年。宛平县金城山白瀑院圆正法师生于辽道宗咸雍三年（1067），"十五具戒"，则具戒之年在道宗大康八年（1082），逝于天会十二年（1134），依此推算，圆正入金后继续弘法19年⑦。天开寺僧人度公禅师于辽道宗寿昌五年（1099）试经得度，此后"振锡南游"，自天会三年（1125）到天开寺修行，贞元三年（1155）圆寂，则入金后度公驻锡天开寺的时间有30年之久⑧。从辽末僧人入金的情况来看，即缘、圆正、度公的事例颇具代表性，他们大都出

---

① 〔辽〕王虚中.六聘山天开寺忏悔上人坟塔记[M]//向南.辽代石刻文编.石家庄：河北教育出版社，1995：413.
② 〔辽〕王鼎.法均大师遗行碑铭[M]//向南.辽代石刻文编.石家庄：河北教育出版社，1995：438.
③ 〔元〕脱脱，等.辽史：卷四：太宗纪：下[M].北京：中华书局，2016：56.
④ 〔元〕脱脱，等.辽史：卷二十三：道宗纪：三[M].北京：中华书局，2016：319.
⑤ 吴松弟.中国人口史：第三卷[M].上海：复旦大学出版社，2000：195.
⑥ 〔金〕崇宝大德.中都天宫院法师幢记[M]//王新英.金代石刻辑校.长春：吉林人民出版社，2009：116.
⑦ 〔金〕希辨.大金燕京宛平县金城山白瀑院正公法师灵塔记[M]//阎凤梧.全辽金文.太原：山西古籍出版社，2002：1330-1331.
⑧ 度公事迹，参见：〔金〕沙门法迪.当寺故禅人度公幢铭[M]//梅宁华.北京辽金史迹图志：下.北京：北京燕山出版社，2003：94.

生于辽道宗朝前后，有较深的佛学修养，入金以后仍然从事弘法活动，在社会上保持着比较广泛的社会影响，这些僧侣也因此成为金朝初年重要的佛教传播者。

与上述只在局部地区拥有社会影响的僧侣不同，一些辽朝末年的高僧及其法嗣在入金后时常执掌重要佛教寺院，进而在更大程度上、更广范围内推动了金代佛教发展，据史料记载：

> 悟敏。临潢孙氏子。幼聪警，十四著扫塔衣事佛。时普贤大师以有道徽，见而奇之，录为弟子，携之入京。貌重言谦，洒扫应对，甚得其职。王公大人为加赏识。受经于师，宏轴巨卷，他人读之浃旬仅能周，敏一日而毕。洎普贤示寂，从法兄裕景习业，通唯识论，对众析义，辩若涌泉。宿学硕德无不叹息，以为不可及。敏未尝以是自多。远近争挽说法，不顾而去。谒通理策公，又见寂炤感公，密受指迪，所资益深。黜聪明堕肢体者又十年。而后出世，禅以自悦，戒以摄人。
>
> 普贤为戒坛宗师第一世。普贤传窥，窥没而传敏，为第三世。锡紫服师号，所度之众，不减于乃祖若父。复得悟铢而传焉。绳绳不绝，律座益尊。皇统元年入寂，寿八十五，夏六十五。敏天资浑厚，不事雕琢，护戒如珠，微细无越。且尚贤务施，至老无倦。主大道场凡二十二处，禀戒者逮五百万[①]。

这段史料记述的悟敏是辽金时期燕京慧聚寺第三代传戒宗师。从文献反映的情况看，悟敏少年出家，"皇统元年（1141）入寂，寿八十五，夏六十五"，则悟敏在金初传播佛教的时间历太祖、太宗、熙宗三朝。经过长期修行，悟敏佛法精严，"通唯识论，对众析义，辩若涌泉。宿学硕德无不叹息，以为不可及"。同时，悟敏在佛教界的影响也非常广泛，"主大道场凡二十二处，禀戒者逮五百万"。这位在金朝初年地位显赫的佛门高僧，成长过程中屡次得到辽末佛教大德的指引。史料中提到，悟敏师从普贤，"时普贤大师以有道徽，见而奇之，录为弟子，携之入京"，此处的普

[①]〔明〕明河. 补续高僧传：卷十七：悟敏悟铢二传戒大师传[M]//〔梁〕慧皎，等. 高僧传合集. 上海：上海古籍出版社，1991：722-723.

贤即辽末燕京慧聚寺法均大师，法均早年皈依紫金寺非辱律师门下，专究律学，道宗清宁间"道声遐震，授紫方袍、师号"①，逐渐奠定了自己在佛教界的地位。咸雍六年（1070）"师道愈尊，上心渴见，爰命迩臣，敦勉就道"②。这次召见，道宗给法均以无上礼遇，"上待以师礼，后妃以下皆展接足之敬。特旨授崇禄大夫守司空，并传戒大师之号。宠以诗章，有'行高峰顶松千尺，戒净天心月一轮'之句，其见重如此"③。至此，法均道誉日隆，"所到之处，士女塞涂，皆罢市辍耕，忘馁与渴，递求瞻礼之弗暇，一如利欲之相诱"④。以法均大师的佛学修养和在辽朝末年的重要影响，悟敏能够投身门下，得其指授，自然修为精进。这也为悟敏入金以后执掌慧聚寺，成为新一代戒坛宗师奠定了重要基础。

史料中还提到，悟敏曾经"谒通理策公，又见寂照感公，密受指迪，所资益深"。这段文字中的"通理策公"讳恒策，字开玄，俗姓王氏，是辽代后期声誉卓著的佛学大师。他在五京开讲时，"缁素向师道风者，若葵心向日"。他在燕京永泰寺开讲时，"五京缁侣闻风而至，龙象学徒日不减三千之数"。他一生"度菩萨戒弟子一百五十余万，皇储已下及百官等八十余人，公主国妃已下等五十余人"⑤。史料中的"寂照"亦是辽代中后期高僧。寂照、通圆、通理被时人誉为"曹溪的嗣法眼玄孙，为此方宗派之原，传心之首者矣"⑥，俨然法中泰斗，佛门龙象。此三人中竟有两人对悟敏亲加指教，堪称因缘际会，古今无多。

回顾悟敏的成长经历，他的受业之师法均，参访之师寂照、通理，都是辽代著名高僧。在他们的教诲下，悟敏学高德厚，入金后执掌慧聚寺，

---

①〔明〕明河. 补续高僧传：卷十七：法均传［M］//〔梁〕慧皎，等. 高僧传合集. 上海：上海古籍出版社，1991：722.

②〔辽〕王鼎. 法均大师遗行碑铭［M］//向南. 辽代石刻文编. 石家庄：河北教育出版社，1995：438.

③〔明〕明河. 补续高僧传：卷十七：法均传［M］//〔梁〕慧皎，等. 高僧传合集. 上海：上海古籍出版社，1991：722.

④〔辽〕王鼎. 法均大师遗行碑铭［M］//向南. 辽代石刻文编. 石家庄：河北教育出版社，1995：438.

⑤〔辽〕沙门琼焕. 大安山莲花峪延福寺观音堂记碑［M］//向南，张国庆，李宇峰，辑注. 辽代石刻文续编. 沈阳：辽宁人民出版社，2010：287，288.

⑥〔辽〕沙门琼焕. 大安山莲花峪延福寺观音堂记碑［M］//向南，张国庆，李宇峰，辑注. 辽代石刻文续编. 沈阳：辽宁人民出版社，2010：286.

为推动金初燕京佛教的发展做出了重要贡献。可以说，没有法均等辽代高僧的接引和指点，悟敏也不大可能成为一代宗师，更谈不到推动金初佛教事业的发展。从这个意义说，辽代末年佛教的发展为金代佛教储备了一支数量可观、质量上乘的人才队伍，其承上启下、继往开来之功不可埋没。

二、北宋佛教对金代的影响

北宋是汉传佛教发展的重要时期。北宋时期的佛教成就虽然不能与此前的唐代比肩，但仍有其不可替代之处。自开宝四年（971）至太平兴国八年（983），北宋历时十二年，完成了中国历史上第一部官刻《大藏经》，是为《开宝藏》，它也"成为后来中国一切官私刻藏以及高丽、日本刻藏的共同准据"[①]；禅宗五家，到北宋时又从临济一系分化出杨岐方会和黄龙慧南两个支派，"五家七宗"的格局至此完备；宋真宗大中祥符元年（1008）道元诣阙献《传灯录》，灯录体由此创立，此后灯录大盛。北宋时期的佛教发展除了取得上述一系列成就外，僧尼队伍也在壮大。据宋真宗时期统计，天禧五年（1021）时，"僧三十九万七千六百一十五人，尼六万一千二百三十九人"[②]，僧尼总计458854人，僧尼人数到北宋末年进一步增长，宋徽宗大观四年（1110）臣僚上言，"伏见天下僧尼比之旧额，约增十倍，不啻数十万人"[③]。

从地理空间来看，远在白山黑水之间的女真人本来不会和北宋佛教产生交集，但是北宋末年的金宋战争为金朝接触北宋佛教提供了特殊机缘。辽天庆五年（1115），女真首领阿骨打宣布建金之后，女真人的势力迅速扩大。金天会三年（1125），金朝灭辽；同年十月，金太宗下诏伐宋；次年闰十一月，金军攻陷汴京；十二月，"宋主桓降"[④]，北宋灭亡。在金灭北宋的过程中，北宋佛教逐渐为女真人所了解和接受，进而对金朝佛教的发展产生了重要影响。

与辽代佛教对金朝佛教的影响大致相同，北宋佛教对金朝佛教的影响也主要体现在佛教寺院和佛学人才两个方面。在佛教寺院方面，随着金朝

[①] 中国佛教协会. 中国佛教:第一辑[M]. 北京:知识出版社,1980:81.
[②] 〔清〕徐松. 宋会要辑稿[M]. 北京:中华书局,1957:道释一之一三,7875.
[③] 〔清〕徐松. 宋会要辑稿[M]. 北京:中华书局,1957:职官一三之二三,2675.
[④] 〔元〕脱脱,等. 金史:卷三:太宗纪[M]. 北京:中华书局,1975:56.

对宋战争的节节胜利,原属北宋的大量土地落入金人手中,这些土地上的佛教寺院随之入金,这里不再赘述。至于佛学人才方面,北宋佛教僧侣及佛学典籍入金则值得着重研究。

靖康前后是北宋僧侣入金的一个重要时期。天会四年(1126)十一月,金军包围汴京之后百般掠夺,大肆搜刮,金银布帛、古器珍玩无不收入囊中,以致开封"二百年府库蓄积,一旦扫地尽矣"[①]。除了劫掠财物,僧道经藏亦在金人的需索名单之列,有关靖康之变的文献对此多有记载:

>靖康元年(1126)十二月"二十三日,金人索监书、藏经"[②]。
>
>靖康二年(1127)二月"初四日,虏索藏经、道经书板出城"[③]。
>
>靖康二年(1127)二月"十四日,虏尽索司天官、内侍、僧道、秀才、监吏、裁缝……诸色人等及家属出城"[④]。
>
>靖康二年(1127)二月"十九日,金人移文索禅学、通经、僧行数十人","是日又索应刊经板,官司购求,即时解赴"[⑤]。
>
>《宣和录》云:"初,内侍承宣使邓珪传宣河北为虏所得,降之,用事虏中,教令呼索。至是,又请珪家属及官吏、士人、僧道、医卜千余人"[⑥]。

女真人在起兵反辽之前对佛教已有所了解,在灭辽攻宋过程中,他们

---

① 〔宋〕徐梦莘. 三朝北盟会编:卷九十七[M]. 上海:上海古籍出版社,1987:718.
② 〔宋〕丁特起. 靖康纪闻(附拾遗)[M]. 台北:广文书局有限公司,1968:52. 该条记载亦见:〔宋〕陈东. 靖炎两朝见闻录[C]//朱易安,傅璇琮,周常林,等. 全宋笔记:第三编. 郑州:大象出版社,2008:166.
③ 〔宋〕确庵,〔宋〕耐庵. 靖康稗史笺证:瓮中人语笺证[M]. 崔文印,笺证. 北京:中华书局,1988:81.
④ 〔宋〕确庵,〔宋〕耐庵. 靖康稗史笺证:瓮中人语笺证[M]. 崔文印,笺证. 北京:中华书局,1988:84.
⑤ 〔宋〕丁特起. 靖康纪闻(附拾遗)[M]. 台北:广文书局有限公司,1968:111,112. 该条记载亦见:〔宋〕陈东. 靖炎两朝见闻录[M]//朱易安,傅璇琮,等. 全宋笔记:第三编. 郑州:大象出版社,2008:186. 唯需索僧人数,陈东仅记为"数人"。
⑥ 〔宋〕徐梦莘. 三朝北盟会编:卷七十七[M]. 上海:上海古籍出版社,1987:584-585.

有更多的机会接触佛教，对佛教的信奉也进一步加深。由此，也就不难理解金军在围汴期间屡次索要僧侣和经藏的行为。

需要指出的是，除围汴期间有大量僧侣入金外，在金朝伐宋的其他军事行动中也有一些北宋僧人入金。洪皓的《松漠纪闻》云，"己酉岁，有中华僧被掠至其阙"[1]，这条史料中的"己酉岁"当指金太宗天会七年（1129），此时金宋大战正酣，该条史料中的"中华僧"应该就是金宋交战过程中被掠至金朝国都的。与这些无名僧人相比，对金代佛教影响更大的是北宋名僧入金。例如，青州希辩。《元一统志》"大万寿寺"条云："后有禅师希辩，宋之青州天宁长老也。耶律将军破青州，以师归燕，初置之中都奉恩寺。"[2]此处的希辩禅师得法于鹿门自觉，传嗣于大明宝，是金代曹洞宗史上具有奠基作用的人物。希辩入金，其机缘在于金军破青州之役。由希辩的例子可以推知，在金朝对北宋采取的其他军事行动中也会有不少僧侣入金。又如，北宋慈恩宗僧人真定龙兴寺通照大师名动朝野，因而也在金宋之战过程中得到女真人的尊礼并最终入金。天会四年（1126）冬十月，"许王宗杰陷真定，介重臣之位三公者数人造谒，盖虽异境，已歆声闻，故下车而投踢触礼，以咨大义，且求新制，以欲受记。俾之相与，欣载而归。于是德馨遍敷于一国"。通照入金后，声名远播，"虽然海上义学，四远檀信风从云集，莫可止遏。其不蒙接纳者惭无容所，人亦以此少之。是以虽数迁避，终亦莫能"[3]。

对金初佛教产生重要影响的，除随战争入金的北宋僧侣外，还有北宋遣往金朝的使节。虽然这些使节并非僧侣，也未直接在金朝弘法，但他们却对金初佛教的发展起到了一定作用。

金宋对峙期间，双方曾频繁地互派使节，特别是金朝初年，宋朝为联金复燕、祈请求和、通问二帝等事，曾大量遣使金朝，其中有些宋使被金朝长期扣留，他们的生活轨迹从此和金代社会变迁紧密地联系在一起。在这些被扣留的宋使中，朱弁、张邵等人因种种机缘对金初的佛教发展产生了一定影响。

朱弁，字少章，北宋徽州婺源人。朱弁在北宋时颇有文名，南宋王明

---

[1]〔宋〕洪皓. 松漠纪闻：卷上[M]// 金毓黻. 辽海丛书. 沈阳：辽沈书社，1985：207.

[2]〔元〕札马剌丁，〔元〕虞应龙，〔元〕孛兰肹，等. 元一统志：卷一：中书省统山东西河北之地[M]. 赵万里，校辑. 北京：中华书局，1966：24.

[3] 刘友恒. 北宋佛教慈恩宗大家：通照大师之碑考略[J]. 文物春秋，2016(1).

清谓其"学文颇工"①，朱熹谓"公之文，慕陆宣公之为者，其气质雄浑，援据精博，明白疏畅，曲尽事理，识者以为深得其体"②。建炎初年，南宋遣使金朝，问安两宫，朱弁遂奋身自献，借吉州团练使，充通问副使，出使金朝。至云中，行遇粘罕，"邀说甚切。粘罕不听，使就馆，守之以兵"③。朱弁就此被金朝扣留④，直至皇统二年（1142）八月金宋达成和议之后，朱弁才得以回到南宋。使金被留期间，朱弁主要参与了下列佛教活动。

（一）撰写《西京大普恩寺重修大殿碑》

朱弁被留之初，"就馆云中"，三年以后又迁居西京大普恩寺。金人拘南使于佛教寺院的例子并不鲜见，靖康初年，出使金国的林冲之就被女真人"置显州极北冱寒之地，幽佛寺十余年"⑤。朱弁被拘大普恩寺，"因得与寺众往来，首尾凡十四年，如一日也"⑥。

朱弁寄身的西京大普恩寺是金代著名寺院，该寺"建于唐明皇时，与道观皆赐开元之号"，"其易今名，当在石晋之初"⑦。辽末金初，大普恩寺毁于战火，后经圆满大师与其徒协力重建，大普恩寺浴火重生，再现昔日庄严之相。此后，朱弁应圆满之邀，为该寺作记，是为《西京大普恩寺重修大殿碑》。

朱弁入金以前是否信仰佛教，我们不得而知，但从他自号"观如居

---

①〔宋〕王明清. 挥麈录（第三录）：卷之三：刘廷、黄大本、朱弁行状[M]. 上海：上海书店出版社，2009：197.

②〔宋〕朱弁. 曲洧旧闻：附录：奉使直秘阁朱公行状[M]. 孔凡礼，点校. 北京：中华书局，2002：248.

③〔元〕脱脱，等. 宋史：卷三百七十三：朱弁传[M]. 北京：中华书局，1977：11551.《奉使直祕阁朱公行状》的说法与此相类，谓朱弁"行遇房相粘罕于白水泺，邀说甚切，粘罕不听，使就馆云中，馈饷如礼，而实以兵守之"，参见：〔宋〕朱弁. 曲洧旧闻：附录：奉使直秘阁朱公行状[M]. 孔凡礼，点校. 北京：中华书局，2002：245.

④关于朱弁使金被留的确切时间，元好问记为"天会六年，以通问见留"，参见：〔金〕元好问. 中州集：卷十：朱奉使弁[M]. 长春：吉林出版集团有限责任公司，2005：350.

⑤〔元〕脱脱，等. 宋史：卷四百四十九：林冲之传[M]. 北京：中华书局，1977：13222.

⑥〔宋〕朱弁. 西京大普恩寺重修大殿碑[M]//〔清〕张金吾. 金文最：卷六十五. 北京：中华书局，1990：949.

⑦〔宋〕朱弁. 西京大普恩寺重修大殿碑[M]//〔清〕张金吾. 金文最：卷六十五. 北京：中华书局，1990：949.

士"①的情况看，朱弁与同时代的许多北宋文人一样，对佛理有一定的了解。入金后，长期寄居大普恩寺的朱弁亲身见证圆满大师不惮辛苦、重修寺院的整个过程，对佛教信徒的敬重之情油然而生，这从《西京大普恩寺重修大殿碑》中可以清楚地看到。在这块碑记中，朱弁对圆满重建寺院之功予以高度评价，谓"然此功德，为于治安无事之时，则其成也甚易，圆于干戈未戢之际，则其成也实难。圆满身更兵火，备历艰勤，视己财货，犹身外影。既捐所蓄，又哀檀信，经营落始，淹贯时序，皆予所目睹也。则其成就，岂得以治安无事比哉"②？与此同时，圆满等人认同朱弁奉使不屈、坚守节操的高贵品质，对朱弁敬重有加，遂邀朱弁为新修之大普恩寺作记。由此推测，寺僧所看重的不仅是朱弁的文名，更是他的品格。对此，清代的朱彝尊一语道破："当其时，宋诸臣留于金若宇文虚中、吴激、蔡松年之徒，多以文学自命，顾寺僧独以公之言为足重于世，亦以见恭敬之不可弃，而忠信所行者远也。"③

（二）撰写《台山瑞应记》

朱弁出使后，在西京度过了十余年的拘管生活。但从文献记载的情况看，拘管期间他仍然有较大活动自由④。得此便利，西京附近的五台山作为佛教圣地不能不引发朱弁的游兴，《曲洧旧闻》卷四载有《五台山虎跑泉虎跑庵》《清凉山一钵泉清凉山夜现月圆光》《秘魔岩灵迹》《五台山长松治大风》⑤等多条关于五台山的史料。从这些情况分析，朱弁应该亲自登临过五台山，领略过五台山的佛国圣境。这为朱弁作《台山瑞应记》积累了感性体验。

熙宗皇统年间，雁门史君"以赤子弄兵涧谷，衣绣持斧，迹捕至台下"，奉献香火之后，突见"五香之烟，遍满空崟兮直上，倏然改容，引

---

①〔宋〕朱弁.风月堂诗话[M]//影印文渊阁四库全书:第一四七九册.台北:台湾商务印书馆,1986:14.
②〔宋〕朱弁.西京大普恩寺重修大殿碑[M]//〔清〕张金吾.金文最:卷六十五.北京:中华书局,1990:949.
③〔清〕朱彝尊.曝书亭集[M]//影印文渊阁四库全书:第一三一八册.台北:台湾商务印书馆,1986:224.
④例如，他可以召饮云中被掳士大夫,事见:〔宋〕朱弁.曲洧旧闻:附录:奉使直秘阁朱公行状[M].孔凡礼,点校.北京:中华书局,2002:246.
⑤〔宋〕朱弁.曲洧旧闻:卷四[M].孔凡礼,点校.北京:中华书局,2002:132,133.

人回顾,目不得瞬,无小无大,各有所见"。当其时,朱弁"与僧正精惠大德,麟府总制折可直,暨寺众实从史君所共睹也"。朱弁既亲历其事,遂应史君之邀,于皇统元年(1141)六月作《台山瑞应记》。在这篇记文中,朱弁继承了传统佛教的说法,认为文殊菩萨"住此山中,诱接群迷,示此方便",而史君等人之所以能够目睹盛景,是因为史君家世奉佛,而史君亦能"不坠世芬,以无尽之心为心,用报曼殊室利所以开示之意"①。从这篇文章中,我们可以看出朱弁对佛典熟稔于心,对佛教"因果报应"思想深信不疑。

(三)为《续清凉传》作《续传记》

五台山一向以佛教圣地、文殊菩萨道场而受到佛家推重,记叙五台山佛教盛况的撰述历代有之,其著名者莫如清凉三传。先有唐僧慧祥著《古清凉传》,继有宋僧延一著《广清凉传》,终有北宋张商英著《续清凉传》,金人谓之"慧祥始为《清凉传》二卷,延一复为《广传》三卷,张相国、朱奉始又为《续传记》以附于后"②。此处"张相国"指张商英,"朱奉始"即指朱弁。张商英在北宋元祐二年(1087)任河东提点刑狱公事。次年六月,他借督捕群盗之机游历五台山,目睹种种灵应圣迹,归来后遂作《续清凉传》,此即史料中提到的张商英之《续传记》。至于朱弁所撰《续传记》究指何文,不便妄断,但有一点可以确定:朱弁因撰写《续传记》而在佛教信徒中获得了很高声望,以至于金代的姚孝锡把朱弁同自诩为菩萨眷属的北宋名臣张商英相提并论,谓"泊丞相张公天觉、黄华朱公少章,皆大臣护法之士"③。

张邵,字才彦,乌江人,登宣和三年(1121)上舍第,其人好佛,"喜诵佛书,虽异域不废"④。建炎三年(1129)九月,张邵假礼部尚书充

---

① 〔宋〕朱弁. 五台山瑞应记[M]//〔清〕张金吾. 金文最:卷二十二. 北京:中华书局,1990:302,303. 该文应为朱弁所撰,《金文最》误记为文琉,参见:薛瑞兆.《金文最》校札:署名问题及其他[J]. 江苏大学学报(社会科学版),2011(1).

② 〔金〕姚孝锡. 重雕清凉传序[M]//〔清〕张金吾. 金文最:卷三十八. 北京:中华书局,1990:547.

③ 〔金〕姚孝锡. 重雕清凉传序[M]//〔清〕张金吾. 金文最:卷三十八. 北京:中华书局,1990:547.

④ 〔元〕脱脱,等. 宋史:卷三百七十三:张邵传[M]. 北京:中华书局,1977:11556-11557.

通问使,出使大金军前。金人劝降未果后,将张邵"拘之燕山僧寺"[①],后又北徙会宁府拘管,直到皇统二年(1142)八月方与朱弁、洪皓等遣归南宋。张邵被拘金国期间曾撰写《宜州大奉国寺续装两洞贤圣题名记》。宜州奉国寺的情况前文已介绍,张邵为该寺作记的时间罗福颐谓"碑文作于天眷三年(1140)"[②]。但该年张邵早已被金人北徙会宁府,奉国寺所在之宜州与会宁府千里之遥,张邵不大可能远隔千里为奉国寺作记,考虑到奉国寺续装后的第二年张邵便被遣返南宋,而此时宜州附近之傍海道已取代古北道和卢龙道,成为连接中原与东北最主要的道路,宋金使臣往来均取此道而行[③]。因此,该记的诞生极有可能是张邵遣返南宋路过宜州时,奉国寺僧人闻张邵好佛之名而力邀为之作记的结果[④]。

女真初起时质朴无文,甚至不知纪年,只以草一青为一岁。虽然"兴兵以后,浸染华风"[⑤],但金朝初期女真人的文化水平仍然相当有限,他们对佛教的理解也只处于感性认识阶段。此时,大量的宋朝僧人及精通佛理的宋朝使节入金,对金初的佛教发展来说犹如雪中送炭,这些宝贵的佛学人才为金初佛教发展提供了重要条件。

三、周边政权及民族对金代佛教的影响

金朝周边与宋、高丽、西夏接壤,在这三个政权中,宋朝佛教承自汉唐,历史悠久,而高丽、西夏一向以奉佛著称。古印度虽然与金朝相距遥远,但魏晋以来,印度佛教与中土佛教渊源深厚,到金朝时,中印佛教交流仍未中断。除上述政权外,一些金朝周边的民族,特别是回鹘人通过不同渠道进入金朝腹地,他们的佛教传统对金代佛教也产生了一定影响。

金朝前期的金、宋佛教往来在前文中已略有叙述,金代中后期与南宋的佛教往来史籍记载极少,但从金朝使团到达南宋后往往要游览佛寺等情

---

①〔元〕脱脱,等. 宋史:卷三百七十三:张邵传[M]. 北京:中华书局,1977:11556.
②〔宋〕张邵. 宜州大奉国寺续装两洞贤圣题名记[M]//国家图书馆善本金石组. 辽金元石刻文献全编:三. 北京:北京图书馆出版社,2003:799.
③李孝聪. 中国区域历史地理[M]. 北京:北京大学出版社,2004:414-415.
④关于张邵撰写《宜州大奉国寺续装两洞贤圣题名记》的时间,姜念思先生认为应在天眷三年前后,且张邵确实在宜州羁留过。参见:王秋义. 辽金史研究[M]. 沈阳:辽宁民族出版社,2013:1-9.
⑤〔宋〕洪皓. 松漠纪闻:卷上[M]// 金毓黻. 辽海丛书. 沈阳:辽沈书社,1985:206.

况看,使团参访是金宋佛教交流的一个特殊渠道。金朝与高丽、西夏的佛教往来亦极少见诸史籍,关于金朝与高丽的佛教交流,《金史》只在《世纪》中略加提及,"金之始祖讳函普,初从高丽来,年已六十余矣。兄阿古乃好佛,留高丽不肯从"①。这是正史所见女真人与高丽佛教关系的最早记录,其后便语焉不详。但从辽朝的情况来看,辽朝与高丽的佛教关系非常密切,辽朝曾多次将《契丹藏》赏赐高丽②,而高丽亦曾向辽朝进贡佛经③。金朝建立后,高丽于天会四年(1126)奉表称藩,表示处理彼此关系的基本原则是"一依事辽旧制"④,在这个原则下,辽朝时高丽与中国大陆密切的佛教往来理应由辽朝的继任者金朝来接替,只是高丽与金朝佛教往来的细节我们目前尚无从查考罢了。西夏与金朝佛教的关系也是如此,辽朝时期,西夏与辽朝佛教交流非常密切,如道宗咸雍三年(1067)十一月,"夏国遣使进回鹘僧、金佛、《梵觉经》"⑤,辽寿昌元年(1095)十一月,"夏国进贝多叶佛经"⑥。辽朝解体后,金、夏两国于天会二年(1124)结成了以君臣相称的政治关系,佛教往来得以延续。天盛六年(1154,金贞元二年)九月,西夏"请市儒、释诸书,金主许之"⑦。虽然西夏与金朝佛教交流的史料寥寥无几,但我们仍然能从辽、夏间密切的佛教往来及金朝建立后西夏市佛书于金的事例中推断出西夏与金朝之间亦有较多佛教交流。近年来的考古发掘也证明了这一点。1989—1990年,宁夏考古工作者在贺兰县发现大量西夏佛教文物,内含一条带有墨书文字的绢质幡带。有学者经过考证认为,这条幡带是金代镇戎州张义堡第壹佰柒指挥第壹社赵仲为参加在西夏境内举行的一次佛教法事活动而专门敬献的⑧。由此可以推测,金、夏和平相处为民间佛教交流提供了可能,而西夏浓郁的佛教氛围不能不对金代佛教产生影响。

自汉明帝派遣蔡愔等人西行求法以来,中印之间就开展了广泛的佛教

---

① [元]脱脱,等. 金史:卷一:世纪[M]. 北京:中华书局,1975:2.
② 王德朋.《契丹藏》与高丽佛教[J]. 兰台世界,2012(18).
③《辽史》道宗大康九年十一月甲寅云:"诏僧善知雠校高丽所进佛经,颁行之。"事见:[元]脱脱,等. 辽史:卷二十四:道宗纪:四[M]. 北京:中华书局,2016:327.
④ [元]脱脱,等. 金史:卷一百三十五:高丽传[M]. 北京:中华书局,1975:2885.
⑤ [元]脱脱,等. 辽史:卷二十二:道宗纪:二[M]. 北京:中华书局,2016:303.
⑥ [元]脱脱,等. 辽史:卷二十六:道宗纪:六[M]. 北京:中华书局,2016:346.
⑦ [清]吴广成. 西夏书事校证:卷三十六[M]. 龚世俊,校证. 兰州:甘肃文化出版社,1995:421.
⑧ [金]孙继民. 宁夏宏佛塔所出幡带汉文题记考释[J]. 西夏研究,2010(1).

交流，金代延续了这个势头。金朝与印度佛教交流的主要方式是印度僧人赴金礼佛弘法。据《金文最》记载，三藏沙门咉哈啰悉利"本北师度末光阆国人，住鸡足山，诵诸佛密语，有大神力"。皇统年间，他"与其从父弟三磨耶悉利等七人，来至境上，请游清凉山礼文殊，朝命纳之。既游清凉，又游灵岩"，"始至济南，建文殊真容寺"，"至棣，又建三学寺"[①]。咉哈啰悉利的足迹遍及山西、山东，朝拜过五台、灵岩等佛教圣地，创建了文殊真容寺、三学寺两座寺院，对促进金代佛教发展做出了贡献。另据有关古籍记载，金时还有印度僧人苏陀室利来游，他精通咒语，曾游历于五台等地[②]。

除了宋、高丽、西夏等周边政权及印度外，在周边民族中，回鹘人对金朝佛教也有重要影响。回鹘是今天维吾尔族的祖先，信仰摩尼教、佛教、景教、祆教等，佛教信仰尤为突出[③]，"奉释氏最甚"[④]。金朝境内的回鹘人主要分布在咸平府、燕山、辽东等地[⑤]。早在金太宗天会五年（1127）正月，回鹘就已遣使入贡[⑥]。此后，回鹘与金朝的关系更加密切，回鹘人的佛教信仰也对金朝产生了重要影响。金末元初元好问的《恒州刺史马君神道碑》记载了金太宗在辽东出猎时的一件事：

> 太宗尝出猎，恍惚间见金人挟日而行，心悸不定，莫敢仰视，因罢猎而还，敕以所见者物色访求。或言上所见殆佛陀变现，而辽东无塔庙，尊像不可得，唯回鹘人梵呗之所有之。因取画像进之，真与上所见者合。上欢喜赞叹，为作福田以应之。凡种人之在藏获者，贳为平民，赐钱币纵遣之。[⑦]

---

① [金]耶律履. 天竺三藏咉哈啰悉利幢记[M]//[清]张金吾. 金文最:卷一百十. 北京:中华书局,1990:1587,1588.

② [金]唐括相公. 苏陀室利法师像赞[M]//[清]张金吾. 金文最:卷二十. 北京:中华书局,1990:263.

③ 回鹘佛教对北方民族的影响,参见:杨富学. 回鹘佛教对北方诸族的影响[J]. 昭乌达蒙族师专学报(汉文哲学社会科学版),1998(3);杨富学. 回鹘文献与回鹘文化[M]. 北京:民族出版社,2003:373-500.

④ [宋]洪皓. 松漠纪闻:卷上[M]//金毓黻. 辽海丛书. 沈阳:辽沈书社,1985:204.

⑤ 金代回鹘人的分布情况,参见:冯继钦. 金代的回鹘人[J]. 黑龙江民族丛刊,1995(1).

⑥ [元]脱脱,等. 金史:卷三:太宗纪[M]. 北京:中华书局,1975:56.

⑦ 姚奠中. 元好问全集(增订本):卷二十七:恒州刺史马君神道碑[M]. 李正民,增订. 太原:山西古籍出版社,2004:571.

据《金史·张浩传》记载,"天辅中,辽东平"①。由此可知,金朝占领辽东当在太祖时期。因此,从时间上推算,这段史料中的太宗,出猎辽东应属可信。此外,从这段史料的行文情况看,前文提出太宗所见"殆佛陀变现",后文提出取画像于回鹘人梵呗之所后,"真与上所见者合",则该画像应是佛像。如此看来,进兵辽东的女真人结缘佛教与回鹘人有直接关系。

综上所述,从金代佛教的历史基础来看,辽、宋、西夏等周边政权和民族的佛教信仰对金代都产生过一定影响,尤其是辽和北宋佛教对金初佛教的影响更大,这种影响集中体现在提供佛教人才和佛教寺院两个方面。辽、北宋时期的佛教文化在入金以后也得以继承和发展,对形成具有金代特色的佛教体系起到了重要作用。

第二节 金代佛教的发展历程

有金百余年间,佛教的兴衰轨迹可以分为前期(包括太祖、太宗、熙宗三朝)、中期(包括海陵、世宗、章宗三朝)、后期(包括卫绍王、宣宗、哀宗三朝)三个阶段,金朝佛教在每个时期都表现出不同的特征。总体来看,金朝前期佛教开始大规模进入女真社会,特别是对女真上层人物的影响逐渐增强;金朝中期是金代佛教的恢复和发展期,这一时期,在金初战争中被战火毁坏的寺院逐渐得到重建和扩展,寺额不断增加,佛教在女真社会生活中的地位有所巩固;金朝后期受国力衰败、战火频仍、道教势力增长等因素影响,佛教的发展总体上处于停滞状态。下面结合金代社会发展历程,阐述佛教在金代不同历史阶段的发展态势。

一、金代前期佛教

女真建金以后,随着与汉地接触的增多,佛教也开始在女真人中间传播开来。但是,至少在阿骨打时期,佛教对女真人的影响还非常有限,以致我们在《金史·太祖纪》中看不到与佛教活动相关的记载。造成这种状

---

①〔元〕脱脱,等. 金史:卷八十三:张浩传[M]. 北京:中华书局,1975:1862.

况的原因，很可能是由于民族传统的影响。太祖时期，佛教的影响还微乎其微，后世史官对这一阶段的佛教状况当然记无所记。

太宗是金代第二任皇帝，自天辅七年（1123）九月即位到天会十三年（1135）正月驾崩，太宗统治金国达十二年之久。十二年间，太宗亡大辽、灭北宋，女真人的势力范围由白山黑水的褊狭之地扩展到黄河流域的广大地区，进而奠定了其立国的规模基础。随着金朝国土的不断扩大，女真人与佛教的接触日益增多，佛教对女真人的影响也逐渐增强。这集中表现为女真贵族特别是女真上层人物对佛教由排斥到接纳的转变，太宗本人是这种转变的代表性人物。天会元年（1123）十月，"上京庆元寺僧献佛骨，却之"①。此处的"佛骨"究竟是佛陀真身舍利还是影身舍利抑或其他高僧舍利不得而知，但从太宗"却之"的态度看，刚刚即位的太宗对佛教秉持抵制或者敬而远之的态度。太宗拒受佛骨的原因，或许是因为女真人立国未久，同汉地佛教接触不多，因而对佛教尚无兴趣；或许是因为已有宗教在女真人的信仰体系中仍占绝对主导地位，因而排斥其他信仰。但是，太宗对佛教的态度很快就发生了转变，这种转变来自太宗与佛陀的几次"偶遇"：

第一，太宗出猎辽东时，"恍惚间见金人挟日而行"，后经对照，确定"金人"即为"佛陀变现"，太宗因而"欢喜赞叹，为作福田以应之"②。

第二，天会九年（1131）七月丙申，"上御西楼听政，闻咸州所贡白鹤音忽异常，上起视之，见东楼外光明中有像巍然高五丈许，下有红云承之，若世所谓佛者，乃擎跽修虔，久之而没"③。

第三，天会十三年（1135）正旦，"吴乞买困迷酒色，瘫痪已久，倩近侍扶起受朝，共见东方一佛，随日而出。末儿，殂于明德宫，时年六十

---

① 〔元〕脱脱,等. 金史:卷三:太宗纪[M]. 北京:中华书局,1975:48. 此处的"上京"究竟指辽上京还是金上京,史学界见解不一。许子荣先生谓此"上京"当指"金上京",参见:许子荣.《金史》天眷元年以前所称"上京"考辨[J]. 学习与探索,1989(2);都兴智先生谓此"上京"当指"辽上京",参见:都兴智. 金代女真人与佛教[J]. 北方文物,1997(3). 本书作者认为,此处"上京"当指"金上京"。

② 姚奠中. 元好问全集(增订本):卷二十七:恒州剌史马君神道碑[M]. 李正民,增订. 太原:山西古籍出版社,2004:571.

③ 〔元〕脱脱,等. 金史:卷二十三:五行志[M]. 北京:中华书局,1975:535.

一"①。

太宗所见之佛陀，或云中，或日下，都显得扑朔迷离，颇具神秘色彩。这种偶遇是太宗本人的幻觉还是后世史家的神来之笔已不可考。太宗因此改变了对佛教的态度是确凿无疑的，否则也不会"欢喜赞叹""擎跽修虔"。

太宗时期，女真上层集团中的一些显赫人物对佛教非常虔敬。宗翰是金初女真统治集团的重要成员，也是随太祖、太宗创立大金基业的元勋之一。他不仅在灭辽荡宋的过程中屡立战功，更在金朝建立与确立最高统治者人选的问题上发挥过特殊作用。这位女真统治集团中屡立殊勋的显赫人物在保护西京佛寺方面做出过重要贡献。史载，天辅年间，在追歼辽主的过程中，宗翰率军攻取西京。西京自魏晋以来即为佛教重地，宗翰作为西京方面的主帅，在平定西京之际，专门到西京大石窟寺礼佛，"大军平西京，故元帅晋国王到寺，随喜赞叹，晓谕军兵，不令侵扰。并戒纲首，长切守护。又奏，特赐提点僧禅紫衣并通慧大德号"②。考之《金史》宗翰本传，太宗曾进宗翰为国论右勃极烈，兼都元帅，熙宗即位后，又封宗翰为晋国王③，故这段史料中的"元帅晋国王"即指宗翰。他到达西京后为保护大石窟寺而采取的种种措施足见其对佛教已有敬意。宗望是金初功臣集团中堪与宗翰比肩的另一位元勋宿将，《金史》本传谓"宗望启行平州，战胜白河，席卷而南，风行电举，兵无留难，再阅月而汴京围矣。所谓敌不能与校者耶"④，这位功绩卓著的女真元勋对佛教也很有兴趣，"喜谈佛道"，"在军中号为'菩萨太子'"⑤。天会年间围攻汴京时，宗望因为反对杀人而被称为"佛"⑥，可见佛教禁止杀生的观点已经对宗望产生

---

① 〔宋〕确庵，〔宋〕耐庵. 靖康稗史笺证：呻吟语笺证[M]. 崔文印，笺证. 北京：中华书局，1988：224-225. 该段史料亦见于：〔宋〕李心传. 建炎以来系年要录：卷八十四[M]. 北京：中华书局，2013：1603；〔宋〕徐梦莘. 三朝北盟会编：卷一百六十五[M]. 上海：上海古籍出版社，1987：1194.

② 〔元〕熊梦祥. 析津志辑佚：寺观[M]. 北京图书馆善本组，辑. 北京：北京古籍出版社，1983：83.

③ 〔元〕脱脱，等. 金史：卷七十四：宗翰传[M]. 北京：中华书局，1975：1699.

④ 〔元〕脱脱，等. 金史：卷七十四：宗望传[M]. 北京：中华书局，1975：1712.

⑤ 〔宋〕宇文懋昭. 大金国志校证：卷二十七：开国功臣传：斡离不[M]. 崔文印，校证. 北京：中华书局，1986：381.

⑥ 〔宋〕徐梦莘. 三朝北盟会编：卷九十六[M]. 上海：上海古籍出版社，1987：709.

了一定影响。

　　天会年间的围汴之役对扩展金朝的势力范围具有重要作用，同时它也是金代佛教史上的重大事件。北宋的汴京城佛寺林立，其浓厚的佛教文化氛围对女真人产生了潜移默化的浸润作用，烧香礼佛、参拜寺院成为女真人围困汴京期间的一项重要活动。靖康元年（1126）十二月二十七日，"金使二十一人诣大相国寺爇香礼佛"，靖康二年（1127）正月初一日，"金使二十一人诣相国寺烧香"①。金人对汴京的高僧大德也多加礼敬。金使在赴相国寺烧香之前，"大相国寺智海禅院僧守一为金人邀诣寨，问佛法大意"，金人听后"甚喜"，"约以北行"②。靖康二年（1127）二月十九日，"金人移文索禅学、通经、德行数人。开封府勾捕诸禅长老及首座、西堂、禅僧等应募，每院不下十余人。解发中多有退归者，所留仅二十人"，金人对汰选后留下的二十人勤加礼敬，"传闻待遇颇厚，诸寨轮请，斋衬无虚日"③。金人在围汴期间的佛教活动颇值得玩味。他们一方面不断向北宋政府索取佛教经籍，一方面连续参拜佛教寺院，礼请高僧大德。一向被视为佛教至宝的旃檀瑞像也在这时落入金人手中，并于天会九年（1131）"迎请旃檀瑞像到燕京，建水陆会七昼夜，安奉于闵忠寺供养，凡住十二年"④。这种系统且全面的佛教活动体现了金人对佛教的尊崇和信奉，同时也对激发金人的向佛之心发挥了推动作用。

　　纵观太宗时期的佛教史料，我们可以看到，这一时期随着女真人与辽、宋佛教的接触日渐增多，女真人对佛教的崇信程度也在不断提高。尽管如此，我们还不能对太宗时期金代佛教的发展水平做过高评估，一方面是由于这一时期战事方殷，大量寺院被毁，僧人离散，许多百姓也在战火中颠沛流离，佛教发展缺乏稳定的社会环境；另一方面还要考虑到太宗时期信奉佛教的主要是女真统治集团的少数上层人物，这意味着此时的佛教发展还缺乏广泛的社会基础。上述两个方面决定了太宗时代的佛教还仅仅处于金代佛教发展的初级阶段。

---

①〔宋〕丁特起. 靖康纪闻（附拾遗）[M]. 台北:广文书局有限公司,1968:56,57.

②〔宋〕徐梦莘. 三朝北盟会编:卷七十三[M]. 上海:上海古籍出版社,1987:551.

③〔宋〕陈东. 靖炎两朝见闻录[M]//朱易安,傅璇琮,周常林,等. 全宋笔记:第三编. 郑州:大象出版社,2008:186.

④〔元〕释念常. 佛祖历代通载:卷二十[M]//影印文渊阁四库全书:第一〇五四册. 台北:台湾商务印书馆,1986:666.

第一章 金代佛教的历史基础与发展历程

天会十三年（1135）正月己巳，太宗驾崩，太祖之孙完颜亶即位，是为金熙宗。熙宗出生于天辅三年（1119），此时金朝已经立国有年，随着大批辽、宋儒士入金，完颜亶有更多机会接受汉文化的熏陶，因而《金虏节要》谓："今虏主完颜亶也，自童稚时金人已寇中原，得燕人韩昉及中国儒士教之。"①有儒士教诲，幼年的完颜亶虽不能精通六艺，却也"通识汉语""知诗文"②，"虽不能明经博古，而稍解赋诗翰，雅歌儒服，烹茶焚香，弈棋战象"，此时的完颜亶在女真旧臣眼里已失去了女真本态，"宛然一汉家少年子也"③。少年时期接受的汉化教育在完颜亶即位后对他的执政产生了重要影响，熙宗时期的礼制、官制改革无一不体现汉文化的理念。在接受汉文化的同时，熙宗也接受了作为汉族宗教文化重要组成部分的佛教。

熙宗时期的佛教有两个重要特点。一是统治集团对佛教的信奉更盛。宋高宗时期，洪皓使金，其间亲自见证了女真上层人物崇信佛教的场景，"胡俗奉佛尤谨。帝后见像设皆梵拜。公卿诣寺则僧坐上坐"，"贵游之家多为僧衣盂，甚厚"④。作为大金王朝的最高统治者，熙宗对佛教更是深信不疑，甚至把佛教视为解厄脱难的重要依靠。皇统二年（1142）二月，太子济安出生，此时熙宗已二十四岁，这对于已经即位八年的年轻皇帝来说，等待的过程未免过于漫长，但得子后的喜悦也超乎寻常。因此，济安出生不满两月即被册立为皇太子，熙宗还对皇后之父及随朝职官大加封赏并下诏普度僧尼，熙宗喜得皇子之后的快乐心情由此可略窥一二。但是，皇太子出生未满周岁即患重病，危难之下，熙宗乞灵于佛祖，"上与皇后幸佛寺焚香，流涕哀祷"，其虔诚之态跃然纸上。但是，熙宗和皇后的祈愿并未挽回济安的生命，济安"是夜，薨"。济安殇后，熙宗"命工塑其像于储庆寺，上与皇后幸寺安置之"⑤。从济安病重后熙宗亲自到佛寺焚香，殇后塑像于佛寺的情况看，此时的熙宗已经成为一名虔诚的佛教信徒。

---

①〔宋〕徐梦莘. 三朝北盟会编：卷一百六十六[M]. 上海：上海古籍出版社，1987：1197.
②〔宋〕确庵，〔宋〕耐庵. 靖康稗史笺证：呻吟语笺证[M]. 崔文印，笺证. 北京：中华书局，1988：225.
③〔宋〕徐梦莘. 三朝北盟会编：卷一百六十六[M]. 上海：上海古籍出版社，1987：1197.
④〔宋〕洪皓. 松漠纪闻. 卷上[M]// 金毓黻. 辽海丛书. 沈阳：辽沈书社，1985：207.
⑤〔元〕脱脱，等. 金史：卷八十：济安传[M]. 北京：中华书局，1975：1797，1798.

熙宗时期，佛教发展的另一个特征是大量毁于战火的佛教寺院得到恢复，如西京大普恩寺、天宁万寿禅寺、福山县金堆院都是在熙宗年间得以重修或增建的[①]，沂州普照禅寺也在熙宗时期扩建一新[②]。资料所限，我们无法确知熙宗年间复建、重修寺院的准确数量，但可以从《山右石刻丛编》《山左金石志》《金石萃编》等石刻史料记载的若干史实中看出一些端倪。检索上述文献，我们发现熙宗时期重建寺院的石刻比太祖、太宗时期明显增多，这可以从一个侧面说明熙宗时期寺院的复建数量要远高于太祖、太宗时期。金人的记载也说明了熙宗年间佛寺得到复兴的情况，作于皇统四年（1144）的《宝云寺佛殿记》在谈到各地佛寺情况时说："今之通邑大都，名区胜境，天恩崇奉，官吏奏请，其势力之勃兴也。"[③]

随着佛教寺院复兴而来的是佛事活动日益兴旺。皇统四年（1144），汾州香积院举行盛大佛事，"是日也，莫不幡幢蔽日，缯盖遮空，森列花灯，敷陈茗果，翼申虔恪，同会香羞，唯凭奉佛之因，仍切恳祷之悰"[④]。天宁万寿禅寺毕工时，"集山东十八郡大长老洎传戒宿德，建龙华会七昼夜以落其成。幢盖钟鼓，填溢衢市。缁素万人，遐迩咸会"[⑤]。东平府荐诚院落成时，大作佛事，"于是四众云集，如水凑川，如风入阿，奔前轶后，惟恐不及。扶老携幼，酌水捧花，随意稽敬，异口同音，歌传殊胜"[⑥]，如此大规模的佛事活动表明，熙宗时期的佛教发展已初步具备了社会基础。

[①][宋]朱弁. 西京大普恩寺重修大殿碑[M]//[清]张金吾. 金文最：卷六十五. 北京：中华书局，1990：948-949；[金]仲汝尚. 天宁万寿禅寺碑[M]//[清]张金吾. 金文最：卷六十五. 北京：中华书局，1990：951-953；[金]张邦彦. 增修金堆院碑[M]//[清]张金吾. 金文最：卷六十六. 北京：中华书局，1990：955-957.

[②][金]仲汝尚. 沂州府普照寺碑[M]//国家图书馆善本金石组. 辽金元石刻文献全编：二. 北京：北京图书馆出版社，2003：510-512.

[③][金]张曦. 宝云寺佛殿记[M]//国家图书馆善本金石组. 辽金元石刻文献全编：一. 北京：北京图书馆出版社，2003：130.

[④][金]了觉. 香积院涅槃会碑[M]//国家图书馆善本金石组. 辽金元石刻文献全编：一. 北京：北京图书馆出版社，2003：132.

[⑤][金]仲汝尚. 天宁万寿禅寺碑[M]//[清]张金吾. 金文最：卷六十五. 北京：中华书局，1990：952.

[⑥][金]邵世衍. 东平府东阿县荐诚院慈氏菩萨记[M]//阎凤梧. 全辽金文. 太原：山西古籍出版社，2002：1317.

二、金代中期佛教

海陵、世宗、章宗三朝前后延绵近六十年，几乎占金朝国祚的一半。金代佛教在这一时期进入高潮阶段，并呈现出与以往截然不同的发展态势。

（一）佛教信仰在汉化浪潮中不断加深

女真人早期生活于白山黑水之间，经过漫长的历史积淀逐渐形成了自己完整、独特的民族文化，但随着辽、宋故土纷纷入金，特别是随着金源内地的女真人大规模迁居中原及海陵王定都燕京，女真人与汉族文化的接触日益频繁，最终导致女真人的汉化风潮一浪高过一浪。金代中叶的海陵、世宗、章宗三位皇帝本身就有很高的汉文化水平。海陵王自少年起就学于名儒张用直，"渐染中国之风"①，"好读书，学弈象戏、点茶，延接儒生"②。在汉文化的熏陶下，海陵王"虽不能博通经史，亦粗有所闻"③。世宗在金代诸帝中以大力提倡女真民族文化著称，但实际上，世宗推行的许多措施，如置经书所翻译儒经、不断修建孔庙、逐渐完善科举取士制度等，本身就是金代中期汉化运动的一个重要组成部分。章宗"属文为学，崇尚儒雅"④，其诗词之美，被后世称为"亦南唐李氏父子之流也"⑤；其音律之精，与唐玄宗、后唐庄宗、南唐后主、宋徽宗并称"帝王知音者五人"⑥。海陵、世宗、章宗有如此深厚的汉文化修养，其他皇族成员也毫不逊色。世宗之子、章宗之父完颜允恭问学于儒者郑松，"专心学问，与诸儒臣讲议于承华殿。燕闲观书，乙夜忘倦，翼日辄以疑字付

---

①〔宋〕徐梦莘. 三朝北盟会编：卷二百四十二[M]. 上海：上海古籍出版社，1987：1740.

②〔宋〕宇文懋昭. 大金国志校证：卷十三：海陵炀王：上[M]. 崔文印，校证. 北京：中华书局，1986：185.

③〔元〕脱脱，等. 金史：卷一百五：张用直传[M]. 北京：中华书局，1975：2314.

④〔金〕刘祁. 归潜志：卷十二：辩亡[M]. 崔文印，点校. 北京：中华书局，1983：136.

⑤〔清〕徐釚. 词苑丛谈：卷三[M]//影印文渊阁四库全书：第一四九四册. 台北：台湾商务印书馆，1986：612.

⑥〔元〕陶宗仪. 南村辍耕录：卷二十七：燕南芝庵先生唱论[M]. 北京：中华书局，1959：335-336.

儒臣校证"[1]。他对女真文化日渐疏离，对汉文化日渐亲近，甚至"欲变夷狄风俗，行中国礼乐如魏孝文"[2]。世宗之孙完颜璹自幼与诸儒往来，"少日学诗于朱巨观，学书于任君谟，遂有出蓝之誉"[3]。他"博学有俊才，喜为诗，工真草书"[4]，被称为"百年以来宗室中第一流人也"[5]。

女真人既然能够如此广泛且迅速地接受汉族文化，那么他们接受佛教文化当然也在意料之中。比之前期，金代中期的佛教得到进一步发展，一个重要标志是寺院数量大增。金朝自世宗起，出于弥补财政不足的需要，政府大量发卖寺观名额，一大批无额寺院因此合法化，寺院的数量由此迅速增加。与此同时，承继熙宗以来寺院复兴势头，更多寺院在海陵、世宗两朝得到修复和扩大。例如，晋阳之天龙寺，先于皇统年间得到初步修复，继而又于正隆三年（1158）起再加修盖[6]。磁州常乐寺因旧址狭窄，遂自皇统八年（1148）九月至天德二年（1150）六月，将旧有寺院"筑而广之"，殿成之后"高广宏旷，冠于一方"[7]。并州之威德院"颇以寺基迫隘为嫌"，大定年间重修，"凡役工五千有奇而寺加广"[8]。阳城县海会寺因"旧堂坏壁，暗其丹青；圮桷疏檐，摧以风雨。既卑且隘，欲倒而倾"，遂于大定十年（1170）重修，"辄毁故以更新，特易小而成大。广其制度，增其基址"[9]。滕县兴国寺也于大定年间因正殿"庳陋狭隘"，"颓毁摧败，风雨不庇"而重修[10]。元好问以并州为例，描述了金代寺院经金

---

[1]〔元〕脱脱，等. 金史：卷十九：世纪补[M]. 北京：中华书局，1975：410.
[2]〔金〕刘祁. 归潜志：卷十二：辩亡[M]. 崔文印，点校. 北京：中华书局，1983：136.
[3]〔金〕元好问. 中州集：卷五：密国公璹[M]. 长春：吉林出版集团有限责任公司，2005：181.
[4]〔元〕脱脱，等. 金史：卷八十五：世宗诸子传[M]. 北京：中华书局，1975：1904.
[5]〔金〕元好问. 中州集：卷五：密国公璹[M]. 长春：吉林出版集团有限责任公司，2005：181.
[6]〔金〕智允迪. 重修天龙寺碑[M]//〔清〕张金吾. 金文最：卷六十七. 北京：中华书局，1990：982-984.
[7]〔金〕胡砺. 磁州武安县鼓山常乐寺重修三世佛殿碑[M]//〔清〕张金吾. 金文最：卷六十七. 北京：中华书局，1990：976.
[8]姚奠中. 元好问全集（增订本）：卷三十五：威德院功德记[M]. 李正民，增订. 太原：山西古籍出版社，2004：727.
[9]〔金〕苏瑾. 海会寺重修法堂[M]//阎凤梧. 全辽金文. 太原：山西古籍出版社，2002：1612，1613.
[10]〔金〕陆秉均. 滕县兴国寺新修大殿碑[M]//〔清〕张金吾. 金文最：卷六十九. 北京：中华书局，1990：1009.

初战火焚荡之后到金代中后期的复兴情景,并州佛寺"宣、政之季,废于兵者凡十之七。曾不百年,瓦砾之场金碧相望,初若未尝毁者"①。

金代中期,佛教发展的另一个标志是佛教的社会影响进一步扩大。金代社会历经太祖、太宗、熙宗、海陵四朝的动荡,到世宗、章宗时期已进入稳定发展阶段。这为佛教的兴盛奠定了重要基础,时人谓之"大定之初,天下鸿宁,释教大兴"②,"普天率土,被于膏泽。诞布德音,崇重佛教"③。社会大众逐渐强化的佛教信仰可从不断高涨的助缘建寺热情中得到印证。海陵年间,长子县修建妙觉寺时,民众"至于施物、输材、献工,不待诱而云集"④;大定年间,鄄城县修建正觉禅院时,"巧者献工,勇者助力,富者输财,辩者劝施"⑤;定州修建圆教院南院时,"有助材木者,有助砖石者,有助笆瓦者,有助人功者","或肩背负荷而送者,不惮烦劳,或车牛运载而来者,□□迢邈"⑥。这些石刻史料中有关民众捐财献物的记载可能有一些夸张成分,但是大量石刻文献中都有类似记载说明金代中叶民众对佛教的崇信确实大大增强。如果说金代前期佛教的社会影响更多地局限于上层人物,那么到金代中期时,佛教影响已扩展到社会中下层。这为佛教的进一步发展奠定了深厚基础。

(二) 崇佛是金代中叶最高统治者对佛教的基本态度

关于金代的佛教政策,学术界多有论述。"利用与限制并重"是学术

---

① 〔金〕姚奠中. 元好问全集(增订本):卷三十五:威德院功德记[M]. 李正民,增订. 太原:山西古籍出版社,2004:727.
② 〔金〕张莘夫. 重修法云寺碑[M]//〔清〕张金吾. 金文最:卷七十一. 北京:中华书局,1990:1050.
③ 〔金〕李杰. 敕赐福胜院碑[M]//〔清〕张金吾. 金文最:卷六十八. 北京:中华书局,1990:988.
④ 〔金〕李思孝. 新修妙觉寺碑记[M]//阎凤梧. 全辽金文. 太原:山西古籍出版社,2002:1532.
⑤ 〔金〕尹仲. 鄄城县正觉禅院碑[M]//〔清〕张金吾. 金文最:卷七十一. 北京:中华书局,1990:1051.
⑥ 〔金〕杨乃公. 定州创建圆教院碑[M]//〔清〕张金吾. 金文最:卷七十八. 北京:中华书局,1990:1134.

界研究金代佛教政策的基本结论①。但是，从金代中期佛教发展的实际情况看，应该对这一结论做一些补充和修改，即金代的佛教政策是利用与限制并行的，但以利用为主。这可以从海陵、世宗、章宗对佛教的态度中得到证明。

在中国帝王史上，海陵王以嗜杀著称，他的上台即源于谋弑熙宗。此后，海陵王为巩固自己的政治地位大肆屠杀，仅天德二年（1150）四月就杀死宗本、唐括辩、宗美、秉德、宗懿等宗室重臣及"太宗子孙七十余人，周宋国王宗翰子孙三十余人，诸宗室五十余人"②。除了屠杀宗室外，海陵连自己的至亲也不放过，他甚至直接下令杀死了反对自己伐宋的嫡母徒单氏，其绝三纲，灭人伦，遂"使天下后世称无道主以海陵为首"③。虽然海陵王的滥杀与佛教主张的修善断恶、大慈大悲背道而驰，但这并未妨碍他接近佛法（信不信是另外一个问题）。正隆元年（1156）二月，海陵王"御宣华门观迎佛，赐诸寺僧绢五百匹、彩五十段、银五百两"④。海陵王对一些名僧也加以礼敬，曾三次下诏征召名僧禅悦来京，就宫供养。禅悦年高辞归时，海陵王为之赐号遐龄益寿禅师，并亲自作诗，盛赞其佛法精深⑤。对于高僧圆性，海陵王"赐广慧通理之号，泊紫方袍"⑥。

世宗时期常常被传统史家看作金朝的全盛时代。《金史》谓世宗时"群臣守职，上下相安，家给人足，仓廪有余"，世宗遂有"小尧舜"⑦之誉。《元文类·大定治绩序》谓"金有天下凡九帝共一百二十年，其守成之善者莫如世宗。故大定三十年间时和岁丰，民物阜庶，鸣鸡吠犬，烟火

---

① 关于金代佛教政策的具体研究，参见：刘浦江. 辽金的佛教政策及其社会影响[J]. 佛学研究，1996（总第5期）；武玉环. 论金代女真的宗教信仰与宗教政策[J]. 史学集刊，1992（2）；王宏志. 略论金世宗的宗教政策[J]. 中国历史博物馆馆刊，1989（总第11期）.
② 〔元〕脱脱，等. 金史：卷五：海陵纪[M]. 北京：中华书局，1975：94-95.
③ 〔元〕脱脱，等. 金史：卷五：海陵纪[M]. 北京：中华书局，1975：118.
④ 〔元〕脱脱，等. 金史：卷五：海陵纪[M]. 北京：中华书局，1975：106.
⑤ 禅悦事迹，参见：〔金〕冯国相. 遐龄益寿禅师塔记[M]//梅宁华. 北京辽金史迹图志：下. 北京：北京燕山出版社，2003：286.
⑥ 〔明〕明河. 补续高僧传：卷十二：圆性传[M]//〔梁〕慧皎，等. 高僧传合集. 上海：上海古籍出版社，1991：687.
⑦ 〔元〕脱脱，等. 金史：卷八：世宗纪：赞[M]. 北京：中华书局，1975：204.

万里，有成康汉文景之风"①。清代著名史家赵翼对金世宗的评价更加直截了当："金代九君，世宗最贤。"②后世史家也给章宗时代以很高的评价，《金史》云："章宗在位二十年，承世宗治平日久，宇内小康，乃正礼乐，修刑法，定官制，典章文物粲然成一代治规。"③世宗、章宗时期稳定的社会环境为佛教发展提供了良好条件，而此时女真人汉化水平的提升也为女真上层人物支持和崇信佛教提供了更多可能，皇帝临幸佛寺、参与佛事活动成为这一时期最高统治者崇重佛教的重要方式。史载，世宗大定六年（1166）五月戊申，"幸华严寺"④；大定二十六年（1186）三月癸巳，"香山寺成，幸其寺，赐名大永安"⑤；八月辛丑，"幸仙洞寺。壬寅，幸香林、净名二寺"；"九月甲辰朔，幸盘山上方寺，因遍历中盘、天香、感化诸寺"⑥。大定二十九年（1189）六月，刚刚即位的章宗"幸庆寿寺"⑦。明昌元年（1190）六月，章宗又"奉皇太后幸庆寿寺"⑧；明昌四年（1193）三月，"幸香山永安寺及玉泉山"⑨。

从上述史料中我们看到，自海陵至章宗，金代中期的三位皇帝都以不同形式参加过佛教活动。与此形成对比的是，从《金史》的记载来看，金代前期只有熙宗因皇子染疾而幸佛寺焚香，而金朝后期的卫绍王、宣宗、哀宗三帝则没有任何亲幸佛寺的记录。这从一个侧面说明金代中期最高统治者对佛教的推崇程度。再结合这一时期国家降卖寺观名额、皇帝亲近高级僧侣、士庶热衷佛事、各地寺院大兴等情况可以看出，推崇佛教是这一时期金代佛教政策的主要内容。

---

① 〔元〕王磐. 大定治绩序［M］//〔元〕苏天爵. 元文类：卷三十二. 长春：吉林出版集团有限责任公司，2005：360.
② 〔清〕赵翼. 廿二史劄记：卷二十八：大定中乱民独多［M］. 北京：中国书店出版社，1987：391.
③ 〔元〕脱脱，等. 金史：卷十二：章宗纪：赞［M］. 北京：中华书局，1975：285.
④ 〔元〕脱脱，等. 金史：卷六：世宗纪：上［M］. 北京：中华书局，1975：137.
⑤ 〔元〕脱脱，等. 金史：卷八：世宗纪：下［M］. 北京：中华书局，1975：192.
⑥ 〔元〕脱脱，等. 金史：卷八：世宗纪：下［M］. 北京：中华书局，1975：194.
⑦ 〔元〕脱脱，等. 金史：卷九：章宗纪：一［M］. 北京：中华书局，1975：210.
⑧ 〔元〕脱脱，等. 金史：卷九：章宗纪：一［M］. 北京：中华书局，1975：215.
⑨ 〔元〕脱脱，等. 金史：卷十：章宗纪：二［M］. 北京：中华书局，1975：228.

(三) 金代中叶间或出现的抑佛举措是个别的、暂时的，呈现出局部性、非连续性的特征

近年来，学术界之所以得出金代佛教政策是"利用与限制并重"的基本结论，有几个重要原因：其一，金代中期不断出现的抑佛禁令。举其大略：海陵王时期，"金废度僧道"①。正隆元年（1156）十一月，"禁二月八日迎佛"②。大定十四年（1174）四月，世宗诏谕宰臣："闻愚民祈福，多建佛寺，虽已条禁，尚多犯者，宜申约束，无令徒费财用"③。大定十八年（1178）三月，世宗再次下令，"禁民间无得创兴寺观"④。章宗即位后，继续推行禁止私建寺观、私度僧尼的政策，并于明昌二年（1191）二月"敕亲王及三品官之家，毋许僧尼道士出入"⑤。其二，海陵朝出现的夷寺、杖僧事件。关于夷寺，正隆二年（1157）十月，海陵王"命会宁府毁旧宫殿、诸大族第宅及储庆寺，仍夷其址而耕种之"⑥。关于杖僧，贞元三年（1155）三月，"以左丞相张浩、平章政事张晖每见僧法宝必坐其下，失大臣礼，各杖二十。僧法宝妄自尊大，杖二百"⑦。其三，世宗发表的一系列怀疑佛老的言论。大定八年（1168）正月，世宗在同秘书监移剌子敬等人谈话时说，"至于佛法，尤所未信。梁武帝为同泰寺奴，辽道宗以民户赐寺僧，复加以三公之官，其惑深矣"⑧。大定十九年（1179）三月，世宗在对宰臣谈话时回忆了自己对佛教认识的转变过程，"人多奉释老，意欲徼福。朕蚤年亦颇惑之，旋悟其非。且上天立君，使之治民，若盘乐怠忽，欲以侥幸祈福，难矣"⑨。大定二十七年（1187）十二月，世宗诏谕宰臣，"人皆以奉道崇佛设斋读经为福，朕使百姓无冤，天下安

---

①〔元〕释念常. 佛祖历代通载：卷二十[M]//影印文渊阁四库全书：第一〇五四册. 台北：台湾商务印书馆，1986：671.
②〔元〕脱脱，等. 金史：卷五：海陵纪[M]. 北京：中华书局，1975：107.
③〔元〕脱脱，等. 金史：卷七：世宗纪：中[M]. 北京：中华书局，1975：161.
④〔元〕脱脱，等. 金史：卷七：世宗纪：中[M]. 北京：中华书局，1975：170.
⑤〔元〕脱脱，等. 金史：卷九：章宗纪：一[M]. 北京：中华书局，1975：217.
⑥〔元〕脱脱，等. 金史：卷五：海陵纪[M]. 北京：中华书局，1975：108.
⑦〔元〕脱脱，等. 金史：卷五：海陵纪[M]. 北京：中华书局，1975：103-104.
⑧〔元〕脱脱，等. 金史：卷六：世宗纪：上[M]. 北京：中华书局，1975：141.
⑨〔元〕脱脱，等. 金史：卷七：世宗纪：中[M]. 北京：中华书局，1975：173.

乐，不胜于彼乎"①。

自海陵到章宗，金代中期三帝或表示过对佛老的怀疑乃至否定态度，或采取过限制佛教发展的实际举措。如果对他们的言行做简单解读，当然会得到金代中期的佛教政策是"限制与利用并重"的结论。但是，如果能够对上述言论、举措的产生背景做深入剖析，我们或许能得到更多启示。

关于金代中期出现的抑佛禁令，归纳起来无非是禁止私建佛寺、私度僧尼、限制僧尼结交权贵等内容。这些规定历代皆有，并非金朝独创，应属朝廷对宗教活动及佛教僧侣的正常管理范畴。更重要的是，金代中期虽然时有限佛、抑佛之举，但通观金代中叶近六十年的历史我们可以看出，这些限佛、抑佛的措施是暂时的、非连续性的。例如，正隆元年（1156）十一月海陵王下令禁止迎佛，但世宗随即于大定二年（1162）正月"除迎赛神佛禁令"②。承安四年（1199）二月，章宗又"御宣华门，观迎佛"③。此外，我们还看到，金代中期推出的几次抑佛措施都是局部的、个案性质的，并未像历次"佛难"那样呈现出有组织、有系统地打击佛教的特征。相反，朝廷在颁布一些诏令时还非常注意保护佛教利益。例如，为收集铜器以铸铜钱，金于大定十一年（1171）二月规定，"禁私铸铜镜，旧有铜器悉送官，给其直之半"。佛家法器多以铜铸成，按理这些铜器当然也在送官之列，我们在会昌佛难的史料中经常可以看到此类记载。例如，唐武宗禁佛时，中书即于会昌五年（845）七月上奏，"天下废寺，铜像、钟磬委盐铁使铸钱"④。该年八月，即有人听闻圣敕："天下寺舍僧尼所用铜器、钟磬、釜铛等，委诸道盐铁使收入官库，且录闻奏者。"⑤与此同时，士庶之家收藏或供养的金属佛像也在收缴之列，"衣冠士庶之家所有金银铜铁之像，敕出后限一月纳官，如违，委盐铁使依禁铜法处分"⑥。但金世宗此次颁布的诏令却将金属佛像及各种法器排除在外，明

---

① 〔元〕脱脱，等. 金史：卷八：世宗纪：下［M］. 北京：中华书局，1975：199.
② 〔元〕脱脱，等. 金史：卷六：世宗纪：上［M］. 北京：中华书局，1975：125.
③ 〔元〕脱脱，等. 金史：卷十一：章宗纪：三［M］. 北京：中华书局，1975：249.
④ 〔后晋〕刘昫，等. 旧唐书：卷十八：上：武宗纪［M］. 北京：中华书局，1975：605.
⑤ 〔日〕圆仁. 入唐求法巡礼行记：卷四［M］. 顾承甫，何泉达，点校. 上海：上海古籍出版社，1986：195.
⑥ 〔后晋〕刘昫，等. 旧唐书：卷十八：上：武宗纪［M］. 北京：中华书局，1975：605.

确规定"惟神佛像、钟、磬、钹、钴、腰束带、鱼袋之属，则存之"①。考古发掘证明了这条史料的可信性。1987年，考古工作者在彰武县二道河子乡发现了一处约2万平方米的金代遗址，在一口酱釉大缸中发现了大量法器，其中有大小铜钹27件，引磬2件，法铃1件，铜佛1尊。②这些事例说明，金代中期的限佛、抑佛政策是短暂的、有限度的，崇佛仍然是这一时期佛教政策的主要内容。

海陵王毁坏上京储庆寺问题，应当与海陵王执政前后的政治形势联系起来。皇统九年（1149）十二月九日夜，海陵王手刃熙宗，以谋弑夺位。熙宗以太祖长孙得继大位，海陵王谋弑这样一位正统之君当然于理有亏，必然要遭到一些女真上层人物的唾骂甚至反抗。海陵王采取的应对措施：一是疯狂屠杀宗室③；二是将大量宗室由上京徙居中原。这就是后来世宗所说的"海陵自以失道，恐上京宗室起而图之，故不问疏近，并徙之南"④。即便如此，海陵王对上京地区的反对势力仍不敢掉以轻心，必欲尽除了而后快。因此，在屠灭宗室、迁徙人口之后，海陵王对上京地区宗室大族的聚居之地采取了彻底夷平的暴烈措施，"正隆二年命吏部郎中萧彦良尽毁宫殿、宗庙、诸大族邸第及储庆寺，夷其址，耕垦之"⑤。考察这段史料我们可以看到，正隆二年（1157），宫殿、宗庙、大族宅邸等多种不同功能的上京建筑被摧毁了，而储庆寺仅仅是其中之一。这意味着本次行动并非针对佛教而来。至于海陵王为什么将储庆寺也列入拆毁范围，则是另外一个值得探究的问题。据日本学者鸟居龙藏的研究，该寺规模壮丽，为金代镇国巨刹，得到皇室所崇信⑥，熙宗皇子济安殇后其塑像即安奉于此。如果说海陵拆毁宗庙、宫殿及宅第是为了让盘踞于此的反对势力失去议政聚居之所，那么夷平储庆寺的目的可能在于彻底摧毁上京贵族的精神寄托。显然，夷平储庆寺并非因为海陵王对佛教有多么深的偏见和反感，而仅仅是他打击上京反对势力的诸多措施中的一个组成部分而已。

---

① 〔元〕脱脱,等. 金史:卷四十八:食货志:三[M]. 北京:中华书局,1975:1070.
② 孙杰. 彰武县郭家屯出土金代法器[J]. 辽金契丹女真史研究,1988(2).
③ 周峰. 完颜亮评传[M]. 北京:民族出版社,2002:46-64.
④ 〔元〕脱脱,等. 金史:卷八:世宗纪:下[M]. 北京:中华书局,1975:185.
⑤ 〔元〕脱脱,等. 金史:卷二十四:地理志:上[M]. 北京:中华书局,1975:551.
⑥ 〔日〕鸟居龙藏. 金上京城佛寺考[J]. 燕京学报,1948(34).

至于海陵王杖责僧人则关系君权尊严和僧侣政治地位问题。这段史事，除了上文提到的《金史·海陵纪》的简单记叙以外，《金史·张通古传》的记载更加详尽：

> 会磁州僧法宝欲去，张浩、张晖欲留之不可得，朝官又有欲留之者。海陵闻其事，诏三品以上官上殿，责之曰："闻卿等每到寺，僧法宝正坐，卿等皆坐其侧，朕甚不取。佛者本一小国王子，能轻舍富贵，自苦修行，由是成佛，今人崇敬。以希福利，皆妄也。况僧者，往往不第秀才，市井游食，生计不足，乃去为僧，较其贵贱，未可与簿尉抗礼。闾阎老妇，迫于死期，多归信之。卿等位为宰辅，乃复效此，失大臣体。张司徒老成旧人，三教该通，足为仪表，何不师之。"召法宝谓之曰："汝既为僧，去住在己，何乃使人知之？"法宝战惧，不知所为。海陵曰："汝为长老，当有定力，今乃畏死耶？"遂于朝堂杖之二百，张浩、张晖杖二十。①

这段史料中提到的张浩，字浩然，辽阳渤海人，海陵朝历任户部尚书、参知政事、尚书右丞、平章政事、左丞相、尚书令等职；张晖在海陵朝历任平章政事、枢密副使、尚书左丞等职。显然，两人是海陵朝统治集团的重要人物，可谓官高位显。而史料中提到的僧人法宝，据学者考证，即金代曹洞名僧大明宝②，他曾应张浩之邀住持燕京之仰山栖隐寺。

在上述三人中，张晖与佛教的关系不甚明确。而张浩家族出自渤海，素有好佛的传统，其兄即出家为僧，"曰慧休圆通辨正大师，前东京管内都□录"，其妹亦出家为尼，"曰即圆赐紫圆□大德"③，家庭生活中的佛教氛围如此浓厚，张浩本人崇信佛教也在情理之中，何况天德三年（1151）张浩奉海陵王之命与刘筈、卢彦伦等主持营建燕京之役，更为他

---

① 〔元〕脱脱，等. 金史：卷八十三：张通古传[M]. 北京：中华书局，1975：1861.
② 〔金〕李辉，冯国栋. 曹洞宗史上阙失的一环：以金朝石刻史料为中心的探讨[J]. 佛学研究，2008（总第17期）.
③ 张汝能. 张行愿墓志[M]// 王新英. 金代石刻辑校. 长春：吉林人民出版社，2009：163.

与法宝的进一步交往创造了便利条件。贞元二年（1154），法宝欲离开栖隐寺，张浩、张晖及众朝官"留之不可得"，此事惊动海陵王，于是发生了海陵杖责法宝及张浩、张晖事件。

从杖责事件发生时海陵王的态度来看，他反对崇佛徼福的行为，"佛者本一小国王子，能轻舍富贵，自苦修行，由是成佛，今人崇敬。以希福利，皆妄也"。他对一些僧人出家的原因也持鄙视态度，"况僧者，往往不第秀才，市井游食，生计不足，乃去为僧"。但是，海陵王杖责僧人及大臣的根本原因并不在此，而在于僧俗相处时僧者正坐、大臣侧坐的现象颠倒了应有的礼制关系，从而引起了海陵王的极度不满。海陵王以弑主起家，在他的性格中，"淫暴自强""英锐有大志"[1]"愁愁有不为人下之意"[2]占据了主导地位。这一点从海陵王"等待一朝头角就，撼摇霹雳震山河"的高远志向和"提兵百万西湖上，立马吴山第一峰"[3]的宏大气魄中都可以得到验证。以海陵王英锐自强的性格，自然不会甘居人下。推而广之，他也不希望自己的大臣拜倒在僧侣脚下，况且自魏晋以来，沙门应敬王者的问题已经解决，政权高于神权已成固定格局，此时法宝尚妄自尊大，而张浩、张晖又屈己奉僧，那么此事所损害的就不仅仅是两位大臣的体面，而是王权的尊严。表面上，海陵王所杖责的是法宝、张浩、张晖的血肉之躯，实际上，他所维护的则是王权至上的政治理念。

关于世宗发表的一系列怀疑佛老的言论，应听其言，更应观其行。世宗在位二十八年，他对佛教的态度可谓游移不定。一方面，他像前面所列举的那样，发表过大量的疑佛言论；另一方面，他又对佛教所宣扬的"因果报应"思想深表赞同。例如，大定十九年（1179）三月，世宗在批评"人多奉释老，意欲徼福"之后，告诫宰臣说，"果能爱养下民，上当天心，福必报之"[4]。大定二十七年（1187）十二月，世宗在批评"人皆以奉道崇佛设斋读经为福"之后，又勉励宰臣曰："尔等居辅相之任，诚能

---

[1]〔金〕刘祁. 归潜志. 卷十二：辩亡[M]. 崔文印，点校. 北京：中华书局，1983：136.
[2]〔宋〕岳珂. 桯史. 卷八：逆亮辞怪[M]. 吴企明，点校. 北京：中华书局，1981：95.
[3]〔宋〕岳珂. 桯史. 卷八：逆亮辞怪[M]. 吴企明，点校. 北京：中华书局，1981：95.
[4]〔元〕脱脱，等. 金史. 卷七：世宗纪：中[M]. 北京：中华书局，1975：173.

匡益国家，使百姓蒙利，不惟身享其报，亦将施及子孙矣。"①大定晚期，卢沟河久决不塞，世宗加封其为安平侯后，"水复故道"，世宗对此感叹说："鬼神虽不可窥测，即获感应如此。"②这些史料说明，世宗虽对奉佛徼福的做法颇有微词，但对佛法所主张的"因果报应"则深信不疑。看来《金史》所谓"世宗颇信神仙浮图之事"③并非空穴来风。

中国古代封建帝王与佛教的关系非常复杂，绝非"信"或"不信"所能概括。决定某一时期政教关系的核心因素除了人君好恶外，政治需要是第一位的。就金代中期而言，一方面，虽然社会已基本稳定，但不同形式的反叛活动并未彻底平息，僧人也卷入其中。大定三年（1163），"东京僧法通以妖术乱众"④。大定十三年（1173）九月，"大名府僧李智究等谋反"⑤。由此，世宗对僧侣集团势力的扩大不能不保持警惕。另一方面，世宗时期特别是世宗初期，因为战争影响，社会财富严重匮乏。章宗时期，自然灾害连绵不断，鞑靼等周边民族不断袭扰边境。由上述原因造成的国库空虚都需要以发卖度牒、寺院员额等方式加以弥补。从这个角度看，维护社会稳定的局面又离不开佛教的支持。这些因素决定了不管海陵、世宗、章宗本人对佛教崇信与否，佛教作为美化皇权、维护皇权的重要工具不可缺少，而他们采取的种种抑佛举措和发表的疑佛言论，更多是为了防止佛教势力扩大而影响皇权。从金代中叶僧人卷入叛乱活动的情况来看，他们的这种忧虑具有现实依据。因此，海陵、世宗、章宗在崇信佛教的同时，对佛教采取必要的限制措施是可以理解的。

三、金代末期佛教

金代的社会经济自章宗末期开始出现明显衰落，卫绍王、宣宗、哀宗三朝更呈内忧外患、兵连祸结之势。金末的形势除了政治腐败、经济残

---

① 〔元〕脱脱，等. 金史：卷八：世宗纪：下[M]. 北京：中华书局，1975：199.
② 〔元〕脱脱，等. 金史：卷九十二：徒单克宁传[M]. 北京：中华书局，1975：2050.
③ 〔元〕脱脱，等. 金史：卷九十二：徒单克宁传[M]. 北京：中华书局，1975：2050.
④ 〔元〕脱脱，等. 金史：卷六：世宗纪：上[M]. 北京：中华书局，1975：130.
⑤ 〔元〕脱脱，等. 金史：卷七：世宗纪：中[M]. 北京：中华书局，1975：160.

破、社会危机加剧外，最主要的问题是蒙古军队的进攻。在蒙古大军的攻击下，金廷惊慌失措，先是宣宗于贞祐二年（1214）五月弃中都而迁汴京，继而哀宗于天兴元年（1232）六月从汴京出逃，最终于天兴三年（1234）正月自缢于蔡州，大金王朝百余年的统治至此终结。

金、蒙交战对金末佛教产生了重要影响。这种影响，一方面表现在朝廷为筹集军费，弥补巨大的财政缺口而进一步加大鬻卖僧道度牒、寺观员额、紫衣师号乃至僧道官职衔的力度，从而为金末个别时间、个别地区佛教的畸形发展提供了条件；另一方面表现为百姓在国破家亡之际，为祈求神佛庇护，大兴土木构建寺宇，从而导致个别寺院的兴盛。元好问的《竹林禅院记》云：

> 予行天下多矣。自承平时，通都大州若民居、若官寺，初未有闳丽伟绝之观。至于公宫侯第，世俗所谓动心而骇目者，校之传记所传，曾不能前世十分之一。南渡以来，尤以营建为重，百司之治，或侨寓于编户细民之间。佛之徒则不然，以为佛功德海大矣，非尽大地为塔庙，则不足以报称。故诞幻之所骇，坚苦之所动，冥报之所詟，后福之所徼，意有所向，群起而赴之。富者以赀，工者以巧，壮者以力，咄嗟顾盼，化草莱为金碧，撞钟击鼓，列坐而食，见于百家之聚者乃如此。①

金末战火纷飞之际，国家无力拯生民于水火，百姓就只好寄希望于神佛。因此，出于报佛恩、徼后福的心理，富者输财，贫者献力，大修寺院，导致金末一些寺院金碧辉煌，而居于其中的僧侣也列坐而食，心安理得地接受信众供养。作为金末战乱的亲历者和严谨的史家，元好问所见当非虚言，但能否据此认为金末佛教呈现出整体性繁荣甚至超过了金代中期的发展水平则是一个值得辨析的问题。

金朝末年的惨象触目皆是。一是民众逃散，州县残破。史载，河南作

---

① 姚奠中. 元好问全集（增订本）：卷三十五：竹林禅院记[M]. 李正民,增订. 太原：山西古籍出版社,2004：729.

为金朝据守的核心地区，遭受的破坏极为惨烈，"兵荒之后，遗民无几"[1]。哀宗败亡蔡州后，南宋军队进入这一地区，他们看到的景象是蒙城县"城中空无所有，仅存伤残之民数十而已。沿途茂草长林，白骨相望，虻蝇扑面，杳无人踪"；城父县"县中有未烧者十余家，官舍两三处"；"过魏真县、城邑县、太康县，皆残毁无居人"；东京城内"荆棘遗骸，交午道路，止存民居千余家，故宫及相国寺佛阁不动而已"。[2]其他地区亦难逃战火之劫，保州被蒙古军队攻占后，"自兵火之余，荒废者十五年"[3]，泽州陷落时，"虐焰燎空，雉堞毁圮，室庐扫地，市井成墟，千里萧条，阒其无人"[4]，"河东州县亦多残毁"[5]。金朝灭亡前夜，有些地区甚至出现人烟断绝千余里的情况，"河南拱北，城郭墟厉，居民索寞。自关而东，千有余里，悉为屯戍之地，荒芜塞路，人烟杳绝"[6]。二是民众大量死亡。这些民众一部分死于抵抗蒙军的战火，一部分死于战后的屠杀。例如，蒙军攻占保州时，"尸积数十万，磔首于城，殆与城等"[7]。蒙古军队攻占忻州时，"倾城十万户，屠灭无移时"[8]。蒙古军队攻占河朔时，"凡廿余年，数千里间，人民杀戮几尽，其存以户口计，千百不一余"[9]，元好问感叹"只知河朔生灵尽，破屋疏烟却数家"[10]。那些侥幸逃生的百姓也躲不开灾疫和饥饿的侵袭，蒙军围汴时，城内大疫"凡五十日，诸门出死者九十余万人，贫不能葬者不在是数"[11]，金末诗人雷琯看

---

[1]〔明〕宋濂,等. 元史：卷一百五十三：杨奂传[M]. 北京：中华书局,1976：3621.

[2]〔宋〕周密. 齐东野语：卷五：端平入洛[M]. 黄益元,校点. 上海：上海古籍出版社,2012：43,44.

[3]〔明〕宋濂,等. 元史：卷一百四十七：张柔传[M]. 北京：中华书局,1976：3473.

[4]〔金〕李俊民. 庄靖集：卷八：泽州图记[M]. 太原：山西古籍出版社,2006：461.

[5]〔元〕脱脱,等. 金史：卷十四：宣宗纪：上[M]. 北京：中华书局,1975：304.

[6]〔元〕姬志真. 洛阳栖云观碑[M]//阎凤梧. 全辽金文. 太原：山西古籍出版社,2002：3517.

[7]〔元〕郝经. 陵川集：卷三十五：须城县令孟君墓铭[M]. 长春：吉林出版集团有限责任公司,2005：402.

[8]〔金〕元好问. 中州集：卷五：修城去[M]. 长春：吉林出版集团有限责任公司,2005：177.

[9]〔元〕刘因. 静修集：卷九：武强尉孙君墓铭[M]//影印文渊阁四库全书：第一一九八册. 台北：台湾商务印书馆,1986：555.

[10]姚奠中. 元好问全集(增订本)：卷十二：癸巳五月三日北渡三首[M]. 李正民,增订. 太原：山西古籍出版社,2004：292.

[11]〔元〕脱脱,等. 金史：卷十七：哀宗纪：上[M]. 北京：中华书局,1975：387.

到"客有自关辅来言秦民之东徙者,余数十万口,携持负戴,络绎山谷间,昼餐无粮糗,夕休无室庐,饥羸暴露,滨死无几"①。三是大量土地荒芜,社会经济遭到毁灭性破坏。金朝末年为支撑抗蒙战争,朝廷向百姓横征暴敛,宣宗南渡后情形更甚,大批百姓为躲避赋役不惜流亡他乡,导致田土荒芜。贞祐三年(1215)十月,时任御史的田迥秀上疏指出:"方今军国所需,一切责之河南。有司不惜民力,征调太急,促其期限,痛其捶楚。民既磬其所有而不足,遂使奔走傍求于它境,力竭财殚,相踵散亡,禁之不能止也。"因此,他建议"乞自今凡科征必先期告之,不急者皆罢,庶民力宽而逋者可复"②。但是,区区一位御史的建议无法改变朝廷竭泽而渔的政策,因逃户众多而导致的土地荒芜问题不但没有解决,反而呈日益严重之势。贞祐四年(1216),时任尚书左丞的高汝砺指出"河北累经劫掠,户口亡匿,田畴荒废"③。哀宗年间,刘从益任叶县令时,以往岁入七万石之剧邑,"自扰攘之后,户减三之一,田不毛者千七百顷"④。《元史》也记载说,"金贞祐播迁,田畴荒芜,人无所得食"⑤,"京兆之西,荒野数千顷"⑥。这些史料说明金末土地荒芜、荆榛满野是一个普遍问题。金末的战争和灾疫虽然在一定程度上加深了百姓对佛教的信奉。但是,佛教的真正繁荣需要稳定的社会环境及雄厚的经济基础的支持,在金末那种战祸连绵、人口逃散、土地荒废、饿殍满野的情况下,佛教徒连最基本的生存条件都无法满足,更遑论为佛教的发展助力。由此看来,元好问在《竹林禅院记》中描述的佛寺大兴,诸僧列坐而食的场面只能是个案,而不能代表金末佛教的整体状况。

从史料记载的情况看,金元之际很多佛教寺院为战火所累,遭到了严重破坏,有的甚至在战争中付之一炬。燕京之寿圣禅寺"在大定、明昌

---

①〔金〕雷琯. 商歌十章(诗题为本书作者所拟)[M]//阎凤梧,康金声. 全辽金诗. 太原:山西古籍出版社,1999:2768.

②〔元〕脱脱,等. 金史:卷四十七:食货志:二[M]. 北京:中华书局,1975:1060-1061.

③〔元〕脱脱,等. 金史:卷一百七:高汝砺传[M]. 北京:中华书局,1975:2356.

④〔金〕赵秉文. 滏水集:卷十二:故叶令刘君遗爱碑[M]. 长春:吉林出版集团有限责任公司,2005:137.

⑤〔元〕脱脱,等. 元史:卷一百五十一:王善传[M]. 北京:中华书局,1976:3572.

⑥〔元〕脱脱,等. 元史:卷一百九十一:许楫传[M]. 北京:中华书局,1976:4358.

间，堂宇百楹，食指以千计"，但"自遭离兵变，城邑废毁，仙佛所庐，仅有存者"，巍峨壮丽的寿圣禅寺此时已是"荆棘瓦砾，蛇鼬来舍，如是十数年无留盼者"[①]。安阳之兴阳院自兴建以来，由小至大，虽废而肇兴，稍微而益炽，"兹寺之废，由金季丧乱之余，惟塔存焉"[②]。龙山之永宁禅寺屡经兴替，"金季兵荒，寺为劫火所烬"[③]。壶关县大觉院"自兵荒以来，所存者正殿三间而已"[④]。元氏县之开化寺于金元兵荒之际"堂厨厩库，焚荡无遗，灵光仅存，不胜残毁矣"[⑤]。《普玘和尚塔幢》对金末寺院焚荡的情况做了总结："至于贞祐三年（1215）小春之月，时遇兵劫，犯于中原，玉石俱焚，善恶不分。天下招提，咸从毁废。"[⑥]有的佛寺虽然幸免于兵火焚荡，却为军队所占，"荒陂废佛寺，古殿依闲云。残僧杖锡去，却驻河防军"[⑦]；也有的寺院改成了民居，"贞祐初，天兵南伐，京城既降，兵火之余，僧童绝迹，官吏不为之恤，寺舍悉为民居有之"[⑧]。

金末战火焚荡之际，遭受灭顶之灾的不仅是那些佛教寺院，僧侣的命运也令人叹息。一些僧人在战乱中死去，"法侣悉皆摩灭"[⑨]，苟活者也在艰难中苦苦挣扎。例如，龙兴汴禅师"焚荡之余，破屋数椽，日与残僧三

[①] 姚奠中. 元好问全集（增订本）：卷三十五：寿圣禅寺功德记[M]. 李正民, 增订. 太原：山西古籍出版社, 2004：732.

[②] 〔元〕王彧. 重修兴阳院碑[M]//国家图书馆善本金石组. 辽金元石刻文献全编：二. 北京：北京图书馆出版社, 2003：175.

[③] 〔元〕漆伯善. 元宣慰谢公修石壁寺记[M]//国家图书馆善本金石组. 辽金元石刻文献全编：二. 北京：北京图书馆出版社, 2003：759.

[④] 〔元〕韩仲元. 大觉院兴修记[M]//国家图书馆善本金石组. 辽金元石刻文献全编：一. 北京：北京图书馆出版社, 2003：307.

[⑤] 〔元〕贺宗儒. 开化寺重修常住佛殿记[M]//国家图书馆善本金石组. 辽金元石刻文献全编：三. 北京：北京图书馆出版社, 2003：286.

[⑥] 佚名. 普玘和尚塔幢[M]//国家图书馆善本金石组. 辽金元石刻文献全编：二. 北京：北京图书馆出版社, 2003：930.

[⑦] 〔金〕杨宏道. 古寺[M]//阎凤梧, 康金声. 全辽金诗. 太原：山西古籍出版社, 1999：2291.

[⑧] 耶律楚材. 湛然居士文集：卷八：燕京大觉禅寺创建经藏记[M]. 谢方, 点校. 北京：中华书局, 1986：198.

[⑨] 佚名. 普玘和尚塔幢[M]//国家图书馆善本金石组. 辽金元石刻文献全编：二. 北京：北京图书馆出版社, 2003：930.

四辈灌园自给"①。金末元初的诗人们描述了僧人的惨淡生活，元好问写道："随营木佛贱于柴，大乐编钟满市排。"②杨弘道写道："破日期留宿，残僧病可哀。"③冯延登写道："老柏苍苍缠老藤，招提牢落有残僧。瞑禽自入藏经阁，饥鼠时窥照佛灯。"④

金朝末年，统治集团出于筹集军费以支撑金蒙战争的需要而滥发度牒及寺观员额，这在一定程度上导致了佛教的畸形发展。但是，金末战火纷飞、民生凋敝、经济崩溃、寺院焚毁、僧人逃散的事实决定了金末佛教不可能得到真正发展，衰败应是金末佛教的基本情况。

---

① 姚奠中. 元好问全集(增订本):卷三十一:告山赟禅师塔铭[M]. 李正民,增订. 太原:山西古籍出版社,2004:655.
② 姚奠中. 元好问全集(增订本):卷十二:癸巳五月三日北渡三首[M]. 李正民,增订. 太原:山西古籍出版社,2004:292.
③〔金〕杨宏道. 醴泉寺诗(二首)[M]//阎凤梧,康金声. 全辽金诗. 太原:山西古籍出版社,1999:2319.
④〔金〕元好问. 中州集(增订本):卷五:宿三家寺[M]. 长春:吉林出版集团有限责任公司,2005:169.

第二章

金代佛教信众

自古及今，佛教的发展都需要信众的大力支持。同其他历史时期一样，金代的佛教信众主要由两部分组成：一为僧人，一为俗家信众。本章主要是对这两者进行详细研究，探讨他们信奉佛法的原因，以及弘扬佛法的方式。同时，探讨佛教教义对他们人生态度、生活方式的影响。

第一节　金代僧尼

僧人，又称僧、沙门、和尚、头陀等。《魏书·释老志》对僧人的特点进行了系统概括："诸服其道者，则剃落须发，释累辞家，结师资，遵律度，相与和居，治心修净，行乞以自给。谓之沙门，或曰桑门，亦声相近，总谓之僧，皆胡言也。"[1]这段文字中的"道"当指佛法。剃发辞家是成为僧人的基本条件，结师遵律、相与和居、治心修净、行乞自给是僧人生活的主要内容和基本特征。由此可以看出，僧人是指信奉佛教，出家专门从事佛教活动，并按照佛教戒律生活及进行修行的职业佛教徒[2]。

金代僧人是由不同民族、不同年龄、不同性别的佛教徒组成的佛教群

---

[1]〔北齐〕魏收. 魏书:卷一百一十四:释老志[M]. 北京:中华书局,1974:3026.

[2] 关于僧人的定义及不同称谓,参见:李富华. 中国古代僧人生活[M]. 北京:商务印书馆国际有限公司,1996:2-8.

体，他们中间既有堪称一代宗师的高僧大德，也有默默无闻的普通僧侣。但是，无论他们在僧团中的地位如何，社会影响如何，作为独立的个体，都为金代佛教发展做出了自己的贡献。因此，本节以金代僧人为研究对象，着重探讨他们的弘法生活。

一、金代僧尼的家世背景、出家原因及前提条件

（一）家世背景

金代僧人的家世颇有不同。金代僧人除大部分为汉族外，还有其他民族的，如渤海人。东京胜严寺的一位禅师为"东京辽阳县渤海人也"[①]，翁同山圆覆禅师为"燕都渤海人也"[②]。渤海是一个历史悠久的民族，渤海人至少自大祚荣时期就已信奉佛教[③]。从目前考古发掘情况看，渤海上京、中京、东京等地都发现了大量佛教遗迹。这说明渤海的佛教文化非常发达。辽金时期的渤海人延续了崇佛传统，甚至出自渤海的金世宗之母也遁入空门。又如白霫[④]，慧聚寺严行大德悟闲即为"白霫人"[⑤]，僧人广慧的传法弟子了奇为"白霫富庶人"[⑥]。金代的另外一位高僧悟铢也曾"礼白霫太尉传戒大师，执弟子之役"[⑦]。金代女真人也有出家为僧尼者，如

---

①〔金〕杨恕道. 胜严寺禅师塔铭[M]//王新英. 金代石刻辑校. 长春：吉林人民出版社，2009：135.

②〔金〕孙设. 翁同山院舍利塔记[M]//〔清〕张金吾. 金文最：卷一百十. 北京：中华书局，1990：1589.

③ 开元元年（713）十二月，"靺鞨王子来朝，奏曰'臣请就市交易，入寺礼拜'，许之"。〔宋〕王钦若，杨亿，孙奭，等. 册府元龟：卷九七一[M]. 北京：中华书局，1960：11405.

④ 白霫是中国古代北方的一个少数民族。有学者认为，白霫在辽金时期也指大定府、中京道或北京路等地，详见：李义，胡廷荣. 辽中京大定府别称白霫考略[J]. 中国历史文物，2004（5）.

⑤〔金〕刘长言. 严行大德闲公塔铭[M]//王新英. 金代石刻辑校. 长春：吉林人民出版社，2009：118.

⑥〔明〕明河. 补续高僧传：卷十二：政言了奇二师传[M]//〔梁〕慧皎，等. 高僧传合集. 上海：上海古籍出版社，1991：687.

⑦〔明〕明河. 补续高僧传：卷十七：悟敏悟铢二传戒大师传[M]//〔梁〕慧皎，等. 高僧传合集. 上海：上海古籍出版社，1991：723

兖国王完颜宗隽之女志达撒鲁即出家为尼[1]。

从家庭背景来看，一些僧人出身世家大族，如陶硙山汝贵和尚"乃芙蓉乡□□大姓之家"[2]；出家于京兆卧龙禅院的善浦禅师为"五代宰相可道六世孙"[3]；汝州香山观音禅院慈照禅师，其先祖"累□仕官，父尝为郡牧"[4]，灵岩寺定光禅师"世为乡里大姓，产业雄一方，岁入不赀"[5]。还有一些僧人属农家子弟，如定林禅院通法禅师"世以务本为业"[6]，济州普照禅寺智照禅师"世以农为业"[7]，王山十方圆明禅院体公禅师"家世业农"[8]，中京龙门山乾元寺慧杲禅师"家世尚农"[9]。

（二）出家原因

僧尼出家的共同目的在于离红尘、修佛法、证菩提，但他们出家的最初动因却各不相同。概括起来，金代僧尼出家的原因大致可分为四种。

1. 天生佛性，机缘早定

翻检金代佛教史料，经常可以看到有些僧人自幼即执着于佛法，仿佛与三宝天生契合。例如，济南灵岩寺法云禅师"自襁褓中，闻钟磬声，则合掌抵额。或问以善言，则应对无滞，皆与经语暗合"[10]，甘泉普济寺行

---

[1] 〔金〕妙行大师赐紫尼志达撒鲁. 窝鲁欢墓志[M]//王新英. 金代石刻辑校. 长春：吉林人民出版社，2009：178

[2] 〔金〕齐思贤. 陶硙山贵公塔铭[M]//国家图书馆善本金石组. 辽金元石刻文献全编：三. 北京：北京图书馆出版社，2003：575

[3] 佚名. 浦公禅师塔铭[M]//〔清〕张金吾. 金文最：卷一百十. 北京：中华书局，1990：1585.

[4] 〔金〕郑子聃. 汝州香山观音禅院慈照禅师塔铭[M]//〔清〕张金吾. 金文最：卷一百十. 北京：中华书局，1990：1590

[5] 〔金〕李鲁. 灵岩寺定光禅师塔铭[M]//〔清〕张金吾. 金文最：卷一百十. 北京：中华书局，1990：1579.

[6] 佚名. 常山贞石志：卷十三：定林通法禅师塔铭[M]//林荣华. 石刻史料新编：第一辑：第十八册. 台北：台湾新文丰出版公司，1982：13387.

[7] 〔金〕赵渢. 济州普照禅寺照公禅师塔铭[M]//〔清〕张金吾. 金文最：卷一百十一. 北京：中华书局，1990：1592.

[8] 〔金〕边元勋. 王山十方圆明禅院第二代体公禅师塔铭碑[M]//王新英. 金代石刻辑校. 长春：吉林人民出版社，2009：36.

[9] 〔金〕乐洗甫. 中京龙门山乾元禅寺杲公禅师塔铭并序[M]//〔清〕张金吾. 金文最：卷一百十一. 北京：中华书局，1990：1598.

[10] 〔金〕释正观. 灵岩寺云禅师塔铭[M]//〔清〕张金吾. 金文最：卷一百十二. 北京：中华书局，1990：1610.

通和尚"甫五岁，不茹荤腥，匪妄言笑。常游寺宇，见圣像一一作礼"①，济州普照禅寺智照禅师"自幼稚时，体貌温和如成人，性慕佛道，不乐世间荣利事"②，石经山云居寺谦公法师"自童雉间，不留髻发，天赋渊靖，性乐空门"③，天开寺观音院法源禅师自幼"迥异常童，不留髻发，稍长，志乐空门"④。甚至有些僧人之母怀胎时即有异象，如金城山白瀑院圆正法师之母"初妊胎，梦一掌钵僧人入其家"⑤，中都竹林禅寺庆清和尚之母"夜□梦异僧锡食，用已，腹娠从生"⑥，而这些僧人在降生时也常有瑞象相伴，如前文提到的圆正法师降生时"白光满室"⑦，安次县采魏广教院寂照长老降生时，"居宅上下，光色璨然"，"既至，光隐，降生之瑞也"⑧。这类记载是汉魏以来佛教传播过程中僧人神异事迹的余响，它和一些正史记述某些开国皇帝或其他显赫人物诞生时常有红光满室等瑞象一样，基本属于人为杜撰或附会，其目的是借种种异象突出这些僧人来历不凡，以此将庸常的人性提升到神性的高度，但我们不应该把这些神异记载简单理解为封建迷信，而应该看到神异记载背后所蕴藏的金代宗教文化映射下的社会心理。

2.顿悟入道，投身空门

自六祖慧能以来，顿悟见性，即心成佛是修习禅宗者的重要法门，故慧能说"善知识，我于忍和尚处，一闻言下便悟，顿见真如本性。是以将

---

①〔金〕释圆照．甘泉普济寺通和尚塔记[M]//〔清〕张金吾．金文最：卷一百一十二．北京：中华书局，1990：1612．

②〔金〕赵沨．济州普照禅寺照公禅师塔铭[M]//〔清〕张金吾．金文最：卷一百十一．北京：中华书局，1990：1592．

③〔金〕赵促先．谦公法师灵塔铭[M]//王新英．金代石刻辑校．长春：吉林人民出版社，2009：139．

④〔金〕沙门思品．天开寺观音院故寺主源公塔记[M]//梅宁华．北京辽金史迹图志：下．北京：北京燕山出版社，2003：289．

⑤〔金〕希辨．大金燕京宛平县金城山白瀑院正公法师灵塔记[M]//阎凤梧．全辽金文．太原：山西古籍出版社，2002：1330．

⑥〔金〕张□．中都竹林禅寺第十六代清公和尚塔铭[M]//梅宁华．北京辽金史迹图志：下．北京：北京燕山出版社，2003：119．

⑦〔金〕希辨．大金燕京宛平县金城山白瀑院正公法师灵塔记[M]//阎凤梧．全辽金文．太原：山西古籍出版社，2002：1330．

⑧〔金〕沙门蕴慧．大金中都大兴府安次县崇福乡采魏广教院长老寂照大师实行碑记[M]//梅宁华．北京辽金史迹图志：下．北京：北京燕山出版社，2003：36．

此教法流行，令学道者顿悟菩提，各自观心，自见本性"①。以慧能为开端，禅宗史上顿悟入道者不在少数，金代也有一些人为时事所动，感六道轮回之苦，生参悟佛法之心。济南灵岩寺定光禅师顿悟入道的例子颇具代表性。定光自成年以来，"性豪迈，姿貌魁伟，喜施与，好鹰犬，驰骋田猎，割鲜染轮，不忘旦旦"。这样一位以田猎射生为能事的青年，其品性似乎与佛性相去甚远，然而这不过是机缘未至而已。一日，定光"臂鹰牵黄，过故人家，见读方册。师挺前夺取欲视，故人曰：'是岂公所能知？'师气摄，徐更读之，乃智望禅师《十二时歌》也。阅未竟，面热汗下，叹曰：'报应若此，可奈何？'故人曰：'审如是，早自为计！'师茫然谢归。放黜鹰犬游猎之具，杜门饭脱粟，布衣芒履，体肤饿悴，而祝发之念，萌芽胸府矣"②。这段石刻中的智望禅师未知其人，而《十二时歌》的本意是以十二地支的计时方法来分时唱歌，属大众喜闻乐见的俚曲小调，僧侣常借助这种形式拟制歌曲以劝人学佛向善③，其著名者莫过于北宋赵州从谂所作《十二时歌》。智望禅师所作《十二时歌》大概也应以宣扬人生无常、早脱苦海为宗旨，定光为其所动，遂生皈依佛门之心。慧聚寺悟闲大德的例子与定光有所不同。定光早年以射生为乐，而悟闲"宿植善因，蚤慕真谛"，中进士后累官至尚书郎。触动悟闲心怀的是一次读经，"一日读《首楞严经》十习六交因报之说，感悟发心，取香三瓣，炷于顶门及两肩，燃之，默祷自誓。又以诗寄平生友人兼平章曰：'万缘躁恼丛如发，试看临时下一刀'，从此不近妻妾"④，后来终于落发出家。与定光、悟闲因闻歌、读经而顿悟不同，龙门山乾元寺慧杲则是从生活的艰辛中体会到佛法的真谛。慧杲"孝养二亲，冬温夏清，晏寝早起，务劳其形骸。及其壮也，二亲既丧，簋簋礼终。一日喟然叹曰'四大本空，身非我有。男女不待婚嫁'，遂求出家"⑤。定光等人的例子在中国佛教史上屡见不鲜。这些人即所谓宿植善根，一旦机缘巧凑，得外力点化，遂抛弃名利，一心事

---

① 坛经：般若品第二[M].尚荣,译注.北京：中华书局,2010：53.

②〔金〕李鲁.灵岩寺定光禅师塔铭[M]//〔清〕张金吾.金文最：卷一百十.北京：中华书局,1990：1579-1580.

③ 周丕显.敦煌俗曲分时联章歌体再议[J].敦煌学辑刊,1983（总第4期）.

④〔金〕刘长言.严行大德闲公塔铭[M]//王新英.金代石刻辑校.长春：吉林人民出版社,2009：118.

⑤〔金〕乐诜甫.中京龙门山乾元禅寺杲公禅师塔铭并序[M]//〔清〕张金吾.金文最：卷一百十一.北京：中华书局,1990：1598.

佛。因此，他们的出家看似突兀，实则更多的是长期思考后的自觉选择。

3.长辈影响，家庭熏陶

从金代石刻文献可以看出，某些人出家有长辈影响的因素。例如，镇阳龙兴寺广惠大师"家世奉佛"①，获鹿县灵岩院理公和尚"父母俱奉佛门"②，大庆寿寺西堂海云禅师"其先世皆喜奉佛"③，陶砫山贵公和尚"幼慕浮图之教，既冠以来，常事父祖昆仲斋僧万员，形体焦劳，手足胼胝，乡人见者莫不兴叹"④。南阳李氏夫人"自幼事西方，香火之具未尝去其手。病且革，沐浴易衣，趣男女诵佛名"，长辈们虔诚的佛教信仰不可能不对子女产生影响，故李氏夫人第三子"弃家为佛子"⑤。佛教流传到金代，其社会影响已深入人心，以至于一些家庭或家族常有多人出家，如奉直大夫行沈州双城县令刘唐家族先后有智渊、智辩两人出家⑥。平谷县王婆婆共生四女，长女、四女皆出家为尼，同住香林寺⑦。类似的情况在世家显宦中也不鲜见，张行愿家族曾经创造了一门四进士的佳话⑧，但这样的科举世家也有一男一女落发出家⑨。分析他们出家的原因，固然不能排除个人志向等主观因素的影响，但客观上家庭、家族内部的相互影响也不可低估。

4.亲亡子丧，心意消沉

在以小农经济为主的中国古代社会，家庭兼有精神抚慰和生活供养的

---

①〔金〕法通．龙兴寺陀罗尼经幢并广惠大师铭[M]//国家图书馆善本金石组．辽金元石刻文献全编：三．北京：北京图书馆出版社，2003：224．

②佚名．理公和尚塔铭[M]//国家图书馆善本金石组．辽金元石刻文献全编：三．北京：北京图书馆出版社，2003：242．

③〔元〕王万庆．大蒙古国燕京大庆寿寺西堂海云大禅师碑[M]//孙勐．北京佛教石刻．北京：宗教文化出版社．2012：143．

④〔金〕齐思贤．陶砫山贵公塔铭[M]//国家图书馆善本金石组．辽金元石刻文献全编：三．北京：北京图书馆出版社，2003：575．

⑤姚奠中．元好问全集（增订本）：卷二十五：南阳县太君墓志铭[M].李正民，增订．太原：山西古籍出版社，2004：543，544．

⑥佚名．奉直大夫行沈州双城县令骁骑尉刘唐铭记[M]//王晶辰．辽宁碑志．沈阳：辽宁人民出版社，2002：295．

⑦佚名．王婆婆墓幢[M]//梅宁华．北京辽金史迹图志：下．北京：北京燕山出版社，2003：112．

⑧王德朋．金代辽宁地域文化述略[J]．辽宁师范大学学报（社会科学版），2009（4）．

⑨〔金〕张汝能．张行愿墓志[M]//王新英．金代石刻辑校．长春：吉林人民出版社，2009：163．

双重职能，在家庭内部，父子之间、夫妻之间兼有心理和物质的双重信赖关系。一旦父子或夫妻的一方遇天灾人祸而离世，则另一方或因失去精神支柱而心灰意冷，或因失去生活依靠而陷入生活困境，甚至两者兼而有之。在亲亡子丧、意志消沉、生活无着的情况下，佛教提供的精神抚慰和生活庇护就具有很强的吸引力，一些人因此而投身空门。例如，长清灵岩寺惠才禅师"年甫十岁，适兵荒之难，父母昆季，殂谢殆尽"，"自谓脱于万死之余，念罔极之恩，非出世间法无以报"[1]，因而出家。王山十方圆明禅院体公禅师虽家业富庶，但"后值兵革，父丧母亡，居产荡尽"，因而只好"与兄俱鞠于族人"，"髫年居圆觉邑"[2]，最终弱冠出家，这是因父母丧亡，子女生活无着而被迫出家的典型事例。

中国封建社会，女性受礼教思想束缚，在家庭生活及社会生活中明显处于弱势地位，一旦丈夫去世，她们心理上难以承受打击，经济上也难以自立，因而导致一些人遁入空门。这种情况在出身贫困家庭的女尼中比较常见。但是，也有一些出身于上层社会的女性，虽然在丈夫死后并无衣食之忧，却仍然因为种种原因而出家，贞懿皇后便是一例。

《金史·贞懿皇后传》载，"贞懿皇后，李氏，世宗母，辽阳人。父雏讹只，仕辽，官至桂州观察使。天辅间，选东京士族女子有姿德者赴上京，后入睿宗邸"[3]。《通慧圆明大师塔铭》载，"师名洪愿，世为辽阳大族。观察使李侯之女，太祖皇帝第三子许王之室，崇进东京留守郑国公之母"[4]。综合这两则史料，我们可以看出李氏出身高贵：其父雏讹只为辽桂州观察使，其夫为太祖皇帝第三子，即许王宗辅[5]，其子为东京留守、郑国公完颜雍，即后来的金世宗[6]，可谓家世显赫，但宗辅去世后，贞懿

---

[1]〔金〕徐铎. 长清县灵岩寺才公禅师塔铭[M]//〔清〕张金吾. 金文最：卷一百一十一. 北京：中华书局，1990：1594.

[2]〔金〕边元勋. 王山十方圆明禅院第二代体公禅师塔铭碑[M]//王新英. 金代石刻辑校. 长春：吉林人民出版社，2009：36.

[3]〔元〕脱脱，等. 金史：卷六十四：后妃传：下[M]. 北京：中华书局，1975：1518.

[4]〔金〕李彦隆. 通慧圆明大师塔铭[M]//王新英. 金代石刻辑校. 长春：吉林人民出版社，2009：121.

[5] 宗辅于正隆二年（1157）被追赠太师、上柱国，改封许王。〔元〕脱脱，等. 金史：卷十九：世纪补[M]. 北京：中华书局，1975：410.

[6] 据《金史·世宗纪》，世宗于贞元三年（1155）为东京留守，正隆二年（1157）例降封郑国公。〔元〕脱脱，等. 金史：卷六：世宗纪：上[M]. 北京：中华书局，1975：121.

皇后并未留恋富贵生活，而是选择出家，"归辽阳，营建清安禅寺，别为尼院居之"①，"依佛觉大禅师，受具戒"。朝廷闻讯，"诏以通慧圆明为号，赐紫衣以褒之"②。

长期以来，关于贞懿皇后出家的原因，绝大多数学者认为是为了反抗"兄死则妻其嫂"的女真旧俗③。事实是否如此，尚待商榷。

学术界将男子死后其妻妾可以嫁给他的兄、弟、子、侄、孙（须与其妻妾无血缘关系）中的任何人的现象称为"收继婚"或"接续婚"④。从文献记载情况看，女真人的确有族内接续婚的传统。《金史》云："旧俗，妇女寡居，宗族接续之。"⑤《三朝北盟会编》《大金国志》亦有类似记载：女真人"父死则妻其母，兄死则妻其嫂，叔伯死则侄亦如之"⑥。文惟简《虏廷事实》亦云："虏人风俗，取妇于家而其夫身死，不令妇归宗，则兄、弟、侄皆得以聘之。"⑦上述史籍对金代女真人的接续婚皆言之凿凿，由此推断，似乎贞懿皇后确实存在为回避接续婚而出家的可能，而据笔者看来，实际情况却并非如此，其理由有三。

第一，相关文献中关于女真人接续婚的记载未必完全属实。记述金代女真人接续婚的主要是《大金国志》《三朝北盟会编》等史籍。《大金国志》很早就遭到学者的诟病，元代的苏天爵谓："其说多得于传闻。盖辽末金初稗官小说中间失实甚多，至如建元改号、传次征伐，及将相名字，

---

① 〔元〕脱脱，等. 金史：卷六十四：后妃传：下[M]. 北京：中华书局，1975：1518.
② 〔金〕李彦隆. 通慧圆明大师塔铭[M]// 王新英. 金代石刻辑校. 长春：吉林人民出版社，2009：121.
③ 孟东风. 金代女真人的汉化与民族融合[J]. 东北师大学报，1994(6)；都兴智. 金代女真人与佛教[J]. 北方文物，1997(3)；刘筝筝. 金代女真的婚姻形式和习俗[J]. 满族研究，2009(1)；贾淑荣. 金代女真人的贞节观[J]. 内蒙古民族大学学报（社会科学版），2009(5)；邹宝库. 辽阳市发现金代《通慧圆明大师塔铭》[J]. 考古，1984(2).
④ 曾代伟. 试论金朝婚姻制度的二元特色[J]. 西南民族学院学报（社会科学版），1995(5).
⑤ 〔元〕脱脱，等. 金史：卷六十四：后妃传：下[M]. 北京：中华书局，1975：1518.
⑥ 〔宋〕徐梦莘. 三朝北盟会编：卷三[M]. 上海：上海古籍出版社，1987：17.《大金国志校证》的记载与此相同，详见：〔宋〕宇文懋昭. 大金国志校证：附录一：女真传[M]. 崔文印，校证. 北京：中华书局，1986：585；〔宋〕宇文懋昭. 大金国志校证：附录三：婚姻[M]. 崔文印，校证. 北京：中华书局，1986：615.
⑦ 傅朗云. 金史辑佚：虏廷事实[M]. 长春：吉林文史出版社，1990：9.

往往杜撰,绝不可信。"①当代学者也已断定其为伪书,并提醒我们"在使用《大金国志》一书时应该非常谨慎"②。至于《三朝北盟会编》,虽然该书保存了大量的金代史料,但也并非全为信史,四库馆臣就曾评价,"所记金人事迹,往往传闻失实,不尽可凭。又,当日臣僚札奏亦多夸张无据之词"③。《虏廷事实》的作者文惟简身世不详,其书内容的真实准确程度也无法一一核实。因此,对各史所载金代女真接续婚的情况不可一概采信。

第二,金世宗以后,随着女真封建化的不断加速,接续婚已无继续存在的社会环境。金代女真人的接续婚经历了一个从盛到衰的历史过程。就笔者目力所及,《金史》中反映族内接续婚的史事大多集中在熙宗以前,特别是在金朝建立前后。例如,景祖长子韩国公劾者死后,其弟"肃宗纳劾者之妻加古氏者是也"④,阿骨打有子绳果、固碾,"绳果死,其妻为固碾所收"⑤,太祖庶长子宗干纳堂兄宗雄之妻⑥,太祖长女兀鲁先嫁徒单定哥,定哥死后,兀鲁被定哥之弟斜也强纳为妻⑦等。但是,随着金朝的建立,女真人受汉族文化的影响,对部落时期婚姻制度的残余予以多方限制,太祖天辅元年(1117)五月,"诏自收宁江州已后同姓为婚者,杖而离之"⑧;太宗天会五年(1127)四月,诏"合苏馆诸部与新附人民,其在降附之后同姓为婚者,离之"⑨;天会八年(1130)五月,诏"继父继母之男女无相嫁娶"⑩。上述诏令虽未直接禁止接续婚,但它说明金朝建立后女真人的婚姻制度正在趋向汉化,在这种背景下,妻兄弟之妻的做法在伦理上无疑会受到质疑。海陵王在位时,广纳后妃,召葛王(金世宗)

---

① 〔元〕苏天爵. 滋溪文稿:卷二十五:三史质疑[M]. 陈高华,孟繁清,点校. 北京:中华书局,1997:423.

② 刘浦江. 辽金史论[M]. 沈阳:辽宁大学出版社,1999:348.

③ 〔清〕永瑢,等. 四库全书总目:卷四十九[M]. 北京:中华书局,1965:438.

④ 〔元〕脱脱,等. 金史:卷六十五:始祖以下诸子传[M]. 北京:中华书局,1975:1538.

⑤ 〔宋〕洪皓. 松漠纪闻[M]//金毓黻. 辽海丛书. 沈阳:辽沈书社,1985:203.

⑥ 〔元〕脱脱,等. 金史:卷七十三:宗雄传[M]. 北京:中华书局,1975:1681.

⑦ 〔元〕脱脱,等. 金史:卷一百二十:世戚传[M]. 北京:中华书局,1975:2616;〔元〕脱脱,等. 金史:卷七十七:完颜亨传[M]. 北京:中华书局,1757.

⑧ 〔元〕脱脱,等. 金史:卷二:太祖纪[M]. 北京:中华书局,1975:30.

⑨ 〔元〕脱脱,等. 金史:卷三:太宗纪[M]. 北京:中华书局,1975:57.

⑩ 〔元〕脱脱,等. 金史:卷三:太宗纪[M]. 北京:中华书局,1975:61.

之妻乌林荅氏赴中都。乌林荅为使世宗免遭海陵王屠戮而假意应允,行至良乡时自杀身亡。死前,乌林荅寄书世宗曰:"尝谓女之事夫,犹臣之事君。臣之事君,其心惟一,而后谓之忠。女之事夫,其心惟一,而后谓之节。故曰忠臣不事二君,贞女不更二夫","妾之一死,为后世为臣不忠、为妇不节之劝也"①。可见,到金朝中叶,贞女不事二夫的守节思想对女真人产生了广泛影响。可以说,此时女真人的接续婚无论是在观念上还是在事实上都受到强烈冲击。

第三,从贞懿皇后的实际情况来看,其不大可能面临接续婚的窘境。回答这一问题需要从贞懿皇后的生平说起。《金史·后妃传》对贞懿皇后的生平记载比较简略,只记卒于正隆六年(1161)五月,至于何时出生、何时寡居、何时出家未见记载。记述贞懿皇后事迹的《通慧圆明大师塔铭》的出土为我们破解这个谜题提供了线索。据《通慧圆明大师塔铭》记载,贞懿皇后于"正隆六年五月戊子,感微疾而逝。门世六十有八岁,僧夏一十有七"②,按此推算,她应出生于辽道宗大安十年(1094),落发于熙宗皇统五年(1145),该年贞懿皇后52岁。而据《金史》记载,睿宗驾崩的时间是天会十三年(1135),该年贞懿皇后42岁。在厘清上述几个重要时间点之后我们看到,贞懿皇后42岁丧夫,52岁出家,寡居时间长达10年之久。按常理推测,若贞懿皇后确实曾经面临接续婚的尴尬境地,那么也只可能是在刚刚寡居之时,而不可能是年近半百之日。况且从《金史》的记载来看,贞懿皇后寡居时"内治谨严,臧获皆守规矩","敦睦亲族,周给贫乏,宗室中甚敬之"③,从中丝毫看不出宗室有人对其怀觊觎之心的端倪。此外,贞懿皇后出家时,其子完颜雍(后来即位的金世宗)已经23岁,"以完颜雍室子例授光禄大夫,封葛王,为兵部尚书"④,可谓官高位显。中国社会素有母以子贵的传统,以完颜雍当时地位之高,女真贵族何人敢对其母怀不伦之心?由此可见,贞懿皇后因逃避接续婚而出家的说法站不住脚。促使贞懿皇后出家的真正原因究竟为何?笔者认为有以下几点:

---

① 昭德皇后. 上世宗书[M]//〔清〕张金吾. 金文最:卷五十. 北京:中华书局,1990:734.
②〔金〕李彦隆. 通慧圆明大师塔铭[M]//王新英. 金代石刻辑校. 长春:吉林人民出版社,2009:121.
③〔元〕脱脱,等. 金史:卷六十四·后妃传:下[M]. 北京:中华书局,1975:1518.
④〔元〕脱脱,等. 金史:卷六·世宗纪:上[M]. 北京:中华书局,1975:121.

第二章　金代佛教信众

一是渤海人的佛教信仰对贞懿皇后具有重要影响。贞懿皇后为渤海人，渤海素有奉佛的传统，目前发现的渤海佛教遗迹已经证明了这一点[1]。作为渤海人的一员，贞懿皇后受渤海佛教氛围的影响，对佛教应有一定的认识和感悟。因此，金代的王寂才说她"喜修禅定，落发披缁"，"自非夙植善根，道心坚固，岂能保任如此？"[2] 对佛教的认识为贞懿皇后日后的出家奠定了信仰基础。

二是熙宗朝的权力斗争令贞懿皇后认识到生死虚幻，人生无常。天会十三年（1135）正月，熙宗即位。应当说，熙宗得继大统是多方势力博弈的结果，希尹等女真重臣拥立熙宗的真实目的是"利其幼弱易制"[3]，如此一来，完颜亶登基伊始即有充当傀儡之忧。对此，熙宗当然要想尽办法削弱宗翰、宗磐等人的权力以巩固皇位，由此引发了熙宗朝的激烈政治斗争。在这场斗争中，熙宗采用各种手段诛杀了宗磐、宗隽等皇室宗亲及高庆裔、萧庆等朝廷重臣，并制造党狱，"杀横海军节度使田瑴、左司郎中奚毅、翰林待制邢具瞻及王植、高凤廷、王效、赵益兴、龚夷鉴等"[4]，将属于宗翰一派的"孟浩等三十四人皆徙海上，仍不以赦原"[5]。在权力斗争接近尾声时，熙宗又因皇子济安早殇及与皇后裴满氏之间的矛盾而"纵酒酗怒，手刃杀人"[6]，一时间血雨腥风，"人怀危惧"[7]。贞懿皇后的丈夫宗辅薨于天会十三年（1135）五月，此时熙宗即位刚刚三个月，因而宗辅家族并未受到熙宗朝权力斗争的直接影响。但是，宗辅先逝，贞懿皇后独自旁观了此后的朝政变故，昔日的皇亲国戚一夜之间人头落地的残酷现实不能不对贞懿皇后产生极大触动，生死不定、富贵无常的感慨也不能不萦绕于心。她落发前所说的"万物之生死皆幻也，富贵于我何有哉"[8]，应当是目睹权力斗争的惨烈情景之后发自心底的感慨。由此推

---

[1] 胡秀杰，刘晓东. 渤海佛教遗迹的发现与研究[J]. 北方文物，2004(2).

[2] 贾敬颜. 五代宋金元人边疆行记十三种疏证稿：王寂《鸭江行部志》疏证稿[M]. 北京：中华书局，2004：174.

[3] 〔宋〕李心传. 建炎以来系年要录：卷八十四[M]. 北京：中华书局，2013：1603.

[4] 〔元〕脱脱，等. 金史：卷四：熙宗纪[M]. 北京：中华书局，1975：83.

[5] 〔元〕脱脱，等. 金史：卷八十九：孟浩传[M]. 北京：中华书局，1975：1979.

[6] 〔元〕脱脱，等. 金史：卷六十三：后妃传：上[M]. 北京：中华书局，1975：1503.

[7] 〔元〕脱脱，等. 金史：卷四：熙宗纪：赞[M]. 北京：中华书局，1975：87.

[8] 〔金〕李彦隆. 通慧圆明大师塔铭[M]// 王新英. 金代石刻辑校. 长春：吉林人民出版社，2009：121.

之，厌弃红尘纷扰也应该是促使贞懿皇后出家的一个重要动因。

三是宗辅去世给贞懿皇后带来沉重打击。宗辅是金初女真统治集团的重要成员，于天会五年（1127）八月为右副元帅，天会十年（1132）四月改左副元帅。在此期间，他参加了伐宋之役，取得赫赫战功。从史料来看，宗辅不仅具有杰出的军事才能，而且品貌出众，"魁伟尊严，人望而畏之。性宽恕，好施惠，尚诚实"[①]。贞懿皇后嫁给宗辅的准确时间史无明载，《金史·后妃传》只谓"天辅间，选东京士族女子有姿德者赴上京，后入睿宗邸"[②]，但从宗辅去世时完颜雍已届十三岁的情况来看，贞懿皇后与宗辅至少共同生活了十三年。贞懿皇后天性淑贤，在家"以孝友聪明为父母所偏爱。得所归，能辅佐君子，内助之功为多。既有子，又能教之以义方"[③]，以宗辅的品貌才能，贞懿皇后的超众姿德，十余年的家庭生活足以令两人产生深厚感情。正因为如此，宗辅的薨逝给贞懿皇后带来的打击也就不言而喻。以常情推测，或许此时贞懿皇后就已萌生落发之心，只因其子完颜雍还仅仅是一位十三岁的少年而未遂其志，一直等到十年后才得以剃发缁服，咀嚼经藏。

综上所述，贞懿皇后出家的真正原因并不是受女真人接续婚的旧俗之迫，而是佛教信仰、社会现实和个人际遇等多种因素共同作用的结果。

除上述金人出家的原因外，因生活所迫而出家也是不可忽视的又一因素。金朝一百二十年，金初曾经历了近三十年的灭辽伐宋之役，金末自卫绍王大安三年（1211）蒙古攻金至天兴三年（1234）金朝灭亡，又经历了二十余年的金蒙战争。除上述五十余年的战争之外，金与西夏、高丽等周边政权也多次发生冲突，同时各种自然灾害连绵不断，这些都给社会生活造成了严重破坏，百姓家破人亡，流离失所，一些人因生活无助而遁入佛门，此即海陵王所谓"生计不足，乃去为僧"[④]。

金代僧人出家的原因十分复杂，上述几个方面未必能够全部概括，但总其大略，不出个人佛教信仰和社会生活影响两途而已。

[①]〔元〕脱脱,等. 金史:卷十九:世纪补[M]. 北京:中华书局,1975:408.
[②]〔元〕脱脱,等. 金史:卷六十四:后妃传:下[M]. 北京:中华书局,1975:1518.
[③]〔金〕李彦隆. 通慧圆明大师塔铭[M]// 王新英. 金代石刻辑校. 长春:吉林人民出版社,2009:121.
[④]〔元〕脱脱,等. 金史:卷八十三:张通古传[M]. 北京:中华书局,1975:1861.

（三）父母允许：出家为僧的前提条件

中国古代并非人人皆可出家，依照南山律之《行事钞》规定，出家者除信奉三宝之外，还要符合简老少、简根具、简听否三项条件[①]。其中的"简听否"即指出家前应取得父母的许可。关于此项规定的缘起，《四分律》载，释尊在世时，其子罗睺罗未经禀告而出家，释尊父亲净饭王因而不悦，他悲泣来到僧伽蓝中，至世尊所居之处，曰："父母于子多所饶益，乳养瞻视。逮其成长，世人所观。而诸比丘，父母不听，辄便度之。唯愿世尊，自今已去，敕诸比丘，父母不听，不得度令出家。"释尊默然受净饭王之语，随后以此因缘召集众比丘僧，敕曰："自今已去，父母不听，不得度令出家。若度，当如法治。"[②]

释尊之所以如此敕定，是因为父母对子女养育、教诲，冀其成人。不听父母之命而擅自出家，不仅伤父母之心，也招世人非议。因此，汉传佛教一般情况下都要求信众在说服父母后方可出家。北宋时期还将这一做法纳入了法律。仁宗天圣五年（1027）九月，枢密直学士李及就曾上言，"乞自今欲出家者，须父母骨肉舍施"，"委是尊亲听许，即官给公凭，然后得收名入帐"[③]。

从金代的情况看，虽然迄今尚未发现必得父母允许才可出家的官方律令，但实际上大都遵行了这一传统做法。具体来说有两种方式：其一为父母主动舍送子女出家。胜果禅院惠澄大师幼时"性行端默，常居幽僻，不乐喧哗，父母奇□，拊其背曰：'此儿毛骨异常，举止闲雅'，誓舍其子□应出家"[④]。龙潭院昭祥大师"自童稚间，立性孤标，不投戏聚。父母珍之，遂舍于龙潭寺主僧进公上人为出家子"[⑤]。竹林禅寺相了禅师"生有奇瑞。儿时，行必直视，坐必跏趺。一日，闻祖父诵赋，至秦皇汉武不死何归，亟问死归何处。祖异之，语其父曰：此子非尘俗中人，可令出家。

---

① 心观. 剃发出家者应具备的条件[J]. 法音,2007(5).

② 四分律:卷三四[M]//中华大藏经编辑局. 中华大藏经(汉文部分):第四十册. 北京:中华书局,1987:702-703.

③〔清〕徐松. 宋会要辑稿[M]. 北京:中华书局,1957:道释一之二六,7881.

④〔金〕李坦. 金尊胜经幢并澄公大师铭[M]//国家图书馆善本金石组. 辽金元石刻文献全编:二. 北京:北京图书馆出版社,2003:844.

⑤〔金〕释宝安. 住持龙潭昭庆二院昭祥大师亿公幢铭[M]//〔清〕张金吾. 金文最:卷一百十二. 北京:中华书局,1990:1611.

遂从师落发"①。其二为本人请求，经父母许可后出家。延庆院圆照禅师"肇自龆年，不喜童，志乐缁素，父母从焉"②。慧聚寺悟闲禅师"慨然欲求出世间，得自拔流俗。独念老母恩不可报也。来问，跪曰：'言有为皆幻，惟一大事，可以于尘垢脱生死，愿允耳于亲，归近圣道，以答劬劳。'母曰：'汝志如是，吾顾不能耶。'欣悦听许，公拜谢"③。当然，并非所有人都像圆照、闲公那样一经祈请就得到父母的许可。如果遇到父母反对，子女的应对之道就是一再请求，直到获允。少林寺法和禅师自幼悟世路之虚飘，省人世之幻化，欲出家悟彻法源，"勉告二亲，愿从所好。初而拒抑，久愈坚求。父母知志难遗然，乃从其本愿，遂于善财寺大悲院礼院主僧海潮为师"④。少林寺另一位禅师兴崇和尚的出家经历与法和相似。兴崇自幼以孝养其母而名动乡里，"冠岁，白母，愿求出家。初不见听，志亦不移，后感母心，遂舍送本州太平法兴院，礼主僧忠上人为师"⑤。

不过，有些父母即使子女再三恳请也仍不许其出家，子女的应对之道则因人而异。有以不食相迫者：白云禅寺道悟禅师"年十六，自欲出家。父母不听，乃不食数日，许之"⑥。有以断臂相迫者：崔氏童女受实公律师感化，"启白父母，求出尘劳。堂亲赫然龃龉，抑禁不从。童女于隐奥之处，自截左手。父母见其如是，舍令出家，趋随其师"⑦。有以逃匿相迫者：圆教院崇遐住持"自童幼好诵《金刚经》。年十有五，意欲出家，母与兄俱不从。后一年，私遁，诣本州开元寺毗卢院，乃今崇教院

---

① 〔明〕明河. 补续高僧传：卷十二：相了传[M]//〔梁〕慧皎，等. 高僧传合集. 上海：上海古籍出版社，1991：688.
② 〔金〕释戒才. 潞阴县清善村延庆院照公寿塔铭并序[M]// 梅宁华. 北京辽金史迹图志：下. 北京：北京燕山出版社，2003：98.
③ 〔金〕刘长言. 严行大德闲公塔铭[M]// 王新英. 金代石刻辑校. 长春：吉林人民出版社，2009：118.
④ 〔金〕牛本寂. 少林寺西堂法和塔铭[M]// 国家图书馆善本金石组. 辽金元石刻文献全编：一. 北京：北京图书馆出版社，2003：30-31.
⑤ 〔金〕□昭. 少林寺兴崇塔铭[M]// 国家图书馆善本金石组. 辽金元石刻文献全编：一. 北京：北京图书馆出版社，2003：93.
⑥ 佚名. 道悟禅师塔志[M]//〔清〕张金吾. 金文最：卷一百十二. 北京：中华书局，1990：1607.
⑦ 王泽庆. 解州版《金藏》募刻的重要文献：雕藏经主重修大阴寺碑考释[J]. 文物世界，2003（4）.

也"①。这些应对之道虽各不相同，有的甚至十分偏激，但他们最终都实现了落发的夙愿。不过，也有些子女并未采取同父母对抗的方式，而是待父母亡故后再行出家。例如，华严惠寂大士"为童子时，白其父求出家，父定以一子故，难之"，"父殁，乃祝发"②。

从金代石刻史料的情况看，一般出家都须征得父母的同意，若父母亡故，则须征得其他长辈或至亲的同意。兴化禅院的惠才禅师自幼"父母昆季，殂谢殆尽，唯余王母、叔父存焉"，因"乞身于王母、叔父，欲去家为释子者，屡矣，皆不能割爱以之许。后王母终堂，叔父怜其意而从之，乃去而之许"③。真定府都僧录广惠大师曾屡次请求出家，未得父母同意。待双亲殁后，广惠与其姊泣血哀毁，事亡若存。服制三年后，广惠启于姊，再致出家之意，"其姊不克夺其志，遂送真定府龙兴寺传教院，礼感公为师"④。

金代的一些男性是在拥有家室以后才决定落发的。按照常理，这些人落发也须征得妻女同意。但是，由于他们在世俗家庭中居于主导地位，即使在遭到妻女反对的情况下，他们也可能置之不理甚至采取一些不近人情的手段。例如，前文提到的慧聚寺悟闲禅师的落发愿望在取得母亲同意后，"先命二妻一子相继出家，乃以天会六年正月，弃官入鞍山之慧聚寺"⑤。等觉和尚"年至二十岁，□□非坚，发离心，休妻弃子，哀祈父母，□愿出家，礼当寺准提院前□内监寺息公法师为师"⑥。与哀祈父母相比，悟闲、等觉对妻子和儿女的处理方法或是"送妻子出家"，或是"休妻弃子"。就世俗眼光看，这种做法未免过于简单粗暴，不近人情。从

---

①〔金〕杨乃公. 定州创建圆教院碑[M]//〔清〕张金吾. 金文最：卷七十八. 北京：中华书局，1990：1135.

②姚奠中. 元好问全集（增订本）：卷三十一：华严寂大士墓铭[M]. 李正民，增订. 太原：山西古籍出版社，2004：640.

③〔金〕徐铎. 长清县灵岩寺才公禅师塔铭[M]//〔清〕张金吾. 金文最：卷一百十一. 北京：中华书局，1990：1594.

④〔金〕法通. 龙兴寺陀罗尼经幢并广惠大师铭[M]//国家图书馆善本金石组. 辽金元石刻文献全编：三. 北京：北京图书馆出版社，2003：224.

⑤〔金〕刘长言. 严行大德闲公塔铭[M]//王新英. 金代石刻辑校. 长春：吉林人民出版社，2009：118.

⑥〔金〕沙门法迪. 当寺准提院故供养主等觉灵塔铭[M]//梅宁华. 北京辽金史迹图志：下. 北京：北京燕山出版社，2003：290.

佛教视野看，也有违佛陀的教导①。和男性信众出家时处理妻女关系的方式相反，女性成家后若有落发之愿，一般须征得丈夫的同意，报先寺尼德净"年始过笄，父母逼令适清河子"。此后，"因念色空而当成善果。年近四十，夫矜确志，遂许出家"②。有家室的男女之所以在落发问题上有如此大的差异，关键还是千百年来形成的男尊女卑、男主女从思想影响的结果。

二、金代的度僧制度

自佛法东传以来，信众如若出家为僧，不仅要本人自愿、父母允许、寺院接纳，还必须取得政府的批准。这种由政府批准为僧的制度最晚在南北朝时期就已形成③。金代僧人出家同样需要获得政府的批准，其批准方式主要包括以下几种。

（一）遇恩度僧

遇恩度僧是逢国家重要庆典或重大喜庆节日时，由皇帝特别颁发诏旨给予度僧名额的一种制度，学术界有时将其简称为"恩度"。恩度之法对中国佛教影响颇大：辽代，特别是辽后期，有大量僧尼遇恩得度，有时一次即达三千多名④；宋代的恩度也颇为盛行，包括圣节剃度、褒奖给牒剃度、特恩剃度等不同形式⑤；西夏的恩度也比较常见⑥。佛教发展到金代，恩度已经成为僧人剃度的重要途径之一。金代的恩度可以分为以下几种情况：

1.为庆祝诞育皇子而恩度

金代为诞育皇子而恩度的确切次数不详，但从现有史料来看至少有两次：一次发生在熙宗皇统二年（1142）。据《金史》记载，皇统二年

---

① 佛教关于家庭关系的主张，参见：菩提. 佛教家庭伦理观初探[J]. 法音，2003(5)；圣严. 佛教的家庭观[J]. 法音，2006(9)；胡同庆. 佛教的家庭观念[J]. 文史杂志，1988(4).

② 佚名. 大金中都报先寺尼德净灵塔记[M]// 梅宁华. 北京辽金史迹图志：下. 北京：北京燕山出版社，2003：102.

③ 李富华. 中国古代僧人生活[M]. 北京：商务印书馆国际有限公司，1996：19.

④ 张国庆. 佛教文化与辽代社会[M]. 沈阳：辽宁民族出版社，2011：011-013.

⑤ 白文固. 宋代僧籍管理制度管见[J]. 世界宗教研究，2002(2).

⑥ 文志勇，崔红芬. 西夏僧人的管理及义务[J]. 宁夏社会科学，2006(1).

第二章　金代佛教信众

（1142）二月，"皇子济安生"①。熙宗因这位皇长子的到来而欣喜万分，"五日命名，大赦天下"②。随大赦一并而来的就是普度僧尼。洪皓《松漠纪闻》云："金主以生子肆赦，令燕、云、汴三台普度，凡有师者皆落发。"③敕令一出，普沾法雨，许多金代僧人因此得度，翁同山院圆覆和尚即于"皇统二年二月间，遇恩具戒，给得度牒"④，三泉寺祥英禅师亦于"皇统二年蒙恩具戒"⑤，灵岩寺惠才禅师"皇统壬戌，恩赉普席，师乃依昭祝发，受具戒"⑥，潞阴县延庆院照公禅师亦于皇统二年（1142）蒙恩受具⑦。

皇统二年（1142）的这次恩度究竟有多大规模，各史籍记载不一。《松漠纪闻》载，"得度者，亡虑三十万"⑧；《佛祖历代通载》载，"普度僧尼百万"⑨；《嘉祥县洪福院碑》载，"闽宗（熙宗）下普度之诏，天下男女削发为僧尼者，不啻数万"⑩。上述三说中，普度人数以《佛祖历代通载》所记为最，有百万之巨。但从洪皓《松漠纪闻》的记载来看，皇统二年（1142）普度仅限于"燕、云、汴三台"，即燕京、云中、汴京。这三地均在金初女真对辽宋战争中遭受过严重破坏，其中汴京所在的河南直到大定二十九年（1189）仍然是"地广人稀"⑪。云中所在的河东亦因地

---

① 〔元〕脱脱，等. 金史：卷四：熙宗纪[M]. 北京：中华书局，1975：78.
② 〔元〕脱脱，等. 金史：卷八十：熙宗二子传[M]. 北京：中华书局，1975：1797.
③ 〔宋〕洪皓. 松漠纪闻：卷上[M]// 金毓黻. 辽海丛书. 沈阳：辽沈书社，1985：207.
④ 〔金〕孙设. 翁同山院舍利塔记[M]//〔清〕张金吾. 金文最：卷一百十. 北京：中华书局，1990：1589.
⑤ 〔金〕释觉聪. 三泉寺英上人禅师塔记[M]//〔清〕张金吾. 金文最：卷一百十二. 北京：中华书局，1990：1613.
⑥ 〔金〕徐铎. 长清县灵岩寺才公禅师塔铭[M]//〔清〕张金吾. 金文最：卷一百十一. 北京：中华书局，1990：1595.
⑦ 〔金〕释戒才. 潞阴县清善村延庆院照公寿塔铭并序[M]// 梅宁华. 北京辽金史迹图志：下. 北京：北京燕山出版社，2003：98.
⑧ 〔宋〕洪皓. 松漠纪闻：卷上[M]// 金毓黻. 辽海丛书. 沈阳：辽沈书社，1985：207.《建炎以来系年要录》亦用此说，参见：〔宋〕李心传. 建炎以来系年要录：卷一百四十九[M]. 北京：中华书局，2013：2818.
⑨ 〔元〕释念常. 佛祖历代通载：卷二十[M]//影印文渊阁四库全书：第一〇五四册. 台北：台湾商务印书馆，1986：669.
⑩ 佚名. 嘉祥县洪福院碑[M]//〔清〕张金吾. 金文最：卷七十九. 北京：中华书局，1990：1150.
⑪ 〔元〕脱脱，等. 金史：卷四十七：食货志：二[M]. 北京：中华书局，1975：1049.

狭，"稍凶荒则流亡相继"[①]。大定末年尚且如此，则熙宗年间的人口和经济情况更应等而下之。以此推量，皇统二年（1142）在燕、云、汴三地度僧百万显然不现实。因此，《佛祖历代通载》所记度僧人数不足为据。至于《嘉祥县洪福院碑》记为"不啻数万"，似乎也与实际情况不符。据《甘泉普济寺赐紫严肃大师塔铭》记载，普济寺法律大师于"皇统二年，奉宣开启普度檀度僧尼二众约十万余人"[②]，仅法律大师所度之众就达十万余人，则燕、云、汴三地所度之僧的总数更应在十万人以上，可见《嘉祥县洪福院碑》的记载亦不足凭信。相较之下，洪皓《松漠纪闻》记载这次恩度人数"亡虑三十万"可能与真实情况相距近。洪皓使金被留，辗转金国达十五年之久，最后因"金主亶以生子大赦"，"于是始许皓等南归"[③]。洪皓既长期生活在金国，了解金朝政情，又因熙宗生子而遇赦南归，故其所记度僧之数应当较为准确，至少比较接近事实。

金代另外一次因诞育皇子而恩度僧尼是在章宗时期。《金史·章宗纪》载，泰和二年（1202）十二月，"以皇子晬日，放僧道戒牒三千"[④]。这段史料中的"皇子"指生于泰和二年（1202）八月的忒邻。此前，章宗皇后及后妃先后诞育洪裕、洪靖、洪熙、洪衍、洪辉五位皇子，但年寿不永，大者两三岁，小者仅数月，均遭夭折。继嗣不立的现实令章宗非常焦虑，只好祈求于神灵，"上久无皇嗣，祈祷于郊、庙、衍庆宫、亳州太清宫"[⑤]。忒邻的出生既抚平了章宗连失五位皇子的痛楚，也解决了继嗣不立的问题。因此，章宗高兴至极，一面"亲谢南北郊"[⑥]，一面"诏平章政事徒单镒报谢太庙，右丞完颜匡报谢山陵，使使亳州报谢太清宫"[⑦]，其兴奋之情不问可知。忒邻生满三月时，章宗又敕放僧道度牒三千为皇子祈福。泰和二年（1202）的这次恩度与皇统二年（1142）相比，在数量上要逊色很多，但毕竟是相隔一甲子后的又一次恩度，堪称金代佛教史上的一件大事。

---

①〔元〕脱脱，等. 金史:卷四十七:食货志:二[M]. 北京:中华书局,1975:1049.

②〔金〕沙成之. 甘泉普济寺赐紫严肃大师塔铭[M]//〔清〕张金吾. 金文最:卷一百十. 北京:中华书局,1990:1588.

③〔宋〕李心传. 建炎以来系年要录:卷一百四十九[M]. 北京:中华书局,2013:2818.

④〔元〕脱脱，等. 金史:卷十一:章宗纪:三[M]. 北京:中华书局,1975:259.

⑤〔元〕脱脱，等. 金史:卷九十三:章宗诸子传[M]. 北京:中华书局,1975:2059.

⑥〔元〕脱脱，等. 金史:卷十一:章宗纪:三[M]. 北京:中华书局,1975:259.

⑦〔元〕脱脱，等. 金史:卷六十四:后妃传:下[M]. 北京:中华书局,1975:1528.

2.为创立皇家寺院而恩度

本研究所称皇家寺院是指奉皇帝特旨修建的佛教寺院，以及由皇室成员出资创建或修复的寺院。前者如大定八年（1168）创立的东京清安禅寺、大定二十二年（1182）敕建的仰山栖隐禅寺，后者如大定二十四年（1184）由大长公主捐钱创建的昊天寺。这类寺院落成时，常常由皇帝特旨度僧。大定八年（1168）十月一日，"诏大庆寿寺顗禅师，于东京创清安禅寺，度僧五百员"①，大定十年（1170），"金国世宗真仪皇后出家为尼，建垂庆寺，度尼百人"②。大定二十年（1180）正月，"敕建仰山栖隐禅寺，命玄冥顗公开山，赐田设会，度僧万人"③。大定二十四年（1184）二月，大长公主捐钱建昊天寺成，"每岁度僧尼十人"④。上述皇家寺院落成时，度僧规模不一，多者万人，少者十余人。需要注意的是，昊天寺落成时并非采取一次性恩度僧尼的办法，而是规定"每岁度僧尼十八"。昊天寺由大长公主捐资修建，应属功德寺一类。自唐代以来，兴建功德寺是皇室及权贵的特权。例如，唐睿宗景云二年（711）"敕贵妃、公主家，始建功德院"⑤；大历二年（767），"诏辅相大臣始建功德院"⑥；北宋仁宗时期规定"应乞坟寺名额，非亲王、长公主及见任中书、枢密院并入内侍省都知、押班，毋得施行"⑦。金世宗时大长公主以皇室之尊出资创建昊天寺，看来是对唐宋以来有关功德寺规定的延续。值得注意的是，这类功德寺享有一些特权，特别是在度僧方面常常有敕度僧尼的优遇。例如，熙宁十年（1077），宋神宗颁赐昭州防御使李神福坟寺一所，

---

① 〔元〕释觉岸. 释氏稽古略：卷四[M]. 扬州：江苏广陵古籍刻印社，1992：557.
② 〔元〕释觉岸. 释氏稽古略：卷四[M]. 扬州：江苏广陵古籍刻印社，1992：558.
③ 〔元〕释念常. 佛祖历代通载：卷二十[M]//影印文渊阁四库全书：第一〇五四册. 台北：台湾商务印书馆，1986：682.
④ 〔元〕释念常. 佛祖历代通载：卷二十[M]//影印文渊阁四库全书：第一〇五四册. 台北：台湾商务印书馆，1986：682.
⑤ 〔宋〕志磐. 佛祖统纪校注：卷四十一：法运通塞志第十七之七[M]. 释道法，校注. 上海：上海古籍出版社，2012：941.
⑥ 〔宋〕志磐. 佛祖统纪校注：卷四十二：法运通塞志第十七之八[M]. 释道法，校注. 上海：上海古籍出版社，2012：960.
⑦ 〔宋〕李焘. 续资治通鉴长编：卷一百八十九[M]. 上海师范大学古籍整理研究所，华东师范大学古籍整理研究所，点校. 北京：中华书局，1995：4567.

并特诏"每二年度一僧"①；元丰六年（1083）八月，神宗在诏赐崇信军节度使任泽坟寺的同时，准其"岁度僧二人"②；元丰七年（1084）正月，"诏贤妃邢氏于奉先资福院侧修佛寺，赐名多庆禅院，岁度僧一人"③。从上述北宋的实例中我们可以看出，功德寺的敕度名额是以年为单位逐年拨赐的。从昊天寺的情况看，金代的功德寺显然延续了北宋的这一做法，但昊天寺"每岁度僧尼十八"的规定则大大突破了北宋时期一岁甚至两岁才恩度一两人的成例。

3. 为改元而恩度

《释氏稽古略》云，金章宗改元承安时，"大赦，度僧千员"④。据石刻史料记载，卫绍王崇庆年间也曾因改元而度僧。《华严寂大士墓铭》记载，惠寂和尚于"崇庆初，以恩例得僧服"⑤。此处的"恩例"究竟应做何解，含糊不清，《大蒙古燕京大庆寿寺西堂海云禅师碑》为我们提供了答案。该碑云，海云和尚"崇庆改元壬申，受金朝卫绍王恩赐，纳具足戒，时年始十一"⑥。这则史料说明，卫绍王改元崇庆时确曾度僧，《华严寂大士墓铭》中的"以恩例得僧服"当指此事。此外，《中都显庆院故萧花严灵塔记》载，妙敬和尚于"皇统元年就于上京楞严院再礼弘远戒师为师，其当年，遇恩得度"⑦。从妙敬和尚于皇统元年（1141）遇恩得度的情况来看，应该也与改元度僧有关。至于金代其他皇帝在改元时是否也曾度僧，因史料所限，尚不敢断言。

4. 史料所反映的其他恩度

《通州潞县马驹里崇教院前本州都纲大德塔铭》记载，马行贵于"皇

---

① 〔宋〕李焘. 续资治通鉴长编:卷二百八十六[M]. 上海师范大学古籍整理研究所,华东师范大学古籍整理研究所,点校. 北京:中华书局,1995:6998.
② 〔清〕徐松. 宋会要辑稿[M]. 北京:中华书局,1957:道释一之二九,7883.
③ 〔清〕徐松. 宋会要辑稿[M]. 北京:中华书局,1957:道释一之三〇,7883.
④ 〔元〕释觉岸. 释氏稽古略:卷四[M]. 扬州:江苏广陵古籍刻印社,1992:572.
⑤ 姚奠中. 元好问全集(增订本):卷三十一:华严寂大士墓铭[M]. 李正民,增订. 太原:山西古籍出版社,2004:640.
⑥ 〔元〕王万庆. 大蒙古国燕京大庆寿寺西堂海云大禅师碑[M]// 孙勐. 北京佛教石刻. 北京:宗教文化出版社,2012:143.
⑦ 〔金〕许珪. 中都显庆院故萧花严灵塔记[M]// 梅宁华. 北京辽金史迹图志:下. 北京:北京燕山出版社,2003:104.

统三年遇恩得□"[1]。如果该条石刻记载属实，那么皇统三年（1143）恩度的原因有待进一步考察。《中都右街紫金寺故僧行臻灵塔记》记载，臻公于"承安三年，遇恩具戒"[2]。该年恩度的原因可能与边事有关。查《金史·章宗纪》，承安三年（1198）十一月，"以边事定，诏中外，减死罪，徒已下释之"[3]。此处的"减死罪，徒已下释之"实际上就是大赦。既实行大赦，也就有可能特旨度僧。因此，承安三年（1198）恩度的原因很可能是庆祝边事底定之故。

（二）试经度僧

所谓试经度僧，就是政府以测试经业的办法来剃度僧尼。该制度始于唐高宗、中宗朝，成于开元以后，至唐末、北宋前期更趋成熟和完善[4]。金代承袭了这一制度，试经度僧成为金代剃度僧尼的重要途径。

金代的试经度僧始于何时，正史无载，我们只能从石刻史料中寻找蛛丝马迹。在笔者搜集到的金代试经史料中，最早一条史料出现在天会十一年（1133）。2012年，山西忻州兴化寺遗址发现七通金代经幢，其中《忻州兴化寺尼法广幢铭》载忻州兴化寺尼法广事迹，称其七岁出家，"十有九年，试经中选得戒"，该幢铭记载，法广逝于大定二十三年（1183），"年六十有九"[5]。据此推算，法广试经中选的时间应该在天会十一年（1133）。问题在于，天会十一年（1133）法广所在的忻州是否已经进入金朝的有效统治之内？忻州何时落入女真人手里，《金史》没有明确记载，但忻州所在的河东路其他重要城市何时被女真攻陷却史有明载。《金史》曰，天会三年（1125）十二月戊申，"宗翰克代州"[6]；天会四年（1126）

---

[1] 〔金〕沙门即空. 通州潞县马驹里崇教院前本州都纲大德塔铭[M]// 梅宁华. 北京辽金史迹图志：下. 北京：北京燕山出版社，2003：108.
[2] 〔金〕释善珍. 中都右街紫金寺故僧行臻灵塔记[M]// 〔清〕张金吾. 金文最：卷一百十二. 北京：中华书局，1990：1617.
[3] 〔元〕脱脱，等. 金史：卷十一：章宗纪：三[M]. 北京：中华书局，1975：249.
[4] 唐宋试经度僧制度的演变过程，参见：明杰. 唐代佛教度僧制度探讨[J]. 佛学研究，2003（总第12期）；白文固. 唐宋试经剃度制度探究[J]. 史学月刊，2005（8）；湛如. 汉地佛教度僧制度辨析：以唐—五代的童行为中心[J]. 法音，1998（12）.
[5] 侯慧明. 忻州新发现金代七通"佛顶尊胜陀罗尼幢"考论[J]. 博物馆研究，2014（2）.
[6] 〔元〕脱脱，等. 金史：卷三：太宗纪[M]. 北京：中华书局，1975：54.

九月丙寅，"宗翰克太原"，"十月，娄室克汾州，石州降"①；天会五年（1127）五月庚寅朔，"娄室降解、绛、慈、隰、石、河中、岢岚、宁化、保德、火山诸城"②。代州、太原、汾州、石州、岢岚、宁化、保德皆为河东路的重要城市，同属河东地区的忻州其陷落时间应该和上述城市的陷落时间相差无几。由此可以断定，法广试经中选的天会十一年（1133），忻州早已归属金朝，则天会十一年（1133）为已知的金代实行试经度僧的最早年份是可以成立的。需要斟酌的是，该项试经度僧政策是适用于此时的金朝全境还是只限于河东地区，待发现更多的史料后才可确定。

继天会十一年（1133）之后，天眷、皇统年间也有试经的记载。据《天开寺观音院故总公监寺灵塔记》记载，法总出家后，勤习经业，"天眷元年季秋试经登高第"③。据《长清县灵岩寺宝公禅师塔铭》记载，灵岩寺法宝禅师"至天眷三年，试经具戒"④。皇统元年（1141）的试经记载较多。皇统元年（1141），崇胜寺元融和尚"至皇统辛酉岁，试经得度"⑤。此处的皇统辛酉岁即为皇统元年（1141），宝胜寺宝严大师"至皇统元年试经，受具大戒"⑥，瑜伽院善崇和尚"皇统元年秋登科二第，春度具足戒"⑦。这些史料说明，即使天会、天眷年间的试经度僧可能带有试验性、地区性，那么最晚到熙宗皇统年间，试经度僧制度也已经普遍推行。金代石刻也记述了多名高僧试经于皇统年间的史事，除上文提到的崇胜寺元融和尚、宝胜寺宝严大师之外，还有王山十方圆明禅院体公禅师于皇统三年（1143）"诵经通，授僧服"⑧。但考虑到熙宗时期曾经大量恩度，因而试经度僧在这一时期可能不是主要度僧途径。

---

①〔元〕脱脱，等．金史：卷三：太宗纪[M]．北京：中华书局，1975：55．
②〔元〕脱脱，等．金史：卷三：太宗纪[M]．北京：中华书局，1975：57．
③《续修四库全书》编纂委员会．续修四库全书：第九〇一册[M]．上海：上海古籍出版社，1995：24．
④〔金〕翟炳．长清县灵岩寺宝公禅师塔铭[M]//〔清〕张金吾．金文最：卷百十一．北京：中华书局，1990：1597．
⑤国家图书馆善本金石组．辽金元石刻文献全编：一[M]．北京：北京图书馆出版社，2003：163．
⑥〔金〕光林寺西堂老人广明．宝严大师塔铭志[M]//王新英．金代石刻辑校．长春：吉林人民出版社，2009：133．
⑦〔金〕沙门师景．崇公和尚塔铭[M]//梅宁华．北京辽金史迹图志：下．北京：北京燕山出版社，2003：289．
⑧〔金〕边元勋．王山十方圆明禅院第二代体公禅师塔铭碑[M]//王新英．金代石刻辑校．长春：吉林人民出版社，2009：36．

第二章 金代佛教信众

相比于熙宗，世宗时期的试经更为频繁，"至大定年间，治平日久，大阐真风，使天下僧员试其经典"①。据史料记载，大定十年（1170），通玄大师李大方"以诵经通得度"②。该年既有试道，亦应试僧。此外，大定十三年（1173）勋公和尚"试经中选"③。不久，"大定十六年，朝廷普试僧道"④。大定二十一年（1181）九月十一日，尼明宝"于太原府试中经业，受到度戒牒"⑤；大定二十二年（1182），灵岩院胜公法师秋试中选⑥；大定二十七年（1187），少林寺崇公禅师"诵法华经中选"⑦。从上述史料看，大定年间的试僧已经常态化，大致呈现出三年一试的格局，而且从大定年间佛教发展的总体态势看，大定初年僧人出家以鬻度牒为主，而大定中后期以试经为主。

章宗朝是金代试经制度的定型期，明昌元年（1190）六月，"敕僧、道三年一试"⑧。从石刻史料的情况看，这道敕令颁布的当年就开展了试经，广公禅师即"于明昌元年比试，受具足戒"⑨。试经制度更详尽的规定载于《金史·百官志》：

> 凡试僧、尼、道、女冠，三年一次，限度八十人，差京府幕职或节镇防御佐贰官二员、僧官二人、道官一人、司吏一名、从人各一人、厨子二人、把门官一名、杂役三人。僧童能读法华、

---

① 佚名. 普显和尚经幢[M]//国家图书馆善本金石组. 辽金元石刻文献全编：二. 北京：北京图书馆出版社，2003：937.
② 姚奠中. 元好问全集（增订本）：卷三十一：通玄大师李君墓碑[M]. 李正民，增订. 太原：山西古籍出版社，2004：651.
③ 佚名. 勋公和尚塔铭[M]//国家图书馆善本金石组. 辽金元石刻文献全编：三. 北京：北京图书馆出版社，2003：238.
④ 〔金〕王若虚. 滹南遗老集校注：卷四十二：太一三代度师萧公墓表[M]. 胡传志，李定乾，校注. 沈阳：辽海出版社，2006：509.
⑤ 佚名. 杨聚墓幢[M]//石刻史料新编：第二辑：第十三册. 台北：台湾新文丰出版公司，1979：9971.
⑥ 佚名. 胜公法师塔铭[M]//国家图书馆善本金石组. 辽金元石刻文献全编：三. 北京：北京图书馆出版社，2003：241.
⑦ 〔金〕□昭. 少林寺兴崇塔铭[M]//国家图书馆善本金石组. 辽金元石刻文献全编：一. 北京：北京图书馆出版社，2003：93.
⑧ 〔元〕脱脱，等. 金史：卷九：章宗纪一[M]. 北京：中华书局，1975：215.
⑨ 佚名. 广公禅师塔记[M]//梅宁华. 北京辽金史迹图志：下. 北京：北京燕山出版社，2003：113.

心地观、金光明、报恩、华严等经共五部，计八帙。华严经分为四帙。每帙取二卷，卷举四题，读百字为限。尼童试经半部，与僧童同。道士、女冠童行念道德、救苦、玉京山、消灾、灵宝度人等经。皆以诵成句、依音释为通。中选者试官给据，以名报有司。凡僧尼官见管人及八十、道士女冠及三十人者放度一名，死者令监坛以度牒申部毁之。①

从该条史料我们可以看出，金代的试经制度包含以下内容：

第一，就考试周期来看，实行三年一试。

第二，就主试差官的人员构成来看，主试官既包括京府幕职或节镇防御佐贰之官，也包括僧道官，其事务班子还包括司吏、从人、厨子、把门官、杂役等人。

第三，就试经的考试内容看，包括《法华经》《心地观经》《金光明经》《报恩经》《华严经》五部佛经。其中，《华严经》取四帙，其余佛经各取一帙，合为八帙，考试即于八帙内出题。

第四，就试经的量化考核来看，分为成人与尼童、僧童两部分。成人于八帙佛经中，每帙取两卷，每卷出四题，每题读百字为限。此处的"读"为诵读之意。诵读的方法，参考宋代的规定，大约是举经中某卷卷首几个字，下面的由应试者接诵②，凡接诵成句，依音释为通者即为合格。尼童、僧童的考试内容与成人相同，只不过在试经的数量上减半而已。

第五，关于放度数量，规定为"凡僧尼官见管人及八十、道士女冠及三十人者放度一名"。这实际上是把现有僧尼数量同放度数量按 80∶1 的比例挂钩，以此决定放度人数，其目的在于控制僧尼数量。

第六，僧尼圆寂后，其度牒应由监坛申礼部销毁，目的是防止冒滥，强化对僧人的控制。金代拘收亡僧度牒的做法与宋、西夏相类③。

金代佛教是在此前历代佛教的基础上发展起来的，其试经度僧的规定也是承袭唐代以来试经度僧制度的结果，只不过金代在唐宋制度的基础上

---

① 〔元〕脱脱，等. 金史：卷五十五：百官志：一[M]. 北京：中华书局，1975：1234.
② 白文固. 唐宋试经剃度制度探究[J]. 史学月刊，2005(8).
③ 崔红芬.《天盛律令》与西夏佛教[J]. 宗教学研究，2005(2).

有所损益而已。《佛祖统纪》言，"唐中宗始诏天下试经度僧，是犹汉家以科举取士，最可尚也"[1]。当代学者白文固曾断言，试经制度是受科举制度的深刻影响而产生的一种文化现象[2]，金代的情况正是如此。金代的试经与科举多有相似之处。从考试周期来看，两者皆为三年一考[3]。从考试范围来看，两者皆从择定的佛经、儒书中出题。试经从五大部经中出题，而科举考试先是于正隆元年（1156）规定，"以五经、三史正文内出题"[4]，后又于明昌元年（1190）改为"以六经、十七史、孝经、论语、孟子、及荀、扬、老子内出题"[5]。从考试的组织机构来看，两者都有主试人员。客观地说，金代试经制度并非脱胎于科举制度，但金朝科举制经过长时间运行和不断完善，其成熟的管理体系给试经制度提供了大量可资借鉴的经验。这就是金代试经制度在许多方面与科举相类的原因。

金代试经制度除了深受科举制度的影响外，还受到唐宋佛教相关规定的影响。以试经方式为例，宋代有念（背诵佛经）、读（念诵佛经）两种方式。关于念、读的具体数量，因时代不同而有所差异。《庆元条法事类》规定，"行者，念经一百纸或读经五百纸；尼童，念经七十纸或读经三百纸"[6]。按当代学者的研究，一纸应为425字[7]，则宋代的试经，行者应背诵经文42500字，尼童背诵29750字。背诵如此数量的佛经实属不易，没有良好的文化修养和刻苦精神恐难过关。可见，宋代试经制度的"念"比较困难，而到了金代，在念、诵两种考试方式中，较难的"念"被取消，只剩下相对容易的"诵"。之所以有如此变化，具体原因有待探究。

从史料特别是石刻史料的记载来看，金代试经制度虽然在章宗时期得以规范，但此后并未认真执行。今天，在卫绍王、宣宗、哀宗三朝的史料

---

[1] 〔宋〕志磐. 佛祖统纪校注：卷四十六：法运通塞志第十七之十二[M]. 释道法，校注. 上海：上海古籍出版社，2012：1086.
[2] 白文固. 唐宋试经剃度制度探究[J]. 史学月刊，2005(8).
[3] 《金史》载，正隆元年(1156)，"始定为三年一辟"。〔元〕脱脱，等. 金史：卷五十一：选举志：一. 北京：中华书局，1975：1135.
[4] 〔元〕脱脱，等. 金史：卷五十一：选举志：一[M]. 北京：中华书局，1975：1135.
[5] 〔元〕脱脱，等. 金史：卷五十一：选举志：一[M]. 北京：中华书局，1975：1136-1137.
[6] 庆元条法事类：卷五十：道释门一：试经拨度[M]. 戴建国，点校. 哈尔滨：黑龙江人民出版社，2002：693.
[7] 朱正胜. 宋代试经剃度制度述略[J]. 重庆科技学院学报(社会科学版)，2010(8).

中很少看到僧人试经得度的事例就是一个明显的证据。究其原因，金代后期为拯救濒临崩溃的国家财政，政府大量出售度牒。这一举措严重破坏试经制度，甚至可能导致试经制度名存实亡。因此，史料中极少看到金代后期的试经实例也就不足为怪。

金代试经虽较宋代为易，但如果能通晓诸经并达到流畅诵读的程度也并非易事，所以众多僧人为顺利通过考试不惜日夜苦读。灵岩院胜公法师"每日常习所试者五大部之经"①。真定府广惠大师拜师训名之后，"付所试经，朝读暮诵"②。崇公和尚奉师之际也不忘习经，"侍师忘劳，夙夜匪懈，兼习经文，以待举选"③。可以想象，那些未见史志记载的僧人为了能够顺利通过试经，也同儒生一样过着"三更灯火五更鸡"的清苦生活。

金代试经制度是政权控制教权的产物。试经制度的实施，一方面有效地控制了僧人数量，避免了类似辽代僧人队伍无序扩张的混乱局面；另一方面有助于提高僧人的佛学修养和文化素质，优化僧侣队伍，从而为金代佛教的健康发展提供了重要保证。

（三）鬻牒度僧

度牒是由政府颁发的确认僧人身份的证明文件，其初授年代应在唐玄宗天宝六年（747）以前④。唐代初行度牒之制时，度牒由政府免费发放，并无买牒之费。安史之乱时，为解决政府财政问题，经杨国忠设计，"乃使御史崔众于河东纳钱度僧尼道士，旬日间得钱百万"⑤，鬻牒由此得开先例。北宋前期，每道度牒需纳钱百缗，太平兴国元年（976）罢止⑥，而到中后期时，政府将度牒作为特殊商品大肆出售。南宋初立，"军旅之兴，急于用度，度牒之出无节"⑦。时人慨叹"盖自绍兴以来，已为缓急

---

①佚名. 胜公法师塔铭[M]//国家图书馆善本金石组. 辽金元石刻文献全编：三. 北京：北京图书馆出版社，2003：241.

②〔金〕法通. 龙兴寺经幢并广惠大师铭[M]//国家图书馆善本金石组. 辽金元石刻文献全编：三. 北京：北京图书馆出版社，2003：224.

③〔金〕沙门师景. 崇公和尚塔铭[M]//梅宁华. 北京辽金史迹图志：下. 北京：北京燕山出版社，2003：289.

④湛如. 汉地佛教度僧制度辨析：以唐—五代的童行为中心[J]. 法音，1998(12).

⑤〔后晋〕刘昫，等. 旧唐书：卷四十八：食货志：上[M]. 北京：中华书局，1975：2087.

⑥〔清〕徐松. 宋会要辑稿[M]. 北京：中华书局，1957：道释一之一四，7875.

⑦〔宋〕赵彦卫. 云麓漫钞：卷四[M]. 傅根清，点校. 北京：中华书局，1996：64.

所仰，不可复废矣"①。鬻牒发展到南宋，已非像前朝那样仅为权宜之计，而是逐渐成为政府用以增加收入的经常性措施。

金代佛教深受唐宋影响，鬻牒之事亦然。金代鬻牒之制始于何时史籍并无记载，但有一点很明确，至少到熙宗时期，"出家者无买牒之费"②。金代的鬻牒之制似应肇始于海陵王正隆年间，而有明确的史料记载则在大定初年，彼时出卖度牒及寺观名额本属"权宜设置之事"③。嗣后虽有取消，但自章宗以后废而复用，并沿袭至金末。

金代实行鬻卖度牒制度的目的同唐、宋两朝一样，都是为了解决政府的财政危机。金代自海陵王开始，一直面临着财政上的困难。海陵朝时，先于天德三年（1151）遣尚书左丞张浩、燕京留守刘筈、大名尹卢伦等营建燕京，所建燕京"工巧无遗力，所谓穷奢极侈者"④，继而又于正隆元年（1156）至正隆四年（1159）营建南京。此次营建，"运一木之费至二千万，牵一车之力至五百人。宫殿之饰，遍傅黄金而后间以五采，金屑飞空如落雪。一殿之费以亿万计，成而复毁，务极华丽"⑤，"至于丹楹刻桷，雕墙峻宇，壁泥以金，柱石以玉，华丽之极，不可胜计"⑥。自正隆四年（1159）二月起，为筹备伐宋，造战船，括民马，制军器，社会经济遭受严重破坏，"箭翎一尺至千钱，村落间往往椎牛以供筋革，至于鸟鹊狗彘无不被害者"⑦。连年不断的大兴土木和战争令海陵王末年财政严重匮乏，以致正隆六年（1161）南征时，国库中已无足够的铜钱购买军需，只好"以绢万匹于京城易衣袄穿膝一万，以给军"⑧。海陵王末年的兵兴岁歉直接导致了大定初年的"财用阙乏"⑨，以致世宗刚一即位就"下令听民进纳补官"⑩。自章宗至哀宗，一方面，水、旱、蝗等自然灾害

---

① [宋]李心传. 建炎以来朝野杂记(甲集)：卷十五：祠部度牒[M]. 徐规，点校. 北京：中华书局，2000：332.

② [宋]洪皓. 松漠纪闻[M]// 金毓黻. 辽海丛书. 沈阳：辽沈书社，1985：207.

③ 佚名. 庄严禅寺牒跋语[M]// 国家图书馆善本金石组. 辽金元石刻文献全编：二. 北京：北京图书馆出版社，2003：520.

④ [宋]范成大. 范成大笔记六种：揽辔录[M]. 孔凡礼，点校. 北京：中华书局，2002：16.

⑤ [元]脱脱，等. 金史：卷五：海陵纪[M]. 北京：中华书局，1975：117.

⑥ [宋]徐梦莘. 三朝北盟会编：卷二百四十二[M]. 上海：上海古籍出版社，1987：1741.

⑦ [元]脱脱，等. 金史：卷五：海陵纪[M]. 北京：中华书局，1975：110.

⑧ [元]脱脱，等. 金史：卷四十四：兵志[M]. 北京：中华书局，1975：1005.

⑨ [元]脱脱，等. 金史：卷五十：食货志：五[M]. 北京：中华书局，1975：1124.

⑩ [元]脱脱，等. 金史：卷五十：食货志：五[M]. 北京：中华书局，1975：1124.

不断；另一方面，内乱蜂起，契丹人、汉人的反金斗争连绵不断。同时，与西夏、南宋等周边政权及鞑靼等周边民族的冲突和战争一波未平，一波又起。无论是抗拒自然灾害还是平定内乱外患都需要巨额财政支出，这对经济发展相对有限的大金王朝来说实属无法承受，到金末时国家财政已濒临崩溃边缘。实际上，早在章宗后期，金代财政已经出现严重困难，史籍谓之"府库空匮，国势日弱"①。宣宗年间，已是"民失稼穑，官无俸给，上下不安，皆欲逃窜"②。哀宗时情势更急，到了"括马敷粮，公私并竭"③的程度。这意味着国家财政彻底破产。为应对日甚一日的财政危机，金朝统治者除了增加赋税、滥发交钞、卖官鬻爵之外，出售度牒成了增加政府财政收入的重要手段。因此，元代史家慨叹说："鬻爵、进纳，金季之弊莫甚焉，盖由财用之不足而然也。"④

金代鬻卖度牒常常同鬻卖寺观员额、紫衣师号一起进行，而鬻卖寺观名额的肇始时间应在海陵王正隆年间⑤。因此，鬻卖度牒也应始于这一时期。在金代石刻史料中，《齐东镇行香院碑》详细记载了大定年间官卖度牒的缘起。

> 至大定二载，以边戍未靖□勤戎□而兆民方□□隆之弊，天子不忍复取于民。乃诏有司，凡天下之都邑、山川若寺若院，而名籍未正额非旧赐者，悉许佐助县官，皆得锡以新命。及四众之人愿祝发求度者，亦如之⑥。

从这则史料披露的情况来看，大定初年官卖度牒的原因在于"边戍未靖"。这与大定五年（1165）世宗"顷以边事未定，财用阙乏，自东、南

---

① 〔明〕陈邦瞻. 宋史纪事本末：卷八十三：北伐更盟[M]. 北京：中华书局，1977：925.
② 〔元〕脱脱，等. 金史：卷一百八：侯挚传[M]. 北京：中华书局，1975：2385.
③ 〔宋〕宇文懋昭. 大金国志校证：卷二十六：义宗皇帝[M]. 崔文印，校证. 北京：中华书局，1986：360.
④ 〔元〕脱脱，等. 金史：卷五十一：选举志：一[M]. 北京：中华书局，1975：1130.
⑤ 金代鬻卖度牒的肇始时间，目前史学界有"海陵正隆说""大定二年说"两种主张。从《山右石刻丛编》卷二十一《新修大云院记》的记载看，似以"海陵正隆说"为是。关于金代官卖寺观名额肇始时间的讨论，参见：王德朋. 金代商业经济研究[M]. 北京：社会科学文献出版社，2011：216-217.
⑥ 〔金〕吴格. 齐东镇行香院碑[M]//〔清〕张金吾. 金文最：卷六十九. 北京：中华书局，1990：1011.

两京外，命民进纳补官，及卖僧、道、尼、女冠度牒，紫、褐衣师号，寺观名额"①的表述基本一致。

大定初年，世宗"承正隆凋敝之余，府库空虚，人民憔悴"②，不得不发卖度牒以渡过财政难关。经过五年的休养生息，到大定五年（1165）时，社会经济已经有所恢复，对宋战争也告一段落。鉴于"边鄙已宁"的实际情况，世宗召见宰臣，要求将进纳补官、出卖僧道度牒及寺观名额之法"其悉罢之"③。这样，世宗年间的官卖度牒之举就此结束。

章宗承安年间，随着社会经济渐露颓势，政府财政支出捉襟见肘，出卖度牒再次成为政府的敛财之术。承安二年（1197）四月，尚书省以"比岁北边调度颇多，请降僧道空名度牒紫褐师德号以助军储"④，章宗从之。以度牒之费弥补财政不足不过是承袭世宗时期的成例而已，但章宗朝出卖度牒的目的却不局限于应付军储，还增加了赈济灾荒、收兑交钞两项功能。关于前者，据《金史》记载，承安三年（1198），"西京饥，诏卖度牒以济之"⑤；泰和六年（1206），山东连年旱蝗，民不聊生，沂、密等五州尤甚，国家无力赈济，为防止饥民作乱，章宗应山东路安抚使张万公之请，"将僧道度牒、师德号、观院名额并盐引，付山东行部，于五州给卖"⑥。关于后者，则与金代的"钞滞"问题密不可分。海陵王贞元二年（1154），金代始行交钞之法。交钞发行初期，因"商旅利于致远"，"公私俱便"⑦而受到社会欢迎。但章宗即位之后，随着交钞的发行量日益扩大，"交钞多于见钱"⑧的现象日益突出，交钞的信誉由此受到严重影响，社会对交钞的反感日益增强，民众"往往怨嗟，聚语于市"⑨。尽管章宗采取了允许用交钞缴纳赋税、民间交易强制使用交钞等一系列措施，但仍然难以改变"银钞阻滞"⑩的局面。因此，政府不得不采取称提之法，"以

---

① 〔元〕脱脱，等. 金史：卷五十：食货志：五[M]. 北京：中华书局，1975：1124-1125.
② 佚名. 嘉祥县洪福院碑[M]//〔清〕张金吾. 金文最：卷七十九. 北京：中华书局，1990：1150.
③ 〔元〕脱脱，等. 金史：卷五十：食货志：五[M]. 北京：中华书局，1975：1125.
④ 〔元〕脱脱，等. 金史：卷五十：章宗纪：二[M]. 北京：中华书局，1975：241.
⑤ 〔元〕脱脱，等. 金史：卷五十：食货志：五[M]. 北京：中华书局，1975：1125.
⑥ 〔元〕脱脱，等. 金史：卷九十五：张万公传[M]. 北京：中华书局，1975：2105.
⑦ 〔元〕脱脱，等. 金史：卷四十八：食货志：三[M]. 北京：中华书局，1975：1073.
⑧ 〔元〕脱脱，等. 金史：卷四十八：食货志：三[M]. 北京：中华书局，1975：1075.
⑨ 〔元〕脱脱，等. 金史：卷四十八：食货志：三[M]. 北京：中华书局，1975：1079.
⑩ 〔元〕脱脱，等. 金史：卷四十八：食货志：三[M]. 北京：中华书局，1975：1077.

绵绢物段易银钞，亦许本务纳银钞。赴榷货出盐引，纳钞于山东、河北、河东等路，从便易钱。各降补官及德号空敕三百、度牒一千，从两行部指定处，限四月进纳补换"①，意图以此促进交钞流通。在这里，度牒和绵绢物段、盐引一样，成为政府收兑交钞、促进交钞流通的工具。需要说明的是，以度牒作为称提工具并非金代独有，南宋乾道三年（1167），宋孝宗就曾下诏"给降度牒及诸州助教帖各五千道付榷货务，召人全以会子入纳，候出卖将尽，申取朝廷节续给降，务欲尽收会子也"②。金朝是否像宋代那样频繁地以度牒收兑纸币，由于史料稀缺，尚不得而知。不过，仅此一例也可以说明章宗时期度牒的应用范围已得到拓展。

卫绍王以后，金朝外患孔棘，内乱愈炽，社会经济危机日益加深，政府对度牒的依赖超过以往任何一个时期，这一现象从接连不断的出卖度牒诏令中可以得到证明。崇庆元年（1212）五月，"诏卖空名敕牒"③。贞祐初，中都被围时，粮运道绝，"诏（奥屯）忠孝搜括民间积粟，存两月食用，悉令输官，酬以银钞或僧道戒牒"④。贞祐三年（1215）四月，胥鼎因"战御有期，储积未备"，遂上书宣宗，"乞降空名宣敕一千、紫衣师德号度牒三千，以补军储"，宣宗诏谕有司，"如数亟给之"⑤。同年五月，"降空名宣敕、紫衣师德号度牒，以补军储"⑥。兴定三年（1219），宣宗接受高汝砺的建议，"或僧道官师德号度牒、寺观院额等，并听买之"⑦。从上述史料可以看出，金代后期的官卖度牒有三个突出特点：一是出卖目的在于弥补军储；二是数量庞大，如贞祐三年（1215）四月竟一次降卖度牒三千；三是空名敕牒增多，其目的在于简化审批手续，提高发卖效率。

关于金代购买度牒的方式，除纳钱得牒外，还有入粟得牒。金代官卖度牒的目的大多为补充军储，而粮食堪称最重要的军需物资。泰和六年（1206），张万公请求给牒于山东五州以济饥民时，施行的办法即为"纳粟易换"⑧。此后，贞祐初年中都围急时，奥屯忠孝直接以僧道度牒换取民

---

① 〔元〕脱脱，等. 金史：卷四十八：食货志：三[M]. 北京：中华书局，1975：1076-1077.
② 〔元〕马端临. 文献通考：卷九[M]. 北京：中华书局，1986：99.
③ 〔元〕脱脱，等. 金史：卷十三：卫绍王纪[M]. 北京：中华书局，1975：295.
④ 〔元〕脱脱，等. 金史：卷一百四：奥屯忠孝传[M]. 北京：中华书局，1975：2298.
⑤ 〔元〕脱脱，等. 金史：卷一百八：胥鼎传[M]. 北京：中华书局，1975：2374.
⑥ 〔元〕脱脱，等. 金史：卷十四：宣宗纪：上[M]. 北京：中华书局，1975：309.
⑦ 〔元〕脱脱，等. 金史：卷一百七：高汝砺传[M]. 北京：中华书局，1975：2359.
⑧ 〔元〕脱脱，等. 金史：卷九十五：张万公传[M]. 北京：中华书局，1975：2105.

间积粟，是为入粟得牒的实例。

金代官卖度牒的价格，史无明载。但大定五年（1165），世宗下令取消官卖度牒之制时，允许"庆寿寺、天长观岁给度牒，每道折钱二十万以赐之"[1]，此处的"二十万"即为二百贯，是可以参考的金代度牒价格，估计政府发卖度牒的价格也应与此类似。但从两宋发卖度牒的情况来看，不同时期度牒价格高低不一，北宋绅宗时期，"熙宁之直为百二十千，渡江后增至二百千。其后民间贱之，止直三十千而已"[2]。由此推断，金代官卖度牒的价格也不是恒久不动，而是随着供求关系、社会购买力等因素的变化而变化。

官卖度牒并非金朝独创，考诸史籍，前有唐宋，后有元明，金代不过是这一特殊政策的节点而已。官卖度牒的本意是为挽救政府财政危机，但僧尼得牒出家后，于国家既无赋税之奉，亦无劳役之给，实为得之一时而失之永久，对国家财政而言，不过是饮鸩止渴而已。

（四）严禁私度

金代僧人由恩度、试经和鬻度三种方式获得合法身份。由于具体历史情况不同，每一时期占主导地位的度僧途径也有所不同。除以上三种合法方式外，民间还有未经官方许可，私自披剃为僧道者，此即私度。由于度僧权关乎国家对佛教事务的管理，关乎国家财政收入，因而历代对私度都予以严厉打击。北魏熙平二年（517）规定，"僧尼多养亲识及他人奴婢子，年大私度为弟子，自今断之"[3]。唐太宗贞观三年（629），"天下大括义宁私度，不出者斩"[4]。北宋至道元年（995），诏谕江南、两浙、福建等地，"应衷私剃度及买伪滥文书为僧者，所在官司点检，许人陈告，犯者刺面，决配牢城，尼即决还俗"[5]。金代见于《金史》记载的为严禁私度而颁布诏令有两次。其中，一次发生在太宗天会年间。天会八年

---

[1]〔元〕脱脱,等.金史:卷五十:食货志:五[M].北京:中华书局,1975:1125.
[2]〔宋〕李心传.建炎以来朝野杂记（甲集）:卷十五:祠部度牒[M].徐规,点校.北京:中华书局,2000:331.
[3]〔北齐〕魏收.魏书:卷一百十四:释老志[M].北京:中华书局,1974:3043.
[4]〔唐〕道宣.续高僧传:卷二十一:唐扬州海陵正见寺释法向传[M]//〔梁〕慧皎,等.高僧传合集.上海:上海古籍出版社,1991:283.
[5]〔清〕徐松.宋会要辑稿[M].北京:中华书局,1957:道释一之一五,7876.

（1130）五月，"禁私度僧尼及继父继母之男女无相嫁娶"①。这道禁令发布的背景可能和当时的社会形势有关。彼时辽亡未久，辽末佞佛之风对社会的影响不会立即消除，而大金初立，战事方殷，各项佛教管理制度未必健全，私度可能借此机会大行其道，太宗正是鉴于此种情况才颁布禁止私度的诏令。另外一次发生在章宗明昌年间。明昌元年（1190）正月令下，"禁自披剃为僧、道者"②。这道禁令的颁布源于大臣的谏言，有上封事者云："自古以农桑为本，今商贾之外又有佛、老与他游食，浮费百倍。农桑不登，流殍相望，此末作伤农者多故也"③。在以农桑立国的封建社会，该大臣的建议并非虚文，僧尼享有的诸多特权容易引发劳动力流失、政府财政收入减少、服役人数不足等一系列社会问题，进而威胁国家政权，"辽以释废"便是先例。章宗这样一位博通经史、熟知历代成败的皇帝对私度的危害应了如指掌。因此，他即位伊始即下令禁断私度实属在情理之中。

除了严禁私度，金代对僧人剃度沙弥的数量也加以限制。承安元年（1196）六月，"敕自今长老、大师、大德不限年甲，长老、大师许度弟子三人，大德二人，戒僧年四十以上者度一人。其大定十五年附籍沙弥年六十以上并令受戒，仍不许度弟子。尼、道士、女冠亦如之"④。这道敕令主要明确了两个问题：其一，剃度师的资格。根据这道敕令，只有长老、大师、大德，以及虽未有以上名号而戒僧年满四十岁以上者才有资格剃度沙弥。大定十五年（1175）的附籍沙弥年六十岁以上者，虽可受戒，但不许剃度弟子。之所以如此规定，可能是为了保证剃度师本身具有足够的佛学修养和传法能力，从而能够担当度化他人、绍隆佛种的重任。其二，剃度人数。按照名号的不同，剃度人数从3人到1人不等。从史料反映的情况看，承安元年（1196）之前，沙弥的剃度数量偏多。例如，逝于天会十二年（1134）的白瀑院圆正法师"度门人崇贵、崇行四十余人"⑤，逝于大定二年（1162）的回銮寺远公和尚"度门人智彦、智德、智□、智辩、

---

①〔元〕脱脱，等. 金史：卷三：太宗纪[M]. 北京：中华书局，1975：61.
②〔元〕脱脱，等. 金史：卷四十六：食货志：一[M]. 北京：中华书局，1975：1035.
③〔元〕脱脱，等. 金史：卷四十六：食货志：一[M]. 北京：中华书局，1975：1035.
④〔元〕脱脱，等. 金史：卷十：章宗纪：二[M]. 北京：中华书局，1975：239.
⑤〔金〕希辨. 大金燕京宛平县金城山白瀑院正公法师灵塔记[M]//阎凤梧. 全辽金文. 太原：山西古籍出版社，2002：1331.

第二章 金代佛教信众

智义、□□、智心"[①]7人,逝于大定十三年(1173)的灵岩院琛公长老"法嗣一十人"[②]。明昌之肇,普安院希公戒师"度门人五"[③],可能鉴于此前剃度人数过多,才有了承安元年(1196)的限度敕令。但从相关史料披露的情况看,承安元年(1196)的这道敕令并未得到严格执行,甚至执行一段时间后很快被废止。活动于金朝末期的澄徽禅师"度弟子于内得法者十有一人"[④];祖朗大师于贞祐年间"度门徒凡十有一人"[⑤];贞祐之后,崇庆院印公大师"度僧六人"[⑥]。这些实例都说明,承安元年(1196)的限度敕令并未执行多久就被突破或废止,其原因可能和金末急于出卖度牒以增加政府财政收入有关。

(五)出家及受戒的年龄

出家的目的在于皈依三宝,专心修行。要实现这个目的,出家者就必须达到一定年龄,以具备基本的生活能力和领悟能力。律典关于出家年龄的规定说法不一[⑦]。从中国佛教发展历程来看,魏晋南北朝时期的沙弥出家多在幼弱[⑧]。例如,东晋法显"三岁便度为沙弥"[⑨],南北朝的僧隐"年

---

① [金]陈尹.重修回銮寺记[M]//阎凤梧.全辽金文.太原:山西古籍出版社,2002:1858.
② 佚名.尊胜陁罗尼幢异琛公塔铭[M]//国家图书馆善本金石组.辽金元石刻文献全编:三.北京:北京图书馆出版社,2003:220.
③ [金]棋峰虚缘老人.登州福山县侧立普安院希公戒师灵塔[M]//阎凤梧.全辽金文.太原:山西古籍出版社,2002:524.(此文本为金代文献,《全辽金文》误收为辽文)
④ 姚奠中.元好问全集(增订本):卷三十一:徽公塔铭[M].李正民,增订.太原:山西古籍出版社,2004:657.
⑤ [元]耶律楚材.湛然居士文集:卷八:燕京崇寿禅院故圆通大师朗公碑铭[M].谢方,点校.北京:中华书局,1986:193-194.
⑥ [金]杜飞卿.崇庆院记[M]//国家图书馆善本金石组.辽金元石刻文献全编:一.北京:北京图书馆出版社,2003:243.
⑦ 屈大成.从《高僧传》看汉僧之出家受具及其律制问题[J].宗教学研究,2011(4).
⑧ 湛如.汉地佛教度僧制度辨析:以唐—五代的童行为中心[J].法音,1998(12).
⑨ [梁]释慧皎.高僧传:卷三:宋江陵辛寺释法显传[M].汤用彤,校注.汤一玄,整理.北京:中华书局,1992:87.

八岁出家"①，僧导"十岁出家"②，僧覆"七岁出家"③。这说明至少在南北朝时期对僧尼出家尚无严格的年龄限制。宋代以后，幼年出家的情况受到官府限制。真宗咸平四年（1001）规定，"在京并府界外县僧尼道士女冠下行者、童子、长发等，今后实年十岁，取逐处纲维寺主结罪亲保，委是正身，方得系帐"④。仁宗天圣八年（1030）规定，"男子愿出家为僧道者，限年二十已上方得为童行"⑤。《庆元条法事类》规定，"诸男年十九、女年十四以下……并不得为童行"⑥。宋代关于出家年龄的规定虽然前后不一，多次变动，但总的特征是年龄要求比之魏晋南北朝时期明显提高，并且男女有别。

金代佛教是自魏晋以来中国佛教发展的历史延续，其佛教规制较多地受到唐宋两朝的影响。按理，金代也会对出家年龄作一些限制性规定。但是，《金史》中却不见相关记载，我们只能从出土文物及石刻史料中获得相关线索。1998年6月，辽宁省阜新市清河门区河西乡西山屯发现一座金代墓葬，墓门处发现金代墓志一通。据该墓志记载，墓主人智辩"自四岁出家"⑦。这是迄今所见金代出家时年龄最幼者。其他僧人出家时，年龄长幼不一。幼者，如燕京崇寿禅院祖朗大师"九岁出家"⑧，中都竹林禅寺庆清和尚"十岁辞亲出家"⑨，灵山法云"十一出家于洪洞之圆明"⑩。

---

①〔梁〕释慧皎. 高僧传：卷十一：宋江陵释僧隐传[M]. 汤用彤，校注. 汤一玄，整理. 北京：中华书局，1992：432.
②〔梁〕释慧皎. 高僧传：卷七：宋寿春石磵寺释僧导传[M]. 汤用彤，校注. 汤一玄，整理. 北京：中华书局，1992：280.
③〔梁〕释慧皎. 高僧传：卷十二：宋京师彭城寺释僧覆传[M]. 汤用彤，校注. 汤一玄，整理. 北京：中华书局，1992：467.
④〔清〕徐松. 宋会要辑稿[M]. 北京：中华书局，1957：道释一之一七，7877.
⑤〔清〕徐松. 宋会要辑稿[M]. 北京：中华书局，1957：道释一之二七，7882.
⑥庆元条法事类：卷五十：道释门一：违法剃度[M]. 戴建国，点校. 哈尔滨：黑龙江人民出版社，2002：701.
⑦梁姝丹，赵振生. 辽宁阜新市发现一座金代墓葬[J]. 考古，2004（9）.
⑧〔元〕耶律楚材. 湛然居士文集：卷八：燕京崇寿禅院故圆通大师朗公碑铭[M]. 谢方，点校. 北京：中华书局，1986：193.
⑨〔金〕张□. 中都竹林禅寺第十六代清公和尚塔铭[M]// 梅宁华. 北京辽金史迹图志：下. 北京：北京燕山出版社，2003：119.
⑩姚奠中. 元好问全集（增订本）：卷三十一：坟云墓铭[M]. 李正民，增订. 太原：山西古籍出版社，2004：641.

年龄较大者，如汾州平遥县慈相寺福澄和尚"年十三普度为僧"[①]，灵岩院宗理和尚出家时"年当十七"[②]，东京大清安禅寺善英禅师"十有九岁，谢父母出家"[③]，金代晚期精通《华严经》的寂大士出家时"年已五十有一矣"[④]。分析上述史料可以看出，金代僧人出家的年龄幼至4岁童稚，长至50岁壮年，都不乏其人。由此推测，从政府管理角度，金代可能未对出家的最低年龄作出限制。

僧人出家的最低年龄即使政府并无明文规定，也要受佛典的影响。关于佛教戒律所规定的受戒年龄，《四分律》云，"世尊告阿难，不应授年未满二十者具足戒。何以故？若年未满二十，不堪忍寒热饥渴、风雨蚊虻毒虫，及不忍恶言；若身有种种苦痛不堪忍，又不堪持戒及一食"，而"年满二十者，堪忍如上众事"[⑤]。由此，年满二十岁成为出家人受戒的最低年龄。金代大体遵行了这一规定。例如，普照禅寺照公禅师圆寂于明昌六年（1195）八月十二日，"享年四十有五，僧腊二十有二"。据此推算，其出生当在海陵王天德二年（1150），从其"大定十二年受具足戒"[⑥]的记载来看，照公禅师受戒时已22岁。崇寿禅院圆通大师以"壬午之仲冬十有四日示寂于崇寿，僧腊五十三，俗寿七十四"，则其圆寂当在兴定六年（1222），出生当在皇统八年（1148）。因圆通于"大定十三年，京西弘业寺受具"[⑦]，因而其受具时已25岁。定州崇教院崇遘禅师，"至大定初始受具，时年二十有七也"[⑧]，

---

① 〔金〕安泰. 汾州平遥县慈相寺修造记[M]//阎凤梧. 全辽金文. 太原：山西古籍出版社，2002：1992.

② 佚名. 理公和尚塔铭[M]//国家图书馆善本金石组. 辽金元石刻文献全编：三. 北京：北京图书馆出版社，2003：242.

③ 〔金〕杨讷. 英公禅师塔铭[M]//国家图书馆善本金石组. 辽金元石刻文献全编：三. 北京：北京图书馆出版社，2003：797.

④ 姚奠中. 元好问全集（增订本）：卷三十一：华严寂大士墓铭[M]. 李正民，增订. 太原：山西古籍出版社，2004：640.

⑤ 四分律：卷三四[M]//中华大藏经编辑局. 中华大藏经（汉文部分）：第四十册. 北京：中华书局，1987：700.

⑥ 〔金〕赵沨. 济州普照禅寺照公禅师塔铭[M]//〔清〕张金吾. 金文最：卷一百一十一. 北京：中华书局，1990：1592，1593.

⑦ 〔元〕耶律楚材. 湛然居士文集：卷八：燕京崇寿禅院故圆通大师朗公碑铭[M]. 谢方，点校. 北京：中华书局，1986：194，193.

⑧ 〔金〕杨乃公. 定州创建圆教院碑[M]//〔清〕张金吾. 金文最：卷七十八. 北京：中华书局，1990：1135.

清凉院惠润和尚"至二十五岁,传持大戒及讲说经论"①,广宁性圆和尚"二十九受具"②,南阳灵山僧法云"二十五具戒"③。上述僧人受具足戒时都已年满20岁,但文献中也偶见不满20岁而受具足戒者,如大庆寿寺海云和尚受卫绍王恩赐受具足戒,"时年始十一"④,逝于兴定三年(1219)的济州崇觉院虚明禅师"十三受具足戒"⑤,生于明昌五年(1194)的兴教院寂照禅师"十二受其戒"⑥。上述史料说明,金代僧人大多遵行了受具足戒之年当在20岁以上的戒律,但因一些特殊原因,也会偶有突破,特别是在国家对佛教无暇管理或管理不严时,这种情况可能相对更多一些。

三、金代僧尼的诸种名号

僧尼出家的目的在于断绝俗念,一意修持,姓名作为俗世尘缘的象征之一,当然也在断灭之列。因此,僧尼出家之后便不再沿用俗世姓名,以此表明割断同俗世的联系,但僧尼也需要以某种方式区分彼此,于是僧尼便有了特指某一个体的法名。此外,对精通佛法的僧尼,国家有赠予师号、德号,赐紫等不同的表彰方式。由此,在法名之外又产生了不同的师号、德号。

(一)法号

法号亦称法名、法讳、戒名,是指出家为僧尼后由师父另起的名字。在佛教中国化进程中,法号作为外来事物也经历了一个逐渐演变的过程。

---

①〔金〕王去非. 平阴县清凉院碑[M]//〔清〕张金吾. 金文最:卷六十九. 北京:中华书局,1990:1013.

②〔金〕张天佑. 圆公马山主塔记[M]//阎凤梧. 全辽金文. 太原:山西古籍出版社,2002:1771.

③姚奠中. 元好问全集(增订本):卷三十一:坟云墓铭[M]. 李正民,增订. 太原:山西古籍出版社,2004:641.

④〔元〕王万庆. 大蒙古国燕京大庆寿寺西堂海云大禅师碑[M]//孙勐. 北京佛教石刻. 北京:崇教文化出版社,2012:143.

⑤佚名. 虚明禅师塔志[M]//〔清〕张金吾. 金文最:卷一百十二. 北京:中华书局,1990:1608.

⑥〔元〕熊梦祥. 析津志辑佚:寺观[M]. 北京图书馆善本组,辑. 北京:北京古籍出版社,1983:85.

大约在两晋之际，中土的汉僧才真正"灭本名字"，另起僧名[①]。这一传统发展到金代，已基本程式化。就金代的情况看，僧人大都在出家时即由师父训名，从而取得法名。例如，汝州香山秀公禅师"幼不茹荤血，自誓出家大相国寺智海禅院，礼长老德密为师，训名法秀"[②]；王山十方圆明禅院体公禅师"弱冠出俗，礼当县汾阳里□众院净慧大德为师，训名觉□"[③]；上京宝胜寺宝严大师"至廿一岁父母许放出家。寻礼到本府兴圆寺讲律沙门觉宗为师，训名裕超"[④]；石经山云居寺谦公法师"礼禅师坦上人为师，训法名义谦"[⑤]；景公长老"礼僧宝长老为师，训到法名文景"[⑥]。诸如此类，不胜枚举，以至于在金代僧人墓志、塔铭中，某僧人早年"礼×××为师，训名××"成为一种常见格式。

金代僧人的法名有时别称法讳，如甘泉普济寺行通和尚"法讳行通"[⑦]；有时亦别称法号，如定州圆建院一僧人"法号崇遐"[⑧]。但是，无论如何称谓，他们的法名都有一定规律可循：其一，从用字上看，大都取慧、觉、通、明等字。由这些字组成的法名，意在阐扬僧人大彻大悟、善良聪慧、悲天悯人等特征或宣扬佛法普济众生、法力无边，不同程度地含有劝人向善、敬颂佛祖等意义。其二，从字数上看，大都由两个字组成，且同一师门者，首字相同，按字排辈。例如，真定府华严寺通鉴大师福能共有"门弟子九人：严固、严秀、严正、严契、严信、严宝、严如、严

[①] 严耀中. 从严佛调、朱士行说中土的僧姓法名[J]. 史林,2007(4).

[②] 〔金〕李名阙. 汝州香山秀公禅师塔铭[M]//〔清〕张金吾. 金文最：卷一百十一. 北京：中华书局,1990:1601.

[③] 〔金〕边元勋. 王山十方圆明禅院第二代体公禅师塔铭碑[M]// 王新英. 金代石刻辑校. 长春：吉林人民出版社,2009:36.

[④] 〔金〕光林寺西堂老人广明. 宝严大师塔铭志[M]// 王新英. 金代石刻辑校. 长春：吉林人民出版社,2009:133.

[⑤] 〔金〕赵仲先. 谦公法师灵塔铭[M]// 王新英. 金代石刻辑校. 长春：吉林人民出版社,2009:139.

[⑥] 佚名. 景公长老记[M]//国家图书馆善本金石组. 辽金元石刻文献全编：二. 北京：北京图书馆出版社,2003:1006.

[⑦] 〔金〕释圆满. 甘泉普济寺通和尚塔记[M]//〔清〕张金吾. 金文最：卷一百十二. 北京：中华书局,1990:1612.

[⑧] 〔金〕杨乃公. 定州创建圆教院碑[M]//〔清〕张金吾. 金文最：卷七十八. 北京：中华书局,1990:1135.

行、严印"[1];沈州双城县西山道院宗主禅师有门人"觉行、觉纪、觉本、觉智、觉藏、觉忍、觉派"[2];胜严寺一位禅师的门徒分别取名"性明、性严、性圆、性周、性空、性臻"[3]。上述几位法师门人的法名,首字相同。正因为一字代表一辈,所以石刻文献中往往称法师的再传弟子为法孙或师孙,而这些师孙法名的首字亦相同。例如,义井寺住持远公和尚度门人子秀、子润、子泽等八人,"师孙宗觉、宗正、宗宝、宗定、宗义等五人"[4]。

尽管佛教僧尼总是力图远离尘世,但事实上他们的生活仍然不可避免地打上尘世的鲜明烙印,在僧尼名号的问题上也是如此。尘世人有姓名,有字,僧尼亦然。金代的僧尼除取有法名,有人还另有字号,灵岩寺法云禅师"字巨济"[5],辩才大师德诚"字信之"[6],金烛和尚"讳法爽,字明道"[7],峡石山福严院潮公和尚"字巨源"[8],普珌和尚"字伯玉"[9],类似的例子还有不少。这说明金代僧人在法名之外另起字号是普遍现象,而且从这些字号的命名情况来看,更多地采用了世俗中人取字号时遵循的一些规则。例如,字面隽永,含义深刻,其出处有的还来自俗世典籍或诗文,这与取"法名"时尽量包含佛教意义的做法大相径庭,它所体现的是世俗文化对佛教的影响。

---

[1] 〔金〕善庆. 通鉴大师塔铭并陀罗尼真言幢[M]// 国家图书馆善本金石组. 辽金元石刻文献全编:三. 北京:北京图书馆出版社,2003:237.

[2] 〔金〕□仙□. 沈州双城县北苑家庄西山道院宗主禅师塔铭[M]// 王新英. 金代石刻辑校. 长春:吉林人民出版社,2009:124.

[3] 〔金〕杨恕道. 胜严寺禅师塔铭[M]// 王新英. 金代石刻辑校. 长春:吉林人民出版社,2009:136.

[4] 〔金〕释普明. 义井寺崇远塔铭[M]// 国家图书馆善本金石组. 辽金元石刻文献全编:一. 北京:北京图书馆出版社,2003:28.

[5] 〔金〕释正观. 灵岩寺云禅师塔铭[M]//〔清〕张金吾. 金文最:卷一百十二. 北京:中华书局,1990:1609.

[6] 〔金〕释师伟. 辩才大师诚公戒师塔铭[M]//〔清〕张金吾. 金文最:卷一百十二. 北京:中华书局,1990:1614.

[7] 〔金〕郜文举. 金烛和尚焚身感应之碑[M]// 王新英. 金代石刻辑校. 长春:吉林人民出版社,2009:95.

[8] 〔金〕宝𡧛. 潮公和尚塔幢[M]// 国家图书馆善本金石组. 辽金元石刻文献全编:一. 北京:北京图书馆出版社,2003:122.

[9] 佚名. 普珌和尚塔幢[M]// 国家图书馆善本金石组. 辽金元石刻文献全编:二. 北京:北京图书馆出版社,2003:930.

(二) 师号

师号是以国家名义颁赐给僧尼的特殊名号，它既表明封建国家对接受师号者本人的尊崇，也是统治阶级笼络、管理僧人队伍的重要手段。按《大宋僧史略》的记载，师号"谓赐某大师也"。自梁武帝至唐穆宗，虽然屡赐僧人以号，如"隋炀帝号智𫖮禅师"，"唐中宗号万回为'法云公'"等，但无"大师"二字，直到唐"懿宗咸通十一年十一月十四日延庆节，因谈论，左街云颢赐'三慧大师'，右街僧彻赐'净光大师'，可孚'法智大师'，重谦'青莲大师'。赐师号，懿宗朝始也"[1]。师号之制自唐朝肇始后，中经五代十国，迨至北宋更加成熟。金代继承了唐宋以来的传统，对僧人亦有师号之赐。而得赐师号者可享有一些特权，如大定十三年（1173）规定，"太常寺拟士人及僧尼道女冠有师号，并良闲官八品以上，许服花纱绫罗丝绸"[2]。这实际上直接提高了有师号僧尼的社会地位。

从现有史料情况看，金代师号有两字、四字、六字之分。两字者，如鼓山常乐寺主僧师彦号"宣秘大师"[3]，五台山善慧大师于天德年间被朝廷赐"宣秘大师"[4]；天眷年间，倡议重修西京大华严寺者有"通悟大师慈济、广达大师通利"[5]，甘泉普济寺法律特赐"严肃大师"[6]。四字者，如世宗之母出家后"诏以通慧圆明为号"[7]，朔州广福寺沙门圆遵于天会年

---

[1]〔宋〕赞宁. 大宋僧史略校注:卷下:赐师号[M]. 富世平,校注. 北京:中华书局,2015:168.
[2]〔元〕脱脱,等. 金史:卷四十三:舆服下[M]. 北京:中华书局,1975:986.
[3]〔金〕胡砺. 磁州武安县鼓山常乐寺重修三世佛殿碑[M]//〔清〕张金吾. 金文最:卷六十七. 北京:中华书局,1990:975.
[4]《清凉山志》标点组. 清凉山志:卷八:善慧大师传[M]李裕民,审订. 太原:山西人民出版社,1989:161.
[5]〔金〕段子卿. 华严寺薄伽藏教记[M]//国家图书馆善本金石组. 辽金元石刻文献全编:一. 北京:北京图书馆出版社,2003:141.
[6]〔金〕沙成之. 甘泉普济寺赐紫严肃大师塔铭[M]//〔清〕张金吾. 金文最:卷一百十. 北京:中华书局,1990:1588.
[7]〔金〕李彦隆. 通慧圆明大师塔铭[M]//王新英. 金代石刻辑校. 长春:吉林人民出版社,2009:121.

间有"妙正果义大师"之号[①],普恩寺圆满和尚号"通元文慧大师"[②]。六字者,如张行愿之长男出家为僧,号曰"慧休圆通辨正大师"[③];大定年间,朔州广福寺新迁葬的亡僧中有"慈济妙空真教大师"[④]。在上述师号中,以两字、四字较为多见,六字则很少见。从辽、宋的情况看,师号字数的多寡应该和师号的高下有关,字数越多者地位越尊贵,而且从史料记载看,僧人的师号不是一成不变的。例如,真定府通法大师先是赐号"究理",后又"易师号曰通法"[⑤]。

朝廷赐予师号应当有一套完整程序。宋代师号之赐,北宋初期多由左右街僧道录推荐或自行上表而得。自太平兴国四年(979)起,又严禁僧道自求紫衣师号,改由大臣、左右街僧道录向中书门下推荐[⑥]。金代僧道管理体系大多沿袭了唐宋制度。由此推测,金代师号之赐也应源于大臣或佛教管理机构的推荐。五台山善慧大师于天德年间得赐师号源于"有司以慧行闻于帝"[⑦]就是一个例证,只是赐号的详细程序还需发现更多史料后作进一步探究。

金代僧尼除了有朝廷颁赐,用以表彰佛学修为的师号,还有与师号相似但实际上反映僧尼佛学术业之长的所谓"学位号"[⑧]。佛教有三藏十二部经,八万四千法门,这些浩如烟海的典籍即使穷毕生之力恐怕也难以全部掌握。因此,僧尼往往根据个人实际情况在经、律、论三藏中选择不同的经典加以研习。"学位号"则直接反映出他们所习何业、所长何学,在石刻史料中,这种学位号常常以"讲×(经、律、论)"的方式呈现。从

---

①〔金〕沙门惠彻. 朔州广福寺新迁葬记[M]// 王新英. 金代石刻辑校. 长春:吉林人民出版社,2009:248.

②〔宋〕朱弁. 西京大普恩寺重修大殿碑[M]//〔清〕张金吾. 金文最:卷六十五. 北京:中华书局,1990:948.

③〔金〕张汝能. 张行愿墓志[M]// 王新英. 金代石刻辑校. 长春:吉林人民出版社,2009:163.

④〔金〕沙门惠彻. 朔州广福寺新迁葬记[M]// 王新英. 金代石刻辑校. 长春:吉林人民出版社,2009:248.

⑤〔金〕王瑄. 定林院通法塔铭[M]//国家图书馆善本金石组. 辽金元石刻文献全编:一. 北京:北京图书馆出版社,2003:26.

⑥唐代剑. 宋代道冠紫衣、师号制度[J]. 宗教学研究,1997(1).

⑦《清凉山志》标点组. 清凉山志:卷八:善慧大师传[M]李裕民,审订. 太原:山西人民出版社,1989:161.

⑧僧尼"学位"号之称是借鉴了张国庆的研究成果,参见:张国庆. 辽代僧尼法号、师德号与"学位"称号考:以石刻文字资料为中心[J]. 民族研究,2011(6).

石刻史料的情况看，有的僧人只习一藏。例如，辽宁省朝阳市双塔区发现的一方泰和三年（1203）经幢，其第六面刻有"讲经沙门僧慧□、讲经沙门僧了常、讲经沙门僧了琼"[1]，说明上述几位僧人所长之术为讲经。有的僧人兼通两藏，如《金烛和尚焚身感应之碑》的结缘施主题名中，有"万善寺讲经论大乘戒沙门法斌""讲经论传大乘戒沙门了密""讲经论传大乘戒沙门法苑""讲经论传大乘戒沙门洪太"[2]。由此看来，上述几位僧人的所长之术以讲经、论为主。此外，还有个别僧人经、律、论三藏皆讲。例如，在《金烛和尚焚身感应之碑》结缘施主中，有僧人"讲经律论传法沙门洪海"[3]。除习经律论三藏，还有僧人习戒定慧三学，这也在石刻史料中有所体现。例如，朝阳市双塔区发现的泰和三年（1203）经幢，刻有"习定僧了懿"[4]，说明了懿在戒定慧三学之中以习定为主。

需要说明的是，僧人欲获得三宗法师的资格要经过严格考试。《兴中府银青改建三学寺及供给道粮千人邑碑》记载：

> 凡取经律论之师者，差官考试。本府聚五州义学各宗出题，答义中选者取三人，爰命为三宗法师[5]。

从这段石刻记载的情况看，经师考试由朝廷差官主持，由本府义学各宗出题，每次考试只录取三人，授予"三宗法师"之号，说明该僧学识渊博，是对僧人术业的充分肯定。

（三）德号

德号指由国家颁赐给僧尼的"××大德"之号。"大德"为梵文

---

① [金]邵□. 泰和三年□□□□□□真梵幢记[M]// 王新英. 金代石刻辑校. 长春:吉林人民出版社,2009:142.

② [金]郄文举. 金烛和尚焚身感应之碑[M]// 王新英. 金代石刻辑校. 长春:吉林人民出版社,2009:98,99.

③ [金]郄文举. 金烛和尚焚身感应之碑[M]// 王新英. 金代石刻辑校. 长春:吉林人民出版社,2009:100.

④ [金]邵□. 泰和三年□□□□□□真梵幢记[M]// 王新英. 金代石刻辑校. 长春:吉林人民出版社,2009:142.

⑤ [金]韩长嗣. 兴中府尹银青改建三学寺及供给道粮千人邑碑[M]//[清]张金吾. 金文最:卷六十八. 北京:中华书局,1990:996

"Bhadanta"的意译，指有大德行者，是对佛、菩萨或比丘中的长老的尊称，有时对高僧也泛用此称[①]。按照《大宋僧史略》的记载，"德号之兴，其来远矣"，上溯魏晋之世，"翻译律本羯磨文中，皆曰大德僧"。但是，此处的"大德"并非后世的德号，直至唐代宗大历年间才有正式的官补德号，"大历六年辛亥岁四月五日，敕京城僧尼临坛大德各置十人，以为常式，有阙即填。此带临坛而有大德二字，乃官补德号之始也"，此后又陆续有"引驾大德""禅大德"等号，"敕补号益分明矣"[②]。

金代承袭了唐代以来的做法，授一些有名望的僧尼以大德之号。据笔者所见，目前发现的金代德号皆为两字，如宝严寺舍利塔石函函盖的北侧铭文刻有"圆教大德"[③]之号，山西长治出土的一具金代僧人石棺上刻有"崇仪大德"之号[④]，《真定府龙兴寺大悲金铜像宝阁记》的立石诸人中有"通悟大德""英悟大德"，劝缘之人为"通辩大德"[⑤]。天会年间，西京大石窟寺主僧获赐"通慧大德"号[⑥]，普显和尚受赐"俊悟大德"[⑦]。至于金代是否有四字、六字德号，需要发现更多的史料之后才可断言。金代僧尼德号的意义与法号、师号稍有不同，除含有佛教所宣扬的慈悲、圆通等意之外，更多包含对受赐者本人人格品质、佛学修养、功德术业等的褒奖之意。

同师号一样，金代僧尼的德号可以改赐。根据僧尼在不同时期功业、修为的不同，他们会获得不同的德号。例如，上京宝胜寺宝严大师，"至正隆三年，□□诸师保□本京临坛受□□大德。至定三年，敕赐紫衣诠圆

---

① 任继愈. 佛教大辞典："大德"条[M]. 南京：凤凰出版社,2002:160.
② 〔宋〕赞宁. 大宋僧史略校注:卷下:德号[M]. 富世平,校注. 北京：中华书局,2015:172, 173.
③ 〔金〕沙门圆赡. 宝严寺舍利塔石函铭[M]//王新英. 金代石刻辑校. 长春：吉林人民出版社,2009:239.
④ 佚名. 崇仪大德淮公石棺铭[M]//王新英. 金代石刻辑校. 长春：吉林人民出版社,2009:252.
⑤ 〔金〕孟诚之. 真定府龙兴寺大悲金铜像宝阁记[M]//王新英. 金代石刻辑校. 长春：吉林人民出版社,2009:259.
⑥ 〔元〕熊梦祥. 析津志辑佚:寺观[M]. 北京：北京古籍出版社,1983:83.
⑦ 佚名. 普显和尚经幢[M]//国家图书馆善本金石组. 辽金元石刻文献全编:二. 北京：北京图书馆出版社,2003:937.

大德。至定四年，荣迁本京都僧录判官，受传妙大德"①。宝严大师在正隆三年（1158）至大定四年（1164）的短短六年间三受德号，可谓荣宠备至。而北京北净修院第四代住持智辩也同样三受德号，三十七岁时"敕赐临坛妙净大德"，五十七岁时"改授诠□大德"，六十三岁时"赐紫衣宝严大德"②。不过，像宝严、智辩这样三次受赐德号的情况并不多见。从石刻史料的记载来看，多数僧尼终其一生只受赐过一次德号，偶尔有僧尼受赐过两次。

（四）赐紫

赐紫是中国古代帝王对臣子的一种奖赏。奖赏的对象既包括官员也包括僧尼，奖赏的方式是允许臣子破格穿着紫衣。在中国古代，服色不仅仅用于蔽体和装饰，还具有明尊卑、辨官职、分贵贱的作用。《后汉书·舆服制》云："夫礼服之兴也，所以报功章德，尊仁尚贤。故礼尊尊贵贵，不得相逾，所以为礼也。非其人不得服其服，所以顺礼也。"③正因为服饰具有政治上、伦理上的功能，因而历代统治者都非常重视服色之制。唐宋时期，紫色作为众色之首对穿用者的品级有特别要求。唐武德四年（621）规定，"三品已上，大科䌷绫及罗，其色紫"④。贞观四年（630）规定，"三品以上服紫"⑤。上元元年（674）再次规定，"文武三品已上服紫"⑥，从而紫色成为三品以上官员的专用服色。宋代对紫色的使用范围有所调整。开国之初，"宋因唐制，三品以上服紫"，元丰元年（1078）改为"阶官至四品服紫"。服紫的范围虽有扩大，但严格服色制度以明上下尊卑的古制仍与唐朝一脉相承。金朝虽为女真族所开创，但随着女真文化与汉族文化的不断融合，其服色之制也逐渐健全。大定官制规定，"文资五品以上官服紫"⑦。这条规定比元丰元年（1078）北宋之制又有所放

---

① 〔金〕光林寺西堂老人广明. 宝严大师塔铭志[M]// 王新英. 金代石刻辑校. 长春：吉林人民出版社,2009：133. 本段史料中的"定"乃"大定"的简写,为金世宗年号.
② 梁姝丹,赵振生. 辽宁阜新市发现一座金代墓葬[J]. 考古,2004(9).
③ 〔南朝·宋〕范晔. 后汉书：志第二十九[M].〔唐〕李贤,等注. 北京：中华书局,1965：3640.
④ 〔后晋〕刘昫,等. 旧唐书：卷四十五：舆服志[M]. 北京：中华书局,1975：1952.
⑤ 〔后晋〕刘昫,等. 旧唐书：卷四十五：舆服志[M]. 北京：中华书局,1975：1952.
⑥ 〔后晋〕刘昫,等. 旧唐书：卷四十五：舆服志[M]. 北京：中华书局,1975：1952-1953.
⑦ 〔元〕脱脱,等. 金史：卷四十三：舆服中[M]. 北京：中华书局,1975：982.

宽，但以服色明上下、示尊卑之意并未改变。

从上述史料来看，自唐及金，紫色作为富贵的象征一直是高级官员的专用服色，因而紫色本应与僧尼之衣无涉。实际上，佛教对僧尼服装的样式、颜色、面料及制作方法都有严格规定，其特征是以御寒为目的、以轻贱为标志的，其意在于通过穿着轻贱、破烂的"粪扫衣"来表示僧人割断贪欲、超越凡尘的决心。从这个意义上说，世俗所崇尚的紫色恰恰是佛家忌讳之色，故《佛制比丘六物图》云，"况轻纱紫染，体色俱非，佛判俗服，全乖道相，何善之有"①。但自唐代以后，随着佛教势力与皇权统治之间关系的加深，封建帝王经常以赐紫来表示对某些僧尼的尊崇。武则天在位期间，僧人法朗等人重译《大云经》，为武则天称周制造舆论，事后法朗等九人"皆赐紫袈裟"②，是为僧人赐紫之始。此后，赐僧尼紫衣渐成习气，流风所及，亦涉金代。

金代僧人服紫的资格来自三个渠道。

1.僧官达到一定品级者可以服紫

金代建立了完整的僧尼管理机构，任职于其中的僧录、僧正等僧官"并服紫袈裟"③，石刻史料也佐证了这一说法可信。例如，《特赐广济大师塔铭》的落款中间有"灵岩院特赐紫衣僧正子善"④，《朔州广福寺新迁葬记》的立石人为"总持大德管内都僧正赐紫沙门惠彻"⑤，泰和三年（1203）的一方经幢上刻有"本府都僧录三学律主赐紫沙门净慧大师"⑥的字样。上述史料中的僧正、都僧录、都僧正皆为僧官，他们都获得了赐紫的殊荣。

---

①〔宋〕元照.佛制比丘六物图[M]//〔日〕前田慧云,〔日〕中野达慧.续藏经:第壹辑第贰编第拾套第叁册.上海:上海商务印书馆,1925.

②〔宋〕赞宁.大宋僧史略校注:卷下:赐僧紫衣[M].富世平,校注.北京:中华书局,2015:159.此事亦见:〔后晋〕刘昫,等.旧唐书:卷一百八十三:薛怀义传[M].北京:中华书局,1975:2742.

③〔宋〕宇文懋昭.大金国志校证:附录三:浮图[M].崔文印,校证.北京:中华书局,1986:616.

④佚名.特赐广济大师塔铭[M]//王新英.金代石刻辑校.长春:吉林人民出版社,2009:129.

⑤〔金〕沙门惠彻.朔州广福寺新迁葬记[M]//王新英.金代石刻辑校.长春:吉林人民出版社,2009:249.

⑥〔金〕邵□.泰和三年□□□□□真梵幢记[M]//王新英.金代石刻辑校.长春:吉林人民出版社,2009:142.

2.非僧官者可借由敕赐服紫，但前提是须先获得大师、大德之号

据《大金国志》记载，金代僧尼"所赐号曰'大师'，曰'大德'，并赐紫"，"有师号者赐紫，无者如常僧服"①。正因为此项规定，金代佛教文献中经常可见师德号与赐紫并现者。

除上述实例外，金代僧尼名号中经常可见赐紫字样，如《窝鲁欢墓志》的志文，其落款者为"妙行大师赐紫尼志达撒鲁"②，《真定府龙兴寺大悲金铜像宝阁记》的劝缘者为"管内都僧录改授赐紫通辩大德禅师□□"③。1982年，在黑龙江省阿城县发现的两块金代葬记瓦，其墨书文字有"上京释迦院尼临坛首座赐紫宣微大师法性"④字样。但是，金代石刻中也有个别僧尼有师德号却无赐紫。例如，为上京宝胜寺宝严大师建塔诸僧中，有"门人临坛宣密大德讲经沙门□贞"⑤；为上京释迦院宣微大师落葬的门人中，有"门人尼临坛五座崇业大德德显"⑥。这两则史料中的僧人皆有大德之号而无赐紫之记，究竟是石刻失载还是《大金国志》所记不确，需要发现更多的史料之后才可以定论。

3.进纳

如同度牒一样，在政府财政困难时期，金代的紫衣、师德号都可以通过向政府进纳获得。这一举措早在世宗初年即已施行。承安二年（1197），章宗又应尚书省之请，降僧道空名度牒紫褐师德号以助军储。金末，朝廷出售紫衣师德号更滥。贞祐三年（1215）四月，胥鼎一次就乞降空名宣敕一千、紫衣师德号度牒三千。这些措施虽然在一定程度上可以缓解政府的财政困难，但同时也导致有师德紫衣者的冗滥。

---

① 〔宋〕宇文懋昭.大金国志校证:附录三:浮图[M].崔文印,校证.北京:中华书局,1986:616.
② 〔金〕妙行大师赐紫尼志达撒鲁.窝鲁欢墓志[M]//王新英.金代石刻辑校.长春:吉林人民出版社,2009:178.
③ 〔金〕孟诚之.真定府龙兴寺大悲金铜像宝阁记[M]//王新英.金代石刻辑校.长春:吉林人民出版社,2009:259.
④ 佚名.宣微大师法性葬记[M]//王新英.金代石刻辑校.长春:吉林人民出版社,2009:254.
⑤ 〔金〕光林寺西堂老人广明.宝严大师塔铭志[M]//王新英.金代石刻辑校.长春:吉林人民出版社,2009:134.
⑥ 佚名.宣微大师法性葬记[M]//王新英.金代石刻辑校.长春:吉林人民出版社,2009:254.

四、金代的僧官体系

自佛教传入中国以来，历代世俗政权对佛教事务的管理逐渐加强，其表现之一就是建立了严密的僧官体系。以宋代为例，宋朝初年，中央政府设立左街僧录司、右街僧录司，掌管寺院账籍、地方僧官选拔等事，直接隶属于鸿胪寺。左、右街僧录司设僧录、副僧录、讲经首座、讲论首座等僧官以执掌具体事务。地方僧官的设置则沿用唐制，于各州设僧正、副僧正、僧判等职[①]。金因唐宋之制，也建立了自己的僧官制度。

（一）金代的僧尼管理机构

从相关记载来看，金代的僧尼事务主要由礼部统管。《金史·百官志》记载，礼部的职责是"掌凡礼乐、祭祀、燕享……释道、四方使客、诸国进贡、犒劳张设之事"[②]。由此推断，礼部应分官设职以专门管理僧尼事务。

金代的地方行政机构分路、府、州、县四级建制。《大金国志·浮图》载，金代在京师、帅府、列郡、县分设师、僧录、僧正、都纲、维那等僧职，这说明金在地方行政体系中逐级设置了僧尼管理机构。从石刻史料看，路一级行政机构设置的僧录司较为常见。

僧录司并非金代首创，早在后秦时期就有"法钦、慧斌共掌僧录，给车舆吏力"[③]的记载。此处的"僧录"既是僧职，又可能是当时僧尼管理机构的专门称谓。及至北宋，僧录司包括左街僧录司、右街僧录司，设置于首都开封，为中央僧职机构，其职责是"掌寺院僧尼账籍及僧官补授之事"[④]。辽代亦于京城设置左、右街僧录司，但该职已非掌管全国僧尼事

---

①宋代僧官的设置情况，参见：刘长东. 宋代佛教政策论稿[M]. 成都：四川出版集团巴蜀书社，2005：79-130；游彪. 宋代寺院经济史稿[M]. 保定：河北大学出版社，2003：1-15；漆侠. 辽宋西夏金代通史：宗教风俗卷[M]. 北京：人民出版社，2010：3-4；谢重光，白文固. 中国僧官制度史[M]. 西宁：青海人民出版社，1990：155-195；闫孟祥. 宋代佛教史[M]. 北京：人民出版社，2013：16-26.

②〔元〕脱脱，等. 金史：卷五十五：百官志一[M]. 北京：中华书局，1975：1234.

③〔梁〕释慧皎. 高僧传：卷六：晋长安大寺释僧䂮传[M]. 汤用彤，校注. 汤一玄，整理. 北京：中华书局，1992：240.

④〔清〕徐松. 宋会要辑稿[M]. 北京：中华书局，1957：职官二五之二，2915.

务的中央僧司，而是变成了掌管某一区域僧务的地方僧司[①]。金代僧录司的情况与辽代相仿，稍有不同的是，金代僧录司主要设置在五京及路一级行政机构中。这一点得到历史文献和考古资料的证实。历史文献方面，《大金国志》载，在金代僧职系列中，"师府曰'僧录'、'僧正'"[②]。据当代学者考证，此处的"师（帅）府"针对五京及诸路而言[③]。由于僧录是僧录司所设职官，因而帅府中设有"僧录"就意味着金代五京及诸路行政机构中设有僧录司。如果说《大金国志》的记载尚不够明确，那么考古资料则为我们追寻五京及诸路僧录司的情况提供了新的证据。1996年12月，辽宁省瓦房店市台后村出土了一件金代铜锅，在铜锅的口沿边缘上刻有"东京僧司（押）"字样[④]。此处的"东京"是金代东京路的简称，而"东京僧司"应是东京僧录司的简称。除东京设有僧录司外，中都也设有僧录司，皇统年间悟铢大师就曾经"授中都右街僧录"[⑤]之职。此外，僧人浩公曾任南京僧录[⑥]。诸路僧录司方面，北京通州出土了两件铜佛版，佛版的一边铸有"河东南路都僧录特授赐紫文妙大师□善广□"[⑦]字样。正定天宁寺灵霄塔地宫发掘出的一块金代皇统元年（1141）舍利塔塔铭记载，其劝缘人为"河北西路管内都僧录传法特授赐紫通悟大师"[⑧]。这表明在河东南路、河北西路都设有僧录司。

（二）金代僧官设置

佛法东传以后，历代帝王为表示对佛教的尊崇，常于世俗官职之外另立一套僧官体系。《佛祖统纪》称之为"自古人君重沙门之德者，必尊其位异其称，曰僧录、僧统、法师、国师，入对不称臣，登殿赐高座，如是

[①] 张国庆. 佛教文化与辽代社会[M]. 沈阳：辽宁民族出版社，2011：57-59.
[②] [宋]宇文懋昭. 大金国志校证：附录三：浮图[M]. 崔文印，校证. 北京：中华书局，1986：616. 此处"师府"疑为"帅府"之误.
[③] 谢重光，白文固. 中国僧官制度史[M]. 西宁：青海人民出版社，1990：205.
[④] 赵云积，刘俊勇. 辽宁瓦房店市台后村金代铜钹窖藏及有关问题[J]. 北方文物，2000（3）.
[⑤] [明]明河. 补续高僧传：卷十七：悟敏悟铢二传戒大师传[M]//[梁]慧皎，等. 高僧传合集. 上海：上海古籍出版社，1991：723.
[⑥] [明]明河. 补续高僧传：卷十二：政言了奇二师传[M]//[梁]慧皎，等. 高僧传合集. 上海：上海古籍出版社，1991：687.
[⑦] 孙勐. 浅谈北京地区金代佛教考古的发现[J]. 北京联合大学学报（人文社会科学版），2011（1）.
[⑧] 河北省古建队灵霄塔勘测组. 正定天宁寺灵霄塔地宫发掘[J]. 古建园林技术，1984（2）.

为得其宜"①。金代亦然,金代僧官设置既见诸历史文献,又见于石刻记载,将两者加以对照分析,大致能够揭示金代僧官设置的基本面貌。

1. 国师

"国师"一词源于古印度,佛法传入中国后成为中国历代封建帝王授予一些德高望重的僧人的封号②。据《大宋僧史略》记载,"国师"之号起于北齐高僧法常,"唯北齐有高僧法常,初演毗尼,有声邺下。后讲涅槃,并受禅数。齐王崇为国师。国师之号,自常公始也"③。北齐以后,隋、唐各朝皆有"国师"之号。

关于金代"国师",记载最翔实者莫如《大金国志·浮图》:"所谓国师,在京之老尊宿也,威仪如王者。国主有时而拜,服真红袈裟,升堂问话、讲经与南朝等。"④这段史料对金代"国师"的地位、服饰、威仪言之凿凿,学者在言及金代佛教时莫不引用此文,然而考诸金代历史文献及石刻史料,我们不禁要问,金代是否确有"国师"一职?

《金史》语及"国师"者仅有一处:"贞祐三年,太康县人刘全尝为盗……东平人李宁居嵩山,有妖术。全同县人时温称宁可论大事,乃使范元书伪号召之。宁至,推为国师,议僭立。事觉,全、温、宁皆伏诛。"⑤显然,该段史料中的"国师"乃谋叛之徒所僭立,与佛教无关。《宋史》中亦有文字涉及金代"国师",言宇文虚中使金被留之后,深得金人信任,"累官翰林学士、知制诰兼太常卿,封河内郡开国公,书金太祖睿德神功碑,进阶金紫光禄大夫,金人号为'国师'"⑥。此处的"国师"不过是金人尊崇宇文虚中之意,与佛教全无关涉。

元好问《尚书右丞耶律公神道碑》言及,贞懿皇后出家后,"当时朝命尝有'国师'之号"。世宗即位后,"母后称号不得不尊,'国师'之

---

① [宋]志磐. 佛祖统纪校注:卷四十四:法运通塞志第十七之十[M]. 释道法,校注. 上海:上海古籍出版社,2012:1036.

② 任继愈. 佛教大辞典:"国师"条[M]. 南京:凤凰出版社,2002:764.

③ [宋]赞宁. 大宋僧史略校注:卷中:国师[M]. 富世平,校注. 北京:中华书局,2015:113-114.

④ [宋]宇文懋昭. 大金国志校证:附录三:浮图[M]. 崔文印,校证. 北京:中华书局,1986:616.

⑤ [元]脱脱,等. 金史:卷八十五:世宗诸子传[M]. 北京:中华书局,1975:1900.

⑥ [元]脱脱,等. 宋史:卷三百七十一:宇文虚中传[M]. 北京:中华书局,1997:11528.

命，固已革去矣"①。如果此条史料属实，足可以作为金代有"国师"之号的证据。元好问为金代文史大家，其言应有所本。但是，在《金史》贞懿皇后本传及迄今为止的其他金代史料中并无提及此事者，此疑问之一。1981年征集到的《通慧圆明大师塔铭》（以下简称《塔铭》）以介绍贞懿皇后生平为主旨，但该《塔铭》也未提及贞懿皇后生前获赐"国师"之事。须知，《塔铭》撰文于贞懿皇后薨的当年，即正隆六年（1161），如果贞懿皇后生前确有"国师"之号，则《塔铭》断无忽略此事的道理，此疑问之二。对于以上两则疑问，一个可能的解释是贞懿皇后出家时，朝论确有赐号"国师"之议，但由于金代并无"国师"之设，加之贞懿皇后身份尊贵，称"国师"于礼不合，所以"国师"之议也只能作罢。因此，贞懿皇后即使确曾短暂地被称为"国师"，也只能看作特例，而非常设。

至此，我们再审视《大金国志》关于"国师"的记载可以发现，所谓"国师""威仪如王者""国主有时而拜"远远超出我们对金代僧团地位的判断。前文已经分析了金代的佛教政策，应该说，与辽代相比，金代诸帝对佛教的推崇是有限度的，海陵王、世宗时期尤其如此。海陵王仅仅因为僧人法宝正坐，张浩、张晖侧坐即杖法宝二百，又岂容所谓"国师""威仪如王者"，又岂能"国主有时而拜"？考虑到学术界对《大金国志》的疑虑，我们有理由推断：《大金国志》关于"国师"的记载并不可靠。

《金史》未载"国师"之事，《大金国志》的记载亦不可靠，那么是否可以从其他史料中寻找"国师"的蛛丝马迹？

据笔者目力所及，在金元史料中，大圣安寺圆通国师屡次被提及。例如：

> 近代佛日尧禅师自江左至燕然，寓大圣安。一夕与佛觉、晦堂夜话次，时圆通善国师年方十二，座右侍立。②
> 昔世宗幸大圣安瑞像殿，问圆通善国师曰："礼则是？不礼

---

① 姚奠中.元好问全集(增订本):卷二十七:尚书右丞耶律公神道碑[M].李正民,增订.太原:山西古籍出版社,2004:586.
②〔宋〕义青颂古,〔元〕从伦评唱.林泉老人评唱投子青和尚颂古空古集:卷五:第八十三则:兴化军旗[M]//〔日〕前田慧云,〔日〕中野达慧.续藏经:第壹辑第贰编第贰拾贰套第叁册.上海:上海商务印书馆,1925.

则是？"通奏曰："礼则相敬相重，不礼则各自称尊。"帝大悦。①

云寔《拈颂》，佛果评唱之《击节碧岩录》在焉；佛果《颂古》，圆通善国师评唱之《觉海轩录》在焉。是临济、云门，互相发扬矣。②

师讳祖朗，姓李氏，蓟州渔阳人。九岁出家，礼燕京大圣安寺圆通国师为师。③

万松尝见圆通善国师手书二颂云："光阴迅速疾走上来，路头踏着优钵花开；大道广阔忙作什么？放开肚皮一时包裹。"④

上述五则史料中提到的圆通国师，法名广善，为金代云门宗佛觉传法弟子⑤，广善佛法高深，以至于佛日称"可乞此子续吾临济一宗"⑥，在金代中叶尤其世宗时期影响很大，但广善是否曾经获得"国师"之号则有待商榷。这些史料虽然均以"国师"称呼广善，但揆诸史乘，我们不禁怀疑，有金一代得"国师"之号者何以仅圆通一人？设若金代确有"国师"之制，以金代高僧之多，断不至于仅广善一人荣膺此号，况且有金一代声名远盛于广善者大有其人，万松行秀即是一例。万松行秀以"儒、释兼备，宗说精通，辨才无碍"⑦而名播天下，被时人誉为"宗门之大匠，四海之所式范"⑧。万松行秀在章宗时期屡蒙诏请，受帝亲迎之恩、后妃罗

---

① [宋]义青颂古,[元]从伦评唱. 林泉老人评唱投子青和尚颂古空古集：卷三：第四十则：大士不起[M]//[日]前田慧云,[日]中野达慧. 续藏经：第壹辑第贰编第贰拾贰套第叁册. 上海：上海商务印书馆,1925.

② [元]耶律楚材. 湛然居士文集：卷八：评唱天童拈古请益后录序[M]. 谢方,点校. 北京：中华书局,1986：192.

③ [元]耶律楚材. 湛然居士文集：卷八：燕京崇寿禅院故圆通大师朗公碑铭[M]. 谢方,点校. 北京：中华书局,1986：193.

④ [宋]天童正觉颂古,[元]万松行秀评唱. 从容录：卷二：护国三懴[M]. 尚之煜,点注. 北京：宗教文化出版社,2013：105-106.

⑤ 刘晓. 金元北方云门宗初探：以大圣安寺为中心[J]. 历史研究,2010(6).

⑥ [宋]义青颂古,[元]从伦评唱. 林泉老人评唱投子青和尚颂古空古集：卷五：第八十三则：兴化军旗[M]//[日]前田慧云,[日]中野达慧. 续藏经：第壹辑第贰编第贰拾贰套第叁册. 上海：上海商务印书馆,1925.

⑦ [元]耶律楚材. 湛然居士文集：卷八：万松老人评唱天童觉和尚颂古从容庵录序[M]. 谢方,点校. 北京：中华书局,1986：191.

⑧ [元]耶律楚材. 湛然居士文集：卷八：燕京崇寿禅院故圆通大师朗公碑铭[M]. 谢方,点校. 北京：中华书局,1986：194.

拜之礼，以万松行秀佛法之精、道誉之高、宠渥之隆，尚未得"国师"之号，而广善却独膺殊荣，显然有悖常理。究其原因，我们只能怀疑金代设置"国师"一职的真实性。

关于圆通广善是否为金代"国师"，还有一些疑点。清代聂先《续指月录》记载，"黄山赵文孺居士，为圆通善入室弟子"[①]。赵文孺即赵渢，为金大定二十二年（1182）进士，金代名儒，仕至礼部郎中，《金史》《中州集》皆有传。奇怪的是，两书均未提及赵氏为广善入室弟子事，赵氏自己所做诗文也对此不着一字，这对极重师承的古代名士来说是有悖常理的。此外，成书于至正元年（1341）的《佛祖历代通载》记载了大量金代佛教史事。作为距离广善生活时代最近的佛教史乘，竟然对广善事迹无只言片语之记。这究竟是作者的疏漏还是本无其事，非常值得玩味。至于在金元之际颇富文名又与高僧往来甚多的赵秉文、李纯甫、元好问等人在诗文里对广善这样具有"国师"地位的名僧毫不提及，其原因更是需要仔细斟酌的。

能够帮助我们解开谜团的是《重建大延圣寺记》文及银山塔林圆通舍利塔题刻对圆通的称谓。《重建大延圣寺记》碑文称，大延圣寺"创建自昔，相传大安、大定中，寺有五百善众，傍有七十二庵。时有祐国佛觉大禅师晦堂、祐国佛觉大禅师懿行、大禅师虚静、禅师圆通、大禅师和敬大师，相继阐教演法于其地"[②]。由此可知，大延圣寺是圆通生前弘教之地。圆通入灭后，葬于大延圣寺所在的银山塔林，其舍利塔至今犹存，塔门门楣上刻有"圆通大禅师善公灵塔"铭文[③]。《重建大延圣寺记》碑立石于大定六年（1166），其时，圆通正活跃于金代佛教界，而圆通舍利塔是圆通灵骨所在。按理，两者必能准确记录圆通的身份，但两者均称圆通为"禅师"而非"国师"。这确凿无误地表明，圆通生前的身份是"禅师"而非"国师"。

如果金代确实未设"国师"，那么前述所列五则金元史料为何都称广

---

①〔清〕聂先.续指月录:尊宿机录:黄山赵文孺居士[M].心善,整理.成都:四川出版社集团巴蜀书社,2005:457.

②佚名.重建大延圣寺记[M]//梅宁华.北京辽金史迹图志:下.北京:北京燕山出版社,2003:32.

③汪建民,侯伟.北京名胜古迹考略:北京古塔之十五[J].首都师范大学学报(社会科学版),1996(4).

善为"国师"？答案或许可以从作者生活的时代背景史料中寻找。这五则史料，两则出于林泉从伦手笔，两则出于耶律楚材手笔，一则出于万松行秀手笔。林泉从伦，元初著名高僧，历住万寿、报恩寺，曾应元世祖之邀入内廷说法，并著有《空谷集》《虚堂集》。耶律楚才则为蒙元时期著名居士，窝阔台时期拜中书令，以儒、释兼用而称誉于后世。这两人共同受业于万松行秀，均在金元鼎革之际拥有广泛的社会声誉。鉴于佛教史乘及有元一代"国师""帝师"在社会上的显赫地位，他们以备受荣宠的"国师"之号来尊称金代高僧，似乎也于理可通。当然，这仅仅是一种猜测，称圆通广善为"国师"的确切原因有待进一步研究。但是，在金代的僧官体系中，是否有"国师"之设值得怀疑，对《大金国志》及佛教史乘所载不可遽信。

2.都僧录

都僧录究系何职，金代史料并无明文记载，但一些高僧曾任都僧录的实例却不鲜见。例如，从传世文物的情况看，正定县文物保管所收藏的一方金代摹刻观音像，其刻石的下半部刻有《真定府龙兴寺大悲阁金铜像宝阁记》，其劝缘人为"管内都僧录改授赐紫通辩大德禅师□□"[①]；旅顺博物馆收藏的一枚金代皇统八年（1148）千佛印，其发愿文刻有"河东南路都僧录特授赐紫文妙大师善广施"[②]。从石刻史料的情况来看，广惠大师曾于贞元二年（1154）迁授都僧录[③]，宝严大师于大定七年（1167）改授都僧录[④]。这些资料说明金代确实曾经设立都僧录一职。

3.都僧录判官

都僧录判官是都僧录的佐贰之职，《香积院涅槃会碑》的碑末僧衔中有"汾州管内都僧判官"[⑤]之语，可能是都僧录判官的简略写法。从石刻史料反映的情况看，金代真定府广惠大师、上京路宝严大师都曾任都僧录

---

① 杜平,王巧莲. 一方金代摹刻的隆兴寺千手观音刻石[J]. 文物春秋,2003(6).

② 王振芬. 金皇统八年千佛印及其相关问题[J]. 北方文物,2000(2).

③〔金〕法通. 龙兴寺陁罗尼经幢并广惠大师铭[M]//国家图书馆善本金石组. 辽金元石刻文献全编:三. 北京:北京图书馆出版社,2003:224.

④〔金〕光林寺西堂老人广明. 宝严大师塔铭志[M]//王新英. 金代石刻辑校. 长春:吉林人民出版社,2009:133.

⑤〔金〕了觉. 香积院涅槃会碑[M]//国家图书馆善本金石组. 辽金元石刻文献全编:一. 北京:北京图书馆出版社,2003:132.

判官一职，并由该职迁升都僧录①。

4.都纲

按照《大金国志》的记载，"都纲则列郡僧职也"②。看来这是金代设置在州府一级的僧职。吉林省博物院收藏有一方金代干支纪年官印，其印文为"都纲司印"③，当是都纲司所用官印。"都纲"见于石刻史料者，有《慈云院碑》所记"本州上院庆寿寺掌经藏浴室院前都纲尊宿僧法理""太平禅院前都纲讲经论传戒沙门法益""管内都纲知教门事释喜庸"④，以及《马行贵幢记》所记"为都纲五载有余"⑤的马行贵，等等。

金代除上述僧职以外，据《大金国志》记载，还有僧录、僧正、维那等职。"僧录、僧正，师（帅）府僧职也"，"维那，县僧职也"⑥。此外，据《朔州广福寺净住禅师行慜迁葬记》载，金代有"都僧正"之职⑦。从宋代的情况看，"都僧正"往往设置在寺院众多、佛教繁盛的地区，这些地方因为真伪杂处，事务繁难，"故于僧职正副之外，别补都僧正一员。簿账案牒奔走将迎之劳，专责正副以下，而都师总领要略，实以行解表众而已，然亦通号为僧官"⑧。由此可见，宋代的"都僧正"是垂范众僧的荣誉性职务。金代的"都僧正"是否也是这种情况，有待发现更多史料之后才可确定。据《松漠纪闻》记录，金代僧职还有"正副判录，或呼司空"⑨。《松漠纪闻》的著者洪皓长期羁留北地，对金朝社会比较熟悉，所

---

①〔金〕光林寺西堂老人广明. 宝严大师塔铭志[M]// 王新英. 金代石刻辑校. 长春:吉林人民出版社,2009:133;〔金〕法通. 龙兴寺随罗尼经幢并广惠大师铭[M]// 国家图书馆善本金石组. 辽金元石刻文献全编:三. 北京:北京图书馆出版社,2003:224.

②〔宋〕宇文懋昭. 大金国志校证:附录三:浮图[M]. 崔文印,校证. 北京:中华书局,1986:616.

③陈春霞,刘晓东. 金代干支纪年官印研究[J]. 北方文物,2000(2).

④〔金〕赵为. 慈云院碑[M]// 国家图书馆善本金石组. 辽金元石刻文献全编:一. 北京:北京图书馆出版社,2003:167.

⑤〔金〕沙门即空. 通州潞县马驹里崇教院前本州都纲大德塔铭[M]// 梅宁华. 北京辽金史迹图志:下. 北京:北京燕山出版社,2003:108.

⑥〔宋〕宇文懋昭. 大金国志校证:附录三:浮图[M]. 崔文印,校证. 北京:中华书局,1986:616.(此处"师府"疑为"帅府")

⑦〔金〕沙门惠彻. 朔州广福寺净住禅师行慜迁葬记[M]// 王新英. 金代石刻辑校. 长春:吉林人民出版社,2009:250.

⑧〔宋〕苏轼. 苏轼文集:卷二十二:海月辩公真赞并引[M]. 孔凡礼,点校. 北京:中华书局,1986:638.

⑨〔宋〕洪皓. 松漠纪闻:卷上[M]// 金毓黻. 辽海丛书. 沈阳:辽沈书社,1985:207.

记"正、副判录"应不为谬，惜其所述太简，无法确知该职的选任、权责等具体情况。随着出土金代文物及石刻的增多，我们或许能发现更多的金代僧职，这些僧职之间的关系也将随着史料的丰富而更加明晰。

（三）金代僧官的选任与职责

由于史料的限制，金代僧官的选任程序尚不清晰。从传世文献的情况看，有时一些高级僧职由皇帝或朝廷直接任命。例如，五台山善慧大师，海陵王闻其慧行之后，"铸印令掌治教门"[①]。至于地方僧官的选任，从时代背景看，应该与宋代相若，即由州府行政长官从所辖地区的僧侣中选拔拟任人选，然后逐级申报，最后由中央相关机构颁发任命书。选任的标准也应与宋代大体相同，即"拣选有名行、经业及无过犯，为众所推，堪任勾当者"[②]。

在金代僧官选任方式中，比较特殊的是鬻卖僧道官制度。金代中后期，随着财政危机的加剧，政府急于增加财政收入，手段无所不用其极。就佛教事务来讲，由初期的鬻卖寺观名额、僧道度牒、紫衣师号扩大到后期的出卖僧道官。本来金朝的僧道官有严格的遴选条件和任职年限，州府僧官"皆择其道行高者，限三年为一任，任满则又别择人"[③]。宣宗年间，朝廷为更加迅速地敛财，鬻卖僧官已变得迫不及待。贞祐四年（1216），宣宗接受耀州僧人广惠的建议，规定"凡京府节镇以上僧道官，乞令纳粟百石。防刺郡副纲、威仪等，七十石者乃充，三十月满替"[④]。金朝中前期的僧道官以三年即36月为一任，且不得连任，而贞祐四年（1216）的新规将僧道官的任职年限由36月缩短为30月，且任满者仍可连任，其目的只有一个：加快敛财速度，最大限度地榨取财富以应付日益严重的财政危机。但这一措施无补时艰，大金帝国还是很快走向覆灭。

金代僧官的社会地位较高。据洪皓记载，任正、副判录者"出则乘马

[①]《清凉山志》标点组. 清凉山志:卷八:善慧大师传[M]. 李裕民,审订. 太原:山西人民出版社,1989:161.

[②]〔清〕徐松. 宋会要辑稿[M]. 北京:中华书局,1957:道释一之一一,7874.

[③]〔宋〕宇文懋昭. 大金国志校证:附录三:浮图[M]. 崔文印,校证. 北京:中华书局,1986:616.

[④]〔元〕脱脱,等. 金史:卷五十:食货志:五[M]. 北京:中华书局,1975:1126.

佩印,街司、五伯各二人前导"①,"凡僧事无所不统,有罪者得挞之,其徒以为荣"②。《大金国志》记载了一些负责具体事务的僧官处理的事务,如"张官府设人从,僧尼有讼者皆理而决遣之"③。作为县级僧官的维那"僧尼有讼者,笞以下决遣之,杖以上者并申解僧录都纲司"④。这些史料表明,金代僧尼内部的诉讼可能先由僧官按职权范围受理并处置,不过一旦涉事范围超过了地方僧官的管理权限,则需要政府机构处理。例如,据《罗汉院山栏地土公据》记载,兴定年间,十方净惠罗汉禅院长老普润因事惊散时,"随行将带了本院常住地土公贴凭验文面物色等","于偃师县云岩寺住坐"。此举显然威胁到罗汉禅院的财产安全。因此,罗汉院监寺僧广源"再经本僧录司告争,将带了本院契据凭验等物,蒙司责得长老普润"⑤。最后经县审理,重新获得本院土地公据。这一案件既涉及寺院财产确权,又涉及僧人管理。从石刻史料看,寺院财产确权最终由地方行政机构仲裁,而对普润的呵责则由僧录司执行。由此看出,有些僧人内部事务在涉及民事纠纷时,僧官无权管理,而须由地方行政机构仲裁。

五、金代僧人的日常生活

僧人作为佛教的虔诚信奉者,学习和传扬佛法是其日常生活的核心内容。根据中国古代僧制,僧人每天都要做早课、晚课并诵戒。同时,还要参加集会讲经、各种法会,安居自恣等。金代僧人的日常生活也围绕上述几个方面展开。

(一) 坐禅诵经

坐禅是僧尼修行身心的重要方法之一,金代僧人非常重视坐禅。中京

---

① 〔宋〕洪皓. 松漠纪闻:卷上[M]// 金毓黻. 辽海丛书. 沈阳:辽沈书社,1985:207.
② 〔宋〕洪皓. 松漠纪闻:卷上[M]// 金毓黻. 辽海丛书. 沈阳:辽沈书社,1985:207.
③ 〔宋〕宇文懋昭. 大金国志校证:附录三:浮图[M]. 崔文印,校证. 北京:中华书局,1986:616.
④ 〔宋〕宇文懋昭. 大金国志校证:附录三:浮图[M]. 崔文印,校证. 北京:中华书局,1986:616.
⑤ 佚名. 罗汉院山栏地土公据[M]// 国家图书馆善本金石组. 辽金元石刻文献全编:三. 北京:北京图书馆出版社,2003:913.

龙门山乾元禅寺慧杲禅师"惟以坐禅为乐"①，实公律师伊犰"坐禅乃六时不倦"②。明昌二年（1191）二月，王寂巡行鸭江时，曾经游览龙泉谷，见"泉上破屋数椽，残僧三四，颇习禅定"③。

课诵是僧尼每日定时诵读经咒、礼拜三宝、礼佛行道的重要佛事活动，其主要内容是念诵经文。金代僧人对诵经非常重视，真定府获鹿县灵岩院净琛长老自落发受戒之后，"诵经持戒如素习焉"④；中都崇圣寺德备和尚"日诵上生法华观音品大悲咒梵行品等经，以为常课"⑤；忻州兴化寺尼善德"至二十五岁/日持《法华经》一部、《梵网经》一卷、《金刚经》一卷至终。虽风雨……事疾，未尝或辍"；与其同寺尼明济"持诵《法华经》不舍昼夜，恒终梵行，如素日以当天"⑥。

与僧尼个人诵经紧密相连的是为大众讲经。佛教发展到金代，其理论体系已相当成熟。一些高僧大德精研佛理，佛学造诣极高。这为他们讲经说法、济度群迷奠定了重要基础。一些寺院时常力邀这些高僧说法，金代史料中的《开讲疏》《开堂疏》就是寺院向这些高僧发出的邀请文书。这些《开讲疏》《开堂疏》行文结构大致相同，皆以邀请高僧说法为宗旨。例如，《灵岩寺宝公开堂疏》开篇即云："今请灵严禅寺宝公长老，开堂演法。"⑦《请云长老开堂疏》则表达了众生希望云长老"早升法席，伫听潮音"的迫切心情，希望他"试拈一瓣之香，为阐三乘之教"，"以一则语，振祖师将坠之风"⑧。类似的《开讲疏》《开堂疏》从文体上看虽有寻章摘

---

①〔金〕乐诜甫.中京龙门山乾元禅寺杲公禅师塔铭并序[M]//〔清〕张金吾.金文最：卷一百十一.北京：中华书局，1990：1599.

②王泽庆.解州版《金藏》募刻的重要文献：雕藏经主重修大阴寺碑考释[J].文物世界，2003(4).

③贾敬颜.五代宋金元人边疆行记十三种疏证稿：王寂《鸭江行部志》疏证稿[M].北京：中华书局，2004：176.

④佚名.尊胜陁罗尼幢并琛公塔铭[M]//国家图书馆善本金石组.辽金元石刻文献全编：三[M].北京：北京图书馆出版社，2003：220.

⑤佚名.德备塔幢[M]//北京图书馆金石组.北京图书馆藏中国历代石刻拓本汇编：第四十六册.郑州：中州古籍出版社，1989：109.

⑥侯慧明.忻州新发现金代七通"佛顶尊胜陀罗尼幢"考论[J].博物馆研究，2014(2).

⑦佚名.灵岩寺宝公开堂疏[M]//〔清〕张金吾.金文最：卷一百十五.北京：中华书局，1990：1643.

⑧〔金〕李俊民.请云长老开堂疏[M]//〔清〕张金吾.金文最：卷一百十五.北京：中华书局，1990：1649.

句、堆砌辞藻之嫌，但力邀高僧讲法的虔诚之心则历历可见。

金代僧人除坐禅、诵经之外，还要参加各种法会。法会是为说法、供佛、施僧而举行的佛教集会。经南朝梁武帝的提倡，中国的佛教法会逐渐兴盛。法会的名称也多种多样，如水陆会、放生会、狮子会、华严会、龙华会等。此外，还有专为某一目的举行的法会，如祈福法会、祈雨法会等。这些法会多数在佛教寺院举行，因而开办法会也成为僧尼讲经说法传扬禅理的重要途径。金代的法会参加人数众多，规模盛大。寂照大师"于随处大设无遮五七余会。凡会也，八荒仕庶云趋，四远□风垄至□于良贱□□□□□□□□□□□□□□□□□，高余数丈，光流夙夜，海众咸得亲观"[1]。举行法会的目的各不相同。有的为追荐亡灵，正隆年间繁山寺灵岩院举办的一次水陆大会，即因繁山寺旧地"乃平昔用武争战之地，暴骨郊原，沉魂滞魄，久幽泉壤，无所凭依"，因而"命工图像，凡绘水陆一会"，以便"上助善提之因，下拔沉轮之苦"[2]。有的为雕印佛经，大定年间，威德院明玘举办水陆大会即因"玘初刻《华严经》本数年，迨是而成。因大作水陆，以新经千部施"[3]。一些寺院得以重修、增广后，有时也举行盛大法会以示庆贺。汾州平遥县慈相寺于北宋末年毁于兵火，天会年间经众僧努力得以重修，毕工以后，"作大佛事三昼夜，饭缁素万人，庆其成也"[4]。寿春讲僧明悟大师，于东阿县荐诚院募工修造弥勒菩萨像，众工告毕之后，"大作佛事以庆之"[5]。

安居是佛教的修行方式之一。它起源于古印度的传统宗教，后为佛教所采用。在印度佛教中，安居只在雨季举行，此即汉化佛教的夏安居。禅宗大兴之后，中土佛教又模仿夏安居的形式创制了冬安居。安居期间，僧尼们要修学戒律、坐禅念佛、修治房舍。金代僧人承袭了安居之法，道悟

---

[1]〔金〕沙门蕴惠. 大金中都大兴府安次县崇福乡采魏广教院长老寂照大师实行碑记[M]//梅宁华. 北京辽金史迹图志：下. 北京：北京燕山出版社，2003：36.

[2]〔金〕张□，〔金〕李□. 繁峙灵岩院水陆记碑[M]//王新英. 金代石刻辑校. 长春：吉林人民出版社，2009：28.

[3] 姚奠中. 元好问全集（增订本）：卷三十五：威德院功德记[M]. 李正民，增订. 太原：山西古籍出版社，2004：727.

[4]〔金〕安泰. 汾州平遥县慈相寺修造记[M]//阎凤梧. 全辽金文. 太原：山西古籍出版社，2002：1992.

[5]〔金〕邵世衍. 东平府东阿县荐诚院慈氏菩萨记[M]//阎凤梧. 全辽金文. 太原：山西古籍出版社，2002：1317.

禅师曾于泰和五年（1205）"结夏于临洮之大势寺"①。金烛和尚于大定年间云游各地时，曾经"西入汴梁集千僧结冬期"②。此处的"结冬期"即为冬安居。金烛和尚能集结千名僧人一起在冬安居期间修习，可见他在佛教界声名之盛及冬安居的声势之大。讲经是安居期间的一项重要佛事活动。道悟在临洮大势寺结夏期，曾经"开圆觉经"③。有的寺院还会在安居期间邀请本寺院以外的高僧讲经。碧落治平院重修之后，"请到裕州宝泉山因公和尚，结冬开演《圆觉》静讲一百日"④。佛陀创立安居制度的本意在于避免僧众因雨季外出游方而践踏虫蚁等生灵，从而触犯杀生之戒，但该制度一经创立就逐渐演化为僧人的重要修持之法。金代僧人在安居期间诵经说法、讨论律制、辨义析疑、启发智慧、收摄身心、克期取证，这对提高僧人佛学修养具有重要意义。

坐禅、诵经、举办法会等都是金代僧尼礼佛的常见形式，然而在这些常见形式之外还有一种更加激烈，类似于宗教狂热的礼佛方式——焚身供养。佛教徒的供养本指供给资养之义，其具体的供养方式各派略有不同，最常见的是涂香、施花、烧香、饮食、燃灯等。焚身是一种特殊的供养方式，佛教信徒将全身或身体的某一部分当作供物焚烧，以表示对佛陀的虔敬之意。从相关僧传的记载来看，焚身分焚全身、炼指、炼顶、烧臂等多种形式。焚身供养较早见于《妙法莲华经·药王菩萨本事品第二十三》。在这一品经中，佛陀借为众生讲述药王菩萨故事之机，赞扬了焚身供养之举。

> 我虽以神力供养于佛，不如以身供养。即服诸香、旃檀，熏陆、兜楼婆、毕力迦、沉水、胶香，又饮瞻卜诸华香油，满千二百岁已。香油涂身，于日月净明德佛前，以天宝衣而自缠身，灌诸香油，以神通力愿，而自然身……如是等种种诸物供养所不能及，假使国城、妻子布施，亦所不及。善男子，是名第一之施，

---

① 佚名. 道悟禅师塔志[M]//〔清〕张金吾. 金文最：卷一百十二. 北京：中华书局，1990：1608.
② 〔金〕郄文举. 金烛和尚焚身感应之碑[M]//王新英. 金代石刻辑校. 长春：吉林人民出版社，2009：96.
③ 佚名. 道悟禅师塔志[M]//〔清〕张金吾. 金文最：卷一百十二. 北京：中华书局，1990：1608.
④ 〔金〕李俊民. 庄靖集：卷九：结冬开讲榜[M]. 太原：山西古籍出版社，2006：500.

于诸施中，最尊最上。①

在这则故事中，焚身供养被佛陀赞誉为"第一之施，于诸施中，最尊最上"，"我虽以神力供养于佛，不如以身供养"，从而为后世的焚身供养之风提供了理论依据，也提供了可供效仿的对象，甚至为焚身供养提供了可以仿照的具体细节。翻检佛典史乘，自南北朝至唐宋，僧人焚身供养者历历可见。有学者对《高僧传》《续高僧传》《宋高僧传》等进行统计后，共辑得焚身之例31件②，可见中古时期焚身信仰并非个别现象。

宋辽时期，焚身供养之风虽不比南北朝之盛，但仍有一些个案。就北宋来看，《宋高僧传》载天台山文辇和尚焚身云：太平兴国三年（978），文辇"自持火炬，誓之曰：'以此残喘焚之，供养十方佛诸圣贤'。言讫，发焰亘空，其烟五色，旋转氤氲，犹闻诵经之声，须臾始绝"。又载临淮普照王寺怀德和尚自誓焚身供养，"先罄舍衣囊，供身之物斋僧一中。然后自衣纸服，身缠油蜡，礼辞僧众，手持双烛，登柴蕴中，发火诵经"③。就辽代来看，焚身供养之风亦盛，以至于辽圣宗不得不于开泰九年（1020）十二月发布诏令，"禁僧然身炼指"④。

金代佛教在很多方面都受到宋辽佛教的影响，焚身供养亦不例外。在金代石刻史料中，焚身供养的实例亦有所见。我们试以这些实例为中心，对金代焚身供养的详细情况试作探究。

第一，焚身供养原则上须取得朝廷的同意，但未获准者往往强行焚身。从南北朝以来焚身供养的习惯看，有些焚身须取得朝廷的批准，未获批准者不得施行。例如，刘宋时期，蜀郡永康寺尼慧耀"少出家，常誓烧身，供养三宝"。泰始末，慧耀将烧身之意"言于刺史刘亮，亮初许之"，但正月十五烧身之日，刘亮忽遣使诸尼，"若耀尼果烧身者，永康一寺并与重罪"，严令之下，"耀不得已，于此便停"⑤。五代时释洪真"诣朝门

---

① 〔南北朝〕鸠摩罗什,译.妙法莲华经:卷六[M].李海波,注译.郑州:中州古籍出版社,2010:329-330.

② 石刚.论中古时期中国佛教徒的焚身供养[J].首都经济贸易大学学报,2010(1).

③ 文辇、怀德焚身事迹,参见:〔宋〕赞宁.宋高僧传:卷二十三:大宋天台山文辇传、大宋临淮普照王寺怀德传[M].范祥雍,点校.北京:中华书局,1987:602,603.

④ 〔元〕脱脱,等.辽史:卷十六:圣宗纪:七[M].北京:中华书局,2016:210.

⑤ 〔梁〕释宝唱.比丘尼传校注:卷二:蜀郡永康寺慧耀尼传[M].王孺童,校注.北京:中华书局,2006:115.

表乞焚全躯，供养佛塔"。但朝廷对他的请求意见不一，"或潜云惑众，或言不利国家"，最终朝廷"下敕严阻"①。面对朝廷的反对，释洪真也只好作罢。焚身供养本是佛教信徒礼赞三宝的宗教活动，但其触目惊心的场景却能产生摄人心魄的力量，从而将单纯的宗教活动演变成一场具有轰动性的社会事件，朝廷对此不可能不闻不问。批准或否决僧人提出的焚身之请，本身就代表了世俗政权对宗教活动的掌控。僧尼对朝廷的焚身管制也并非一味服从，一些僧尼的焚身请求遭到朝廷拒绝后，往往私下焚身以了结心愿，前面提到的永康寺尼慧耀便在遭刺史刘亮否决后退还本寺，最终于升明元年（477）焚身。

从金代的情况看，焚身也须取得官府的批准，至少需要知会相关官员。但佛教发展到金代已经走上了理性化的道路，加之女真统治者对佛教也并非采取一味鼓励的态度，因而焚身之请遭到有司的否决乃是常事。据《金烛和尚焚身感应之碑》记载，金烛幼年出家，"栖心禅寂，了悟无生"，早有焚身之志。他在东平灵泉寺时，"尝于观音圣像前自誓燃身"②，后来参礼法门寺真身宝塔时，"身挂千灯，以为供养"。泰和年间，金烛又"卜地于寺东南四五里，起筑坛场，欲构宝塔一十九座，焚此身以供养之"。但就在卜定日期之后，"忽值府帅见疑，辄沮其事，加以边警□宁所议，遂寝至戊辰□□□□□□□逝"。此处的"府帅"究系何人，语焉不详。但既为"府帅"，大致应为地方军政长官，而否决金烛焚身的原因则与泰和年间的边境烽火有关。推测"府帅"大意，应是担心边警不断之际，不欲生事，因而阻止金烛焚身。和此前焚身僧侣的做法一样，"府帅"的阻拦未能打消金烛的焚身之念，金烛"密告法属斌公，主者□公曰：'吾缘已至，正赖公等赞助而成之也'"，遂再卜日期，终于成就其焚身之志。

第二，焚身需要经过周密准备，举行一系列宗教仪式。在《妙法莲华经·药王菩萨本事品》中，佛陀为众生介绍了药王菩萨焚身供养的详细经过，其在焚身前所做的种种准备成为后来焚身供养者仿效的对象。焚身者往往在事前卜定吉日，此后便建立道场，做种种佛事。金烛和尚焚身前十

---

① 〔宋〕赞宁. 宋高僧传：卷二十三：汉洛京广爱寺洪真传[M]. 范祥雍,点校. 北京：中华书局，1987：597.

② 〔金〕郤文举. 金烛和尚焚身感应之碑[M]// 王新英. 金代石刻辑校. 长春：吉林人民出版社，2009：96,97.（以下凡引金烛和尚焚身事迹，均出于此碑，不再一一标注）

余日,"建立加持道场,设无遮大会,拭尘浴塔,种种供养维冀如来之□□□□□□□□□香屑者数□□筋力如故,拜跪礼念六时不辍"。经过上述一系列准备之后,仪式进入高潮。焚身前夜,"师往诣坛,所自积余薪,先以布蜡造为巨烛,虚中而实外。师就立烛间,顶布艻僧帽冠,五佛冠□□□瞻望浮图□□□□□十大愿以申供养之意,及于烛间三勇而出"。根据惯例,焚身者在焚身之前或念诵佛经,或劝人向善,或嘱以身后之事。金烛焚身前,"其初,教诫诸人曰:'诸恶莫作,众善奉行,自净其心,是诸佛教。'其次,白《辞世颂》二首,词甚颖脱。又其次,念□□□□□□众应和。须臾,自取火炬□□众曰:'此别各须努力,今而后当以金烛和尚名之,若当来万一成道,号宝幢光照无尽胜妙尊王佛。'"言毕,举火焚身。由上述史料可见,焚身供养有一个程序明晰的过程。

同前代一样,金代僧人焚身供养者并非全部焚全身,也有焚身体的某一部分以充供养者。例如,威德院明玘和尚"且烧二指为供"[①]。这种做法在佛教居士中更为流行。

第三,焚身供养往往由个人行为演变成一场规模浩大的宗教活动。焚身供养的场面极为惨烈,而在某些佛教徒看来,其行为殊堪嘉许。但无论对世俗之人还是对虔诚佛徒,焚身所产生的社会效果都惊世骇俗。因此,焚身供养往往吸引大量佛教信徒和普通百姓前往参礼。后周慈云寺普静焚身时,"倾州民人或献之香果,或引以幡花,或泣泪相随,或呗声前导"[②]。南朝时庐山招隐寺释僧瑜焚身时,"道俗知者,奔赴弥山,并稽首作礼,愿结因缘"[③]。蜀城武担寺释僧庆焚身时,"刺史张悦躬出临视,道俗倾旧,观者倾邑"[④]。焚身所产生的社会轰动效应到金代仍未减弱。泰和年间金烛焚身时,"七众之人作礼围绕,差肩接踵,不啻数万计,莫不

---

① 姚奠中. 元好问全集(增订本):卷三十五:威德院功德记[M]. 李正民,增订. 太原:山西古籍出版社,2004:727.

②〔宋〕赞宁. 宋高僧传:卷二十三:周晋州慈云寺普静传[M]. 范祥雍,点校. 北京:中华书局,1987:599.

③〔梁〕释慧皎. 高僧传:卷十二:宋庐山招隐寺释僧瑜传[M]. 汤用彤,校注. 汤一玄,整理. 北京:中华书局,1992:451.

④〔梁〕释慧皎. 高僧传:卷十二:宋蜀武担寺释僧庆传[M]. 汤用彤,校注. 汤一玄,整理. 北京:中华书局,1992:454.

□□动地，以真佛呼之"。可以想象，焚身现场香霭愁雾，烈焰腾空。焚身由僧人个人行为最终演变成社会大众的集体宗教活动。

第四，佛教史乘往往记载僧人焚身前后的诸种"祥瑞"。从历代僧传记载的情况看，僧人焚身时多数都有"祥瑞"出现，如南朝竹林寺释慧益焚身时，"闻空中筲管，异香芬苾"①。武担寺释僧庆焚身时，"见一物如龙，从蕢升天"②。最典型的焚身"瑞应"当属北周释僧崖。北周益州沙门释僧崖从烧指、烧手、烧臂到最后焚身，"瑞象"不断。他烧臂时，"忽有大声状如地动天裂，人畜惊骇，于上空中或见犬羊龙蛇军器等象，少时还息"。初登柴楼时，"见有火光高四五丈，广三四丈，从地而起，上冲楼边，久久乃灭"。焚身时，"及将动火也，皆睹异相。或见圆盖覆崖，有三道人处其盖上，或见五色光如人形像在四门者，或见柴楼之上如日出形并雨诸花"。焚身后"骨肉皆化，惟心尚存"③，即使死后也仍然"瑞应"不断。诸种"祥瑞"在金烛焚身时也曾经出现过，"画幡一只，随陷腾飞，投西北而去，卒莫知所在。敛灰之际，得舍利□□□虽不善者焚香恳祷，无不获□其后，神光灿烂，屡现于中夜，近地居民无不见者"。上述种种"祥瑞"未必可信，大多是佛家因果学说的反映。撰史者记录"祥瑞"的目的是赞扬焚身者本人的坚固誓愿和佛法的般若慧力，从而提高佛教的社会影响。

第五，由于笃信佛教和僧尼焚身的带动，金代俗家信众也有焚身供养者。从整体来看，金代的佛教信仰并未达到辽代那样全民痴狂的程度。但是，这并不排除个别地区、个别信众对佛教的高度信仰，这种信仰的极端表现就是焚身献佛。潞州女子崔法珍刊雕《金藏》是金代佛教史上的重要事件。据《雕藏经主重修大阴寺碑》记载，雕印《金藏》前后有多位僧尼、信士烧身。先是有崔法珍之师实公律师于北宋徽宗时期"礼泗州观音宝塔。到彼，火燃左手，感观音真容显现"。实公律师在五台山感文殊菩萨空中显化并受雕刻藏经之嘱后，其门人刘居士"踊跃悲喜，断于左臂，

---

① 〔梁〕释慧皎. 高僧传：卷十二：宋京师竹林寺释慧益传[M]. 汤用彤. 校注，汤一玄，整理. 北京：中华书局，1992：453.

② 〔梁〕释慧皎. 高僧传：卷十二：宋蜀武担寺释僧庆传[M]. 汤用彤，校注. 汤一玄，整理. 北京：中华书局，1992：454.

③ 释僧崖焚身事迹，参见：〔唐〕道宣. 续高僧传：卷二十九：周益州沙门释僧崖传[M]//〔梁〕慧皎，等. 高僧传合集. 上海：上海古籍出版社，1991：354-355.

以献于佛"。实公律师回到潞州长子县崔氏宅中，以慈悲苦行感动崔氏童女，"童女启白父母，求出尘劳"。遭堂亲反对后，"童女于隐奥之处，自截左手"，方遂出家之愿。不久，实公律师来到大平县时，有尉村王氏之子，"投师出家，亦燃左手，法名慈云"。待其雕印大藏经时，又有门人刘居士"于普救塔前自燃其身，供佛舍利"①。从上述史料可以看出，雕印经藏前后，多名僧俗烧身献佛。这在一定程度上说明烧身供养在金代信众中的流行程度。

金代俗家信众除了以烧指、烧臂来表达对佛教的信仰外，更有人以焚全身来显示向佛之心，上述中提到的刘居士于普救塔前焚身供佛即是一例，《涿州固安县颍川陈公塔记》所载陈公烧身事迹更为详尽。据该史料记载，陈氏一门"皆积善弗仕并信著释门"，其弟陈存君"亦喜与学佛人□，前数年尝烧一指"，陈公本人"幼崇佛道，积至晚年方悟"，"自誓择日焚身"。焚身前，虽经"其故老姻族，咸以种种方便告劝再三，终不得以夺其志"。同僧尼焚身一样，陈公"比至所择日前，以凡斋十日，止食饮香水而已"。焚身之日，大众云集，"自是百里之内，大曰寺、小曰邑，于公所前后左右列成四十余坛，昼夜不绝礼赞，是皆不待召而至者也"。待其焚身过后，即有"瑞应"，"有祥云出其上，众尽瞻睹，叹誉莫已。而次日聚收灵骨，其中烧出一小金佛，殆寸余，并有舍利三粒"。更令人慨叹的是，受陈公焚身供养的感召，陈公里人刘思善、刘密、郝永资、李兴俊四人"当公面前各烧一指，而归仰供养"②。自南北朝以来，焚身献佛者屡见不鲜，但陈公以血肉之躯焚身献佛，引得刘思善等四人当场烧指供养，这在中国佛教史上也是为数不多的事例。究其根源，其一当为社会上浓厚佛教氛围的影响，其二当是金烛、陈公等僧俗人士以身劝导所致。

金代的焚身供养带有劝人向善和以身献祭双重目的，前者并无不可，而后者却与中国传统文化尤其是与儒学传统背道而驰。《孝经》云："身体发肤，受之父母，不敢毁伤，孝之始也。"在这里，儒家把珍惜自己的身体当作行孝的起点，而佛教徒焚身供养的激烈方式无疑与儒家的主张严重冲突。因此，自南北朝以来，人们对佛教徒焚身供养的看法各不相同。南

---

① 以上史料转引自：王泽庆. 解州版《金藏》募刻的重要文献：雕藏经主重修大阴寺碑考释[J]. 文物世界，2003(4).

② [金]张微之. 涿州固安县颍川陈公塔记[M]//阎凤梧. 全辽金文. 太原：山西古籍出版社，2002：1663，1664.

朝梁时，僧人慧皎表面上对焚身供养持折中态度，认为焚身之举"有得有失。得在忘身，失在违戒"，但实际上他对焚身供养仍持否定态度，认为"夫三毒四倒，乃生死之根栽；七觉八道，实涅槃之要路。岂必燔炙形骸，然后离苦？"。至于一些凡夫之徒，"或欲邀誉一时，或欲流名万代。及临火就薪，悔怖交切。彰言既广，耻夺其操。于是绳俯从事，空婴万苦，若然非所谓也"①。与慧皎的主张相反，赞宁对此持赞成态度。他在《宋高僧传》中先是肯定佛家舍己为人之善行远较儒家爱养一身为高，认为"佛乃为物捐躯，利生损命。与其不拔胫毛为利也，伏腊殊时；与其惜父母之亲体也，参辰各见"，既而按佛家的说法，把财富分为金银七宝之外财与善根、福德、智慧、因缘之内财，认为"夫辍外财，外财难舍；难舍，凡夫也。捐内财，内财易弃；易弃，菩萨也。须知三世诸佛，同赞此门，是真实修，是第一施"。那些弃外财、舍内财、舍而复舍之人，"乘兹度岸，是曰真归。得金刚坚固之身，留玉粒驮都之应"②。在赞宁那里，佛家舍弃肉身的行为比儒家惜身养亲的做法更值得肯定，既是利他之途，亦是归真之道。

历代对焚身彼此相左的讨论延及金代仍未结束。陈公焚身并感动刘思善等烧指后，时人张微之评价："所谓一士之善则一乡之善，一乡之善则一方之善，可知也。"③郄文举认为，佛教徒的烧身炼臂供佛之说，"本教谓之真法，供养薝蔔旃檀非所及也"。他还引用佛经，极力为焚身者寻找理论依据，"《梵网经》云：若不烧身臂指非出家。《菩萨又莲经》载，药王本事品□□燃身感应之。《果经》云：如来是真语者□□□□狂语者。其立言垂教岂欺我哉，亦必有以也"④。在世俗看来，以自残肢体甚至以毁灭生命为代价来表达对佛陀的敬仰未免陷于宗教狂热的歧途，也与中国传统文化尊重生命的主张格格不入。但是，在个别佛教信徒那里，焚身所代表的宗教意义是诵经、布施等其他方式所无法代替和比拟的。从这个角

---

① 〔梁〕释慧皎. 高僧传：卷十二：论曰[M]. 汤用彤，校注. 汤一玄，整理. 北京：中华书局，1992：457.

② 〔宋〕赞宁. 宋高僧传：卷二十三：论曰[M]. 范祥雍，点校. 北京：中华书局，1987：603，604.

③ 〔金〕张微之. 涿州固安县颍川陈公塔记[M]//阎凤梧. 全辽金文. 太原：山西古籍出版社，2002：1664.

④ 〔金〕郄文举. 金烛和尚焚身感应之碑[M]//王新英. 金代石刻辑校. 长春：吉林人民出版社，2009：95.

度出发，我们才能理解为何自南北朝到唐宋甚至一直到近代焚身供养延绵不绝。

中土的焚身供养之风自南北朝开始在佛教徒中流行，至中唐达到高峰，宋以后渐趋衰落。明清至近代，虽偶有出现，但已成为个别僧人的行为，不再具有宗教景观意义。在这个链条中，辽金时期的焚身供养处于衰落期。从金烛和尚焚身的史料记载看，辽金时期的焚身供养虽出于本人自愿，但亦须获得朝廷同意。焚身时的宗教仪式与此前历代焚身者所遵行的仪式基本一致。

回顾南北朝以来的焚身供养可以看出，焚身供养严重违背中国传统伦理观、生命观，焚身供养所激发的宗教狂热严重违背公序良俗。因此，从南北朝开始，焚身供养为历代朝廷所反对，辽圣宗发布"禁僧然身炼指"①的诏令就说明了这一点。实际上，佛典本身对焚身供养也多持否定态度，佛陀在《阿含经》《优婆塞戒经》等佛典中多次表明反对杀生的立场。同时，焚身也为佛教戒律所不容。在实践中，越来越多的僧人对焚身供养提出疑问，"今亦有人，不知所以，自投焚溺，欲冀超升。苦因未除，宁亡三有之报，死而无悔，实唯一勇之夫。将谓永灭不生，焉知此没彼出"。他们提出，佛家修行的正途在于"勤修三学，广运四弘。诵持方等大乘，系念诸佛嘉号。冀龙华而得度，指安养为所归。深厌死生，善识因果。欲除苦本，其要在兹"②。正因为上述原因，焚身供养之风在中国佛教史上最终归于沉寂。

（二）振锡游方，寻师问学

佛教僧人为求法悟道、增益学问，往往游历各地，遍访高僧硕学，谓之"振锡"③。僧人振锡游方的习俗由来已久。佛教初入中土时，僧人振锡游方多为传扬佛法。例如，《高僧传》所载魏晋南北朝时期昙摩蜜多"少好游方，誓志宣化，周历诸国"④；昙柯迦罗"常贵游化，不乐专

---

① 〔元〕脱脱，等. 辽史：卷十六：圣宗纪：七[M]. 北京：中华书局，2016：210.
② 弘一大师. 南山律在家备览略编：持犯篇[M]. 台北：南林出版社，2007：169.
③ "锡"指僧人手持之锡杖。锡杖系佛教法器，为比丘"十八物"之一，其杖头一般饰以圆环，挂杖行走则振动有声，故僧人持杖离寺出行谓之"振锡""飞锡""巡锡"。
④ 〔梁〕释慧皎. 高僧传：卷一：宋上定林寺昙摩蜜多传[M]. 汤用彤，校注. 汤一玄，整理. 北京：中华书局，1992：121.

守"[1];求那跋摩"以圣化宜广,不惮游方"[2]。这一时期佛教传入不久,僧人四处游方对于扩大佛教影响发挥了重要作用。当然,振锡游方对提高僧人个人经业水平和佛学修养所起的促进作用也是不言而喻的。僧人的振锡游方与中国传统儒家所主张的"读万卷书,行万里路"的游学问道之风深深契合,因而僧人游方之举自南北朝以来便绵绵不绝,一直深受僧俗各界的重视。及至金代,振锡游方成为一些僧人尤其是高僧大德日常生活的重要组成部分。

金代一些僧人游方范围颇广,足迹遍布名山大川。三泉寺祥英禅师"游方在念,利物为怀,遍涉名山,访参师友"[3];王山十方圆明禅院体公禅师"初谒定林开禅师","至卫,礼浮图山平禅师","又至南京法云禅师处","又至东平谒普照月禅师","末至灵岩宝和尚处"[4],游历不可谓不广。金烛和尚的游方经历更具代表性。他出家受戒后,"道心即启,遂欲游方遍参知识",自大定四年(1164)至大定二十一年(1181)的十余年间,"始诣清凉山礼曼殊大士,盘桓久之,径入燕山,谒天都诸名寺。遨游乎寿圣竹林之间,复过崇寿,遇善公长老",此后又"适山东兆平东寄灵泉寺,西入汴梁集千僧结冬期,迤逦转嵩少间宝刹,精蓝靡不周历"[5]。金烛在十余年的时间里遍访五台、幽燕诸地,流连于寿圣、竹林等名刹之间,可谓振锡游方的代表人物。

金代僧人游方的缘起大致可分两类:其一,奉师命游方。灵岩寺定光禅师受戒后,"其师召谓之曰:'怀与安,实败名',汝器识远大,未可量也。盍游方以广学问?"[6]定光由此踏上游方旅程。相了禅师谒大明诱公,

---

[1]〔梁〕释慧皎. 高僧传:卷三:魏洛阳昙柯迦罗传[M]. 汤用彤,校注. 汤一玄,整理. 北京:中华书局,1992:13.

[2]〔梁〕释慧皎. 高僧传:卷三:宋京师祇洹寺求那跋摩传[M]. 汤用彤,校注. 汤一玄,整理. 北京:中华书局,1992:107.

[3]〔金〕释觉聪. 三泉寺英上人禅师塔记[M]//〔清〕张金吾. 金文最:卷一百十二. 北京:中华书局,1990:1613.

[4]〔金〕边元勋. 王山十方圆明禅院第二代体公禅师塔铭碑[M]//王新英. 金代石刻辑校. 长春:吉林人民出版社,2009:37.

[5]〔金〕郊文举. 金烛和尚焚身感应之碑[M]//王新英. 金代石刻辑校. 长春:吉林人民出版社,2009:95,96.

[6]〔金〕李鲁. 灵岩寺定光禅师塔铭[M]//〔清〕张金吾. 金文最:卷一百十. 北京:中华书局,1990:1580.

第二章 金代佛教信众

诱公曰："汝缘不在此,懿州崇福超公老人,明州的嗣也,可往依之,必为子发其奥耳。"①相了因此拜谒超公,得其印可。其二,因醒悟而参学。道有高下,根有深浅,学法之人不能自行开悟者须参礼大德,求其开示,由此方能心心相印,言下大悟。金代的一些僧人正是认识到这一点,于是主动振锡离寺,巡访八方善知识。甘泉普济寺行通和尚早年开悟,曰"迅速光阴,何当得悟见性成佛之理? 未几辞师,遍参知识"②。金城山白瀑院圆正法师闻同住僧唱苦声而有省,曰："'法离文字语言,讲亦奚为?'遂舍法席,遍历诸方,参寻禅德,往往赞师法器之人也。"③长清灵岩寺才公禅师幼年依智昭为师,"一旦谒昭曰:释子本以究明心地,欲遍游诸方,求其所未至,乃宿昔之愿也,敢以此告"④,智昭闻言嘉叹,许其游方。才公禅师遂拨草寻流,遍参尊宿,终成一代名僧。

在金代佛教史上,上述两类游方之缘起并非泾渭分明,彼此无涉,实际上,有时某位僧人的振锡远游既是个人开悟的结果,也是师尊推动的结果。从游方的时机选择上看,有些僧人是投身佛门不久即振锡而去的,如虚明禅师十三岁受具足戒,十五岁游方⑤;也有僧人是在对佛法有所领悟之后才振锡远行的,如澄徽和尚游方之前于佛法颇有所得,"能为先学者指说"⑥。政言禅师游方前已能当众讲经,其时"义学云集,疑难锋起,师应答如流,人人心服,闻所未闻"⑦。由此看来,这些僧人在游方之前都已具有较高的佛学造诣。总之,金代僧人振锡游方的原因和时机比较复

---

① 〔金〕沙门德顺.第九代了公禅师塔铭[M]// 梅宁华.北京辽金史迹图志:下.北京:北京燕山出版社,2003:115;相了事迹,亦见载于:〔明〕明河.补续高僧传:卷十二:相了传[M]// 〔梁〕慧皎,等.高僧传合集.上海:上海古籍出版社,1991:688.
② 〔金〕释圆照.甘泉普济寺通和尚塔记[M]// 〔清〕张金吾.金文最:卷一百十二.北京:中华书局,1990:1612-1613.
③ 〔金〕希辩.大金燕京宛平县金城山白瀑院正公法师灵塔记[M]// 阎凤梧.全辽金文.太原:山西古籍出版社,2002:1330.
④ 〔金〕徐铎.长清县灵岩寺才公禅师塔铭[M]// 〔清〕张金吾.金文最:卷一百十一.北京:中华书局,1990:1595.
⑤ 〔元〕释念常.佛祖历代通载:卷二十[M]// 影印文渊阁四库全书:第一〇五四册.台北:台湾商务印书馆,1986:679.
⑥ 姚奠中.元好问全集(增订本):卷三十一:徽公塔铭[M].李正民,增订.太原:山西古籍出版社,2004:656.
⑦ 〔金〕祖敬.中都潭柘山龙泉禅寺言禅师塔铭[M]// 梅宁华.北京辽金史迹图志:下.北京:北京燕山出版社,2003:106.

杂，不可一概而论。

　　金代僧人游方的缘起、时机选择各不相同，游方目的也各有特色。相了禅师游方是为了解决读经中遇到的疑惑："因读《圆觉》，至修多罗教如标月指处。忽而动疑曰：经既为标，月何所在？吾将问之诸方知识也。"① 善崇和尚游方是为脱名利之心，"一日辞游，叹曰：名利惑心，诚为罪薮。遽然拂袖挂钵携节，云水栖游，凡十五载而归止斯山"②。政言禅师游方是为挣脱已有成就的束缚，"一旦，思惟入海算沙，自困何益？乃留心祖道，置文字，捐衣盂，飞锡游方，飘然云往"③。澄徽和尚游方是因为不甘终老于故纸之间，他"厌抄书之繁，投卷叹曰：'渠宁老于故纸间也！'即拂衣去，依清拙真禅师于亳、泗间"，"再参少林隆、宝应迁，最后入龙潭虚明寿和尚之室"④。

　　上述僧人游方的目的从表面看来各有不同，但从根本上说都是为了佛法精进，而实现这一目标，自然离不开高僧大德的开示。因此，在金代僧人的游方旅程中，参访高僧大德是一项重要活动。长清县灵岩寺宝公禅师游方时，"闻青州希辩禅师传洞下正法眼藏，演唱燕都万寿禅寺，禅侣云集，若百川朝于巨海"⑤。青州希辩本金代名僧，曾住燕京华严寺、中都奉恩寺、仰山栖隐寺等名刹，一时望重禅林，徒众甚盛，"从来游师之门，学师之道，何啻百千？"⑥ 宝公禅师为得希辩传法，逐赴燕都。同样，甘泉普济寺行通和尚亦在游方中参礼希辩，"天会中，闻辩老唱法燕都，特来参侍，后从辩老至仰山，言下透脱，寻印证为洞宗第十一

---

① [明]明河. 补续高僧传:卷十二:相了传[M]//[梁]慧皎,等. 高僧传合集. 上海:上海古籍出版社,1991:688.
② [金]沙门师景. 崇公和尚塔铭[M]//梅宁华. 北京辽金史迹图志:下. 北京:北京燕山出版社,2003:289.
③ [金]祖敬. 中都潭柘山龙泉禅寺言禅师塔铭[M]//梅宁华. 北京辽金史迹图志:下. 北京:北京燕山出版社,2003:106.
④ 姚奠中. 元好问全集(增订本):卷三十一:徽公塔铭[M]. 李正民,增订. 太原:山西古籍出版社,2004:656.
⑤ [金]翟炳. 长清县灵岩寺宝公禅师塔铭[M]//[清]张金吾. 金文最:卷一百十一. 北京:中华书局,1990:1597.
⑥ [金]释圆照. 甘泉普济寺通和尚塔记[M]//[清]张金吾. 金文最:卷一百十二. 北京:中华书局,1990:1612.

世"①，成为希辩传法弟子之一。中都竹林禅寺庆清禅师先至"仰山栖隐禅寺参访秀公"，九年之后，"复参竹林海公"②。这两位高僧，"秀公"为万松行秀，"海公"为海云印简，两人均为金末元初禅林领袖。庆清请益二师，其后亦声名鹊起，远达圣听。史料中的另外一些游方僧人虽不曾记师从何人，大抵亦高僧名宿者流。例如，竹林禅寺了奇和尚"遍历诸方大尊宿五十余员"③，乾元禅寺慧杲禅师"腰包遍历丛林间，其有道者皆访"④。这些游方僧人得丛林大德传灯印心，洞见真如，最终学业精进，证得佛果，自是水到渠成之事。

  金代游方僧人既与名师尊宿为伴，在从师学法、得师接引的过程中，自然免不了禅风激荡，往往为师者示以涅槃妙心，为徒者悟得真参法门。济州普照寺智照禅师参礼沇上皓公禅师时，"皓公一日出一句谒曰：'枯木生花'，师对之曰：'寒灰发焰'，时皓深许之"。经过皓公的接引，智照"一言之下，心华发明。十方世界，无非净土。大体大用，莫不得之"⑤。长清县灵岩寺宝公禅师随侍青州希辩时，"辩一日室中问师父母未生前事，师拟诉问，辩喝出，寻不知天地之大也。恍惚归堂，顿然大悟，翼日证明，默契其意，辩加以浡浡然般若光中流出之句"⑥。灵岩寺惠才禅师请益于磁州大明宝时，"忽一日凌晨闻开禅钟声，默有所得，悲生悟中，泪下如雨，径诣丈室见大明。大明曰：汝苦匆遽有何事？师曰：意之所得，非言可诠。大明叩之曰：洞山言切忌从他觅，又举马祖唤作如如已是变也，若之何不变。语未毕，师掩耳而出。大明笑曰：汝入吾室矣"⑦。

---

①〔金〕释圆照. 甘泉普济寺通和尚塔记[M]//〔清〕张金吾. 金文最：卷一百十二. 北京：中华书局，1990：1613.

②〔金〕张□. 中都竹林禅寺第十六代清公和尚塔铭[M]//梅宁华. 北京辽金史迹图志：下. 北京：北京燕山出版社，2003：119.

③〔金〕沙门广善. 中都竹林禅寺第七代奇和尚塔铭[M]//梅宁华. 北京辽金史迹图志：下. 北京：北京燕山出版社，2003：99.

④〔金〕乐诜甫. 中京龙门山乾元禅寺杲公禅师塔铭并序[M]//〔清〕张金吾. 金文最：卷一百十一. 北京：中华书局，1990：1598.

⑤〔金〕赵沨. 济州普照禅寺照公禅师塔铭[M]//〔清〕张金吾. 金文最：卷一百十一. 北京：中华书局，1990：1592.

⑥〔金〕翟炳. 长清县灵岩寺宝公禅师塔铭[M]//〔清〕张金吾. 金文最：卷一百十一. 北京：中华书局，1990：1597.

⑦〔金〕徐铎. 长清县灵岩寺才公禅师塔铭[M]//〔清〕张金吾. 金文最：卷一百十一. 北京：中华书局，1990：1595.

这段史料描述的场景颇具禅宗家风。惠才闻钟开悟，大明复以言语教之，岂不闻法无定法，亦无定相？惠才掩耳而出，足见其已得禅宗心要。王山十方圆明禅院体公禅师参礼诸师时，亦随处机锋。例如，他在参礼南京法云禅师时，因雨入室。云问："'檐前滴雨声'，师便掴掌。"他到东平谒普照月禅师时，"照问：'世尊拈花，迦叶微笑，章旨如何？'师便撼禅床"[1]。体公禅师的这两段故事颇似禅宗公案，面对两位师长的询问，体公均未正面回答，而是以"掴掌""撼禅床"相对，真实体现了禅宗佛法传承不在语言文字而在心灵感悟的主张。

长期的心灵体悟和名师指点，推动游方僧的佛学素养不断提升。因此，他们在振锡游方的过程中常常因声名远播而应邀主持寺务，由振锡游方转为住锡任事。金烛和尚游方时，"始识基公，遽以摩纳僧伽梨付之。因请主善西堂"[2]；行通游方得青州希辩接引，希辩寂灭后，"师继住持，数十载"[3]；慧果于游方中得照公禅师印可后，照公"付以颂拂，请为座元"[4]；政言禅师游方至南京得遇浩公僧录后，"居无几何，命师主席"[5]；澄徽和尚于游方中入龙潭虚明寿和尚之室后，"师扣请未几，即以第一座处之"[6]。

由以上阐述可以看到，金虽地处北地，佛学发展水平无法与唐宋比肩，但金代佛教仍然继承了南北朝以来的游方传统，而且逐渐形成了自己的特色。一些金代僧人不惮苦辛，涉险履危，寻师问道，这对提高僧人自身素养、弘扬佛法、推动金代佛教发展发挥了重要作用。

---

[1]〔金〕边元勋. 王山十方圆明禅院第二代体公禅师塔铭碑[M]//王新英. 金代石刻辑校. 长春:吉林人民出版社,2009:37.

[2]〔金〕郊文举. 金烛和尚焚身感应之碑[M]//王新英. 金代石刻辑校. 长春:吉林人民出版社,2009:96.

[3]〔金〕释圆照. 甘泉普济寺通和尚塔记[M]//〔清〕张金吾. 金文最:卷一百一十二. 北京:中华书局,1990:1613.

[4]〔金〕乐诜甫. 中京龙门山乾元禅寺昊公禅师塔铭并序[M]//〔清〕张金吾. 金文最:卷一百十一. 北京:中华书局,1990:1599.

[5]〔金〕祖敬. 中都潭柘山龙泉禅寺言禅师塔铭[M]//梅宁华. 北京辽金史迹图志:下. 北京:北京燕山出版社,2003:106.

[6]姚奠中. 元好问全集(增订本):卷三十一:徽公塔铭[M]. 李正民,增订. 太原:山西古籍出版社,2004:656.

（三）僧人作务

金代僧人除坐禅诵经、游方弘法外，在日常生活中还要从事各种生产劳动。佛教传入中土之初，僧尼普遍以托钵乞食为生。但随着僧尼队伍的壮大，社会舆论对僧人不劳而食的批评日益强烈，从而迫使僧尼不得不对自己的生活方式作出重大调整。禅宗兴起之后，"一日不作，一日不食"的"作务"观念得以确立，农禅结合成为佛教僧尼生活与修行的基本方式，生产由此成为僧尼日常生活的重要内容。从金代的情况看，一些僧尼具戒前曾长期在寺院从事生产劳动，如崇遐和尚入定州开元寺毗卢院之后，"于常住执役九龄，至大定初始受具"[1]。僧人在正式具戒以后仍要从事生产劳动，王山十方圆明禅院体公禅师在游方过程中，见一寺院为兵火所坏，遂亲率徒众修复寺宇，"芟梗疏泉，顿还旧贯"[2]。经过艰苦劳作，寺院风貌得以复原。

（四）僧人从军

金朝享国一百二十年，战乱颇多，以大者言之，金初有灭辽伐宋之役，金末又有金蒙之战，这些战火中也时常看见僧人的身影。他们有的是被迫投入战争，如贞祐三年（1215）八月，宣宗"谕枢密院，撒合辇所签军有具戒僧人，可罢遣之"[3]。从这段诏谕中可以看出，僧人从军是被强签而来。有的是主动投身战争，如僧人德普"尝为术虎高琪所重，在军中论兵"[4]。有的是受厚赏之诱而投入战争，元光元年（1222）二月，"陕西西路行省请以厚赏募河西诸蕃部族寺僧，图复大通城，命行省枢密院筹之"[5]。僧人在军队中的角色，有的是充当后勤运输人员，如大房山宝岩院善进禅师具戒后逢蒙古叛乱，"国家兴师攻伐，拘赋运粮，师与本院攀

---

[1]〔金〕杨乃公.定州创建圆教院碑[M]//〔清〕张金吾.金文最:卷七十八.北京:中华书局，1990:1135.

[2]〔金〕边元勋.王山十方圆明禅院第二代体公禅师塔铭碑[M]//王新英.金代石刻辑校.长春:吉林人民出版社，2009:38.

[3]〔元〕脱脱,等.金史:卷十四:宣宗纪:上[M].北京:中华书局，1975:310.

[4]〔金〕刘祁.归潜志:卷六[M].崔文印,点校.北京:中华书局，1983:65.

[5]〔元〕脱脱,等.金史:卷十六:宣宗纪:下[M].北京:中华书局，1975:361.

辕扶毂，披铠北征，穷极沙漠居延瀚海之境，泉讨□之"[1]；有的是充当谍情人员，兴定二年（1218）十月，在蒙古进攻泽州的战役中，尚书省报告说，"获奸细叛亡，率多僧道"，宣宗因此下诏，要求加强对僧道的稽查，"诏沿边诸州，惟本处受度听依旧居止，来自河北、山东遣入内郡，讥其出入"[2]。

金代僧人在日常生活中还参与一些社会公益事业，如兴修水利、铺设桥梁、赈济饥民等。

（五）僧人违犯僧制现象时有发生

僧制是指规范僧尼行为的制度。中土僧制既包含僧人自己创制的部分，也包含政府制定的对僧人的诸多约束[3]。前者更多地体现为诸戒律。在佛教"三学"中，"戒"居其首。这从一个侧面说明戒律对维护僧团秩序、保证佛教健康发展的重要性。后者更多地体现为政府针对僧尼制定的各种法律制度。这些法律制度构成世俗政权对僧团的强力制约，目的在于维持、强化对僧尼的控制。

尽管有诸多僧制的约束，僧人违制现象依然屡见不鲜。这一现象自佛教传入中国时即已产生。随着佛教影响的扩大、僧团人数的增加，僧人违制现象有增无减。延及金代，情况依然严重，一些僧人不仅触犯佛家戒律，甚至还严重触犯国家法律。归纳起来，金代僧人触犯律条、违反僧制的行为大体包括以下几种。

1.侵夺他人财产

佛陀时代的僧侣以托钵乞食为生，不从事生产经营。僧尼个人也不许私蓄任何财产，他们认为个人私财会滋生贪念，佛陀甚至将黄金视为毒蛇。佛教传入中国后，寺院经济逐渐兴起。随着国家及信众个人向寺院及僧侣的赏赐、布施日渐增多及农禅经济的日渐流行，僧侣个人也开始拥有私产，个别寺院、僧尼甚至采用非法手段侵夺他人财产据为己有。金人王

---

[1] 佚名.大房山宝岩院进禅师寿塔记幢[M]//梅宁华.北京辽金史迹图志:下.北京:北京燕山出版社,2003:288.

[2]〔元〕脱脱,等.金史:卷十五:宣宗纪:中[M].北京:中华书局,1975:340.

[3] 关于中土僧制的演变,详见:杨梅.中土僧制刍论[J].四川大学学报(哲学社会科学版),2011(6).

鼎记,"昔有为僧者,往往指射佛宇,诳诱世财而乾没者有之"①。此处的"往往",透露出金代僧人利用世俗信众对佛教的崇信而侵夺诱骗其财者不在少数。熙宗年间制定的《皇统新律》规定,"惟僧尼犯奸及强盗,不论得财不得财,并处死"②,僧尼盗财者处以极刑。这从一个侧面反映出当时僧尼以非法手段骗取他人财产的行为已经十分严重。

2.触犯国家刑律

僧人触犯国家刑律者历代不绝,这在金代僧人中也不少见。按照僧制,"在律,僧不杀生"③。但是,金代的个别僧人甚至敢于掠杀人命。据《金史》记载,世宗时期,锦州龙宫寺"辽主拨赐户民俾输税于寺,岁久皆以为奴,有欲诉者害之岛中"④。金世宗即位后奉行保境息民政策,多次下诏禁止典卖奴婢,并对已经典卖为奴者予以释放或官方赎买。这些政策当然也延及寺院奴婢,即辽代所称"二税户"。但是,一些寺院或僧人拒不执行政府法令,隐瞒"二税户"的真实情况,令其脱离国家户籍以便长期甚至永久为寺院及僧侣个人服务,此即《金史》所记"辽亡,僧多匿其实,抑为贱"⑤。锦州龙宫寺的僧人阻止"二税户"转变为国家编户,甚至将欲脱奴为民者害于岛中,其气焰之嚣张,已经远远超出了无视国家法令的程度。

《金史·大怀贞传》还记载了涉及僧人的一桩命案。大定时期,大怀贞以断案公正、明察秋毫著称。他在任节度使期间,"尝以私忌饭僧数人,就中一僧异常,怀贞问曰:'汝何许人也?'对曰:'山西。'复问'曾为盗杀人否?'对曰:'无之。'后三日诘盗,果引此僧,皆服其明察"⑥。这段史料的本意在于赞扬大怀贞断案如神,但饭僧却牵扯出一桩命案,在一定程度上也说明金代僧人违法者不在少数。

3.危害国家政权

自佛法传入中土以来,僧人犯罪或涉及民事纠纷,或涉及刑案争斗,

---

① 〔金〕王鼎. 平原县淳熙寺重修千佛大殿碑[M]//〔清〕张金吾. 金文最:卷七十四. 北京:中华书局,1975:1086.

② 〔宋〕宇文懋昭. 大金国志校证:卷十二:熙宗孝成皇帝:四[M]. 崔文印,校证. 北京:中华书局,1986:174.

③ 〔元〕脱脱,等. 金史:卷九十六:李晏传[M]. 北京:中华书局,1975:2127.

④ 〔元〕脱脱,等. 金史:卷九十六:李晏传[M]. 北京:中华书局,1975:2127.

⑤ 〔元〕脱脱,等. 金史:卷四十六:食货志:一[M]. 北京:中华书局,1975:1033.

⑥ 〔元〕脱脱,等. 金史:卷九十二:大怀贞传[M]. 北京:中华书局,1975:2040.

但金代的某些僧人公然与政府对抗，力图推翻大金王朝的统治，这在魏晋以来的佛教史上也不多见。崇庆二年（1213）二月，进士放榜期间，"有狂僧公言：'杀天子'"①，此说虽属狂言，但敢于放言"杀天子"者，即使在整个僧史上也堪称罕见。更有一些僧人试图以暴力推翻政府。早在大定三年（1163）即有东京僧人法通"以妖术乱众"②，大定十年（1170）又有"南方无赖之徒，假托释道，以妖幻惑人，愚民无知，遂至犯法"③，而此前更有大名府僧人智究谋反事件。《金史·石琚传》云：

> 智究，大名府僧，同寺僧苑智义与智究言，《莲华经》中载五浊恶世佛出魏地，《心经》有梦想究竟涅槃之语，汝法名智究，正应经文，先师藏瓶和尚知汝有是福分，亦作颂子付汝。智究信其言，遂谋作乱，历大名、东平州郡，假托抄化，诱惑愚民，潜结奸党，议以十一年十二月十七日先取兖州，会徒峄山，以"应天时"三字为号，分取东平诸州府。及期向夜，使逆党胡智爱等，劫旁近军寨，掠取甲仗，军士击败之。会傅戬、刘宣亦于阳谷、东平上变。皆伏诛，连坐者四百五十余人④。

世宗执政期间，金代出现了"君臣守职，上下相安，家给人足，仓廪有余"⑤的局面。但是，这并不意味着世宗年间平安无事，民变蜂起就是大定年间的一个严重问题，清代史学家赵翼在《廿二史劄记》中列举了自大定六年（1166）至大定二十三年（1183）的十余次谋反活动。可见，各地连绵不断的变乱贯穿大定始终，以至赵翼评价说"大定中乱民独多"⑥，僧人也成为大定"乱民"的组成部分。上段史料中的僧人智究，假托佛经，聚众谋乱，劫军寨、掠甲仗，企图攻州夺府，已经威胁到金朝统治。

---

① 〔元〕脱脱，等. 金史：卷二十三：五行志[M]. 北京：中华书局，1975：541.
② 〔元〕脱脱，等. 金史：卷六：世宗纪：上[M]. 北京：中华书局，1975：130.
③ 〔元〕脱脱，等. 金史：卷八十八：石琚传[M]. 北京：中华书局，1975：1961.
④ 〔元〕脱脱，等. 金史：卷八十八：石琚传[M]. 北京：中华书局，1975：1961.
⑤ 〔元〕脱脱，等. 金史：卷八：世宗纪：赞[M]. 北京：中华书局，1975：204.
⑥ 〔清〕赵翼. 廿二史劄记：卷二十八：大定中乱民独多[M]. 北京：中国书店出版社，1987：391.

4.勾结权贵

魏晋以降,僧侣往来权贵之门的例子不胜枚举,及至金代仍有不少僧人或为牟取私利,或为逃脱法律制裁托庇于权贵之门。大定年间,有犯法僧人为地方官乌古论元忠属吏所获,该僧竟然说动皇姑梁国大长公主为其求情①。该案虽因元忠不畏皇姑威势而得以秉公办理,但也足以说明僧尼与权贵勾结之深。大定末年,"应州僧与永功有旧,将诉事于彰国军节度使移剌胡剌,求永功手书与胡剌为地"②。此处的永功是世宗之子,判大宗正事,可谓位高权重,而权势显赫的皇子不惜屈尊降驾,从僧人之请为其办理私事,亦可见僧人与权贵结交之深。为防止僧人借助权贵的势力妄自尊大,金代对僧人结交权门予以严厉打击。海陵王时,"有比丘尼三人出入宫中"③,为贵妃定哥传递消息,事泄后,三比丘尼全部伏诛。章宗时,以立法形式严禁僧尼结交权贵,规定"亲王及三品官之家,毋许僧尼道士出入"④。但严令之下,仍有僧尼犯禁。明昌二年(1191),"时僧徒多游贵戚门"。时王翛知大兴府事,对此风深恶痛绝,"乃禁僧午后不得出寺"。禁令颁布后,"尝一僧犯禁,皇姑大长公主为请"⑤。王翛不畏皇姑权势,最后将违令僧人杖死。通观此事,前有章宗敕令,后有地方官条禁,朝廷对僧人的管理不可谓不严,但僧人仍然敢违犯禁令,究其根由,有皇姑大长公主之类的豪门权贵为其提供庇护是主因。从权贵们屡次为违制僧人请托的情况看,金代僧人勾结权门的风气非常严重。

5.违犯僧人戒律

佛教自诞生以来,戒律体系逐渐成熟。尽管诸戒内容不同,但行淫、偷盗、杀人、妄语为根本大戒。其中,行淫尤为僧尼所忌,据《僧祇律》的记载,佛陀为弟子们制定的第一条戒律便是淫戒。尽管有戒律约束,但金代僧尼犯戒者并不鲜见。《归潜志》记载了僧人私通民妇的一个实例:明昌二年(1191),进士王子明以侠义闻名,"其友人出游久,妻与一僧

---

① 〔金〕张行简.乌古论元忠墓志铭[M]// 王新英.金代石刻辑校.长春:吉林人民出版社,2009:206.
② 〔元〕脱脱,等.金史:卷八十五:世宗诸子传[M].北京:中华书局,1975:1903.
③ 〔元〕脱脱,等.金史:卷六十三:后妃传:上[M].北京:中华书局,1975:1510.
④ 〔元〕脱脱,等.金史:卷九:章宗纪:一[M].北京:中华书局,1975:217.
⑤ 〔元〕脱脱,等.金史:卷一百五:王翛传[M].北京:中华书局,1975:2316.

私"①。王子明发现此事后,与友人设计,以铁简击杀此僧。僧尼之间通奸或僧尼与平民通奸,无论从佛门戒律角度还是从朝廷法令角度都不可容忍。因此,金代对有这一行为者甚至处以死刑。洪皓《松漠纪闻》云:"旧俗,奸者不禁。近法益严,立赏三百千,它人得以告捕。尝有家室则许之归俗,通平民者,杖背流递。僧尼自相通及犯品官家者,皆死。"②熙宗时制定的《皇统新制》云:"刑法大率与旧制不相远,惟僧尼犯奸者死。"③国家以死刑处置僧尼通奸,既反映了统治者对这种违戒行为的严厉态度,也反映了当时僧尼通奸绝非个别现象。

僧人作恶不仅危害国家和社会,也影响僧团形象。因此,一些寺院以山林规约形式规范僧人的日常生活。以泰山谷山寺为例,存留至今的《泰山谷山寺敕牒碑》,让我们看到寺院清规在调节僧团内部关系方面发挥的重要作用。该清规总计二十一条,涉及财产管理、各僧职掌、寺院承嗣、行为准则等问题。同时,规约还对违规行为设定了一系列罚则。

　　不许应赴近远檀越、商经,毫纤道□□□□者。」据有□以上,当倍罚入常住,如就山门者而论。」
　　山门□近□远,不□安置□□寮□;如违犯者,许」众徒弟、法属摈罚当人出方,更不收系者。」
　　诸方堂众、僧徒人等,不许私地频数下山于村庄」处□夜;如稍有不应为而为,许诸人举之,当须」决罚摈赶出方,抹床历者。」
　　应□在方僧□犯□、□淫、盗罪明显验实者,」即时焚烧□需出方;情理重者解献」官□□罪施行。」④

上述罚则涉及日常接待、出外夜宿、作奸犯科等诸多方面,惩罚办法据情而定,从寺内处分到解送官府不等。一个明显倾向是,凡违反山林规约则适用丛林之"罚",而作奸犯科则适用国家之"法",这实际上是把寺院自律性规约和国家强制性法律结合到一起。

---

① [金]刘祁. 归潜志:卷十[M]. 崔文印,点校. 北京:中华书局,1983:118.
② [宋]洪皓. 松漠纪闻:卷上[M]// 金毓黻. 辽海丛书. 沈阳:辽沈书社,1985:207.
③ [宋]徐梦莘. 三朝北盟会编:卷二百四十四[M]. 上海:上海古籍出版社,1987:1755.
④ 郭笃凌. 泰山谷山寺敕牒碑碑阴文考论[J]. 泰山学院学报,2016(2).

综上所述，金代僧人的日常生活以修道弘法为主题。无论是坐禅诵经还是振锡远游，抑或作务行善，其根本目的都是追求佛陀教法的真义，扩大佛教的社会影响，提高自身佛学修养。在多数僧人虔心向佛的同时，也有少数僧人违僧制、破佛戒、犯国法，从而给金代佛教的发展带来了消极影响。

六、金代僧人的圆寂与安葬

生死乃人生大事，即使超越凡尘的僧尼也无法回避这一问题，尤其对死亡持何种态度，既是对僧尼个人佛法修持程度的考验，又是对佛教死亡理论的生动实践。金代僧人从死亡到安葬的过程向我们展示了佛法如何引导人们领悟死亡的真义，从而在死亡面前消除一切烦恼和痛苦，最终摆脱一切物质性和精神性束缚的大智慧。

（一）金代僧人的圆寂

"圆寂"为梵文"Parinirvāna"的意译[1]，本为"圆满寂灭"之意，代指僧尼去世。有时，僧尼之死亦别称涅槃、归真、归寂、灭度、迁化、顺世等。在佛教生活中，由于圆寂代表了灭除烦恼、超脱生死的自在之境，因而受到历代僧人的格外重视。金代僧人圆寂前后的诸多情状，展示了有道高僧洞察生命本质、除灭生死种子、证得涅槃妙境的断惑证真之法。

1.预知死亡的圆寂智慧

佛教所说涅槃实质是指众生破除我见与执着，摆脱刹那不逝之迁移流转，最终走向不生不灭、常乐我净之最高境界。要达到这种境界须潜心修道。从金代佛教石刻记载的情况看，那些发菩提之心、欲证无上之果者，圆寂之前往往已具自知自觉之智慧，以至于能够预知死期。例如，利州精严禅寺圆盖和尚于"明昌六年五月，预告终期，跏趺而逝"[2]。华严惠寂于圆寂前"说世界成就品，明日以偈示众，告以寂灭之意"[3]。西庵院智

---

[1] 任继愈. 佛教大辞典："圆寂"条[M]. 南京:凤凰出版社,2002:1017.
[2] 〔金〕赵秉文. 利州精严禅寺盖公和尚墓铭[M]// 阎凤梧. 全辽金文. 太原:山西古籍出版社,2002:2384.
[3] 姚奠中. 元好问全集(增订本):卷三十一:华严寂大士墓铭[M]. 李正民,增订. 太原:山西古籍出版社,2004:640.

崇禅师"死之前五日,戒其门徒曰:'时将至矣'"①。通慧圆明大师于未病之时,"告诸禅侣曰:'吾将逝矣'"②。龙兴寺广惠大师逝前召其门人曰:"夜梦庭树变白,魋吾入灭之兆也。"③福山县法寿禅师"一日预警其徒曰:'吾将亡矣。'众徒骇然曰:'和尚何谓出此言也?'师曰:'吾昔日尝白山临水,对月当风,未尝不有清兴。今岁殆不然,以此知其将亡矣。'"④祖朗大师圆寂前,"预召其属徒,笑谓曰:'生缘我将尽矣。'属徒退而相谓曰:'师神色自若,若无他疾,安得遽有是事耶?'"⑤。然而,七日之后祖朗闭目而逝,验证了自己对死期的预判。

上述能预知死期的僧人皆精通佛法。圆盖和尚十九岁弃俗而僧,遍参大德,"行竣而方,故学者遵其道而惮其律"⑥;法寿禅师早年从法兄席下受教,"研味教乘,唯识因明,深得旨趣,声华焕耀独步","及其壮岁,为人天师。迅辩琅琅,涌泉无异。戒行清白,浑贯始终。美誉腾声,四方归仰"⑦;祖朗大师"前后辅翼丛林,不惮艰苦,让功责己,潜德秘行,不可概举",被万松行秀赞誉为"德誉燔沉,灵骨铿金,讷于言而敏于行,璞其貌而玉其心"⑧。智崇禅师幼年出家,经高僧开示后得悟大道,"所谓人中蓍龟、佛法中龙象也"⑨。这些高僧之所以能预知死期,一方面如法寿那样从身体、心境的异常变化中感受到死亡的信息;另一方面则是

---

①〔金〕梁朗. 西庵院智崇禅师塔铭[M]//〔清〕张金吾. 金文最:卷一百十. 北京:中华书局,1990:1590.
②〔金〕李彦隆. 通慧圆明大师塔铭[M]//王新英. 金代石刻辑校. 长春:吉林人民出版社,2009:121.
③〔金〕法通. 龙兴寺随罗尼经幢并广惠大师铭[M]//国家图书馆善本金石组. 辽金元石刻文献全编:三. 北京:北京图书馆出版社,2003:225.
④〔金〕释休尘道人. 登州福山县洪福寺寿公法师灵塔铭[M]//阎凤梧. 全辽金文. 太原:山西古籍出版社,2002:503.(此文本为金代文献,《全辽金文》误收至辽文)
⑤〔元〕耶律楚材. 湛然居士文集:卷八:燕京崇寿禅院故圆通大师朗公碑铭[M]. 谢方,点校. 北京:中华书局,1986:194.
⑥〔金〕赵秉文. 利州精严禅寺盖公和尚墓铭[M]//阎凤梧. 全辽金文. 太原:山西古籍出版社,2002:2385.
⑦〔金〕释休尘道人. 登州福山县洪福寺寿公法师灵塔铭[M]//阎凤梧. 全辽金文. 太原:山西古籍出版社,2002:502.
⑧〔元〕耶律楚材. 湛然居士文集:卷八:燕京崇寿禅院故圆通大师朗公碑铭[M]. 谢方,点校. 北京:中华书局,1986:194.
⑨〔金〕梁朗. 西庵院智崇禅师塔铭[M]//〔清〕张金吾. 金文最:卷一百十. 北京:中华书局,1990:1590.

长年修道而参透天地变化与生命荣枯的结果。正如时人在感叹祖朗之亡时所说："今闻师之寂也，七日预知时至，雅符龙猛祖师之证，无乃持诵之验欤！"①

2.豁达洒脱的圆寂态度

就俗世的体验来看，死亡令人不寒而栗，因而俗世之人往往极力回避有关死亡的话题，当死亡的威胁真正来临时也多尽力医治以延性命。金代的一些高僧则反其道而行之，他们在面临死亡时表现出的是淡定和从容。广公戒师圆寂前，举首谓徒曰："人之大患，若秋脱叶，似春冰而泮岸。去住之道，古今常然。"②法秀禅师圆寂前说："地水火风，四大放下，全无罣碍，如□撒手还乡，始信虚□坏坏不坏，青山绿水依然在。"③圆覆禅师逝前谓其弟子曰："白驹易过，幻化匪坚。一切有为，终归寂灭。"④和公禅师逝前召其门人曰："生死去来犹空花水月，何足为讶？"⑤祖朗大师逝前命僧代笔曰："'咄遮皮袋，常为患害。继祖无能，念佛有赖。来亦无来，去亦无碍。四大各离，一时败坏。'且道：'还有不败坏者么？'良久云：'浮云散尽月升空，极乐光中常自在。'"⑥

金代石刻史料中表述僧人圆寂时淡定从容的远非上述几例，但仅此已能展示高僧们面临死亡时对生命无常的体悟。在佛教看来，万事万物不过是因缘聚散的结果：缘来而生，缘尽而散。就生死而言，在六道轮回之中，此死不过是彼生的开始，死亡只是生命的一个节点而绝非终点。去除对生之执迷以后，死不过是修行证道的另外一种方式。因此，为世俗所深深恐惧的死，在圆覆那里不过是"一切有为，终归寂灭"，在和公那里不

---

①〔元〕耶律楚材. 湛然居士文集：卷八：燕京崇寿禅院故圆通大师朗公碑铭[M]. 谢方，点校. 北京：中华书局，1986：194.

②〔金〕释福庆. 广公戒师塔记[M]//阎凤梧. 全辽金文. 太原：山西古籍出版社，2002：441.

③〔金〕李名阙. 汝州香山秀公禅师塔铭[M]//〔清〕张金吾. 金文最：卷一百十一. 北京：中华书局，1990：1601.

④〔金〕孙设. 翁同山院舍利塔记[M]//〔清〕张金吾. 金文最：卷一百十. 北京：中华书局，1990：1589.

⑤〔元〕耶律楚材. 湛然居士文集：卷十三：和公大禅师塔记[M]. 谢方，点校. 北京：中华书局，1986：289.

⑥〔元〕耶律楚材. 湛然居士文集：卷八：燕京崇寿禅院故圆通大师朗公碑铭[M]. 谢方，点校. 北京：中华书局，1986：194.

过是"空花水月",在祖朗那里不过是"来亦无来,去亦无碍"。这种面对死亡的豁达与超脱,唯有参透人生无常的禅理、完全摆脱俗世对死亡的恐惧和焦虑之后才能实现。

正是由于看破生死之道,一些金代高僧即使患病也拒绝医治。福山县普安院希公戒师染疾后对其门人说:"(阙二字)功质(阙二字)法留无谓,往来亦如蝉蜕。吾(阙)有疾(阙)不寻医。"①灵岩寺法云禅师染疾后,"众召医治之。师曰:'因缘至此,医者奚用焉?'"②双城县西山道院宗主禅师示疾后,"门人欲致医药□师却之"③。求生却死,俗世常情。但在这些高僧看来,既然一切众生"终归磨灭,无不死者"④,那么就没有必要用医学方法拖延死亡的到来。

3.深具禅机的临终偈颂

"偈""颂"原是佛经的载体,指僧人圆寂前的临终之语,它有类似诗词的特定形式。金代石刻文献中记载了大量僧人偈、颂,如普照禅寺智照禅师留偈辞世云:"济水滩头厌世归,黄粱梦里尽成非。转身不守虚明地,懒看庭前片月晖。"⑤禅悦禅师示寂前作偈云:"名利光如水月,慧辩恰似镜痕。今朝消除梦幻,法界出入天门。"⑥五台山慧洪大师临终有偈云:"六十春光又八年,浮云收尽露青天。临行踢倒须弥去,后夜山头月更圆。"⑦释志益《辞世偈》云:"一片孤云常自在,应时为雨农家爱。而今七十五年春,返本归山谁作对。谁作对,无罣碍,朝骑木马过红炉,夜

---

① 〔金〕棋峰虚缘老人. 登州福山县侧立普安院希公戒师灵塔[M]//阎凤梧. 全辽金文. 太原:山西古籍出版社,2002:525.

② 〔金〕释正观. 灵岩寺云禅师塔铭[M]//〔清〕张金吾. 金文最:卷一百一十二. 北京:中华书局,1990:1610-1611.

③ 〔金〕□仙□. 沈州双城县北苑家庄西山道院宗主禅师塔铭[M]//王新英. 金代石刻辑校. 长春:吉林人民出版社,2009:124.

④ 杂阿含经:卷四六[M]//中华大藏经编辑局. 中华大藏经(汉文部分):第三十三册. 北京:中华书局,1988:197.

⑤ 〔金〕赵沨. 济州普照禅寺照公禅师塔铭[M]//〔清〕张金吾. 金文最:卷一百一十一. 北京:中华书局,1990:1593.

⑥ 〔金〕冯国相. 遐龄益寿禅师塔记[M]//梅宁华. 北京辽金史迹图志:下. 北京:北京燕山出版社,2003:286.

⑦ 《清凉山志》标点组. 清凉山志:卷八:慧洪大师传[M]. 李裕民,审订. 太原:山西人民出版社,1989:162.

跨泥牛入沧海。"①王山十方圆明禅院体公禅师逝前留偈曰："住世五十三年，更无一法留传。谁信强名曰道，又言玄之又玄。入海泥牛消息断，嘶风木马我不然。"②和公大师临终作颂云："临行一句，当面不讳。皓月清风，不居正位。"③浦公禅师辞世前命笔曰："清风自清风，明月自明月。白云消散后，老僧无可说。"④

这些偈、颂，表面看令人眼花缭乱，不知所云，但详细分析，仍可得一二法门。其一，在临终偈、颂中透露僧人年龄，如慧洪大师"六十春光又八年"、释志益"而今七十五年春"、体公禅师"住世五十三年"皆是此类；其二，阐释一生学法的感慨与心得，如体公禅师"更无一法留传"、智照禅师"济水滩头厌世归，黄粱梦里尽成非"之类；其三，表达悟透生死、淡然归去之意，如慧洪大师"临行踢倒须弥去，后夜山头月更圆"即是此意。

从广义上说，金代僧人的临终偈、颂是金代佛教文学的重要组成部分。这类体裁的特点是形式上不拘一格，有四言、五言、六言、七言。有人认为，"偈"由固定字数的四句组成⑤，而从金代的实际情况看并非如此。除四句偈以外，六句、八句者也不稀见。此外，金代僧人临终偈、颂表达的内容一般以对生死，特别是死亡的看法为主。也有一些僧人在临终偈、颂里透露禅机，表达自己一生学法所证得的大道。凡此种种，和中国佛教史上其他时期僧人的临终偈、颂区别不大。

4.僧人身后事的料理

如同世俗人士一样，僧尼圆寂后也需要料理后事。实际上，有些僧人在圆寂前已将办理后事的原则或者未了心愿向徒众做了交代。例如，翁同山院圆覆禅师在寂灭前谓其弟子曰："余宿珍藏佛牙及般若金经，当于上寺之西，诛芜构塔，以安其上，余骨即置其下。"⑥获鹿县灵岩院允公和尚

---

① 〔金〕释志益. 辞世偈[M]//阎凤梧,康金声. 全辽金诗. 太原:山西古籍出版社,1999:3049.
② 〔金〕边元勋. 王山十方圆明禅院第二代体公禅师塔铭碑[M]//王新英. 金代石刻辑校. 长春:吉林人民出版社,2009:38.
③ 〔元〕耶律楚材.湛然居士文集:卷十三:和公大禅师塔记[M]. 谢方,点校. 北京:中华书局,1986:289.
④ 佚名. 浦公禅师塔铭[M]//〔清〕张金吾. 金文最:卷一百十. 北京:中华书局,1990:1586.
⑤ 任继愈. 佛教大辞典:"偈条"[M]. 南京:凤凰出版社,2002:1113.
⑥ 〔金〕孙设.翁同山院舍利塔记[M]//〔清〕张金吾. 金文最:卷一百十. 北京:中华书局,1990:1589.

"遗命勿塔勿铭"[①]；通慧圆明大师逝前"乃命立浮图于都城之北、寺圃之东，以为葬所"[②]。龙兴寺广惠大师逝前召其弟子曰："俟吾入灭后，火焚残躯，葬不毛之地。"[③]云居寺楞严法师知天数将终，故于天德三年（1151）十二月内将平生之物"尽数施纳常住"[④]。这几位僧尼就身后事如何处理做了嘱咐，还有僧人将生前未竟之业托给后人。例如，实公律师圆寂前嘱其门徒，"我终之后，当以未雕大藏经板补雕圆者"[⑤]；真定龙兴寺通照大师遗嘱曰，"此躯深可厌弃，不宜因而枉费，裹以败席，置之中野，济诸众生，以结妙缘。勿令人知"[⑥]。

僧人圆寂后，还有哪些后事须依规处理，《龙泉院使帖》为我们提供了线索。该史料是龙泉院主僧智隆呈送都纲司的申状，其状云：

> 本院居于村外，有老弱残疾僧人不测，病患故疾，虽请医人看治，缘本院离州三十余里，申覆艰难。兼宝丰县香山院离县三十余里，亦系十方禅院，遇有僧人病患，亦系本院请医人看治。如或死亡，一面对众看验殡埋，将度牒缴申，乞依香山例。[⑦]

龙泉院的申状，核心内容是龙泉、香山两院地理位置偏远，如遇僧人疾患，请求主管机构明确并简化相关程序。对此，都纲司批复同意，并着重强调：

> 设或死亡，即仰对众子细看验，如委是因疾身死，别无他

---

①〔金〕苏献可.允公长老塔铭[M]//国家图书馆善本金石组.辽金元石刻文献全编:三.北京：北京图书馆出版社,2003:226.
②〔金〕李彦隆.通慧圆明大师塔铭[M]//王新英.金代石刻辑校.长春:吉林人民出版社,2009:121.
③〔金〕法通.龙兴寺随罗尼经幢并广惠大师铭[M]//国家图书馆善本金石组.辽金元石刻文献全编:三.北京:北京图书馆出版社,2003:225.
④〔清〕陆继煇.八琼室金石补正续编:卷五十八:云居寺僧楞严塔记[M]//《续修四库全书》编纂委员会.续修四库全书:第九〇一册.上海:上海古籍出版社,1995:6.
⑤王泽庆.解州版《金藏》募刻的重要文献:雕藏经主重修大阴寺碑考释[J].文物世界,2003(4).
⑥刘友恒.北宋佛教慈恩宗大家:通照大师之碑考略[J].文物春秋,2016(1).
⑦佚名.龙泉院使帖[M]//国家图书馆善本金石组.辽金元石刻文献全编:一.北京:北京图书馆出版社,2003:33.

故，取责邻伴及同行并主僧执结保明文状，一面如法殡埋讫，仍将死僧抛下衣钵斟量分数唱喝追荐外，将余上衣物金银等开具名件，委无隐漏，同度牒从本司依例批凿。[①]

上述史料从三个角度为我们揭示了金代僧人的后事处理办法。

第一，僧人圆寂后，须"对众看验"，确定"委是因疾身死，别无他故"之后，经主僧结保申明才可"如法殡埋"。

第二，亡僧度牒予以追缴。度牒是由国家颁发的僧人身份证明。宋制，僧人亡故后，其所持度牒要缴还并予以销毁。追缴的具体程序是："僧道身亡及还俗事故，其度牒六念戒牒令所在官司先行毁抹，依旧缴申礼部。本部以籍拘管，置柜盛贮，每季委郎官监送于省外焚毁之。"[②]从《龙泉院使帖》记载的情况看，金代僧人亡故后也须上交度牒，而且很可能是由都纲司负责。

第三，亡僧财物处理实行唱衣制度。《龙泉院使帖》中提到的"唱喝"实为"唱衣"。这是佛教寺院中处理亡僧遗物的独特方式，就是将亡故僧人的衣钵、行李等物作价拍卖，将拍卖所得钱钞用来支付亡僧的丧葬费，剩余的则分给寺内僧众[③]。"唱衣"之制最早何时在中国寺院实施目前还无法确定，但唐初道宣《四分律删繁补阙行事钞》中已经有了分亡僧遗物的记载，元代《敕修百丈清规》对"唱衣"又做了更加详细的规定[④]。从《龙泉院使帖》记载的情况看，金代也实行唱衣制度，以便僧众"追荐"亡僧。按汉地佛教寺院的制度，亡僧财产分轻、重两部分："轻物"主要指衣物、锡杖等生活所需的随身物品；"重物"指金银、房舍、田地等。一般来说，唱卖的只是轻物部分，而重物则直接归寺院所有。但是，《龙泉院使帖》记载的对"重物"的处理方法显然与常规有所不同，除所言唱喝追荐之外，"将余上衣物金银等开具名件，委无隐漏，同度牒从本司依例批凿"。此处需要开具名件上报都纲司，既包括衣物等"轻物"，又

---

① 佚名. 龙泉院使帖[M]//国家图书馆善本金石组. 辽金元石刻文献全编：一. 北京：北京图书馆出版社，2003：33.
② 〔清〕徐松. 宋会要辑稿[M]. 北京：中华书局，1957：职官一三之二二，2675.
③ "唱衣"的详细情况，参见：张运华. 中国传统佛教仪轨[M]. 香港：中华书局（香港）有限公司，1997：193-200.
④ 〔元〕德辉. 敕修百丈清规：卷六[M]. 李继武，校点. 郑州：中州古籍出版社，2011：176-178.

包括金银等"重物"。一个需要注意的问题是,"重物"在开具名件上报都纲司之后,其所有权究竟是归亡僧所在寺院还是收归国家所有,这一问题有待发现更多的史料之后才能厘清。

除了《龙泉院使帖》,《泰山谷山寺敕牒碑》还提到了处理亡僧后事的另一事项。该碑云,僧人"老年亡殁之后,将上下寺名□、□据等文字历一宗用匣子并收诸内□,众法属、知事等钉□封定入库□;□库签押常住文历,照编封锁,依□入库者"①。这段碑文虽有漫漶不清之处,但仍可窥其大意。从碑文来看,僧人圆寂后,要将亡僧生前履历等情况一一造册登记,封锁入库,估计是为下一步处理亡僧后事做准备。由此推测,僧人圆寂后,封存亡僧簿历是首要工作,接下来才是"唱衣"、追缴度牒等事。

(二)金代僧人的安葬

僧人同世俗百姓一样,亦须死后入土,而僧人的殓葬方式却与俗世有所不同。在中国古代,俗世主要实行土葬,个别地区才实行火葬或其他葬法,而僧人则主要实行火葬,佛教称"荼毗",即焚烧遗体后再收其遗骨而葬。金代僧人的火葬主要包括以下程序:

1.圆寂后遗体火化

僧人圆寂后火化其尸主要是受印度佛教习俗的影响,释迦牟尼圆寂后即行此法,后世僧人以佛祖为榜样,死后亦行火葬。金代僧人一般在圆寂后几日内即行焚化,如灵岩寺定光禅师逝于皇统二年(1142)六月二十四日,"二十九日,以遗命荼毗"②。白瀑院正公法师逝于天会十二年(1134)三月十一日,"二十一日,依法荼毗"③。云居寺楞严法师于天德三年(1151)二月一日因疾发而终,"至当月五日具仪荼毗"④,这期间的几日停留可能是供四众瞻仰并为随后的火化做准备。在金代石刻史料中,虽然像上述史料那样详载僧人迁化及荼毗日期的史料不多,但载其死后依

---

① 郭笃凌.泰山谷山寺敕牒碑碑阴文考论[J].泰山学院学报,2016(2).
②〔金〕李鲁.灵岩寺定光禅师塔铭[M]//〔清〕张金吾.金文最:卷一百十.北京:中华书局,1990:1582.
③〔金〕希辩.大金燕京宛平县金城山白瀑院正公法师灵塔记[M]//阎凤梧.全辽金文.太原:山西古籍出版社,2002:1331.
④〔清〕陆继辉.八琼室金石补正续编:卷五十八:云居寺僧楞严塔记[M]//《续修四库全书》编纂委员会.续修四库全书:第九〇一册.上海:上海古籍出版社,1995:6.

法荼毗者则比较常见，如灵岩院宗理和尚圆寂后，"门人道应等依式焚葬"[1]。普安院希公戒师迁化后，众人"集以香木，欢以花（阙），净地荼毗，送终礼毕"[2]。这些僧人在荼毗时往往伴有诸种祥瑞，较为普遍的是得其舍利，如灵岩寺定光禅师焚化后，"得五色舍利百余粒"[3]；白瀑院圆正法师焚化后，"灰炉中获舍利三百颗"[4]；普照禅寺智照禅师焚化后，"舍利莫知其数"[5]；圆明禅院体公禅师焚化后，"现舍利无数"[6]。"舍利"亦称"灵骨""坚固子"等，是高僧火葬之后留下的结晶体。《金光明经·舍身品》曰："舍利者，即是无量六波罗蜜功德所聚。""舍利是戒定慧所熏修，甚难可得，最上福田。"佛祖所遗舍利被佛教徒视为圣物。而佛祖之外的一些高僧大德经过长年清修，觉行圆满亦可于死后得舍利，同样为佛教信徒所尊崇和供奉。据传，金代僧人荼毗时还有其他祥瑞，如普济寺严肃大师"泊终焚之际，有五色云团绕于上，齿舌不煨，视之如故"[7]；三泉寺祥英上人荼毗时，"伏以白莲瑞现，花雨空中，蝉化金光，香馥满地"[8]；圆明禅院体公禅师"荼毗之日，白云满山，香风馥郁"[9]。荼毗时出现祥瑞是佛教史乘的惯常写法，且不论这种写法真实与否，至少在后世看来，一些祥瑞的出现令荼毗仪式在庄严神圣之外平添了几分神秘色彩，在很大程度上增强了佛教关于修持得法的可信性与说服力，从而扩

---

[1] 佚名. 理公和尚塔铭[M]//国家图书馆善本金石组. 辽金元石刻文献全编：三. 北京：北京图书馆出版社，2003：242.

[2] 〔金〕棋峰虚缘老人. 登州福山县侧立普安院希公戒师灵塔[M]//阎凤梧. 全辽金文. 太原：山西古籍出版社，2002：525.

[3] 〔金〕李鲁. 灵岩寺定光禅师塔铭[M]//〔清〕张金吾. 金文最：卷一百十. 北京：中华书局，1990：1582.

[4] 〔金〕希辩. 大金燕京宛平县金城山白瀑院正公法师灵塔记[M]//阎凤梧. 全辽金文. 太原：山西古籍出版社，2002：1331.

[5] 〔金〕赵沨. 济州普照禅寺照公禅师塔铭[M]//〔清〕张金吾. 金文最：卷一百十一. 北京：中华书局，1990：1593.

[6] 〔金〕边元勋. 王山十方圆明禅院第二代体公禅师塔铭碑[M]//王新英. 金代石刻辑校. 长春：吉林人民出版社，2009：38.

[7] 〔金〕沙成之. 甘泉普济寺赐紫严肃大师塔铭[M]//〔清〕张金吾. 金文最：卷一百十. 北京：中华书局，1990：1588.

[8] 〔金〕释觉聪. 三泉寺英上人禅师塔记[M]//〔清〕张金吾. 金文最：卷一百十二. 北京：中华书局，1990：1613-1614.

[9] 〔金〕边元勋. 王山十方圆明禅院第二代体公禅师塔铭碑[M]//王新英. 金代石刻辑校. 长春：吉林人民出版社，2009：38.

大了佛教的社会影响。

2.火化后实行塔葬或土葬

中国古代僧人圆寂后一般实行火化,火化后的骨灰既有塔葬的也有土葬的。从金代的情况来看,塔葬主要适用于一些高僧大德或生前对寺院发展有重要贡献的僧人,时人谓之"高僧名德相继传道,阐扬教风者代不乏人。然皆于灭度之后,往往为善知识修建崇塔,以瘗灵骨"[①]。例如,灵岩寺作为金代巨刹,其住持定光禅师为临济名僧,"可谓道重一时、名高四远者矣"。定光圆寂后,"瘗灵骨于当山后兴塔之右,即其上示窣堵焉"[②]。灵岩寺另外一位住持惠才禅师"道茂德纯","学徒烝烝"。他住持灵岩寺后,"乃规其广而易之,即其旧而新之",为灵岩寺的发展做出重要贡献,因而惠才入灭后,"门人分其灵骨,塔于方山之阳"[③]。济州普照禅寺智照禅师亦为金代名僧,时人誉其为"僧中之英",在他圆寂后"起建灵塔于郡之北"[④]。

死后塔葬固然为僧尼身后哀荣之一,但塔葬需要动用大量的人力、物力,非名山巨刹或高僧大德难以成就。因此,普通僧人更多地采用土葬,即遗体火化后以棺木或盒、罐等奉安遗骨,然后入土安葬。土葬的方式,既有单人葬,也有多人合葬。1978年12月,山西省长治市发现一处金代石棺墓,墓主人为崇仪大德淮公僧正,入葬于大定二十年(1180)二月初三。这是金代僧人的单人棺葬[⑤]。多人合葬方面,1987年5月,朔州市长头村北发现一座砖室墓,在墓内两层台阶上置有陶棺约30具。经专家研究,墓的绝对年代在大定十九年(1179),从墓志和陶棺的铭文看,30多具骨灰全系僧侣[⑥]。1992年秋,三门峡市文物工作队在崤山西路发现三座

---

①〔金〕赵大端. 平遥县冀郭村慈相寺僧众塔记铭[M]//阎凤梧. 全辽金文. 太原:山西古籍出版社,2002:2089.

②〔金〕李鲁. 灵岩寺定光禅师塔铭[M]//〔清〕张金吾. 金文最:卷一百十. 北京:中华书局,1990:1582.

③〔金〕徐铎. 长清县灵岩寺才公禅师塔铭[M]//〔清〕张金吾. 金文最:卷一百十一. 北京:中华书局,1990:1594-1596.

④〔金〕赵渢. 济州普照禅寺照公禅师塔铭[M]//〔清〕张金吾. 金文最:卷一百十一. 北京:中华书局,1990:1594.

⑤ 王进先. 山西长治市发现金代石棺[J]. 考古,1986(2).

⑥ 宁立新,雷云贵. 朔州市朔城区发现金代僧人丛葬墓[M]//张畅耕. 辽金史论集:第六辑. 北京:社会科学文献出版社,2001:397-403.

古墓，其中一座编号为 M1 的金代墓葬，其棺床上有一具仰身直肢尸骨，六个壁龛内放有一个或两个盛置着烧过的人骨碎块的陶盒，壁龛上方刻有十四个僧人法号[①]。由此可以判断，该墓为金代僧人的多人合葬墓。值得注意的是，前述提到的山西省长治市发现的金代单葬僧人有"大德"之号与"僧正"之职，而朔州市发现的金代合葬僧人中有"管内僧判官""管内都僧正"等僧职，三门峡市发现的金代合葬僧人中亦有"大师"之号。显然，这些亡僧并非默默无闻的普通僧侣，而是具有一定社会地位和职务的中高级僧侣。即使这些有影响的僧侣也仍然实行土葬，甚至多人合葬，仍可说明金代僧人亡故后实行塔葬者只是少数，大多数僧人亡故后实行的是土葬。

  僧人圆寂后，无论实行何种葬法都须有专人营办。从金代史料看，营办其事的大致有三个群体：其一，门人弟子。这些人受亡僧法乳，在僧人死后常常主动担当起营办亡僧葬事的职责。宝胜寺宝严大师圆寂后，"其诸弟子孝悌之深，择日葬之，命工匠建塔"[②]。普济寺严肃大师圆寂后，"门人宗律、比丘善隆等，奉遗骨葬于寺西"[③]。三泉寺祥英上人圆寂后，"门人志空分舍利葬于三泉之寺，建塔而安之"[④]。其二，门人弟子与亡僧俗世亲属共同营办。僧尼虽称"出家人"，但受根深蒂固的宗法思想和血缘观念影响，不可能完全割断与俗世家庭的联系，从而形成"出家而有家"的局面。因此，一些僧尼的葬事有时由俗世亲属与门人弟子共同营办，如朔州广运寺僧人法柔的迁葬者既有弟子行初、行甫等人，又有"儿侄男张思彦，弟思言、思成；孙男张留；孙弟喜儿、重喜、丑儿、六儿、留住、福喜"[⑤]。同样，为上京释迦院宣微大师料理葬事的，既有门人戒

---

① 三门峡市文物工作队. 三门峡市崤山西路发现三座古墓[J]. 华夏考古, 1993(4).
② 〔金〕光林寺西堂老人广明. 宝严大师塔铭志[M]// 王新英. 金代石刻辑校. 长春：吉林人民出版社, 2009：133-134.
③ 〔金〕沙成之. 甘泉普济寺赐紫严肃大师塔铭[M]// 〔清〕张金吾. 金文最：卷一百七十. 北京：中华书局, 1990：1588.
④ 〔金〕释觉聪. 三泉寺英上人禅师塔记[M]// 〔清〕张金吾. 金文最：卷一百十二. 北京：中华书局, 1990：1614.
⑤ 佚名. 朔州广运寺僧法柔迁葬记[M]// 王新英. 金代石刻辑校. 长春：吉林人民出版社, 2009：242.

师德云、门人尼临坛五座崇业大德德显，也有侄刘亚镐、刘亚铨[①]。其三，亡僧俗世亲属单独营办，如通慧圆明大师圆寂后，"其子郑公奉迎其骨归其所而安厝之"[②]。在上述三种情况中，据笔者查考，遇有塔葬，营办葬事者基本为亡僧门人弟子。这可能是由于塔葬者或为高僧大德，或为巨刹主事，门徒弟子蒙其法乳，或经业有成，或继师之位而为一寺之主，他们有能力为亡师营办塔葬事宜。

金代僧人圆寂后，其遗骨除安放一处者，有的还分两处、三处乃至四处、五处安放。安放两处者，如潭柘山龙泉禅寺政言禅师圆寂后，"收灵骨塔于汝州香山之南，慈照浮图之侧，又分其顶骨葬于潭柘山以铭纪师之道"[③]。柏山寺通悟大师逝后，灵骨"乃分为二分。一分奉归大明，一分奉归于此"[④]。安放三处者，如普济寺行通和尚，逝后"析骨为三分，各建塔藏之"[⑤]。安放四处者，如灵岩寺宝公禅师"焚化之后，分布灵骨于灵岩、大明、谼峪、紫山四处建塔"[⑥]。永安禅寺归云禅师逝后，"以师之灵骨分葬四道场：永安、潭柘、玉泉、柏林也"[⑦]。安放五处者，如储庆寺海惠禅师，迁化后"帝偕后亲奉舍利，五处立塔"[⑧]。僧人亡故后之所以灵骨分多处安放，和他们生前学法、弘法的经历有关。尤其一些高僧大德，往往将遗骨送往生前学法、弘法之地分藏。例如，前文提到的归云禅师，生前分历永安、柏林、竹林等多处禅刹，因而圆寂后骨灰分送上述各

[①] 佚名. 宣微大师法性葬记[M]// 王新英. 金代石刻辑校. 长春：吉林人民出版社，2009：254.

[②]〔金〕李彦隆. 通慧圆明大师塔铭[M]// 王新英. 金代石刻辑校. 长春：吉林人民出版社，2009：121.

[③]〔金〕祖敬. 中都潭柘山龙泉禅寺言禅师塔铭[M]// 梅宁华. 北京辽金史迹图志：下. 北京：北京燕山出版社，2003：106.

[④]〔金〕王庭瑶. 德兴府矾山县圣泉柏山寺故通悟大师玄公塔铭并叙[M]// 梅宁华. 北京辽金史迹图志：下. 北京：北京燕山出版社，2003：121.

[⑤]〔金〕释圆照. 甘泉普济寺通和尚塔记[M]//〔清〕张金吾. 金文最：卷一百十二. 北京：中华书局，1990：1613.

[⑥]〔金〕翟炳. 长清县灵岩寺宝公禅师塔铭[M]//〔清〕张金吾. 金文最：卷一百十一. 北京：中华书局，1990：1598.

[⑦]〔金〕陈时可. 浑源州永安禅寺第一代归云大禅师塔铭[M]// 阎凤梧. 全辽金文. 太原：山西古籍出版社，2002：3712.

[⑧]〔元〕释念常. 佛祖历代通载：卷二十[M]. 影印文渊阁四库全书本. 台北：台湾商务印书馆，1986：1054-669.

地供养，由此形成遗骨多处安放的局面。

3.延请僧俗士庶撰写铭文

"铭"是一种专门文体，"墓铭"一般镌刻在石头上埋入墓中，"塔铭"则镌刻于塔的表面，两者都用于追述死者事迹，表达对死者的赞扬或怀念。金代僧人圆寂后，实行土葬者有些有简略的墓铭。例如，1987年，朔州市长头村金代僧人丛葬墓发现有普济大德行备的《灵葬记》，颂其"温良不尽其言，为众在寺难偕出语美，众举措合情，一行一德无不备矣"①。另外，一些僧人在入葬时只简单记其法号。如前文所述，1992年，三门峡市崤山西路发现的金代僧人墓葬，十四个僧人只在壁龛上刻有比较简单的塔铭，记其年龄、籍贯、学法经历和社会影响等。

查考金代石刻，请求为亡僧撰写铭文者，有的是亡僧门人弟子，如显庆院妙敬和尚圆寂后，"其弟子广惠三人等思师之念，忆师之恩。思师之念则哀而有恸，忆师之恩则惨惨而无容，故乃命功，刊其幢铭也"②。有的是亡僧亲属，如翁同山圆覆禅师寂灭后，"其弟温公，素与仆善，祝之再四，不能辞，据实而书之"③。从与亡僧的关系上看，应邀撰写墓铭、碑铭者多为亡僧故旧。行录禅师圆寂后，其门人求记于重稣叟，而重稣叟为行录"畏友"④。灵岩寺法宝禅师圆寂后，惠才长老遣人求铭于翟炳，而翟炳与法宝为方外之友，"积有岁月，备知师之行藏，素仰高风"⑤。普照禅寺智照禅师圆寂后，"监寺僧祖方暨广琛，来京师谒文于黄山赵沨，欲刻诸石，以传不朽。沨与师同乡里，知师为详，义不可辞，乃遂序而铭之"⑥。从撰铭者的身份上看，有的是朝廷官员。例如，为竹林禅寺清公

---

①〔金〕西林.灵葬记[M]//王新英.金代石刻辑校.长春:吉林人民出版社,2009:249.
②〔金〕许珪.中都显庆院故萧花严灵塔记[M]//梅宁华.北京辽金史迹图志:下.北京:北京燕山出版社,2003:104.
③〔金〕孙设.翁同山院舍利塔记[M]//〔清〕张金吾.金文最:卷一百十.北京:中华书局,1990:1589.
④〔金〕沙门德顺.第九代了公禅师塔铭[M]//梅宁华.北京辽金史迹图志:下.北京:北京燕山出版社,2003:115.
⑤〔金〕翟炳.长清县灵岩寺宝公禅师塔铭[M]//〔清〕张金吾.金文最:卷一百十一.北京:中华书局,1990:1598.
⑥〔金〕赵沨.济州普照禅寺照公禅师塔铭[M]//〔清〕张金吾.金文最:卷一百十一.北京:中华书局,1990:1594.

和尚撰写塔铭的是朝散大夫充翰林修撰同知制诰张□[①]，为禅悦禅师作记的是朝议大夫文华院大学士冯国相[②]，为平遥慈相寺僧众塔作记的是前汾州观察判官、云骑尉、赐绯鱼袋赵大端[③]。有的本身亦为僧人，如为白瀑院正公法师灵塔作记的是仰山栖隐寺退居嗣祖比丘希辩[④]。此外，灵岩寺云禅师、昭祥大师亿公、甘泉普济寺行通和尚、三泉寺英上人禅师、辩才大师诚公戒师，他们的塔记、塔铭等都由僧人撰写[⑤]。有的是乡贤，如为中都良乡县弘业寺德莹禅师撰写碑铭的是乡贡进士田履信[⑥]。

死亡作为人生终点本是自然现象，人人必须面对，人人无法摆脱。但是，死亡作为世俗可怖之事在佛教僧尼那里却显得如此庄严神圣又淡然洒脱，如白云清风，来自来、去自去。高僧大德们在圆寂时展示给世人的并不是死亡将至的悲哀，而是即将解脱的欣然；他们消解了人类主观上追求长生和客观上终将一死之间的深刻矛盾，其心其情、其事其理在儒、释、道三教有关死亡的思考与解说中，可谓独一无二。

第二节　世俗信众

从中国佛教发展历程看，佛教信众由两部分组成：一部分是出家修行的僧尼，另一部分是在家修行的世俗信众。僧尼以寺院为依托，专门修习佛法；世俗信众则在生产生活之余，居家从事佛教活动。两者之间相互依赖、相互促进。就中国佛教的传播情况看，离开世俗信众的护持，佛教就会失去传播生长的深厚土壤。近年来，有学者已注意到这一问题，但就金

[①]〔金〕张□.中都竹林禅寺第十六代清公和尚塔铭[M]//梅宁华.北京辽金史迹图志：下.北京：北京燕山出版社，2003：119.

[②]〔金〕冯国相.遐龄益寿禅师塔记[M]//梅宁华.北京辽金史迹图志：下.北京：北京燕山出版社，2003：286.

[③]〔金〕赵大端.平遥县冀郭村慈相寺僧众塔记铭[M]//阎凤梧.全辽金文.太原：山西古籍出版社，2002：2091.

[④]〔金〕希辩.大金燕京宛平县金城山白瀑院正公法师灵塔记[M]//阎凤梧.全辽金文.太原：山西古籍出版社，2002：1331.

[⑤]〔清〕张金吾.金文最：卷一百十二[M].北京：中华书局，1990：1609，1611，1612，1613，1614.

[⑥]〔金〕田履信.德莹塔幢记[M]//孙勐.北京佛教石刻.北京：宗教文化出版社，2012：111.

代佛教研究情况看，其深入程度还远远不够。因此，本节的主要是对金代的世俗信众群体做详细探究，以弥补缺憾于万一。

总体来看，金代世俗信众群体涵盖了上至皇室下至百姓的所有社会阶层，下面逐一阐述。

一、皇室阶层

就中国佛教的传播过程看，在很多情况下，皇室成员都是佛教的有力扶持者，金代亦然。

（一）皇帝群体

在中国佛教发展史上，佛教力图借王者之力以达到传法、弘法、护法的目的，而皇帝也希望借助佛教的力量巩固自己的统治，两种意愿的结合促成或加深了皇帝的佛教信仰。从史料记载的情况看，金代有多位皇帝崇信佛教或与佛教有深厚渊源。熙宗、海陵王、世宗、章宗都与佛教有密不可分的关系，前文已作阐述，此处再稍加议论。熙宗从皇子诞生、患病到薨殁，一直将佛作为自己感谢佛恩、祈求护佑、表达哀痛的对象，熙宗时期修建寺院、广度僧尼等举措对金代前期佛教发展起到了重要推动作用。海陵王时期虽然有杖僧事件发生，但这一事件与其说是抑佛的宗教事件，不如说是维护皇权尊严的政治事件，不能简单地根据这一事件得出海陵王排佛的结论，况且海陵王尊崇佛教高僧的事迹也见诸石刻[1]，还曾向杨伯雄夜问鬼神，"以释永夜倦思"[2]。世宗虽自称"至于佛法，尤所未信"[3]，但世宗大建佛寺并予以赏赐的史事却屡见记载。章宗曾多次游幸佛寺，召高僧问对。从这些情况可以看出，无论出于宗教信仰还是政治权谋抑或感情寄托，至少在形式上，金代的多位皇帝都尊佛、信佛甚至崇佛。

---

[1]〔金〕冯国相.遐龄益寿禅师塔记[M]//梅宁华.北京辽金史迹图志:下.北京:北京燕山出版社,2003:286.

[2]〔元〕脱脱,等.金史:卷一百五:杨伯雄传[M].北京:中华书局,1975:2318.

[3]〔元〕脱脱,等.金史:卷六:世宗纪:上[M].北京:中华书局,1975:141.

(二) 皇子、皇太子群体

金代皇室与佛教有着千丝万缕的联系。在皇室群体中，最引人注目的无疑是皇太子、皇子，他们作为君主后嗣，一举一动关乎国脉。《金史》有关皇太子、皇子与佛教关系的记载并不多，仅《金史·太宗诸子传》记载太宗之子宗雅"喜事佛，世称'善大王'"[1]，而皇子、皇太子信仰佛教的史料更多地体现在金代笔记及石刻史料中。例如，明昌元年（1190）二月，王寂巡行辽东，在路经望平县时"借宿僧寺。寺中窣堵波，其上有大定二年春显宗御题，下云：'皇子楚王书'，即是当时未正春宫之号，从世宗自辽之燕，于此驻跸时所书也"[2]。此处的"显宗"即世宗次子允恭。允恭于大定元年（1161）十一月封楚王，置官属，次年五月被立为皇太子。显宗是一位深受儒家文化影响的储君，从他为望平县僧寺题字的情况看，这位皇太子对佛教也颇感兴趣。世宗另外两位皇子永中、永功也热心佛教。清末端方《陶斋藏石记》载有《皇伯汉王为世宗皇帝造佛经题记》，据学者考证，该题记中的"皇伯汉王"即为永中[3]。永功热心佛教的事迹也见诸金代文献，据《寿圣禅寺功德记》载，崇孝禅寺为大定明昌间名刹，后为兵火所坏，"独曹王所建舍利塔，岿然而已"[4]。此处"曹王"即指永功，他于大定十一年（1171）十二月获封"曹王"之号，章宗即位后又进封冀王。永功与佛教的关系不限于建塔，他还充当寺院功德主。据有关石刻记载，王山十方圆明禅院落成后，"即遣监院宗真上人躬捧书疏□都，祈请皇叔冀王为功德主。即已得请，则又具录"[5]。此外，世宗之孙、越王永功之子完颜璹深受佛教影响，"参禅于善西堂，名曰'祖

---

[1] 〔元〕脱脱，等. 金史:卷七十六:太宗诸子传[M]. 北京:中华书局,1975:1733.

[2] 〔金〕贾敬颜. 五代宋金元人边疆行记十三种疏证稿:王寂《辽东行部志》疏证稿[M]. 北京:中华书局,2004:258.

[3] 佚名. 皇伯汉王为世宗皇帝造佛经题记[M]//梅宁华. 北京辽金史迹图志:下. 北京:北京燕山出版社,2003:292.

[4] 〔金〕姚奠中. 元好问全集(增订本):卷三十五:寿圣禅寺功德记[M]. 李正民,增订. 太原:山西古籍出版社,2004:732.

[5] 〔金〕朱澜. 修建王山十方圆明禅院之记碑[M]//王新英. 金代石刻辑校. 长春:吉林人民出版社,2009:65.

敬'"①。世宗的几位皇子及皇孙都与佛教关系密切，可见佛教对金代皇室影响之深。

（三）皇室女性群体

在金代佛教信徒队伍中，有一批出身皇室的女性。按照她们与佛教的关系，这些女性可分为两类：一类是舍身为尼者。前文提到的金世宗之母贞懿皇后是其代表，此外还有章宗内人范氏、宣宗皇后某氏。史载，章宗内人范氏以损章宗遗腹子，"愿削发为尼"②。宣宗皇后某氏，其人姓名已不可考。她曾因"久奉侍于潜藩"而立为皇后，但后来王氏姊妹入宫，此人恩宠渐衰，"寻为尼"③。这两位后妃出家都与宫闱秘事有关。除后妃出家外，皇室公主出家为尼的亦有其例。世宗长女鲁国大长公主之次女出家为尼，"赐号通悟大师"④；金太祖第八子窝鲁欢之女也出家为尼，号"妙行大师"⑤。另一类是居家侍佛者。皇室女性居家信佛的方式多种多样，有人延请高僧讲经说法，如天德年间，宝严大师居上京时，"伏蒙东宫太后请住兴王寺，开演《大华严经》讲"⑥；有人喜读佛经，如显宗昭圣皇后"最喜佛书"⑦；有人请僧人做佛事，如海陵王弑熙宗前夕，"代国公主为其母悼后作佛事，居寺中"⑧；有人做寺院之功德主，如岐国大长公主为中都潭柘寺功德主⑨。总之，金代皇室女性从皇太后至皇后、皇女、后妃都有人信奉佛教，信奉的方式从舍身为尼到供养三宝，可谓各具特色。

由以上论述可以看出，金代皇室信奉佛教带有一定的普遍性。皇室与

---

①〔金〕姚奠中.元好问全集（增订本）：卷三十六：如庵诗文序[M].李正民,增订.太原：山西古籍出版社,2004:757.

②〔元〕脱脱,等.金史：卷十三：卫绍王纪[M].北京：中华书局,1990:291.

③〔元〕脱脱,等.金史：卷六十四：后妃传：下[M].北京：中华书局,1990:1532.

④〔金〕周昂.鲁国大长公主墓志铭[M]//王新英.金代石刻辑校.长春：吉林人民出版社,2009:219.

⑤佚名.窝鲁欢墓志[M]//梅宁华.北京辽金史迹图志：下.北京：北京燕山出版社,2003:198.

⑥〔金〕光林寺西堂老人广明.宝严大师塔铭志[M]//王新英.金代石刻辑校.长春：吉林人民出版社,2009:133.

⑦〔元〕脱脱,等.金史：卷六十四：后妃传：下[M].北京：中华书局,1975:1526.

⑧〔元〕脱脱,等.金史：卷一百三十二：逆臣传[M].北京：中华书局,1975:2820.

⑨〔金〕沙门德顺.第九代了公禅师塔铭[M]//梅宁华.北京辽金史迹图志：下.北京：北京燕山出版社,2003:115.

佛教的关系之所以如此密切，除了统治阶级希望借助佛教来巩固自己的统治外，一些皇室成员在佛教信仰中寻找精神寄托也是重要原因。

二、士大夫阶层

关于"士大夫"的含义，歧论颇多。本书中的"士大夫"是指文人出身的官吏或以修习儒学安身立命并拥有一定社会声望的知识分子。佛教传入中国以来，士大夫对佛教的态度大致可分为拥佛及排佛两种。拥佛者如唐代的王维，他不但自己悉心佛典，甚至临终之际还不忘致信亲朋故旧，"多敦厉朋友奉佛修心之旨"①；排佛者如北宋的李觏，他提出了著名的佛教"十害"②，在中国儒学史、佛教史上产生了深远影响。就金代的情况看，尚未产生严重的佛儒对立，士大夫阶层也很少有人持激烈的反佛态度，反而有相当一部分士大夫对佛教表示支持和赞赏，因而成为佛教居士。他们以多种方式积极参与到弘扬佛法的队伍中来。

（一）出家为僧

大金王朝虽由女真人开创，但进入中原之后，科举渐兴，人才辈出，故"有国虽余百年，典章文物至比隆唐宋之盛"③。那些有机会名登金榜的士人们也希望自己"抑将为奇士，为名臣，慨然自拔于流俗，以千载自任"④。但命运无常，一些士人在名登高第之后，或由于个人志趣，或由于生活际遇，或由于仕途多舛，遂投身空门，出家为僧。例如，和公禅师"幼习儒业，甫冠，应经义举。因阅《春秋左氏传》，悟兴衰之不常，慨然投笔，退居山林。年二十，弃俗出家"⑤。和公弃儒入佛源于对兴衰无常的体悟。而金代另外一位儒者出身的名僧慧聚寺悟闲投身佛门的原因则较为复杂，他早年中进士第，历官州县，"累阶至尚书郎"，以刚毅有志、嫉

---

① 〔后晋〕刘昫，等．旧唐书：卷一百九十·下：王维传[M]．北京：中华书局，1975：5053．
② 〔宋〕李觏．李觏集：卷十六：富国策第五[M]．王国轩，校点．北京：中华书局，1981：141．
③ 〔元〕王恽．秋涧集：卷五十八：浑源刘氏世德碑铭[M]．长春：吉林出版集团有限责任公司，2005：777．
④ 姚奠中．元好问全集（增订本）：卷三十七：兴定庚辰太原贡士南京状元楼宴集题名引[M]．李正民，增订．太原：山西古籍出版社，2004：776．
⑤ 〔元〕耶律楚材．湛然居士文集：卷十三：和公大禅师塔记[M]．谢方，点校．北京：中华书局，1986：289．

恶如仇著称，为官期间屡次"大忤权贵"而"公执不改"。由于"不能委曲轩轾以徇权势"，"浸不得意"，悟闲感慨于"误罹世网，崎岖半生"[1]，加之宿植善根，感悟发心，因而慨然落发，弃官入鞍山慧聚寺为僧。

(二) 居家奉佛

佛教在金代士大夫阶层具有广泛影响，士大夫居家奉佛者不乏其人。王彧，字子文，洺州人，承安间进士。他"资刚决不可犯，为尚书省掾，知管差除，与郎官相可否，即弃官去"。金代中后期，吏权大盛，王彧以进士出身入职尚书省，且"知管差除"，可谓前程无限，但王彧却因与上级官员意见不合而求去。在中国士大夫史上，因政见不合而弃官者屡见不鲜。王彧的特异之处在于他弃官后的去向，从他弃官后"改名知非，字无咎，自号照了居士"及"既学佛，作《决定歌》，禅家以为证道新丰之后，无有及者"[2]的情况看，王彧的余生应在学佛中度过。此外，从金代史料来看，居家奉佛的士大夫还有不少，如三白渠规措使陈仲谦"晚年留意内典，遂不茹荤。写《华严经》数千万言，细书累累，如以一发贯群蚁也"[3]。燕地豪族吕徵"平日诵浮图，秘语万过，夜拜斗不辍，凡四十年"[4]。临潢人王公玉"少擢第"，"喜《易》及佛《老》《庄》书"[5]。大兴人高斯诚"至宁元年（1213）经义魁也"，"颇喜浮屠，自号唯庵"[6]。潞州人董治中，承安中进士，"其学参取佛老二家"[7]。汾阳人任德懋"弱冠就举，屡为乡府所荐"，"积官忠武校尉"，"中岁之后，即置家事不问，惟日诵《般若》而已"，"临终遗命以所诵经内怀中"[8]。金代著名文士王寂之父王础，"夙植善根，奉佛谨甚。年二十七登第后，日诵《金刚经》

---

[1] 刘长言. 严行大德闲公塔铭[M]// 王新英. 金代石刻辑校. 长春：吉林人民出版社，2009：118.
[2]〔金〕元好问. 中州集：卷九：照了居士王彧[M]. 长春：吉林出版集团有限责任公司，2005：323.
[3] 姚奠中. 元好问全集（增订本）：卷三十一：故规措使陈君墓志铭[M]. 李正民，增订. 太原：山西古籍出版社，2004：659.
[4] 任询. 吕徵墓表[M]// 王新英. 金代石刻辑校. 长春：吉林人民出版社，2009：125-126.
[5]〔金〕刘祁. 归潜志：卷四[M]. 崔文印，点校. 北京：中华书局，1983：39.
[6]〔金〕刘祁. 归潜志：卷五[M]. 崔文印，点校. 北京：中华书局，1983：44.
[7]〔金〕刘祁. 归潜志：卷五[M]. 崔文印，点校. 北京：中华书局，1983：45.
[8] 姚奠中. 元好问全集（增订本）：卷二十九：忠武任君墓碣铭[M]. 李正民，增订. 太原：山西古籍出版社，2004：609.

至春秋八十有三，中间虽大寒暑风雨不废也"，临终之际，亦"置经于首，合手加额，跏趺以终"①。由这些事例可知，居家奉佛在一些金代士大夫中间几成风气。

（三）参与佛事活动

金代士大夫奉佛的形式多种多样，除了上面提到的出家为僧、居家奉佛外，一些士大夫还通过与佛教僧侣交游、诗文往来、题字刻石等方式参与到佛教活动中去。如前文所述，一些僧尼圆寂后，其塔铭、碑铭往往邀请在社会上有一定地位和影响的士大夫撰写，《元好问全集》中就有大量这样的文章。还有一些士大夫热心参与建寺立塔，山西省盂县牛村镇白土坡村现存一方《建福院碑》，从碑末结衔题款上看，参与该院创建的有武节将军、行县尉兼管勾常平仓事奥屯，昭信校尉、行主簿兼管勾常平仓事完颜，广威将军、行县令兼管勾常平仓事颜盏等三人②。为纪念金烛和尚焚身所立的《金烛和尚焚身感应之碑》，其碑末结缘施主更是包括了定远大将军、前临洮府第六正将兼宝川县令夹谷木甲等大小官员十三名③。王子成撰成《礼念弥陀道场忏法》后，赵秉文、李纯甫为之作赞、序，由此可以看出金代士大夫参与佛事活动的普遍性。

三、普通百姓阶层

金代佛教的传播离不开统治阶层的支持，更离不开普通百姓的信奉和拥护。然而，由于历史的局限，能够流传到今天的佛教史料绝大多数反映的是金代王公大臣、达官显贵参与佛事的情况，广大平民对佛教的态度、影响在佛教文献中常常遗憾地缺席。因此，学术界对金代普通百姓阶层佛教信仰状况的研究相对薄弱。尽管如此，我们仍能从有关碑刻、文集的字里行间看出端倪。金代碑刻的碑末常有助缘人清单，在这些清单上，我们看到为《金烛和尚焚身感应之碑》助缘的，除一些官员、僧人之外，无官

---

① 〔金〕王寂. 书金刚经后[M]//阎凤梧. 全辽金文. 太原：山西古籍出版社，2002：1448.
② 〔金〕尹安祉. 盂县建福之院碑[M]//王新英. 金代石刻辑校. 长春：吉林人民出版社，2009：31.
③ 〔金〕郜文举. 金烛和尚焚身感应之碑[M]//王新英. 金代石刻辑校. 长春：吉林人民出版社，2009：97-98.

第二章　金代佛教信众

职的具名者有172人[①]；为《繁峙灵岩院水陆记碑》助缘的无官职者有120余人[②]；为《华藏世界海图碑》助缘的无官职者有170余人[③]；为文悟大师功德幢助缘的除僧人外，无官职者达33人[④]；为《谦公法师灵塔》助缘的无官职者有本里坛信12人、长乡城坛信6人[⑤]。这些未录官职的助缘人应是信仰佛教的普通百姓，他们也是金代佛教得以发展的重要依靠力量。

建塔修寺是佛教信众累积的一项功德，也是他们助力佛教发展的重要方式。就金代来看，在修建寺院的过程中，除了达官显贵捐资、社会贤达助缘之外，更多的是普通百姓疏财助力。例如，重修西京大普恩寺时，"人以须达自期，家乃给孤相勉，咸蕴至愿，争舍所爱。彼髓脑支体，尚无所吝，况百骸外物哉？于是辇币委珠金、脱袍鬻裘裳者，相系于道，累月逾时，殆无虚日"[⑥]。史料对重修西京大普恩寺场景的描述或许有夸大之处，但普通民众出于对佛教的崇信而疏财助力是确定无疑的，正是由于这些普通百姓慷慨布施、全力相助，一座座寺院才得以修建。由此，我们也可看出佛教在金代普通民众当中的号召力。

金代的高僧大德在社会上拥有广泛信众，所到之处敷枝布叶，追随者众多。在这些弟子当中，除一些僧尼外，还有很多居家修行的普通信众。潭柘山龙泉禅寺政言禅师就拥有"俗弟子几千人"[⑦]；石经山云居寺义谦法师出家弟子仅有道琳、道成等17人，而"经邑门徒，众仅数千"[⑧]。在这些成百上千的俗家弟子中，绝大部分是无官无职的普通百姓，他们虽然

[①]〔金〕郗文举. 金烛和尚焚身感应之碑[M]// 王新英. 金代石刻辑校. 长春：吉林人民出版社，2009：98-100.

[②]〔金〕张□，〔金〕李□. 繁峙灵岩院水陆记碑[M]// 王新英. 金代石刻辑校. 长春：吉林人民出版社，2009：28-29.

[③]〔金〕法圆. 华藏世界海图碑[M]// 国家图书馆善本金石组. 辽金元石刻文献全编：一. 北京：北京图书馆出版社，2003：38-39.

[④]〔金〕惠琏. 文悟大师功德幢[M]// 国家图书馆善本金石组. 辽金元石刻文献全编：一. 北京：北京图书馆出版社，2003：207.

[⑤]〔金〕赵促先. 谦公法师灵塔铭[M]// 王新英. 金代石刻辑校. 长春：吉林人民出版社，2009：140.

[⑥]〔宋〕朱弁. 西京大普恩寺重修大殿碑[M]//〔清〕金文最：卷六十五. 北京：中华书局，1990：948.

[⑦]〔金〕祖敬. 中都潭柘山龙泉寺言禅师塔铭[M]// 梅宁华. 北京辽金史迹图志：下. 北京：北京燕山出版社，2003：106.

[⑧]〔金〕赵促先. 谦公法师灵塔铭[M]// 王新英. 金代石刻辑校. 长春：吉林人民出版社，2009：139.

未能传名后世，却构成了金代佛教最为深厚的基础，是他们让佛教在这片沃土上得以开花结果，郁郁留香。

第三节 佛教对金代社会生活的影响

学界以往关于金代佛教的研究多偏重金代佛教政策、佛教宗派等方面，佛教对金代社会生活的影响少有论及[①]。事实上，佛教对金代社会生活产生了深刻影响，这些影响主要表现在以下几个方面。

一、向寺院捐资疏财蔚然成风

按照印度佛教的传统，僧尼不从事生产，仅以托钵乞食为生，实际上是靠信众的供养维持生活的，佛教把这种供养谓之"布施"。《大乘义章》云："以己财事分布与他，名之为布；辍己惠人，目之为施。"[②]由此可见，布施是指施己之财、智、力于他人，以救济众生远离一切痛苦。在佛教经义中，布施位于"四摄""六度"之首，可见布施对修行的重要。

佛教将布施分为三种：财布施、法布施和无畏布施。社会大众对僧尼的布施主要体现为财布施，即将自己的财物、体力等贡献给僧尼或寺院以广种福田。金代社会受佛教影响，布施成为一种风气，施财之檀越，上至皇帝大臣，下至普通百姓，基本涵盖了社会各个阶层。布施的方式主要有以下几种。

（一）捐资助力，修建寺院

寺院是传播佛教的主要场所。金代中原地区的佛教虽屡经战火摧残，但旋灭旋兴，究其原因，社会大众捐资献力，积极参与寺院的创建和修复是一个重要方面。善男信女们为修建寺院竭尽所能，往往一人振臂，群起

[①] 关于佛教与金代社会生活，参见：刘晓飞.吾以尘缘事梵刹：试析金代汉族家庭的宗教信仰[J].社会科学辑刊,2012(1)；宋德金.金代的社会生活[M].西安：陕西人民出版社,1988.

[②] 〔隋〕慧远.大乘义章：卷十二：五种教诫义[M]//〔日〕前田慧云,〔日〕中野达慧.续藏经：第壹辑第贰编第贰套第壹册.上海：上海商务印书馆,1925.

响应。从石刻史料的情况来看，金代社会大众协助创修寺院的方式各不相同。有的直接将宅第施舍给僧人，如世宗时期，"秉德既死，其中都宅第，左副元帅杲居之。杲死，海陵迁都，迎其嫡母徒单氏居之。徒单遇害，世宗恶其不祥，施为佛寺"[1]。又如金朝末年，"抟霄元帅筑西庵于厅事之隅以舍沙门"[2]。有的捐献金钱，如重建凤山梵云院时，于弁、刘收等7人"各施钱百千，为塑绘之费"[3]。有的捐献地基，如修武县张陆村修缮寺院时，邑人李善"性乐空门，见仪像颓败，寺基尽为陇亩，特发诚心，买到税业地三亩，率其同志，复展新基，再修禅宇数楹"[4]。有的协助募集善款，如重修太行古贤寺弥勒殿时，邑众30余人"又除自己净财外，各人分头诱化，自近及远，多方求访"[5]。有的捐钱为寺院购买院额，如大定三年（1163）沁州铜鞮县王可村大户"孙庚等办施钱十万，赎得'昭庆院'额"[6]。更多的普通百姓则献工献力，即所谓"壮者施力，匠者施巧"[7]。由于佛教信众的捐资助力，一座座寺院才得以拔地而起，而离开他们的支持，金代佛教可能无法得到恢复和发展。

（二）捐造佛像，施舍法器

佛像是佛教信徒供奉和礼拜的对象。佛教认为供养佛像功德无量，因而专有《造立形像福报经》以说明造作佛像的诸种益处。金代一些佛教信徒热心于捐造佛像，目前考古发现的陕北宋金时期石窟就镌刻了多条信众捐造佛像的题记，捐造佛像的数量从一尊到两百尊不等[8]。金代石刻史料也有类似记载：天眷三年（1140），宜州续装两洞四十二尊圣贤圣像时，"本郡节度使镇国上将军高公闻其事，首以清俸助缘，余各施金帛有

---

[1]〔元〕脱脱，等. 金史：卷一百三十二：逆臣传[M]. 北京：中华书局,1975：2819.
[2]〔元〕耶律楚材. 湛然居士文集：卷二：题西庵归一堂[M]. 谢方，点校. 北京：中华书局,1986：34.
[3]〔金〕郭长倩. 梵云院碑[M]//阎凤梧. 全辽金文. 太原：山西古籍出版社,2002：1334.
[4]佚名. 张陆村重修功德记[M]//阎凤梧. 全辽金文. 太原：山西古籍出版社,2022：4042.
[5]〔金〕赵安时. 重修古贤寺弥勒碑[M]//〔清〕张金吾. 金文最：卷六十七. 北京：中华书局,1990：979.
[6]毛麾. 沁州铜鞮县王可村修建昭庆院记[M]//阎凤梧. 全辽金文. 太原：山西古籍出版社,2002：1678.
[7]〔金〕赵沨. 济州普照禅寺照公禅师塔铭[M]//〔清〕张金吾. 金文最：卷一百一十一. 北京：中华书局,1990：1593.
[8]〔金〕李静杰. 陕北宋金石窟题记内容分析[J]. 敦煌研究,2013(3).

差"①。贞元二年（1154），元氏县东韩台村崔氏一家向该县开化寺捐献"妆塑罗汉五尊并龙堂院六师殿塑当阳佛二尊，倒坐观音悬壁闪檐花台共二坐"②。大定十年（1170），阳城县海会禅院重修法堂时，"西封村贾述浑金正面释迦佛一尊，南刘村畅□并妻李氏妆塑观音一尊，洗壁村冯氏同男司裕妆文殊一尊、迦叶一尊，进义校尉郭谷村马温妆普贤一尊，端氏武安村张祐妆阿难一尊"③。另据刻于大定十四年（1174）的《刘天甫等捐资题名碑》记载，中都大兴府永清县合河村都维那刘天甫一家捐金佛1053尊④。金代石刻文献中类似的记载还有很多，信众捐造佛像的数量从几尊、几十尊甚至到上千尊，捐造人从州郡官吏到平民百姓涵盖多个社会阶层，由此可以看出金代捐造佛像风气之盛。

法器，又称佛器、佛具、道具、法具。佛教法器有广义、狭义之别，此处的法器指佛教寺院举行祈请、修法、供养、法会等仪式时，或僧众生活和修行时所使用的各种器物。法器的种类、形制不一，其用途、意义也各不相同⑤，常见的法器有香炉、烛台、钟、磬等。在金代石刻史料中，我们经常看到有信众向寺院捐赠这类法器。例如，居民张和向广教院捐献香台一座，"今则特发诚心，命工采石，以为贡香之具"⑥。"定州唐县小东间乡南赤村马琼特发愿心，独管香炉一座，施与中赤村香山圣寿禅院，求为供养"⑦。铸造于大定二十四年（1184）的邢州开元寺铁钟⑧、铸造于明昌三年（1192）的澄城普济院铁钟、铸造于承安四年（1199）的韩城圆

---

①〔金〕张邵. 宜州大奉国寺续装两洞贤圣题名记[M]//国家图书馆善本金石组. 辽金元石刻文献全编：三. 北京：北京图书馆出版社，2003：799.

②佚名. 崔皋等造石香炉记[M]//国家图书馆善本金石组. 辽金元石刻文献全编：三. 北京：北京图书馆出版社，2003：212.

③〔金〕王瑾. 海会禅院法堂记[M]//国家图书馆善本金石组. 辽金元石刻文献全编：一[M]. 北京：北京图书馆出版社，2003：191.

④〔金〕范军. 北京金代碑刻叙录[M]//北京辽金城垣博物馆. 北京辽金文物研究. 北京：北京燕山出版社，2005：260.

⑤〔金〕王建伟，孙丽. 佛家法器：引言[M]. 天津：天津人民出版社，2004：001-003.

⑥〔金〕刘坦然. 广教院香台记[M]//国家图书馆善本金石组. 辽金元石刻文献全编：二. 北京：北京图书馆出版社，2003：919.

⑦佚名. 马琼建香炉题记[M]//北京图书馆金石组. 北京图书馆藏中国历代石刻拓本汇编：第四十六册. 郑州：中州古籍出版社，1989：8.

⑧〔金〕范玉琪. 金大定邢州开元寺铁钟考[J]. 文物春秋，1993（1）.

觉寺铁钟[①]均为金代僧俗各界特别是乡村佛教信众捐造。

(三) 捐资创建佛塔

佛塔是重要的佛教建筑，按佛经所记，建造佛塔有祈福消灾之效，因而金代的很多佛塔都由信众捐造。其中，有些佛塔由一人或一家捐造，如彰德府安阳县宝山灵泉寺旧有砖塔一座，年久失修，"砖形脱落"，后经该寺住持募缘，有"白露村朱祥、申氏捐舍资财，创建石塔一座，三丈五尺，□然一新"[②]。有的由多人捐资建造，如现存山西省稷山县青龙寺的一通碑刻记录了金代修建寺塔的施主名单，涉及僧俗士庶各界五十余人[③]。

布施发源于对众生的悲心和对三宝的敬心，本应有所施而无所求，但佛法在中土流传既久，信众日多，各种思想难免掺杂其中。就布施而言，相当一部分信众的布施带有强烈的功利色彩，他们并非出于增进人间和乐的目的广种福田与悲田，而是有所求才布施。例如，有人为祈求子嗣而布施，大定十五年（1175），"皇女唐国公主并驸马都尉镇国上将军行大理卿，同入寺朝礼观音后土祈嗣，谨施赀金□"[④]。据《金史·徒单思忠传》记载，此皇女唐国公主应为世宗弟之次女，其夫为驸马都尉、殿前左卫将军徒单思忠。夫妻两人为祈子嗣而入寺朝拜并布施，其后有僧作颂一首，文中有"祈祷殷勤朝寺岳，必应贤化感儿童"之句。有人为消疾祛病而布施，重修寿圣禅寺时，"有大檀越刘师彰之夫人郑氏，笃于奉佛，悯福地之久废也，愿为兴起之。且其伯男子有庆，孩幼丧明，誓徒佛陀以为归宿。乃捐奁中物直百千金者，合报心寺提点僧润，共为营度"[⑤]。有人为祈求合宅平安而布施。在金代石刻史料的布施名录中，我们常常可以看

---

① [金]姚双年. 韩城、澄城的金代铁钟[J]. 文博,1987(3).
② 佚名. 彰德府安阳县宝山灵泉寺覆釜峰新建石塔记[M]//国家图书馆善本金石组. 辽金元石刻文献全编:二. 北京:北京图书馆出版社,2003:161.
③ 佚名. 修塔维那最上福田姓名真像传于不朽之碑[M]//阎凤梧. 全辽金文. 太原:山西古籍出版社,2002:4068-4069.
④ [金]惠才. 唐国公主祈嗣施资颂[M]//北京图书馆金石组. 北京图书馆藏中国历代石刻拓本汇编:第四十六册. 郑州:中州古籍出版社,1989:120.
⑤ 姚奠中. 元好问全集(增订本):卷三十五:寿圣禅寺功德记[M]. 李正民,增订. 太原:山西古籍出版社,2004:732.

到"合宅施"字样,如《正觉院牒碑并阴》①就是如此,《崔皋等造石香炉记》还特意强调所捐布施"皆是崔皋自办,并不曾受转化他人分文钱物"②,其目的显然是以布施表达赤诚,祈求佛祖佑护全家。大安元年(1209)凿刻的《施造石香炉记》将祈福的范围由一人一家推展到四方信众,强调布施的目的在于"伏愿雨顺风调,年登物阜,不复兵戈之见,聿求螟螣之无,多方久享于平康,百里均蒙于庇荫"③。

上述布施都带有明显的目的指向,与佛家"不为报恩,不为求事,不为护惜悭贪之人,不为生天人中受乐,不为善名流布于外,不为畏怖三恶道苦,不为他求,不为胜他,不为失财,不以多有,不为不用,不为家法、不为亲近"④的布施思想背道而驰。不过,我们应该辩证地看待这一问题,金代一些佛教信众虽然施而求报,与佛法舍己利人、不求回报的布施观格格不入,但在佛法传扬过程中,这些带有浓厚功利色彩的布施仍旧是世俗世界信仰佛法的重要表达方式。它对于推动布施风气的形成具有不可替代的作用,以贡献钱财、体力、智慧为特征的布施对夯实佛教的物质基础,扩大佛教的影响也起到了积极作用。

二、建立各种佛教邑社

邑社是中国古代民间的自发组织。随着历史的发展,邑社的活动宗旨、组织形式、主要功能也在不断变化。有专家认为,佛教邑社组织早在南北朝时期就已萌芽⑤。唐宋时期,由于佛教的广泛传播,佛教邑社更为流行。辽代是邑社组织发展的又一高峰时期,从辽代石刻可以看到,由于辽代佛教的发达,大量民众以信仰佛教为纽带结成规模庞大的"千人邑",以"同德经营,协力唱和,结一千人之社,合一千人之心,春不妨耕,秋不废获,立其信,导其教。无贫富后先,无贵贱老少,施有定例,

---

① 佚名. 正觉院牒碑并阴[M]// 国家图书馆善本金石组. 辽金元石刻文献全编:三. 北京:北京图书馆出版社,2003:36.

② 佚名. 崔皋等造石香炉记[M]// 国家图书馆善本金石组. 辽金元石刻文献全编:三. 北京:北京图书馆出版社,2003:212.

③〔金〕尚质. 施造石香炉记[M]// 阎凤梧. 全辽金文. 太原:山西古籍出版社,2002:2701.

④ 优婆塞戒经:卷五[M]// 中华大藏经编辑局. 中华大藏经(汉文部分):第二十四册. 北京:中华书局,2004:727.

⑤〔金〕陈述. 围绕寺庙的邑、会、社:我国历史上的一种民间组织[J]. 北方文物,1985(1).

纳有常期，贮于库司，补兹寺缺"[1]为约定，从事各种佛教公益活动。

金代佛教邑社虽然无法同辽、宋比肩，但邑社活动并未因辽和北宋的灭亡而消失。虽然记录金代邑社的文献很少，但仔细挖掘，仍然可以勾勒出金代邑社的概貌。

（一）邑社的发起人及组织结构

金代邑社的发起大致可分为两种情况：一种由僧尼发起。大定年间，重修沃州柏林禅院时，该寺僧人诠宗便"摄三千邑众，同会修因"[2]。西京大华严寺为重修薄伽教藏，寺僧省学、惠志、省涓、德严等人"遂聚其清信家，乃立为薄伽邑"[3]。另外一种由居士发起，如宜州厅峪道院复建藏经时，其藏经千人邑的发起人为郡人马祐。马祐自藏经为火灾所焚之后，"誓发继兴之大愿，遂与旧邑人颜寿等，亲为倡率，转相纠合，乃得千人，立为一社"[4]。兴中府三学寺供给道粮千人邑的倡立者为未具名的兴中府尹。该尹有虑于改任之后"三师学人有阙日用，其将奈何？当纠千人邑"[5]。无论发起人为僧为俗，他们都有一些共同的特点，即品德高尚，深受大众信任，在地方拥有广泛的社会影响。上述柏林禅院邑社的倡立者诠宗"守鹅珠之禁戒，护律法之轨仪。行若冰霜，□□□高善讲能开，利生接物，方便颇多，道化缘厚"[6]。宜州厅峪道院藏经邑社的倡立者马祐"乃逸士也。遁世高蹈，卜居相邻"[7]。这两位可谓品行高洁，深孚众望。唯其如此，他们设立邑社的倡议才更容易得到社会大众的响应。

---

[1]〔金〕王正. 重修范阳白带山云居寺碑[M]//向南. 辽代石刻文编. 石家庄:河北教育出版社,1995:34.

[2]〔金〕释行满. 沃州柏林禅院三千邑众碑[M]//〔清〕张金吾. 金文最:卷八十五. 北京:中华书局,1990:1246.

[3]〔金〕段子卿. 华严寺薄伽藏教记[M]//国家图书馆善本金石组. 辽金元石刻文献全编:一. 北京:北京图书馆出版社,2003:142.

[4]〔金〕徐卓. 宜州厅峪道院复建藏经千人邑碑[M]//〔清〕张金吾. 金文最:卷六十六. 北京:中华书局,1990:955.

[5]〔金〕韩长嗣. 兴中府尹银青改建三学寺及供给道粮千人邑碑[M]//〔清〕张金吾. 金文最:卷六十八. 北京:中华书局,1990:997.

[6]〔金〕释行满. 沃州柏林禅院三千邑众碑[M]//〔清〕张金吾. 金文最:卷八十五. 北京:中华书局,1990:1246.

[7]〔金〕徐卓. 宜州厅峪道院复建藏经千人邑碑[M]//〔清〕张金吾. 金文最:卷六十六. 北京:中华书局,1990:955.

邑社作为佛教信众的自发组织，为保证有序运转，需要设立相对完整的组织机构。但鉴于史料的限制，我们只能勾勒出邑社的大致组织轮廓。邑社的首脑称为邑长，现存于北京市昌平公园内的《昌平崔村锣钹邑碑》记有"大金国中都大兴府上古郡昌平县海北乡崔村锣钹邑长陈师友"[1]的字样，呼和浩特市万部华严经塔的金代塔铭中也有"邑长"一词[2]。邑长作为一邑之首，一般由邑人推举产生。《华严寺薄伽藏教记》记载了众人推举邑长的详细经过。

  金曰：凡事为之有作，须头目而后行。然而托之大者，易以建效，非其人则劳而无功。反覆咨询，未知其可。众乃同声而唱言曰："有兴严寺前临垣（坛）传戒慈慧大师，可。是师也，素具慈悲，复修性相。旁施惠力，常转于法轮；济拔群生，超登乎觉岸。倘肯为缘，事无难矣。"是时，同跻伏而请之曰："愿住寺设度而为邑长。加之援助，圆满功德，我等之素愿也。"师乃答其众望，俯而从之。[3]

该段石刻虽略显冗长，但对推举邑长的描述却非常详细。如前所述，薄伽邑的倡立者是西京大华严寺僧人省学、惠志、省涓、德严等人，然而在推举邑长时，上述诸僧却不在考虑之列，众人推举的是兴严寺僧人慈慧大师。该僧因"素具慈悲""济拔群生"而深得信任，因而被众人一致推举为邑长。由此可以看出，邑社在推选邑长时非常慎重，他们注重的不是邑长人选与被助缘寺院的关系，而是邑长人选本身的品行与功德。

根据石刻史料，除邑长之外，邑社还设有如下职务：邑副、邑判、维那[4]、举事、提点、知书、二官、三官[5]。值得注意的是，"维那"本为寺院僧职或地方行政机构内设的负责管理佛教事务的官员，邑社中的"维

---

[1] 佚名. 昌平崔村锣钹邑碑[M]// 王新英. 金代石刻辑校. 长春：吉林人民出版社，2009：39.

[2] 李逸友. 呼和浩特市万部华严经塔的金代碑铭[J]. 考古，1979（4）.

[3]〔金〕段子卿. 华严寺薄伽藏教记[M]// 国家图书馆善本金石组. 辽金元石刻文献全编：一. 北京：北京图书馆出版社，2003：142.

[4] 李逸友. 呼和浩特市万部华严经塔的金代碑铭[J]. 考古，1979（4）.

[5]〔金〕沙门善莹. 祐先院碑[M]// 王新英. 金代石刻辑校. 长春：吉林人民出版社，2009：80，81.

"那"应该是借用其名而并无其权。至于上述职务的具体职掌、任命程序及任职条件等,因史料的限制,有待今后做进一步详细研究。

(二)邑社的规模及创立目的

金代邑社有一定规模,如前文提到的兴中府三学寺供给道粮邑为千人邑,沃州柏林禅院号称"三千邑众",云居寺华严邑"众仅数千"。这些数字可能极言邑众人数之多而并非确数。从《昌平崔村锣钹邑碑》碑末开列的邑众名单来看,邑社人数不过百人而已。《祐先院碑》具名的邑众数量也不过一百多人,三学寺供给道粮千人邑有邑众千人,这应当是一个例外情况。总体来看,金代邑社人数有限。之所以如此,一方面和社会对佛教的崇信程度有关,另一方面也受朝廷政策的影响。据《金史·章宗纪》记载,章宗泰和五年(1205)五月,"诏定辽东邑社人数"[1]。由此可知,至少章宗时期,朝廷对邑社人数采取了限制措施,邑社的规模也就不可能太大。

宋辽时期的邑社,一般按不同结社目的分别命名。例如,辽代燕京地区以安置佛舍利为主要活动的称"舍利邑",以念诵佛号为主要活动的称"念佛邑",以镌刻经卷和修葺寺院为主要活动的称"经寺邑"。此外,还有"弥陀邑、兜率邑、太子诞邑、供灯塔邑"等[2]。金代佛教的兴盛无法与辽代比肩,邑社的普及程度也和辽代不能同日而语。因此,邑社的名目也不似辽代那样丰富多彩。兹据石刻文献记载,将金代邑社的成立目的归纳为下列几种:

第一,为修葺寺院而立邑。寺院是传播佛教的重要场所,当寺院需要重建、扩建或新建时,常常需要信众的帮助,一些地方便为此成立邑社。例如,诠宗创立沃州柏林禅院三千人邑的目的就是率众"翻修大殿,塑五十三佛三世诸佛,令一切瞻礼"[3]。

第二,为供奉寺院粮米而立邑。据《兴中府尹银青改建三学寺及供给道粮千人邑碑》记载,兴中府尹忧三学寺道粮不给,乃纠立千人之邑,其资助寺院的办法是"不问僧尼道流男女老幼,每岁十月一日,人各纳钱二

---

[1] 〔元〕脱脱,等. 金史:卷十二:章宗纪:四[M]. 北京:中华书局,1975:271.
[2] 〔金〕徐威. 北京汉传佛教史[M]. 北京:宗教文化出版社,2010:155.
[3] 〔金〕释行满. 沃州柏林禅院三千邑众碑[M]//〔清〕张金吾. 金文最:卷八十五. 北京:中华书局,1990:1246.

百、米一斗，永给道粮"。这个办法类似社约，明确了缴纳钱粮的数量、日期。兴中府尹的提议得到了士庶的广泛响应，"合郡官民争为敬从，延及邻境之人，愿来预邑，取父作子述之义，尽天长地久之期。邑无累月，几就千人"[1]。除兴中府外，其他地区也有邑社专门为寺院募集粮米的，如石经山云居寺华严邑数千徒众"供给斋粮，未曾有阙"[2]。

第三，为崇奉佛经而立邑。呼和浩特市万部华严经塔的一号碑铭中记有"华严邑"，五号碑铭中记有"大悲邑"，可以判定这是由一些崇奉《华严经》或《大悲咒》的佛教徒创立的邑社[3]。同样，《谦公法师灵塔铭》中提到的"华严经邑"应当是由崇奉《华严经》的佛教徒创立的邑社[4]。这种以经名为邑社命名的做法与辽代邑社的命名方法相似。

在佛教寺院中，专门典藏经书之处或称之为阁，或称之为殿，名称不一。从石刻文献来看，一些金代佛教徒为兴建这些典藏经书之处而专门结邑。例如，西京大华严寺为搜集佛教经典而创立"薄伽邑"。该邑成立后，"鸠集邑众，所获施赠，以给其签经之直。然后遍乎州城、郡邑、乡村、岩谷之间，验其阙目，从而采之"[5]。在邑众的努力下，华严寺所收藏经终于复原。宜州厅峪道院所立之藏经千人邑也为收藏佛经做出巨大贡献，邑众"募钱易经，鸠工构藏，随其卷帖，贮以柜匣"[6]。《祐先院碑》载，"士民贾□等糺刻千人之邑，具就大藏之经，庄严安置，使待□传看览而已"[7]。据此看来，设立祐先院邑社的目的也在于聚齐经卷以供诵读观览。

第四，为习学佛教法器而立邑。佛教法器种类繁多，一些在佛教仪式中常用法器如钟、鼓、磬等有一定的使用规则和技巧，需要经过专门习学

---

[1] 〔金〕韩长嗣. 兴中府尹银青改建三学寺及供给道粮千人邑碑[M]//〔清〕张金吾. 金文最：卷六十八. 北京：中华书局，1990：997.

[2] 〔金〕赵仲先. 谦公法师灵塔铭[M]// 王新英. 金代石刻辑校. 长春：吉林人民出版社，2009：139.

[3] 李逸友. 呼和浩特市万部华严经塔的金代碑铭[J]. 考古，1979(4).

[4] 〔金〕赵仲先. 谦公法师灵塔铭[M]// 王新英. 金代石刻辑校. 长春：吉林人民出版社，2009：139.

[5] 〔金〕段子卿. 华严寺薄伽藏教记[M]// 国家图书馆善本金石组. 辽金元石刻文献全编：一. 北京：北京图书馆出版社，2003：142.

[6] 〔金〕徐卓. 宜州厅峪道院复建藏经千人邑碑[M]//〔清〕张金吾. 金文最：卷六十六. 北京：中华书局，1990：955.

[7] 〔金〕沙门善莹. 祐先院碑[M]// 王新英. 金代石刻辑校. 长春：吉林人民出版社，2009：80.

才能熟练掌握，以至于有些佛教徒为此结邑。据《昌平崔村锣钹邑碑》记载，辽代灭亡之前，昌平海北村已设有锣钹邑，设邑的目的是恐"日九（久）年深，兵革之后，无人习学锣钹法器"。为保证邑社事务的正常运转，该邑"北山浮遮峪内，有祖业不成行户栗园一所"，凭借栗园的出产，"为二郎贤圣作香供祭赛百十余年"①。入金后，有军人请求射买栗园，遭到邑众的反对。申覆转运使司衙门之后，栗园得以保全，邑众的利益得以维护。这方碑刻除了能够证明金代中都地区锣钹邑的存在外，还反映出该邑拥有固定田产以维持邑社开支。

邑社在辽代广泛流行，入金后，金代邑社即使呈衰微之势也不应只限于上述几种。但因史料的限制，暂时无法进行更深入的研究，待发现更多的史料之后才有可能一睹金代邑社的全貌。

三、佛教对社会成员的思想产生重要影响

"像教之设，本欲化民"②，佛教创立伊始就有教化民众、博济苍生之意。金代虽然并非佛教发展的鼎盛时期，但世俗大众对佛教的信仰和崇敬仍可圈可点。从佛教信奉者的出身来看，平民百姓有之，皇室贵族有之；年少者有之，壮老者有之；汉族有之，少数民族亦有之。从佛事活动之盛来看，"内八方四千城邑聚落，乃至十族之乡、百家之间，星罗棋布，以因缘作佛事者，不可胜数"③。从崇信佛教的方式来看，捐资输财者有之，助力施巧者有之，焚身献佛者有之。生活在如此浓郁的佛教氛围中，佛教不可能不对社会成员的思想产生重要影响。就金代的情况看，佛教在下列两个方面对社会成员思想的影响尤为突出。

（一）因果报应思想

佛教认为，世间事不出"因果"二字。"因"即因缘，泛指能产生结

---

① 佚名. 昌平崔村锣钹邑碑[M]// 王新英. 金代石刻辑校. 长春:吉林人民出版社,2009:39,40.
②〔金〕胡砺. 磁州武安县鼓山常乐寺重修三世佛殿碑[M]//〔清〕张金吾. 金文最:卷六十七. 北京:中华书局,1990:976.
③〔金〕王庭圭. 锦州安昌县永和村东讲院重修舍利塔碑铭[M]// 王新英. 金代石刻辑校. 长春:吉林人民出版社,2009:26.

果的一切原因,"果"即果报,泛指由原因诱发并产生的一切结果。因果之报全由业力而来,"业"泛指一切身心活动。由因果报应理论所构建的命运模式是:过去的业决定今生之果,今生的业决定来生之果。在这种命运模式下,"生死业缘,果报自受"[①],即所谓善得善报,恶得恶报。

佛教的因果报应思想对金代社会成员产生了重要影响,许多人对因果报应理论深信不疑。王元德为世宗朝能臣,尤其在惩治豪强、治理河道、审理狱讼方面尽职尽责,深得百姓拥戴。明昌元年(1190)七月,王元德"以疾卒于官",焚化之日,"烟焰既息,有光盈尺,得舍利无数,又其骨融结而成佛相者二"。征事郎、前云内州录事判官吕贞幹从果报角度对此解释说:"昔公为吏民所爱,号曰佛儿,宜乎有是报也。"[②]儒林郎、前北京路转运户判冯开之父"曾为府吏,仁于用心,赖全活者多矣",其父无疾而终后,殡葬之时"貌体如平生"。冯开认为之所以如此,"岂非为善耶"。此外,冯开曾擢进士第,他将中第原因归结为"盖阴德之致也"[③]。金人认为笃信佛教、积德行善者不仅可以自身得福,还可荫及子孙。卒于辽大安四年(1088)的张世本崇信佛法,"自生之后,不昧腥血,日诵《法华经》,拟终万部",后因病至七千余秩而终。入金后,世本后嗣人丁兴旺,家业有成。张世本墓志铭的撰写者对此评论说:"其子孙蕃衍,门户光辉,岂非先祖庇荫之及也。斯所谓积善之家,必有余庆,诚不谬矣。"[④]

因果报应是佛教的核心理论之一,这一理论对中国社会影响之大远远超乎我们的想象,唐宋如此,辽金亦如此。从上述几则墓志、墓铭可以看出,撰文者皆将墓主或后代所得之福归因于果报之论,其中虽然不乏牵强,但从中却可看出因果报应理论对金代社会影响之深。

(二)积德行善思想

积德行善是因果报应理论的自然推导。按照因果报应之说,种瓜得

[①] 地藏经:药师经[M]. 许颖,译注. 北京:中华书局,2009:78.
[②] 〔金〕吕贞幹. 王元德墓志铭[M]// 王新英. 金代石刻辑校. 长春:吉林人民出版社,2009:196.
[③] 〔金〕冯开. 冯开父母合葬墓志[M]// 王新英. 金代石刻辑校. 长春:吉林人民出版社,2009:215.
[④] 佚名. 张世本墓志铭[M]// 王新英. 金代石刻辑校. 长春:吉林人民出版社,2009:160.

瓜，种豆得豆，个人的命运最终取决于自身的身、语、意三业。今世积德行善，既可以改变前世的恶缘，又可以为来世种下善缘。因此，积德行善就有了补前世、修来世的双重意义。佛教的这种主张给恶人以警示、给善人以期许。

金代佛教信众除了秉持佛教一以贯之的行善思想外，还结合金代实际作了新的阐发。《敕赐兴国寺碑》云，禅教之道，"妙用无为，随机应物，深戒乎杀盗邪非，惟务以慈悲喜舍。虽至愚闻之，犹可以迁善远罪"[1]；《解州安邑县□篆□慈云院记》云，"原佛法之□，释氏之教，予一言以知曰，不过乎使人为善而□同，以谓之□□为恶之谓也。上则善于国，以忠为主；内则善于家，以孝为主；外则善于师长，以身名为饰。及乎万善皆备于□施，即见于事业何所不可"[2]；《华严寺薄伽藏教记》云，薄伽藏教者，"大概设百千万种善巧方便，劝诫众生，迁善远罪而已。此教乘之本意也，及乎离拔苦海，超证菩提者，未有不由于斯也"[3]；《钧州灵泉禅院碑》云，"释氏之教，大率劝善惩恶，可以助邦国之治，故能久而不已"[4]。在这里，金人认为迁善远恶是佛陀立教本意。同时，他们又将佛教积德行善之说与治国、治家紧密联系起来，向大众宣扬远恶迁善是超脱苦海的根本。在女真、契丹、汉、蒙古之间民族矛盾激烈，金宋政权长期对峙的情况下，佛教所主张的积德行善之说给深受民族压迫、战火之苦的金朝民众带来一定的心理安慰，从而有利于缓和各种矛盾，稳定统治秩序。

在金代，积德行善不仅仅是佛教的主张，更是许多信众的生活信条。家居者以拔苦济贫为乐。喜好诵经的耶律氏，"平居以礼，承上以仁，接下乐善，周急无间疏戚。视人穷厄如己，致之至诚"[5]；以斋戒自持的王

---

[1]〔金〕奚牟. 敕赐兴国寺碑[M]//〔清〕张金吾. 金文最：卷六十八. 北京：中华书局，1990：993.

[2]〔金〕张瑜. 解州安邑县□篆□慈云院记[M]//阎凤梧. 全辽金文. 太原：山西古籍出版社，2002：1571.

[3]〔金〕段子卿. 华严寺薄伽藏教记[M]//国家图书馆善本金石组. 辽金元石刻文献全编：一. 北京：北京图书馆出版社，2003：141.

[4]〔金〕冯仲端. 钧州灵泉禅院碑[M]//〔清〕张金吾. 金文最：卷七十九. 北京：中华书局，1990：1152.

[5]〔金〕刘长言. 漆水郡夫人耶律氏墓志铭[M]//王新英. 金代石刻辑校. 长春：吉林人民出版社，2009：149.

氏"仍养老济贫为念"[1];喜好《华严经》的张明宽、韩法圆,"凡百正己,惠贫放物,仁义兼行,为里人所重"[2];喜诵《般若》的张臣甫,"资禀高亮,不亲细务,恤贫乏,乐施予"[3];中年嗜佛书的白全道"为人敦信义,乐施予"[4]。为宦者颇尽勤政爱民、洗冤昭雪之道。奉佛甚谨的王础,任职西京时,"平蓟大饥,逐食之民,疾疫死亡,相藉于路"。王础"谋及僚属,为割廪余,日具饘粥以食饿人","赖以全活者十七八"[5]。天会六年(1128)弃官出家的张伟,"刚毅有志,略切于行道而疾恶如仇"。他在任香河令时,不畏权贵,凡赋役科调"一以法令从事,役以故均"[6]。上述佛教信徒的社会地位不同,救助疾苦的方式不同,但他们积德行善、拔苦救疾的做法既与中国儒家"民本""仁政"思想的熏陶有关,也与佛教因果报应思想的影响有关。

四、佛教对生活习俗的广泛影响

佛教对金代社会的影响不仅仅表现在思想观念领域,对生活习俗的影响也非常明显。例如,金代同辽代一样,女子盛行一种独特的美容护肤方法——佛妆,即"冬月以栝蒌涂面,谓之佛妆。但加傅而不洗,至春暖方涤去,久不为风日所侵,故洁白如玉也"[7]。这种美容方法大概是以栝蒌制作的黄色颜料涂面,用后宛若佛像涂金,故谓之"佛妆"。以"佛妆"命名一种美容方式,可见佛教对金代生活习俗影响之广泛。论及佛教对金代生活习俗的影响,命名方式及丧葬习俗的改变则更具代表性。

---

[1] 〔金〕刘瑾. 刘中德夫人王氏墓志铭[M]// 王新英. 金代石刻辑校. 长春:吉林人民出版社,2009:175.

[2] 〔金〕张莘夫. 重修法云寺碑[M]//〔清〕张金吾. 金文最:卷七十一. 北京:中华书局,1990:1050.

[3] 姚奠中. 元好问全集(增订本):卷二十八:归德府总管范阳张公先德碑[M]. 李正民,增订. 太原:山西古籍出版社,2004:595.

[4] 姚奠中. 元好问全集(增订本):卷二十四:善人白公墓表[M]. 李正民,增订. 太原:山西古籍出版社,2004:525.

[5] 〔金〕王寂. 先君行状[M]//〔清〕张金吾. 金文最:卷一百十三. 北京:中华书局,1990:1620.

[6] 〔金〕刘长言. 严行大德闲公塔铭[M]// 王新英. 金代石刻辑校. 长春:吉林人民出版社,2009:118.

[7] 〔宋〕庄绰. 鸡肋编:卷上:燕地殊俗[M]. 萧鲁阳,点校. 北京:中华书局,1983:15.

第二章 金代佛教信众

"名字"是个人的特指,是社会成员之间互相区别的标志。在中国传统文化中,名字一般都寄予了长辈对晚辈的期望和对美好生活的追求。因此,惯常的人名多用吉祥、励志、祈福之语。从表面上看,命名是非常随意的个人行为,但实际上常常有较大的共同性,某一群体共同的命名趋向往往能够反映这一时期社会风气、价值观念、生活习俗的变化,金代的情况正是如此。

自佛教传入中国以来,历代都有人以佛教文字为社会成员命名,辽代尤甚,如"观音""文殊""菩萨""天王"等佛教专有词汇往往成为社会成员的名字[①]。金代受辽代影响,以佛教词汇命名的风俗依然存在。从《金史》及石刻史料所见金代人名来看,金代人名涉及佛教的,主要有以下几种命名方式。

以"和尚"命名。据《金史》记载,海陵王母弟完颜襄之子名为"和尚","赐名乐善"[②]。临潢府总管名为"马和尚"[③],该人曾率军北巡。大定年间,同知城阳军事名为"山和尚"[④],卫王之子名"和尚"[⑤],大名府猛安人有一名叫"马和尚"者[⑥]。章宗年间,有护卫名"石和尚"。该人曾任押军万户,率军戍于西北路[⑦]。宣宗年间,一尚书工部侍郎名"和尚"[⑧]。哀宗年间,忠孝军总领名"完颜陈和尚"[⑨]。

以"僧"命名。海陵王时期,海陵王曾使名"李老僧"者伺察广宁尹完颜亨动静[⑩]。海陵王征伐南宋时,有骁骑"欲诱其党以亡",其人名为"高僧"[⑪]。世宗时期,有内侍名"僧儿"[⑫]。卫绍王时期,有率兵守城者

[①] 张国庆. 略谈辽代契丹人的命名习俗[J]. 民俗研究,1990(4);张国庆. 佛教文化与辽代社会[M]. 沈阳:辽宁民族出版社,2011:247-249.

[②] 〔元〕脱脱,等. 金史:卷七十六:完颜襄传[M]. 北京:中华书局,1975:1746.

[③] 〔元〕脱脱,等. 金史:卷五:海陵纪[M]. 北京:中华书局,1975:101-102.

[④] 〔元〕脱脱,等. 金史:卷七:世宗纪:中[M]. 北京:中华书局,1975:155.

[⑤] 〔元〕脱脱,等. 金史:卷六:世宗纪:上[M]. 北京:中华书局,1975:134.

[⑥] 〔元〕脱脱,等. 金史:卷八:世宗纪:下[M]. 北京:中华书局,1975:184.

[⑦] 〔元〕脱脱,等. 金史:卷十一:章宗纪:三[M]. 北京:中华书局,1975:248.

[⑧] 〔元〕脱脱,等. 金史:卷十四:宣宗纪:上[M]. 北京:中华书局,1975:322.

[⑨] 〔元〕脱脱,等. 金史:卷十七:哀宗纪:上[M]. 北京:中华书局,1975:381.

[⑩] 〔元〕脱脱,等. 金史:卷七十七:完颜亨传[M]. 北京:中华书局,1975:1757.

[⑪] 〔元〕脱脱,等. 金史:卷一百二十九:佞幸传[M]. 北京:中华书局,1975:2788.

[⑫] 〔元〕脱脱,等. 金史:卷六:世宗纪:上[M]. 北京:中华书局,1975:143.

徒单航,"一名张僧"①。另有河州提控名"曹记僧"②,有兰州译人名"程陈僧"③。

以"佛"字入名。金代以"佛"字入名者颇多,如太宗时以兵护送诸降人于浑河路的耶律佛顶④,熙宗时告宇文虚中谋反的唐括酬斡家奴杜天佛留⑤,世宗时期的许王府长史移剌天佛留⑥,章宗时蔡州防御使完颜佛住⑦、洮州刺史曹佛留⑧等。

以佛号入名。以"观音"入名者,如章宗时期的宿直将军完颜观音奴⑨;以"弥勒"入名者,如海陵王柔妃名弥勒⑩;以"药师"入名者,如海陵王时有小底名药师奴⑪。大定年间,金源郡夫人阿邻之孙名药师⑫;哀宗时,镇南军节度使名完颜药师⑬。

从上述情况可以看出,金代以佛教词汇入名者不一而足。这样命名的目的在于借佛法之力佑护被命名者平安幸福,反映了佛教对金代命名习俗的深刻影响。尤其值得注意的是,考察《金史》及金代石刻史料,以佛教词汇入名者,女真、契丹等少数民族较汉族更为多见。之所以出现这种现象,须从对佛教的接受程度和历史习惯来解释。汉族虽然很早就接受了佛教,但到金代时佛教已经传入中土近千年,佛教带来的新鲜感与神秘感已大为消退,加之儒家文化一直占主流地位,因而金代汉人很少有以佛教词汇入名者⑭。契丹人到金代时仍以佛教词汇入名是辽代契丹人命名习惯的

---

① [元]脱脱,等. 金史:卷一百二十三:忠义传:三[M]. 北京:中华书局,1975:2679.
② [元]脱脱,等. 金史:卷一百三十四:外国:上[M]. 北京:中华书局,1975:2872.
③ [元]脱脱,等. 金史:卷六十二:交聘表:下[M]. 北京:中华书局,1975:1482.
④ [元]脱脱,等. 金史:卷四十六:食货志:一[M]. 北京:中华书局,1975:1032.
⑤ [元]脱脱,等. 金史:卷七十九:宇文虚中传[M]. 北京:中华书局,1975:1792.
⑥ [元]脱脱,等. 金史:卷六:世宗纪:上[M]. 北京:中华书局,1975:132.
⑦ [元]脱脱,等. 金史:卷十二:章宗纪:四[M]. 北京:中华书局,1975:275.
⑧ [元]脱脱,等. 金史:卷九十八:完颜纲传[M]. 北京:中华书局,1975:2175.
⑨ [元]脱脱,等. 金史:卷十一:章宗纪:三[M]. 北京:中华书局,1975:254.
⑩ [元]脱脱,等. 金史:卷六十三:后妃传:上[M]. 北京:中华书局,1975:1511.
⑪ [元]脱脱,等. 金史:卷六十三:后妃传:上[M]. 北京:中华书局,1975:1511.
⑫ [元]脱脱,等. 金史:卷一百三十:列女传[M]. 北京:中华书局,1975:2798.
⑬ [元]脱脱,等. 金史:卷十八:哀宗纪:下[M]. 北京:中华书局,1975:399.
⑭ 从《金代石刻辑校》之《昌平崔村锣钹邑碑》《祐先院碑》《金烛和尚焚身感应之碑》碑末记载的数百个汉人名字来看,以佛教词汇入名者仅有《金烛和尚焚身感应之碑》之"刘元僧"。这些人均为邑社成员,应属虔诚的佛教徒,却只有一人的名字中含有佛教词汇。

历史延续。而金代女真人热衷于以佛教词汇入名,一则同女真人接触佛教为时未久,且颇为崇信有关;二则说明佛教已经深刻地影响了女真人的日常生活。

佛教对金代社会生活的另一方面影响表现在丧葬领域。受儒家文化影响,中国古代社会的葬法以全尸土葬为主。但佛教传入之后,先是在僧尼中间流行火葬,继而这一葬法开始影响世俗社会,一些俗家弟子佛教信徒也奉行火葬。同时,在墓葬的随葬品和墓葬装饰等方面也更多地出现了佛教元素,从而引起社会丧葬习俗的深刻变化。从目前已经发掘的金代墓葬看,这一变化表现得比较明显。

就葬法来说,火葬在金代僧尼中间较为常见。不过,僧尼火葬之俗由来已久,不能确切反映佛教对金代社会生活的影响,真正具有代表性的是金代世俗社会火化风气的流行,出土文献证明了这一点。天会七年(1129),崔尚书小娘子史氏死后,"□顺其方俗,依荼毗法化"①。据石刻记载,"史氏其先本东莱人也,自五代伪晋之末迁于北方,由是遂居白霫焉"②。此处的"白霫"指辽中京大定府一带,即今内蒙古自治区赤峰市南部地区。荼毗之法既为"方俗",说明白霫地区人死后火化已经非常流行。大定三十年(1190)西京玉虚观道士阎德源墓志云:"云中故俗,人亡则聚薪而焚之。"③据王恽介绍,金末元初之际,中都地区风俗薄恶,"如父母之丧例皆焚烧,以为当然。习既成风,恬不知痛"④。白霫地处偏远,流行火葬或可不以为怪,中都乃金代都城,人文荟萃之地,这一地区火葬成为惯例足以说明火葬的盛行程度。金末元初的元好问在《续夷坚志》中说,吕忠嗣临终前嘱咐其子曰:"我死无火葬,火葬是为戮尸;无斋僧作佛事,斋僧佛事是不以尧舜、文、武、周、孔之教待我。有违我言,非吕氏子孙。"⑤吕忠嗣研习经学,他临终嘱子孙不得火葬,一方面说明儒

---

① 佚名. 大金崔尚书小娘子史氏墓志铭[M]//王新英. 金代石刻辑校. 长春:吉林人民出版社,2009:146.

② 佚名. 大金崔尚书小娘子史氏墓志铭[M]//王新英. 金代石刻辑校. 长春:吉林人民出版社,2009:146.

③ 大同市博物馆. 大同金代阎德源墓发掘简报[J]. 文物,1978(4).

④〔元〕王恽. 秋涧集:卷八十四:论中都丧祭礼薄事状[M]. 长春:吉林出版集团有限责任公司,2005:1096.

⑤〔金〕元好问. 续夷坚志:卷三:吕内翰遗命[M]. 常振国,点校. 北京:中华书局,1986:54.

者对孔孟之道及其礼仪的坚守,另一方面,他临终专门盼咐子女不得火葬,且嘱以"有违我言,非吕氏子孙"的告诫,表明吕忠嗣对子女能否执行自己的遗命是没有把握的,这从一个侧面说明火化之风已经盛行到何种程度。

近年来发掘的一些金代墓葬从考古学角度证明了金代火葬的流行。从现在各地报道的情况来看,在黑龙江地区发现的一些金代火葬墓,除一些有佛教题材特色的随葬品外,最明显的一种表现就是以火葬为埋葬方式的墓的数量的增加。从发现情况看,火葬在有葬具的各种类型的墓葬中均存在,"火葬形式从早期到晚期的墓葬中有逐步增多的趋势,这恰和佛教、道教等的传播、推广是相一致的。其中,最具佛教色彩的实物表现形式就是石函石墓的出现,石函由僧人的舍利函演变而来,其作为葬具的出现,直接推动了火葬墓的流行"[1]。在吉林的考古工作中,长岭、伊通等地均发现过金代土圹瓮罐墓。这些墓葬均用瓦罐装殓人骨或骨灰,显系火葬。在舒兰、安图、延吉等地发掘的40座土圹石函墓,"皆火葬,石函内殓零碎人骨和骨灰"。此外,在洮安、梨树等地的砖室墓、舒兰的石室墓中也发现了火化后的骨殖及殓具。综合这些情况,专家认为,金代"大定中叶后盛行火葬"[2]。北京地区已经发现的金代火葬墓数量较多,目前能够确定的墓主人分别为汉族士人赵励、金太常少卿殿中侍御史吕延嗣、金河南路兵马都总管兼南京留守女真贵族蒲察胡沙、金紫光禄大夫女真贵族乌古论窝论、尚书右丞相驸马都尉任国公乌古论元忠及其妻鲁国大长公主、宣威将军石宗壁及其妻克石烈氏[3]。这些墓主既有汉族士人,又有女真贵族,他们死后都实行火葬,说明火葬在上层社会已经非常流行。尤为典型的是,2007年发掘的鲁谷金代吕氏家族墓地,"10座墓葬均为石椁墓,并且都是火葬"[4],说明火葬对当时家族的影响已不可低估。此外,河北滦

---

[1] 赵永军,姜玉珂.黑龙江地区金墓述略[M]//教育部人文社会科学重点研究基地,吉林大学边疆考古研究中心.边疆考古研究:第6辑.北京:科学出版社,2007:319.

[2] 陈相伟.吉林省辽金考古综述[J].北方文物,1995(4).

[3] 李伟敏.北京地区的火葬墓及相关问题研究[J].考古,2012(5).

[4] 北京市文物研究所.鲁谷金代吕氏家族墓葬发掘报告[M].北京:科学出版社,2010:132.

南[①]、崇礼[②]、河南孟津[③]、山西大同[④]、长治[⑤]等地都发现了一些金代火葬墓。这些火葬墓的出现，一方面和女真旧俗有关，另一方面也可能和宋元时期土地集中的趋势有关[⑥]，更主要的应该是受佛教的影响。有研究者指出，佛教传入金朝在太宗之世，普遍流行于熙宗、海陵王以后，而金代火葬则盛行于海陵王、世宗以后。这种现象不是偶然的，而是与金代佛教由传入到兴盛的过程相一致的。[⑦]北京鲁谷吕氏家族墓地和吉林舒兰完颜希尹家族墓地[⑧]火葬墓等大量发现充分说明，佛教葬法对吕延嗣这样的汉族高官、完颜希尹这样的女真权贵都产生了重要影响。这种影响甚至不是个体的，而是家族式的。

在目前已经发现的金代墓葬中，随葬品中有不少佛像或佛教用品。例如，北京大葆台金代遗址曾在一号汉墓中出土一尊汉白玉残观音坐像[⑨]，在北京市海淀区南辛庄金代宣武将军张□震墓中出土一面带"卍"字纹的铜镜[⑩]，黑龙江绥滨中兴金墓出土了一件以寿山石透刻而成的飞天玉雕[⑪]，西安南郊夏殿村金代墓出土焚香用具黑釉小香炉一件[⑫]，河北新城出土的时昌国石棺，其盖顶刻有《破地狱真言》及画像[⑬]。

金代墓葬中带有佛教因素的纹饰、雕刻等墓饰也有发现。例如，在山西侯马104号金墓中，墓室下部砌须弥座式基座，须弥座的壸门柱子部分满刻莲花、飞天等图案。而墓葬北壁雕刻的主人形象，男墓主人右手持念

---

① 李树伟,杜志军. 滦南县出土金代石函[J]. 文物春秋,2001(2).
② 张家口地区文物事业管理处. 河北崇礼县水晶屯发现一座金代石函墓[J]. 文物春秋,1994(2).
③ 洛阳市文物工作队. 洛阳孟津县麻屯金墓发掘简报[J]. 华夏考古,1996(1).
④ 山西云冈古物保养所清理组. 山西大同市西南郭唐、辽、金墓清理简报[J]. 考古通讯,1958(6).
⑤ 王进先. 山西长治市发现金代石棺[J]. 考古,1986(2).
⑥ 徐苹芳. 宋元时代的火葬[J]. 文物参考资料,1956(9).
⑦ 景爱. 辽金时代的火葬墓[M]//东北考古与历史编辑委员会. 东北考古与历史:第一辑. 北京:文物出版社,1982:108.
⑧ 庞志国. 1979—1980年间完颜希尹家族墓地的调查与发掘[J]. 东北史地,2010(4).
⑨ 北京市文物工作队. 北京大葆台金代遗址发掘简报[J]. 考古,1980(5).
⑩ 北京市海淀区文化文物局. 北京市海淀区南辛庄金墓清理简报[J]. 文物,1988(7).
⑪ 景爱. 金代飞天玉雕[J]. 学习与探索,1980(1).
⑫ 陕西省考古研究院. 西安南郊夏殿村金代墓葬发掘简报[J]. 考古与文物,2010(5).
⑬ 佚名. 时昌国石棺[M]//北京图书馆金石组. 北京图书馆藏中国历代石刻拓本汇编:第四十六册. 郑州:中州古籍出版社,1989:98.

珠一串，女主人左手捧着经卷①。长春近郊的完颜娄室墓墓室内壁嵌饰飞天图案，墓底砌以莲花瓣砖雕须弥座②，等等。

上述火葬墓及带有佛教因素的随葬品、墓饰从地理分布上看，散落于今东北、华北、西北、中原等不同地区，基本涵盖了金代的疆域范围。而且从墓的等级来看，既包括高等级贵族墓，也包括无法判别墓主姓名、随葬品非常简单的平民墓。从民族来看，墓主人既有女真人，也有汉人。这些都从实物角度说明佛教对金代丧葬习俗的影响已经非常深刻和广泛。

---

① 杨富斗. 山西侯马104号金墓[J]. 考古与文物,1983(6).
② 刘红宇. 长春近郊的金代完颜娄室墓[J]. 北方文物,1986(4).

第三章

金代佛教寺院

寺院，亦称"佛寺""寺庵""道场""招提"等。"寺"本为古代官署名，如"鸿胪寺""太常寺"。相传东汉明帝遣使往西域求法回国后，"登起立塔寺"①，此即洛阳白马寺②。此后，随着佛教的广泛传播，建寺立庙之风逐渐兴盛，"上至京都，下及郡邑之间，靡不大建蓝宫，广造佛宇"③。

金代寺院虽然没有确切的数量统计，但从金代石刻的概略描述来看应相当可观。《文登县新修县学碑》云："释老之徒，各尊其师，崇大其居，道宫佛刹相望于天下。"④《重修宣圣庙记》云："今琳宫梵宇遍满郡邑，朱甍碧瓦烂然相照。"⑤金代的一些寺院规模宏大，建筑繁复。赵秉文有诗赞叹琅邪万寿寺曰："一朝焕金碧，煌煌耀东岗。文母开大施，天厨来众香。萦回转佛阁，窈窕阔禅房。平地俯归鸟，高斋在上方。宿云不归山，野水自成塘。"⑥

金代寺院之所以数量众多，根本原因在于佛教的一些主张契合了统治

---

① 四十二章经：经序[M]．尚荣，译注．北京：中华书局，2010：1．
② 关于中国佛寺的起源，近年有些学者认为，三国时期孙权建塔名寺，寺始与佛结缘。参见：汤其领．汉晋佛寺考论[J]．徐州师范大学学报(哲学社会科学版)，2007(6)．
③〔金〕贾绰．灵岩院敕黄记[M]//阎凤梧．全辽金文．太原：山西古籍出版社，2002：1659．
④〔金〕郭长倩．文登县新修县学碑[M]//国家图书馆善本金石组．辽金元石刻文献全编：一．北京：北京图书馆出版社，2003：640．
⑤〔金〕姜国器．重修宣圣庙记[M]//国家图书馆善本金石组．辽金元石刻文献全编：一．北京：北京图书馆出版社，2003：642．
⑥〔金〕赵秉文．滏水集：卷五：和琅邪万寿寺[M]．长春：吉林出版集团有限责任公司，2005：60．

阶层和社会大众的双重需求,因而得到他们的大力支持。关于这一点,金人有明确认识,称之为"非佛无以助兴王化,非法无以济度众生"[①]。而追求寺院的宏大华丽也是弘扬佛法所需,"不显敞宏丽,无以激人之善思;不庄严具足,无以广人之□念"[②],"像法之教,既务恢张;栋宇之规,所宜壮丽"[③]。佛徒梵宫的壮丽甚至引起了儒士的不满,认为"彼释老之徒溺于怪诞,犹知□饰祠宇,丹刻轮奂无所不至。今吾徒反不如彼,得无恶耶"[④]。此外,在佛教信众看来,立寺修庙亦为一大功德,"则崇修塔庙兴建寺宇,以示现佛菩萨境界。盖将诱接群生,同归于善,其为功德,讵可测量哉"[⑤]。由此来看,统治阶级的支持和广大佛教信众的崇信共同促成了金代寺院的繁荣。

第一节 寺院的建造及空间布局

寺院是僧尼修行学法的根本之地。但修建寺院需要大量的人力和物力,非一人一时可成。纵观金代的寺院,基本都由僧尼联合俗家信众历时多年而成。这些寺院按照传统寺院的选址方式,或建于通衢之地,或建于清幽之所,寺院内部同时具有修行弘法、日常生活等多种功能。

一、建造寺院的发起人

金代的寺院往往是僧俗各界协力建造而成的。但就最初的发起者来

[①]〔金〕关昭素. 重修陕州故硖石县大通寺碑记[M]//阎凤梧. 全辽金文. 太原:山西古籍出版社,2002:2686.

[②]〔金〕许安仁. 御题寺重建唐德宗诗碑[M]//〔清〕张金吾. 金文最:卷七十一. 北京:中华书局,1990:1045.

[③]〔金〕陆秉钧. 滕县兴国寺新修大殿碑[M]//〔清〕张金吾. 金文最:卷六十九. 北京:中华书局,1990:1009.

[④]〔金〕陈大举. 济阳县创建宣圣庙碑[M]//国家图书馆善本金石组. 辽金元石刻文献全编:一. 北京:北京图书馆出版社,2003:660.

[⑤]〔金〕朱弁. 西京大普恩寺重修大殿碑[M]//〔清〕张金吾. 金文最:卷六十五. 北京:中华书局,1990:948.

说，各寺院的情况不尽相同。基本上建造寺院的发起人大致可分为下列几种情况。

(一) 由僧人发起建造

僧尼为寺院的主要使用和居住者，同时也是建造寺院的主要发起者，但他们发起的方式有所不同。有的僧人先捐献己财然后劝缘，以建寺院，如金初重修西京大普恩寺时，即由寺之上首通元文慧大师圆满"发勇猛心，德不退转，舍衣盂凡二十万"[1]，与其徒协力而成。大定年间，潞城县常村重建洪济院时，洪济院之僧善福、智广相与谋划，"先罄己资创今院地，然后化众起役"[2]。有的僧人主要通过发动各界募集善款以修造寺院。皇统年间，褒贤显忠禅院重修法堂时，即由慧照大师福涣"振锡渡大河，登太行，抵金台，劝化乡党仁彦智夫，得金以归"[3]。在社会经济相对落后的金代，化缘劝募绝非易事，"无慈悲之德者，昧于苦乐，不能兴是事；无喜舍之心者，著于悭贪，不能结此缘；无颖悟之识者，乐于小法，不能成此大"[4]。由此看来，社会对劝募者的要求是多方面的。它需要的不仅是向善之心，更需要劝募者本人具有良好的社会声望，德才俱嘉、声誉卓著、深得社会信任往往是这类僧人的共同特点。为褒贤显忠禅院化缘的福涣大师北宋时就已"名达天庭"，"住持向太后功德寺，大观宣和间，声名籍甚"[5]。入金后，他以八十七岁高龄为重修褒贤显忠禅院奔走四方，得到信众的积极响应。本名已佚的蔡和尚祖上奉佛，本人"凡有兴修，诚心一出，不远千里，车载人负，钱盈百万，故时人以'百万'称之"[6]。正因为他拥有良好的社会声望，因而在重修平凉佛塔，重修开元

---

[1]〔金〕朱弁. 西京大普恩寺重修大殿碑[M]//〔清〕张金吾. 金文最：卷六十五. 北京：中华书局，1990：948.

[2]〔金〕赵扬. 潞州潞城县常村重建洪济院记[M]//阎凤梧. 全辽金文. 太原：山西古籍出版社，2002：1130.

[3]〔金〕蔡如. 褒贤显忠禅院重修法堂记[M]//〔清〕张金吾. 金文最：卷二十二. 北京：中华书局，305.

[4]〔金〕蔡如. 褒贤显忠禅院重修法堂记[M]//〔清〕张金吾. 金文最：卷二十二. 北京：中华书局，305.

[5]〔金〕蔡如. 褒贤显忠禅院重修法堂记[M]//〔清〕张金吾. 金文最：卷二十二. 北京：中华书局，305.

[6]〔金〕释大䄄. 观音院碑[M]//〔清〕张金吾. 金文最：卷八十五. 北京：中华书局，1990：1243.

寺、观音院过程中，我们都能看到蔡和尚一呼百应的身影。

（二）由官员发起建造

金代不少官员信奉佛教，他们或从个人信仰出发，或从有利于地方治理的角度出发，积极提倡修造寺院。提倡的方式，有的是捐献己俸，有的是劝众布施，有的是经营筹划。例如，琅邪天宁万寿禅寺重建时，恰逢奉国上将军渤海人高和式"适守是邦"。渤海人素有奉佛的传统，这位奉国上将军与有志于恢复该寺的妙济觉海禅师机缘会遇，针芥相投，遂以无量宿因共立恢复之志，先辟湫隘为空旷之境，"复召百工，授以成规"，竭力为之规摹谋划，"益出己资力，往给经费，且示苦忍，降伏偷惰，畚锸尺斧所向，辄以身先，于是郡人感其诚，无不风靡"[①]。有高和式的全力相助，天宁万寿禅寺的兴建不仅得到本郡人士的支持，僻居远方者亦憧憧往来，络绎于路，荆棘之地遂成金碧辉煌之所。可以说，在复建天宁万寿禅寺的过程中，奉国上将军高和式的鼎力助缘起到了非常重要的作用。兴中府三学寺的改建，同样是府尹首倡的结果。兴中府旧有三学寺，"兵兴以来，殿堂廊庑，扫地而尽"。大定五年（1165），"大尹银青来治兴中"。该尹嗜信佛教，"自历数任，未尝不于佛庙有兴衰补弊者也"。主政兴中府后，听政之余，得知三学寺荒废已久，府尹喟然概叹："方今京府巨镇，棋布天下，设三学者有数。此幸得之，何不复修？"在确定复修三学寺后，大尹亲自选定基址，"遂施俸钱及己夫匠，筑土构木"[②]，三学寺终成丛林巨刹。

在金代官员首倡修建寺院的众多事例中，乌林荅天锡协力重建汝州香山观音禅院比较有代表性。乌林荅天锡为世宗皇后之兄乌林荅晖之子、唐国公主之婿，属皇室姻亲。大定二十四年（1184）春，天锡以大兴府尹、驸马都尉、奉国上将军移授河南路统军使。天锡和唐国公主到河南路后，理政之暇，常敬礼佛迹，周览山川，"复闻大悲菩萨成道始终之说，油然欣慕，茫然自失，愈觉此身泡梦电幻现于刹那顷"，"及归休舍，常以此语示人，念念于斯，望将归依焉"。此时，汝州香山观音禅院久为风雨湮

[①]〔金〕仲汝尚.天宁万寿禅寺碑[M]//〔清〕张金吾.金文最：卷六十五.北京：中华书局，1990：951，952.

[②]〔金〕韩长嗣.兴中府尹银青改建三学寺及供给道粮千人邑碑[M]//〔清〕张金吾.金文最：卷六十八.北京：中华书局，1990：995，996.

败，一无所堪，"主与驸马共为悼惜，孔疚于怀，思还旧观，亟发恳诚，特为之倡"，乃捐献己钱，委沙秀专主其事，"遍诣诸善知识，众冀为资办，共成功德。而一方士庶，从而和之，期月之间，获镪几万"，最终禅院得以"焕然一新，有倍于初"。乌林荅天锡夫妇倡建观音禅院的初衷始于他们对佛教的虔诚崇信。唐国公主"幼具佛性，夙植善根"；天锡亦有感于"菩萨大士割弃情缘，乐从正道，毁舍肤体，证此妙果，与诸众生有大缘"①。客观地说，乌林荅天锡夫妇的佛教信仰对于重建观音禅院固然重要，但他们两人的皇室身份及显赫的官职在此过程中也起到了重要作用。与此相似，金代各级官员在倡修寺院的过程中之所以能够一呼百应，官员身份所带来的号召力和影响力是非常重要的因素。

（三）由各地乡贤发起建造

金代一些中小型寺院主要供乡村士庶讲经听法之用，由于规模较小，所需财力不多，故常为地方乡贤倡议建造。长子县妙觉寺旧有佛舍仙师堂，因年久失修而荒凉破败。本村英贤张珪"集众耆宿首议重修正殿，众仍从之"②。石州定胡县上招贤村原有古寺一所，大定四年（1164），有当里人士华严邑樊彦、李厚、贺权、高祥、高屺等人，"摘己财产，募众有缘，复能协力"③，共同增修佛像，光大道场。这类寺院的共同特点是规模不大，多为乡村佛教中心。

（四）奉旨敕建

金代敕建寺院虽不如唐宋之盛，但考诸史籍，仍有记载。据《佛祖历代通载》记载，熙宗时，英悼太子生日，"诏海惠大师于上京宫侧创造大储庆寺"；世宗初立，"金国移都燕京，敕建大庆寿寺成"，"金国大定二十年正月，敕建仰山栖隐禅寺"④。

---

① 〔金〕□克□. 重建汝州香山观音禅院碑[M]//〔清〕张金吾. 金文最：卷七十五. 北京：中华书局，1990：1093，1094.

② 〔金〕李思孝. 新修妙觉寺碑记[M]// 阎凤梧. 全辽金文. 太原：山西古籍出版社，2002：1532.

③ 〔金〕宝月. 普照禅院碑[M]// 国家图书馆善本金石组. 辽金元石刻文献全编：一. 北京：北京图书馆出版社，2003：158.

④ 〔元〕释念常. 佛祖历代通载：卷二十[M]// 影印文渊阁四库全书：第一〇五四册. 台北：台湾商务印书馆，1986：669，674，682.

中国佛教文化发展到宋金时期，寺院已经成为社会生活的重要组成部分。它的建造为大众所关注，同时也得到大众的广泛参与。因此，我们虽然将建造寺院的发起人概略地划分为上述四个不同类型，但实际上，每一座寺院的兴建都是僧俗各界共同努力的结果，只不过因缘不同，发起人各有侧重而已。

二、寺院的重修与扩建

金代寺院的重修和扩建与金代寺观员额发卖制度有关。自大定开始，金代推行寺观员额发卖制度，而那些新获敕额的寺院多数以旧有小型寺、庵做基础。例如，泽州普照禅院在未获敕额之前已"买本州晋城县北巴公村佛堂计壹拾贰间"[1]，泌州大云禅院在未获敕额之前原有"古旧释迦佛堂一所，内有塑像神佛"[2]，东平府清凉院未获敕额之前已"有草佛堂叁间"[3]。金代石刻中类似的记载还有不少。这意味着大定至金末，"纳赀请名"的寺院有相当一部分是以旧有寺庵、房舍为基础拓展而成的，他们在缴纳钱物并获得政府承认之后，往往对原有寺庵房舍进行重修与扩建。

金代寺院的重建与战争破坏亦有密切联系。金代享国只有一百二十年，但却经历了金辽、金宋、金蒙三场大规模战争，大量寺院被战火焚毁。毁于金辽战火者，如西京大普恩寺，"辽后屡遭烽烬，楼阁飞为埃坋，堂殿聚为瓦砾，前日栋宇所仅存者，十不三四"[4]。西京另一名刹大华严寺亦遭兵灾，"至保大末年，伏遇本朝大开正统，天兵一鼓，都城四陷，殿阁楼观俄而灰之"[5]。毁于金宋战火者，如牟平县梵云院，"遭宋季扰攘，盗起海隅，三灾弥纶，一切共业影响。焚巢毁像，扫地无遗，惟柱

---

[1] 佚名. 普照禅院牒[M]// 国家图书馆善本金石组. 辽金元石刻文献全编：一. 北京：北京图书馆出版社，2003：149.

[2] 佚名. 大云禅院碑[M]// 国家图书馆善本金石组. 辽金元石刻文献全编：一. 北京：北京图书馆出版社，2003：241.

[3] 佚名. 清凉院碑[M]// 国家图书馆善本金石组. 辽金元石刻文献全编：一. 北京：北京图书馆出版社，2003：43.

[4] 〔宋〕朱弁. 西京大普恩寺重修大殿碑[M]// 〔清〕张金吾. 金文最：卷六十五. 北京：中华书局，1990：948.

[5] 〔金〕段子卿. 华严寺薄伽藏教记[M]// 国家图书馆善本金石组. 辽金元石刻文献全编：一. 北京：北京图书馆出版社，2003：141.

础屹然，尚存于残烟余烬之中"①。平原县淳熙寺，"后遭宋季宣和乙巳年，寇盗蜂起，寺被焚爇，殿亦罹害，余址岿然为瓦砾之堆"②。金蒙之战自大安三年（1211）二月蒙古发动对金战争算起，一直到天兴三年（1234）蔡州城破，前后长达二十三年之久。战火所及之处，城郭丘墟，村舍焚荡，寺院也未能保全，"玉石俱焚，善恶不分。天下招提咸从毁废，□□法侣悉皆摩灭"③。除金辽、金宋、金蒙战争外，金代多次发生的大规模内乱也对寺院造成了严重破坏。在战火熄灭或局势相对平稳时，往往有僧尼或居士倡议恢复这些遭到破坏的寺院。因此，我们在金代石刻中看到有关寺院的题刻、碑铭大都以"重修""重建"为主题。

金代的寺院虽重建、扩建居多，但重建、扩建的方式各不相同。有的是在原址重建，如太原回銮寺，原名灵溪寺，始建于唐贞观初。北宋末年，金军加兵太原，"寺复丘墟，一无所在。缁众寥落，恨失归依"，直至天会十一年（1133），"远公和尚嗟祖风杜绝，贤圣□以□居。黾勉勤诚，夙兴不寐，仍于故基而兴新□"④。有的寺院因原址已废或原地已不适合修造寺院而不得不易地重建，如徂徕山法云寺，原名四禅寺，始建于北齐河清二年（563），到金朝时，仅遗石佛断碑而已，僧人福灯、明宽等决意恢复。一日，僧众徘徊于四禅古基，"灯公谓诸公曰，此废败之地，不可荐修寺宇，当别卜善地而兴创之。佥曰然。于是去古基北数百步间，选地数亩，形势爽垲，宜建佛宫之地"⑤，易地重建后，古寺方得复兴。还有一些寺院属于部分重修，特别是对佛殿进行重修。例如，古贤寺弥勒殿因"历岁滋多，风雨摧剥"⑥而重修；天封寺因"前殿规模故，狭不足以称，乃更度为高广，尽撤其旧，并与像设皆新之"⑦；广福院因"法务斋讲始

---

① 〔金〕郭长倩.梵云院碑[M]//阎凤梧.全辽金文.太原：山西古籍出版社，2002：1333.
② 〔金〕王鼎.平原县淳熙寺重修千佛大殿碑[M]//〔清〕张金吾.金文最：卷七十四.北京：中华书局，1990：1085.
③ 佚名.普瓰和尚塔幢[M]//国家图书馆善本金石组.辽金元石刻文献全编：二.北京：北京图书馆出版社，2003：930.
④ 〔金〕陈尹.重修回銮寺记[M]//阎凤梧.全辽金文.太原：山西古籍出版社，2002：1858.
⑤ 〔金〕张莘夫.重建法云寺碑[M]//〔清〕张金吾.金文最：卷七十一.北京：中华书局，1990：1050.
⑥ 〔金〕赵安时.重修古贤寺弥勒碑[M]//〔清〕张金吾.金文最：卷六十七.北京：中华书局，1990：978.
⑦ 〔金〕党怀英.重修天封寺碑[M]//〔清〕张金吾.金文最：卷七十.北京：中华书局，1990：1029.

患其隘陋，不足以崇像集众，遂规建前殿"[1]。这些佛殿重修之后比原来更为高广宏阔，有的还在佛殿之外配以廊庑僧舍，看起来颇为壮观。

　　金代修建寺院虽僧俗协力、官民同心，但实际上受人力、物力、财力及其他因素的影响，其修建过程并非一帆风顺，有的还非常曲折。平原县淳熙寺重修千佛殿时，为求修梁巨栋，先往台山伐木，"不意山雨暴至，荡无孑遗"。随后"再访山求材"，不料在回程中"苦雨浃旬，沟涧涨溢，几于漂溺"，"复值群虎据路"，如此"往返崎岖，危死者数矣"[2]。有些寺院由于增修不断，因而历时日久。潞州重建洪济院，"经营凡五年而后院始成"[3]。徂徕山法云寺重修时，"经始于大定辛卯仲春，庆成于丙申孟秋"[4]，前后历经六年。一些规模宏大的寺院在重建、增修中费时更多，西京大普恩寺重修大殿，"经始于天会之戊申，落成于皇统之癸亥"[5]，先后绵延十五年之久。滕县兴国寺重修大殿，"至大定十年，殿迄于成，所历逾二十载"[6]。

　　修建寺院工程浩大，除颇费时日外，还需耗费巨资。一些小规模的寺院或许所用不多，但兴建一些大型寺院动辄耗费几千贯乃至数万贯。重修法云寺时，"约用钱五千余贯"[7]；海会寺重修法堂，"费用约及于万贯"[8]；滕县兴国寺新修大殿时，"所费几一千万"[9]；智深重修平原县淳

---

[1] 佚名．潍州昌乐县北岩广福院修殿题名[M]//国家图书馆善本金石组．辽金元石刻文献全编：二．北京：北京图书馆出版社，2003：468．
[2]〔金〕王鼎．平原县淳熙寺重修千佛大殿碑[M]//〔清〕张金吾．金文最：卷七十四．北京：中华书局，1990：1085，1086．
[3]〔金〕赵扬．潞州潞城县常村重建洪济院记[M]//阎凤梧．全辽金文．太原：山西古籍出版社，2002：1130．
[4]〔金〕张莘夫．重修法云寺碑[M]//〔清〕张金吾．金文最：卷七十一．北京：中华书局，1990：1050．
[5]〔宋〕朱弁．西京大普恩寺重修大殿碑[M]//〔清〕张金吾．金文最：卷六十五．北京：中华书局，1990：948．
[6]〔金〕陆秉钧．滕县兴国寺新修大殿碑[M]//〔清〕张金吾．金文最：卷六十九．北京：中华书局，1990：1009-1010．
[7]〔金〕张莘夫．重修法云寺碑[M]//〔清〕张金吾．金文最：卷七十一．北京：中华书局，1990：1050．
[8]〔金〕苏瑾．海会寺重修法堂[M]//阎凤梧．全辽金文．太原：山西古籍出版社，2002：1613．
[9]〔金〕陆秉钧．滕县兴国寺新修大殿碑[M]//〔清〕张金吾．金文最：卷六十九．北京：中华书局，1990：1010．

熙寺千佛殿时,"于费无虑数百万"[①]。这些钱财由僧俗各界助捐而来。客观地说,一座寺院的修建仅靠某一个方面的力量很难完成,往往是官绅士庶等各界信众助缘协力的结果。

三、寺院选址

寺院是僧人生活、弘法的根本之地。因此,在选择寺址时既要考虑便于僧人生活和清修,又要考虑便于信众朝拜。寺院不论大小,都要根据自身的实际情况慎重选址。就中国古代寺院选址的情况看,有平地建寺(平地寺)、山中寺(山寺)两种情况[②]。金代的平地寺和山中寺同时存在,而就这两种寺院的选址偏好来看,下列几种情况比较突出。

(一) 建于交通冲要之地

按照佛教的观点,寺院当远离闹市以便修行,故佛说"舍离一切愦闹之众,独处娴静,常勤精进","当舍于懈怠,远离诸愦闹;寂静常知足,是人当解脱"[③]。但是,市井之处、喧闹之所也需传法度众、化缘募资、供养三宝,故离不开人口稠密地区。因此,僧众常将寺院建于大路通衢的冲要地方。东平府荐诚院所在的东阿县,"当南北孔道,水陆要津,舳舻沿沂,轮蹄杂沓,人聚五音,货居百郡,所谓通都大邑者也"[④]。朝邑县饶益寺乃陕右名蓝,该寺"路当秦晋要冲,枕山河之形势"[⑤]。在繁华的城镇附近建造寺院甚至干脆将寺院建于城邑之中,这样虽有失清净,但这些地区经济发达、人口众多、交通便利,建在这里的寺院往往成为区域性文化中心。例如,饶益寺"自唐宋以来,名臣贤士经由往返,莫不税驾投

---

① 〔金〕王鼎. 平原县淳熙寺重修千佛大殿碑[M]//〔清〕张金吾. 金文最:卷七十四. 北京:中华书局,1990:1086.

② 张驭寰. 中国佛教寺院建筑讲座[M]. 北京:当代中国出版社,2008:2.

③ 大宝积经:卷九[M]//中华大藏经编辑局. 中华大藏经(汉文部分):第九册. 北京:中华书局,1984:193.

④ 〔金〕邵世衍. 东平府东阿县荐诚院慈氏菩萨记[M]//阎凤梧. 全辽金文. 太原:山西古籍出版社,2002:1316-1317.

⑤ 〔金〕赵怀. 饶益寺藏春坞记[M]//〔清〕张金吾. 金文最:卷三十五. 北京:中华书局,1990:513.

憩于此。或题名于壁，或留诗于碑，不可胜数"[1]。从这一点来看，将寺院建于繁华地带有利于僧尼同社会各界交往，从而促进佛教传播，可见兴建寺院并非以清静为唯一原则。明人云："心地上无风涛，随在皆青山绿树。"[2]静与不静，不在外物而在内心；度己度人，不在地僻与否而在修持功夫。

（二）建于村庄附近

中国古代农村聚集了大量人口，以佛法教化乡村民众成为佛教的一项重要任务。一些高僧大德把寺院建在村庄附近意在弘法化民，清凉院的修建便起因于此。据《金文最》载，"平阴城西十数里间，人各就已业为田庐，到处成聚落。依山濒河，无虑数百家，而去寺院稍远。其中，欲归依三宝以植福田者，虽有精进之心，不能无所惮也"。正因为此地人成聚落而佛寺偏远，"于是戒师和尚因众心所欲，增修是院"[3]。大定以后，金代实行官卖寺观员额政策。从石刻史料记载的情况看，很多寺额的请买者为居住在村庄附近的僧尼，如洪福院的请买者为"京兆府泾阳县瑞宁乡鲍坊村院主僧"[4]，洪法寺的请买者为"汝州鲁山县琴台乡三鸦店应惠院受业僧崇光"[5]，大云禅院的请买者为"解州闻喜县神柏庄院僧法圆"[6]，洪福院的请买者为"真定府元氏县屯里村尼文广"[7]。这些请买者的身份既然为村庄僧尼，那么他们所请买的寺院也应当坐落在村庄内外。这些散落在大小村落间的寺院成为乡村的佛教中心。

---

[1]〔金〕赵怿. 饶益寺藏春坞记[M]//〔清〕张金吾. 金文最：卷三十五. 北京：中华书局，1990：513.
[2]〔明〕洪应明. 菜根谭[M]. 毛德富，毛曼，注译. 郑州：中州古籍出版社，2014：164.
[3]〔金〕王去非. 平阴县清凉院碑[M]//〔清〕张金吾. 金文最：卷六十九. 北京：中华书局，1990：1013.
[4]佚名. 洪福院牒并助缘题名[M]//国家图书馆善本金石组. 辽金元石刻文献全编：一. 北京：北京图书馆出版社，2003：42.
[5]佚名. 洪法寺额牒[M]//国家图书馆善本金石组. 辽金元石刻文献全编：一. 北京：北京图书馆出版社，2003：104.
[6]佚名. 大云禅院碑[M]//国家图书馆善本金石组. 辽金元石刻文献全编：一. 北京：北京图书馆出版社，2003：165.
[7]〔金〕杨震. 洪福院尚书礼部牒并重修洪福院记[M]//国家图书馆善本金石组. 辽金元石刻文献全编：三. 北京：北京图书馆出版社，2003：216.

（三）建于山谷间

依山建寺是中国佛教的传统做法，自佛祖在鹿野苑初转法轮，佛教就和高山大川结下不解之缘。金代的一些寺院依山而建，甚至还结合了中国传统的堪舆之说，提出了选择寺址的新标准，"凡选树道场，必去人境远者为胜，必依山之名而尊者为胜。然山水面南，观虽拔地倚天，其氛翠变态，终不至奇邃。必之于其阴，又绝胜也"[1]。按照这个标准，谷山寺位于泰山之北，既得远离人境，复得名山之胜，再得山阴之奇，可谓三美俱全。有些山寺虽然不能像谷山寺那样坐拥三美，但在选址时也都尽量依傍名山。武安县常乐寺建于鼓山之上，该山"山势崛起，壁立千仞，不与他山相连"[2]；泽州法轮禅院坐落于松岭之间，松岭"双峰岿然，杰出于群山之外"，登顶四望，"远而黄流曳带，乔岳耸屏，北邙、伊阙，犹培塿然；近而乱峰回环，林麓掩抱，烟云出没，不可名状，奇伟之观得未曾有"[3]。除景色奇美，这些寺院还有一个特点：附近或有泉水，或有溪流。福昌县竹阁禅院"有二泉出其腹，珠玑冰玉，顷刻百斛。寺仰以清，而竹仰以茂也"[4]。武乡县崇圣寺亦有一泉，"稍加疏凿，则涌如珠玑。分流利用，施无尽藏。自兹一方云气增秀，土脉多松"[5]。徂徕山法云寺"梵刹之侧，诸山环拱"，"潺潺乎泻于两峰之间者，方丈之后溪也。三门之前，泠然清浚，注焉而不盈酌焉而不竭者，白莲泉也"[6]。怀州大明禅院"又有罗纹之水，遍地交流，响响潺潺，似歌音之乐"[7]。

金代著名文学家雷渊曾经慨叹："自虞人水衡之官废，而天壤之间，

---

[1]〔金〕杜仁杰. 谷山寺碑[M]//〔清〕张金吾. 金文最：卷八十四. 北京：中华书局，1990：1230.
[2]〔金〕胡砺. 磁州武安县鼓山常乐寺重修三世佛殿碑[M]//〔清〕张金吾. 金文最：卷六十七. 北京：中华书局，1990：975.
[3]〔金〕杨庭秀. 大金泽州松岭禅院记[M]//国家图书馆善本金石组. 辽金元石刻文献全编：一. 北京：北京图书馆出版社，2003：232.
[4]〔金〕雷渊. 嵩州福昌县竹阁禅院记[M]//阎凤梧. 全辽金文. 太原：山西古籍出版社，2002：2761.
[5]〔金〕贾天羽. 大金沁州武乡县禅隐山崇圣寺十方禅会记[M]//阎凤梧. 全辽金文. 太原：山西古籍出版社，2002：1888.
[6]〔金〕张莘夫. 重修法云寺碑[M]//〔清〕张金吾. 金文最：卷七十一. 北京：中华书局，1990：1050.
[7]〔金〕释自觉. 怀州明月山大明禅院记[M]//阎凤梧. 全辽金文. 太原：山西古籍出版社，2002：1665.

山林嘉处，皆为佛老者流之所专。"①此言诚不谬也，那些错落于青山绿水中的寺院因青山的托举而更显庄严，因绿水的环绕而益彰灵秀。金代的文人墨客对这些山寺美景非常赞赏，刘拱辰赞叹宝泉院，"其院堂殿寮舍无所不备，四时景物无所不有。山色环翠，萦抱争势，水声漱石，瀑激湍流，使人来此，变烦嚣心作清凉境，化大火坑为莲花池。噫嘻，此可谓一乡之胜耶"②。陈尹赞叹回銮寺，"左则层峦叠嶂，秀吐晴风；右则广野大川，平分远霭；前则绿水横流，轻氛起润；后则高陵丛木，绿荫生凉"③。赵秉文、元好问、王寂、李俊民等金代文学巨擘更是不惜笔墨，以大量的诗歌描摹山寺之美。中国佛教向来注重氛围，金碧辉煌的寺院建于山水之间，七宝楼台与葱茏花木相映衬，声声佛号与泠泠泉响相参差，山增灵秀，寺添幽深。这些依山傍水、天人合一的山寺将佛教氛围渲染得更加庄严神圣，令观者一消尘俗之心，顿起向佛之意。这些佳山胜水所起的作用不仅在于赏心悦目，更让瞻礼者在赏心悦目中加深对佛陀的崇信、对佛法的理解。

如上所述，金代寺院在选址时都会遵循一定的原则。当然，这些原则不限于以上几点。同时，也不是所有寺院在建造时都能选址于大路通衢之旁、高山秀水之间，有相当多的山野小寺地处偏僻，杳无人迹，所谓"野寺荒凉人不到，水光山影正横陈"④。但是，从总体来看，大型寺院的选址还是有一定规律可循的，而这些规律又和自魏晋以来中国佛教建筑的选址思想一脉相承。

四、寺院的平面布局与建筑结构

自汉魏迄于明清，随着佛教的传播，佛教寺院的建筑结构逐渐成熟。由于历史发展脉络不同，即使同为院落式格局的寺院，在平面布局上也会

---

① 〔金〕雷渊. 嵩州福昌县竹阁禅院记[M]// 阎凤梧. 全辽金文. 太原：山西古籍出版社，2002：2760.

② 〔金〕刘拱辰. 宝泉院碑记[M]// 国家图书馆善本金石组. 辽金元石刻文献全编：二. 北京：北京图书馆出版社，2003：467.

③ 〔金〕陈尹. 重修回銮寺记[M]// 阎凤梧，康金声. 全辽金诗. 太原：山西古籍出版社，1999：1858.

④ 〔金〕任询. 巨然山寺[M]// 阎凤梧. 全辽金文. 太原：山西古籍出版社，1990：717.

第三章 金代佛教寺院

有不小差异。例如，唐代的寺院基本都建塔院，即在大雄宝殿之前建佛塔。但降及宋代，佛殿成为主要祭祀场所，佛塔被移到大雄宝殿之后[①]。

金代寺院结构深受佛教传统文化的影响，同时在建筑上又有自己的特色。金代寺院的建筑布局石刻所载颇多，《灵岩院敕黄记》云，大定初年，僧人普圆重修灵岩院，"既成，左厨舍、右僧舍、前三门、后佛殿，计十二间"[②]。太原府盂县白土坡之建福院有"法堂一座，三间"，"中殿一座，三间四椽"，"瑞像堂，三间四椽"，"水陆堂，一十三间"，"三大士堂，三间四椽"，"僧堂，五间四椽"，"厨，五间四椽。库房两间。三门，三间四椽"[③]。沁州武乡县崇胜寺的布局是"正位释迦佛大殿，左右相对慈氏、罗汉殿、法堂、云堂、厨库、廊庑、伽蓝、神位、寮舍三□□□"[④]。

上述石刻史料基本能反映金代寺院的平面布局情况。中国古代寺院的建筑结构历来有伽蓝七堂之说。唐代的伽蓝七堂指佛塔、大雄宝殿、经堂、钟鼓楼、藏经楼、僧房、斋堂，宋代禅院的伽蓝七堂指佛殿、讲堂（法堂）、禅堂、库房、山门、西净、浴室[⑤]。按照唐宋衡量金代寺院的标准，寺院首先具备了佛殿、法堂、库房、斋堂、僧房等主体建筑，满足了"供佛有殿，讲法有堂，构宝藏以贮圣经，敞云房以栖法侣"[⑥]的基本功能。至于佛塔、钟鼓楼等建筑则因寺院规模的大小而有所增减。一些规模较小的寺院不可能七堂齐备，反之，一些大型寺院的建筑布局则远远超过了传统七堂的规模。例如，上文提到的太原府盂县建福院除有中殿、法堂、僧堂、库房之外，还有瑞像堂、水陆堂、三大士堂。那些规模更大的佛教寺院建筑配置更为齐备，如汾州平遥县慈相寺先有僧人宝量、仲英等人"相与起塔于旧址，立法堂于殿后"，后有主僧澄公"于塔后建大堂曰'普光'"，堂之前"又起两庑"。不久，澄公将寺内旧有两座铁像菩萨补

---

① 张驭寰. 中国佛教寺院建筑讲座[M]. 北京：当代中国出版社，2008：19.
② [金]贾绰. 灵岩院敕黄记[M]//阎凤梧. 全辽金文. 太原：山西古籍出版社，2002：1660.
③ [金]尹安祉. 盂县建福之院碑[M]//王新英. 金代石刻辑校. 长春：吉林人民出版社，2009：31.
④ [金]贾天羽. 大金沁州武乡县禅隐山崇圣寺十方禅会记[M]//阎凤梧. 全辽金文. 太原：山西古籍出版社，2002：1888.
⑤ 张驭寰. 中国佛教寺院建筑讲座[M]. 北京：当代中国出版社，2008：8-9.
⑥ [金]杨庭秀. 大金泽州硖石山福严禅院记[M]//阎凤梧. 全辽金文. 太原：山西古籍出版社，2002：2045.

为万殿，"左起大屋而置焉"，"其余门廊、厅堂、厨厩、楼阁，泊僧徒、臧获、佣保、马牛之舍，或增旧创新，或支倾补坏，凡一千二百余间。其中，像设之仪，器用之具，一无缺者"①。这样大规模的寺院，连雇工、牛马之舍尚且齐备，传统的伽蓝七堂当然也不会缺少。但是，金代无论寺院规模大小，建筑布局都以佛殿为核心，辅以经堂、僧舍、厨库、楼阁等建筑，实际上仍未超出隋唐以来汉传寺院的传统建筑布局。

供奉佛像是寺院的重要职能，供奉佛祖释迦牟尼的大雄宝殿自然是寺院建筑的重点。大雄宝殿也称大殿，是寺院的正殿，也是佛寺中最为宏伟华丽的单体建筑。金代的大雄宝殿延续了此前历代正殿的构造特点，布局宏大，用料精良，彩绘精美，气势夺人。武安县鼓山常乐寺大殿，"又于其中塑三世佛像，中间释迦，当见在贤圣劫；弥勒居左，当未来星宿劫；迦叶居右，当过去庄严劫"②。滕县兴国寺大殿经圆义、惠灯先后营建二十年，费钱一千万贯，建成之后"檐楹栋桷户牖阶除，靡不雄伟坚固，大哉殿乎，轮焉奂焉，上可以称圣像之居，下足以耸一方之视"③。平原县淳熙寺重修之千佛大殿，巨栋良材皆选于深山老林，建成之后，"其殿庑规制宏敞，雄杰靡丽。不惟甲于诸刹，虽善言者，亦不能形容。观者自知，如在灵山鹫岭，亲睹世尊之妙相"④。这些寺院极尽宏伟，有些甚至已至豪奢之境。据《小草斋诗话》卷四载，"金大定中，僧宝公者于滏阳造仰山寺，穷极工巧，金碧巨丽，每柱皆作金龙盘之"⑤。佛寺之豪阔甚至远远超越了孔庙，元好问就为此感叹说："请看孔释谁消长，林庙而今草又荒。"⑥修建这些宏大豪奢的佛寺需要消耗大量的人力和物力，一些有识之士对此颇有微词。义海禅师增修福山县金堆院之后，面对辉煌壮丽的

---

①〔金〕安泰. 汾州平遥县慈相寺修造记[M]//阎凤梧. 全辽金文. 太原:山西古籍出版社，2002:1991-1992.
②〔金〕胡砺. 磁州武安县鼓山常乐寺重修三世佛殿碑[M]//〔清〕张金吾. 金文最:卷六十七. 北京:中华书局，1990:976.
③〔金〕陆秉钧. 滕县兴国寺新修大殿碑[M]//〔清〕张金吾. 金文最:卷六十九. 北京:中华书局，1990:1010.
④〔金〕王鼎. 平原县淳熙寺重修千佛大殿碑[M]//〔清〕张金吾. 金文最:卷七十四. 北京:中华书局，1990:1086.
⑤陈衍. 金诗纪事:卷十二[M]. 王庆生,增订. 上海:上海古籍出版社，2003:392.
⑥姚奠中. 元好问全集(增订本):卷九:应州宝宫寺大殿[M]. 李正民,增订. 太原:山西古籍出版社，2004:207.

第三章　金代佛教寺院

寺宇，不无忧虑地提到"夫佛祖之法，以空虚寂灭为宗，安乐恋著为戒。衲衣乞食，岩栖木槁，坐进此道，无所择也。后世末学，乃始饰其庐，美其服，甘其食，范金聚土，像设于其前，鸣鱼击鼓，讲说于其后，齐民下士，怵之以祸福，因以发其迁善远罪之心，权也。顾独无大善知识议吾之后乎"[①]。义海的担心不无道理，举扬佛法本来方便多门、不拘形式，菩提树下可为佛祖悟道之所，草棚茅庵何碍讲经传法。后来者修寺立庙务求奢华，穷极壮丽，虽为佛祖道场增光添彩，但也远离了佛祖拔济群迷的本意。然而，寺院的奢华之风由来已久，欲改弦更张，去奢从俭，何其难也。

金代寺院虽然宏伟壮丽，但经过数百年的自然损害和人为破坏，未能整体保留下来。所幸今天山西、河北、辽宁等地的一些古寺虽经屡次修缮，但一些单体建筑仍保留了金代原貌，由此我们可以一睹金代寺院的风采，如位于山西省晋东南陵川县境内的龙岩寺，作为主殿的中佛殿便是金代建筑。这座建筑虽经历多次修缮，但其木结构梁架及歇山式顶均没有做大的改动，仍大致保持着金代原貌。学者经过研究，发现殿内梁架结构方式为四椽栿对乳栿用三柱，前后檐大致相仿。为扩大殿内空间，四椽栿的长度接长了。为增强四椽栿的刚度，又在栿上加随梁枋，这一做法比较特殊[②]。山西平遥慈相寺之正殿亦保留着金代风格。该建筑面阔五间，进深三间，"在整个大殿的纵向结构上，均用栿枋、襻间，使各缝梁架相互联系，相互制约。柱头之间施用阑额、普柏枋相联结，使整个建筑上、下、左、右、内、外槽构成一个稳固而坚实的整体"[③]。此外，大同华严寺大雄宝殿、朔州崇福寺观音殿、山西绛县太阴寺大雄宝殿、五台山佛光寺文殊殿均为金代遗物[④]，它们的设计结构、施工方法、平面布局等基本能够反映金代的寺院建筑风格。

揆诸文献，并根据对现存金代寺院建筑的科学考察，我们可以看出金

---

① 〔金〕张邦彦.增修金堆院碑[M]//〔清〕张金吾.金文最：卷六十六.北京：中华书局，1990：956.
② 张驭寰.陵川龙岩寺金代建筑及金代文物[J].文物，2007(3).
③ 郭步艇.平遥慈相寺勘察报告[J].文物季刊，1990(1).
④ 梁思成.中国建筑史[M].天津：百花文艺出版社，1998：198；王剑，赵兵兵.梁架独特的金代朔州崇福寺观音殿[J].辽宁工学院学报，2007(6)；滑辰龙.太阴寺大雄宝殿修缮设计[J].古建园林技术，2000(4)；萧羽.五台山历代修建的寺庙及其建筑特点[J].五台山研究，1998(4).

代寺院同宋、辽寺院有着不可分割的密切联系。作为前后相续的北方民族政权，辽、金两代的人文思想、艺术和文化有很多相似之处，在寺院建筑上也是如此。辽代的一些寺院，如大同华严寺，都在辽末毁于战火，金初又加以复建。因此，华严寺现存殿堂结构、形制、建筑手法仍延续了辽代风格[①]。与此同时，金代寺院也深深地打上了北宋的烙印。这是因为在金宋战争中大量北宋匠人和手工艺人流入金朝地域，金朝统治者在战争中也着意搜集北宋佛教建筑的图样。例如，金军围汴时，向北宋朝廷需索的物品清单中就包括"相国寺图""天宁寺图"[②]，加之宋金寺院之间的历史承袭关系，使得金代寺院同宋代寺院的风格有着较深的内在联系，当代建筑学研究也证实了这一点。有学者对山西朔州崇福寺金代弥陀殿的形制进行了实地测绘，发现弥陀殿的多项建筑数据都符合宋代《营造法式》的规定[③]。这从技术角度证明，金代寺院建设的确遵从了宋代的相关规制。

金代寺院同辽、宋之间有关联并不意味着金代寺院建筑毫无创新，大殿建造中的减柱法、移柱法，建筑结构中大跨度梁的使用及斜栱斜昂的使用就是金代寺院建筑的特色[④]。例如，五台山佛生寺文殊殿使用了减柱法，面宽七间、进深八椽的大殿只用四根金柱，殿内梁架也较传统做法做了大幅改动，开创了中国古代建筑史上使用"人"字柁架的先例。延庆寺的金代大雄宝殿则不设金柱，在结构上别具一格，堪称金代木构建筑的典型代表。岩山寺金代菩萨殿使用了减柱法和移柱造[⑤]。上述营造做法既拓展了大殿的内部空间，简化了大殿的建筑结构，同时又保证了大殿的建筑安全。这些营造做法在宋式建筑中罕见，《营造法式》也未提及。这些都有力地说明了金代佛教寺院建筑在继承辽宋传统的基础上有所创新，在中国佛教建筑史上拥有重要地位。

---

① 彭和莺. 辽金珍品，塞外巨刹：山西大同华严寺[J]. 佛教文化，1998(4).
②〔宋〕徐梦莘. 三朝北盟会编：卷七十八[M]. 上海：上海古籍出版社，1987：587.
③ 林哲. 以管窥豹，犹有一得：山西朔州崇福寺弥陀殿木大作营造尺及比例初探[J]. 古建园林技术，2002(3).
④ 温静. 略论辽金佛教寺院建筑特色[J]. 法音，2009(1).
⑤ 萧羽. 五台山历代修建的寺庙及其建筑特点[J]. 五台山研究，1998(4).

第二节 寺额管理制度

金朝时期是中国佛教发展的重要时期，国家对佛教采取既利用又控制且以利用为主的政策。在国家控制佛教的诸多手段中，控制寺额是一个重要途径。寺额是指国家颁给寺院的名额。国家利用颁发寺额的方法来控制寺院总数，以此达到控制佛教的目的。金代的寺额管理主要体现在两个方面：一是官卖寺额；二是严禁无额寺院建立。

一、官卖寺额

寺额是寺院的合法性证明，它本身并无商品属性，因而也没有商业价值，当然也不可能用来出售。但是，金代为缓和财政危机，增加政府收入，支付战争、救灾等费用，长期推行官卖寺额政策。金代的官卖寺额问题与鬻卖度牒、紫衣师号、僧道官职紧密地联系在一起。学术界对此已经给予了高度关注，中外学者在这一问题上取得了许多成就。有鉴于此，本节仅就若干尚有争议或讨论未及的几个问题展开阐释。

（一）发卖寺额的起始时间

寺额是寺观的合法性标志。按唐宋通例，只要寺院创建人向政府申请，经政府审批同意后即可获得寺额。但金代获得寺额却需要向政府交纳一定数量的费用或实物才可获得，金代石刻史料谓之"投状纳缗"。关于这一政策的肇始时间，学术界的看法各不相同。《山右石刻丛编》的撰者胡聘之据《修大云院记》的记载，提出"纳钱卖度牒、师号、寺观，《金史》谓始自世宗，据碑则海陵实先行之矣"[1]；清代金石学家王昶提出官卖寺观名额乃"大定初权宜设置之事"[2]。上述两说究竟哪一个更接近事

---

[1] 佚名. 修大云院记跋语[M]//国家图书馆善本金石组. 辽金元石刻文献全编：一. 北京：北京图书馆出版社，2003：184.

[2] 佚名. 庄严禅寺牒跋语[M]//国家图书馆善本金石组. 辽金元石刻文献全编：二. 北京：北京图书馆出版社，2003：520.

实真相，还要从阅读金代石刻入手。金代相关文献关于官卖寺额的肇始时间主要有三种记载。

1.大定元年（1161）说

《新修妙觉寺碑记》云："至大定初元，奉圣制创建无名额寺院，许令纳钱请额。"①《淄川县兴教院碑》多有残泐漫漶，其中有碑文云："遇大定改元朝廷□□□黄敕□□□□□者以则贸之，否则毁之。"②从上述两则史料的文义推断，纳钱赐额应在大定元年（1161）。此外，据《元一统志》记载，阳曲县普济院、法济院均为"金大定元年额"③。

2.大定二年（1162）说

《兴国寺碑》云，善深和尚"常患院无名额，介怀不忘，忽于大定二年壬午四月，内官中出榜，备奉都省札付内处分，应无名额寺院，许僧自陈，当与奏乞降赐"④。《定州创建圆教院碑》云："至大定二载，幸遇世宗皇帝中兴，凡天下寺院无名额者，许以钱易之。"⑤从上述两则史料的情况推断，纳钱赐额当在大定二年（1162）。

3.大定三年（1163）说

《张温墓志》云，"大定癸未，奉符应无名寺观许买名额"⑥，此处的"癸未"应为大定三年（1163）；《沁川铜鞮县王可村修建昭庆院记》云，"皇朝大定三年鬻寺观名额"⑦。这两则史料说明纳钱赐额应始于大定三年（1163）。

上述石刻，记录官卖寺额的起始时间分别为大定元年、二年、三年。从石刻数量上看，以大定二年（1162）居多，但记为大定元年（1161）、

---

① 〔金〕李思孝. 新修妙觉寺碑记[M]//阎凤梧. 全辽金文. 太原：山西古籍出版社，2002：1532.

② 佚名. 淄川县兴教院碑[M]//〔清〕张金吾. 金文最：卷七十四. 北京：中华书局，1990：1087.（"贸"疑为"留"之误）

③ 〔元〕孛兰肹，等. 元一统志：卷一：中书省统山东西河北之地[M]. 赵万里，校辑. 北京：中华书局，1966：143.

④ 佚名. 兴国寺碑[M]//阎凤梧. 全辽金文. 太原：山西古籍出版社，2002：4059.

⑤ 〔金〕杨乃公. 定州创建圆教院碑[M]//〔清〕张金吾. 金文最：卷七十八. 北京：中华书局，1990：1134.

⑥ 〔金〕秦八□. 张温墓志[M]//王新英. 金代石刻辑校. 长春：吉林人民出版社，2009：187.

⑦ 〔金〕毛麾. 沁州铜鞮县王可村修建昭庆院记[M]//阎凤梧. 全辽金文. 太原：山西古籍出版社，2002：1678.

大定三年（1163）的也非孤例。比这些时间更早的是胡聘之的"海陵说"，此说的依据来自《修大云院记》。该石刻云：

> 荫城村大云寺者，道通大师之首创也。正隆中，自本州千佛院拥锡南来，爱雄山之秀气，慕先师之胜迹，遂有结茅之志。未几，遇国家降卖名额，大师笑曰："吾雅志遂矣。"以兹诣官，投状纳缗，得赐大云。①

如何理解这段石刻是解决问题的关键。有学者认为，该段碑文中的"国家降卖名额"实际所指的是大定初的官卖名额事件②。但据笔者看来，弄清《修大云院记》中"国家降卖名额"的具体时间，必须从弄清该段石刻的上下文关系入手。该段碑文首先交代道通大师自千佛院拥锡而来的时间是"正隆中"，而"遇国家降卖名额"是在道通拥锡南来之"未几"。从文字内涵来看，"国家降卖名额"应发生于正隆年间，否则不合古代汉语中"未几"的使用语境。据此分析，金代降卖寺观名额似应肇始于海陵王正隆年间。此外，海陵王在位年间大兴土木，边事不断，府库空虚的现实也为海陵王推行官卖寺额政策提供了注脚。既然"海陵军兴，为一切之赋"③，那么迫于财政压力推行官卖寺额政策也在情理之中。但随着海陵王率领下的全国精锐大军在南侵战火中的灰飞烟灭，官卖寺额之事遂寝。世宗即位后，"军事未息，调度不继"，因而对海陵朝的经济政策"因仍不改"④。在这些得以延续的诸多政策中，官卖寺额也在继承之列。

如果认定官卖寺额滥觞于海陵王统治时期，那么如何理解石刻史料中对大定元年、二年、三年颁赐寺额的不同记载？一种可能的解释是，上述三年内，世宗曾分别颁布过官卖寺额的诏令。之所以屡次颁布这样的诏令，可能和政府急于敛财以弥补财政不足有关。至于更有说服力的解释，需要发现更多史料之后才能论及。

---

① 〔金〕李钧. 修大云院记[M]//国家图书馆善本金石组. 辽金元石刻文献全编：一. 北京：北京图书馆出版社，2003：183.
② 冯大北. 金代官卖寺观名额考[J]. 史学月刊，2009(10).
③ 〔元〕脱脱，等. 金史. 卷七十三：宗尹传[M]. 北京：中华书局，1975：1675.
④ 〔元〕脱脱，等. 金史. 卷七十三：宗尹传[M]. 北京：中华书局，1975：1675.

（二）发卖寺额的管理机构及特点

在中国佛教史上，官卖寺额是金代独有的特例。买卖寺额的基本程序是：投状→纳缗→领牒。投状者即是寺额的申买人，一般为各地寺庵的僧尼，他们须向有关政府机构缴纳一定数额的铜钱或粟米，经相关部门查验无误后，即可取得由礼部颁发的额牒。当然，这只是买卖寺额流程的核心部分，实际操作过程要复杂得多[①]。鉴于当代学者对买卖寺额的具体过程已经做过深入剖析，此处仅就大定年间官卖寺额的若干特点加以论述。

1.政府设专门机构管理发卖寺额

按照《金史》的记载，释道之事归礼部掌管。我们在石刻中发现的寺院额牒也常见"尚书礼部牒"字样，足证《金史》所记无误。从大定年间的石刻史料来看，这一时期政府负责发卖寺额事务的官员相对固定。大定二年（1162）颁赐的大明禅院牒[②]，大定三年（1163）颁赐的清凉院牒[③]、大云禅院牒[④]、普照禅院牒[⑤]、福智院牒[⑥]，大定四年（1164）颁赐的庄严禅寺牒[⑦]、福胜院牒[⑧]，其牒末结衔中都有"礼部尚书兼翰林学士承旨王"的字样。此处的"王"指王竞。王竞，字无竞，彰德人。自宋入金，天德初曾任礼部尚书，同修国史。大定二年（1162）春，复为礼部尚书兼翰林学士承旨，修国史。大定四年（1164）卒[⑨]。王竞为大定初期的礼部最高

---

① 申买寺额的具体程序，参见：白文固. 金代官卖寺观名额和僧道官政策探究[J]. 中国史研究，2002(1).

② 〔金〕空相. 大明禅院碑[M]//国家图书馆善本金石组. 辽金元石刻文献全编：二. 北京：北京图书馆出版社，2003：801.

③ 佚名. 清凉院碑[M]//国家图书馆善本金石组. 辽金元石刻文献全编：一. 北京：北京图书馆出版社，2003：43-44.

④ 佚名. 大云禅院碑[M]//国家图书馆善本金石组. 辽金元石刻文献全编：一. 北京：北京图书馆出版社，2003：165.

⑤ 佚名. 普照禅院牒[M]//国家图书馆善本金石组. 辽金元石刻文献全编：一. 北京：北京图书馆出版社，2003：149.

⑥ 佚名. 福智院记[M]//国家图书馆善本金石组. 辽金元石刻文献全编：一. 北京：北京图书馆出版社，2003：150.

⑦ 佚名. 庄严禅寺牒[M]//国家图书馆善本金石组. 辽金元石刻文献全编：二. 北京：北京图书馆出版社，2003：519-521.

⑧ 佚名. 金敕赐福胜院碑阳[M]//国家图书馆善本金石组. 辽金元石刻文献全编：三. 北京：北京图书馆出版社，2003：5.

⑨ 〔元〕脱脱，等. 金史：卷一百二十五：王竞传[M]. 北京：中华书局，1975：2722-2723.

官员，而礼部又有执掌释道之职，因而他在大定初期颁赐的额牒上结衔署名自是题中应有之义。而在上述额牒中结衔的其他官员如令史向昇、奉直大夫行太常博士权员外郎刘、中宪大夫行员外郎李、宣威将军耶律更是经常出现，说明这些官员是管理寺额事务的常设人员。

大定时期，在一些地方政府中也同样设置专门机构以管理官卖寺额。在石刻史料中，这些地方专职机构的名称稍有不同，《庄严禅寺牒》称之为"发卖所"①，而福智禅院申买名额时的地方经办机构为"出卖所"②。虽然两者名称稍异，但职能相同，都在地方州府中专司寺额发卖。值得注意的是，"发卖所"或"出卖所"作为州府机构的组成部分，在《金史·百官志》中却没有记载，或可说明它们是专为官卖寺额设置的临时机构。此外，石刻所记正隆、大定时期负责发卖寺额的地方专司机构主要有泽州出卖所、解州出卖所、潞州发卖所、京兆府发卖所、耀州发卖所③，这些发卖机构分别位于河东南路和京兆府路。金代推行的官卖寺额涉及范围很广，按照大定五年（1165）世宗在位时的记载，此事涉及"自东、南两京外"④的所有地区，而目前已经发现的额牒证明发卖活动主要集中在河东南、北两路，山东东、西两路，河北东、西两路和京兆府路的广大地区⑤。既然发卖活动涉及范围广泛，那么为何现有石刻史料中只有河东南路、京兆府路设有专职发卖机构而他处未见著录？这是史家的遗漏，还是当时只在一些发卖的热点地区设有临时发卖机构而他处并未设置？这些疑问在史料还不充足的情况下只能悬疑待解。

2.发卖空头额牒以提高发卖效率

大定年间是金代发卖寺额的第一个高潮时期。从现有石刻史料的情况来看，这一时期发卖的敕牒多属实名牒，即礼部在颁发额牒时已经以"特赐×××院"的形式确定了申买寺院的名称。在发卖实名牒时，大定年间还出售过空头牒，如《洪济院牒》云："今用钱买得空头敕一道，乞书填

---

① 佚名. 庄严寺牒[M]//国家图书馆善本金石组. 辽金元石刻文献全编：二. 北京：北京图书馆出版社，2003：519.

② 佚名. 福智院记[M]//国家图书馆善本金石组. 辽金元石刻文献全编：一. 北京：北京图书馆出版社，2003：150.

③ 白文固. 金代官卖寺观名额和僧道官政策探究[J]. 中国史研究，2002(1).

④〔元〕脱脱，等. 金史：卷五十：食货志：五[M]. 北京：中华书局，1975：1124.

⑤ 冯大北. 金代官卖寺观名额考[J]. 史学月刊，2009(10).

者。"①《敕赐法明寺牒》云:"今乞纳钱,请买空头敕,黄书填法明禅院。"②由此推测,金代发卖空头敕牒的源头当在大定时期。但细究现有大定额牒的情况,仍以实名牒为多,空头牒的数量很少。发卖空头敕牒的高潮当在章宗以后,这是因为申买实名牒要经过从地方到中央的层层审批,手续繁冗,费时颇多。而章宗以后经济危机日渐严重,琐碎繁冗的审批程序显然不能适应朝廷对金钱的渴望,于是发卖空名度牒就成为简便可行的敛财捷径。承安二年(1197)四月,章宗同意"降僧道空名度牒紫褐师德号以助军储"③,由此打开了官卖空名敕牒的大门。卫绍王在位期间,于崇庆元年(1212)五月"诏卖空名敕牒"④。目前已经发现的大云禅院牒、敕赐寂照寺牒⑤皆为颁赐于崇庆元年(1212)的空名敕牒,但实际上可能卫绍王即位之初就延续了章宗时期发卖空头敕牒的做法,敕赐真清观牒就是一道颁赐于大安元年(1209)五月的空名敕牒⑥。宣宗时期为筹办军需,大量出售僧道师德号、寺观员额,由此促成了金代官卖空名寺额的又一次高潮。

(三) 官卖寺额的价格

金朝发卖寺观名额的目的在于聚敛钱财以应付军政开支,因而发卖价格值得关注。从《金石萃编》《山右石刻丛编》等古籍所载敕牒的情况看,发卖寺观名额的价格情况可分为以下几种:

敕牒中未明确书写价格者,如《金漫真村宁国院牒》⑦《金云阳山建福院牒》⑧《赵同村福祥院尚书礼部牒并记》⑨。这类敕牒仅在牒文中写有

---

① 佚名. 洪济院牒[M]//阎凤梧. 全辽金文. 太原:山西古籍出版社,2002:3952.
② 佚名. 敕赐法明寺牒[M]//阎凤梧. 全辽金文. 太原:山西古籍出版社,2002:3953.
③ 〔元〕脱脱,等. 金史:卷十:章宗纪:二[M]. 北京:中华书局,1975:241.
④ 〔元〕脱脱,等. 金史:卷十三:卫绍王纪[M]. 北京:中华书局,1975:295.
⑤ 分别见:佚名. 大云禅院碑[M]//国家图书馆善本金石组. 辽金元石刻文献全编:一. 北京:北京图书馆出版社,2003:241;佚名. 敕赐寂照寺牒[M]//阎凤梧. 全辽金文. 太原:山西古籍出版社,2002:3956.
⑥ 佚名. 敕赐真清观牒[M]//阎凤梧. 全辽金文. 太原:山西古籍出版社,2002:3955.
⑦ 佚名. 金漫真村宁国院牒[M]//国家图书馆善本金石组. 辽金元石刻文献全编:三. 北京:北京图书馆出版社,2003:457.
⑧ 佚名. 金云阳山建福院牒[M]//国家图书馆善本金石组. 辽金元石刻文献全编:二. 北京:北京图书馆出版社,2003:840.
⑨ 佚名. 赵同村福祥院尚书礼部牒并记[M]//国家图书馆善本金石组. 辽金元石刻文献全编:三. 北京:北京图书馆出版社,2003:213.

"已纳纥合着钱数，乞立院名"等字样，并未明示价格。

敕牒中书写价格者，按纳钱多少可分为以下几类：

第一，纳钱三百贯者。《庄严禅寺牒》之碑文略云："本院自来别无名额，已纳纥合着钱叁佰贯文，乞立庄严禅寺名额。"①亦有称纳钱至三十万贯者，如《龙岩寺碑》曰："经诣本郡军资库输钱三十万兼经藏堂承买得赐曰龙岩寺。"②《建大云寺额记》云："上下允从，入钱参拾余万，请到敕黄书填作大云寺。"③

第二，纳钱一百五十贯者。《金大定四年牒》之碑文略曰："本院自来别无名额，已纳讫合著钱壹佰伍拾贯，乞立惠济院名额。"④

第三，纳钱一百贯者。《清凉院碑》略云："本县第十都北郭下有草佛堂叁间，未有名额，今纳钱壹佰贯文省，承买作清凉院为额。"⑤

亦有称纳钱十万者，《宝泉院碑记》曰："遂告诸有司，出钱十万，乞申上给付名额。越四年二月终获命，赐名宝泉院。"⑥《沁州铜鞮县王可村修建昭庆院记》略曰："皇朝大定三年鬻寺观名额，本村大户孙庚等办施钱十万，购得'昭庆院额'。"⑦《元融和尚塔记》碑文略云："至大定甲申岁，是时官鬻寺院额，师入钱一百千，其□建之院特赐名洪济崇胜寺。"⑧

上面提到的敕牒，其发放都在大定年间。既属同一历史时期，发卖价格为何如此悬殊？有学者对此做了详细研究，其结论可归纳为下列三点：

第一，大定初年，观、院额统一的官方标价是100贯。

---

① 佚名. 庄严禅寺牒[M]// 国家图书馆善本金石组. 辽金元石刻文献全编：二. 北京：北京图书馆出版社，2003：519-520.

②〔金〕赵安上. 龙岩寺碑[M]// 国家图书馆善本金石组. 辽金元石刻文献全编：一. 北京：北京图书馆出版社，2003：148.

③ 佚名. 建大云寺额记[M]// 阎凤梧. 全辽金文. 太原：山西古籍出版社，2002：4036.

④ 佚名. 金大定四年牒[M]// 国家图书馆善本金石组. 辽金元石刻文献全编：三. 北京：北京图书馆出版社，2003：188.

⑤ 佚名. 清凉院碑[M]// 国家图书馆善本金石组. 辽金元石刻文献全编：一. 北京：北京图书馆出版社，2003：43.

⑥〔金〕刘拱辰. 宝泉院碑记[M]// 国家图书馆善本金石组. 辽金元石刻文献全编：二. 北京：北京图书馆出版社，2003：467.

⑦〔金〕毛麾. 沁州铜鞮县王可村修建昭庆院记[M]// 阎凤梧. 全辽金文. 太原：山西古籍出版社，2002：1678.

⑧ 佚名. 元融和尚塔记[M]// 国家图书馆善本金石组. 辽金元石刻文献全编：一. 北京：北京图书馆出版社，2003：164.

第二，纳钱100贯得到的是院额，300贯得到的是寺额。

第三，介于100贯和300贯之间的150贯可能是使用铁钱，或者是铜、铁钱兼用的缘故。由于铜、铁之价不等，才出现了钱数上的悬殊①。

仔细分析目前我们已经接触到的石刻文献，上述结论有值得推敲之处。例如，既然寺院之间存在等第差别，承买人许等第输镪以给新额，那么缴纳相同的钱数就应得到级别相同的寺额或院额，但实际情况并非如此。比如，同样是纳钱十万贯，昌乐僧宗受等人得到的敕额是"宝泉院"②，铜鞮县孙庚等得到的敕额是"昭庆院"③，但平定州元融和尚得到的敕额却是"洪济崇胜寺"④。可见，除院、观的官方标价可能为100贯以外，"寺"也有可能标价100贯发卖。又如，同样是得赐院额，为何京兆府路的洪福院、吉祥院纳钱100贯⑤，而凤翔府的惠济院却要入纳150贯⑥？

由于金代史料中对鬻卖度牒寺观之制所记寥寥，今天学术界的讨论带有一定的推测成分，因而令人信服的结论有待未来发现更多的史料和进行更深入的研究之后才能得出。

（四）敕赐"大额"的特殊规定

金代寺额有院、寺之分，政府在颁赐名额时，"计立屋楹数若干以为院，若干以为寺，许等第输镪以给新额，用正其名"⑦。这意味着在金代的赐额制度中，朝廷以寺院拥有的房产数量为依据决定赐予院或寺的名额，而申买者则按院、寺名额的不同标价纳钱入官。因此，我们在金代石

---

① 冯大北. 金代官卖寺观名额考[J]. 史学月刊，2009(10).

② [金]刘拱辰. 宝泉院碑记[M]//国家图书馆善本金石组. 辽金元石刻文献全编：二. 北京：北京图书馆出版社，2003：467.

③ [金]毛麾. 沁州铜鞮县王可村修建昭庆院记[M]//阎凤梧. 全辽金文. 太原：山西古籍出版社，2002：1678.

④ 佚名. 元融和尚塔记[M]//国家图书馆善本金石组. 辽金元石刻文献全编：一. 北京：北京图书馆出版社，2003：164.

⑤ 佚名. 洪福院牒并助缘题名[M]//国家图书馆善本金石组. 辽金元石刻文献全编：一. 北京：北京图书馆出版社，2003：42；佚名. 吉祥院额牒[M]//国家图书馆善本金石组. 辽金元石刻文献全编：一. 北京：北京图书馆出版社，2003：35.

⑥ 佚名. 金大定四年牒[M]//国家图书馆善本金石组. 辽金元石刻文献全编：三. 北京：北京图书馆出版社，2003：188.

⑦ [清]陆继辉. 八琼室金石补正续编：卷六十二：大金易州涞水县大明寺碑[M]//《续修四库全书》编纂委员会. 续修四库全书：第九〇一册. 上海：上海古籍出版社，1995：70.

刻史料中看到，那些在申状中注明只拥有草屋庵舍数间的申买者所获得的仅仅是"××院"的名额。从另一个角度理解，如果寺院拥有的房屋数量达不到法定数量，那么即使纳钱再多也不可能获得"××寺"之额。这意味着在金代的官卖名额制度中，对申买"院额"或"寺额"起基础作用的是寺院本身的规模，而不是纳钱数量。

从石刻文献的情况看，在佛教寺院中，即使同获"寺"额，其地位也不尽相同。在诸多"寺"当中，"大寺"拥有特殊地位。"大寺"之额并非纳钱即可申买，而是需要一些特殊条件或背景。《大天宫寺碑》载，"国朝故事，凡寺名皆请于有司，给授敕额。其异恩者，特加'大'字以冠之，所以别余寺也"[1]。至于具备什么条件才能获得"异恩"，史无明载，我们只能从现有金代史料中列举得赐"大额"的个案再加以归纳和推测。

1.因有功于国而得赐

据《大天宫寺碑》记载，大天宫寺始建于辽，"寿昌三年赐'极乐院'额，乾统五年改为天宫寺"。入金以后，"命元臣诸帅经略宋人受进方物，行府寓置此寺者数年。由此天会五年八月，敕加'大天宫寺'以酬之，且示其旌表也"[2]。由此可知，大天宫寺得赐"大额"是由于长期充作行府理政之地而得朝廷嘉奖之故。与此相类似的还有大弘法寺。大定十八年（1178），崔法珍将所雕藏经部帙卷目总录板数表奏朝廷，世宗皇帝以紫衣相赐，"更赐'大弘法寺'之名额"[3]。

2.因纳钱而得赐

《建大云寺额记》曰："今来皇帝绍继佛法之基，将天下修建到无名之寺院，普咸赐其佳名。僧光惠聚本庄善友递相共议，上下允从，入钱叁拾余万，请到敕黄书填作大云寺。"[4]由此看来，大云寺得额是纳钱入官之故，且纳钱的数量在300贯以上。与大云寺相类的还有大明寺。长清灵岩寺宝公和尚还滏阳之后，有权贵素慕其德，"遂将己俸三千万持买大明寺

---

[1]〔金〕赵撝. 蓟州玉田县永济务大天宫寺碑[M]//〔清〕张金吾. 金文最：卷七十一. 北京：中华书局，1990：1041.

[2]〔金〕赵撝. 蓟州玉田县永济务大天宫寺碑[M]//〔清〕张金吾. 金文最：卷七十一. 北京：中华书局，1990：1041.

[3]王泽庆. 解州版《金藏》募刻的重要文献：雕藏经主重修大阴寺碑考释[J]. 文物世界，2003(4).

[4]佚名. 建大云寺额记[M]//阎凤梧. 全辽金文. 太原：山西古籍出版社，2002：4036.

额，并给付符文，行下相磁，仰师住持"①。

3.因敕建而得赐

天会年间，熙宗携皇后出钱数万，为佛觉大师、晦堂大师营建寺宇，"皇统初，赐名大延圣寺"②。世宗之母出家后，"建大道场于都城丹凤门之左，诏以大清安禅寺为额，从所请也"③。

除以上事例外，金代史料还记载了另外几例得赐大额者，如燕京大觉禅寺，"大定中，寺僧善祖有因缘力，道俗归向者众，朝廷嘉之，赐额大觉"④。大觉寺的得赐大额似乎与其在信众中的影响力有关。性圆禅师倡议建造的寺院"堂殿、楼阁、大室、寮舍连亘数百间"，"庄严具足，规模壮丽"，"寺成，朝廷赐以大明禅额"⑤。大明禅寺得赐大额的原因似乎与其规模宏大有关。当然，此处的"大觉""大明"也可能是禅寺命名的通行命名法，而与寺院本身是否获得大字额无关。

由上述分析可以看出，金代寺院得赐大额并非易事。在上述几座大额寺院中，除获赐原因不明者之外，仅有因功获赐、敕建获赐、纳钱获赐三个渠道。在这三个渠道中，似乎纳钱获赐相对容易。但从石刻史料的记载看，有的寺院即使纳钱也未必能够获赐大额。例如，泽州陵川龙岩寺纳钱三百贯，但所获也不是大额⑥。

二、禁无名寺院

严禁无名寺院设立是金朝控制佛教的重要手段之一。但这个手段并非金朝独创，唐宋时就已流行。唐延和元年（712），刑部尚书王志愔"至浚

---

① 〔金〕翟炳. 长清县灵岩寺宝公禅师塔铭[M]//〔清〕张金吾. 金文最：卷一百一十一. 北京：中华书局，1990：1597.

② 〔清〕缪荃孙. 顺天府志：卷七[M]. 北京：北京大学出版社，1983：6.

③ 〔金〕李彦隆. 通慧圆明大师塔铭[M]// 王新英. 金代石刻辑校. 长春：吉林人民出版社，2009：121.

④ 〔元〕耶律楚材. 湛然居士文集：卷八：燕京大觉禅寺创建经藏记[M]. 谢方，点校. 北京：中华书局，1986：197，198.

⑤ 〔金〕张天祐. 圆公马山主塔记[M]// 阎凤梧. 全辽金文. 太原：山西古籍出版社，2002：1771，1772.

⑥ 〔金〕赵安上. 龙岩寺碑[M]// 国家图书馆善本金石组. 辽金元石刻文献全编：一. 北京：北京图书馆出版社，2003：148.

第三章　金代佛教寺院

郊宣敕，应凡寺院无名额者，并令毁撤"[1]。先天二年（713），"敕采访使王志愔，应诸郡无敕寺院，并令毁拆"[2]。北宋对无额寺院也采取坚决取缔态度。据《宋史》记载，仁宗景祐元年（1034），"毁天下无额寺院"[3]。直到北宋末年，政府对无额寺院的禁绝仍未放松，"大观己丑，有诏，毁天下寺之无名额者"[4]。

金代佛教深受前代影响，在寺院名额的管理上大体承袭了唐宋的做法，继续施行禁绝无名寺观政策。大定十四年（1174），世宗对宰臣说："闻愚民祈福，多建佛寺，虽已条禁，尚多犯者，宜申约束，无令徒费财用。"[5]这说明至少在大定十四年（1174）以前，政府就颁布过限制修建佛寺的政令，但这条政令的实施效果可能并不理想。因此，大定十八年（1178），世宗再次下令，"禁民间无得创兴寺观"[6]。这两道敕令针对的都是新建寺观，对旧有寺观尤其是无名额寺观的管理则体现在大定年间颁布的"新制"当中。"新制"正史无载，而是散见于金代石刻之中，现分别抄录于下：

1. 《山左金石志·存留寺碑》

   碑载大定二十年圣旨，令寺观无名额及无神佛像者悉令除去，听易与俗人居住。其有神佛像者，不忍并毁，特许存留。[7]

2. 《金石萃编·三官宫存留公据碑》

   □□□。尚书礼部□节□承都省札□备奉圣旨：杨□制□后创造到□名额寺观者，□是尽行□□仍令除去。缘其间有□绘塑□佛容像□不忍除毁，特许存留，其创造罪名，□与免放。若今□有犯，本人科违制司县中知□不□依制断□，仍并解见□□。

---

[1] 〔宋〕赞宁. 宋高僧传：卷二十六：唐今东京相国寺慧云传[M]. 范祥雍，点校. 北京：中华书局，1987：659.
[2] 〔宋〕志磐. 佛祖统纪校注：卷四十一：法运通塞志第十七之七[M]. 释道法，校注. 上海：上海古籍出版社，2012：942.
[3] 〔元〕脱脱，等. 宋史：卷十：仁宗纪：二[M]. 北京：中华书局，1977：198.
[4] 〔宋〕曹景俭. 西河普济寺记[M]//国家图书馆善本金石组. 宋代石刻文献全编：一. 北京：北京图书馆出版社，2003：433.
[5] 〔元〕脱脱，等. 金史：卷七：世宗纪：中[M]. 北京：中华书局，1975：161.
[6] 〔元〕脱脱，等. 金史：卷七：世宗纪：中[M]. 北京：中华书局，1975：170.
[7] 佚名. 存留寺碑[M]//国家图书馆善本金石组. 辽金元石刻文献全编：一. 北京：北京图书馆出版社，2003：643-644.

委司县正官一员，遍诣应有寺观神祠等处，一一躬亲点检。如系自□□□塑绘□神佛容像□□所□官并司县先□□□具申州府，令司县并僧道□及州府□□□籍，仍从各州府排立字号，□□□签印□合同公据，责付住持寺观人等□执，并造一般合同文簿申覆。使府备坐□□随处遵依，委官点检施行。^①

3.《费县志·温水塔河院碑》

准尚书礼部符，刑部关都省札付，奉圣旨，据新制，已后创造无名额寺观者，然是尽合断罪，仍令除去。缘其间已有绘塑讫神佛容像者，不忍除毁，特许存留。其创造罪犯亦与免放。若今复有犯，本人科违制，司县官知而不科依制断罪，仍并解见任，札付尚书刑部照验，委司县正官科一员，遍诣应有寺观神祠等处，一一躬亲点验。如系自来已有绘塑讫神佛容像者，从所委官执结申覆，州府置簿立号，出给合同，分印公据，责付住持人收执……大定二十年十月 日给使。②

4.《太阴寺尚书礼部符》

准奉尚书礼部符。奉奏圣旨，据新制已后创造到无名额寺观者，然是尽合断罪，仍令除去。缘其间有已绘塑讫神佛容像者，不忍除毁，特许存留。其创造罪犯亦与免放。若今后有犯本人科，为制司县官知而不科，依制断罪，仍并解见，任余准奏，行札付礼部，恭依遍诣应有观神祠寺处，躬亲点检。如系自来已有塑绘讫神佛容像者，从所委官保结，申覆所属州府，令司县并僧道司及州府各分朗附历，仍从各州府排立字号，出给圆签印署合同，公据责任住持人收执照，用使衙寻施行，却据管下随司县申到数目于内。绛县张上村佛堂舍三间一十椽，看管人王行者须议出给者。右具如前，使衙今给贴付王行者，仰收执准。此□远照，使无致颓毁，别有违错。大定二十年十一月日，给王行者。③

---

①〔金〕赵□□. 三官宫存留公据碑[M]// 国家图书馆善本金石组. 辽金元石刻文献全编：二. 北京：北京图书馆出版社，2003：542.

②佚名. 温水塔河院碑[M]// 国家图书馆善本金石组. 辽金元石刻文献全编：三. 北京：北京图书馆出版社，2003：570，571.

③佚名. 太阴寺尚书礼部符[M]// 阎凤梧. 全辽金文. 太原：山西古籍出版社，2002：4008.

上述四则碑刻，虽抄录繁冗，但因其文字彼此印证，故大致能反映出大定"新制"的面貌。归纳起来，可列为以下三点：

第一，关于大定"新制"的颁行时间。上述四则史料，《山左金石志·存留寺碑》载圣旨降于大定二十年（1180），《费县志·温水塔河院碑》所记给赐公据的时间是大定二十年（1180）十月，《太阴寺尚书礼部符》所记给赐公据的时间是大定二十年（1180）十一月。由此可以认定，大定"新制"的颁行时间应当是大定二十年（1180）。这次颁布的"新制"可能是对大定十八年（1178）世宗敕令的重申和细化，它着力解决的是现存无额寺院的存毁问题。

第二，现存寺院的存毁标准。按照大定"新制"，是否有朝廷敕额是决定存毁的依据，"诸道、州、府、县、镇、村、坊应有敕额者，一切仍旧。无则便抑停废"①。但此处的敕额并不单指金代敕额，而是包含了前代敕额在内。宋代对前朝敕额不予认可②，但金代却承认前朝"旧额"。《嵩州福昌县竹阁禅院记》云，大定年间，"时朝命颁四方，若寺若观，凡无古可考者，皆撤之"③。这说明大定年间整顿佛寺秩序时，有前朝旧额的寺院，其旧额仍可继续保留。考察金代寺院碑刻，有不少刊刻前朝敕牒者，用意就在于以前朝敕额证明寺院的合法性，如景德寺就于泰和八年（1208）刊刻了景德四年（1007）北宋所赐敕牒以为寺院合法的凭据④。但据前面抄录的四则碑刻所记，那些没有前朝或本朝敕额的寺院在特殊情况下也可以保留，即凡"新制"颁布以前创建，且"已绘塑咒神佛容像者，不忍除毁，特许存留"，建造寺院之人"亦与免放"。但"新制"颁行后仍建无敕额寺院者则依制断罪，司县官有渎职者一并断罪。

第三，规定勘验寺院存废的具体程序，要求司县官应一一亲自点验，登记造册，并给付住持公据，以便收执。

---

① 〔金〕关昭素. 重修陕州故硖石县大通寺碑记[M]// 阎凤梧. 全辽金文. 太原：山西古籍出版社，2002：2687.

② 刘长东. 宋代佛教政策论稿[M]. 成都：四川出版集团巴蜀书社，2005：156.

③ 〔金〕雷渊. 嵩州福昌县竹阁禅院记[M]// 阎凤梧. 全辽金文. 太原：山西古籍出版社，2002：2762.

④ 佚名. 景德寺牒[M]// 国家图书馆善本金石组. 辽金元石刻文献全编：一. 北京：北京图书馆出版社，2003：236-237.

第三节　寺院僧职的设置及选差

中国古代佛教寺院，一方面要接受国家政权的管理，另一方面在寺院内部分官设职，实行自我管理。寺院内部的官职称为僧职，它由寺院根据规模大小、事务多少等因素确定。应该说，寺院僧职是佛教管理体系中最为基层却又极为重要的一环。

一、僧职的设置

从寺院僧职发展的历程来看，唐代的僧职以三纲为重。《唐律疏议》云："寺有上座、寺主、都维那，是为三纲。"[1]《唐六典》云："每寺上座一人，寺主一人，都维那一人，共纲统众事。"[2]三纲共同主持事务是唐代寺院的一个重要特点。但佛教发展到宋代，三纲形同虚设，寺主成为寺院事务的实际主宰者[3]。

从石刻史料的情况看，金代寺院的僧职结构与宋代相似。在金代石刻史料中，一寺之主往往称为住持、主僧，有时还称堂头，他们是寺院事务的最终裁决者，也是寺院僧职体系的最高层。以住持为核心，寺院内部设有一整套复杂、严密的僧职体系。在这个体系中，仅次于住持的是监寺，亦称监院。按照宋代的情况，监寺是住持的助手，辅佐住持处理寺内事务。贞祐年间，罗汉禅院因长老普润带走本院地土公据而向有司提告，代表罗汉院出面交涉的就是该院监寺僧广源[4]。由于监寺地位重要，充任该职都需一定履历，如燕京崇寿禅院祖朗和尚即先充大万安禅寺知事，后任

---

[1]〔唐〕长孙无忌. 唐律疏议:卷六:称道士女官[M]. 刘俊文,点校. 北京:中华书局,1983:144.
[2]〔唐〕李林甫,等. 唐六典:卷四:尚书礼部[M]. 陈仲夫,点校. 北京:中华书局,1992:125.
[3] 游彪. 宋代寺院经济史稿[M]. 保定:河北大学出版社,2003:17.
[4] 佚名. 罗汉院山栏地土公据[M]//国家图书馆善本金石组. 辽金元石刻文献全编:三. 北京:北京图书馆出版社,2003:913.

大圣安寺监寺①。同时，有些规模较大的寺院可能还设置多位监院，据《修建王山十方圆明禅院之记碑》记载，王山十方圆明禅院至少有圆祥、圆宗、宗真三位监院②。这可能是因为名寺巨刹事务繁多，因而设置多位监院以处理庶务。

首座是寺院的又一个重要职务。《敕修百丈清规》指出首座的作用："表率丛林，人天眼目。分座说法，开凿后昆。坐禅领众，谨守条章。斋粥精粗，勉谕执事。僧行失仪，依规示罚。老病亡殁，垂恤送终。凡众之事，皆得举行，如衣有领，如网有纲也。"③《大宋僧史略》谓"首座之名，即上座也。居席之端，处僧之上，故曰也"④。这样看来，首座责任重大，是住持的又一重要助手。金代石刻史料对首座亦有所记载，如大定二十三年（1183）《宣微大师法性葬记》提到宣微乃上京释迦院临坛首座⑤，《华严寺薄伽藏教记》提到倡议重修大华严寺的诸僧包括"妙行大师洎首座义普、二座德祚等"⑥。由于首座位高权重，一些名寺巨刹对首座的挑选十分严格。据《徽公塔铭》记载，澄徽和尚七岁出家，先后问学于清拙真禅师、嵩山少林寺东林志隆、洛阳龙门山宝应寺定迁，最后投嵩山龙潭寺虚明寿和尚门下，虚明一见倾心，付以首座之职。以首座地位之尊、责任之大，虚明将之付与新入寺门之人，自然会引起一些僧人的疑虑，因而"有为虚明者言：'公于徽首座推激过称，不重加炉锤，则吾恐一军皆惊将复见于今日矣'"。对于这位进言者的忧虑，虚明一笑了之，曰："君未之知耳！我二十年不了者，渠一见即了，尚待炉锤耶？"⑦此

---

① 〔元〕耶律楚材. 湛然居士文集：卷八：燕京崇寿禅院故圆通大师朗公碑铭[M]. 谢方，点校. 北京：中华书局：193.
② 〔金〕朱澜. 修建王山十方圆明禅院之记碑[M]//王新英. 金代石刻辑校. 长春：吉林人民出版社，2009：65.
③ 〔元〕德辉. 敕修百丈清规：卷四[M]. 李继武，校点. 郑州：中州古籍出版社，2011：97.
④ 〔宋〕赞宁. 大宋僧史略校注：卷中：讲经论首座[M]. 富世平，校注. 北京：中华书局，2015：111.
⑤ 佚名. 宣微大师法性葬记[M]//王新英. 金代石刻辑校. 长春：吉林人民出版社，2009：254.
⑥ 〔金〕段子卿. 华严寺薄伽藏教记[M]//国家图书馆善本金石组. 辽金元石刻文献全编：一. 北京：北京图书馆出版社，2003：141.
⑦ 姚奠中. 元好问全集（增订本）：卷三十一：徽公塔铭[M]. 李正民，增订. 太原：山西古籍出版社，2004：656.

后，澄徽果然不负虚明的信任与重托，以自己的才学折服一寺僧众，虚明亦以得人自贺。

除监寺、首座等重要僧职外，寺院还分设另外一些僧职以保证寺院的正常运转。在金代石刻史料中，一些寺院碑刻的碑末结衔题名往往标明各人僧职，从中可以窥见金代僧职的设置情况。据《十方灵岩禅寺田园记》载，该寺僧职有书记僧、经藏僧、知客僧、知阁僧、殿主僧、监寺僧、副寺僧、维那僧、典座僧、直岁僧、库头僧等[①]；《少林寺兴崇塔铭》载，该寺僧职有直岁僧、知客僧、典座僧、维那僧、副寺僧、都监僧等[②]；《罗汉院山栏地土公据》载，该寺僧职有知客、库头、直岁、典座、维那等[③]。从这些记载看，金代寺院所设僧职与《敕修百丈清规》等佛教典籍所载僧职基本一致。就各僧职的职能看，书记僧"职掌文翰，凡山门榜、疏、书问、祈祷词语，悉属之"；维那僧负责"纲维众僧，曲尽调摄"，"凡僧事内外，无不掌之"；监寺僧"以总庶务"；副寺僧"盖副贰都监寺，分劳也。掌常住金谷、钱帛、米麦出入，随时上历，收管支用"；知客僧"职典宾客"；典座僧"职掌大众斋粥，一切供养"；直岁僧"职掌一切作务"[④]。上述僧职相关僧人各自负责寺院某一个方面的事务。但是，并非所有寺院都必须设置这些僧职，实际情况应当是根据寺院的大小、事务的多寡灵活决定，不可能有整齐划一的设置标准。从石刻文献的情况看，济南灵岩寺僧职设置较为齐备，原因就在于该寺依傍名山胜境，自北宋以来，"土木丹绘之功日增月葺，庄严为天下之冠，四方礼谒，委金帛以祈福者岁无虑千万人"[⑤]。如此名动天下、领袖丛林的巨刹，日常事务之繁可以想见，因而设置的僧职也较多。相反，像罗汉院那样的中小规模寺院设置知客、典座、库头、维那等职足以料理寺中事务，当然没有必要设置

[①]〔金〕周驰. 十方灵岩禅寺田园记[M]// 国家图书馆善本金石组. 辽金元石刻文献全编：一. 北京：北京图书馆出版社，2003：79.

[②]〔金〕□昭. 少林寺兴崇塔铭[M]// 国家图书馆善本金石组. 辽金元石刻文献全编：一. 北京：北京图书馆出版社，2003：94.

[③]佚名. 罗汉院山栏地土公据[M]// 国家图书馆善本金石组. 辽金元石刻文献全编：三. 北京：北京图书馆出版社，2003：914.

[④]〔元〕德辉. 敕修百丈清规：卷四[M]. 李继武，校点. 郑州：中州古籍出版社，2011：98，103，102，104，99，105.

[⑤]〔金〕党怀英. 灵岩寺记[M]// 国家图书馆善本金石组. 辽金元石刻文献全编：二. 北京：北京图书馆出版社，2003：549.

更多僧职。

寺院僧职虽然设置清晰、等级严明，但在寺院管理方面却并非一人独裁，而是具有一定民主色彩，"凡山门常住事务，一同商议而行者"。住持僧本是拥有寺院最高职务者，但他的权力也受到一定限制。以财务管理为例，泰山谷山寺规定"住持人并知事共勾当财用盘费且收支□□"。这显然是要求由住持和相关知事共同管理财务，而且如果住持公财私用，还要受到责罚，"住持并知事、法属人等或有私用常住钱帛、物料，得□□□；如□犯之，许众徒弟知事摈罚者"。同时，住持要遵守丛林规约，泰山谷山寺曾经制定丛林规约二十一条，规约中专门规定"右前件贰拾壹条，并□□与住持、知事、法属、徒弟等递相警戒，一一不得违犯"[①]。这意味着住持虽然地位很高，但他也须谨守清规。由泰山谷山寺对住持权力的限制可以看出，金代佛教寺院具有一定民主、共治的管理氛围。

二、僧职的选差

僧职是寺院兴旺发达的重要保障，如何选差僧职关系寺院的前途命运。因此，历代寺院对僧职尤其是住持的选差都非常重视。在金代，寺院住持主要通过以下三个途径选差。

（一）皇帝敕授

宋代对具有政治意义的国家寺院、专为皇室做宗教服务的寺院、名宗名刹和特殊古刹及其他有特殊身份的寺院实行敕差制，即由皇帝亲自选任[②]。金代亦有敕差制，兹举数例。皇统年间，海慧、清慧"二老师特奉诏住持会宁长庆禅寺"[③]。天德初，圆性和尚"被旨主竹林，明年徙惠安"[④]。承安年间，"特诏万松住仰山"[⑤]。同样是承安年间，祖朗大师

---

① 郭笃凌. 泰山谷山寺敕牒碑碑阴文考论[J]. 泰山学院学报,2016(2).
② 刘长东. 宋代佛教政策论稿[M]. 成都:四川出版集团巴蜀书社,2005:275-348.
③ 李树云.《大金普照禅寺浃公长老灵塔》及金代大同佛教[J]. 五台山,2008(3).
④〔明〕明河. 补续高僧传:卷十二:圆性传[M]//〔梁〕慧皎,等. 高僧传合集. 上海:上海古籍出版社,1991:687.
⑤〔元〕释念常. 佛祖历代通载:卷二十[M]//影印文渊阁四库全书:第一〇五四册. 台北:台湾商务印书馆,1986:683.

"又奉敕选香林禅寺开山提点"①，虚明禅师也曾"奉章庙旨，主庆寿寺"②。竹林、仰山、庆寿等寺为金代名刹，这些寺院的住持选任实行敕差制体现了皇室对上述寺院的格外重视。另外，一些与皇室关系密切的寺院虽非敕差，但也由皇室推举产生，如东京大清安寺为世宗生母贞懿太后所建，在丛林中的地位非同凡响，住持自然不会随意选授。大定二十五年（1185），大清安寺隆公和尚归寂，为再择住持，"知事者闻诸皇子曹王，王乃遣属吏备礼持书，疏请（善英）住清安，辞，不获，乃受"③。此处的皇子曹王当指世宗之子永功。永功亲自具疏，礼请善英住持大清安寺，体现的不仅是对善英的礼敬，更是对大清安寺独特地位的彰显。除大清安寺外，曹王还曾经择选政言禅师为中都潭柘山龙泉禅寺住持④，它所体现的同样是礼敬僧人与举扬禅寺的双重意义。需要指出的是，敕差住持并不意味着由皇帝直接指定住持人选，而是需要经过一整套酝酿和推荐程序。泰和年间，万松行秀住持仰峤丛林时，"本寺奏请万松老人住持，上许之"⑤。由此可知，万松住持仰峤先是由本寺提名推荐，然后才得章宗首肯。

（二）由地方行政长官选差

金代一些寺院在地方上具有重要影响，这类寺院住持的差选往往由地方长官负责，参与其事者既有州、县官员，也有转运司官员，如太原交城东北古有佛寺一所，皇统年间为圆通道信禅师复振，遂成一方名刹。圆通圆寂后，法席久虚。此时恰逢觉体禅师得法于磁州大明宝，还归故乡交城。下车未几，"奈林人暨仁智淳，捧持府尹及转运使两衙请疏，丐师住持"⑥，可见州府长官及转运司官员都参加了礼请活动。查阅金代石刻可

---

①〔元〕耶律楚材. 湛然居士文集：卷八：燕京崇寿禅院故圆通大师朗公碑铭［M］. 谢方，点校. 北京：中华书局，1986：193.

②佚名. 虚明禅师塔志［M］//〔清〕张金吾. 金文最：卷一百十二. 北京：中华书局，1990：1609.

③杨讷. 英公禅师塔铭［M］// 国家图书馆善本金石组. 辽金元石刻文献全编：三. 北京：北京图书馆出版社，2003：797.

④〔金〕祖敬. 中都潭柘山龙泉禅寺言禅师塔铭［M］// 梅宁华. 北京辽金史迹图志：下. 北京：北京燕山出版社，2003：106.

⑤〔元〕耶律楚材. 湛然居士文集：卷十三：释氏新闻序［M］. 谢方，点校. 北京：中华书局，1986：276.

⑥〔金〕朱澜. 修建王山十方圆明禅院之记碑［M］// 王新英. 金代石刻辑校. 长春：吉林人民出版社，2009：64.

知，礼请住持的不仅有地方官员，有时还有朝廷大员，如天德年间，青州示寂仰山，太师、尚书令、南阳郡王张浩遣使赍书，命宝公禅师住持仰山[1]。大定年间，法秀禅师应唐国公主驸马、统军乌林荅之请住持智海禅院[2]；明昌年间，左丞相夹谷清臣礼请虚明禅师住持中都潭柘寺[3]。此外，慧杲禅师住持中京龙门山乾元禅寺也是"石抹知府孙铎、刘之昂，敦请劝缘"[4]的结果。

住持虽位高权重，但面对官员的礼请，并非所有僧人都乐于赴任。寺院表面上为佛门清净之地，但庶务繁杂、人事纷争，一些僧人畏于其难，不愿担任住持，因而对地方官的诚意邀请或婉拒，或坚辞。以济南灵岩寺为例，皇统元年（1141），住持灵岩寺妙空净如禅师示寂，时定光禅师遍参高僧，彻证传心之旨，深得四方嘉许。灵岩虚席后，"府帅都运刘公谓一时尊宿德行纯备无如师者，遂亲率府属寄居士夫僧正纲维诣寺劝请"。府帅劝请之意虽殷，定光禅师却以"灵岩巨刹，未易遽治"为辞予以婉拒。但府帅坚请之心丝毫未减，劝曰："师负重名，当暂屈一往。不劳指顾，众目悦服。"对此，定光禅师"犹形谦让，府帅恳请，久乃应命"[5]。

除地方长官或朝廷要员亲自敦请者，金代还有一些寺院是由僧众共议住持人选禅师，其后申报官府批准而产生的，如滕州福胜院即由"本村耆老王通者，率众诣郡，保举到有能声僧普则住持"[6]。太原交城县十方圆明禅院觉体禅师圆寂后，先后两任住持皆由监院圆祥、圆宗等人与众计议，确定嗣事者之后，赍府尹、漕台之疏敦请而成[7]，实际就是先由寺院

---

[1]〔金〕翟炳. 长清县灵岩寺宝公禅师塔铭[M]//〔清〕张金吾. 金文最：卷一百十一. 北京：中华书局，1990：1597.

[2]〔金〕李名阙. 汝州香山秀公禅师塔铭[M]//〔清〕张金吾. 金文最：卷一百十一. 北京：中华书局，1990：1601.

[3] 佚名. 虚明禅师塔志[M]//〔清〕张金吾. 金文最：卷一百十二. 北京：中华书局，1990：1609.

[4]〔金〕乐诜甫. 中京龙门山乾元禅寺杲公禅师塔铭并序[M]//〔清〕张金吾. 金文最：卷一百十一. 北京：中华书局，1990：1599.

[5] 定光禅师事迹参见：〔金〕李鲁. 灵岩寺定光禅师塔铭[M]//〔清〕张金吾. 金文最：卷一百十. 北京：中华书局，1990：1581.

[6]〔金〕李杰. 敕赐福胜院碑[M]//〔清〕张金吾. 金文最：卷六十八. 北京：中华书局，1990：988.

[7]〔金〕朱澜. 修建王山十方圆明禅院之记碑[M]// 王新英. 金代石刻辑校. 长春：吉林人民出版社，2009：65.

确定住持人选，之后取得官府批准。法云禅师入主灵岩寺时，由移守济南的谢銮"采摭舆论，以师名申省，三请而后从"①。这里的"采摭舆论"，显然是指征求僧俗各界的意见以确定住持人选。但仅有僧众公议还不够，灵岩寺为一方名刹，住持人选非地方州府可以自专，须上报至尚书省择定。

（三）由地方僧俗自行推举

按照宋代的习惯，寺院分为敕差住持院、十方住持院、甲乙徒弟院等几类，金代也大略如此。其中，敕差住持院的住持由皇帝任命，十方住持院的住持需选十方名宿，而甲乙徒弟院可由寺院内部的弟子担任。从石刻记载的情况看，金代一些小规模院、庵属甲乙徒弟院的僧人数量有限，社会影响不大，因而住持一职往往由寺院僧人推举产生。例如，午西里延福禅院住持法深归寂后禅院无主，父老"具斋沐攀请秦城寺律师规公住持斯院"。规公住持延福禅院后，虑"斯院之继者何？沈思之，动容有间。河中普救十方大悲禅院静行僧正高徒照公法师即其人也。由是修疏，三请同住斯院"②。由这则史料可以看到，法深圆寂后，延福禅院延请规公前来住持是父老共议的结果，而规公延请照公法师同住寺院则是规公的自主决定。又如，忻州兴化寺尼善德三十五岁时，"众尼选补，充本寺尚座寺主，固让再四而受"。尼清严三十七岁时，"院众补充本寺维那，四十三岁院众复补充尚座"。尼清信"三十三岁院众补充本寺尚座，三十九岁院众复补寺主"③。忻州兴化寺是一座尼寺，该寺自天德三年（1151）到明昌五年（1194）的43年，先后几任寺主均由寺众自行推选产生。由此可见，一些小规模寺院住持人选可能由僧俗自行择定。然而，遗憾的是，这类小规模院庵不受世人关注，留传下来的史料极少，因而不能做更多详细研究。

金代寺院的僧职除按以上途径进行差选外，还有鬻买一途。宣宗以后，为缓解财政危机，将官卖寺观名额、僧道度牒、紫衣师号等扩大至僧

---

①〔金〕释正观．灵岩寺云禅师塔铭[M]//〔清〕张金吾．金文最：卷一百十二．北京：中华书局，1990：1610．
②〔金〕释智．午西寺碑．澄城县志：卷二十一[M]//石刻史料新编：第三辑：第三十二册．台北：新文丰出版公司，1986：19．
③侯慧明．忻州新发现金代七通"佛顶尊胜陀罗尼幢"考论[J]．博物馆研究，2014（2）．

道官。贞祐四年（1216），宣宗接受耀州僧人广惠的建议，以军储不足为由，规定京府节镇僧道之官皆标价出卖，其中就有"诸监寺十石，周年一代，愿复买者听"[1]的规定。监寺在寺院中的地位仅次于住持，如此重要的职务只标价十石，仅任期一年，且可以连续鬻买，说明金朝政府敛财之心已经迫切到无以复加的程度。至于寺院中其他僧职是否可以鬻买，由于史料所限，目前还无法作出明确判断。

由于僧职选任关系到寺院兴衰，因而历代选任僧职都有严格标准。唐代规定，"凡天下寺观三纲及京都大德，皆取其道德高妙为众所推者补充"[2]；宋代规定，凡十方寺观住持虚席者，应"选举有年行学业，众所推服僧、道"[3]为之。由此看来，学识精深、戒行清净、公正均平是唐宋两代对僧职特别是对寺院住持的共同要求。金代选择寺院住持的标准虽然未见明确条文规定，但从石刻文献的情况看也以德行圆满、佛法高深为主。例如，《华山十□太阴寺记》云："此太阴寺者，始终请命十方有德僧行看守住持。"[4]《长清灵岩寺妙空禅师塔铭》云："灵岩自昔为大禅刹，实观音建化道场。举天下胜绝之地相甲乙者，不过二三处。故前后主僧，非一时高名大德，时君不轻付畀。"[5]不过，高僧大德毕竟属凤毛麟角，因而一些名僧往往兼领多处寺院或先后住持多处大刹，如王山十方圆明禅院体公禅师"续受汾阳节使乌公之请，兼领天宁禅寺"[6]，义谦法师"岐阳开化寺、长乡城义井院、李河灵岩寺皆请为提控宗主"[7]，虚明禅师"五坐道场：嵩山之戒坛、韶山之云门、郑州之普照、林溪之大觉、嵩山之法

---

① 〔元〕脱脱，等. 金史：卷五十：食货志：五[M]. 北京：中华书局，1975：1126.

② 〔唐〕李林甫，等. 唐六典：卷十八：大理寺鸿胪寺[M]. 陈仲夫，点校. 北京：中华书局，1992：505.

③ 庆元条法事类：卷五十：道释门一：住持[M]. 戴建国，点校. 哈尔滨：黑龙江人民出版社，2002：705.

④ 佚名. 华山十□太阴寺记[M]// 阎凤梧. 全辽金文. 太原：山西古籍出版社，2002：4043.

⑤ 〔金〕张严老. 长清灵岩寺妙空禅师塔铭[M]// 〔清〕张金吾. 金文最：卷一百十. 北京：中华书局，1990：1583.

⑥ 〔金〕边元勋. 王山十方圆明禅院第二代体公禅师塔铭碑[M]// 王新英. 金代石刻辑校. 长春：吉林人民出版社，2009：38.

⑦ 赵仲先. 谦公法师灵塔铭[M]// 王新英. 金代石刻辑校. 长春：吉林人民出版社，2009：139.

王"①，弘相禅师"出世住郑州之大觉，嵩山之少林，沂州之普照，最后住清凉"②。这些高僧大德与名山巨刹相得益彰，为金代寺院的建设和发展作出了重要贡献。

第四节　寺院的社会功能

寺院是佛教的活动中心，它的核心功能是传扬佛法。除此之外，它还承担着一系列社会功能。就金代的情况来看，这些功能主要包括以下五个方面。

一、社会公益功能

作为中国传统社会极具影响力、号召力的宗教之一，佛教既有超脱生死的强烈追求，也有执着利生的入世情怀。佛教主张的福田观念、利益众生观念都促使佛教寺院及其信徒积极投身社会公益事业。因此，历代高僧大德无不以"救摄诸贫穷，饥寒穷塞者，疾病艰危苦，施药悲怜业"③为念，在济贫救灾、赡养孤老、发药疗疾等方面作出了重要贡献，从而成为中国古代社会公益事业的重要参与者和建设者。金代一些寺院和僧人秉承佛教慈悲情怀利物济人、拔苦除疾，特别在以下三个方面作出了突出贡献。

（一）兴修水利，架设桥梁

有金一代，不时发生的水患造成道路损毁、交通中断，给人们生活带来极大不便。朝廷虽然设有专门机构治理河道，但由于财力有限，这种治

---

① 佚名. 虚明禅师塔志[M]//〔清〕张金吾. 金文最: 卷一百十二. 北京: 中华书局, 1990: 1609.

② 〔明〕明河. 补续高僧传: 卷十二: 清凉相公传[M]//〔梁〕慧皎, 等. 高僧传合集. 上海: 上海古籍出版社, 1991: 687.

③ 〔唐〕释道宣. 广弘明集: 卷二十七: 下: 随喜万善门二十九[M]// 影印文渊阁四库全书本: 第一〇四六册. 台北: 台湾商务印书馆, 1986: 716.

理一般局限于大型河流，面对中小河流水患泛滥成灾往往无能为力。因此，水患过后，一些高僧主动筹集资金，组织人力，带领乡民修桥补路，如洪洞附近的霍水常常泛滥成灾，"当夏秋霖潦，涨水暴至，虽期会之急若星火，然且不得渡"。尽管霍水时常为患，但当地对霍水的治理却效果不佳，"迨乎孟冬，则又劳民费财，以构舆梁，世以为病，而莫知改作"。在这种情况下，"父老告病于僧录文妙大师广公，以桥事为请"。文妙大师慨然应允，并"亲率其徒，出化闾里"。在他的带动下，众人纷纷响应，"檀施翕然踊跃欢喜而劝成之。未几，会诸木石，而建大桥"，是为惠远桥。该桥建成后，"居民无岁役之劳，行者忘滞留之叹"①，极大方便了人们生活。平定县慈相寺旧时也受水患之害，"寺旧枕麓台河，河岸崩溃，岁劳伺护"，慈相寺僧人福澄"乃役夫二千，凿水远流，遂免其患"②。金代石刻史料中还记载了一些类似的事例，所记皆为僧人带领乡邻整治水患，修筑桥梁之事。这些僧人面对水患，发慈悲心，运方便力，聚有缘人，攻坚克难，为地方水利建设作出了重要贡献。

（二）施药疗疾，救治伤病

救死扶伤、施药疗疾是佛教人士广种福田的重要方式。《法苑珠林》载福田七法，其第三法即为"常施医药，疗救众病"③。道宣在制定《四分律》时也强调，"若彼病者，慈心施食，随病所宜。若非随病食施，得罪也"。自佛教传入中国以来，一些僧人以医术作为自利利他之法，他们将精湛医术同佛教主张相结合，在行医济病中弘扬佛法，既推动了医学的发展，提高了人们的健康水平，同时也扩大了佛教的社会影响。

金代一些佛教寺院及僧人继承了借医弘教的传统，乐于以医术拯救众生，拔苦去难。例如，灵岩寺住持定光禅师"又好储诸良药，拯救患难，见有疾苦，如出诸己"④。东林志隆住持少林寺期间设立药局，"取世所必

---

① 〔金〕乔逢辰. 惠远桥记[M]//〔清〕张金吾. 金文最：卷二十二. 北京：中华书局，1990：308.
② 〔金〕安泰. 汾州平遥县慈相寺修造记[M]//阎凤梧. 全辽金文. 太原：山西古籍出版社，2002：1992.
③ 〔唐〕释道世. 法苑珠林校注：卷三十三[M]. 周叔迦，苏晋仁，校注. 中华书局，2003：1034.
④ 〔金〕李鲁. 灵岩寺定光禅师塔铭[M]//〔清〕张金吾. 金文最：卷一百十. 北京：中华书局，1990：1582.

用疗疾之功博者百余方以为药,使病者自择焉"①,并委派办事周密、廉洁无私的僧人主持药局事务。

寺院既然设立药局,拔救众生,当然不应以营利为目的。少林寺药局起初在服务大众时就严禁盈利,"仍不许出子钱致赢余,恐以利心而妨道业",但后来可能有所更张,故有"二十年间,斋厨仰给"②之说。实际上,宋金时期寺院行医虽有无偿为大众服务者,但以医术致利者也不在少数,如平遥县慈相寺拥有开山祖师无名大士所遗之眼药方,福澄住持该寺时,"世鬻以资道用。至公住持,利入百倍"③。虽然寺院行医时的营利行为与佛教主张的慈悲思想不完全相符,但在医疗水平有限的中国古代,寺院及僧人以医术拔济众生,利养有情,仍然值得肯定。

(三)募集钱粮,赈济饥民

金代处于中国历史上自然灾害多发期,每逢被灾时节,朝廷必须付出大量的人力物力救济灾民。除官方赈灾外,佛教寺院也是一支不可忽视的重要力量,一些僧人凭借广泛的社会影响积极参与灾荒救助。灵岩寺定光禅师"恤贫周急,动推恻隐,数于道路解衣以遗寒者,嗫冻而归"④。金末元初的海云印简竭力救助灾民,"积其所余以济其困苦之众。宣宗闻之,遣使赐以通玄广惠大师之号"⑤。

高僧大德以一己之力赈疾救贫固然值得称颂,但受惠者毕竟有限。因此,金代寺院参与赈济的方式更多是受朝廷或民间之托主持赈济机构。金代设有专门机构行使赈灾职能,这类机构多以养济院、暖汤院、普济院名之。每逢灾害发生,朝廷往往通过上述机构赈济灾民。例如,熙宗皇统元年(1141),"陕西大旱,饥死者十七八"。时傅慎微任京兆、鄜延、环庆

---

① 姚奠中. 元好问全集(增订本):卷三十五:少林药局记[M]. 李正民,增订. 太原:山西古籍出版社,2004:730.

② 姚奠中. 元好问全集(增订本):卷三十五:少林药局记[M]. 李正民,增订. 太原:山西古籍出版社,2004:730.

③ 〔金〕安泰. 汾州平遥县慈相寺修造记[M]//阎凤梧. 全辽金文. 太原:山西古籍出版社,2002:1992.

④ 〔金〕李鲁. 灵岩寺定光禅师塔铭[M]//〔清〕张金吾. 金文最:卷一百十. 北京:中华书局,1990:1582.

⑤ 〔元〕王万庆. 大蒙古国燕京大庆寿西堂海云大禅师碑[M]//孙勐. 北京佛教石刻. 北京:宗教文化出版社,2012:143.

三路经济使，傅氏"募民入粟，得二十余万石，立养济院饲饿者，全活甚众"①。章宗明昌四年（1193）十二月，"谕大兴府于暖汤院日给米五石，以赡贫者"②。承安二年（1197）十月，因大雪"以米千石赐普济院，令为粥以食贫民"③。但朝廷设立的赈济场所往往有两个弊端：其一，动作迟缓，不利于救急。朝廷救灾有一整套组织程序，明昌二年（1191）就规定，凡民间土地有遭水旱灾伤者，须先委官看视，再申文州府，最后经提刑司批准方可翻耕④。地方官若因急于救灾而违反上述程序，往往要承担相应的责任。刘仲洙任定海军节度使时，就因为未及上司批准先开仓赈贷而受到有司的弹劾⑤。明昌初，蒲察五斤为奉御出使山东时，见河间百姓大饥，令提刑司开仓赈济。回朝后，章宗以专擅之罪杖之二十⑥。依照程序救灾固然应该，但灾民嗷嗷待哺之际，各级官员却在簿书间空耗时日，因而必定影响救灾效率。其二，以金末吏治之坏，由朝廷机构承担赈灾之责难免有克扣冒领之弊。与此相反，寺院一向有赈灾的传统及经验，而且少有贪腐之患。因此，朝廷有时直接委托寺院赈灾。例如，泰和五年（1205）三月，章宗"命给米诸寺，自十月十五日至次年正月十五日作糜以食贫民"⑦。有时朝廷委托僧人担当赈灾负责人，如大定二年（1162），甘泉普济寺赐紫严肃大师"宫中复差请充都下暖汤院提点，设济饥民"⑧。一些民间发起的赈灾活动有时也请僧人主持，如宣德州旧有广济院一所，"为贫设济，久而力薄，几不能行"。无以为继之时，张子行慷慨施捐，"公锐然首施米五十石，诱善人同力复为兴弘"。为使用好这些粮米，众人"及请高行僧善潜主张"。善潜主持赈济事务几近数十年，收效

---

① 〔元〕脱脱，等. 金史：卷一百二十八：傅慎微传[M]. 北京：中华书局，1975：2763.
② 〔元〕脱脱，等. 金史：卷十：章宗纪：二[M]. 北京：中华书局，1975：230.
③ 〔元〕脱脱，等. 金史：卷十：章宗纪：二[M]. 北京：中华书局，1975：243.
④ 《金史·食货志》云："明昌二年二月，敕自今民有诉水旱灾伤者，即委官按视其实，申所属州府，移报提刑司，同所属检毕，始令翻耕"，参见：〔元〕脱脱，等. 金史：卷四十七：食货志：二[M]. 北京：中华书局，1975：1060.
⑤ 〔元〕脱脱，等. 金史：卷九十七：刘仲洙传[M]. 北京：中华书局，1975：2155.
⑥ 〔元〕脱脱，等. 金史：卷十二：章宗纪：四[M]. 北京：中华书局，1975：274.
⑦ 〔元〕脱脱，等. 金史：卷十二：章宗纪：四[M]. 北京：中华书局，1975：271.
⑧ 〔金〕沙成之. 甘泉普济寺赐紫严肃大师塔铭[M]//〔清〕张金吾. 金文最：卷一百十. 北京：中华书局，1990：1588.

明显,"其□穷之人获所养者,不可胜数"①。僧人受朝廷或民间委托主持赈济事务拓宽了寺院参与公益事业的渠道,提高了赈济事务的效率,有利于缓和灾情、救护灾民。

二、文化活动功能

佛教传入中国后,寺院不仅仅是弘法中心,同时也是社会文化活动中心。之所以如此,一方面,由于寺院环境清幽,容易成为社会各界交往之所,寺院宽敞的空间也为这种交往提供了必要的物质依托;另一方面,一些僧人较高的文化素养也吸引各界人士前往讲论诗文,陶冶情操。从金代的情况看,寺院的文化中心功能主要体现在三个方面。

(一) 佛经收藏中心

寺院藏书的历史由来已久,自魏晋南北朝以来,佛寺藏书就成为与官府藏书、私人藏书、书院藏书并行的中国古代四大藏书类型之一。佛寺藏书之多,有时不逊于其他三种类型,唐宋时期的庐山东林寺即以收藏宏富而闻名天下。当然,寺院作为佛家弘法之地,收藏图书必以佛典为先。金代佛教发展虽不比唐宋之盛,但寺院藏经仍然盛行一时。宜州厅峪道院"凡所贮藏有五千四十八卷,故名曰藏经"②;泽州硖石山福严禅院"寺有藏经五千卷"③;沂州普照寺"于大雄殿之北创立广厦,聚竺土所传调御所说五千四十八卷之经"④。西京大华严寺,辽金两代都是重要的佛教中心,辽代重熙年间所藏经书"通制为五百七十九帙"。入金后,这些藏经遭到战火破坏,兴严寺临垣传戒慈慧大师率众结邑重修藏经,经过三年的努力终于大成,"其卷轴式样,新旧不殊;字号诠题,后先如一"⑤。

---

①〔金〕王师孟. 张子行墓志[M]// 王新英. 金代石刻辑校. 长春:吉林人民出版社,2009:191.
②〔金〕徐卓. 宜州厅峪道院复建藏经千人邑碑[M]// 〔清〕张金吾. 金文最:卷六十六. 北京:中华书局,1990:954.
③〔金〕杨庭秀. 大金泽州硖石山福严禅院记[M]// 阎凤梧. 全辽金文. 太原:山西古籍出版社,2002:2046.
④〔金〕仲汝尚. 沂州府普照寺碑[M]// 国家图书馆善本金石组. 辽金元石刻文献全编:二. 北京:北京图书出版社,2003:511.
⑤〔金〕段子卿. 华严寺薄伽藏教记[M]// 国家图书馆善本金石组. 辽金元石刻文献全编:一. 北京:北京图书出版社,2003:142.

自佛教传入中国以来，佛经作为佛教三宝中法宝的具体体现，受到信众的顶礼膜拜。这些佛经虽可供阅读，但更具供养之意。为体现崇信，佛经往往贮藏于庄重华丽之地。宝坻大觉寺有内经一藏，"漆函金饰，工制瑰玮，刻毗卢坛，覆以毳幪，珠缨宝帨，文采灿然"①。金末，燕京大觉禅寺请得经藏后，"创建壁藏斗帐龙龛一周，凡二十架，饰之以金，缋之以彩，穷工极巧，焕然一新，计所费之直白金百笏"②。济州普照禅寺耗钱二百万有奇，自京师弘法寺购得两部《大藏经》，"漆板金字，以为严饰"③。这些装饰华美的经卷和高大宏阔的藏经场所彼此映衬，充分显示出佛经的庄严和佛教信徒的虔诚，构成了中国图书史上别具风采的一章。

（二）读书中心

寺院藏书宏富，环境清幽，是士人读书的理想场所。金代文士元德明曾读书于忻州福田寺。据方志记载，"忻州福田寺，在系舟山。金元德明读书于此，有《寒食游寺》诗"④。后来元德明又写《寒食再游福田寺》回忆当年读书情景，吟出"曾是西堂读书客，不应啼鸟也催归"⑤之句。元德明之后，其子元好问儿时亦在寺院读书，后来元好问作《外家南寺》一诗专记此事⑥。金代另一著名文士王庭筠也曾读书于山寺，《金史》本传载其"读书黄华山寺"⑦。据元好问介绍，王庭筠卜居隆虑黄华山期间，"山有慈明、觉仁二寺，上下相去不半里所。西抵镜台，直鸡翅洪之悬流，幽林穹谷，万景坌集，一水一石，皆昆阆间物。顾视尘世，殆不可一日居也"。面对如此清幽的山水，王庭筠"乃置家相下，买田隆虑，借二寺为栖息之地"。十余年间，王氏"得悉力经史，务为无所不窥，旁及释

---

①〔金〕张瓒. 大觉寺记[M]//〔清〕张金吾. 金文最：卷二十二. 北京：中华书局，1990：304.
②〔元〕耶律楚材. 湛然居士文集：卷八：燕京大觉禅寺创建经藏记[M]. 谢方，点校. 北京：中华书局，1986：198.
③〔金〕赵渢. 济州普照禅寺照公禅师塔铭[M]//〔清〕张金吾. 金文最：卷一百一十一. 北京：中华书局，1990：1593.
④陈衍. 金诗纪事：卷七[M]. 王庆生，增订. 上海：上海古籍出版社，2003：169.
⑤陈衍. 金诗纪事：卷七[M]. 王庆生，增订. 上海：上海古籍出版社，2003：169.
⑥姚奠中. 元好问全集（增订本）：卷九：外家南寺[M]. 李正民，增订. 太原：山西古籍出版社，2004：196.
⑦〔元〕脱脱，等. 金史：卷一百二十六：王庭筠传[M]. 北京：中华书局，1975：2731.

老家，尤所精诣。学益博，志节益高，而名益重"①。王氏一生诗书画俱佳，他的这些成就与山寺读书经历不无关系。此外，顺天西北四十里有抱阳显济寺，"大名总管邢仲良、近代郑州刺史赵摅子充，皆尝读书于此"②。李有之、高唐卿、赵廷玉"读书永平西一山寺"，"后三人皆登上第，极品"③。施逵躲避南宋追捕之际，曾得一寺僧指点，"遂至某寺，暇日买北庭举业习之，易名宜生"④，后举进士，名冠榜首。元氏父子及王庭筠诸人于山寺读书后或学问精进，或名登上第。由此可见，中国古代文人于山寺读书对养心修身、增长学识确有裨益。

（三）科举考场

金代的科举制度草创于太宗时期。此时战事方殷，诸事未备，科举考试未形成固定制度，因而此时的开科多是地方性、临时性的，考试地点只能因陋就简，有时考场就设在寺院，如下列三次考试：

安国寺之试。天会四年（1126），"斡离不既破真定，拘籍境内进士试安国寺"⑤。

竹林寺之试。《三朝北盟会编》引赵子砥《燕云录》云："戊申正月，刘彦宗移文河北已得州县镇，搜索举人。二月一日已前起发赴燕山就试，与免科差。于竹林寺作试院。"⑥

悯忠寺之试。此次考试不在金初，而在金代中叶的大定年间。世宗时期，为培育女真人才，特设女真进士科，是为策论进士。策论进士首次开科取士在大定十三年（1173），该年八月丁丑，"策试进士于悯忠寺"⑦，得徒单镒以下贤者二十七人。如果说安国寺、竹林寺成为科举考场的原因在于金初诸事未备，因物力所限而只能就试于寺院的话，那么大定年间以

---

① 姚奠中．元好问全集（增订本）：卷十六：王黄华墓碑[M]．李正民，增订．太原：山西古籍出版社，2004：394．

② [金]元好问．续夷坚志：卷三：抱阳二龙[M]．常振国，点校．北京：中华书局，1986：60-61．

③ [金]元好问．续夷坚志：卷三：三秀轩[M]．常振国，点校．北京：中华书局，1986：61．

④ 陈衍．金诗纪事：卷四[M]．王庆生，增订．上海：上海古籍出版社，2003：35．

⑤ [元]脱脱，等．金史：卷一百二十七：褚承亮传[M]．北京：中华书局，1975：2748．《金史·褚承亮传》记此次考试时间为天会六年（1128），李桂芝先生考定为天会四年（1126）。李桂枝．辽金科举研究[M]．北京：中央民族大学出版社，2012：141．

⑥ [宋]徐梦莘．三朝北盟会编：卷九十八[M]．上海：上海古籍出版社，1987：726．

⑦ [元]脱脱，等．金史：卷二十三：五行志[M]．北京：中华书局，1975：538．

悯忠寺为策论进士考场可能是初开女真科举，准备工作不足所致。

三、客舍功能

自中古以来，旅人歇宿之处大概有三类：一是主要为过往官员服务的驿馆；二是官营或私营的旅馆；三是广布于各地的佛教寺院。其中，佛寺接纳行旅之俗可能源于寺院的挂单制度。中古时代，杖锡云游的僧侣可在具备接待条件的寺院歇息食宿，佛教谓之"挂单"。这一传统扩展至民间逐渐形成了寺院接纳世俗行旅的习俗，于是衍生出佛寺的一项社会功能——停客。魏晋以来，上至王公朝士，下至贩夫走卒，寄宿佛寺者不可胜数。延及两宋，寺院接纳行旅的制度进一步完善，一些寺院及僧人甚至以此作为谋利手段。洪迈就记载，"二浙僧俗，多建接待庵，以供往来缁徒投宿，大抵若禅刹然。其托而为奸利者，固不少也"[1]。

金代寺院同此前朝代一样，具备接待行旅住宿功能。曾任翰林修撰等职的赵扬于天眷年间筮仕潞城，"奉郡檄常村治侵田，寓宿僧舍"[2]。贞元年间状元及第的赵安时"自时扰攘，略无定居，每来寄食精舍"，受到寺僧的热情款待，"蒙智源、智远二大师勤意，殊不少衰"[3]。一些名刹巨寺往往更受行旅欢迎。济南灵岩寺风光秀丽，环境清幽，吸引了很多过往旅人投宿，其中不乏公卿大夫、文人名士。大定年间充济南府判官的杨野曾于皇统五年（1145）"自任城往历下，访表弟子司户叔和，由泰安宿灵岩"。四十年后，杨野"因捕蝗，与省部委差暨长清丞复宿是蓝"。四十年沧桑巨变而古刹依然，杨野遂题《宿灵岩寺有感》，并勒石记之。诗中写道："旅店难投迹，灵岩少息肩。上人蒙眷恋，信宿得流连。"离开灵岩时，杨野依依不舍，"官程严有限，精舍无住缘。诘旦还推枕，归途复著鞭。何当罢尘累，永结社中莲"[4]。与杨野相似，金代的一些文人名士留

---

[1]〔宋〕洪迈. 夷坚志·夷坚支癸：卷四：祖圆接待庵[M]. 何卓，点校. 北京：中华书局，1981：1246.

[2]〔金〕赵扬. 潞州潞城县常村重建洪济院记[M]//阎凤梧. 全辽金文. 太原：山西古籍出版社，2004：1129.

[3]〔金〕赵安时. 崇安寺题壁[M]//阎凤梧，康金声. 全辽金诗. 太原：山西古籍出版社，1999：656.

[4]陈衍. 金诗纪事：卷六：宿灵岩寺有感[M]. 王庆生，增订. 上海：上海古籍出版社，2003：117.

宿僧寺后往往作诗纪念，如元好问有《与同年敬鼎臣宿顺天天宁僧舍》①《僧寺阻雨》《宿海会寺同孙讲师明上人赵书宝刘巨济夜酌二首》②，赵元有《宿少林寺》③，赵沨有《晚宿山寺》④，卢天锡有《题寄居僧寺壁二首》⑤，冯延登有《宿三家寺》⑥《登封途中遇雨留宿僧舍》⑦，崔遵"尝有《宿少林》诗"⑧。如此密集的僧寺题诗说明客旅留宿僧寺比较常见，寺院已成为旅人歇宿的落脚点。

行旅留宿僧寺，有的是爱寺院之幽，有的是喜寺院地利之便，还有的是因为战火之余，庐舍俱焚，行旅无可止宿，只有借寓僧寺。比较典型的是"靖康之变"以后徽宗、钦宗被掠北行途中，因"道中初经兵火，屋庐俱烬，尸骸腐朽，白骨累累"，而不得不"夜宿破寺"⑨。此次国难，徽宗、钦宗分两路被虏往北地，其中徽宗在被押途中多次驻跸僧寺。行至燕山时，"寓止燕京延寿寺，宗室自濮王仲理以上，别居仙露僧舍"⑩，"郑后以下九百余人馆延寿寺"⑪，从官陈过庭等五十余人及耿南仲、孙元"自真定至燕山，居崇国寺"⑫。钦宗自云中至燕山后，"驻跸燕山悯忠寺"，徽宗、钦宗"七月上旬于昊天寺相见"⑬。看来在徽、钦两帝北迁途

---

① 姚奠中. 元好问全集(增订本)：卷十四[M]. 李正民,增订. 太原：山西古籍出版社,2004：350-376.

② 姚奠中. 元好问全集(增订本)：卷十四[M]. 李正民,增订. 太原：山西古籍出版社,2004：350-376.

③〔金〕元好问. 中州集：卷五：宿少林寺[M]. 长春：吉林出版集团有限责任公司,2005：179.

④〔金〕赵沨. 晚宿山寺[M]//阎凤梧,康金声. 全辽金诗. 太原：山西古籍出版社,1999：1223.

⑤〔金〕卢天锡. 题寄居僧寺壁二首[M]//阎凤梧,康金声. 全辽金诗. 太原：山西古籍出版社,1999：1872.

⑥〔金〕元好问. 中州集：卷五：宿三家寺[M]. 长春：吉林出版集团有限责任公司,2005：169.

⑦ 陈衍. 金诗纪事：卷七：登封途中遇雨留宿僧舍[M]. 王庆生,增订. 上海：上海古籍出版社,2003：166.

⑧〔金〕元好问. 中州集：卷七：崔遵[M]. 长春：吉林出版集团有限责任公司,2005：244.

⑨〔宋〕确庵,〔宋〕耐庵. 靖康稗史笺证：青宫译语笺证[M]. 崔文印,笺证. 北京：中华书局,1988：176.

⑩ 奉使辽金行程录(增订本)[M]. 赵永春,辑注. 北京：商务印书馆,2017：242.

⑪〔宋〕确庵,〔宋〕耐庵. 靖康稗史笺证：呻吟语笺证[M]. 崔文印,笺证. 北京：中华书局,1988：198.

⑫〔宋〕确庵,〔宋〕耐庵. 靖康稗史笺证：呻吟语笺证[M]. 崔文印,笺证. 北京：中华书局,1988：203.

⑬〔宋〕徐梦莘. 三朝北盟会编：卷九十八[M]. 上海：上海古籍出版社,1987：724.

中，由于战争破坏，客舍焚荡一空，加之金人有意虐待，燕京地区的僧寺成为北宋君臣止栖的重要场所。

金代建有比较完善的邮驿制度。这些驿站有接待往来官员住宿的功能。但在一些偏远地区由于条件所限未设驿站，因公往来的官员只能借寺院栖身。章宗初年，王寂两次巡按辽东，其中第一次巡视辽东自明昌元年（1190）二月十二日至四月七日，历时55天，第二次自明昌二年（1191）二月初十至三月十二日，历时32天，两次巡视总计87天。这两次行程，王寂屡次停宿僧寺。第一次巡视时，他先后寄宿望平僧寺、间阳僧寺、同昌南城之萧寺、宜民县福严院、懿州宝严寺、懿州返照庵、灵山县佛寺、荣安萧寺、柳河县僧舍、韩州大明寺[1]。第二次巡视时，他先后宿辽阳灵岩寺、析木法云寺、汤池护国寺、辰州兴教寺、熊岳兴教寺、龙门山云峰院、复州宝岩寺、新市龙岩寺[2]。在两次巡视辽东的87天时间里，王寂寄宿过近20座僧寺，其中《辽东行部志》所记55晚，有25晚因"居民萧条，亦无传舍，寄宿于僧寺"[3]。这些史实，一方面说明直至章宗时期辽东地区仍未得到大规模开发，邮传系统尚未完备；另一方面说明佛教寺院在辽东旅人的止栖过程中发挥了不可替代的重要作用。

四、游览功能

中国佛寺自中古以来就是重要的人文景观。有金百余年间游寺之风延绵不绝，由此成就了佛教寺院的游览功能。

四众游览佛寺，一则是受佛法的感召，一则是受佛寺环境的吸引。金代的寺院，建于城镇周围者闹中取静，可滤俗世烟尘，可脱万般烦恼；建于山间者远离喧嚣，可体味自然之美，可感受天地灵气。由此，游览与悟道相结合，是中国古代佛寺观光的一大特色。而对普通游客而言，吸引他们的首先是寺院的景色。这种吸引既体现为佛寺所在的山川之美，又体现

---

[1] 贾敬颜. 五代宋金元人边疆行记十三种疏证稿：王寂《辽东行部志》疏证稿[M]. 北京：中华书局，2004：258，269，271，272，275，276，284，286，292.

[2] 贾敬颜. 五代宋金元人边疆行记十三种疏证稿：王寂《辽东行部志》疏证稿[M]. 北京：中华书局，2004：171，182，184，187，192，195，204，210.

[3] 贾敬颜. 五代宋金元人边疆行记十三种疏证稿：王寂《辽东行部志》疏证稿[M]. 北京：中华书局，2004：269.

为佛寺本身的建筑之美。例如，福山县金堆院所在的金堆山，"形势虽不甚高。而平瞰西南诸山，秋纤远近，叠见错出，环峙腾赴，若皆出其下者"，而金堆院经过几代僧人的大力兴修，"修廊巨厦、重门复阁，焕然相望，轮奂一新"，"联清储邃，窈窕靖深，幽花奇石，左顾右触，扶疏苍蒨，大抵如画图罗汉大士所居"。山川秀丽、寺宇辉煌的金堆院不能不引起八方信众的游兴，"数年之间，声闻四远。凡宦游旅至于东方者，以不一到为平日之恨"①。宝塔山龟镜寺同样以秀美风光吸引了无数游客，"寺去广远途三里而近，游人供客，且无攀援杖履之劳，至于登临顾揖，则晨霏夕霭，暖翠晴岚，尽东南之胜于俯仰之间，实古今佳处"②。

寺院环境的清幽与秀美吸引了大批游客前来探奇览胜、洗尘息心。从这些游客留下的笔墨来看，有阖家登临者，如甘肃董志塬复钟山北石窟寺留下的金代题刻中，有"皇统甲子中春社日，郑彭寿挈家来游。常皋、赵正卿预焉。男彦申、彦平、彦文、彦龄、甥邦、彦时、彦侍、海凝、海端同至"③，遥想当时情景，郑氏一家流连于群山铺翠、万花争红的大好时节，享受呼朋引伴、举家同游的天伦之乐，可谓逸兴遄飞。有携友登临者，如承安二年（1197）经义进士冯璧于元光年间结茅于嵩山并玉峰下，一时间，台阁旧游、门生故吏骈问山中者不绝于途。冯璧每每偕诸贤徜徉泉石，流连名刹。他在《漫赋长句二首》的序中写道："每春秋二仲月，往往与元、雷游历嵩少诸蓝。"④这段史料中的"元"当为元好问，"雷"当为雷渊，二人皆曾问学于冯璧，并陪冯氏优游禅刹。从游览佛寺的时机选择来看，游客或节日登临，如赵秉文有诗《重九登会禅寺冷翠轩》《重午游冠山寺》⑤；或旬休登临，如张格有诗《题宝云寺》，其诗序中提到

---

①〔金〕张邦彦. 增修金堆院碑[M]//〔清〕张金吾. 金文最. 卷六十六. 北京：中华书局，1990：955,956.

②〔金〕王寂. 宝塔山龟镜寺记[M]//〔清〕张金吾. 金文最. 卷二十三. 北京：中华书局，1990：324.

③〔金〕郑彭寿. 北石窟寺皇统四年题记[M]// 王新英. 金代石刻辑校. 长春：吉林人民出版社，2009：241.

④〔金〕冯璧. 漫赋长句二首[M]// 阎凤梧,康金声. 全辽金诗. 太原：山西古籍出版社，1999：1627.

⑤〔金〕赵秉文. 重九登会禅寺冷翠轩[M]// 阎凤梧,康金声. 全辽金诗. 太原：山西古籍出版社，1999：1258；〔金〕赵秉文. 重午游冠山寺[M]// 阎凤梧,康金声. 全辽金诗. 太原：山西古籍出版社，1999：1275.

"乙巳仲春中休日游宝云寺"[1];或利用公事之余登临,临汾县令张邦彦游览金堆院就是"公事之隙,时至其所"[2]。从游客的构成来看,既有普通民众,也有名公巨卿,乃至皇族宗室。今北京潭柘寺曾存有金代诗碑一方,上题僧人重玉所作《从显宗皇帝幸龙泉寺应制诗》,应是重玉陪同太子允恭游览龙泉寺时所作[3]。章宗在位时也喜游佛寺,他在游览仰山栖隐寺后曾作诗一首,诗中盛赞栖隐寺"金色界中兜率景,碧莲花里梵王宫"[4]。

五、奉安御容

御容是指古代为供奉、祭祀或瞻仰等活动的需要而专门绘写、雕铸或织造的帝王、太子和后妃等人的图像。据学者研究,御容制作制度可追溯至魏晋南北朝时期[5],当时的御容多为雕铸的等身佛像。御容常常供奉于佛寺,这意味着御容制度创立之始即受到佛教的影响。延及辽宋,佛教对御容制度的影响仍未减退,特别是供奉御容于佛寺的传统一直得以延续。例如,北宋至英宗治平四年(1067),"凡七十年间,神御在宫(景灵宫)者四,寓寺观者十有一"[6]。辽代也曾置帝后像于西京华严寺[7],大定六年(1166)五月世宗赴西京时还曾前往瞻礼,"幸华严寺,观故辽诸帝铜像,诏主僧谨视之"[8]。

金代的御容制度要从宗庙制度谈起。女真立国前尚未形成完整的宗庙制度,直到熙宗时期才得以草成,因而《三朝北盟会编》引《金虏图经》说:"金虏本无宗庙,祭祀亦不修。自平辽之后,所用执政大臣多汉人,

---

①〔金〕张格. 题宝云寺[M]//阎凤梧,康金声. 全辽金诗. 太原:山西古籍出版社,1999:1448.

②〔金〕张邦彦. 增修金堆院碑[M]//〔清〕张金吾. 金文最:卷六十六. 北京:中华书局,1990:956.

③〔金〕释重玉. 从显宗皇帝幸龙泉寺应制诗[M]//梅宁华. 北京辽金史迹图志:下. 北京:北京燕山出版社,2003:293.

④〔金〕完颜璟. 游幸仰山诗碑[M]//梅宁华. 北京辽金史迹图志:下. 北京:北京燕山出版社,2003:293.

⑤ 王艳云. 金代御容及奉安制度[J]. 故宫博物院院刊,2008(5).

⑥〔元〕脱脱,等. 宋史:卷一百九[M]. 北京:中华书局,1977:2621.

⑦《金史·地理志》云:大同"有辽帝后像,在华严寺"。参见:〔元〕脱脱,等. 金史:卷二十四:地理志:上[M]. 北京:中华书局,1975:564.

⑧〔元〕脱脱,等. 金史:卷六:世宗纪:上[M]. 北京:中华书局,1975:137.

往往说以天子之孝在乎尊祖，尊祖之事在乎建宗庙。若七世之庙未修，四时之祭未举，有天下者不可不念，庶方开悟。"①在汉族士人的劝导下，金代宗庙制度逐渐成熟。皇统三年（1143）五月，"初立太庙、社稷"②。皇统四年（1144）七月，"建原庙于东京"③。皇统八年（1148），"太庙成"④。宗庙制度的建立意味着御容制度也逐渐成熟，女真人在御容的图绘、形制、迁安等方面都形成了有别于辽宋的独特制度，但奉安御容于寺院的传统却沿袭未改。

按照《金史》的记载，金代奉安御容于寺院主要集中在三个时期。一为海陵王时期。海陵王即位不久即酝酿迁都燕京，兴建祖庙是新都城建设的一项重要内容，"天德四年，于燕京所建原庙名其宫曰衍庆，殿曰圣武，门曰崇圣，奉安列祖神御"⑤。但这项工作可能直至海陵王贞元三年（1155）仍未完工，此时列祖御容只好暂时奉安于佛寺。因此，《金史·海陵本纪》载，贞元三年（1155）十月戊寅，"权奉安太庙神主于延寿寺"，直至次月丁卯，方"奉安神主于太庙"⑥。二为世宗时期。据《金史》记载，大定二年（1162），"以睿宗御容奉迁衍庆宫"⑦。睿宗讳宗辅，太祖之子，世宗生父。按照封建社会的传统习惯，皇帝之父当然应该入祖庙祭祀。从《金史》记载来看，睿宗应有多处御容，且多供奉于寺院，其中一处在开觉寺。大定十五年（1175）二月，"有司言东京开觉寺藏睿宗皇帝皂衣展里真容，敕迁本京祖庙奉祀，仍易袍色"⑧。另一处在圣安寺，大定二十一年（1181）五月，"迁圣安寺睿宗皇帝御容于衍庆宫"⑨。三为宣哀时期。宣哀时期，金朝国势日衰，特别是蒙古军队的不断进攻令金朝君臣惶惶不可终日。由于都城播迁，先祖御容也不得不随之颠沛流离，暂厝于佛寺。正大元年（1224）三月，"奉安宣宗御容于孝严寺"⑩，并改孝严

---

① [宋]徐梦莘. 三朝北盟会编：卷二百四十四[M]. 上海：上海古籍出版社,1987：1751.
② [元]脱脱,等. 金史.卷四：熙宗纪[M]. 北京：中华书局,1975：79.
③ [元]脱脱,等. 金史.卷四：熙宗纪[M]. 北京：中华书局,1975：80.
④ [元]脱脱,等. 金史.卷三十：礼志：三[M]. 北京：中华书局,1975：727.
⑤ 续通典.卷八十二[M]. 杭州：浙江古籍出版社,1988：1632.
⑥ [元]脱脱,等. 金史.卷五：海陵纪[M]. 北京：中华书局,1975：105.
⑦ [元]脱脱,等. 金史：卷三十三：礼志：六[M]. 北京：中华书局,1975：788.
⑧ [元]脱脱,等. 金史：卷三十三：礼志：六[M]. 北京：中华书局,1975：789.
⑨ [元]脱脱,等. 金史：卷三十三：礼志：六[M]. 北京：中华书局,1975：792.
⑩ [元]脱脱,等. 金史：卷十七：哀宗纪：上[M]. 北京：中华书局,1975：374.

寺为兴国感诚寺，设孝严寺都监、同监加以管理①。天兴二年（1233）七月，"护卫蒲鲜石鲁负祖宗御容至自汴，敕有司奉安于乾元寺"②。从金代的情况来看，奉安御容于五京之中的神御殿或中都之衍庆宫本是常态，但在国家形势发生重大变化，如海陵王迁都、金末战乱等特殊情况下，不得不把历代御容供奉于佛寺。此虽权宜之举，但也折射出佛教僧侣与统治集团之间的特殊关系。

金代佛寺的社会功能除以上五项以外，还有若干。其一，囚禁人犯。海陵王伐宋时期，海陵王与臣下商议捕获赵构后应如何处置。海陵王曰："得构即置之寺观，严兵守之。"③宣宗时期，胡沙虎作乱，诈书招重臣完颜纲至中都，"纲至，囚之悯忠寺"④。其二，驻屯军队。《大金泽州松岭禅院记》云，松岭禅院"处深山中，四邻民居近者十余里，岁或兵馑则院为寇贼之巢穴"⑤。《金史·侯挚传》云，侯挚为平定山东红袄军，"拟驻兵于长清县之灵岩寺"⑥。《元史·严实传》云："泰安张汝楫据灵岩，遣别将攻长清，实破走之"⑦。其三，厝尸寄骨。佛教传入中国以后，一些佛教信徒有停尸或寄骨于寺院以待正式安葬的传统，金代亦然。据大同下华严寺一件金代石棺盖上的铭文记载，宣武将军、行文绣署承、骑都尉张澄于承安三年（1198）去世后，灵柩"未获便时，权寄之佛寺"⑧，直至泰和元年（1201）才葬于先祖旧茔。同时，一些无名枯骨也常常由寺院安葬或收寄。正隆年间开凿广济渠时，"沿渠枯骨，以瓦棺葬于寺之阴"，后来又有邑民将"南北地八亩，施院下"⑨以埋葬枯骨。其四，商业贸易。由于寺院人员往来较多，容易获得商机，因而一些寺院往往成为区域性交

---

① 〔元〕脱脱,等. 金史:卷五十六:百官志:二[M]. 北京:中华书局,1975:1265.
② 〔元〕脱脱,等. 金史:卷十八:哀宗纪:下[M]. 北京:中华书局,1975:399.
③ 〔元〕脱脱,等. 金史:卷八十二:郭药师传[M]. 北京:中华书局,1975:1835.
④ 〔元〕脱脱,等. 金史:卷九十八:完颜纲传[M]. 北京:中华书局,1975:2181-2182.
⑤ 〔金〕杨庭秀. 大金泽州松岭禅院记[M]//国家图书馆善本金石组. 辽金元石刻文献全编:一. 北京:北京图书馆出版社,2003:233.
⑥ 〔元〕脱脱,等. 金史:卷一百八:侯挚传[M]. 北京:中华书局,1975:2388.
⑦ 〔明〕宋濂,等. 元史:卷一百四十八:严实传[M]. 北京:中华书局,1976:3505.
⑧ 〔金〕张师仁. 张澄石棺铭[M]//王新英. 金代石刻辑校. 长春:吉林人民出版社,2009:261.
⑨ 〔金〕张元诘. 开广济民渠记[M]//〔清〕张金吾. 金文最:卷二十二. 北京:中华书局,1990:307.

易中心,形成"庙市"。相国寺在北宋时期就是颇有名气的商品交易场所,"东京相国寺乃瓦市也","凡商旅交易,皆萃其中,四方趋京师以货物求售转售他物者,必由于此"①。东京城被金人攻陷后,相国寺虽然一直未能恢复昔日商业中心的地位,但商业活动仍未中断。元好问家藏《笠泽丛书》两册,其一为"元光间应辞科时,买于相国寺贩肆中"②。可见直至金末,相国寺仍有商业活动。

综上所述,金代佛教寺院不仅是宗教场所,同时还是重要的社会活动场所。它在开展佛事活动的同时慈悲济物、利养众生、化导民俗,具备经济、文化、军事和社会服务等多方面的功能,在整合社会资源、促进社会发展方面发挥着重要作用。

第五节 寺院的经济生活

自魏晋以来,寺院经济渐成规模。对此,学术界已有不少研究成果。但是,由于种种条件的限制,仍未有学者对金代寺院经济进行系统研究。实际上,寺院经济是金代社会经济的重要组成部分。因此,研究金代寺院经济不仅有利于我们了解金代佛教的全貌,也有利于我们更加深入、全面地了解金代的社会生活。

一、寺院财产的来源

中国古代的佛寺大都拥有或多或少的财产,究其来源,以信众施舍、寺院租佃与购置居多③。金代寺院财产的来源与此前各代大致相似,从总体上看,基本可分为以下三个渠道。

---

①〔宋〕王栐. 燕翼诒谋录:卷二[M]. 诚刚,点校. 北京:中华书局,1981:20.
② 姚奠中. 元好问全集(增订本):卷三十四:校笠泽丛书后记[M]. 李正民,增订. 太原:山西古籍出版社,2004:709.
③ 宋辽金时期寺院的财产来源,参见:游彪. 宋代寺院经济史稿[M]. 保定:河北大学出版社,2003;白文固. 辽代的寺院经济初探[J]. 社会科学,1981(4);崔红芬. 试论西夏寺院经济的来源[J]. 宁夏社会科学,2008(1).

（一）继承前代财产

金朝初年的佛教寺院大都继承自辽和北宋，而辽、宋又是寺院经济比较发达的时期，很多寺院都拥有巨额资产。以辽为例，蓟州感化寺"以其创始以来，占籍斯广。野有良田百余顷，园有甘栗万余株"。该寺在三河县北乡的一处寺庄"辟土三十顷，间艺麦千亩，皆原隰沃壤，可谓上腴"[1]。在辽代的寺院庄田中，感化寺的规模并不算大，一些名寺巨刹接受皇帝或上层贵族捐赠的土地动辄数百亩甚至数千亩。大安五年（1089）道宗敕旨，赐觉山寺"山田五处，计一百四十余顷，为岁时寺众香火赡养之资"[2]。咸雍年间，义州大横帐兰陵郡夫人萧氏捐资创建静安寺，工毕后，"遂施地三千顷，粟一万石，钱二千贯，人五十户，牛五十头，马四十匹，以为供亿之本"[3]。这些在辽代积累起来的寺产入金后成为金代寺院经济的重要来源。例如，义井寺的田产中就包括北宋崇宁年间大檀越韦公所施田地三百亩[4]。大天宫寺于辽代清宁年间获赠"墅地二千四百亩、南墅地二千五百亩，用给斋厨之需"。这些土地入金后依然属于大天宫寺的财产，"二墅之地，籍隶佛土，凡传授本末，有敕牒券记在焉"[5]。金代一些历史悠久的寺院田产资源累积更早，如宝山寺，自北魏以来就屡获朝廷颁赐，"大魏武定四年，敕赐宝山寺常住白药石山等地土"，"大齐天保元年，敕赐本寺白药石山一座"，"大隋开皇五年，敕赐宝山灵泉寺白药石山等地土"[6]。古贤寺的庙产一部分来自唐代朝廷赏赐，"贞观三年赐熟田五十顷以为常住"[7]。这些庙产虽然历经朝代更迭，但由于寺院犹存，地

---

[1]〔辽〕南抃. 上方感化寺碑[M]// 向南. 辽代石刻文编. 石家庄:河北教育出版社,1995:563,564.

[2] 佚名. 重修觉山寺碑记[M]// 向南. 辽代石刻文编. 石家庄:河北教育出版社,1995:689,690.

[3]〔辽〕杨遵勖. 创建静安寺碑铭[M]// 向南. 辽代石刻文编. 石家庄:河北教育出版社,1995:362.

[4]〔金〕释普明. 义井寺崇远塔铭[M]// 国家图书馆善本金石组. 辽金元石刻文献全编:一. 北京:北京图书馆出版社,2003:28.

[5]〔金〕赵摅. 蓟州玉田县永济务大天宫寺碑[M]//〔清〕张金吾. 金文最:卷七十一. 北京:中华书局,1990:1041.

[6] 佚名. 宝峙地界记[M]// 阎凤梧. 全辽金文. 太原:山西古籍出版社,2002:4037.

[7] 赵安时. 重修古贤寺弥勒碑[M]//〔清〕张金吾. 金文最:卷六十七. 北京:中华书局,1990:978.

产传承有序,因而直至金代仍然是寺院田产的重要组成部分。

(二)信众施舍

按照佛教观点,向寺院布施以供养三宝是获得来生福报的重要方式。受此影响,金代佛教信众不断向寺院施舍,从而为寺院聚集了大量财产。这些施舍多种多样,有的仅仅是一条石柱,如泰和元年(1201)九月,西张次村董志博家合宅施予华严寺石柱一条[1]。有的是一块坟地,如《浦公禅师塔记》的碑末题名中就有施坟地弟子曹本仁等人的名字[2]。有的是施一方蔬圃,如金末元初,遭兵火之灾的燕京大觉禅寺在奥公和尚住持下得以复兴,八方信士纷纷施舍,"有提控晋元者,施蔬圃一区,于寺之南,以给众用,糊口粗给"[3]。有的则施给田地,陕北黄陵万佛寺石窟金大定三年(1163)有一段题记云:"天会二年四月十一日,西谷村刘成、亡父刘珎供□施到河南婆姑谷口地七十亩,(中略)充常住。"[4]小农经济时代,刘成、刘珎向寺院一次性施舍田地70亩,足见其对佛教的崇信。龙岩寺重修大殿时,"以遗址狭隘,艰于修完。下有桑田,昔为吾家祖业,至天会九年辛亥,先祖父赵卿暨叔礼施为金田"[5]。金朝初年,泽州信士刘严有感于松岭禅院僧人宗慇舍身护法,遂慷慨施捐,"乃舍安庄社山庄一所,敬施山门,以充常住"。居民张权"施梨川社田五顷,俾供佛僧,以资冥福"[6]。大定年间,鄄县营建正觉院时,"其寺地田少缺,复有善知识杜与归其邻田"[7]。

上述普通信众虽然有强烈的向佛之心,但毕竟经济能力有限,因而捐

---

[1] 佚名. 华严寺石柱[M]// 国家图书馆善本金石组. 辽金元石刻文献全编:二. 北京:北京图书馆出版社,2003:468.

[2] 佚名. 浦公禅师塔记[M]// 国家图书馆善本金石组. 辽金元石刻文献全编:二. 北京:北京图书馆出版社,2003:515.

[3] [元]耶律楚材. 湛然居士文集:卷八:燕京大觉禅寺创建经藏记[M]. 谢方,点校. 北京:中华书局,1986:198.

[4] 李静杰. 陕北宋金石窟题记内容分析[J]. 敦煌研究,2013(3).

[5] [金]赵安上. 龙岩寺碑[M]// 国家图书馆善本金石组. 辽金元石刻文献全编:一. 北京:北京图书馆出版社,2003:148.

[6] [金]杨庭秀. 大金泽州松岭禅院记[M]// 国家图书馆善本金石组. 辽金元石刻文献全编:一. 北京:北京图书馆出版社,2003:233.

[7] [金]尹仲. 鄄城县正觉禅院碑[M]// [清]张金吾. 金文最:卷七十一. 北京:中华书局,1990:1051.

施数量不多。与他们相比，一些皇族及王公巨卿给寺院的布施往往相当可观，如大定二十四年（1184）昊天寺建成时，大长公主"给田百顷"[1]。

金代一些没有子嗣的信众有时还将身后田产赠予寺院。大阳资圣寺获得的一份地产就来自一位无子嗣者，"本社宋阿李生前为无后，将本户下地土一顷五十余亩施与本寺充常住"[2]。信众施舍田产是出于佛教信仰，从形式上说，这些捐赠应该是无条件的。但从石刻史料的记载来看，无子嗣者的捐赠却有明确目的。例如，要求寺院在捐赠者本人去世后，为其追荐冥福，代祭先祖。据刻于承安二年（1197）的《施地碑记》记载，"沁州武乡县岩良村住人刘方，今为年老，别无房亲子嗣，恐方百年之后无人追荐福□，将自己户下住宅后中光至何家白地七段八顷余，施与禅隐山崇胜寺住持僧从寿，永为常住耕种"。这次布施不是无条件的，而是要求从寿等人在刘方去世后代他祭奠历代先祖及亲属家眷。为约束双方，"今将所有地土亩垄、祖先以下姓名开立在前，恐后无凭，故立施状为据"[3]。佛教信众给寺院的施舍本应是无条件的，刘方以代祭先祖为前提的布施既是布施的一个特例，同时在某种程度上又可以看作寺院社会公益功能的延伸和扩展。无论这种捐赠是否设定了前提，它的结果是相同的，即信众的捐赠最终化为寺院财产。

（三）朝廷赏赐

朝廷赏赐是寺院财产的一个重要来源，尤其是一些皇家寺院或者具有重要影响的寺院所受赏赐更多。从现有史料看，朝廷赏赐寺院以世宗时期的次数为最多。大定二年（1162），大庆寿寺落成时，世宗"赐钱二万，沃田二十顷"[4]。大定三年（1163），世宗命晦堂大师俊公主持中都大延圣寺，"内府出重币以赐焉"[5]。大定十年（1170），世宗母亲贞懿皇后出家

---

[1]〔元〕释念常. 佛祖历代通载：卷二十[M]// 影印文渊阁四库全书：第一〇五四册. 台北：台湾商务印书馆，1986：682.

[2]〔金〕李俊民. 庄靖集：卷八：大阳资圣寺记[M]. 太原：山西古籍出版社，2006：455.

[3]〔金〕刘方. 施地碑记[M]// 阎凤梧. 全辽金文. 太原：山西古籍出版社，2002：2647，2648.

[4]〔元〕释念常. 佛祖历代通载：卷二十[M]// 影印文渊阁四库全书：第一〇五四册. 台北：台湾商务印书馆，1986：674.

[5]〔清〕于敏中，等. 日下旧闻考：卷六十：城市[M]. 北京：北京古籍出版社，1983：990.

为尼,建垂庆寺,"度尼百人,赐田二百顷"①。大定十三年(1173),"东京垂庆寺起神御殿,寺地偏狭,诏买傍近民地,优与其直,不愿鬻者以官地易之"②。大定二十年(1180)正月,"敕建仰山栖隐禅寺,命玄冥顗公开山,赐田设会"③。大定二十六年(1186)三月,香山寺成,世宗幸其寺,"赐名大永安,给田二千亩,粟七千株,钱二万贯"④。从这几则史料来看,世宗赏赐寺院土地贯穿大定始终。这也从一个侧面说明了世宗对佛教的态度。除世宗以外,金朝其他皇帝当政时也有赏赐寺院的零星记载。天会年间大延圣寺初建时,"帝后出金钱数万,为营缮费"⑤。章宗游览仰山栖隐禅寺后,"遣使赐钱二百万"⑥。崇庆元年(1212),奉卫绍王圣旨,赐中都竹林禅寺"钱钞二万贯,麦四百石,粟三百石,盐一百袋"⑦。

  金代寺院财产的来源多种多样,除以上几个主要渠道以外,一些寺院还会向官府或民间购买土地。金朝初年,圆教院主僧就"请□到招贤坊空闲官地弌段,计陆拾陆亩,环筑垣墙作院子居止"⑧。大定年间,"坊州中部县王家庄王山、王万,今将堡坡头全分庄寨地等施不留,土木相连,尽行出卖,计铜钱九百七十三贯省。(中略)四至并全出卖与石寺院李善晏,充寺常住"⑨。有的寺院还倚仗自己的势力巧取豪夺并放债寻租,课取厚利。据《平原县淳熙寺重修千佛大殿碑》记载:"昔有为僧者,往往指射佛宇,诳诱世财而乾没者有之,市膏腴之田为子孙之计者有之,举息

---

①〔元〕释念常. 佛祖历代通载:卷二十[M]// 影印文渊阁四库全书:第一○五四册. 台北:台湾商务印书馆,1986:680.
②〔元〕脱脱,等. 金史:卷六十四:后妃传:下[M]. 北京:中华书局,1975:1519.
③〔元〕释念常. 佛祖历代通载:卷二十[M]// 影印文渊阁四库全书:第一○五四册. 台北:台湾商务印书馆,1986:682.
④〔元〕脱脱,等. 金史:卷八:世宗纪:下[M]. 北京:中华书局,1975:192.
⑤〔清〕于敏中,等. 日下旧闻考:卷六十:城市[M]. 北京:北京古籍出版社,1983:990.
⑥〔元〕耶律楚材. 湛然居士文集:卷十三:释氏新闻序[M]. 谢方,点校. 北京:中华书局,1986:277.
⑦〔金〕张□. 中都竹林禅寺第十六代清公和尚塔铭[M]// 梅宁华. 北京辽金史迹图志:下. 北京:北京燕山出版社,2003:119.
⑧〔金〕杨乃公. 定州创建圆教院碑[M]//〔清〕张金吾. 金文最:卷七十八. 北京:中华书局,1990:1134.
⑨李静杰. 陕北宋金石窟题记内容分析[J]. 敦煌研究,2013(3).

与人而获厚利者有之。"①此外，金代一些寺院的田产也来源于垦殖荒地。由于禅宗农禅合一的传统影响，加之一些寺院修建于地僻人稀之处，有许多荒闲土地可供耕垦，因而开荒垦殖也是金代寺院田产的又一重要来源。比较来看，在金代上述几种寺院田产的来源渠道中，前代继承和信众施舍最为常见也最为重要，朝廷赏赐更多地集中于那些名寺大刹，而中小寺院一般无缘获赐，至于寺院自购、开荒垦殖则受寺院自身经济实力的制约。

二、寺院财产的种类与规模

佛教虽是出尘之学，但毕竟要生长在俗尘之中，故离不开万物的滋养，离不开最基本的物质需求。因此，佛祖允许弟子在一定条件下从事商品买卖等活动。《四分律删繁补阙行事钞》云："若诸弟子无人供须，时事饥馑饮食难得，为欲护持建立正法，我听弟子受蓄奴婢、金银、车乘、田宅、谷米，卖易所须。"佛祖允许弟子从事商业活动的本意应是为了安身立命之用，但魏晋以后，寺院财产渐多，大至名寺广刹，小至山野草庵，佛教寺院都拥有或多或少的财产，由此构成了寺院经济。寺院经济的种类及规模则因寺院的不同而不同。

就金代情况看，房舍是僧人赖以栖身之所，也是寺院最重要的不动产，僧寺房舍的多少则因寺院的大小而有所不同。怀州明月山大明禅院有"大小屋舍一百余间"②；金末，长清灵岩寺"有屋三百余间"③；平遥慈相寺经过重修后，拥有屋宇"凡一千二百余间"④。而一些小规模的庵院，如泽州普照禅院仅有"佛堂计壹拾贰间"⑤。

土地是寺院的又一项重要资产，不同寺院的土地数量对比悬殊。漫真

---

①〔金〕王鼎. 平原县淳熙寺重修千佛大殿碑[M]//〔清〕张金吾. 金文最：卷七十四. 北京：中华书局，1990：1086.

②〔金〕释自觉. 怀州明月山大明禅院记[M]// 阎凤梧. 全辽金文. 太原：山西古籍出版社，2002：1666.

③〔元〕脱脱，等. 金史：卷一百八：侯挚传[M]. 北京：中华书局，1975：2388.

④〔金〕安泰. 汾州平遥县慈相寺修造记[M]// 阎凤梧. 全辽金文. 太原：山西古籍出版社，2002：1992.

⑤佚名. 普照禅院牒[M]// 国家图书馆善本金石组. 辽金元石刻文献全编：一. 北京：北京图书馆出版社，2003：149.

村宁国院"寺业相承,膏腴三十八亩"[1],潞城县云岩山崇庆院"赐紫悟明大师营雄田一百双以给堂下"[2],王山十方圆明禅院有"甓门膏腴几三百亩"[3],泽州硖石山福严禅院"有山田二千亩"[4]。上述寺院拥有的土地,少者数十亩,多者数千亩,相差不啻天壤。这也是佛教僧团贫富分化的缩影。

金代一些寺院拥有大片树木园林。凤翔府青秋乡槐芽社惠济院有"古槐树四棵,柏树四十八棵,索罗树一棵,药树一棵,苦莲树一棵,柿树三棵,其小树不计"[5]。该则史料没有介绍惠济院的地产数量,而是详录各种树木情况,或许可以理解为惠济院的寺产以林木为主。除了种植槐、柏等用材林外,有些寺院还大面积种植经济林。中都某寺院栗园,"祖师以华严经为字号种之。当身迷望,岁收数十斛,为常住供"[6]。有些寺院果蔬兼种,如漫真村宁国院在地亩之外,"于寺宇植杂果树百余本,蔬圃百畦,四方游学而至者咸有所济度"[7]。这样既能自给自足,又能利养游学。

树木园林既然是寺院的重要经济来源,当然要加以管理。《泰山谷山寺敕牒碑》记载了谷山寺所立的丛林规约二十一条中有三条涉及林产管理。

常住钱帛、□□、竹木、园林、桙□,精严者主之。」
梵林不问曲直,树木概不许薪伐,□□者寺僧□□」□许,递岁于□便处添补栽植松柏者。」
□□□□□□□依例采斫;将东西每人于库头」处交付换

---

[1] 〔金〕刘叙.金宁国院寿公和尚碑[M]//国家图书馆善本金石组.辽金元石刻文献全编:三.北京:北京图书馆出版社,2003:458.

[2] 〔金〕杜飞卿.崇庆院记[M]//国家图书馆善本金石组.辽金元石刻文献全编:一.北京:北京图书馆出版社,2003:243.

[3] 〔金〕边元勋.王山十方圆明禅院第二代体公禅师塔铭[M]//王新英.金代石刻辑校.长春:吉林人民出版社,2009:38.

[4] 〔金〕杨庭秀.大金泽州硖石山福严禅院记[M]//阎凤梧.全辽金文.太原:山西古籍出版社,2002:2046.

[5] 佚名.金大定四年牒[M]//国家图书馆善本金石组.辽金元石刻文献全编:三.北京:北京图书馆出版社,2003:188.

[6] 〔元〕熊梦祥.析津志辑佚:物产[M].北京图书馆善本组,辑.北京:北京古籍出版社,1983:228.

[7] 〔金〕刘叙.金宁国院寿公和尚碑[M]//国家图书馆善本金石组.辽金元石刻文献全编:三.北京:北京图书馆出版社,2003:458.

第三章 金代佛教寺院

钱，附历纸声说卖与何人、是何」名色竹席，总数如□，檀越□鞭余算；竹苑下竹，」率者为何；住持人白众知事并□园头、庄」主通知，然后□□，贵图□□斫竹声□，」不致□□者。」①

上述碑文，第一条规定寺院林产的管理人应该是"精严者"，即精通林产管理、行事严谨的僧人。这意味着寺院林产由素质较高的专职人员管理。第二条规定不得随意砍伐寺院林木，而且还需适时补种。第三条则详细规定了砍伐、出售林木的具体程序，对出售环节规定得尤为细致："依例采斫"说明砍伐林木有一整套条例，而林木出售后需"附历纸声说卖与何人、是何」名色"的规定很可能是为了便于核查，防止作弊。由泰山谷山寺的林产管理规定可以看出，金代佛教寺院的林产管理已经达到较高水平。

寺院财产除屋舍、土地、林木等项外，还有柴米油盐等常物。这些资财属于生活消耗品，在某种程度上比屋舍、土地、园林等不动产还不易管理，因而在管理上也需更细致。《泰山谷山寺敕牒碑》所记谷山寺二十一条规约中，有两条涉及生活消耗品管理。

常住厨□、米面、油盐等，□收支文历，一一声说支收」□□□□□□□用余并入库收管者。」

上、下院库头自收□□，知管闲杂物料并收支文历；」细声说是何月与甚人处收支；□是何名色料」□；其□□人亦逐一比对库司呈合同文历，签押；」不问住持、知事等，不许私取己用□□之物；如违者，」不论多少，罚十倍与告人充赏，仍下议□□榜」示，许街坊人等告控与上方住持、知事，□实者□；」如库头私用者，知情不告与犯人同告，首者免之。」②

上述碑文，第一条是生活消耗品的管理原则；第二条是领用手续。所用物色何处收支、是何名色都需一一造册登记。如不经住持、知事等同意，擅自取用要给予相应的惩罚，举报者有奖。寺院的生活消耗品种类多，数量变化大，必须加强管理。我们看到，谷山寺生活消耗品管理细则

---

① 郭笃凌. 泰山谷山寺敕牒碑碑阴文考论[J]. 泰山学院学报,2016(2).
② 郭笃凌. 泰山谷山寺敕牒碑碑阴文考论[J]. 泰山学院学报,2016(3).

的详细程度不亚于对土地、林木等不动产的管理。

　　放债取利向为世人所恶,更应为佛徒之忌,但佛法对赚取钱财并非一味排斥,而是有条件地允许。《根本说一切有部毗奈耶》卷22云:"世尊告曰,若为僧伽,应求利润。闻佛语已,诸有信心婆罗门居士等,为佛法僧故施无尽物。此三宝物亦应回转求利,所得利物还于三宝而作供养。"①佛法对僧人取利虽然是有条件的,但先例一开,难免泥沙俱下,经商遂成为寺院及僧人收入的一个重要来源。有些寺院还将巨额商业资本转化为高利贷资本,以放贷取利。陆游在《老学庵笔记》中谈到宋代寺院的高利贷经营时说,"今僧寺辄作库质钱取利,谓之'长生库',至为鄙恶"②。金代史料中关于寺院经营借贷的事例虽然极少,但仍能反映金代寺院借贷的概貌。洪皓在《松漠纪闻》中提到,"延寿院主有质坊二十八所"③。一座寺院就拥有28所质坊,可见当时寺院借贷规模之大。同书又云,"有银珠哥大王者,以战多贵显,而不熟民事。尝留守燕京,有民数十家,负富僧金六七万缗不肯偿"④。数十之民欠一僧之债,足见该僧的富有,而放债竟至六七万缗,也足见僧人放债规模之大。金代寺院不仅以金钱放债,亦以贷粮取利。《金史·卢孝俭传》云,卢孝俭为广宁尹时,"广宁大饥,民多流亡失业,乃借僧粟,留其一岁之用,使平其价市与贫民,既以救民,僧亦获利"⑤。

　　佛教寺院作为僧人的栖止之所,除以土地出产粮谷,以山林出产果蔬,还通过设立碾坊、油坊等来获得其他生活必需品,由此形成了寺院手工业。由于史料的限制,我们对金代寺院手工业情况一无所知,幸而近年来的考古资料为我们提供了一些线索。2011年12月,考古工作者在云冈石窟窟顶一处北魏至辽金的佛教寺院遗址中,发现了辽金时期的铸造工场遗址。这是迄今国内发现的保存最完整、规模最大的辽金时期铸造工场遗址。据专家介绍,这座铸造工场遗址与辽金寺院建设具有密切关系。宋代史料中有寺院经营冶金、金属加工业的记载⑥,由此推断,云冈石窟发现

---

① 〔日〕高楠顺次郎,等. 大正新修大藏经:第二十三册[M]. 台北:新文丰出版公司,1983:743.
② 〔宋〕陆游. 老学庵笔记:卷六[M]. 杨立英,校注. 西安:三秦出版社,2003:203-204.
③ 〔宋〕洪皓. 松漠纪闻:卷上[M]// 金毓黻. 辽海丛书. 沈阳:辽沈书社,1985:207.
④ 〔宋〕洪皓. 松漠纪闻:卷上[M]// 金毓黻. 辽海丛书. 沈阳:辽沈书社,1985:207.
⑤ 〔元〕脱脱,等. 金史:卷九十二　卢孝俭传[M]. 北京:中华书局,1975:2041.
⑥ 游彪. 宋代特殊群体研究[M]. 北京:商务印书馆,2006:269-270.

的辽金寺院铸造遗址也可能与当时寺院手工业有关。

从目前发现的史料来看，金代寺院经济虽具一定规模，但与两宋相比还有较大差距，这与金代经济发展水平具有直接关系。尽管如此，寺院经济仍为金代佛教发展奠定了重要物质基础。

三、寺院田产的经营与保护

田产是佛教寺院赖以存在和发展的重要物质基础，这些田产需要妥善经营才能满足僧众日常所需。当田产遭到破坏或侵夺时，寺院利益也需要以适当方式维护。

金代寺院田产的经营主要有以下几种方式。

（一）自耕

禅宗有农禅结合的传统，劳动耕作既是僧人参禅修行之道，又是僧人生存自养之途。自道信、弘忍以来，随着禅宗农禅理论的不断完善，"一日不作，一日不食"逐渐成为禅门家风，即使一些高僧大德也经常亲执劳役，勤苦耕耘。金代一些寺院的僧人在寺业初创时期尤其如此，如泰山附近之谷山寺屡经兵荒，"残扰殆遍"。当该寺初祖善宁来到此地时，见到的不过是"破屋废圮而已"。但善宁不为艰难所阻，决意亲执劳作，重兴寺宇，"于是日趋山下，匄菽粟，携火具，结茅而休焉。往来山坂无难色，暇日畚筑溪涧，勤苦作劳而无怠意。短褐芒履，从事如初"。善宁辛勤垦作三十余年，换来了丰硕成果，"自是涧隈山胁，稍可种艺，植栗数千株，迨于今充岁用焉。斋粥所须，日益办具"。继善宁之后，二祖法朗不辍农禅本色，"锄理荒险，不避寒暑，经营成就，复卅余年"。其后，崇公"经画作劳，能继二祖"[1]。谷山寺三代僧人皆能躬行作务，它所体现的不局限于禅宗本色，更反映了寺院初创时期僧人亲自参加生产劳动，以辛勤耕作经营寺院田产的精神风貌。与寺院初创时的筚路蓝缕不同，金末诸事凋敝，很多佛寺受战火影响，生活难以为继，一些僧人不得不亲自从事生产。龙兴汴公禅师于"龙兴焚荡之余，破屋数椽，日与残僧三四辈灌园自

---

[1]〔金〕党怀英. 谷山寺碑[M]//〔清〕张金吾. 金文最：卷七十. 北京：中华书局，1990：1035.

给"①。河内县云阳山洪胜和尚于贞祐元年（1213）受具足戒，"从兹日增勤业，纳身之园圃畦蔬，四时不辍，寒暑勿惮。幸有余力，又冲于杵臼之间"。蒙古军破汴后，洪胜流落到太原佛寺栖身，"遂自服其劳。芟其芜植之蔬，殿宇阶除日洒扫净如洗"②。这两位僧人的生活既受禅宗农禅合一思想的影响，同时也是金末僧人迫于生计而不得不亲执农桑的真实写照。

以上史料反映的是特殊时期僧人参加生产劳动的情况。由于史料的限制，目前尚无法判断自耕经营在金代寺院田产中的比重究竟如何。但可以推断，在那些只有少量土地的寺院中，僧人自耕应是寺院田产经营的重要方式。

（二）佣耕

如同世俗社会中田地较多的农户需要雇人耕种一样，金代的一些寺院也实行佣耕。平遥县慈相寺"东南原有别业数百亩，恒苦远治。乃构屋数十间，就召耕佣，遂为便易"③。看来慈相寺募人耕佃的原因是田地距寺颇远，耕种不便。与佣耕相似的还有"住佃"，即把部分土地出租给农户经营。宁夏固原县须弥山石窟所记大定年间重修景云寺题记写有"……售有人住佃随人地据"④字样，可为金代寺院田产实行住佃制的样本。

（三）由"二税户"耕种

金代的"二税户"由辽代演化而来。关于辽代"二税户"，元好问《中州集》卷二《李承旨晏》曰：

> 初，辽人掠中原人及得奚、渤海诸国生口，分赐贵近或有功者，大至一二州，少亦数百，皆为奴婢，输租为官，且纳课给其主，谓之二税户。⑤

---

① 姚奠中．元好问全集(增订本)：卷三十一：告山赟禅师塔铭[M]．李正民,增订．太原：山西古籍出版社,2004:655.
② 〔元〕守显．元胜公来源铭[M]//石刻史料新编：第三辑：第二十九册．台北：新文丰出版公司,1986:222.
③ 〔金〕安泰．汾州平遥县慈相寺修造记[M]//阎凤梧．全辽金文．太原：山西古籍出版社,2002:1992.
④ 林芝．须弥山石窟史略[J]．固原师专学报,1996(4).
⑤ 〔金〕元好问．中州集：卷二：李承旨晏[M]．长春：吉林出版集团有限责任公司,2005:68.

第三章 金代佛教寺院

从该段史料记载的情况看，此处的"二税户"是指辽代头下军州"二税户"。他们之所以被称为"二税户"，有学者认为这是唐代中期以后实行两税法，称缴纳两税的农户为"二税户"[1]，而辽代加以沿用之故。但从上引《中州集·李承旨晏》的情况来看，所谓"二税户"未尝不是一方面输租于官，另一方面又纳课于主，两税皆纳之意。至于辽代"二税户"的确切含义需在今后的学术研究中进一步探讨。但有一点可以肯定，金代与寺院有关的"二税户"并非《中州集·李承旨晏》所记"二税户"，而是另有所指。《金史·食货志》云：

> 初，辽人佞佛尤甚，多以良民赐诸寺，分其税一半输官，一半输寺，故谓之二税户。[2]

该段史料提到的"二税户"，与辽代头下军州"二税户"的性质完全不同。它是借用了辽代头下军州"二税户"的称谓来特指寺院"二税户"。辽代以良民赐诸佛寺的事例并不少见，如乾统八年（1108）的《妙行大师行状碑》就记载道宗时期秦越大长公主耶律氏曾向拟建中的大昊天寺捐施"户口百家"[3]，刻于咸雍八年（1072）的《创建静安寺碑铭》也提到兰陵郡夫人萧氏曾向静安寺捐施"人五十户"[4]。按照《金史·食货志》的说法，这些民户在被捐施给佛寺后，其收成一半输官，一半输寺，故成为寺院"二税户"。辽金鼎革之后，由辽代沿袭而来的寺院"二税户"制度并未废除，而是继续沿用，"二税户"由此成为金代寺院田产的重要耕耘者。这一制度到世宗初年开始动摇。世宗继位不久，为解放生产力，发展社会经济，大力推行一系列改革措施，其中一项重要措施就是从大定二年（1162）开始"诏免二税户为民"[5]。但这项改革的进展并不顺利，"辽亡，僧多匿其实，抑为贱"[6]。寺院作为"二税户"制度的受益

---

[1] 李锡厚，白滨．辽金西夏史[M]．上海：上海人民出版社，2003：346．
[2] [元]脱脱，等．金史：卷四十六：食货志·一[M]．北京：中华书局，1975：1033．
[3] [辽]沙门即满．妙行大师行状碑[M]// 向南．辽代石刻文编．石家庄：河北教育出版社，1995：586．
[4] [辽]杨遵勖．创建静安寺碑铭[M]// 向南．辽代石刻文编．石家庄：河北教育出版社，1995：362．
[5] [元]脱脱，等．金史：卷四十六：食货志·一[M]．北京：中华书局，1975：1033．
[6] [元]脱脱，等．金史：卷四十六：食货志·一[M]．北京：中华书局，1975：1033．

者，当然不愿意放弃既得利益。为此，他们甚至不惜杀伤人命。同时，由于寺院"二税户"制度由来已久，一些政府官员对"二税户"的申诉也置若罔闻，以致"诉者积年，台寺不为理"①。时任御史中丞的李晏得知这一情况后，上书具奏："'在律，僧不杀生，况人命乎？辽以良民为二税户，此不道之甚也，今幸遇圣朝，乞尽释为良'。世宗纳其言，于是获免者六百余人。"②寺院"二税户"制度由此趋向没落。章宗即位初年，"议罢僧道奴婢"，朝野再次就寺院"二税户"问题展开讨论。以太尉徒单克宁为首的一方主张循序渐进，逐步废除僧道奴婢，其理由在于"此盖成俗日久，若遽更之，于人情不安。陛下如恶其数多，宜严立格法，以防滥度，则自少矣"。另一重臣完颜襄则主张立刻废止僧道奴婢，其理由是"出家之人安用仆隶？乞不问从初如何所得，悉放为良"。章宗最终采纳了完颜襄的建议，"由是二税户多为良者"③，寺院"二税户"的问题就此得到解决。

  土地是寺院僧侣的衣食保障，其重要性不言而喻。但如同世俗社会一样，随着世代迁移，时光流转，寺主易人，寺院土地也面临着被侵占、典卖等诸多风险。明昌年间，奉先县六聘山天开寺就发生过寺院"四至内林木被诸人强行斫截"的情况，虽经寺院僧人诉至官府，但诸"贼人"仍然"强行斫截及搬运柴木，蹬损梯道，每日相持，无有定度"，甚至"每发恶言，要斫坏梯道，断绝路径"。在"贼人"的威胁下，天开寺僧人"常是怯惧，不敢早晚出入"，以致寺院因此而"山门日渐凋敝"④。受到"贼人"威胁的不仅是天开寺，即使像长清灵岩寺这样的名寺巨刹的财产也不免遭受侵害，"寺有赐田，经界广袤，岁月迁讹，颇见侵于其邻"⑤。民间不法之徒侵夺寺田虽时有发生，但造成的后果毕竟是有限的，而国家在一些特殊时期侵占寺院田产带来的损害则是毁灭性的。例如，正隆元年（1156）二月，因猛安谋克土地不敷分配，海陵王派遣刑部尚书纥石烈娄室等十一人巡行大兴府、山东、真定府等地拘括各种土地，其中就包括

---

① 〔金〕元好问. 中州集：卷二：李承旨晏[M]. 长春：吉林出版集团有限责任公司, 2005：68.
② 〔元〕脱脱, 等. 金史：卷九十六：李晏传[M]. 北京：中华书局, 1975：2127.
③ 〔元〕脱脱, 等. 金史：卷九十四：完颜襄传[M]. 北京：中华书局, 1975：2088.
④ 佚名. 奉先县榜[M]// 梅宁华. 北京辽金史迹图志：下. 北京：北京燕出版社, 2003：45.
⑤ 〔金〕张严老. 长清灵岩寺妙空禅师塔铭[M]// 〔清〕张金吾. 金文最：卷一百十. 北京：中华书局, 1584.

"大兴府、平州路僧尼道士女冠等地"①。章宗初年，朝廷为搜集铸钱所用铜料，派人勘探铜矿，"而相视苗脉工匠，妄指人之垣屋及寺观谓当开采，因以取贿"②。上述来自民众、朝廷的种种不法侵夺构成了对寺院田产的巨大威胁，寺院为了保证田产能够世代相传，必须采取有力措施以维护自身利益。

  金代寺院遇有土地纠纷，有的由纠纷双方自行调解。长清灵岩寺田产被侵时，管勾灵岩寺寺门事传法妙空大师"不与之争，而喻之以理"。侵占寺田者为妙空的修养和度量所折服，"皆尽归所□田"③。但类似妙空这样的例子仅是少数，当争议双方无法达成和解时，只能通过诉讼渠道解决。例如，六聘山天开寺山林被人强行采伐时，主僧善惠采取的应对措施就是"于官告给引文榜付本寺收执，为主照使"，"先告引万宁县文收执为验"④。寺院在田产诉讼中取得胜诉后，往往要勒石刻碑以记其事。所谓勒石刻碑是指寺院将寺田四至及地上附着物的情况镌刻在石碑上，以立石为信的方式保留和固定寺田属寺院合法财产的有力证据。但寺院为寺田立碑不可随意而为，而是有条件的，即寺田必须首先获得官给凭帖才可刊碑立石，多方金代石刻都证明了这一点。例如，《罗汉院山栏地土公据》载，金末罗汉院监寺僧广源状告前长老普润将带本院常住地土公帖凭验等逃往他寺，严重威胁了罗汉院田产的安全。为防止"他人已后侵占本院山栏地土以致昏赖，旋难争理"，广源遂将此事提告到县，经有司审理，认为"僧广源所告委是端的，亦无诈冒"，于是"出给公据，付净惠罗汉院监寺僧广源收执"⑤。获得官府公据后，典座福信、监寺福蒙、首座定宣等刻碑立石，将上述原委及寺田四至俱刻石碑。《重修法云寺碑》也记载，法云寺住持福灯"自天德二年、贞元元年，两次经本军陈□□乞存留余□公据二本"，公据内载明山栏地土四至，"至大定八年，又经本县告状

---

① [元]脱脱，等. 金史：卷四十七：食货志：二[M]. 北京：中华书局，1975：1044.
② [元]脱脱，等. 金史：卷四十八：食货志：三[M]. 北京：中华书局，1975：1073.
③ [金]张严老. 长清灵岩寺妙空禅师塔铭[M]//[清]张金吾. 金文最：卷一百十. 北京：中华书局，1584.
④ 佚名. 奉先县榜[M]//梅宁华. 北京辽金史迹图志：下. 北京：北京燕山出版社，2003：45.
⑤ 佚名. 罗汉院山栏地土公据[M]//国家图书馆善本金石组. 辽金元石刻文献全编：三. 北京：北京图书馆出版社，2003：913，914.

出给公据"[1]，法云寺遂刊刻石碑，详载其事。

金代佛教信众时因各种原因将个人土地施捐寺院，为避免日后争执，有效维护寺院田产的安全及捐赠人的意愿，有时亦将施捐土地的四至、面积、地上物产等刊刻立石。比较典型的如《施地碑记》，详记了沁州武乡县岩良村刘方施予禅隐山崇胜寺住持从寿土地的情况。从碑刻的情况来看，这些土地共"七段约八顷余"，碑刻详列了每段土地的四至，详尽做到"各段四至，各各分明"[2]。

金代一些大型寺院通过不同渠道占有大量房屋、土地，将这些房屋土地的情况立碑刊刻，实际上是保留了寺院的田产明细，起到"立此存照"的作用。一方面，有利于避免寺内不肖之徒隐瞒、典卖土地。《大宋河中府中条山万固寺重修碑铭并序》碑末有云："以有古迹名碑为照，以后法属徒众尊崇看守依禀者"[3]，实际就是要求后代子孙谨守寺产，永续田土。另一方面，当寺院与世俗社会发生田产纠纷时，碑刻可以在诉讼中作为证据使用，从而维护寺院利益，《灵岩寺田园碑》就充分说明了这一点。灵岩寺为千年古刹，经历代赏赐，寺产众多，土地的出产成为灵岩寺僧众衣食之源，"虽四方布施者源源而来，然其衣食之用，出于寺之田园者盖三之二"，田产对灵岩寺的重要性自不待言。但是，灵岩寺的大量田产也引起了他人的垂涎。北宋天圣初年，灵岩寺田产被侵冒，"主寺者，不克申理，但刻石以纪其当时所得顷亩界畔而已"。主寺者的态度显然过于消极，这种仅勒石刻碑而不向官府提告的行为难以维护寺院的正当权益，反而导致侵冒行为愈演愈烈。后来绍圣时期，灵岩寺的田产就遭到进一步侵夺。但是，天圣石刻毕竟是当时寺院田产的真实记录，它为以后解决这一纠纷提供了重要证据。果然，到伪齐时期，"始征天圣石记，悉归所侵地"，天圣石刻终于在维护灵岩寺田产的诉讼中发挥了重要作用。后来，由于天圣石刻字迹斑驳，寺僧因请于有司，主首与故老近邻再次立石刻碑，是为"阜昌碑石"。海陵王天德年间，"复有指寺之山栏为东岳火路地者"。在这起侵占案中，阜昌石刻发挥了重要作用，"既而，省部委官验

---

[1]〔金〕张莘夫. 重修法云寺碑[M]//〔清〕张金吾. 金文最：卷七十一. 北京：中华书局，1990：1051.

[2]〔金〕刘方. 施地碑记[M]//阎凤梧. 全辽金文. 太原：山西古籍出版社，2002：2647.

[3]〔金〕刘琦. 大宋河中府中条山万固寺重修碑铭并序[M]//阎凤梧. 全辽金文. 太原：山西古籍出版社，2002：1605.

视,考之阜昌碑文,不得遂其诈"。"大定六年(1166),朝廷推恩,驰天下山泽以赐贫民",一些寺院山林由此遭到严重破坏,"惟灵岩山林,以其有得地之本末,故独保完"。明昌三年(1192),"提刑司援他山例,许民采伐",灵岩寺山林再次受到严重威胁,"由是长老广琛诉于部于省,才得地之十一二也"。明昌五年(1194),广琛"复走京师,诣登闻院陈词"。在这起诉讼中,为维护寺院田产,石刻再次发挥了重要作用,"蒙奏断用阜昌天德所给文字为准,尽付旧地"。这次诉讼结束后,灵岩寺深感碑刻在维护寺产中的重要性,遂将官府所给公帖"复刻石,以为后人之信"[①]。自北宋至金代中叶,灵岩寺田产屡次被侵,在维护寺田的几次诉讼中,田产石刻发挥了关键作用。

四、寺院赋役

寺院田产虽是僧有之物,但同时也是国家税赋之源。自佛法传入中土以来,国家不仅在政治上强化对佛教势力的控制,而且在经济上也不断加强对寺院的管理。以赋税差役为例,佛教传入中国初期,一些官僚贵族为扩大佛教影响不惜以免除赋役招徕信徒,三国时期的笮融就曾"令界内及旁郡人有好佛者听受道,复其他役以招致之"[②]。但僧侣"寸绢不输官库,升米不进公仓……家休小大之调,门停强弱之丁"[③]的特权严重损害了国家经济利益,不可避免地要遭到政府的打压。唐代实行"两税法"之后,"天下庄产,未有不征"[④],僧尼经济特权由此走向衰落。寺院僧尼先是失去了免纳杂税的权利,"两税法"之后又丧失了免纳正税的权利[⑤]。及至南宋,僧尼"免丁钱"的征收更是寺院经济史上的一件大事,它标志着僧道原来享有的种种经济特权被剥夺得越来越少[⑥]。

---

①〔金〕周驰.灵岩寺田园碑[M]//〔清〕张金吾.金文最:卷七十七.北京:中华书局,1990:1123,1124.
②〔晋〕陈寿.三国志:卷四十九:刘繇传[M].陈乃乾,校点.北京:中华书局,1959:1185.
③〔唐〕释道宣.广弘明集:卷二十四:谏仁山深法师罢道书[M]//影印文渊阁四库全书:第一〇四八册.台北:台湾商务印书馆,1986:627.
④〔宋〕孙光宪.北梦琐言:卷一:郑光免税[M].贾二强,点校.北京:中华书局,2002:19.
⑤谢重光.略论唐代寺院、僧尼免赋特权的逐步丧失[M]//何兹全.五十年来汉唐佛教寺院经济研究.北京:北京师范大学出版社,1986:249.
⑥白文固,赵春娥.中国古代僧尼名籍制度[M].西宁:青海人民出版社,2002:153.

金代寺院缴纳赋税整体情况虽然未见详细记载，但据零星史料推断，金代寺院也需要缴纳赋税。大定年间，宝山寺主僧"于地内拔地叁亩与师侄惠安充修院地"。《宝山寺地界记》明确记载了该寺院土地的分布及四至，并言明："又承管王琪白石地四十亩，八亩熟土，纳秋粟二斗，物力钱十文。宝海立文字与宝山，每年出税钱二贯。"①史料中提到的"秋粟"是金代正税之一，宝山寺的土地须纳"秋粟"说明金代寺院土地需要缴纳正税。物力钱方面，金代规定"计民田园、邸舍、车乘、牧畜、种植之资，藏镪之数，征钱有差，谓之物力钱"②。这实际上是朝廷根据各户的田产、浮财数量经折算后征收的资产税。《金史·食货志》将物力钱的征收对象仅限于"民"，而未言及"僧"。但从《宝山寺地界记》所云宝山寺需纳"物力钱十文"的情况看，寺院田产也需缴纳物力钱。此外，章宗初年议论寺院奴婢应否废除时，完颜襄建议"若寺观物力元系奴婢之数推定者，并合除免"③。这则史料说明，至少在章宗以前寺产既要缴纳赋税，也要缴纳物力钱，而且寺院奴婢数量与物力钱多寡有关。

　　寺院同世俗社会一样须承担国家赋税，朝廷出于各种考虑也偶有对寺院免征赋税。皇统年间，定光禅师住持长清灵岩寺，到寺不久即赴官府请求减免科差，曰："常住拔赐田土，亲力播植，所得仅足饱耕夫。又供僧岁费，无虑三千万。丐依旧例，原免科役，庶获饭僧福田，上报国恩，实远久之大利益也"。定光以灵岩寺僧众开支浩大为由，请求官府依例免除科役，"府可其请"④。此后，朝廷免除灵岩寺赋役几成定例。据清人所修《灵岩志》记载，"金元明皆奉旨粮徭全免，至今不税，其籽粒以供本寺香烛之需"⑤。定光采用合法手段请求免除灵岩寺科役的做法同唐宋以来的情形一样，一些有势力的寺院竭力利用自己的社会影响规避赋税，而那些默默无闻的中小寺院则无法享受到这些特权。

---

① 佚名. 宝山寺地界记[M]// 阎凤梧. 全辽金文. 太原：山西古籍出版社，2002：4037.
②〔元〕脱脱，等. 金史：卷四十七：食货志：二[M]. 北京：中华书局，1975：1056.
③〔元〕脱脱，等. 金史：卷九十四：完颜襄传[M]. 北京：中华书局，1975：2088.
④〔金〕李鲁. 灵岩寺定光禅师塔铭[M]//〔清〕张金吾. 金文最：卷一百十. 北京：中华书局，1990：1581.
⑤〔清〕马大相. 灵岩志：卷二：田产[M]. 王玉林，赵鹏，点校. 济南：山东人民出版社，2019：16.

第四章
金代佛教宗派及佛学思想

金代享国时间虽短,但佛教仍然比较活跃,其表征之一就是佛教宗派的发展。总的来看,有金百余年的佛教舞台上,显密各宗大都有所成就,禅宗、华严宗、净土宗、密宗的表现尤为突出。各宗都涌现出了自己的代表人物,有些还曾著书立说以阐扬宗风。同时,在时代的推动下,儒、释、道之间的联系更加紧密,三教合一的趋势获得了新发展。

第一节 金代主要佛教宗派

金代佛教虽然深受辽宋佛教的影响,但随着朝代更替,佛教宗派格局发生了新变化。辽代佛教以华严为盛[1],但入金之后,先是律宗在北方盛行。洪皓在《松漠纪闻》中写道,"燕京兰若相望,大者三十有六,然皆律院。自南僧至,始立四禅,曰:太平、招提、竹林、瑞像"[2]。迨至金末,禅宗大盛,金代石刻史料中众多"改律为禅"的记载正是这种变化的生动写照。除禅、律二宗,华严、净土、密宗等也有一定程度的发展。

---

[1] 漆侠. 辽宋西夏金代通史: 宗教风俗卷[M]. 北京: 人民出版社, 2010: 27.
[2] 〔宋〕洪皓. 松漠纪闻: 卷上[M]// 金毓黻. 辽海丛书. 沈阳: 辽沈书社, 1985: 207.

一、禅宗

禅宗亦称达摩宗、佛心宗,是最具本土特色的汉传佛教宗派之一。禅宗发展的脉络,自菩提达摩开始,中经南岳怀让、清原行思,其门下弟子经过不断的"越祖分灯",最终形成沩仰、临济、曹洞、云门、法眼五宗与杨岐、黄龙二派,是谓"五家七宗"。

就唐代以后禅宗的发展历程来看,"五家七宗"的发展脉络各不相同。沩仰宗虽在唐末五代颇为兴盛,但入宋后即湮没不传,法眼宗在宋初极盛之后也逐渐走向衰微。因此,禅宗发展到金代,"五家七宗"的格局已经发生了深刻变化。有金百余年间,盛行于北方的主要是临济、曹洞、云门三宗。《王山十方圆明禅院第二代体公禅师塔铭碑》云:"自达摩西来传佛心印于中国,至卢能六代,遂敷枝布叶,各化一方。源析流分,别为五派。""本朝奄有区寰,北方禅派得五之三。"①此处的"北方禅派得五之三",即指临济、曹洞、云门而言。金末元初的耶律楚材曾对北方佛教有过深刻评论,谓"云门之宗,悟者得之于紧俏,迷者失之于识情;临济之宗,明者得之于峻拔,昧者失之于莽卤;曹洞之宗,智者得之于绵密,愚者失之于廉纤"②。以耶律楚材见闻之广、学识之深,仅仅评论云门、临济、曹洞三宗并不是偶然的,说明金末元初在北方地区拥有重要影响力,进而引起耶律楚材注意并加以评论的,大概只有这三宗而已。

有金一代,临济、曹洞、云门三宗虽形成鼎足之势,但三宗却各争雄长,以己为能。临济宗认为,"自曹溪派而为五之后,今法眼、沩仰传者至少,云门、洞下差多于二家,惟临济一宗演溢盛大"③;曹洞宗认为,在北方禅宗三派之中,"唯青州一瓣香,云覆广被,非二派所及"④;云门宗认为,"曹溪自南岳青原而下三派分流于辽于金,燕独以三禅称,云门

---

① 〔金〕边元勋. 王山十方圆明禅院第二代体公禅师塔铭碑[M]// 王新英. 金代石刻辑校. 长春:吉林人民出版社,2009:36.

② 〔元〕耶律楚材. 湛然居士文集:卷十三:万松老人万寿语录序[M]. 谢方,点校. 北京:中华书局,1986:294.

③ 刘友恒,李秀婷.《真定十方临济慧照玄公大宗师道行碑铭》浅谈[J]. 文物春秋,2007(5).

④ 〔金〕边元勋. 王山十方圆明禅院第二代体公禅师塔铭碑[M]// 王新英. 金代石刻辑校. 长春:吉林人民出版社,2009:36.

固为之首"①。上述三通碑刻虽然都极力夸大本宗地位，但从金代的实际情况看，临济、曹洞二宗的影响稍大，云门宗的影响稍逊。

(一) 曹洞宗

曹洞宗由唐代洞山良价及弟子曹山本寂共同创立。该宗在唐末五代盛行之后，屡次陷入法嗣断绝的危机。尤其曹山法系四传而终，全赖洞山一系的另一法嗣云居道膺一脉方得不绝，直至八世芙蓉道楷曹洞宗才真正消除了传法危机，实现第一次中兴。金朝建立后，曹洞在北方地区逐渐兴盛，芙蓉道楷弟子鹿门自觉一系经过青州希辩、大明宝、王山体、雪岩满，五传而至万松行秀。行秀屡受朝廷礼遇，曹洞宗由此二次中兴，并最终确立了在金朝佛教史上的地位②。

关于曹洞宗在金代的弘传情况，学术界已有专文论述③。本节拟以石刻文献为依据，对金代曹洞宗的主要代表人物展开研究，以此勾勒出金代曹洞宗的传承情况。

1.希辩

希辩亦名"一辩"(有书亦记载为"希辨")，俗姓黄，江西洪州人。希辩本为北宋僧人，在宋金战争中为金人所掳，遂流入北地，弘传佛法。《元一统志·大万寿寺》对希辩的弘法经历记载颇为详细，文曰：

> 后有禅师希辨，宋之青州天宁长老也。耶律将军破青州，以师归燕，初置之中都奉恩寺。华严大众请师住持，服其戒行高古，以为潭柘再来。至金天会间退居太湖山卧云庵，既而隐于仰山栖隐寺。骠骑高居安以城北园并寺前沙井归之常住，天眷三年召师复住持。皇统初更赐寺名为大万寿，师再隐仰山，门人德殷续灯于万寿，三年而退居于医巫闾。又有省端上人继之，一如师

---

① 佚名. 元银山宝严禅寺上下院修殿堂记[M]//国家图书馆善本金石组. 辽金元石刻文献全编:二. 北京:北京图书馆出版社,2003:462.

② 毛忠贤. 中国曹洞宗通史[M]. 南昌:江西人民出版社,2006;任继愈. 佛教大辞典:"曹洞宗"条[M]. 南京:凤凰出版社,2002:1090,1091.

③ 李辉,冯国栋. 曹洞宗史上阙失的一环:以金朝石刻史料为中心的探讨[J]. 佛学研究,2008(总第17期);赖功欧. 辽金时期的曹洞宗[M]//怡学. 辽金佛教研究. 北京:金城出版社,2012:052-059.

存之日。希辩师，本江西洪州黄氏，族系甚大，且多文人，有闻于世者。始参云门临济，得法于鹿门觉公，至沂州礼芙蓉和尚印证授记，后住青社。天宁城破乃北来，人称之为青州和尚。天德初示化于仰山，记乃金翰林学士中靖大夫知制诰施宜生所撰。①

从这段史料介绍的情况看，希辩得法于鹿门自觉，后又参礼过沂州芙蓉道楷并住持青州天宁寺。青州被破之后，希辩入金②，先后住持中都奉恩、华严、仰山栖隐等寺。希辩的上述学法、弘法经历，亦经金代石刻印证，《甘泉普济寺通和尚塔记》云："云孙辩公，先参鹿门觉和尚，许为吾宗再来人；次侍芙蓉潮楷老，后方领众青社天宁。时会本朝抚定，来都城，所居奉恩、华严、万寿等寺，皆为成就。"③希辩于天德初示化，而《甘泉普济寺通和尚塔记》作于大定五年（1165），其时距希辩示化不过十余年，故所记当为真确。

希辩在金朝佛教史上之所以重要，主要在于他对曹洞宗在北方的传播有开创之功。希辩入金后，以"戒行高古"受众礼敬，有"潭柘再来"之誉，曹洞宗风由此得到举扬，以至于世人认为"潭柘老人二百年后，放大光明。芙蓉家风，却来北方"④。希辩对曹洞宗的另一项贡献是培养了一批杰出的曹洞传人。《五灯会元续略》云："当是时，北方二百余年，燕秦齐晋之间，入是宗者，皆其后学。"⑤金代石刻亦谓"从来游师之门，学师之道，何啻百千"⑥。纵观金元时期的曹洞宗史，此言实为不虚。大明宝、甘泉行通等皆出希辩门下，至于聆听教诲，身被法雨者为数更多。希

---

①〔元〕孛兰肹，等．元一统志：卷一：中书省统山东西河北之地［M］．赵万里，校辑．北京：中华书局，1966：24．
②《金史》谓天会六年（1128）正月，"宗弼破宋郑宗孟军于青州"（〔元〕脱脱，等．金史：卷三：太宗纪［M］．北京：中华书局，1975：58．），可见希辩入金当在天会六年（1128）正月以后。
③〔金〕释圆照．甘泉普济寺通和尚塔记［M］//〔清〕张金吾．金文最：卷一百十二．北京：中华书局，1990：1612．
④〔元〕孛兰肹，等．元一统志：卷一：中书省统山东西河北之地［M］．赵万里，校辑．北京：中华书局，1966：24．
⑤蓝吉富．禅宗全书：史传部十六：五灯会元续略［M］．北京：北京图书馆出版社，2004：735．
⑥〔金〕释圆照．甘泉普济寺通和尚塔记［M］//〔清〕张金吾．金文最：卷一百十二．北京：中华书局，1990：1612．

辩凭借举扬曹洞宗风与传法后嗣的功绩确立了自己在曹洞宗谱系上的地位，因而明初居顶所修《续传灯录》、崇祯年间净柱所撰《五灯会元续略》、康熙年间净符所作《祖灯大统》等禅门灯录虽对曹洞宗法脉传承各有其异，但共同的一点就是都将青州希辩作为曹洞宗传播史上的一位重要人物而列入曹洞宗谱系。

2.大明宝

大明宝俗姓武氏，磁州人。十九岁时投本州寂照庵，礼祖荣长老为师，法号法宝。因法宝长期驻锡于滏阳大明禅院，故世称为"大明宝"。

大明宝是曹洞宗史上承上启下的重要人物。天眷三年（1140）试经具戒之后，大明宝礼辞祖荣长老，杖锡燕都，参谒青州希辩。时希辩住持燕都万寿禅寺，大明宝到来后，希辩"一见而奇之"，对大明宝有佛门龙象之许。在希辩的接引下，大明宝顿然开悟，言下得法。侍师三年后，大明宝"礼辞猊座，辩以法衣三颂付之"，显然已有传其衣钵之意。此时，恰灵岩虚席，府尹韩公、转运使康公邀请大明宝前往住持，大明宝辞避不获。天德二年（1150），青州希辩示寂仰山，大明宝应南阳郡王张浩之请，住持仰山栖隐禅寺。贞元三年（1155），大明宝因触怒海陵王，遭受杖责，为时势所迫，南还滏阳。在众人的帮助下，于均庆西寺旧基构筑精庐，"权以宴处，侍养荣公"。大定二年（1162），张浩以己俸为大明宝购大明寺之额并礼请大明宝主持之。此间，大明宝的声望达于顶峰，"王侯景慕，衲子云臻；法遍诸天，名飞四海"。缘法既成之后，大明宝"书颂状告退，隐于紫山、糓峪两处"。大定十三年（1173），大明宝圆寂，俗寿六十六，僧腊三十四。

大明宝早年从青州希辩得法，先后住持灵岩、栖隐两大禅寺，受海陵王杖责返还滏阳之后，创建大明禅寺。在辗转弘法过程中，培养出一大批佛学人才，仅《长清县灵岩寺宝公禅师塔铭》记载的嗣法门人就有"当山住持惠才、蔚州人山住持善恒、太原王山住持觉礼、中都万寿住持圆俊、中都仰山住持性璘、磁州大明住持圆智"，"及落发门人宗明等五十有三，授法名俗弟子宗定以次，不过胜计"，"潜符密证者，莫知其数"[①]。大明宝一系敷枝布叶，花繁果香，法雨所及，遍布今山东、河北、北京等地，

---

① 大明宝事迹，参见：〔金〕翟炳．长清县灵岩寺宝公禅师塔铭[M]//〔清〕张金吾．金文最：卷一百一十一．北京：中华书局，1990：1596-1598．

将曹洞宗的影响在青州希辩基础上又向前推进了一大步。

3.王山觉体

王山觉体俗姓郭氏，太原交城县却波里人。弱冠出家，法名觉体。试经得度后，先后礼谒定林开禅师、浮图山平禅师、南京法云禅师、东平普照月禅师，"末至灵岩宝和尚处，执侍久之"[1]。至于觉体参礼大明宝的具体时间，觉体《王山十方圆明禅院第二代体公禅师塔铭碑》（以下简称《塔铭碑》）未见明载，但根据相关史料亦可推知。《五灯会元续略》谓"勠力十年，躬为侍者"[2]。《塔铭碑》谓觉体"正隆五年重九日，辞大明，时□三十有九"[3]。由此上推十年，可知觉体初谒大明宝当在天德二年（1150）前后。觉体得大明宝印可后，于大定二年（1162）"还归故乡交城却波"[4]，应故乡父老之请，驻锡王山，兴建十方圆明禅院，后又兼领天宁禅寺。大定十三年（1173）九月二日，觉体圆寂于天宁寺[5]，俗寿五十三，僧腊三十四。觉体嗣法弟子二人，曰圆光、善满，圆光即胜默光老人，善满即雪岩满[6]。

4.灵岩惠才

惠才，俗姓韩，睢阳人，大明宝高足。惠才事迹详见于大定二十七年（1187）徐铎所作《长清县灵岩寺才公禅师塔铭》。根据这方石刻的记载，惠才少年出家，拜开元寺主僧智昭为师。皇统二年（1142）以恩度得戒，不久挂锡游方，"时开封之法云和单父之普照通泊山东河朔诸尊宿，悉往参之"，最后参大明宝于长清灵岩寺。"大明一见，赏其法器，日切留师侍旁"，惠才从此开悟得法。大明宝退居仰山时，惠才亦随侍法驾。大定初年，长清专使驰书，请惠才住持灵岩寺，惠才坚辞不受，"闻之西走熊

---

[1]〔金〕边元勋.王山十方圆明禅院第二代体公禅师塔铭碑[M]//王新英.金代石刻辑校.长春:吉林人民出版社,2009:37.

[2]蓝吉富.禅宗全书:史传部十六:五灯会元续略:大明宝禅师法嗣[M].北京:北京图书馆出版社,2004:738.

[3]〔金〕边元勋.王山十方圆明禅院第二代体公禅师塔铭碑[M]//王新英.金代石刻辑校.长春:吉林人民出版社,2009:38.

[4]〔金〕朱澜.修建王山十方圆明禅院之记碑[M]//王新英.金代石刻辑校.长春:吉人民出版社,2009:64.

[5]《修建王山十方圆明禅院之记碑》谓觉体圆寂于大定十一年(1171)九月二日,两者孰对孰误,有待考证。

[6]刘晓.万松行秀新考:以《万松舍利塔铭》为中心[J].中国史研究,2009(1).

耳","寻复归滏阳,以遂其本志"。后来,大明宝力劝惠才出山弘法,有"汝道成果熟,可为人师。吾之正法,待汝兴行"之语,可见寄望殷殷。但惠才并未就此出山,而是又"隐于东平之灵泉","闭影不受人事者数年",后来在地方大员的再三邀请下方勉强成行。惠才虽倦于陪接之事,但"囊锥既露,厥问四驰,为法而来,户外履满",已然是驰誉天下的一方名僧。因此,惠才先后住持西山之白岩、潞州之天宁、大舟之延庆、忻州之普照。"既而,灵岩虚席,敦请益至",惠才又住持灵岩,其间于灵岩多有修缮之功。此后,惠才又应东平兴化寺主僧明超坚请,"居兴化四年",不久,微疾而逝,时年六十八岁,僧腊四十有七。

惠才在曹洞史上的地位源于他曹洞嫡嗣的传法身份,故其《塔铭碑》曰:"自洞山既寂之后,再传而得价,又九传而得辨,而大明承其嫡派,师(惠才)受大明之密印,即洞中十二世孙也。"同时,更源于他的弘法实践,惠才以"六踞大刹""学徒烝烝"而闻名,其嗣法弟子就有"东平之兴化宗源、中都之万安浦涤、益都之普照宗如、义州之大明善住、单州之普照道明、大舟之延庆圆明",至于"潜符密证者,莫知其数"[1],其弘法传灯之举对延续曹洞禅风,进而促进曹洞宗在金元时期的兴盛发挥了重要作用。

5.性圆

性圆俗姓马氏,其先为北京富庶县之豪族。性圆十一岁落发,二十九岁受具,佛学修养极高,《大藏经》览之殆遍,《华严经》尤为精通。贞元三年(1155),性圆由仰山南游滏水,"卜道场之地创精舍而起丛林,振曹洞之宗风",参与创建大明禅寺,"遂令天下衲子闻风而辐辏,会食者日有千众"。此时,性圆已深得四众景仰,禅学也深得大明宝印可。大定十一年(1171),性圆随侍大明宝游岘山宝严寺,并主持了宝严寺的营缮活动。大明宝示寂后,鉴于性圆的威望,"四方禅林争托王公贵戚飞书而来,邀师住院"。大定十五年(1175),宝严寺僧人法温等"却患师去而复臻前弊,遂具施状,献寺于师"。大定十七年(1177),复有"济海等亦献嘉祐院于师"。性圆在增修嘉祐院之后,将该院"献于大明崇老禅师住持"。后来,性圆为避崇老住持岘山之请而前往紫山。大定二十二年(1182),性圆因

---

[1] 惠才事迹,参见:〔金〕徐铎.长清县灵岩寺才公禅师塔铭[M]//〔清〕张金吾.金文最:卷一百十一.北京:中华书局,1990:1594-1596.

旧疾而终，享年六十九，僧腊四十①。

6.行通和尚

行通和尚俗姓张氏，云中天德人，青州希辩弟子。行通早年礼同里近泉寺云懿耆德为师，十八岁杖锡游方。天会年间，赴燕京参侍青州希辩，"后从辩老至仰山，言下透脱，寻印证为洞宗第十一世"②。青州希辩寂灭后，行通继师住持仰山凡数载，于大定四年（1164）以年老谢事，次年住持甘泉寺，不久迁化。

7.万松行秀

万松行秀俗姓蔡氏，号万松，河内人，金、元之际颇负盛名的曹洞名僧。行秀事迹多见于明清各家灯录、僧传，但细究其来源，史料出处较早者当推释念常《佛祖历代通载》及金元时期之文集、史乘等。嘉庆年间所修《邢台县志》卷七载有《万松舍利塔铭》，是研究万松行秀生平最直接的资料。这些文献记载，行秀十五岁出家，礼邢州净土寺赟公为师，业五大部之经。受具足戒后，"挑囊抵燕，历潭柘、庆寿，谒万寿，参胜默老人，复出见雪岩满公于磁州大明"③，并终得雪岩满印可。行秀参礼名刹，请益多师，为他后来成为曹洞巨匠奠定了重要基础。

行秀声名鹊起当在章宗时期。明昌四年（1193），"诏请万松长老于禁庭升座"。此次诏请，章宗给行秀以无上礼遇，"帝亲迎礼，闻未闻法，开悟感慨，亲奉锦绮"，"后妃、贵戚罗拜拱跪，各施珍爱以奉供养。建普度会施利异常"④。承安二年（1197），"特诏万松住仰山"⑤。泰和六年（1206），行秀"复受中都仰山栖隐禅寺请"⑥。同年，行秀随侍章宗秋猎，因所进诗句得章宗赞誉，章宗遂取行秀之"秀"字，改西山"将军埚"为"独秀峰"，以示尊崇。入元之后，行秀复主万寿寺，晚年退居从

---

①〔金〕张天祐.圆公马山主塔记[M]//阎凤梧.全辽金文.太原：山西古籍出版社，2002：1771-1773.

②〔金〕释圆照.甘泉普济寺通和尚塔记[M]//〔清〕张金吾.金文最：卷一百十二.北京：中华书局，1990：1613.

③ 刘晓.万松行秀新考：以《万松舍利塔铭》为中心[J].中国史研究，2009(1).

④〔元〕释念常.佛祖历代通载：卷二十[M]//影印文渊阁四库全书：第一〇五四册.台北：台湾商务印书馆，1986：1683.

⑤〔元〕释念常.佛祖历代通载：卷二十[M]//影印文渊阁四库全书：第一〇五四册.台北：台湾商务印书馆，1986：683.

⑥ 刘晓.万松行秀新考：以《万松舍利塔铭》为中心[J].中国史研究，2009(1).

容庵，元定宗元年（1246），于八十一岁高龄圆寂。

行秀佛学造诣精深，"凡三阅藏教，无书不读"[①]，所著《释氏新闻》《从容录》《请益录》为金代佛学名著。同时，行秀弟子众多，"束发执弟子礼者不可胜纪"[②]。正因为如此，行秀誉满天下。耶律楚材对其评价极高，谓"独万松老人得大自在三昧。决择玄微，全曹洞之血脉；判断语缘，具云门之善巧；拈提公案，备临济之机锋。沩仰、法眼之炉鞴，兼而有之，使学人不堕于识情、莽卤、廉纤之病，真间世之宗师也"[③]。耶律楚材为行秀门人，其评师之语不免有过誉之嫌。但行秀评唱公案，点化后学，传曹洞之法脉，熔儒释道于一炉，的确不愧一代宗匠之称。元好问曾在南都随侍赵秉文、杨云翼、李屏山诸人燕谈，"每及青州以来诸禅老，皆谓万松老人号称辨材无碍，当世无有能当之者"[④]。以赵、杨、李诸人在金代文坛上的巨匠地位，能得其首肯者屈指可数。而万松行秀得三人青睐，可见法誉之隆。

正因为万松行秀法誉日降，四方僧众师事者如影随形，西开阳坊观音院兴福禅师"礼万松大禅伯为师"，天宁禅院沙门普净"礼万松和尚"[⑤]，和公大禅师"知万松老人之声价照映南北，直抵燕然而见之"[⑥]，寿圣禅寺长老洪倪和尚"初受具王山参枝足清和尚。闻万松道价，裹粮千里，以巾侍自誓"[⑦]。类似和公禅师、洪倪和尚者数不胜数。正因为万松行秀"门庭高广，四方尊之"[⑧]，因而法嗣兴旺，尤以雪庭福裕、华严至温、林泉从伦最为著名。他们在金末元初的佛教界具有重要影响，其俗家弟子耶

---

① 〔元〕耶律楚材. 湛然居士文集：卷十三：释氏新闻序[M]. 谢方，点校. 北京：中华书局，1986：277.

② 刘晓. 万松行秀新考：以《万松舍利塔铭》为中心[J]. 中国史研究，2009(1).

③ 〔元〕耶律楚材. 湛然居士文集：卷十三：万松老人万寿语录序[M]. 谢方，点校. 北京：中华书局，1986：294.

④ 姚奠中. 元好问全集（增订本）：卷三十七：嵩和尚颂序[M]. 李正民，增订. 太原：山西古籍出版社，2004：782.

⑤ 〔清〕缪荃孙. 顺天府志：卷七[M]. 北京：北京大学出版社，1983：59.

⑥ 〔元〕耶律楚材. 湛然居士文集：卷十三：和公大禅师塔记[M]. 谢方，点校. 北京：中华书局，1986：289.

⑦ 姚奠中. 元好问全集（增订本）：卷三十五：寿圣禅寺功德记[M]. 李正民，增订. 太原：山西古籍出版社，2004：733.

⑧ 〔元〕释念常. 佛祖历代通载：卷二十二[M]//影印文渊阁四库全书：第一〇五四册. 台北：台湾商务印书馆，1986：757.

律楚材更对蒙元时期的政治走向发挥了重要作用。

(二) 临济宗

临济宗是唐代义玄创立的禅宗门派之一,是禅宗五家中传承最久、影响最广的一家。辽宋时期,禅宗有不同程度的发展,金灭辽、北宋之后,临济宗在金朝地域得到了进一步发展,并涌现出一批有影响的高僧。

临济宗在金朝的法脉,一支为佛果克勤的传人。金代名士赵秉文《利州精严禅寺盖公和尚墓铭》曰:"临济自佛果沿而下之,至于佛日;自四明溯而上之,至于佛鉴。俱出于五祖演。而佛鉴传四华昺,昺传四明遘。遘为今北京松林北迁第一祖师。四明之孙,微公之子也,张其姓,讳圆盖。"[①]一支为黄龙慧南传人。《灵岩寺定光禅师塔铭》云:"自临济义元禅师凡十二世,系出黄龙慧南。南出照觉常总,总出广鉴行瑛,瑛出舒州法华证道禅寺住持永言,言即师嗣法师也。"[②]这意味着永言之下即为灵岩定光(道询)。金代临济宗的另一支则远接石霜楚圆与琅邪慧觉。元好问《太原昭禅师语录引》云:"慈明与琅邪觉皆法兄弟,共扶临济一枝。慈明而下十余世,得玄冥顗禅师;琅邪而下亦十余世,得虚明亨禅师。玄冥风岸孤峻,无所许可,宁绝嗣而不传;虚明急于接纳,故子孙满天下,又皆称其家,加慈云海、清凉相、罗汉汴与法王昭公,皆是也。"[③]关于上述几支在金朝的法嗣传承,已有当代学者做过充分研究[④]。从总体来看,金代临济高僧主要有下面六位:

1.智照

智照俗姓万,泰安奉符人。幼时出家,礼莲峰山主朗公为师。大定十二年(1172)受具足戒,其后游方,遍谒沂阳真禅师、聊城裕公、归业寺谷山禅师、沇上皓公,最后与皓公密契,"一言之下,心华发明","大体大用,莫不得之",后复归莲峰山传衣嗣法。行前,皓公有偈付之曰:"黄

---

①〔金〕赵秉文.利州精严禅寺盖公和尚墓铭[M]//阎凤梧.全辽金文.太原:山西古籍出版社,2002:2384.

②〔金〕李鲁.灵岩寺定光禅师塔铭[M]//〔清〕张金吾.金文最:卷一百十.北京:中华书局,1990:1582.

③姚奠中.元好问全集(增订本):卷三十七:太原昭禅师语录引[M].李正民,增订.太原:山西古籍出版社,2004:781.

④李辉.金朝临济宗源流考[J].世界宗教研究,2011(1).

龙正派涌波涛，走电奔雷意气高。云洞何人著精采，好将鈯斧振吾曹。"①从该偈来看，皓公及智照为黄龙慧南一系。

智照回到莲峰后，孤坐云房数年。大定二十九年（1189），皓公退居钩盘，智照应太守刘公之请，住持济州普照禅寺。在此期间修葺佛寺，法道大振。明昌六年（1195）二月，党怀英具疏，邀智照开堂讲法，赞誉智照"临济真宗，晦堂嫡派。从虎须边得法，向镬头下乘机。宗说俱通，性空双泯"②。该年八月，智照圆寂，享年四十有五，僧腊二十有二。嗣法三人，落发弟子八人。

2.虚明教亨

虚明教亨俗姓王，讳教亨，号虚明，济州任城人。七岁出家，礼本州崇觉院圆公为师。十三岁受具足戒，十五岁起杖锡游方，参礼郑州普照宝公。普照宝生于大定初年，为临济七世孙琅邪觉子孙，因"禅定之余，喜事翰墨"而与一时名士如魏道明等为方外之友，常有辞章唱和。普照宝因名重当世而累主名刹，"其住持郑州普照为最久，人率称郑州宝公"③。不过，虚明教亨参谒普照宝并不顺利，由于机缘未至，"朝夕参叩，未有所入"，虽经多方点化亦未开悟。"一日，师因云堂静坐，忽闻板声，霍然亲证"，由此开悟，并得宝公印可。此后，"诸方知师得法，恳求出世，师亦知缘至，辄往应命"④。从此五坐道场，后来又应左丞相夹谷清臣之请住持中都潭柘寺，应章宗之旨住持中都庆寿寺，应知河南府、国公石抹仲温之请住持少林寺。兴定三年（1219）坐化，享年七十，僧腊五十有八。

3.归云

归云俗姓李，讳志宣，字仲徽，生于广宁，是金元之际临济名僧。今北京西山潭柘寺塔院存有归云塔铭，曰《浑源州永安禅寺第一代归云大禅师塔铭》，详述归云生平。归云是玉泉寺容庵老人法嗣，"容庵老人得临济之正派，以大手段本分炉锻炼，法子凡十有七人，其道行襟宇杰然有闻，

---

① 智照事迹，参见：〔金〕赵渢. 济州普照禅寺照公禅师塔铭[M]//〔清〕张金吾. 金文最：卷一百十一. 北京：中华书局，1990：1592-1594.

②〔金〕党怀英. 请照公和尚开堂疏[M]//〔清〕张金吾. 金文最：卷一百十五. 北京：中华书局，1990：1644.

③〔元〕王之纲. 洞林太觉禅寺第一代西堂宝公大宗师《林溪录》序[M]//国家图书馆善本金石组. 辽金元石刻文献全编：二. 北京：北京图书馆出版社，2003：783.

④ 佚名. 虚明禅师塔志[M]//〔清〕张金吾. 金文最：卷一百十二. 北京：中华书局，1990：1608，1609.

足有光佛祖鋈龙象者，浑源之永安第一代归云大禅师是也"。据赵孟頫奉敕所撰《临济正宗之碑》记载，临济宗的谱系"一传为兴化奖，再传为南院颙，三传为风穴昭，四传为首山念，又五传而为五祖演。演传天目齐，齐传懒牛和，和传竹林宝，宝传竹林安，安传海西堂容庵，容庵传中和璋，璋传海云大宗师简公"①。在这个传承谱系中，容庵老人处于承上启下的重要位置。归云的道法在容庵老人的十七位传法弟子中出类拔萃，为他后来住持中都竹林寺、执掌临济重镇奠定了重要基础。

归云宣师从容庵老人后，"参侍老人，日悟宗旨"。金蒙战争期间，民生凋敝。归云"供老人弥谨"。道粮不足时，归云自己以松柏果实为粮，而"以粥饭奉老人"。容庵寂灭后，归云先"应义州宝林之请"，继而应浑源之邀住持柏山禅寺，后又开山永安。归云一生七坐道场，"名刹退休之所有二：没水则归云堂，西馆则归云庵"。志宣又被称为"归云宣"，大概即由此而来。丙午（1246）之夏，归云入寂，"春秋五十有九，夏腊三十有三"②。传法弟子有信亮、道因等百余人。

4.政言

政言俗姓王，许州长社人。九岁出家，礼里中资福禅院主僧净良为师，侍师十余年。后辞师游学，先谒南京浩公，得浩公推赏，为义学讲席。"初讲唯识因明论，又取上生经，交相发明，兼传大乘戒，凡十有二年。"此后，政言遍历丛林。始居嵩山龙潭，继赴汝州紫云峰，又受香山慈照禅师之招，居首座之位。之后政言又奉慈照之命，"至中都参竹林广慧通理禅师，又参圣□□圆通禅师"。政言游学得法后，五主丛林。首住仰天山，未几，又请住益都义安禅院，"后复徇众意，住郑州普照，洎河南府法云寺"。既而，"梁国大长公主、□□□□□□□□大宗正府事曹王疏请师住龙泉禅寺"。中都龙泉寺在金代拥有很高地位，"实丛林之甲乙"，因而该寺对住持的要求也很高，"故为之宗主者，皆天下选"，政言住持龙泉寺足见其在佛教界的显赫地位。政言圆寂后，皇孙祖敬为其撰写塔铭，说明政言与女真上层人物的关系非常密切。政言入寂的时间，据《补续高僧传》卷十二《政言了奇二师》的记载当在大定乙巳，即大定二

---

① 〔元〕赵孟頫. 松雪斋集:卷九:临济正宗之碑[M]. 黄天美,点校. 杭州:西泠印社出版社,2012:248-249.

② 该处所引归云禅师事迹,皆出自:〔元〕陈时可. 浑源州永安禅寺第一代归云大禅师塔铭[M]//阎凤梧. 全辽金文. 太原:山西古籍出版社,2002:3711-3713.

十五年（1185）前后。政言石幢现存于北京门头沟区潭柘寺，其铭文有"猗欤潭柘，上承临济，入门即喝，家风不坠"，"养真逍遥，布衲藜羹。箕山高洁，复见于今"之句，可见时人对政言评价之高①。

5. 妙空

妙空讳净如，俗姓陈，福建侯官人。十七岁出家，拜积善寺旋湛长老为师。受戒之后游历诸方，至饶州荐福寺，遇宋代名僧道英禅师在此传道。道英对妙空密授荐福之印，妙空遂为道英法嗣，深得僧俗称赏。"时汝州南禅法席偶虚，众僧仰师名行，礼请住持。"妙空由此住南禅十年。政和甲午（1114），妙空奉命住持长清灵岩寺，"过京师，赐紫衣，又赐师号曰妙空"，"既至灵岩，开堂演法，大振玄法。参徒常不减数百，历廿八载，迄无间言"。妙空住持灵岩期间，"创起转轮藏，修钟楼，完佛殿，经营轮奂"，皆不惮其劳，因而深得众人赞赏。"师名德既著，四方供施者，岁时辐辏，惟恐其后"。金宋战争爆发后，妙空极力维护寺院秩序，"保聚山谷，演法如常，盗贼无有犯者。豪右之家，依师得脱者甚众"。皇统元年（1141）六月，妙空在灵岩寺奄化，俗寿六十九。

妙空在金代佛教史上的地位，一则源于他悟佛祖微旨，得无上妙果。二则源于他屡主名刹的显赫地位。长清灵岩寺为佛门巨刹，自唐代以来就被誉为禅门四绝之一，而妙空主灵岩二十八年之久，足见道誉之高，宠渥之深。三则源于临济正宗的显赫地位。《妙空长老自题像赞跋》云："妙空老师嗣法荐福英和，而出于大宗师门下。"②《妙空禅师塔铭》更为详细地介绍了妙空的师承："初闻道于荐福英禅师，英实开元琦道者适子。琦出江西黄龙老南禅师，师即黄龙之裔孙也。"③由此看来，黄龙慧南授法于开元子琦，开元子琦又授法于荐福道英，荐福道英再传法于灵岩妙空。从法脉传承的角度来看，妙空实为临济黄龙一支的嫡传。

6. 道询

道询俗姓周，扬州天长义城人，号定光庵主。成年后，礼本县兴教寺

---

① 〔金〕祖敬. 中都潭柘山龙泉禅寺言禅师塔铭[M]//梅宁华. 北京辽金史迹图志：下. 北京：北京燕山出版社，2003：106.

② 〔金〕释义由. 妙空长老自题像赞跋[M]//〔清〕张金吾. 金文最：卷四十九. 北京：中华书局，1990：717.

③ 妙空事迹，参见：〔金〕张严老. 长清灵岩寺妙空禅师塔铭[M]//〔清〕张金吾. 金文最：卷一百十. 北京：中华书局，1990：1583-1585.

常住院首座德安为师。政和元年（1111）具戒后，遵师命云游四方，曾在舒州法华寺驻锡四稔，在此得马祖"即心即佛"机缘，彻证传心之旨。后因拒任郡县住持之请，回归义城，筑精舍以自适，号"定光庵"。建炎二年（1128），金军攻陷天长后被虏至军中，随后进入北方。阜昌六年（1135），应邀住持济南普照寺，"一切以清规从事，晨参夕请，钟鼓一新"。皇统元年（1141），灵岩妙空示寂，道询应府帅都运刘公之邀，住持灵岩。皇统二年（1142）春，道询求退不成，夏六月二十四日，因疾而逝，阅世五十七年，坐夏三十二年，门下弟子著名者十余人。

道询入金后，两坐道场，其人救苦救疾，得四众交口称誉，"可谓道重一时，名高四远者矣"①。从临济宗法脉来看，道询得法于舒州法华证道禅寺住持永言。如此看来，道询属黄龙慧南一系，为慧南四传弟子，因而道询住持灵岩大刹的时间虽仅有短短十个月，但他在临济宗史上的地位不可低估。

（三）云门宗

云门宗为禅僧文偃所创，因文偃住韶州云门山光泰禅院，故而得名。云门宗创立之初主要在中国南方传法，至云门四世时，云门宗在中国北方部分地区的影响迅速扩大，从而为云门宗在金代的传播奠定了基础。

一般禅宗史论著都以北宋前期和中期为云门宗兴盛时期，至两宋之际趋于衰落，至元代初年则法系已无从查考②。云门宗到南宋初年开始走向衰微固然无可辩驳，但这并不意味着云门宗从此了无声息。实际上，云门宗虽然在南宋呈衰败之势，但在中国北方，在金朝的统治地域内，云门宗仍有法嗣流传。对此，当代学者已做了充分探讨，提出金元两代北方云门宗的奠基者为佛觉禅师，佛觉传圆通广善，广善传祖朗、澄公，祖朗、澄公之后则有志奥。上述云门法脉以大圣安寺为中心，灯灯相续，形成了一个颇具规模的丛林集团。云门宗在南方薪尽火灭之后，在金元北方仍续一脉香火③。鉴于时贤对金代云门宗代表人物的研究已相当深入，此处只拾遗补阙，就石刻文献所见，略述几位金代云门僧人的生平。

---

① 道询事迹，参见：〔金〕李鲁. 灵岩寺定光禅师塔铭[M]//〔清〕张金吾. 金文最：卷一百十. 北京：中华书局，1990：1579-1583.

② 任继愈. 佛教大辞典："云门宗"条[M]. 南京：凤凰出版社，2002：223，224.

③ 刘晓. 金元北方云门宗初探：以大圣安寺为中心[J]. 历史研究，2010（6）.

1. 峻极忠公

峻极忠公俗姓、法讳及生卒皆不详。《嵩顶重修峻极禅院记》只载忠公乃关中京兆人，系"云门后裔，五乳嫡孙"。忠公禅师幼岁不俗，一志空门。大定元年（1161）"落发披缁"，此后"员钵携筇，恭参知识，禅林遍访，处处投机"，"时遇州主刺史，率众官宰及诸僧，请住灵泉"，"次后三住大刹，四众依栖"。住持大刹后，忠公退隐韬光，栖神数载。时嵩山绝顶峻极禅院历遭兵革，荒残已极。忠公目睹寺基残毁，叹而可伤，遂兴重修之念，经四众助工助钱，供利供财，"未逾周岁，院宇重新"。忠公禅师四住禅刹，重修峻极，应当是一位比较有影响的云门后嗣，惜相关石刻太过简略，未得生平之详[①]。

2. 慧洽

慧洽俗姓吴，涿州范阳人。十二岁出家，礼崇教寺行直为师，皇统壬戌（1142）具戒。此后，"适闻海慧、清慧二大士提祖佛印，自南方来，振扬玄风于燕台之上，乃辞直师，径造会中"。海慧、清慧是金朝初年的著名僧人，海慧赐号佛觉祐国大师，清慧赐号佛智护国大师，两位高僧先后于熙宗时期住持上京储庆寺。慧洽最后于清慧处得法，并密受宗印。不久，慧洽随侍二师赴会宁长庆禅寺，"朝夕〔谘〕参，温研不懈，尽得云门之宗旨也"。

同其他高僧一样，慧洽也有一段云游生涯。他先赴云中，参佛日显老。"未几，命师为书记，室中相见，重蒙印可。遂令分座，秉拂为众，欲嗣续曹洞之宗风。"但慧洽默念自己"始于佛觉晦堂处有所得，安敢负于初心哉"。佛觉晦堂资料极少，据《广温和尚碑》记载，河北蓟县盘山双峰寺住持广温曾"参云门晦堂，印许之"[②]。又据《顺天府志》记载，金天会中，"帝后出金钱数万为营缮贵，成大法席"[③]，建成大延圣寺。综合以上两条史料，可知佛觉晦堂为云门高僧，天会年间自南而北，深得熙宗赞赏。慧洽何时受晦堂法乳，史料不明。但慧洽感念晦堂教泽，拒绝了佛日显老的盛情，拂衣至朔州南禅寺，复飞锡长安，再抵灵岩道场。此

---

① 忠公事迹，参见：〔金〕释道琇. 嵩顶重修峻极禅院记[M]//〔清〕张金吾. 金文最：卷三十五. 北京：中华书局，1990：507-508.

②〔金〕贾少冲. 广温和尚碑[M]//北京图书馆金石组. 北京图书馆藏中国历代石刻拓本汇编：第四十六册. 郑州：中州古籍出版社，1989：97.

③〔清〕缪荃孙. 顺天府志：卷七[M]. 北京：北京大学出版社，1983：6.

时，世宗正为济南尹。慧洰受晦堂之嘱，应世宗之邀，"迎归普照禅寺，匡弘唱道"。数载后复退朔州南禅寺，一居即二十余年，最终于大定己亥（1179）坐化，世寿五十九，僧夏三十有七[①]。

慧洰事迹，本不见于诸家灯录，亦不见于高僧传记，今幸大同博物馆藏有《大金普照禅寺洰公长老灵塔》幢，令后世得见云门高僧风采。

金代其他云门高僧事迹史籍所记甚少，偶尔见于石刻也多语焉不详。河南辉县西30公里有白云寺，寺内一方塔上刻有《冠山寂照通悟禅师塔铭并引》，介绍澄徽禅师，言澄公参拜诸师，历住名刹，补印《藏经》等事，故有学者认定澄徽为云门宗大师[②]。另外，1985年10月，辽宁省辽阳市出土一方《胜严寺禅师塔铭》，提到胜严寺禅师曾经拜访彦老，"彦老实云门之杰出也。法席鼎炽"。《胜严寺禅师塔铭》之末又记胜严寺禅师"钻仰云门，宗风嗣有。请住胜严，为诸僧首"[③]。看来，胜严寺禅师得法于云门名僧彦老，其所在的胜严寺亦属云门宗，这说明云门宗的影响已达东京地区。金代渔阳香林禅寺僧人净照所作《香林十咏》曾题于巩县南六十里罗汉寺大殿后壁上，其跋书云，泰和二年（1202），净照应章宗皇帝诏旨居渔阳香林禅寺，"唱道余暇，乃作《十咏》，大张佛祖奥妙之旨。其辞平淡超然，自得于言语意味之外者也"。后命工刻石，其目的在于"不唯诸方衲子一新闻见，亦乃知吾云门法道有在焉"[④]。由此推断，净照为云门后嗣。

曹洞、临济、云门三宗虽同为禅宗枝叶，但在金代的影响、地位、分布却各不相同。曹洞宗以青州希辩、大明宝为核心，开枝散叶，屡主长清灵岩、燕京万寿、磁州大名等名刹，在山东东路、山东西路、河东南路、河北路、中都等地续焰传芳，光大宗门。临济宗的黄龙、杨岐二派在金代均有传播，虚明教亨、广慧通礼、龙泉政言、妙空净如等是临济宗的代表人物。金代临济宗的一个重要特点是以中都为传法基地，如教亨、相了、通礼等曾分别住持过潭柘、庆寿、竹林等中都大寺。此外，这些临济名僧与女真上层人物的关系也非常密切，时应朝廷重臣之邀住持巨刹。这

---

① 李树云.《大金普照禅寺洰公长老灵塔》及金代大同佛教[J]. 五台山,2008(3).
② 温玉成. 中国佛教史上十二问题补正[J]. 佛学研究,1997(总第6期).
③〔金〕杨恕道. 胜严寺禅师塔铭[M]// 王新英. 金代石刻辑校. 长春:吉林人民出版社,2009:135,136.
④〔金〕福安. 金净照大师香林十咏石刻[M]// 国家图书馆善本金石组. 辽金元石刻文献全编:三. 北京:北京图书馆出版社,2003:913.

些都为临济宗的广泛传播提供了有利条件。云门宗以佛觉大师为核心,以大圣安寺为传法重镇,阐扬宗风,其势力与影响虽然不能与北宋云门宗比肩,但传灯继焰之功亦不可磨灭,同时其也为元代云门宗的传播奠定了历史基础。

金元时期,又有所谓"糠禅"一派。糠禅,亦谓之"大头陀教"。按耶律楚材《寄赵元帅书》的说法,"夫糠蘖乃释教之外道也"[①]。《析津志辑佚》之"胜因寺"条载,头陀教"尊经卫法,本于教;息心了性,依于禅,止于观摄,念存乎律"[②]。从以上史料可以看出,糠禅是禅宗的一个分支。

糠禅起于天会年间[③],"始祖曰纸衣和尚"。纸衣之后,"门人嗣法,自河涧铁华、兴济义希、双桧春、燕山永安、蓬莱志满、真教猛觉、临猗觉业、普化守戒、清安练性、白雷妙,一十有一传而至溥光大禅师"。糠禅派的修行法门是"以衣、食、住,为人之甚欲,先戒行以节之。由戒入定发慧,定慧胜而贪痴远,贪痴远而佛道立矣"[④]。由此可见,糠禅以清心寡欲、严守戒律为修行要旨。

头陀教自天会年间创立,至大定二十八年(1188)十月即遭禁止。同年,世宗颁布诏令,"禁糠禅、瓢禅,其停止之家抵罪"[⑤]。禁止传播头陀教的理由《金史》无载,但金末元初耶律楚材《寄赵元帅书》则透露出一些端倪:"此曹毁像谤法,斥僧灭教,弃布施之方,杜忏悔之路,不救疾苦,败坏孝风,实伤教化之甚者也。"[⑥]可能是因为头陀教一反佛教慈悲救世的传统,因而受到佛门弟子的共同反对。著名僧人万松行秀作《辩赋》,其弟子耶律楚材作《辨邪论序》,耶律楚材的友人又作《糠孽教民十

---

① [元]耶律楚材. 湛然居士文集:卷八:寄赵元帅书[M]. 谢方,点校. 北京:中华书局,1986:189.

② [元]熊梦祥. 析津志辑佚:寺观[M]. 北京图书馆善本组,辑. 北京:北京古籍出版社,1983:74.

③ 据《金乡县头陀教正因院之记碑》记载,头陀教始创于天会六年(1128)。参见:任小行. 元至大四年《金乡县头陀教正因院之记碑》考释[J]. 文物鉴定与鉴赏,2017(4).

④ [元]熊梦祥. 析津志辑佚:寺观[M]. 北京图书馆善本组,辑. 北京:北京古籍出版社,1983:73,74.

⑤ [元]脱脱,等. 金史:卷八:世宗纪:下[M]. 北京:中华书局,1975:201.

⑥ [元]耶律楚材. 湛然居士文集:卷八:寄赵元帅书[M]. 谢方,点校. 北京:中华书局,1986:189.

无益论》，共同反对头陀教。上述诸人，以耶律楚材对糠禅的态度最为激烈。他在《西游录序》中说，"此方毗卢、糠、瓢、白经、香会之徒，释氏之邪也"[1]；在《辨邪论序》中说，"吾儒独知杨墨为儒者患，辨之不已；而不知糠蘖为佛教之患甚矣"[2]。不过，世宗的禁令和万松行秀等人的反对并未对头陀教产生太多负面影响，尤其在金末元初，头陀教更有壮大之势。究其原因，一则头陀教的发展得到了上层人物的支持，包括元帅赵君瑞这样的一方大员亦作《头陀赋序》，表达"冀请宗师祈冥福，以利斯民"[3]的愿望。这无疑是从正面肯定了头陀教的济世功用，从而有利于头陀教扩大自己的势力。二则头陀教在底层社会拥有众多信徒。据耶律楚材所言，"市井工商之徒信糠者十居四五"[4]。这为头陀教的传播提供了坚实的群众基础。因此，金代头陀教不但没有偃旗息鼓，反而得到了一定程度的发展。进入元代以后，头陀僧人溥光曾应元世祖之召，回答宗教之源，"师援引经纶，应对称旨。至元辛巳，赐大禅师之号，为头陀教宗师"[5]。直到元武宗至大四年（1311）四月，"罢僧、道、也里可温，答失蛮、头陀、白云宗诸司"[6]，头陀教方势衰。

二、华严宗

华严宗因崇奉《华严经》而得名。因其实际创立者唐代高僧法藏被武则天赐号"贤首"，故又称"贤首宗"。此外，华严宗以法界缘起为核心理论，由此又得名"法界宗"。一般认为，华严宗的传承谱系为法顺→智俨→法藏→澄观→宗密，是谓华严五祖[7]。

华严宗由法顺和尚开启先河后，至三祖法藏盛极一时。唐武宗会昌五年（845）灭佛时，华严宗经论散佚，元气大伤，直到宋初长水子璿方得

---

[1]〔元〕耶律楚材. 湛然居士文集:卷八:西游录序[M]. 谢方,点校. 北京:中华书局,1986:187.
[2]〔元〕耶律楚材. 湛然居士文集:卷八:辨邪论序[M]. 谢方,点校. 北京:中华书局,1986:188.
[3]〔元〕耶律楚材. 湛然居士文集:卷八:寄赵元帅书[M]. 谢方,点校. 北京:中华书局,1986:190.
[4]〔元〕耶律楚材. 湛然居士文集:卷十三:糠孽教民十无益论序[M]. 谢方,点校. 北京:中华书局,1986:276.
[5]〔元〕熊梦祥. 析津志辑佚:寺观[M]. 北京图书馆善本组,辑. 北京:北京古籍出版社,1983:74.
[6]〔明〕宋濂,等. 元史:卷二十四:仁宗纪一[M]. 北京:中华书局,1976:542.
[7] 任继愈. 佛教大辞典:"华严宗"条[M]. 南京:凤凰出版社,2002:527-529.

复兴，并涌现出道亭、观复、师会、希迪四位华严大师。华严宗传播于南方时，其在北方的影响也逐渐扩大。辽朝时，有不少高僧讲说华严，其中鲜演是享誉一时的华严宗师，甚至辽道宗耶律洪基对华严理论也颇有研究，曾颁行《御制华严经赞》，御书《华严经五颂》。有金一代，华严宗在佛教界仍然占有一席之地，宝严、惠寂、妙敬都是名重一时的华严高僧。

宝严，俗姓于，临潢府保和县人。二十一岁出家，礼本府兴圆寺讲律沙门觉宗为师，训名裕超。皇统元年（1141）试经具戒。宝严初诵《法华经》，"后历方所亲高德者，听习《大华严经》，讲妙解深，极于宗趣"。自此以后，宝严因讲习《华严》而深受皇室恩宠，"至天德三年，得居上京。伏蒙东宫太后请住兴王寺，开演《大华严经》讲，聚徒二百余人，皆精锐博学者慕之"，"至正隆元年四月，□□□仕豪贵人等礼请，复开《大华严经》讲，徒满三百"。宝严因讲习《华严》而聚徒数百，在一定程度上说明社会大众对《华严经》的崇奉。由于宝严名播京华，因而屡受封赐，大定七年（1167），"改受都僧录宝严大师"[①]，"宝严"之号即源于此，这可能也是宝严受赐的最后一个师号。宝严于大定十五年（1175）圆寂，俗寿六十二，僧夏三十五。

惠寂，俗姓王，西河阳城里人。幼年即求出家，未蒙其父允许。长而习学释典，"于佛书无不读，授华严法界观于汾州天宁宝和尚"。这为惠寂日后专习《华严经》奠定了重要基础。惠寂五十一岁时，其父故去，惠寂乃祝发出家。金蒙战争时期，惠寂避兵汝州，居汝州之普照寺，既迁南阳之鄂城。惠寂毕生笃信华严，"师以《华严》为业，手抄全经，日诵四帙为课。既客居，徒众解散，独处土室中而不废讲说"。圆寂前夕，亦以《华严经》之《世界成就品》说于大众。正大三年（1226），惠寂入寂，寿七十有九。灵骨分葬四处，传法界观四人，即祖登、法昌、福柔、尼了遇。惠寂圆寂后，名士元好问应法昌之请为惠寂作墓铭，赞惠寂"于华严海，为大法船"[②]。

妙敬，俗姓萧，上京济州人。七岁出家，礼本州祥周院张座主为师，训名妙敬。皇统元年（1141），妙敬于上京楞严院再礼弘远为师，当年遇

[①]〔金〕光林寺西堂老人广明.宝严大师塔铭志[M]//王新英.金代石刻辑校.长春：吉林人民出版社，2009：133.

[②]姚奠中.元好问全集（增订本）：卷三十一：华严寂大士墓铭[M].李正民，增订.太原：山西古籍出版社，2004：640，641.

恩得度。皇统二年（1142），妙敬"复于济州西尼院与众住持向义学开演《华严经》，方成其名，乃号萧花严也"。正隆元年（1156），妙敬随太后至中都，住持中都显庆院。妙敬精通《华严经》，"演苍严□经讲玄谈妙议并及义学，擢为上也"①。大定二十七年（1187），妙敬微疾而逝，俗寿六十有七，戒腊四十有六。

除上述几位华严名僧外，金代还有一些僧人于《华严经》有高深造诣。苏陀室利系西域中印度那烂陀寺僧人，因久慕清凉，遂以八十五岁高龄与弟子七人航海而来，寒暑六载方抵清凉，后于灵鹫峰化去。据《清凉山志》记载，苏陀室利"能诵《杂华经》"。他到达五台山后，"每一台顶，诵《华严》十部"②。义谦法师自童稚出家于石经山云居寺，礼坦上人为师，十五岁具戒，妙悟深旨，"皆参道力，特诱华严"③。禀惠，俗姓王氏，弘州永宁人，幼于天成县幽峰院出家受具，"自十八岁讲华严经、摩诃演论，辩析疑微，听者常数百人"④。天眷元年（1138），禀惠奉圣旨传菩萨戒；皇统三年（1143），充大石窟寺提点，后来参与云冈石窟的修建工程，建化之功颇多。善柔、善选为金末元初的华严僧人。善柔，俗姓董，永兴人，"七岁事永安寺广行大师，能默诵《金刚》《楞严》诸经。二十悟《华严》奥旨"⑤。善选，俗姓刘，香河县人，"出家于里中隆安寺，礼真觉为师，师博通《华严》经旨"⑥。至于金代其他华严僧人的传记，大都存于金元文集、石刻，传记完整者甚少，多为只言片语。

---

① 〔金〕许珪. 中都显庆院故萧花严灵塔铭[M]// 梅宁华. 北京辽金史迹图志：下. 北京：北京燕山出版社，2003：104.

② 《清凉山志》标点组. 清凉山志：卷八：苏陀室利传[M]. 李裕民，审订. 太原：山西人民出版社，1989：162.

③ 〔金〕赵仲先. 谦公法师灵塔铭[M]// 王新英. 金代石刻辑校. 长春：吉林人民出版社，2009：139.

④ 〔元〕熊梦祥. 析津志辑佚：寺观[M]. 北京图书馆善本组，辑. 北京：北京古籍出版社，1983：84.

⑤ 〔元〕程钜夫. 程钜夫集：卷二十一：奉圣州法云寺柔和尚塔铭[M]. 张文澍，校点. 长春：吉林文史出版社，2009：256.

⑥ 〔元〕危素. 危太仆文集续集：卷三：大元敕赐大崇国寺坛主空明圆证大法师隆安选公特赐澄慧国师传戒碑[M]// 新文丰出版公司编辑部. 元人文集珍本丛刊：第七册. 台北：新文丰出版公司，1985：529.

三、律宗

律宗依《四分律》建宗，是以研习和修持戒律而得名的佛教宗派。中国佛教对律学的传译和讲习始于曹魏时期，而真正形成宗派则在唐代。唐代僧人道宣钻研律学，著述颇多，弟子近千人，他的弘法生涯对律宗的最终形成起到了关键作用。唐末五代，随着禅宗的兴盛，律宗逐渐衰微，直至宋代才在允堪、元照等人的努力下有所恢复。随着律宗中兴，北方的辽朝也涌现出一批律学大师，其中尤以法均最为著名。法均"究律学，谨持犯，得性自然，非矫揉也"[①]。咸雍六年（1070），法均在马鞍山慧聚寺开坛演戒，听者万里而来，汇集如云。同年十二月，辽道宗召见法均，以师礼相待并特旨授崇禄大夫守司空并传戒大师之号。法均一生善传佛戒，"前后受忏称弟子者，五百万余"[②]，其弟子裕窥等以戒为命，为金代律宗的发展提供了重要条件。

金代律宗名僧主要有悟敏、悟铢、圆拱等。从法脉传承来看，他们主要来自辽代法均一系。从谱系来说，"普贤（法均）为戒坛宗师第一世，普贤传窥，窥没而传敏，为第三世……复得悟铢而传焉，绳绳不绝，律座益尊"[③]。现存于北京市门头沟区戒台寺的《传戒大师遗行碑》也着重记述："自辽清宁间，有大士应世，名振中外，诏授御制戒本，既而升坛摄众，有大因缘，世以前圣期之人逮于今，号为普贤老师者是也。继继传道，尤难其人，始授高第、太尉大师裕窥。再传嫡孙悟敏者，即第三代也。既殁，同门弟文悟太师、悟铢以状列其行，愿刊兹碑，请恳且坚，固不克让"[④]，由此明确了法均→裕窥→悟敏→悟铢→圆拱的传承谱系。下面，对悟敏、悟铢、圆拱传法本末略加叙述。

悟敏，临潢孙氏子，十四岁着扫塔衣事佛，普贤大师法均一见奇之，

---

①〔明〕明河. 补续高僧传：卷十七：辽法均传[M]//〔梁〕慧皎，等. 高僧传合集. 上海：上海古籍出版社，1991：722.

②〔辽〕王鼎. 法均大师遗行碑铭[M]//向南. 辽代石刻文编. 石家庄：河北教育出版社，1995：438.

③〔明〕明河. 补续高僧传：卷十七：悟敏悟铢二传戒大师传[M]//〔梁〕慧皎，等. 高僧传合集. 上海：上海古籍出版社，1991：723.

④〔金〕韩昉. 传戒大师遗行碑[M]//孙勐. 北京佛教石刻. 北京：宗教文化出版社，2012：100.

录为弟子。法均示寂后，悟敏从法兄裕景习业，又谒通理策公、寂照感公，"密受指迪，所资益深"。"又十年，而后出世。禅以自悦，戒以摄人"①。悟敏以精深的律学造诣赢得了各界敬仰。天庆七年（1117），悟敏受命住持天长寺，天庆九年（1119），"赐紫服，锡号'传戒'"②。皇统元年（1141），悟敏入寂，终寿八十有五，夏腊六十有五。悟敏一生守戒甚严，"佛所禁者之死不犯食，非时则虽疾不济"③，"护戒如珠，微细无越"，"静定之外，课诵行持皆有常数"④。悟敏一生"主大道场凡二十二处，禀戒者逮五百万"⑤。

悟敏入金后的事迹史无明载，但他圆寂后，记录其事迹的《传戒大师遗行碑》由金代著名士人韩昉撰文、高衎书丹、王竞篆额。上述三人皆为金代文坛名士，亦为政坛显贵。从这些迹象来看，悟敏入金后仍然备受尊崇，有很大的社会影响力。

悟铢，字子平，临潢人，父何椿乃保信军节度使，悟铢为何椿的第三子。悟铢七岁学诗书，聪慧过人。十五岁时恳求出家，礼白霄太尉传戒大师执弟子之役。受具戒后，"通诸经论，精旨妙义，出老师宿学上"⑥。在龙泉万笏山谒见佛觉禅师后，往来于平滦涿易之间，开讲《圆觉》《楞严》诸经，深受四众崇信，"人趣奉法音，如佛在世"⑦。据《传戒大师遗行碑》记载，悟敏对悟铢也非常看重，悟敏年老时曾传戒本于悟铢。皇统年间，悟铢授中都右街僧录，赐号文悟大师。寻退归鞍山，大兴土木，了前人未竟之业。贞元二年（1154），悟铢入寂，戒传于圆拱。

圆拱，字德明，俗姓苏。圆拱自幼喜佛，年二十以明经受具足戒，继

---

① 〔明〕明河. 补续高僧传:卷十七:悟敏悟铢二传戒大师传[M]//〔梁〕慧皎，等. 高僧传合集. 上海:上海古籍出版社,1991:723.
② 〔金〕韩昉. 传戒大师遗行碑[M]//孙勐. 北京佛教石刻. 北京:宗教文化出版社,2012:101.
③ 〔金〕韩昉. 传戒大师遗行碑[M]//孙勐. 北京佛教石刻. 北京:宗教文化出版社,2012:101.
④ 〔明〕明河. 补续高僧传:卷十七:悟敏悟铢二传戒大师传[M]//〔梁〕慧皎，等. 高僧传合集. 上海:上海古籍出版社,1991:723.
⑤ 〔明〕明河. 补续高僧传:卷十七:悟敏悟铢二传戒大师传[M]//〔梁〕慧皎，等. 高僧传合集. 上海:上海古籍出版社,1991:723.
⑥ 〔明〕明河. 补续高僧传:卷十七:悟敏悟铢二传戒大师传[M]//〔梁〕慧皎，等. 高僧传合集. 上海:上海古籍出版社,1991:723.
⑦ 〔明〕明河. 补续高僧传:卷十七:悟敏悟铢二传戒大师传[M]//〔梁〕慧皎，等. 高僧传合集. 上海:上海古籍出版社,1991:723.

而云游四方，遍访名师，后延至悟敏、悟铢门下。"天德五年春，铢告老，命师嗣世，且召其兄香林柔禅师使为证明。传授之际，作大佛事者六日。"继承悟铢衣钵后，圆拱声誉日隆，"师所至之处，众从之者常数千指"。"正隆初，师以既老且倦，徇少府监金吾李侯常之，请得福胜院居之"，就此"燕处超然，退藏于密，尽舍所有，分施诸方"。大定初年，"故人宾客同请命于有司，得'通妙'师名，且制紫方袍奉之"。大定三年（1163）正月二十八日，以疾圆寂。圆拱在四十二年的弘法生涯中，"专讲授者二十年，主戒法者十年，平生所居道场，无虑五十所，传法禀受方为人师者，盖百余人"①。圆拱圆寂后，翰林修撰同知制诰蔡珪为圆拱碑撰文，吏部尚书高衎书丹并篆额。李、高二人皆为一时名士，从他们为圆拱亲题碑铭可以看出圆拱在当时的影响和地位。

金代还有一位僧人以戒律精严闻名，此即甘泉普济寺的法律。法律，苏州醴泉乡安固人，幼年出家于甘泉普济寺，拜礼均上人为师，十七岁时试经具戒，"厥后听习戒律为宗"。天眷三年（1140），"官定充燕京左卫净垢寺，遂授善庆大德牒"。皇统二年（1142），奉旨度僧十万余人。皇统八年（1148），"选定充平州三学律主，改授精正大德牒。官讲满，特赐紫严肃大师牒"。大定二年（1162），受宫中所差提点都下暖汤院，赈济饥民。大定六年（1166）告寂，世寿六十八，僧腊五十二。法律一生严持戒律，广度僧尼，故《甘泉普济寺赐紫严肃大师塔铭》记述："性资上智，宗律为风"，"传戒十万，僧尼溥蒙。"②

上述四位僧人都是由辽入金的律僧，这在一定程度上意味着金代律学大抵是辽代律学的遗响。随着时间的流逝，律僧渐少，律宗渐衰，宋金史籍也证明了这一点。洪皓《松漠纪闻》在讲述金初燕京佛教时，提到"燕京兰若相望"，"然皆律院"③，而到金末元初时已经是"惟禅多而律少"④。这种禅律势力的消长一方面和辽代律学的影响逐渐减弱有关，另一方面也和金代的改律为禅有关。

中国佛教史上的改律为禅，是指一些寺院由律院改为禅院。有学者认

---

① 薛瑞兆. 金代"国朝文派"蔡珪佚文辑校[J]. 内江师范学院学报, 2017(1).
② 法律事迹，参见：〔金〕沙成之. 甘泉普济寺赐紫严肃大师塔铭[M]//〔清〕张金吾. 金文最：卷一百十. 北京：中华书局, 1990:1588.
③〔宋〕洪皓. 松漠纪闻：卷上[M]// 金毓黻. 辽海丛书. 沈阳：辽沈书社, 1985:207.
④〔宋〕宇文懋昭. 大金国志校证：附录三：浮图[M]. 崔文印, 校证. 北京：中华书局, 1986:616.

为,改律为禅的活动最早可以上溯到道信、弘忍和马祖道一等禅门之祖,但真正大规模的"革律为禅"运动应始自宋代,而北宋时期则是改律为禅运动的高潮[1]。这股佛教史上的改律为禅之风到金代仍未减弱,见诸金代石刻、文集的改律为禅史料有迹可循。《谦公法师灵塔铭》载,谦公法师遇柏山宝老,禅教双通,大众请为提举寺事。"大定二十年(1180),有兹院大众,本里坛信以施,状请匡摄荒蓝。卹至日,改律为禅。"[2]《燕京大觉禅寺创建经藏记》载,中都大觉寺在贞祐初年毁于兵火,"戊子之春,宣差刘公从立与其僚位高从遇辈,疏请奥公和尚为国焚修,因革律为禅",奥公罄常住之所有,赎换寮舍,悉隶本寺[3]。伴随寺院改律为禅的是僧人改律为禅。利州精严禅寺盖公和尚"十九弃俗而僧,甘弃律而禅"[4]。值得注意的是,始于北宋的改律为禅之风直到金末元初仍未停歇,耶律楚材《太原开化寺革律为禅仍命予为功德主因作疏》《平阳净名院革律为禅请润公禅师住持疏》[5]、元好问《兴国院改律为禅请住持疏二首》[6]都是这一时期改律为禅运动的真实写照。

金代改律为禅的原因体现在两个方面:一是受北宋改律为禅的影响。女真兴起以后,占领了原北宋的大片土地,而肇兴于这片土地上的改律为禅之风不能不对金代佛教产生影响。因此,从这个意义上说,金代的改律为禅是对宋代改律为禅的历史延续。二是金代女真人不断汉化的结果。女真进入中原后,随着延揽汉族士人、大兴科举、改革政制等一系列措施的推行,汉化水平迅速提高。正因为具备了这一文化基础,女真人对思辨色彩浓重的禅宗才有可能接受并欣赏,而禅宗势力的进一步扩大在客观上推动了改律为禅运动的发展。

---

[1] 黄夏年,于光. 宋金元"革律为禅"运动考[M]//黄夏年. 辽金元佛教研究:上. 郑州:大象出版社,2012:34-50.

[2]〔金〕赵仲先. 谦公法师灵塔铭[M]//王新英. 金代石刻辑校. 长春:吉林人民出版社,2009:139.

[3]〔元〕耶律楚材. 湛然居士文集:卷八:燕京大觉禅寺创建经藏记[M]. 谢方,点校. 北京:中华书局,1986:198.

[4]〔金〕赵秉文. 利州精严禅寺盖公和尚墓铭[M]//阎凤梧. 全辽金文. 太原:山西古籍出版社,2002:2384.

[5]〔元〕耶律楚材. 湛然居士文集:卷八[M]. 谢方,点校. 北京:中华书局,1986:174,180.

[6] 姚奠中. 元好问全集(增订本):卷三十九:兴国院改律为禅请住持疏二首[M]. 李正民,增订. 太原:山西古籍出版社,2004:811.

四、净土宗

净土宗亦称莲宗、净宗、念佛宗等,因专修往生阿弥陀佛极乐净土法门而得名,其实际开创者为唐代僧人善导。净土宗以《无量寿经》《观无量寿佛经》《阿弥陀经》《往生论》为主要经典,以弥勒信仰、弥陀信仰为主要内容[①]。辽宋时期净土宗颇为流行,辽代燕京奉福寺忏悔主非浊大师为净土名僧,屡受辽主的封赐。金代仍有一些僧人习学净土,如古贤寺僧人闻悟"夙有佛性,聪明慧解。游学远方,勤苦精进,讲说经论,修龙华菩萨之行"[②]。此处的"龙华菩萨之行"指弥勒为佛时于龙华树下修行之事。由此可见,闻悟所修当为弥勒净土信仰。还有一些僧人禅净双修,如祖朗和尚,九岁出家,礼燕京大圣安寺圆通为师,于大定二十一年(1181)充大万安禅寺知事,后来又住持崇寿禅院达十五年之久,可谓禅门子孙。但祖朗亦兼修净土,他生前曾经自述:"予晚节愈坚于持诵,日念弥陀圣号数万声方止。譬如抱河梁而浴,又何害焉。"[③]此外,一些佛教居士对净土宗也非常虔敬,如王子成著有《礼念弥陀道场忏法》,系统论述了净土教理[④]。但由于净土宗没有严密的僧团组织,亦无严格的法嗣制度,因而仅凭现有文献尚无法理清金代净土信仰的法脉传承。由于净土宗强调只要持名念佛即可往生极乐,入手容易,修行简便,因而深受大众欢迎,在世俗社会拥有广泛影响。因此,金代净土信仰的流行并非像禅宗那样表现为灯灯相继、传承有序的法脉体系,而是表现为世俗大众对弥勒净土的向往和礼赞。

按照净土宗的说法,净土世界人人自由、个个安乐。这一图景在金代史料中有明显体现。皇统四年(1144)十月,有寿春明悟大师感念慈氏恩德,于东平府东阿县荐诚院造慈氏菩萨像,工毕后沂州防御使邵世衍为之

[①] 任继愈. 佛教大辞典:"净土宗"条[M]. 南京:凤凰出版社,2002:818-820.

[②]〔金〕赵安时. 重修古贤寺弥勒碑[M]//〔清〕张金吾. 金文最:卷六十七. 北京:中华书局,1990:978-979.

[③]〔元〕耶律楚材. 湛然居士文集:卷八:燕京崇寿禅院故圆通大师朗公碑铭[M]. 谢方,点校. 北京:中华书局:1986:194.

[④] 赖永海. 中国佛教通史:第十卷[M]. 南京:江苏人民出版社,2010:467-473;怡学. 辽金佛教研究[M]. 北京:金城出版社,2012:224-232.

作《东平府东阿县荐诚院慈氏菩萨记》,开篇即描绘出一幅美好的弥勒净土:"往佛说阿逸多定生兜率天,其言彼天宫院城邑、楼阁苑树,以至栏楯、渠水、幢幡、床帐,七宝庄严,花鬘弥覆。天女执持自然音乐,诸神化供自然香花。其间同居,皆福愿化生,极妙乐事,非世所有。"[①]邵世衍以优美的笔调为世人展示了兜率净土楼阁并立、香花弥漫、诸神共乐的诱人图景。更为重要的是,世俗社会对这种图景深信不疑。金代著名文人李纯甫毫无保留地表达了自己对净土法门的赞叹:"此西方有无量寿佛国,名极乐。众生起一念信心,持彼佛名号,即得往生。同无量寿,更无老病死者。神通智慧,与无数劫修行者等,无有异,故名极乐,此又真实语也。自佛教东行,阴修密证者不可胜数,但昧者不知耳。"[②]如果说邵世衍从感性角度描绘了极乐世界的美好,李纯甫则从理性角度再次强调了持诵佛号即可得以往生的修行方式。净土高僧、文人墨客对净土世界的描绘坚定了世俗大众的净土信仰,"人人乐修崇殿宇,精勤六事。异日想俱往生兜率陀天,奉觐弥勒。当来下生成弥勒佛时,亦得随从于龙华树下之会说法,受无上之记。即知弥勒之功,非浅浅也"[③]。净土宗念佛往生的修持方式本身就有简便易行的特点,加之其对净土世界美好图景的描绘,必然对信众产生巨大的吸引力。因此,在金代佛教发展过程中,净土宗占有重要地位。

五、密宗

密宗亦称真言宗,又称瑜伽密教,是与信奉佛教经典的显宗相对的一种宗教门派,以佛法奥秘,不经灌顶、不经传授不得任意传习而得名。密宗由"开元三大士"——善无畏、金刚智、不空创立于唐朝开元年间。该宗崇尚大日如来,崇奉《大日经》《金刚顶经》;信仰"身密""语密""意密"与诸佛之身、口、意相应即可成佛。

密宗在辽代非常盛行。金朝建立后,密宗仍有习传。五台山僧人法冲曾于大定三年(1163)与黄冠萧守真角力,两人以饮砒霜鸩毒之酒相较。

[①]〔金〕邵世衍. 东平府东阿县荐诚院慈氏菩萨记[M]// 阎凤梧. 全辽金文. 太原:山西古籍出版社,2002:1316.

[②]吕冠南.《全辽金文》补遗八则[J]. 江苏大学学报(社会科学版),2017(5).

[③]〔金〕赵安时. 重修古贤寺弥勒碑[M]//〔清〕张金吾. 金文最:卷六十七. 北京:中华书局,1990:979.

法冲先饮,"冲诵咒饮之"。萧守真虽不能饮,却"大言矜高"。"冲于地画金刚圈咒之,萧不觉投入圈中,汗下如雨,不净流出"[1]。世宗见之,对法冲赞叹不已,赐仪仗送至五台山,敕建万岁寺以居之。从法冲精通咒语的情况看,他应是密宗僧人。另据当代学者研究,金代知名密宗僧人还有知玲、呼哈啰悉利等[2]。

与僧人传法相比,密教在金代民间的流行更多地体现为陀罗尼经幢的大量兴建。密宗认为,建造陀罗尼经幢能解一切恶道之苦。因此,今天我们能够看到不少金代陀罗尼经幢。金代密教发展的另一个重要特点是显密融合,以谦公法师为例,他本人乃华严高僧,但他圆寂后,其灵塔篆额下刻有准提佛母真言、生天真言[3]。五台山秘魔岩有金大定年间所修代州都僧正、《唯识论》讲主圆明墓塔,该墓塔铭也刻有陀罗尼[4]。显密两教利众、度众之法虽有不同,但教化众生之心无异,金代显教僧人墓塔铭刻写的这些密宗经咒,为中国汉地佛教显密融合的发展提供了重要样本。

第二节　金代佛学著述及其思想

金朝时期是中国佛教发展史上的重要时期,佛学著述作为这一时期佛教发展的核心内容对于我们研究金代佛学具有重要意义。金代虽然享国时间不长,但佛学著述仍有一定规模。从金代石刻、文集的零星记载来看,清凉宏相"所著文集三:曰《归乐》,曰《退休》,曰《清凉》"[5]。潭柘政言,"制颂古、拈古各百篇,金刚经证道歌有注,金台有录,真心有说,皆行于

---

[1]《清凉山志》标点组. 清凉山志:卷八:法冲大师传[M]李裕民,审订. 太原:山西人民出版社,1989:163.

[2] 魏道儒. 金代佛教略述[M]// 黄夏年. 辽金元佛教研究:上. 郑州:大象出版社,2012:55.

[3] 徐自强. 房山云居寺《谦公法师灵塔铭》[J]. 文物,1979(1).

[4] 赖永海. 中国佛教通史:第十卷[M]. 南京:江苏人民出版社,2010:467.

[5] 姚奠中. 元好问全集(增订本):卷三十一:清凉相禅师墓铭[M]. 李正民,增订. 太原:山西古籍出版社,2004:639.

世"①。据潭柘政言塔铭载，他还著有《修行十法门》②。归云禅师"遗文有《语录》《归云集》"③；王山十方圆明禅院第二代体公禅师"有《语录》一编，《华严规兼带集》一编"④；澄徽禅师"所著《升堂语录》、《解道德经》并诗、颂、杂文，传于诸方"⑤；僧人德普"尝著《弥陀偈》谈理性"⑥；万寿昌和尚有《颂古百则》⑦；太原昭禅师有《语录》⑧。除上述僧人的佛学著述外，一些居士亦有佛学著述问世，如王子成著《礼念弥陀道场忏法》，系统论述净土教理，比较全面地反映了金代净土宗的忏法理论。上述佛学著述散见于金代文集、碑刻之中，非经仔细梳理不易窥其全貌。20世纪90年代，日本学者椎名宏雄曾对宋金元版禅籍逸书进行统计，共录得金代禅学逸书十八种，涉及定光宏相、潭柘政言、万松行秀等多位禅师，体裁有语录、文集、拈古等。薛瑞兆先生爬罗剔抉、刮垢磨光，得三十一位金代僧尼、居士的涉佛艺文六十二篇（部）⑨。这是迄今对金代佛教著述最为系统的一次整理。

令人遗憾的是，金代佛学著述今已大多遗失，存世者寥寥。这为我们全面了解金代佛学思想带来了很大困难。因此，今仅以万松行秀、耶律楚材、李纯甫、赵秉文等人的存世著述为例，略窥金代佛学思想的概貌。

---

①〔明〕明河. 补续高僧传：卷十二：政言了奇二师传[M]//〔梁〕慧皎，等. 高僧传合集. 上海：上海古籍出版社，1991：687.

②〔金〕祖敬. 中都潭柘山龙泉禅寺言禅师塔铭[M]//梅宁华. 北京辽金史迹图志：下. 北京：北京燕山出版社，2003：106.

③〔元〕陈时可. 浑源州永安禅寺第一代归云大禅师塔铭[M]//阎凤梧. 全辽金文. 太原：山西古籍出版社，2002：3712.

④〔金〕边元勋. 王山十方圆明禅院第二代体公禅师塔铭碑[M]//王新英. 金代石刻辑校. 长春：吉林人民出版社，2009：38.

⑤姚奠中. 元好问全集（增订本）：卷三十一：徽公塔铭[M]. 李正民，增订. 太原：山西古籍出版社，2004：657.

⑥〔金〕刘祁. 归潜志：卷六[M]. 崔文印，点校. 北京：中华书局，1983：65.

⑦姚奠中. 元好问全集（增订本）：卷三十七：昌和尚颂序[M]. 李正民，增订. 太原：山西古籍出版社，2004：781.

⑧姚奠中. 元好问全集（增订本）：卷三十七：太原昭禅师语录引[M]. 李正民，增订. 太原：山西古籍出版社，2004：781.

⑨ 薛瑞兆. 金代艺文叙录[M]. 北京：中华书局，2014：1058-1114.

一、万松行秀的佛学著述及其思想

万松行秀是金代禅门巨匠。关于万松行秀的佛学思想研究，近年来成果颇丰[①]。下面以万松行秀的佛学著述为核心，分析这些著述的特点及其反映出来的佛学思想。

（一）万松行秀佛学著述概略

作为金元之际的一代名僧，万松行秀具有深厚的佛学修养，《补续高僧传》谓其"于百家之学，无不淹通。三阅大藏，首尾熟贯。虽座主老于翻检者，不敢以汗漫欺"[②]。万松行秀将自己对佛法的参悟著录成文，一生撰述颇多。《万松舍利塔铭》记述："编《祖灯录》六十二卷，又《净土》《仰山》《洪济》《万寿》《从容》《请益》等录，及文集、偈、颂、《释氏新闻》《药师金轮》《观音道场》三本，《鸣道集辨》《[宗]说心经》《凤鸣》《禅悦》《法喜集》并行于世。"[③]此外，从金、元相关文集中，万松行秀的著作还录得《糠禅赋》《释迦文佛赞序》《万松老人万寿语录》[④]《通玄百问》[⑤]等。万松行秀的上述著述今天已亡佚殆尽，存世者唯《从容录》《请益录》《通玄百问》而已。《通玄百问》仅存一卷，因而万松行秀的佛学著述对后世影响最大的，非《从容录》《请益录》莫属。《补续高僧传》谓万松行秀"晚年退居从容庵，幽林多暇，评唱宏智百颂。又著《请益录》，踵《碧岩》之后尘。开宝镜之重垢，甚有补于宗门，学者至今传

[①] 赵福寿：《承前启后的曹洞宗主万松行秀》；杜寒风：《万松行秀对"洞山无草"公案的评唱》；段玉明：《万松行秀〈请益录〉研究》；李洪卫：《略论万松行秀以儒道解禅的方式：以〈从容庵录〉为中心的考察》；王公伟：《万松行秀与禅宗的抉择》；董群：《〈从容录〉研究三题》。上述论文载：黄夏年. 辽金元佛教研究：下[M]. 郑州：大象出版社，2012：692-801；昌莲. 略论万松行秀的禅学思想[M]// 怡学. 辽金佛教研究. 北京：金城出版社，2012：266-286. 此外，一些佛学专著对万松行秀的思想亦有涉及：潘桂明. 中国佛教思想史稿：第三卷[M]. 南京：江苏人民出版社，2009：327-334；杜继文，魏道儒. 中国禅宗通史[M]. 南京：江苏古籍出版社，1993：479-484；毛忠贤. 中国曹洞宗通史[M]. 南昌：江西人民出版社，2006：413-435.

[②] [明] 明河. 补续高僧传：卷十八：万松老人传[M]//[梁]慧皎，等. 高僧传合集. 上海：上海古籍出版社，1991：726.

[③] 刘晓. 万松行秀新考：以《万松舍利塔铭》为中心[J]. 中国史研究，2009（1）.

[④] 程群，邱秩浩. 万松行秀与金元佛教[J]. 法音，2004（4）.

[⑤] 薛瑞兆. 金代艺文叙录[M]. 北京：中华书局，2014：1099.

习"①。虽然万松行秀的著述绝大部分已不可见，但从《从容录》《请益录》这两部代表性禅籍中仍可窥见万松行秀的禅学思想。

(二)《从容录》及佛学思想

《从容录》，全称《万松老人评唱天童觉和尚颂古从容庵录》，是万松行秀应弟子耶律楚材之请对宋代曹洞名僧天童正觉《颂古百则》所作的评唱。万松行秀、耶律楚材都在自己的书信、著述中对《从容录》的缘起做过详细阐述。万松行秀在《寄湛然居士书》中写道：

> 拟诸天童老师颂古，片言只字皆自佛祖渊源流出，学者罔测也。
> 柏山大隐集出其事迹，间有疏阔不类者。至于拈提苟简，但据款而已。万松昔尝评唱，兵革以来废其祖稿，迩来退居燕京报恩，旋筑蜗舍，榜曰从容庵，图成旧绪。适值湛然居士劝请成之。老眼昏华，多出口占，门人笔受。其间繁载机缘事迹，一则旌天童学海波澜，附会巧便，二则省学人检讨之功，三则露万松述而不作，非臆断也。
> 窃比佛果《碧岩集》则篇篇皆有示众为备，窃比圆通《觉海录》则句句未尝支离为完。至于着语出眼笔削之际，亦临机不让。②

在这段自述中，万松行秀赞天童正觉之颂古"片言只字皆自佛祖渊源流出"。也正因为如此，一般学者不得窥其堂奥。即使柏山所作之《大隐集》对天童《颂古百则》的解读也存在"疏阔不类"的问题，因而万松行秀为展示天童佛法之深，省却学人检讨之功，应耶律楚材之邀，口占笔授，终成此书。

万松行秀关于《从容录》缘起的说法也得到了耶律楚材的印证。耶律氏在《从容庵录序》中提道：

---

① 〔明〕明河. 补续高僧传：卷十八：万松老人传[M]//〔梁〕慧皎，等. 高僧传合集. 上海：上海古籍出版社，1991：726.

② 〔宋〕天童正觉颂古，〔元〕万松行秀评唱. 从容录：前言 《评唱天童从容庵录》寄湛然居士书[M]. 尚之煜，点注. 北京：宗教文化出版社，2013：10.

> 吾宗有天童者，《颂古》百篇，号为绝唱，予坚请万松评唱
> 是颂，开发后学。前后九书，间关七年，方蒙见寄。①

从这段史料可以看出，耶律楚材之所以坚请万松评唱天童《颂古百则》，源于天童《颂古百则》的"绝唱"地位，这与万松行秀在《寄湛然居士书》中对天童颂古"片言只字皆自佛祖渊源流出"的评价是一致的。面对耶律楚材的请求，万松行秀落笔非常慎重，"前后九书，间关七年"方始成书。另外，从《寄湛然居士书》的情况看，《从容录》成书后，万松行秀似未有将此书公之于世的打算，但"壬午岁秒，湛然居士书至，坚要拈出"②。由此可知，万松行秀在耶律楚材的坚请下方著此书，又在耶律楚材的坚请下将此书示众。

颂古之风与中国佛教史上"文字禅"的流行密切相关。自六祖慧能以来，不立文字，教外别传，直指人心，明心见性成为参禅悟道者的法门。但随着佛教发展和社会形势的变化，公案、颂古、拈古等文字形式在弘法过程中的地位日益凸显。不过，上述文字表述大都晦涩难懂，且不论普通僧人，即使根底颇深的高僧对一些颂古之作也不能洞悉微旨，"银山铁壁，孰敢钻研；蚊咬铁牛，难为下口"③。审视天童正觉"颂古"之作，的确存在绕路说禅、难悉玄微的缺憾。正由于颂古、拈古在文字上的晦涩难懂，才触发圆悟克勤将"评唱"引入禅门。从此，曲高和寡之"颂古""拈古"方得以明白晓畅，深入人心。由于"评唱"在阐释佛法上的独特优势，圆悟克勤之后，历代禅师"评唱"之作不断，万松行秀的《从容录》就是在这种背景下产生的。

《从容录》既对天童正觉的《颂古百则》加以评唱，则说明《从容录》与《颂古百则》的关系密不可分。这一点，在《从容录》的体例、结构上表现得非常明显。《从容录》的每则评唱都分为五个部分：第一部分为"示众"，实际上是万松行秀对"本则"评唱的点题之语，意在扼要说明"本则"评唱的核心所在；第二部分为"举"，是万松行秀从《颂古百

---

①〔元〕耶律楚材. 湛然居士文集：卷八：万松老人评唱天童觉和尚颂古从容庵录序[M]. 谢方，点校. 北京：中华书局，1986：191.

②〔宋〕天童正觉颂古，〔元〕万松行秀评唱. 从容录：前言《评唱天童从容庵录》寄湛然居士书[M]. 尚之煜，点注. 北京：宗教文化出版社，2013：10.

③〔宋〕圜悟克勤. 碧岩录：碧岩录序[M]. 尚之煜，校注. 郑州：中州古籍出版社，2011：1.

则》中拈取的具体公案,这一部分虽与《颂古百则》原文无异,但万松行秀却在拈取时以"著语"的形式对拈取的公案作了进一步解释;第三部分是万松行秀对公案的"评唱",该部分的突出特点是先列出禅门诸师对公案的不同理解,然后提出自己的看法;第四部分为"颂古",与第二部分"举"相类似,这一部分是拈取《颂古百则》中的原文,再夹以行秀所作"著语";第五部分是万松行秀对"颂古"所作的评唱。

《从容录》作为著名的"四家评唱"之一,在禅宗史上具有重要地位。这与《从容录》在著述方法、禅学思想等方面的特异之处有密不可分的关系。万松行秀在评唱中旁征博引,杂糅儒道,体现了三教圆融的禅法特色,如《从容录》第二则"达磨廓然"云"'廓然无圣,来机径庭'。此语本出《庄子》:'大有径庭,不近人情'"[1],第九则"南泉斩猫"引《论语》"天之未丧斯文也"[2],第五十则"雪峰甚么"引《诗经》之句,"瞻彼淇奥,绿竹猗猗。有匪君子,如切如磋,如琢如磨"[3]。纵观《从容录》,《诗经》《尚书》《礼记》等儒家经典,《老子》《庄子》《淮南子》等道家经典森然在列,真切地体现了"儒、道二教,宗于一气,佛家者流,本乎一心"[4]的思想,充分表现了万松行秀三教会通的渊博学识和金元时期三教合一发展的新趋势。

佛性来自何处?佛性存于何处?这两个相互关联的问题是佛性论的重要基础,是所有修习佛法者都必须面对、必须回答的问题。在禅宗看来,并没有超越时空、外在于人的"佛性"。实际上,人之自性即为佛性,故惠能云,"汝今当信佛知见者,只汝自心,更无别佛"[5],"本性是佛,离性无别佛"[6]。万松行秀在《从容录》中对历代禅宗祖师提出的佛性论作了进一步阐释。他在第十三则"临际瞎驴"中指出,"其实此事,千佛出

---

[1] 〔宋〕天童正觉颂古,〔元〕万松行秀评唱. 从容录:卷一:达磨廓然[M]. 尚之煜,点注. 北京:宗教文化出版社,2013:8.

[2] 〔宋〕天童正觉颂古,〔元〕万松行秀评唱. 从容录:卷一:南泉斩猫[M]. 尚之煜,点注. 北京:宗教文化出版社,2013:35.

[3] 〔宋〕天童正觉颂古,〔元〕万松行秀评唱. 从容录:卷三:雪峰甚么[M]. 尚之煜,点注. 北京:宗教文化出版社,2013:184.

[4] 〔宋〕天童正觉颂古,〔元〕万松行秀评唱. 从容录:卷一:世尊升座[M]. 尚之煜,点注. 北京:宗教文化出版社,2013:3.

[5] 坛经:机缘品第七[M]. 尚荣,译注. 北京:中华书局,2010:110.

[6] 坛经:般若品第二[M]. 尚荣,译注. 北京:中华书局,2010:39-40.

世不增，千圣入灭不减，岂一三圣能兴灭哉"①。在这里，他将"三界唯心，万法唯识"②的本真之性与不增不减的佛性联系起来，从而进一步肯定了心外无法、心外无佛。

既然人人有"心"，人人具足佛性，那么应该如何修行以光大佛性？禅宗认为，"明心见性"是参悟求道的不二法门。那些无缘成佛者，不过是"只缘心迷，不能自悟"③。他们"若能于相离相，于空离空，即是内外不迷。若悟此法，一念心开，是为开佛知见"④。万松行秀借圭峰宗密之口肯定人自身的佛性，曰："鱼不识水，人不识风；迷不识性，悟不识空，寻常本身卢舍那。"⑤因此，自悟修行、自悟本心、反求诸己是禅宗佛性论在修行方法上合乎逻辑的必然结论。基于这些认识，他在《从容录》中提出，修行佛法者应去除执迷之心，依心性之本真来修持，恰如"饭来张口，睡来合眼，洗面处拾得鼻孔，兜鞋时摸着脚跟"⑥，一切皆由心性，一切皆从本真。若脱离本真，心外求法，那无异于缘木求鱼，南辕北辙。同时，万松行秀在这里也强调，若得佛法，必须亲到自证，恰如饭要自己吃、眼要自己合、面要自己洗、鞋要自己提。

万松行秀的《从容录》以举扬曹洞宗风为目的，说理绵密，语句清新，识见高远，因而深受时人称赞。耶律楚材谓该书"片言只字，咸有指归，结款出眼，高冠古今，是为万世之模楷，非师范人天，权衡造化者，孰能与于此哉"。称自己读此书后的感觉是"如登大宝山，入华藏海，巨珍奇物，广大悉备，左逢而右遇，目富而心饫，岂可以世间语言形容其万一耶"⑦。万松行秀的《从容录》以临机不让、简约而博赡之风，附会巧

---

① 〔宋〕天童正觉颂古,〔元〕万松行秀评唱. 从容录:卷一:临际瞎驴[M]. 尚之煜,点注. 北京:宗教文化出版社,2013:50.

② 〔宋〕正觉拈古,〔元〕行秀评唱. 请益录:卷下:第六十五则:长沙转物[M]//〔日〕前田慧云,〔日〕中野达慧. 续藏经:第壹辑第贰编第贰拾贰套第五册. 上海:上海商务印书馆,1925.

③ 坛经:般若品第二[M]. 尚荣,译注. 北京:中华书局,2010:39.

④ 坛经:机缘品第七[M]. 尚荣,译注. 北京:中华书局,2010:109.

⑤ 〔宋〕天童正觉颂古,〔元〕万松行秀评唱. 从容录:卷三:南阳净瓶[M]. 尚之煜,点注. 北京:宗教文化出版社,2013:157.

⑥ 〔宋〕天童正觉颂古,〔元〕万松行秀评唱. 从容录:卷三:赵州洗钵[M]. 尚之煜,点注. 北京:宗教文化出版社,2013:146.

⑦ 〔元〕耶律楚材. 湛然居士文集:卷八:万松老人评唱天童觉和尚颂古从容庵录序[M]. 谢方,点校. 北京:中华书局,1986:192.

便，度天下群迷之意，举扬宗风，冶三教于一炉，完全当得起耶律楚材的盛誉，也不愧为禅宗史上著名评唱之一。

（三）《请益录》及其著述特点

《请益录》，全称《万松老人评唱天童觉和尚拈古请益录》，全书分上下两卷[①]，计99则。该书的缘起同《从容录》一样，与万松行秀弟子耶律楚材的极力推动密不可分。对此，耶律楚材在《评唱天童拈古请益后录序》中有过非常详尽的记载：

> 雪窦《拈颂》，佛果评唱之《击节碧岩录》在焉；佛果《颂古》，圆通善国师评唱之《觉海轩录》在焉。是临济、云门，互相发扬矣。独洞下宗风，未闻举唱，岂曲高和寡耶！抑亦待其人耶！必有通方明眼，判断尚未晚也。昔佛鉴《拈八方珠玉集》，止及其半，每至曹洞、夹岭、石霜、王宗机缘，留付佛果。今佛鉴、佛果《拈八方珠玉集》具在，愈可疑焉。三大老后，果有天童觉和尚拈颂洞下宗风，为古今绝唱，迄今百年，尚无评唱者。予参承余暇，固请万松老师评唱之，欲成三宗鼎峙之势，忍拈覆𫗴贞客之讥。今评唱《颂古从容庵录》已大播诸方，评唱《拈古请益后录》时，老师年已六十有五矣。循常首带佛事，人情暇隙之间，侍僧请益，旋举旋录，皆不思而对，应笔成文，凡二十七日，百则详备，神锋颖利，于斯见矣。[②]

从耶律楚材的自述中我们可以看出，他促请万松行秀评唱天童拈古的用意是有感于临济、云门皆有评唱之作，"独洞下宗风，未闻举唱"，特别是天童觉和尚拈颂洞下宗风，虽为"古今绝唱"，但百年以来，曲高和寡，无人评唱。耶律楚材认为，万松行秀以三教该通之学，宗门大匠之身，足胜评唱之任，因而极力促请，"欲成三宗鼎峙之势"。在耶律楚材的固请下，万松行秀虽已届六十五岁，但仍历二十七日之功，成百则之文，

[①]据学者介绍，亦有方志载该书有"一卷"本。参见：段玉明. 万松行秀《请益录》研究[M]// 黄夏年. 辽金元佛教研究：下. 郑州：大象出版社，2012：739.

[②]〔元〕耶律楚材. 湛然居士文集：卷八：评唱天童拈古请益后录序[M]. 谢方，点校. 北京：中华书局，1986：192，193.

此即《请益录》。

万松行秀在《请益录》的自序中，也对撰写缘起作了详细交代：

> 最初威音王以前，早有个无孔铁锤，大悲通身八万四千姥陀罗臂，摸索不著。洞山之后有无手人，上天童山顶，抛向九霄云外；下长芦岸边，沉在千寻海底。是可忍也，于是百般拈弄，遂成百则。百年之后，湛然居士断送万松，再呈丑拙……万松忝授绪余，义无牢让。自庚寅九月旦请益，才廿七日，不觉伎俩已尽，撩人笑话。①

万松行秀的说法与耶律楚材相同：《请益录》是应耶律楚材的约请而撰述，撰述起因是天童正觉的拈古之作高深莫测，如在九霄云外、如沉千寻海底，他虑佛门弟子"摸索不著"，因而坚请万松行秀加以评唱。

《请益录》与《从容录》虽同为万松行秀的著述，亦同为评唱天童正觉颂古、拈古之作，但两者有重要区别。《从容录》著述时间较长，前后"间关七年，方蒙见寄"②。这意味着万松行秀在撰述《从容录》时时间充裕故思虑颇周。《请益录》的成书与此正好相反，前后总计二十七日，多为"侍僧请益，旋举旋录，皆不思而对，应笔成文"③之作。万松行秀虽以宗门大匠著称，但在如此短的时间内完成撰述，难免百密一疏、白璧微瑕，因而《请益录》在某些方面较《从容录》有所不及亦在情理之中。

《请益录》的体例与《从容录》大致相似，每则均包括"本则""拈古""著语""评唱"四个部分。其中，"本则"以"举"引出，"拈古"以"天童拈云"引出，"评唱"以"师云"引出，而"著语"则以夹注形式出现于"举""拈古"之间。《请益录》中最富特色的部分当属"著语""评唱"。"著语"大都语句凝练，几字即止，多为对"本则"和"拈古"的评

---

①〔宋〕正觉拈古，〔元〕行秀评唱. 请益录. 万松老人评唱天童觉和尚拈古请益录序[M]//〔日〕前田慧云，〔日〕中野达慧. 续藏经：第壹辑第贰编第贰拾贰套第五册. 上海：上海商务印书馆，1925.

②〔元〕耶律楚材. 湛然居士文集：卷八：万松老人评唱天童觉和尚颂古从容庵录序[M]. 谢方，点校. 北京：中华书局，1986：191.

③〔元〕耶律楚材. 湛然居士文集：卷八：评唱天童拈古请益后录序[M]. 谢方，点校. 北京：中华书局，1986：193.

点和发挥，其语言特色亦庄亦谐。庄者如第四则著语"不负初心"[①]，第九则著语"赞之双美，毁之两伤"[②]，第十则著语"必死之疾，难为针艾"[③]。偕者如第三则著语"六月日，到处热"[④]，第五十六则著语"一脚门里，一脚门外"[⑤]，第六十七则著语"担着一硕，笑他五斗"[⑥]。这些著语无论庄谐，皆点评得当，恰如其分。《请益录》的"评唱"部分延续了《从容录》的风格，旁征百家之书，博引诸宗之语，以汪洋恣肆的文字阐释佛法，悉心度人。在禅学思想方面，《请益录》继续强调"明心见性"之说，如"一心不生，万缘俱息"[⑦]，"任他非心非佛，我只管即心是佛"[⑧]，"心若无事，万象不生"，"真如解脱，即心即佛"[⑨]。正是认识到心外无法。万松行秀非常强调心内参究，以唤醒真如佛性，强调在行走坐卧的自然修为中体悟佛法，即所谓"举足下足，皆是道场"，"骑驴跨马，无非佛事"[⑩]。在万松行秀看来，正因为"本心即佛"，因而无须外求。万松行秀的这一主张与圆悟克勤"心有也，旷劫而滞凡夫；心无也，刹那而登妙觉"[⑪]的主张一脉相承，是禅宗"明心见性"思想发展链条上的重要

[①]〔宋〕正觉拈古，〔元〕行秀评唱．请益录：卷上：第四则：南泉圆相[M]//〔日〕前田慧云，〔日〕中野达慧．续藏经：第壹辑第贰编第贰拾贰套第五册．上海：上海商务印书馆，1925．

[②]〔宋〕正觉拈古，〔元〕行秀评唱．请益录：卷上：第九则：玄沙过患[M]//〔日〕前田慧云，〔日〕中野达慧．续藏经：第壹辑第贰编第贰拾贰套第五册．上海：上海商务印书馆，1925．

[③]〔宋〕正觉拈古，〔元〕行秀评唱．请益录：卷上：第十则：莲华不住[M]//〔日〕前田慧云，〔日〕中野达慧．续藏经：第壹辑第贰编第贰拾贰套第五册．上海：上海商务印书馆，1925．

[④]〔宋〕正觉拈古，〔元〕行秀评唱．请益录：卷上：第三则：百丈上堂[M]//〔日〕前田慧云，〔日〕中野达慧．续藏经：第壹辑第贰编第贰拾贰套第五册．上海：上海商务印书馆，1925．

[⑤]〔宋〕正觉拈古，〔元〕行秀评唱．请益录：卷下：第五十六则：曹山出世[M]//〔日〕前田慧云，〔日〕中野达慧．续藏经：第壹辑第贰编第贰拾贰套第五册．上海：上海商务印书馆，1925．

[⑥]〔宋〕正觉拈古，〔元〕行秀评唱．请益录：卷下：第六十七则：僧问睦州[M]//〔日〕前田慧云，〔日〕中野达慧．续藏经：第壹辑第贰编第贰拾贰套第五册．上海：上海商务印书馆，1925．

[⑦]〔宋〕正觉拈古，〔元〕行秀评唱．请益录：卷上：第二则：卧轮伎俩[M]//〔日〕前田慧云，〔日〕中野达慧．续藏经：第壹辑第贰编第贰拾贰套第五册．上海：上海商务印书馆，1925．

[⑧]〔宋〕正觉拈古，〔元〕行秀评唱．请益录：卷下：第五十四则：盘山心佛[M]//〔日〕前田慧云，〔日〕中野达慧．续藏经：第壹辑第贰编第贰拾贰套第五册．上海：上海商务印书馆，1925．

[⑨]〔宋〕正觉拈古，〔元〕行秀评唱．请益录：卷上：第十四则：睦州在我[M]//〔日〕前田慧云，〔日〕中野达慧．续藏经：第壹辑第贰编第贰拾贰套第五册．上海：上海商务印书馆，1925．

[⑩]〔宋〕正觉拈古，〔元〕行秀评唱．请益录：卷下：第七十七则：古德道场[M]//〔日〕前田慧云，〔金〕中野达慧．续藏经：第壹辑第贰编第贰拾贰套第五册．上海：上海商务印书馆，1925．

[⑪]〔宋〕圜悟克勤．碧岩录：卷一：武帝问达摩[M]．尚之煜，校注．郑州：中州古籍出版社，2011：5．

一环。

二、耶律楚材的佛学思想

耶律楚材，字晋卿，号湛然居士，法名从源，契丹皇室后裔，金元之际的文学家、政治家、佛教居士，是集名儒、良臣、释子于一身的名士。近年来，学术界关于耶律楚材的研究可谓硕果累累[1]，仅在耶律楚材与佛教的关系方面就有大量研究成果发表。下面仅就耶律楚材的学佛历程、佛学著述、佛教思想展开论述。

（一）学佛历程

一般来说，遁入佛门者既有看破红尘、一心清修之士，也有人生遇挫之人。耶律楚材作为契丹皇族后裔、金代显宦子孙、元初政坛重臣，却心向佛门，成为金元之际著名佛教居士，这样的生活背景不能不令我们思考：耶律楚材心向佛门的动力来自哪里？在由儒入释的过程中，他经历了哪些心路历程？

关于心向佛门的原因，耶律楚材曾回忆，"余幼而喜佛，盖天性也"[2]。将喜佛视为天性，对普通佛教信徒来说或可理解，但对耶律楚材这位一生体悟禅机的人来说未免过于牵强。纵观耶律楚材一生，他之所以一心向佛，除幼年宿因之外，更重要的是下列两个方面：

第一，时势使然。耶律楚材虽生长于显宦之家，但他成长的时代恰逢离乱之秋。此时，大金王朝已呈风雨飘摇之势，尤其蒙古大军的屡次攻击几致金朝大厦倾覆。面对强敌，耶律楚材纵使"博极群书，旁通天文、地理、律历、术数及释老、医卜之说"[3]，也无法改变大金王朝行将就灭的残酷现实。这对一个自幼接受儒学教育，以修身齐家治国平天下为己任的硕儒来说，其痛苦是不言而喻的。贞祐二年（1214），宣宗迁汴，完颜福兴行尚书事，留守燕京，辟耶律楚材为左右司员外郎。宣宗迁汴是金蒙战争的一个重要转折点。金朝放弃经营了六十年的中都城而远走汴京，意味

---

[1] 王平. 耶律楚材研究综述[J]. 辽宁师范大学学报(社会科学版),2010(5).

[2] 〔元〕耶律楚材. 湛然居士文集:卷十二:琴道喻五十韵以勉忘忧进道并序[M]. 谢方,点校. 北京:中华书局,1986:256.

[3] 〔明〕宋濂,等. 元史:卷一百四十六:耶律楚材传[M]. 北京:中华书局,1976:3455.

着就此踏上了亡国之旅。此时,耶律楚材虽年仅24岁,但对大金王朝"天命去矣"[①]的现实应该洞若观火。偏偏此时,耶律楚材被命留燕,倾全金之力尚难保燕京,以羸弱之卒、新败之军又如何能独木撑天?耶律楚材对这一点应该心知肚明。国家将灭却无力回天,都城将陷却无力御敌。"君子云亡真我恨,斯文将丧是吾忧"[②],"苍生未济归何益,一见吾山一度羞"[③]。这些虽然是耶律楚材投身蒙元之后写下的诗句,但用来形容留守燕京时期的心情亦无不当。彼时的耶律楚材应该满腹酸楚、无奈与不甘。回顾中国离乱史,知识分子在面对国家败亡局面时无非有两种选择:一是慷慨赴难,以身殉国;一是悄然归隐,浪迹云山。耶律楚材选择了后者,只不过他"归隐"的方式并不是栖息东篱、把酒南山,而是隐向禅境、遁入空门。

第二,大德接引。金末国难为耶律楚材投身佛门提供了现实动因,而最终促使他踏入佛门的还是两位大德的接引。一为陈时可。陈时可,字秀玉,燕人,金翰林学士,号寂通居士、寂通老人[④]、清溪老人[⑤],又号宁道居士[⑥]。陈时可在元太宗时期的蒙古政坛上颇为活跃,太宗二年(1230)十一月,"始置十路征收课税使,以陈时可、赵昉使燕京"[⑦]。太宗八年(1236)秋七月,"命陈时可阅刑名、科差、课税等案,赴阙磨照"[⑧]。太宗十年(1238)秋八月,"陈时可、高庆民等言诸路旱蝗,诏免今年田租"[⑨]。陈时可在蒙古政坛上受到重用与耶律楚材力主的重儒及课税政策有关。元太祖时期,蒙古统治者尚无贡赋之制,其财源泉主要以抄掠所获。耶律楚材建言元太宗窝阔台,请求借鉴"汉法"统治中原,建议设立

---

① 〔元〕脱脱,等. 金史:卷一百八:赞[M]. 北京:中华书局,1975:2394.
② 〔元〕耶律楚材. 湛然居士文集:卷三:过燕京和陈秀玉韵五首(其三)[M]. 谢方,点校. 北京:中华书局,1986:63.
③ 〔元〕耶律楚材. 湛然居士文集:卷四:和竹林一禅师韵[M]. 谢方,点校. 北京:中华书局,1986:79.
④ 〔金〕刘祁. 归潜志:卷十四:归潜堂铭并序[M]. 崔文印,点校. 北京:中华书局,1983:173.
⑤ 〔元〕耶律楚材. 湛然居士文集:卷十一:和秀玉韵并序[M]. 谢方,点校. 北京:中华书局,1983:238.
⑥ 〔元〕熊梦祥. 析津志辑佚:名宦[M]. 北京图书馆善本组,辑. 北京:北京古籍出版社,1983:152.
⑦ 〔明〕宋濂,等. 元史:卷二:太宗纪[M]. 北京:中华书局,1976:30.
⑧ 〔明〕宋濂,等. 元史:卷二:太宗纪[M]. 北京:中华书局,1976:35.
⑨ 〔明〕宋濂,等. 元史:卷二:太宗纪[M]. 北京:中华书局,1976:36.

课税制度。得窝阔台首肯后,"乃奏立燕京等十路征收课税使,凡长贰悉用士人,如陈时可、赵昉等皆宽厚长者,极天下之选,参佐皆用省部旧人"[①]。正因为耶律楚材的征税建议和大力举荐,陈时可才得以踏入蒙古政坛,这在客观上也进一步加深了两人的友情。因此,两人经常有诗词唱和,仅耶律楚材写给陈时可的诗歌就有《过燕京和陈秀玉韵五首》《戏陈秀玉并序》等。除了儒者出身,陈时可还是一位虔诚的佛教徒,这从他的居士名号中可以得到印证。此外,陈时可还曾应邀为佛教大德撰写过塔铭等,如为浑源州永安禅寺第一代归云大师撰写塔铭,说明陈时可与佛教高僧关系稔熟。耶律楚材后来投身万松行秀门下,陈时可有接引之功。耶律楚材在《戏陈秀玉并序》中写道:"仆未参万松时,秀玉盛称老师之德业,尔后少得受用,皆清溪导引之力也。"[②]由此看来,鉴于陈时可与耶律楚材的亲密关系,陈时可对万松行秀的称颂对后来耶律楚材师从万松行秀发挥了重要作用。

但是,直接将耶律楚材引入万松门下的却是金末元初的另一位高僧——圣安澄公。从耶律楚材的回忆看,圣安澄公为金元之际名僧,他与其过从甚密,《湛然居士文集》载有《从圣安澄老借书》《梦中赠圣安澄老》《谢圣安澄公馈药》等赠澄公诗歌多首,涉及借书、赠药、唱和等,足见两人交往之深。耶律楚材入万松之门也是澄公接引之力,耶律楚材在《万松老人评唱天童觉和尚颂古从容庵录序》中详细记述了此事的经过:

> 昔予在京师时,禅伯甚多,惟圣安澄公和尚神气严明,言词磊落,予独重之。故尝访以祖道,屡以《古昔尊宿语录》中所得者扣之澄公。间有许可者,予亦自以为得。及遭忧患以来,功名之心束之高阁,求祖道愈亟,遂再以前事访诸圣安。圣安翻案,不然所见。予甚惑焉。圣安从容谓予曰:"昔公位居要地,又儒者多不谛信佛书,惟搜摘语录以资谈柄,故予不敢苦加钳锤耳!今揣君之心,果为本分事以问予,予岂得犹袭前愆,不为苦口乎!予老矣,素不通儒,不能教子。有万松老人者,儒、释兼

[①]〔明〕宋濂,等. 元史:卷一百四十六:耶律楚材传[M]. 北京:中华书局,1976:3458.
[②]〔元〕耶律楚材. 湛然居士文集:卷九:戏陈秀玉并序[M]. 谢方,点校. 北京:中华书局,1986:213.

备，宗说精通，辩才无碍。君可见之。"①

这段史料中的《古昔尊宿语录》当为历代高僧语录。起初耶律楚材以语录中所得之句就教澄公时，澄公间有许可，耶律楚材也因此以为得古昔尊宿真意。宣宗以后，耶律楚材目睹山河破碎，国事日拙，功名之心渐淡，求道之心渐浓。此时他对禅籍的态度已由过去的寻章摘句以增谈资转为苦心求道以解忧患，再以前事访诸澄公时，澄公态度大变，由过去的"间有许可"转为"不然所见"。疑惑之下，圣安从容解释，并以年老体衰、不通儒业为由，推荐耶律楚材拜访当时享有盛誉的万松行秀，耶律楚材由此得进大匠之门。

投身万松门下是耶律楚材人生的一次重要转折，他由此从一名"公案助谈柄，卖弄猎头禅"②的普通居士成长为禅门巨子的嗣法弟子。在这个转变过程中，耶律楚材对佛法倾注了巨大的热情和心力。万松行秀评价耶律楚材学法三年的情形时说："湛然大会其心，精究入神，尽弃宿学，冒寒暑、无昼夜者三年，尽得其道。"③耶律楚材本人对这段学法经历也印象颇深，自云："一遇万松师，驽骀蒙策鞭。委身事洒扫，抠衣且三年。"④"予既谒万松，杜绝人迹，屏斥家务，虽祁寒大暑，无日不参。焚膏继晷，废寝忘餐者几三年。"⑤三年间，耶律楚材受万松行秀耳提面命，于佛法颇有心得。万松行秀对此深表赞许，他在为《湛然居士文集》撰写的序言中称赞说："自古宗师，印证公侯，明白四知，无若此者。""自古公侯，承禀宗师，明白四知，亦无若此者。"⑥耶律楚材本人对这段学法成果也颇为满意，"渐能入堂奥，稍稍穷高坚。疑团一旦碎，桶底七八穿。洪

---

①〔元〕耶律楚材．湛然居士文集：卷八：万松老人评唱天童觉和尚颂古从容庵录序[M]．谢方，点校．北京：中华书局，1986：191．

②〔元〕耶律楚材．湛然居士文集：卷十二：琴道喻五十韵以勉忘忧进道并序[M]．谢方，点校．北京：中华书局，1986：257．

③〔元〕耶律楚材．湛然居士文集：序一[M]．谢方，点校．北京：中华书局，1986：1．

④〔元〕耶律楚材．湛然居士文集：卷十二：琴道喻五十韵以勉忘忧进道并序[M]．谢方，点校．北京：中华书局，1986：257．

⑤〔元〕耶律楚材．湛然居士文集：卷八：万松老人评唱天童觉和尚颂古从容庵录序[M]．谢方，点校．北京：中华书局，1986：191．

⑥〔元〕耶律楚材．湛然居士文集：序一[M]．谢方，点校．北京：中华书局，1986：1．

炉片雪飞，石上栽白莲"①。可以说，经过万松行秀三年钻锤，耶律楚材已经深刻地领悟了禅中三昧，以至于后人认为披览楚材文集，"于六艺之学粗涉藩枑而已。其深造乃在临济、云门宗门棒喝之机用"②。

（二）佛教著述及其思想

耶律楚材的佛学著述主要收录在《西游录》《湛然居士文集》中，后者尤为集中。《湛然居士文集》收录的著述从体裁看，大致可分为两种：一种是涉佛诗歌，比较有代表性的如《洞山五位颂》《大阳十六题》《和百拙禅师韵》《寄云中卧佛寺照老》《过天宁寺用彦老韵二首》，这些诗作集中表达了耶律楚材对曹洞禅法的理解与赞颂；另一种是涉佛疏、颂、序，如《请奥公禅师开堂疏五首》《请文公庵主住王山开堂出世疏》《黄龙三关颂》《赵州柏树颂》《辨邪论序》《万松老人评唱天童觉和尚颂古从容庵录序》《评唱天童拈古请益后录序》《楞严外解序》等。

在上述不同体裁的涉佛著述中，诗歌的数量较多，而"序"在系统、完整地展现耶律楚材佛学观点、佛学思想方面更胜一筹。这些著述体现了三个方面的内容：

1. 尊崇佛教，礼敬三宝

耶律楚材热切地颂扬佛法，谓"佛法之西来也，二千余祀，宝藏琅函，几盈万轴，可谓广大悉备矣"③。谓佛陀"之所以为人天师、无上大法王者，非诸圣之所以能侔也"④。他对禅宗初祖赞颂有加，谓"昔达磨西来，禅宗大播，门庭峻峭，机变骤驰，非世智辩聪所能晓也"⑤。他对万松行秀更是顶礼膜拜，时时以为万松门人自豪，对万松的著述也大加赞赏，当耶律楚材在西域看到万松所著《从容录》时，"如醉而醒，如死而苏，踊跃欢呼，东望稽颡，再四披绎，抚卷而叹曰：'万松来西域

---

①〔元〕耶律楚材. 湛然居士文集：卷十二：琴道喻五十韵以勉忘忧进道并序[M]. 谢方，点校. 北京：中华书局，1986：257.

②〔元〕耶律楚材. 湛然居士文集：后序二[M]. 谢方，点校. 北京：中华书局，1986：13.

③〔元〕耶律楚材. 湛然居士文集：卷十三：屏山居士金刚经别解序[M]. 谢方，点校. 北京：中华书局，1986：278.

④〔元〕耶律楚材. 湛然居士文集：卷十三：楞严外解序[M]. 谢方，点校. 北京：中华书局，1986：273.

⑤〔元〕耶律楚材. 湛然居士文集：卷十三：题万寿寺碑阴[M]. 谢方，点校. 北京：中华书局，1986：287.

矣'"①,欣喜之情跃然纸上。

2.宣传禅家一体,三教圆融

禅宗虽有五家七宗之说,但在耶律楚材看来,宗派有别,禅理一体,禅宗各家不应有门户之见、高下之别。因此,他在《次韵黄华和同年九日诗十首》中将临济、曹洞禅法并列参悟,称"临济真颠汉,曹山放酒酣。许多闲伎俩,仔细好生参"②。在《三学寺改名圆明仍请予为功德主因作疏》中又强调禅教融合,认为"本无男女等相,着甚名模,强分禅教者流,且图施设"③。耶律楚材还将禅门一体的思想加以扩大,形成了三教圆融的主张,认为三教各有其用,"吾夫子之道治天下,老氏之道养性,释氏之道修心,此古今之通议也"④。因此,他在《西游录》中强调"三圣人之教鼎峙于世,不相凌夺,各安攸居斯可矣"⑤,强调三教鼎立,各守其位。

3.抒发自己的学禅体悟

耶律楚材学佛多年,对禅宗各家学说均有涉猎,对自己的禅学造诣颇为自信,自诩为"有发禅僧,无名居士"⑥。这句自我摹画虽蕴含了他对佛教的崇信,但也透露出他在佛学修养上的自得之态,事实也正是如此。翻检《湛然居士文集》,我们看到耶律楚材对各家公案熟稔于心,对佛教典籍披阅甚精。在此基础上,耶律楚材以精妙的文字在佛学世界里纵横驰骋,不断阐发他的学佛体悟。例如,修行法门,有人专以体悟公案为捷径,以寻章摘句为能事。青年时期初学佛法的耶律楚材又何尝不是如此?但得法后,他对这些皮毛之学不以为然,甚至极力反对。耶律楚材有侄女淑卿,"禅理颇究"⑦。淑卿幼年尝于空禅师处得一书颂,极为赞叹。他为

①〔元〕耶律楚材. 湛然居士文集:卷八:万松老人评唱天童觉和尚颂古从容庵录序[M]. 谢方,点校. 北京:中华书局,1986:191,192.

②〔元〕耶律楚材. 湛然居士文集:卷九:次韵黄华和同年九日诗十首[M]. 谢方,点校. 北京:中华书局,1986:207.

③〔元〕耶律楚材. 湛然居士文集:卷八:三学寺改名圆明仍请予为功德主因作疏[M]. 谢方,点校. 北京:中华书局,1986:179.

④〔元〕耶律楚材. 湛然居士文集:卷八:寄赵元帅书[M]. 谢方,点校. 北京:中华书局,1986:189.

⑤〔元〕耶律楚材. 西游录[M]. 向达,校注. 北京:中华书局,1981:19.

⑥〔元〕耶律楚材. 湛然居士文集:卷八:自赞二首[M]. 谢方,点校. 北京:中华书局,1986:197.

⑦〔元〕耶律楚材. 湛然居士文集:卷十三:祭侄女淑卿文[M]. 谢方,点校. 北京:中华书局,1986:295.

此专门致书淑卿,谓"汝幼居闺阁,久在掖庭,未尝用功叩参大善知识。但博寻宗师语录,徒增狂慧,深背真道,卖弄滑头,于道何益?所以古人道:'参须实参,悟须实悟',又云:'满肚学来无用处,阎王不要葛藤看',真良言也"①。耶律楚材早年未开悟时也曾搜摘语录,卖弄滑头,但得法于万松行秀之后,对这等谈柄之艺颇有抵触,当侄女淑卿过分看重禅师偈颂时,他急忙致书,晓以利害,劝其在"实参""实悟"上下功夫。在他看来,参究之途不只在于苦读佛典,行走坐卧尽蕴佛法,花开花落无非是禅。只要明心见性,即使在俗客看来属于声色之乐的操琴弄曲也有助于体悟禅心。因此,他在赠万松老人的诗中说:"故纸且教遮具眼,声尘何碍污幽禅。元来底许真消息,不在弦边与指边。"②"高趣酿成真有味,烦襟洗尽了无痕。禅人若道声尘妄,孤负观音正法门。"③耶律楚材的学佛之法既不拘泥古人,亦不刻意求新,而是发于心底,出于自然,从中可以看出其深厚的涵养之功和深刻的悟禅之道。

4.阐发"以儒治国,以佛治心"的主张

自唐代以来,三教融合渐成趋势,但这并不意味着儒、释、道之间相安无事。尤其对于中国传统人士来说,更不容易接受外来佛教与本土儒教并驾齐驱的事实。因此,佛、儒地位之争在中国古代史上时隐时现。特别是蒙元之初,佛教地位在蒙古贵族的支持下有所上升,而儒士阶层则丧失了传统的优越地位,受到沉重打击④。天地翻覆、江山鼎革之际,儒士如何看待这种巨变?具体到耶律楚材身上,他既是通儒,又是居士,在"学道宗儒难两全"⑤的情况下,他如何看待儒、释关系?我们看到,耶律楚材提出"以儒治国,以佛治心"⑥,创造性地破解了儒、释之间的矛盾,

---

① 〔元〕耶律楚材.湛然居士文集:卷十四:法语示犹子淑卿[M].谢方,点校.北京:中华书局,1986:298.

② 〔元〕耶律楚材.湛然居士文集:卷三:赠万松老人琴谱诗一首[M].谢方,点校.北京:中华书局,1986:45.

③ 〔元〕耶律楚材.湛然居士文集:卷十二:弹琴逾时作解嘲以呈万松老师[M].谢方,点校.北京:中华书局,1986:258.

④ 赵琦.金元之际的儒士与汉文化[M].北京:人民出版社,2004:1-31.

⑤ 〔元〕耶律楚材.湛然居士文集:卷四:再用韵赠国华[M].谢方,点校.北京:中华书局,1986:66.

⑥ 〔元〕耶律楚材.湛然居士文集:卷十三:寄万松老人书[M].谢方,点校.北京:中华书局,1986:293.

为三教合一趋势的进一步发展做出了重要贡献①。

耶律楚材提出"以儒治国，以佛治心"的主张，有社会因素的影响，但其影响更多源于他独特的个人经历。

首先，"以儒治国"源于耶律楚材对儒家学说的体认及实践。耶律楚材是契丹皇室后裔，他的父亲耶律履"通六经百家之书，尤邃于《易》《太玄》。至于阴阳方技之说，历象推步之术，无不洞究"②。世宗、章宗两朝，耶律履屡以儒家经史、礼仪进言，并获嘉纳，章宗称其为"醇儒"，金代文坛巨匠元好问称其"为通儒、为良史、为名卿材大夫"③。这些赞誉从一个侧面说明耶律氏家族儒风之盛，而这种儒风不能不对耶律楚材的成长产生重要影响。耶律楚材三岁时耶律履去世，"母杨氏教之学"④。这位杨氏夫人是"名士昙之女"⑤，对耶律楚材"诲育备至"⑥，曾赋诗说"挑灯教子哦新句，冷淡生涯乐有余"⑦。由此可见，耶律楚材虽自幼丧父，但由于母亲的悉心教诲，其儒学家风并未中断。耶律楚材自述"十三学诗书，二十应制策"⑧，又云"昔年学道宗夫子"⑨，这都是他青少年时期潜心儒学的真实反映。耶律楚材虽于中都陷落前后投身佛门，但从他的成长历程来看，此前他所受的教育仍以儒学为主。

---

① 需要指出的是，从中国儒学思想史的角度看，"以儒治国,以佛修心"的主张并非耶律楚材首创,至迟在北朝梁武帝时期就有了这种主张的雏形,其间经赵普、晁迥、张商英等人不断发挥,至宋孝宗全面提出"以佛修心,以道养生,以儒治世"的命题。参见:汪圣铎. 宋代政教关系研究[M]. 北京:人民出版社,2010:265-268.

② 姚奠中. 元好问全集(增订本):卷二十七:尚书右丞耶律公神道碑[M]. 李正民,增订. 太原:山西古籍出版社,2004:584.

③ 姚奠中. 元好问全集(增订本):卷二十七:尚书右丞耶律公神道碑[M]. 李正民,增订. 太原:山西古籍出版社,2004:585,583.

④〔明〕宋濂,等. 元史:卷一百四十六:耶律楚材传[M]. 北京:中华书局,1976:3455.

⑤ 姚奠中. 元好问全集(增订本):卷二十七:尚书右丞耶律公神道碑[M]. 李正民,增订. 太原:山西古籍出版社,2004:587.

⑥〔元〕耶律楚材. 湛然居士文集:附录:中书令耶律公神道碑[M]. 谢方,点校. 北京:中华书局,1986:324.

⑦〔元〕耶律楚材. 湛然居士文集:卷六:思亲用旧韵二首[M]. 谢方,点校. 北京:中华书局,1986:133.

⑧〔元〕耶律楚材. 湛然居士文集:卷十二:为子铸作诗三十韵[M]. 谢方,点校. 北京:中华书局,1986:271.

⑨〔元〕耶律楚材. 湛然居士文集:卷二:用前韵感事二首[M]. 谢方,点校. 北京:中华书局,1986:26-27.

青少年时期接受的儒学教育令耶律楚材对孔子及其学说赞赏有加，因而他创作了大量诗句来表达对孔子及儒学的敬仰："穷理达生独孔子，叹夫逝者如斯水"[①]，"天产宣尼降季周，血食千祀德难酬"，"试问中州士君子，谁人不出仲尼门"，"宣父素心施有政，能仁深意契无生"[②]。在儒学思想的影响下，以夫子之道拯救斯民成为耶律楚材的人生志向。他在诗中写道："天产英才须有意，好将吾道济斯民。""安得夔龙立廊庙，扶持尧舜济斯民。"[③]

耶律楚材青少年时期所受的儒学教育对他的一生产生了重要影响。在大蒙古国时期，他高度重视儒士在治国理政中的作用。成吉思汗召见耶律楚材时，以为儒者无补于国，谓："国家方用武，耶律儒者何用？"耶律楚材对曰："治弓尚须用弓匠，为天下者岂可不用治天下匠耶？"[④]耶律楚材的回答不仅为个人前途着想，更为天下儒生争地位，由此博得了成吉思汗的好感，也为此后儒士登上元朝政治舞台奠定了重要基础。窝阔台时期，耶律楚材"时时进说周孔之教"[⑤]，强调"制器者必用良工，守成者必用儒臣"，"三纲五常，圣人之名教，有国家者莫不由之，如天之有日月也"[⑥]。耶律楚材的进言得到了窝阔台的认可，儒士的地位也由此得到提高。元太宗初年，设置十路征收课税所时，"设使副二员，皆以儒者为之"[⑦]。蒙古军队攻克汴梁时，"楚材又请遣人入城，求孔子后，得五十一代孙元措，奏袭封衍圣公，付以林庙地。命收太常礼乐生，及召名儒梁

---

①〔元〕耶律楚材. 湛然居士文集:卷二:用前韵感事二首[M]. 谢方,点校. 北京:中华书局, 1986:27.

②〔元〕耶律楚材. 湛然居士文集:卷十三:贾非熊修夫子庙疏[M]. 谢方,点校. 北京:中华书局, 1986:280;〔元〕耶律楚材. 湛然居士文集:卷十三:重修宣圣庙疏[M]. 谢方,点校. 北京:中华书局, 1986:283;〔元〕耶律楚材. 湛然居士文集:卷三:释奠[M]. 谢方,点校. 北京:中华书局, 1986:46.

③〔元〕耶律楚材. 湛然居士文集:卷十:送西方子尚[M]. 谢方,点校. 北京:中华书局, 1986:215;〔元〕耶律楚材. 湛然居士文集:卷四:和人韵二首[M]. 谢方,点校. 北京:中华书局, 1986:86.

④〔明〕宋濂,等. 元史:卷一百四十六:耶律楚材传[M]. 北京:中华书局,1976:3456.

⑤〔元〕耶律楚材. 湛然居士文集:附录:中书令耶律公神道碑[M]. 谢方,点校. 北京:中华书局,1986:326.

⑥〔明〕宋濂,等. 元史:卷一百四十六:耶律楚材传[M]. 北京:中华书局,1976:3461,3462.

⑦〔元〕耶律楚材. 湛然居士文集:附录:中书令耶律公神道碑[M]. 谢方,点校. 北京:中华书局,1986:326.

陟、王万庆、赵著等,使直释九经,进讲东宫。又率大臣子孙,执经解义,俾知圣人之道"[①],蒙元文治由此得开。

耶律楚材在成吉思汗及窝阔台时期深受信任,尤其在窝阔台时期,耶律楚材身居高位,"凡建官立法,任贤使能,与夫分郡邑,定课赋,通漕运,足国用,多出楚材"[②],足了儒生兼济天下之愿。考察耶律楚材在这一时期的进谏及施政举措,可称"以儒治国"思想的生动实践。追根溯源,这些实践源于他早年所受的儒学教育,因而在耶律楚材那里,"以儒治国"不是一句空泛的口号,而是念兹在兹的具体实践。

其次,"以佛治心"源于他对佛理的体悟。耶律楚材投身空门后,对佛法的参悟达到痴迷的程度,即使在随蒙古大军远征西域、任职中枢期间也不放松体悟佛法,"睡起焚香诵《圆觉》,兴来缓辔品《幽居》"[③]。经过长期参悟,耶律楚材的佛学水平迅速提升,就连其师万松行秀对他也深表赞赏,"至于'西天三步远,东海一杯深',老作衲僧,未易及此。使裴公美、张无尽见之,当敛衽焉"[④]。万松行秀为佛门龙象,他对耶律楚材赞赏有加从一个侧面表明耶律楚材的佛学修为已达到很高境界。

世事纷乱之际,"忘死生,外身世,毁誉不能动,哀乐不能入"[⑤]的佛法为耶律楚材寻到了心灵的栖息之地,而他深厚的佛学修养又为养气修心提供了巨大的精神动力。在佛法的护持下,即使生活困窘如中都陷落前后,历尽艰辛如扈从西征之时,耶律楚材皆能处之若素,安然以对。有客问耶律楚材何以能够如此,他对曰:"汪洋法海涵养之力也。"[⑥]耶律楚材把自己战胜困难、安于困厄的根源都归结于长期接受佛法熏陶,可见佛法已深入他的内心,并成为他看淡是非毁誉、聚散悲欢的精神支柱。正是基于自身对佛法的体验,耶律楚材才坚信佛法可以修心。

再次,外禅而内儒、形禅而实儒是耶律楚材处理儒、释关系的基本取向。耶律楚材"以儒治国,以佛治心"思想的提出虽然具有推动三教融合

---

①〔明〕宋濂,等. 元史:卷一百四十六:耶律楚材传[M]. 北京:中华书局,1976:3459.
②〔明〕宋濂,等. 元史:卷一百四十六:粘合重山传[M]. 北京:中华书局,1976:3466.
③〔元〕耶律楚材. 湛然居士文集:卷十四:再和万寿润禅师书字韵五首:投老[M]. 谢方,点校. 北京:中华书局,1986:316.
④〔元〕耶律楚材. 湛然居士文集:序一[M]. 谢方,点校. 北京:中华书局,1986:2.
⑤〔元〕耶律楚材. 湛然居士文集:序一[M]. 谢方,点校. 北京:中华书局,1986:1.
⑥〔元〕耶律楚材. 湛然居士文集:序一[M]. 谢方,点校. 北京:中华书局,1986:1.

的历史意义，但在金元之际却遭到了万松行秀的指责，谓耶律楚材"屈佛道以徇儒情"[①]。而儒者对耶律楚材的主张也持批评态度，"庸儒已切齿，谓弟子叛道忘本矣"[②]。儒、释两教都认为，耶律楚材"以儒治国，以佛治心"思想的提出意味着对己方作用的贬损。因此，儒、释两教都对他的主张颇为不满。

值得注意的是，在遭到儒、释双方夹攻的情况下，身兼儒、释两教的耶律楚材并没有急于向儒者解释自己的立场，而是专门致书于万松行秀，以求得释门的理解和支持。他在《寄万松老人书》中极力扬佛抑儒，提出"是知五常之道，已为佛教之浅者"。他虽然提倡"以儒治国"，但儒家之教"不足以治心，仅能治天下"，而治天下之道不过是"为道之余泽矣"，"为治心之所兼耳"。他向万松行秀解释说，他提出"以儒治国，以佛治心"也并非出自本心，而不过是"行权"[③]之计。

从《寄万松老人书》来看，耶律楚材虽然认为儒、释两教各有其用，但似乎佛教在他心中的地位明显高于儒教。不过，细究他的生平我们可以看到，《寄万松老人书》的只言片语不过是表面现象。审视耶律楚材的生平功业，占据他内心深处的仍然是浓重的儒者情怀。

中都陷落前后是耶律楚材由儒到释转变的关键时期。这一时期，他在万松行秀的教诲下佛法精进，体悟颇多。但是，佛教淡泊清静、冲和自然的处世原则和不执不着、不尘不染的出世之道并未熄灭耶律楚材的建功立业之心，反而在拜入万松行秀门下不久，耶律楚材即应成吉思汗之召加入蒙军大营，从此走上了治国平天下的儒者之路。成吉思汗和窝阔台时期，耶律楚材深受重用。成吉思汗临终时，甚至指耶律楚材谓窝阔台："此人，天赐我家。尔后军国庶政，当悉委之。"[④]足见宠信之深。而窝阔台对耶律楚材也确实委以重任，"即日拜中书令，事无巨细，皆先白之"[⑤]。帝王知遇之恩令耶律楚材倍感欣慰，反映到这一时期的文学作品里，"达则

[①]〔元〕耶律楚材. 湛然居士文集：卷十三：寄万松老人书[M]. 谢方，点校. 北京：中华书局，1986：293.

[②]〔元〕耶律楚材. 湛然居士文集：卷十三：寄万松老人书[M]. 谢方，点校. 北京：中华书局，1986：293.

[③]〔元〕耶律楚材. 湛然居士文集：卷十三：寄万松老人书[M]. 谢方，点校. 北京：中华书局，1986：293.

[④]〔明〕宋濂，等. 元史：卷一百四十六：耶律楚材传[M]. 北京：中华书局，1986：3456.

[⑤]〔明〕宋濂，等. 元史：卷一百四十六：耶律楚材传[M]. 北京：中华书局，1976：3458.

兼济天下"的雄心洋溢其间,"安得冲天畅予志,云舆六驭信风乘","千山风烈来从虎,万里云垂看举鹏"[1],"千年际会风云异,一代规模宇宙新"[2],字里行间无不透露着吞吐天地的豪气。这些诗句所反映的俱是立千秋基业、开万世太平的儒者情怀,哪里还有一丝对境无心、八风不动的佛门意趣?因此,虽然有学者认为"在楚材的思想中,佛教的威望超过儒家","在他世界观中占主导地位的是佛教,而不是儒家,更不是法家"[3]。但是,纵观耶律楚材的一生,佛教的作用更多的是在他遭遇困境时为其提供精神抚慰,他一生的大部分精力依然用在秉持儒家的出世精神,以天下为己任,为帝王建言献策,为大蒙古国往来奔忙。因此,虽然耶律楚材的思想观念杂糅了儒、释两家的学说,但终其一生,他乃"迹释而心儒,名释而实儒,言释而行儒,术释而治儒"[4]。他虽然未能对孔孟儒学有新的阐发,却以实际行动实现了"穷则独善其身,达则兼济天下"的儒家理想。因此,耶律楚材的思想体系是外禅而内儒,形禅而实儒。

三、李纯甫的佛学思想

李纯甫,字之纯,号屏山,弘州襄阴人,金代后期著名文学家、著名佛教居士,与耶律楚材同为万松行秀俗家弟子。近年来,关于李纯甫佛教思想的研究成果比较丰硕。在此基础上,我们着重研究李纯甫的学佛原因及其历程、佛学著述及其思想。

(一)李纯甫的学佛历程

同为金代著名佛教居士,李纯甫与耶律楚材有所不同:耶律楚材自幼喜佛,而李纯甫则经历了由排佛到喜佛的思想转变。

李纯甫,"祖安上,尝魁西京进士。父采,卒于益都府治中"[5]。据

---

① 〔元〕耶律楚材. 湛然居士文集:卷五:过间居河四首[M]. 谢方,点校. 北京:中华书局,1986:103.

② 〔元〕耶律楚材. 湛然居士文集:卷五:河中游西园四首[M]. 谢方,点校. 北京:中华书局,1986:100.

③ 孟广耀. 论耶律楚材的佛教思想:兼释他的"以佛治心,以儒治国"的济世方针[J]. 内蒙古社会科学,1981(6).

④ 〔元〕耶律楚材. 湛然居士文集:后序二[M]. 谢方,点校. 北京:中华书局,1986:14.

⑤ 〔元〕脱脱,等. 金史:卷一百二十六:李纯甫传[M]. 北京:中华书局,1975:2734.

《归潜志》的有关记载,"李屏山视赵闲闲为丈人行,盖屏山父与赵公同年进士也"[1]。赵闲闲即金代名士赵秉文。据《金史·赵秉文传》,赵秉文为大定二十五年(1185)进士,则李纯甫之父李采亦应为大定二十五年进士。由此可见,李纯甫生于父祖两代皆为进士的翰墨之家。在这种家庭背景下,幼年的李纯甫接受的是纯正的儒学教育。《归潜志·李纯甫小传》云:"公幼颖悟异常儿。初为辞赋学,后读《左氏春秋》,大爱之,遂更为经义学。"[2]李纯甫自述说:"屏山居士,儒家子也。始知读书,学赋以嗣家门;学大义以业科举。又学诗以道意,学议论以见志,学古文以得虚名。颇喜史学,求经济之术;深爱经学,穷理性之说。"[3]从李纯甫幼年涉猎的知识范围看,辞赋、经义之学皆为科举之目,而诗书经史亦为中国儒学的教育范畴。由此可知,幼年的李纯甫是在儒家传统文化的熏陶下成长起来的。正因为如此,幼年的李纯甫对佛教颇为排斥。耶律楚材云:"屏山先生幼年作排佛说,殆不忍闻。"[4]

此时的李屏山抵斥佛教,一方面和他受到的正统儒学教育有关,另一方面也和他的人生际遇有关。青少年时期的李纯甫才华纵横、自诩颇高,"少自负其才,谓功名可俯拾,作《矮柏赋》,以诸葛孔明、王景略自期"[5]。承安二年(1197),李纯甫经义进士及第,年仅21岁[6]。此时的李纯甫意气风发,"以辨博名天下,杯酒淋漓,谈辞锋起"[7]。让这样一位以治世贤臣自期、以言辞辨博为能、以诗酒为高,风光无限的青年才俊学佛息心,遁世逃尘,当然不大可能。因此,李纯甫早年对佛教的疏离甚至排斥有着家庭教育与现实际遇的双重原因。

早年的李纯甫虽然抵斥佛教,但并不意味着他对佛学一无所知。李纯

---

[1] 〔金〕刘祁. 归潜志:卷九[M]. 崔文印,点校. 北京:中华书局,1983:100.
[2] 〔金〕刘祁. 归潜志:卷一[M]. 崔文印,点校. 北京:中华书局,1983:6.
[3] 〔金〕刘祁. 归潜志:卷一:重修面壁庵记[M]. 崔文印,点校. 北京:中华书局,1983:7.
[4] 〔元〕耶律楚材. 湛然居士文集:卷十三:书金刚经别解后[M]. 谢方,点校. 北京:中华书局,1986:280.
[5] 〔金〕刘祁. 归潜志:卷一[M]. 崔文印,点校. 北京:中华书局,1983:6.
[6] 王庆生. 金代文学家年谱[M]. 南京:凤凰出版社,2005:370.
[7] 姚奠中. 元好问全集(增订本):卷十九:内翰王公墓表[M]. 李正民,增订. 太原:山西古籍出版社,2004:444.

甫早年读书颇多,"为举子日亦自不碌碌,于书无所不窥"[①]。鉴于当时佛教已非常流行,李纯甫在读书过程中对佛教有所了解应在情理之中,所以他自述说:"偶于玄学似有所得,遂于佛学亦有所入。"[②]但是,此时李纯甫对佛教的了解还只是浅显的,他真正实现从排佛到喜佛的转折是在三十岁前后。据耶律楚材记述,"屏山居士年二十有九,阅复性书,知李习之亦二十有九,参药山而退著书,大发感叹,日抵万松老师,深攻亟击"[③]。金末名士元好问亦记载李纯甫"三十岁后遍观佛书,能悉其精微"[④]。三十岁以后,李纯甫对佛学用力颇勤,对佛法亦大加赞叹,认为"学至佛则无可学者,乃知佛即圣人;圣人非佛,西方有中国之书,中国无西方之书也"[⑤],佛经"大包天地而有余,细入秋毫而无间"[⑥]。可见,此时的李纯甫已经成为一名虔诚的佛教信徒。

李纯甫由排佛到喜佛的转变受到多方面因素的影响,其中主要原因是他自身仕途坎坷。李纯甫早年自负其才,进取之心颇切。承安二年(1197)科举后,三入翰林,连知贡举,可谓名满天下。然而,在金末强敌压境、权臣弄奸的情况下,李纯甫的才能一直未得伸展,虽曾历官蓟州军事判官、尚书省掾、翰林应奉、右司都事,但这些职务或为中下级官,或为文学侍从之职,不足以实现李纯甫治世贤臣的人生志向。他对一些国事的看法也未引起当权者的注意,"及大元兵起,又上疏论时事,不报","由小官上万言书,援宋为证,甚切,当路者以迂阔见抑"[⑦]。李纯甫的真知灼见不仅遭到当权者的白眼,甚至还遭到同僚的嘲讽。元好问记述,"泰和中,朝廷无事,士大夫以宴饮为常。之纯于朋会中,或坚坐深念,咄咄嗟嗟,若有旦夕忧者。或问之故,之纯曰:'中原以一部族待朔方

[①]〔金〕元好问. 中州集:卷四:屏山李先生纯甫[M]. 长春:吉林出版集团有限责任公司,2005:145.

[②]〔金〕刘祁. 归潜志:卷一:重修面壁庵记[M]. 崔文印,点校. 北京:中华书局,1983:7.

[③]〔元〕耶律楚材. 湛然居士文集:卷十四:屏山居士鸣道集序[M]. 谢方,点校. 北京:中华书局,1986:308.

[④]〔金〕元好问. 中州集:卷四:屏山李先生纯甫[M]. 长春:吉林出版集团有限责任公司,2005:145.

[⑤]〔金〕刘祁. 归潜志:卷一:重修面壁庵记[M]. 崔文印,点校. 北京:中华书局,1983:7.

[⑥]〔金〕李纯甫. 程伊川异端害教论辨[M]//〔清〕张金吾. 金文最:卷六十. 北京:中华书局,1990:861.

[⑦]〔元〕脱脱,等. 金史:卷一百二十六:李纯甫传[M]. 北京:中华书局,1975:2734,2735.

兵，然竟不知其牙帐所在，吾见华人为所鱼肉去矣.'闻者讪笑之"①。现实与理想之间的巨大反差、自负其才与报国无门的痛苦经历令李纯甫心生退意，"知大势已去，无复仕进意，荡然一放于酒"，每每借纵酒麻痹自己，"未尝一日不饮，亦未尝一饮不醉"②。尤其辞官归隐之后，好酒更甚，"啸歌袒裼出礼法外，或饮数月不醒。人有酒见招，不择贵贱必往，往辄醉"③。以酒精麻痹自己虽能得一时之快，却不可能真正打开心中郁结。此时，史肃的出现为李纯甫打开了通向佛国的大门。

史肃，字舜元，京兆人，金代著名诗人。《中州集》卷五有传，言其"天资挺特，高才博学，作诗精致有理"，"业科举为名进士，立朝为才大夫"，历任监察御史、静难军节度副使、中都路转运副使等职。关于史肃与佛学的关系，《中州集》本传并未记载，只是笼统地介绍"晚年颇喜养生，谓人可以不死。尝欲弃官学道"，估计在史肃所习的养生之学里面也包括了一些佛教养生内容。正是在史肃的引导下，李纯甫终于投身佛教。对此，金末元好问回忆说，"屏山学佛，自舜元发之"④。

李纯甫在学佛的过程中还得到了高僧万松行秀的指点。万松行秀在为耶律楚材《湛然居士文集》所作的序中提到李纯甫"日抵万松，深攻亟击"。李纯甫作《楞严经外解》时，还不远千里以序请托于万松行秀，可见李纯甫与万松行秀的关系非同一般。能得到一时佛教名宿的指点，李纯甫成为金代有重要影响的佛教居士也就不足为怪。

李纯甫中年以后由儒转佛的影响因素除个人际遇、大德接引之外，起决定性作用的还是他对佛学价值的主观认识。李纯甫宦途失意以后，逐渐在佛教世界里找到了自己的人生寄托，他对佛学的评价也越来越高，以至于"学至佛则无可学者"的程度。李纯甫由儒入佛的过程比较典型地反映了中国古代知识分子在人生失意时由崇儒到好佛的转变轨迹。儒学提倡经世致用，鼓励士人积极投身社会，参与政治，儒者的最高理想是"为天地立心，为生民立命，为往圣继绝学，为万世开太平"。但是，儒学体系却

---

① 姚奠中. 元好问全集(增订本):卷二十一:雷希颜墓铭[M]. 李正民,增订. 太原:山西古籍出版社,2004:485.

② 姚奠中. 元好问全集(增订本):卷二十一:雷希颜墓铭[M]. 李正民,增订. 太原:山西古籍出版社,2004:485.

③〔元〕脱脱,等. 金史:卷一百二十六:李纯甫传[M]. 北京:中华书局,1975:2735.

④〔金〕元好问. 中州集:卷五:史御史肃[M]. 长春:吉林出版集团有限责任公司,2005:151.

缺少对价值本体的思考，一旦人生追求的梦想破灭，就缺乏足以自安的精神抚慰。而佛学理论却站在尘世之外，用觉者的眼光识别人世间的种种幻象，揭示出人生悲剧的根源，帮助芸芸众生摆脱现实世界的羁绊，进入物我两忘、心与道存的未来世界，而这种人生体验正可以滋润士大夫们在红尘中挣扎的心灵，帮助他们摆脱名缰利锁的束缚。

（二）李纯甫的佛学著述

李纯甫投身佛教，因有感于佛学理论浩大无边，立志著书立说，宣扬佛法。从流传下来的文献看，李纯甫的佛学著述主要有以下几种：

1.《鸣道集说》[①]

《鸣道集说》是李纯甫评述《鸣道集》的佛学著作。《鸣道集》亦名《诸儒鸣道集》，共录得两宋诸儒的学术观点217则，其中不乏关涉佛老之处。该书的一个重要特征是"力排释老"[②]。李纯甫鉴于《诸儒鸣道集》"是皆迷真失性，执相循名。起斗诤之端，结惑业之咎"，为"救末学之弊"[③]，遂作《鸣道集说》。《鸣道集说》现存五卷，五万言。每一篇的开头都以"某某曰"的方式引出宋儒观点，随后以"屏山曰"的形式加以评论。李纯甫非常看重此书，临终时将此书托付当时名士敬鼎臣，曰："此吾末后把交之作也，子其秘之，当有赏音者。"[④]后来，敬鼎臣听闻耶律楚材求购屏山之作甚切，遂将此书经万松行秀转交耶律楚材。楚材览书而泣，并为之作序。

2.《释迦文佛赞》

《湛然居士文集》卷十三之《楞严外解序》曰："泰和中，屏山作《释迦文佛赞》。"《湛然居士文集》卷十四之《屏山居士鸣道集序》作"《赞

---

① 据杨曾文先生介绍，日本学者常盘大定曾记述20世纪30年代原北平图书馆藏有手抄本《鸣道集说》，参见：杨曾文. 金朝护法居士李纯甫及《鸣道集说》[J]. 法源，2006（总第23期）. 又据王树林先生研究，《鸣道集说》于明末清初传入日本，自德川时代至明治时期共有四次版刻，参见：王树林. 李纯甫《鸣道集说》的日本流传及版本考证[J]. 晋阳学刊，2020（1）.

②〔元〕耶律楚材. 湛然居士文集：卷十四：屏山居士鸣道集序[M]. 谢方，点校. 北京：中华书局，1986：308.

③〔元〕释念常. 佛祖历代通载：卷二十[M]// 影印文渊阁四库全书：第一〇五四册. 台北：台湾商务印书馆，1986：1696.

④〔元〕耶律楚材. 湛然居士文集：卷十四：屏山居士鸣道集序[M]. 谢方，点校. 北京：中华书局，1986：308.

释迦文》",《归潜志》卷九作"《释迦赞》",并引述了其中的四句,即"窃吾糟粕,贷吾秕糠,粉泽丘轲,刻画老庄"[①]。据耶律楚材介绍,万松行秀曾为《释迦文佛赞》作序。

3.《金刚经别解》

自佛法东来,诸经渐备,"独《金刚》一经,或明眼禅客,若脱白沙弥,上至学士大夫,下及野夫田妇,里巷儿女子曹,无不诵者"。鉴于《金刚经》在社会各界的重要影响,为正本清源,"屏山居士取儒、道两家之书,会运、奘二师之论,牵引杂说,错综诸经,著为《别解》一编"[②]。该文撰成后,虽有同僚予以讥讽,但深得耶律楚材赞赏,并为之作《屏山居士金刚经别解序》《书金刚经别解后》。

4.《楞严外解》

《湛然居士文集》卷十三之《楞严外解序》曰:"屏山居士牵引《易》《论语》《孟子》《老氏》《庄》《列》之书,与此经相合者,辑成一编,谓之《外解》,实渐诱吾儒不信佛者之饵也。"[③]《湛然居士文集》卷一之《和南质张学士敏之见赠七首》之四云:"屏山居士李之纯尝作《楞严别解》"[④],疑此《别解》即《外解》之误。

5.《首楞严注》

《湛然居士文集》卷十四之《屏山居士鸣道集序》谓李纯甫曾"注首楞严"。《楞严经》在李纯甫的学佛历程中具有重要意义,他在《鸣道集说》中提到,"比因闲居,稍读西方书,所谓《首楞严》者,始知天地之所以成坏,人物之所以生死,因果之根源,圣凡之阶级,明白径直,如指诸掌"[⑤],可能正是因为对《楞严经》钦敬,李纯甫才为之作注。

6.《屏山翰墨佛事》

《归潜志》卷十言,李纯甫"又多为浮屠作碑记传赞,往往诋訾吾

[①]〔金〕刘祁. 归潜志:卷九[M]. 崔文印,点校. 北京:中华书局,1983:105.
[②]〔元〕耶律楚材. 湛然居士文集:卷十三:屏山居士金刚经别解序[M]. 谢方,点校. 北京:中华书局,1986:278.
[③]〔元〕耶律楚材. 湛然居士文集:卷十三:楞严外解序[M]. 谢方,点校. 北京:中华书局,1986:272.
[④]〔元〕耶律楚材. 湛然居士文集:卷一:和南质张学士敏之见赠七首[M]. 谢方,点校. 北京:中华书局,1986:12.
[⑤]〔金〕李纯甫. 鸣道集说:下[M]// 白钢. 希腊与东方:思想史研究:第六辑. 郭晓东,校点. 上海:上海人民出版社,2009:419.

徒,诸僧翕然归向,因集以板之,号《屏山翰墨佛事》"①。从这段记载来看,该书为僧人所编,内容主要是李纯甫为僧人所作碑文传赞等。

7.《屏山内稿》

《归潜志》卷一《李纯甫小传》云:"晚自类其文,凡论性理及关佛老二家者,号《内稿》。"②

8.《达磨祖师梦语》

据《湛然居士集》卷十四之《屏山居士鸣道集序》,李纯甫著《达磨祖师梦语》,该文的具体内容未见其详。

9.《弥陀忏序》

《弥陀忏序》作于崇庆二年(1213),乃李纯甫为王子成《礼念弥陀道场忏法》所作的序言,文中极力称赞持念弥陀名号的重要性。

李纯甫一生著述数十万言,关涉佛教者以上述所列著述为主。这些涉佛著述的一个共同特点是"会三圣人理性之学"③,将中国传统的老庄、孔孟之学与佛教相互融合,"号'中国心学、西方文教'"④,但最终目的却是指归佛祖。正因为这一点,李纯甫遭到了名教人士的贬损,其《屏山翰墨佛事》传至京师时就曾惹怒士大夫。

(三)李纯甫的佛教思想

李纯甫与耶律楚材同是金代著名居士,同为万松行秀门下,但两人的佛学思想却大不相同。耶律楚材更注重调和儒、释矛盾,提倡"以儒治国,以佛治心"。而李纯甫则更注重批评道学诸贤"盗用"佛经却反过来指斥佛经的做法,并极力为道学诸人眼里佛教信徒的"绝人伦""怕生死"作辩护。从《鸣道集说》及李纯甫其他佛教著述的内容来看,李纯甫的佛教思想主要体现在以下三个方面:

1.主张"三教合一"

李纯甫自幼业儒,但成年以后涉猎渐广,因而李纯甫对儒、释、道三教之说皆有心得。对于这样一位三教皆通的名士来说,应如何处理三教关

---

①〔金〕刘祁.归潜志:卷十[M].崔文印,点校.北京:中华书局,1983:119.
②〔金〕刘祁.归潜志:卷一[M].崔文印,点校.北京:中华书局,1983:7.
③〔元〕耶律楚材.湛然居士文集:卷十四:屏山居士鸣道集序[M].谢方,点校.北京:中华书局,1986:308.
④〔元〕脱脱,等.金史:卷一百二十六:李纯甫传[M].北京:中华书局,1975:2735.

系是一个必须面对、必须回答的问题。从现存李氏著述的内容看，李纯甫是三教合一主张的积极拥护者，他从多个角度论述了三教合一的必然性、可能性和合理性。首先，他从三教圣人所处的时代背景出发，论述三教合一乃先天之必然。"三圣人者同出于周，如日月星辰之合于扶桑之上，如江河淮汉之汇于尾闾之渊，非偶然也。其心则同，其迹则异，其道则一，其教则三。"①其次，他又从大道相通的角度论述三教合一的可能性。"圣人之道，其相通也，如有关钥。其相合也，如有符玺。相距数千里，如处一室；相继数万世，如在一席。"②在李纯甫看来，三教修行之途虽异，但所证妙果则一。因此，三教理论虽有不同，但"道冠儒履，同入解脱法门；翰墨文章，皆是神通游戏"③。

李纯甫虽然主张三教合一，但他没有简单地遮蔽、掩饰三教之间的差别，而是清醒地认识到三教各有所用。他说，"孔子游方之内，其防民也深，恐其眩于太高之说，则荡而无所归，顾约之以名教。老子游方之外，其导世也切，恐其昧于至微之辞，则塞而无所入，故示之以真理"。"吾佛之书既东，则不如此"，佛法以"五戒十善""四禅八定""六度万行""三身四智"登正觉，度有情，"阴补礼经"，"径开道学"④。在这里，李纯甫已经认识到儒教作用于"游方之内"，其功用是以纲常名教规范民众；道教作用于"游方之外"，其功用是以"真理"示众；佛教则大包天地，细入毫芒，补孔子之所缺，道老子之所难言。李纯甫对三教功用的看法虽有扬佛而抑儒、道之嫌，但他在肯定儒、道作用这一点上是毫不迟疑的。因此，李纯甫的三教合一主张是建立在承认三教之"异"的基础上的。在这个前提下，他打破门户之见，力求三教之"同"，谓"夫道并行而不相悖。或处或出，或默或语，殊途而同归，一致而百虑"⑤。

---

①〔金〕李纯甫. 程伊川异端害教论辨[M]//〔清〕张金吾. 金文最：卷六十. 北京：中华书局，1990：861.

②〔金〕李纯甫. 司马温公不喜佛辨[M]//〔清〕张金吾. 金文最：卷六十. 北京：中华书局，1990：859.

③白钢. 希腊与东方：思想史研究：第六辑[M]. 郭晓东，校点. 上海：上海人民出版社，2009：412.

④〔金〕李纯甫. 程伊川异端害教论辨[M]//〔清〕张金吾. 金文最：卷六十. 北京：中华书局，1990：861.

⑤〔金〕李纯甫. 程伊川异端害教论辨[M]//〔清〕张金吾. 金文最：卷六十. 北京：中华书局，1990：860.

三教合一的本义应是三教平等、彼此融合。但纵观李纯甫的佛学著述，他的一生都在为提高佛教的地位而努力。他的三教合一似乎是通过贬儒扬释来实现的。这种做法当时就遭到士人的非议，"大为诸儒所攻"[①]。后儒之中，也有贤者看不惯李纯甫的做法。清儒全祖望就评价说，"屏山历诋诸儒以恣其说，自我成佛足矣，何必援昔人以自重？""屏山援儒入释，推释附儒，既已决波排澜，不足为怪。其所著《鸣道集说》一书，濂、洛以来，无不遭其掊击"[②]。李纯甫虽主张三教合一，但他扬佛教而抑儒、道的做法反而无补于他的主张，甚至在很大程度上激起了儒、道两教的敌视。

2.以佛教统摄儒、道

金代虽为女真族建立的政权，但随着女真人的逐步汉化，儒学的影响不断扩大，并最终取得了支配地位。兴起不久的理学在金代也有一定影响力，李纯甫在《鸣道集说》中承认"伊川之学，今自江东浸淫而北矣。缙绅之士负高明之资者，皆甘心焉"[③]。面对地位显赫的儒教，佛教虽不甘落后，但毕竟还无力改变儒强佛弱的现实。因此，李纯甫另辟蹊径，力图从学理上证明儒者之见多源于佛家之说，以此实现用佛教统摄儒、道两教的目的，进而提高佛教地位，提升佛教与儒、道抗衡的能力，其具体做法就是着力凸显佛教地位。他在《重修面壁庵记》中说：

> 自师之至，其子孙遍天下，多魁闳磊落之士，硕大光明，表表可纪。剧谈高论，径造佛心。渐于义学、沙门，波及学士大夫，潜符密契不可胜数。其著而成书者，清凉得之以疏《华严》，圭峰得之以钞《圆觉》，无尽得之以解《法华》，颖滨得之以释《老子》，吉甫得之以注《庄子》，李翱得之以述《中庸》，荆公父子得之以论《周易》，伊川兄弟得之以训《诗》《书》，东莱得之以议《左氏》，无垢得之以说《语》论《孟》，使圣人之道

---

①〔金〕刘祁.归潜志:卷九[M].崔文印,点校.北京:中华书局,1983:105.
②沈善洪.黄宗羲全集:第六册:宋元学案:卷一百:屏山鸣道集说略[M].杭州:浙江古籍出版社,1992:886.
③白钢.希腊与东方:思想史研究:第六辑[M].郭晓东,校点.上海:上海人民出版社,2009:411.

不堕于寂灭，不死于虚无，不缚于形器，相为表里如符券然。①

在这段史料中，李纯甫不惜笔墨，力赞佛教中人"魁闳磊落""硕大光明""表表可纪"。这些赞语并非泛泛虚夸，而是对宋儒窃佛教之书以成道学却又谤佛毁法的反讽。在史料的后半段，李纯甫以张商英、苏辙、李翱、王安石父子、程氏兄弟等人为例，历数佛教对上述诸儒学术成就的裨益之处。全文文字激荡，气势如虹，为佛教地位高于儒、道两教，进而佛教也应统摄儒、道两教提供了事实依据。在《鸣道集说》中，李纯甫多次提出儒者吸收了佛教的营养才成就了道学。例如，他在批驳张载的反佛言论时说："至于近代，始以佛书训释《老》、《庄》，浸及《语》、《孟》、《诗》、《书》、大《易》，岂非诸君子所悟之道，亦从此入乎？"②他在批驳程伊川"看《华严经》，不如看一《艮》卦"时说，"向非此书（指《华严经》）之至，学道者堕于无为之坑，谈玄者入于邪见之境。则老庄内圣外王之说，孔孟上达下学之意，皆扫地矣"③。李纯甫一再强调佛教对理学发展所做的贡献及佛教对理学发展的重要性，最终目的就是要提高佛教的地位，进而实现以佛教统摄儒、道两教的目的。当然，在儒学已统治中国一千余年，儒家学说已经深入人心的时代，尽管李纯甫为扩大佛教影响竭力奔走，但他以佛教统摄儒、道的理想是不可能实现的。

3.全力回击宋儒对佛教的抵斥与怀疑

自佛教传入中国以来，佛家与儒家的争论和矛盾就一直存在。虽然唐宋时期三教合一渐成趋势，但这并不意味着三教之间矛盾的消弭。自唐代韩愈至宋代孙复、石介、欧阳修、程氏兄弟，儒者对佛家的排斥与反对一浪高过一浪。尤其是随着北宋时期古文运动的深入发展，北宋诸儒受韩愈影响，对佛教的批判尤为严厉，"当是时，天下之士学为古文，慕韩退之排佛而尊孔子，东南有章表民、黄聱隅、李泰伯尤为雄杰，学者宗

---

① [金]刘祁.归潜志:卷一:重修面壁庵记[M].崔文印,点校.北京:中华书局,1983:8.

② 朱刚,刘宁.欧阳修与宋代士大夫:思想史研究:第四辑[M]郭晓东,校点.上海:上海人民出版社,2007:271.

③ 郝兆宽.逻辑与形而上学:思想史研究:第五辑[M].郭晓东,校点.上海:上海人民出版社,2008:393-394.

之"①。面对诸儒的攻击,佛教必然要做出有力回应,以释智圆、释契嵩、释宗杲等为代表的宋代僧人通过著书立说等方式对形形色色的儒家反佛主张给予了具有针对性的驳斥②。同时,也有苏轼、黄庭坚等大儒为佛教辩护。金代亦有来自儒家阵营的佛教居士对儒家的排佛、斥佛之说予以反击,其中尤以李纯甫的思想最为系统和集中。

在儒者看来,佛教的发展是不断向儒教学习的结果,"其精微大抵不出于吾书,其诞吾不信"。李纯甫对儒家这种"同则以为出于吾书,异则以为诞而不信"③的做法极为愤慨。在他看来,并非佛家窃儒者之说,恰恰相反,是儒者窃佛家之说,"尝论以为宋伊川诸儒,虽号深明性理,发扬六经、圣人心学,然皆窃吾佛书者也"④。他对以程氏兄弟为代表的宋代诸儒窃佛家之理却又斥佛家之说的做法非常反感,指责"况程氏之学出于佛书,何用故谤伤哉"。理学家们将"诚"视为"天之道""人之性",程氏兄弟窃佛之说却又反佛之学的做法明显违背了"诚"的本意。对此,李纯甫批评道:"又字字以诚教人,而自出此语,将以欺人则愚,将以自欺则狂。惜哉!穷性理之说,既至于此,而胸中犹有此物,真病至于膏肓者也夫。"⑤李纯甫对宋儒的批评可谓字字入骨,酣畅淋漓。

李纯甫反击宋儒之说更多地集中在《鸣道集说》。在这部著作中,他先罗列宋儒的反佛言论,然后逐条加以驳斥。例如,程颢曾斥责"佛学只是以生死恐动人"。与佛教的做法相反,"圣贤以生死为本分事,无可惧,故不论死生。佛为怕死生,故只管说不休"。对此,李纯甫反驳说:"圣人原始反终,知死生之说,岂不论生死乎?程子不论生死,正如小儿夜间不敢说鬼,病人讳死,其证难医者也。"⑥"印证"是佛教独特的修悟法门,得高僧"印证"是学法之人是否已经得法的重要标志。程颐对此讥讽说:

---

① 〔宋〕陈舜俞. 镡津明教大师行业记[M]//〔宋〕契嵩. 镡津文集. 上海:上海古籍出版社,2016:1.
② 韩毅. 宋代僧人对儒家反佛思想的认识与回应[J]. 兰州学刊,2010(2).
③ 〔金〕李纯甫. 司马温公不喜佛辨[M]//〔清〕张金吾. 金文最:卷六十. 北京:中华书局,1990:859.
④ 〔金〕刘祁. 归潜志:卷九[M]. 崔文印,点校. 北京:中华书局,1983:105.
⑤ 〔金〕李纯甫. 程伊川异端害教论辨[M]//〔清〕张金吾. 金文最:卷六十. 北京:中华书局,1990:861.
⑥ 朱刚,刘宁. 欧阳修与宋代士大夫:思想史研究:第四辑[M]. 郭晓东,校点. 上海:上海人民出版社,2007:277.

"佛家印证甚好笑，岂有我晓得这个道理，却信他人？"程颐的言下之意，得法与否皆是个人体验，与他人肯定与否毫无关联。对此，李纯甫反驳说："自印证为得圣人之传，尤可笑。我虽自晓，其如人不信耶。"[①]

在宋代诸儒中，并非所有儒士都像程氏兄弟那样激烈地反佛、排佛，有些儒者在赞同佛教某些观点的同时又对佛教的某些学说质疑。对这类质疑，李纯甫仍然给予驳斥。例如，宋儒刘安世认为，"孔子、佛之言，相为终始"，"儒释道其心皆一，门庭施设不同耳"。刘安世的本意是认为儒、佛之言互为补充，没有根本性区别。而且他认为，儒、释、道在"修心"问题上是一致的，只是方法、途径不同而已。刘安世的主张与程氏兄弟激烈的反佛立场有根本区别。但李纯甫并不因为刘安世的言论有肯定佛教的一面就表示赞成，而是鲜明地指出了刘安世观点中不足的一面：

> 元城之论，固尽善矣。惜哉，未尝见《华严》圆教之指。佛先以五戒十善开人天乘，后以六度万行行菩萨道，三纲五常尽在其中矣。[②]

在这段论述中，李纯甫着力强调儒家的三纲五常之法已包括在佛教的"五戒十善""六度万行"中，言下之意，佛者比儒者为高。宋儒杨时又提出"儒、佛深处，所差杪忽耳。见儒者之道分明，则佛在其下矣。今之学者曰：儒者之道在其下，是不知吾道之大也。为佛者既不读儒书，儒者又自小，然则道何由明哉？"意谓儒、佛两道在修身立命的主张与功用等方面相差无几，儒、释之间的矛盾是由于互不读对方之书才产生的。在一般佛者看来，杨时的言论既是对佛教的肯定，又是对儒、释矛盾根源的善意探讨，但李纯甫并不领情，他反驳说，"儒佛之轩轾者，不唯佛者不读儒书之过，亦儒者不读佛书之病也"[③]。按李纯甫的观点，儒、释矛盾产生的根源不仅是儒、释互不读其书，更主要的是儒者不读佛者之书，故造成

---

① 郝兆宽.逻辑与形而上学：思想史研究：第五辑[M].郭晓东，校点.上海：上海人民出版社，2008：402，403.

② 郝兆宽.逻辑与形而上学：思想史研究：第五辑[M].郭晓东，校点.上海：上海人民出版社，2008：414.

③ 白钢.希腊与东方：思想史研究：第六辑[M].郭晓东，校点.上海：上海人民出版社，2009：408.

儒、释矛盾的责任不在佛家，而在儒家。

在金代诸儒中，李纯甫向来以善辩著称，元好问就曾评价"李右司之纯以辨博名天下"[①]。在《鸣道集说》及李纯甫的其他涉佛著述中我们可以看到，李纯甫将他的辩驳之才发挥到了极致。有金一代，在思想领域儒学占据着不可动摇的主导地位，因而一些儒者虽嗜信佛教也不敢为之张目。时贤赵秉文"本喜佛学"，但他畏于士论，晚年整理自己的作品时"凡主张佛老二家者皆削去"[②]。但李纯甫面对势力强大的儒者诸人却毫无惧色，旗帜鲜明地批儒卫佛，"就伊川、横渠、晦庵诸人所得者而商略之，毫发不相贷，且恨不同时与相诘难也"[③]。李纯甫对理学诸儒的批评虽有不切与过激之嫌，但其犀利的言辞、严密的逻辑，对理学和佛学理论的熟练掌握，在中国古代儒学史、佛教史上可谓独树一帜。

第三节　三教合一在金代的新发展

自佛教传入中国以来，佛教与中国本土固有的儒学、道教的关系就成为中国文化史、中国社会思想史的主线之一。出于教化的考虑，学术界、思想界往往将并非宗教的儒学习惯性地称为儒教，故而人们将儒教、佛教、道教统称为"三教"。自东汉以来，三教之间的矛盾与斗争、渗透与借鉴、彼此排斥与相互交融从未停止过。经过长期的冲突与磨合，儒、释、道在导民向善的问题上逐渐达成一致，三教共存逐渐成为三教人士的共识。这种共识在晚唐以后更加明确，三教合一由此成为此后中国文化发展的一条主线。

儒、释、道发展到金代出现了两个新情况：一是儒学在女真人中间的影响日益扩大，地位不断提高；二是以全真道为代表的"新道教"异军突起。面对儒、道两教的发展，佛教如何应对？晚唐以来的三教合一趋势在

---

①姚奠中.元好问全集(增订本):卷十九:内翰王公墓表[M].李正民,增订.太原:山西古籍出版社,2004:444.

②〔金〕刘祁.归潜志:卷九[M].崔文印,点校.北京:中华书局,1983:106.

③〔金〕元好问.中州集:卷四:屏山李先生纯甫[M].长春:吉林出版集团有限责任公司,2005:145.

金代又将有哪些新发展？在第四章部分章节中，我们结合金代佛教思想的发展介绍了万松行秀、耶律楚材、李纯甫等人的三教合一主张，本节将结合相关史实，对这一问题作专门论述。

一、国家政策层面的三教并用

从历史经验看，儒、释、道的发展与统治阶级的政治取向密不可分。汉魏以来，随着时君之好恶，儒、释、道的势力或沉或浮，升降不一。在起伏不定的发展历程中，三教都在不断调整自己的理论体系，以求与封建统治者的治国需求相契合。帝王君主及其统治阶层也正是看到儒、释、道有助王化的一面才支持其发展。借助三教的力量维持国家统治是封建政权三教政策的根本出发点，因而统治者本人信与不信三教之说倒在其次，他们首先关心某种宗教能否为其所用或是否威胁到了自己的统治。

儒、释、道的理论体系发展到金代已相当完善，统治集团的三教政策也更加成熟。总体来看，三教俱崇、三教并用是金代三教政策的显著特点。以金朝全盛时期的世宗、章宗两朝为例，这一特点更加显著。

世宗在位的二十八年是金朝发展的鼎盛时期，促成这一兴盛局面的原因很多，三教并用应是其中的重要一点。世宗非常重视儒学，大定三年（1163）七月，金宋和议尚未达成，战火未熄之际，世宗就"以孔总为袭封衍圣公"[①]，以示对儒家的尊崇。世宗非常重视用儒家学说教育女真子弟，大定二十三年（1183）九月，"译经所进所译《易》《书》《论语》《孟子》《老子》《扬子》《文中子》《刘子》《新唐书》"。在这些著作中，儒家经典占了绝大部分。世宗还对宰臣说明了引导女真子弟研习儒典的目的，"朕所以令译《五经》者，正欲女直人知仁义道德所在耳"[②]。金朝开国之后，熙宗、海陵两朝统治阶级内部矛盾异常激烈，以致熙宗、海陵皆死于政变者之手，严重损害了权力中枢的正常运转。有鉴于此，世宗大力宣扬儒家的忠孝观念，谆谆告诫臣下"惟忠惟孝，匡救辅益，期致太平"[③]，"人之行，莫大于孝弟，孝弟无不蒙天日之祐"[④]。世宗还于大定

[①]〔元〕脱脱,等. 金史:卷六:世宗纪:上[M]. 北京:中华书局,1975:132.
[②]〔元〕脱脱,等. 金史:卷八:世宗纪:下[M]. 北京:中华书局,1975:184-185.
[③]〔元〕脱脱,等. 金史:卷八十八:纥石烈良弼传[M]. 北京:中华书局,1975:1951.
[④]〔元〕脱脱,等. 金史:卷七:世宗纪:中[M]. 北京:中华书局,1975:161.

二十三年（1183）"以女直字《孝经》千部付点检司分赐护卫亲军"①。不仅如此，世宗甚至在司法实践中也极力以儒家思想指导刑狱，故《金史·刑志》评价说，"世宗临御，法司奏谳，或去律援经，或揆义制法。近古人君听断，言几于道，鲜有及之者"②。

章宗继位后，延续了世宗的尊儒思想，继续把儒学作为治国之术。章宗本人受过良好的汉文化教育，"性好儒术"③。为表示尊崇儒学，他于承安二年（1197）亲祀孔子④，并诏令孔子后裔孔元措"兼曲阜县令，仍世袭"⑤。章宗同世宗一样，注重用忠义观念教育女真子弟，泰和四年（1204），"诏亲军三十五以下令习《孝经》《论语》"⑥。同时，科举制度在章宗时期进一步完善，大量儒者得到重用。因此，《金史》在总结世宗、章宗时期的为政功绩时评价说："世宗、章宗之世，儒风丕变，庠序日盛。"⑦世宗、章宗在位时采取的诸多举措和史家们的评论说明，尊孔崇儒、以儒治国是这一时期统治集团的基本政策取向。

世宗、章宗对儒教的尊崇并不意味着他们对佛、道两教的轻视。相反，这一时期是金代佛教、道教发展的重要阶段。就佛教来看，世宗即位之初，为筹措经费以应付军政开支，广开投状纳缗之路，度牒、师号、寺观名额均在出卖之列。章宗初年，虽然一度颁发过禁止擅自披剃为僧道的禁令，但自承安二年（1197）起，为解决经用不足的困难，再次推行官卖度牒、师号、寺观名额的政策。实际上，金代的鬻卖度牒之策一直延续到金末。这一政策为创建寺观、壮大僧尼队伍、扩大佛教势力发挥了重要作用。

就道教来看，世宗、章宗时期的道教发展在整个中国道教史上都具有特殊意义。金初创立的太一、大道、全真三个教派在这一时期得到进一步发展，尤其是王重阳创立的全真教发展尤盛。大定七年（1167），王重阳自焚其庵，只身前往山东传教，收马钰、谭处端、刘处玄、丘处机、王处

---

① 〔元〕脱脱，等. 金史:卷八:世宗纪:下[M]. 北京:中华书局,1975:184.
② 〔元〕脱脱，等. 金史:卷四十五:刑志[M]. 北京:中华书局,1975:1014.
③ 〔宋〕宇文懋昭. 大金国志校证:卷二十一:章宗皇帝:下[M]. 崔文印,校证. 北京:中华书局,1986:289.
④ 〔元〕脱脱，等. 金史:卷三十五:礼志八:宣圣庙[M]. 北京:中华书局,1975:817.
⑤ 〔元〕脱脱，等. 金史:卷一百五:孔璠传[M]. 北京:中华书局,1975:2312.
⑥ 〔元〕脱脱，等. 金史:卷十二:章宗纪:四[M]. 北京:中华书局,1975:270.
⑦ 〔元〕脱脱，等. 金史:卷一百二十五:文艺传:上[M]. 北京:中华书局,1975:2713.

一、郝大通、孙不二七人为教门弟子。大定十年（1170），王重阳羽化后，七弟子在关中、河南、山东等地继续传教。他们以苦行利人，以善举感人，受到了群众的拥戴，全真教的社会影响不断扩大，入教者不断增多。元好问在记载全真教的传播盛况时说："南际淮，北至朔漠，西向秦，东向海；山林城市，庐舍相望，什百为偶，甲乙授受，牢不可破。"[1]元人虞集在回忆这段历史时说："一时州里田野，各以其所近而从之。受其教戒者，风靡水流，散在郡县。"[2]世宗、章宗在位期间多次召见道教首脑。例如，大定二十七年（1187），王处一被"世宗遣使乘传迎致辇下，召于内殿，延问修真之道，就御果园建道院，给三品俸，敕充生辰醮高功主，赐冠简紫衣"。王处一表辞御赐，恳求还山时，世宗"仍赐钱二十万，为道路费"。章宗即位后，对王处一宠渥尤甚。承安二年（1197），"遣近侍征以安车，宣见于内阁，赐坐"，"翌日，特旨赐紫衣，号体玄大师"，"拜命间，俄一内侍传旨谓使者曰……改城东崇福院为永寿观，令师处之。阅月，特旨住持修真观，仍赐绫罗绢各二十匹、绵千两，月给斋厨钱二百镪"[3]。除王处一外，其他一些道教名师也得到过世宗、章宗的召见。大定初年，世宗宣召大道教始祖刘德仁，"诏居京城天长观，赐号东岳真人，传其道者几遍国中"[4]。大定二十八年（1188），世宗遣使访问王重阳门人，丘处机"以道德升闻，征赴京师，宫建庵于万宁宫之西，以便咨访。夏五月召见于长松岛，秋七月复见。师剖析至理，进瑶台第一层曲，眷遇至渥"。同年八月得旨还终南山时，章宗"仍赐钱十万"。明昌二年（1191），丘处机东归栖霞，大建琳宫时，章宗"敕赐其额曰太虚"[5]。承安二年（1197）十月，章宗"召刘处玄至，命待诏天长观"[6]。泰和七年（1207）春，章宗诏李大方"提点中都太极宫事，赐号'体玄大师'。

---

[1] 姚奠中．元好问全集(增订本)：卷三十五：紫微观记[M]．李正民,增订．太原：山西古籍出版社,2004：740．

[2] 陈垣．道家金石略：真大道教第八代崇玄广化真人岳公之碑[M]．陈智超,曾庆瑛,校补．北京：文物出版社,1988：830．

[3] 陈垣．道家金石略：玉虚观记[M]．陈智超,曾庆瑛,校补．北京：文物出版社,1988：441,442．

[4] 陈垣．道家金石略：书刘真人事[M]．陈智超,曾庆瑛,校补．北京：文物出版社,1988：836．

[5] 陈垣．道家金石略：长春真人本行碑[M]．陈智超,曾庆瑛,校补．北京：文物出版社,1988：457．

[6] 陈垣．道家金石略：全真教祖碑[M]．陈智超,曾庆瑛,校补．北京：文物出版社,1988：452．

俄被旨以祈嗣设大醮",旋即"又召入禁中访道",因其"仪观秀伟,占对详雅","章宗特敬异之"①。

为控制佛、道两教的势力,世宗、章宗时期也曾经颁发过一些限制佛、道势力的禁令。但这些禁令都是个别的、暂时的,佛、道两教往往"绝而复存,稍微而更炽。五七十年以来,盖不可复动矣"②。究其原因,就在于佛、道两教虽然存在与国家争夺人口、土地、劳动力等消极因素,但他们的忠君体国、仁爱抑己、上报皇恩、下资邦福等主张从根本上有助于巩固女真人的统治。在这一点上,佛、道两教的功用和儒教完全一致,儒、释、道三教的功能各有所长,互为补充,共襄时君。女真皇帝充分认识到这一点,因而"世宗皇帝万机余暇,三教俱崇"③。章宗则崇儒重玄,扬佛尊道。三教并用成为金代统治集团的一项重要国策。

二、宗教理论与实践层面的三教融合

作为中国文化史上的重要思潮,三教合一在儒、释、道三教的学说中都有所反映。自东汉以降,儒、释、道在彼此斗争与排斥的同时,都试图从对方的理论中汲取营养,以便更好地丰富、完善自己的学说,从而达到以己说超越他说的目的。这在客观上促进了儒、释、道之间的沟通与交流。有金一代,儒、释、道之间的借鉴与融合得到进一步发展,尤其是儒、释、道的理论体系更具兼容性特征,从而在理论与实践层面进一步推动了三教合一的发展历程。

(一)儒士对三教合一理论的认同

汉武帝以来,经由历代统治者的大力提倡,儒学逐渐成为中国社会占支配地位的思想体系。这一特征由于女真统治者的尊孔崇儒举措而在金代仍得延续。但是,儒学的独尊地位并不意味着儒学封闭、僵化,相反,在

---

① 姚奠中. 元好问全集(增订本):卷三十一:通玄大师李君墓碑[M]. 李正民,增订. 太原:山西古籍出版社,2004:651,652.

② 姚奠中. 元好问全集(增订本):卷三十五:紫微观记[M]. 李正民,增订. 太原:山西古籍出版社,2004:740.

③〔金〕关昭素. 重修陕州故硖石县大通寺碑记[M]//阎凤梧. 全辽金文. 太原:山西古籍出版社,2002:2687.

自先秦儒学到宋明理学的演变进程中,儒家一直积极吸收借鉴包括佛、道在内的其他思想,从而不断完善自我。从某种意义上说,理学的产生及精致化进程恰恰是儒学师法佛、道某些学说的结果。

女真人统治北方的百余年间,儒学汲取佛、道精华的进程仍在推进。不过,由于理学传入北方的时间很晚,传统儒学在金代未取得重大突破。加之流传下来的史料有限,因而我们已无法确定金代儒学在哪些方面汲取了佛老的智慧而发展了自己的理论体系。但有一点可以确定,"三教一致"在金代儒学界已经形成了广泛共识。大安时期的郄文举就认为,"原夫三圣之教,皆以启迪愚蒙驱之正,教不使放心邪气得接焉。所谓以先知觉后知,以先觉觉后觉也"[1]。大定时期的张瑜认为,儒、释、道皆劝导世人近善远恶,在这一点上"可谓殊途同归,若合符节矣"[2];完颜璹认为,"夫三教各有至言妙理"[3]。至于李纯甫、耶律楚材两人虽举扬佛法,但究其根本仍在儒教。他们对三教合一理论的阐发前文已作交代,兹不赘述。总之,儒学发展到金代,儒与佛、道之间此疆彼界、泾渭分明的划分早已冰消瓦解。虽然一些金代儒者对佛、道之说尚有异议,但从教化人心、治政理国的意义上他们已经肯定了佛、道两教的有效性,并在这一基础上肯定了三教之间彼此交流的必要性。儒学的开放姿态为金代儒家克服教门偏见、推动自身理论发展、推进三教合一的历史进程奠定了重要基础。

与以往中国社会的情况相似,金代的一些儒士对佛、道两教采取坚决抵斥的态度。名儒党怀英就对佛教的伦理观大为不满,斥之为"无夫妇,绝父子,废人伦"[4]。有些儒者更是直接主张"佛老异学,吾徒鸣鼓而攻之者也"[5]。但是,佛教的兴盛是儒者必须面对的现实,一味排斥和打击无助于提高儒学地位。一些儒者正是认识到这一点,因而采取了一方面抵

---

①〔金〕郄文举. 金烛和尚焚身感应之碑[M]//王新英. 金代石刻辑校. 长春:吉林人民出版社,2009:95.

②〔金〕张瑜. 解州安邑县□篆□慈云院记[M]//阎凤梧. 全辽金文. 太原:山西古籍出版社,2002:1571.

③陈垣. 道家金石略:全真教祖碑[M]. 陈智超,曾庆瑛,校补. 北京:文物出版社,1988:450.

④〔金〕党怀英. 重建郓国夫人殿碑[M]//〔清〕张金吾. 金文最:卷七十. 北京:中华书局,1990:1028.

⑤〔金〕姜国器. 章丘县重修宣圣庙碑[M]//〔清〕张金吾. 金文最:卷七十一. 北京:中华书局,1990:1047.

斥佛道，一方面吸收佛、道某些思想的双重做法。抵斥佛教者如党怀英，虽言佛教"其空言幻惑，且不足以为教"[1]，但仍然为名寺巨刹作记，撰写了《十方灵岩寺碑》《谷山寺碑》《新补塑释迦佛旧像碑》等佛教碑文。醇德先生王去非虽"日以名教自乐"，"凡所答问，皆孔子教仁教孝之意"，是纯粹的名教中人，但他对佛老之道仍采取了汲其精华，为我所用的态度，"又杂取老庄释氏诸书，采其理要，贯穿融会，折诸大中"[2]。党怀英、王去非等人对佛老的态度和北宋诸儒对佛老的态度大体相似，往往采取"实与而文不与，阳挤而阴助之"[3]的做法，表面上排斥佛老，实际上从不同角度吸收佛老的精华为儒所用。

在部分儒者抵斥佛老的同时，也有相当一部分儒者对佛老之教表示由衷赞许。元好问赞扬佛法中人"一人之身，以三世之身为身；一心所念，以万生所念为念。至于沙河法界，虽仇敌怨恶，品汇殊绝，悉以大悲智而饶益之。道量宏阔，愿力坚固，力虽不足，而心则百之"[4]。他又赞扬道教中人"本于渊静之说，而无黄冠襕襘之妄；参以禅定之习，而无头陀缚律之苦。耕田凿井，从身以自养，推有余以及之人"[5]。金代晚期著名诗人辛愿博闻广志，"书至伊训，诗至河广，颇若有所省"，"于三传为尤精"，辛愿身上浓厚的儒家色彩并不妨碍他对佛道的好感。据元好问记载，辛愿"至于内典，亦称该洽"[6]，显然是一位精通佛经之人。辛愿对道家亦持赞誉态度，称"全真家，其谦逊似儒，其坚苦似墨，其修习似禅，其块然无营又似夫为浑沌氏之术者"[7]。赵秉文为金代中后期文坛领

---

[1]〔金〕党怀英. 重建郓国夫人殿碑[M]//〔清〕张金吾. 金文最：卷七十. 北京：中华书局，1990：1028.

[2]〔金〕党怀英. 醇德王先生墓表[M]//〔清〕张金吾. 金文最：卷八十九. 北京：中华书局，1990：1299，1300.

[3]白钢. 希腊与东方：思想史研究：第六辑[M]. 郭晓东，校点. 上海：上海人民出版社，2009：411.

[4]姚奠中. 元好问全集(增订本)：卷三十五：龙门川大清安禅寺碑[M]. 李正民，增订. 太原：山西古籍出版社，2004：735.

[5]姚奠中. 元好问全集(增订本)：卷三十五：紫微观记[M]. 李正民，增订. 太原：山西古籍出版社，2004：740.

[6]〔金〕元好问. 中州集：卷十：溪南诗老辛愿[M]. 长春：吉林出版集团有限责任公司，2005：329.

[7]姚奠中. 元好问全集(增订本)：卷三十五：太古观记[M]. 李正民，增订. 太原：山西古籍出版社，2004：739.

袖,一生仕五朝,官六卿,《金史》本传对其有"金士巨擘"之誉。他的一生"慨然以道德仁义性命祸福之学自任,沉潜乎六经,从容乎百家"[①]。这样一位以义理之学见长的名儒虽然"其学,一归诸孔孟,而异端不杂焉"[②],但仍对佛老之学情有所钟,"公究观佛老之说而皆极其指归"[③]。

(二)佛教向儒家思想的靠拢

佛教作为外来宗教,传入中国伊始就不同程度地遭到过儒、道两教的抵斥。在长期互相辩驳的过程中,佛教逐渐从儒、道理论中汲取营养,以适应佛教中国化的需要。沙门与王者关系的演变生动地展现了这一过程。儒学主张忠君体国、礼敬王者。但佛教传入中国之初,僧侣却公然"上不朝天子,下不让诸侯"[④]。这显然与儒家的君臣之礼格格不入,因而遭到儒者的激烈反对。经过魏晋至隋唐的反复斗争,沙门礼敬王者的问题才逐步得到解决。这一趋势发展到金代,僧尼已经自觉地把尊君体国作为佛教徒的一项重要责任,他们主张"自惟君恩佛恩,更无差别"[⑤],就连举行法会也不忘"上祝吾皇添圣寿,满宫天眷福弥增"[⑥]。金代中期,世宗曾亲幸大圣安寺。面对巍峨庄严的佛像,世宗"问圆通善国师曰:'礼则是,不礼则是?'"。世宗提出的"礼"与"不礼"事涉君权与神权的关系。圆通当然不敢妄以神权尊大,因而回奏"礼则相敬相重,不礼则各自

---

① 姚奠中. 元好问全集(增订本):卷十七:闲闲公墓铭[M]. 李正民,增订. 太原:山西古籍出版社,2004:400-401.

②〔金〕杨云翼. 闲闲老人滏水集序[M]//〔清〕张金吾. 金文最:卷四十一. 北京:中华书局,1990:590.

③ 姚奠中. 元好问全集(增订本):卷十七:闲闲公墓铭[M]. 李正民,增订. 太原:山西古籍出版社,2004:403.

④〔唐〕释道宣. 广弘明集:卷二十四:谏仁山深法师罢道书[M]//影印文渊阁四库全书:第一〇四八册. 台北:台湾商务印书馆,1986:627.

⑤〔宋〕朱弁. 西京大普恩寺重修大殿碑[M]//〔清〕张金吾. 金文最:卷六十五. 北京:中华书局,1990:949.

⑥ 佚名. 沙门智果善事记[M]//国家图书馆善本金石组. 辽金元石刻文献全编:二. 北京:北京图书馆出版社,2003:904.

称尊"①。这则史料或可说明金代佛教僧尼已经认识到君权高于神权的现实,并主动向君权靠拢。佛教的这一做法有效地弥合了佛、儒之间的矛盾和分歧,从而为佛儒合一提供了可能。

在佛教理论向儒家思想妥协的过程中,孝养父母观念的演变尤为引人注目。这一演变,一方面源于佛教理论的自觉调整,具体表现为以儒家伦常观念取舍、阐释佛经的内容,以求得在孝道观念上的佛儒融合②;另一方面源于政府的强制,比较典型的,如唐玄宗于开元二年(714)下诏,"令道士、女冠、僧、尼致拜父母"③。这条诏令到金章宗时为尚书省所引用,作为强制僧尼礼拜父母的依据,"言事者谓,释道之流不拜父母亲属,败坏风俗,莫此为甚。礼官言唐开元二年敕云:'闻道士、女冠、僧、尼不拜二亲,是为子而忘其生,傲亲而徇于末。自今以后并听拜父母,其有丧纪轻重及尊属礼数,一准常仪。'臣等以为宜依典故行之。制可"④。不过,与唐代以国家律令强迫僧尼礼敬父母的做法相比,金代僧尼尊奉孝道更多出于自觉。此时,僧尼对父母之孝丝毫不逊于世俗对父母之孝。王山觉体本于皇统三年(1143)"诵经通,授僧服",成为一名僧人,但后来他询诸耆旧,得知早年以为死于兵革的母亲尚在人世,于是哀叹,"吾幼不天,长□缁流,岂可终遗吾亲哉",于是发誓于神明,求母于四方,"不计寒暑,期必得之,不半载,行至赵,果获母所在。时母年耆颐,寄食他人。师购负□□,菽水重欢,增辉桑梓。人谓师之孝,感动天而天弗违矣"⑤。王山觉体的孝道之行在于为父母生前尽孝,有些僧人的孝道在于为父母死后尽哀。西庵院智崇禅师七岁出家,屡从名师,佛法悉精,有"人中蓍龟,佛法中龙象"之誉。这样一位高僧也不忘人子之道,"父母既没,遂归里中。起庵于茔侧,及时进道,以为追荐"⑥。元好问笔

---

①〔宋〕义青颂古,〔元〕从伦评唱. 林泉老人评唱投子青和尚颂古空古集:卷三:第四十则:大士不起[M]//〔日〕前田慧云,〔日〕中野达慧. 续藏经:第壹辑第贰编第贰拾贰套第叁册. 上海:上海商务印书馆,1925.
②王月清. 中国佛教孝亲观初探[J]. 南京大学学报(哲学·人文科学·社会科学版),1996(3).
③〔宋〕王钦若,杨亿,孙奭,等. 册府元龟:卷六十[M]. 北京:中华书局,1960:1-671.
④〔元〕脱脱,等. 金史:卷九:章宗纪一[M]. 北京:中华书局:1975:221.
⑤〔金〕边元勋. 王山十方圆明禅院第二代体公禅师塔铭碑[M]// 王新英. 金代石刻辑校. 长春:吉林人民出版社,2009:36,37.
⑥〔金〕梁朗. 西庵院智崇禅师塔铭[M]//〔清〕张金吾. 金文最:卷一百十. 北京:中华书局,1990:1590.

下的法云更是僧人为父母死后尽哀的典范。法云早年弃家为佛子,后遭岁饥,法云"乃能为父母挽车,就食千里。母亡,庐墓旁三年,号哭无时。父殁亦然。山之人谓之'坟云',旌其孝也"。元好问为法云的孝行所感动,慨叹道:"世之桑门以割爱为本,至视其骨肉如路人,今师孝其亲者乃如此!然则学佛者亦何必皆弃父而逃之,然后为出家邪?"①儒教、佛教各有其伦理体系,但他们在"孝"这一问题上找到了契合点,原本漠视亲情,以家庭为累赘、视父母如淡水的僧尼也遵照儒家伦理对双亲生养死葬,尽礼尽哀。这种转变归根到底是在强大的儒教氛围里佛教向儒家不断靠拢、不断妥协的结果。这种靠拢和妥协是推动三教合一历史进程的重要动力。

(三)全真道的三教合一主张

以全真道为代表的"新道教"是在儒、释、道三教鼎立,多元文化交汇碰撞的历史条件下形成和发展的。作为脱胎于传统道教的"新道教"如何才能立足?如何在与儒、释两教的竞争中取得优势地位?"新道教"采取了"不主一相,不居一教"②,大量吸收儒、释思想,进而援儒入道,援佛入道,以三教合一立道的方法。

作为全真道的开创者,王重阳明确提出了"三教合一"的立教理念。早在南时村传道时,他就在"活死人墓"四周各植海棠一株,曰:"吾将来使四海教风为一家尔。"③可见,此时他已经萌生了三教合一的创教思想。大定七年(1167),王重阳自焚其居,赴山东传道后,明确提出"凡立会必以三教名之者"④。因此,他在文登、宁海、福山、登州、莱州建立的道教社团分别称三教七宝会、三教金莲会、三教三光会、三教玉华会、三教平等会。在日常传道过程中,王重阳非常注重用三教经典劝化道众,《终南山重阳祖师仙迹记》载其"凡接人初机,必先使读《孝经》《道

---

① 姚奠中. 元好问全集(增订本):卷三十一:坟云墓铭[M]. 李正民,增订. 太原:山西古籍出版社,2004:641.

② 陈垣. 道家金石略:终南山重阳祖师仙迹记[M]. 陈智超,曾庆瑛,校补. 北京:文物出版社,1988:460.

③ 陈垣. 道家金石略:终南山重阳祖师仙迹记[M]. 陈智超,曾庆瑛,校补. 北京:文物出版社,1988:461.

④ 陈垣. 道家金石略:全真教祖碑[M]. 陈智超,曾庆瑛,校补. 北京:文物出版社,1988:452.

德经》,又教之以孝谨纯一,及其立说,多引六经为证据"[1]。《全真教主碑》亦载王重阳仙逝前"劝人诵道德清静经,般若心经及孝经,云可以修证"[2]。在王重阳劝读的这些经典中,既有儒家的《孝经》,又有佛家的《般若心经》,亦有道家的《道德经》。从这些经典上可以看出,王重阳为推行三教合一的立教主张可谓费尽心机。关于三教之间的关系,王重阳还作了生动比喻,"三教者,如鼎三足,身同归一,无二无三。三教者,不离真道也,喻曰:似一根树生三枝也"[3]。王重阳以三教同源、三教同功、三教平等为宗旨[4],创作了大量宣传三教合一的诗歌,如"心中端正莫生邪,三教搜来做一家"[5],"儒门释户道相通,三教从来一祖风"[6],"释道从来是一家,两般形貌理无差"[7]。王重阳的后继者们继承了三教合一的主张,丘处机就在一首诗中说:"儒释道源三教祖,由来千圣古今同。"[8]马钰云:"虽有儒生为益友,不成三教不团圆。"[9]"三教同门异户。"[10]从上述史料中我们可以看出,有金一代,虽然儒、释、道都主张三教合一,但只有全真道明确将三教合一作为立教基础,全真道成为继佛教之后三教融合运动的主要推动力量,从而使"新道教"在金元时期展现出强大的生命力。

如上所述,金朝时期儒、释、道顺应三教合一的历史潮流,都对自己的理论体系作出了一定调整,在强调个性的同时,也肯定了三教的共性,这为三教合一在金代的发展奠定了理论基础。

---

[1] 陈垣. 道家金石略:终南山重阳祖师仙迹记[M]. 陈智超,曾庆瑛,校补. 北京:文物出版社,1988:460.
[2] 陈垣. 道家金石略:全真教祖碑[M]. 陈智超,曾庆瑛,校补. 北京:文物出版社,1988:452.
[3] 〔金〕王重阳. 王重阳集:重阳真人金关玉锁诀[M]. 白如祥,辑校. 济南:齐鲁书社,2005:287.
[4] 范玉秋. 三教合一与全真道[J]. 管子学刊,2007(3).
[5] 〔金〕王重阳. 王重阳集:示学道[M]. 白如祥,辑校. 济南:齐鲁书社,2005:16.
[6] 〔金〕王重阳. 王重阳集:孙公问三教[M]. 白如祥,辑校. 济南:齐鲁书社,2005:9.
[7] 〔金〕王重阳. 王重阳集:答战公问先释后道[M]. 白如祥,辑校. 济南:齐鲁书社,2005:4.
[8] 〔金〕丘处机. 丘处机集:师鲁先生有宴息之所,榜曰"中室",又从而索诗[M]. 赵卫东,辑校. 济南:齐鲁书社,2005:17.
[9] 〔金〕马钰. 马钰集:赠李大乘兼呈净公长老[M]. 赵卫东,辑校. 济南:齐鲁书社,2005:64.
[10] 〔金〕马钰. 马钰集:丹阳真人语录[M]. 赵卫东,辑校. 济南:齐鲁书社,2005:240.

三、个人信仰层面的三教兼修

子曰:"道不同,不相为谋。"意思是原则、主张不同就不可能在一起谋事。但在三教合一的发展历程中,孔子的这一主张却常常被打破。回顾中国三教发展史我们可以看到,唐代王维、柳宗元、刘禹锡、裴休,宋代苏轼、黄庭坚、张商英等人身为大儒,却能出入于佛、老之间,参禅学道,杂糅三教于一身。同样,佛、道中人精通儒学者亦不在少数。在中国三教史上,这种个人信仰层面三教兼修的传统在金代得到了继承和发展。

金代未能涌现出柳宗元、苏轼那样的大儒,但金代一些儒者对佛、释的宽容与追求却与唐宋好佛诸儒相似,如王庭筠,字子端,大定十六年(1176)进士,历官应奉翰林文字、翰林修撰等职,诗、书、画俱佳,为一时名士。王庭筠的学识虽以儒家见长,但于佛、老亦有深究。元好问所作《王黄华墓碑》即云王氏之学"旁及释老家,尤所精诣"[①]。李遹,号寄庵先生,明昌二年(1191)登词赋进士第。在金代文化史上,李遹像王庭筠一样,是一位诗、书、画兼通的艺术大家,《寄庵先生墓碑》称其诗"律切精严,似其为人"。李遹的书、画成就更高,"字画得于苏、黄之间,画入神品。赏识至到,当世推为第一"。李遹丰硕的艺术创获同他三教兼修的人生背景不无关系。他自少年时"一意读六经,学为文章","至于星历占卜、释部道流、稗官杂家,无不臻妙"[②]。除王庭筠、李遹等名儒三教兼修之外,其他一些儒士亦兼涉佛老。大定十年(1170)进士党怀英"儒道释诸子百家之说以至图纬篆籀之学无不淹贯"[③]。承安进士董治中,"其学参取佛老二家"[④]。承安五年(1200)进士刘祖谦"兼通佛老百家言"[⑤]。这些金代进士在精研儒学的同时,还能浸淫佛老,流连于内典、外典之间,在很大程度上说明当时社会是开放的。儒者三教兼修在当

[①] 姚奠中. 元好问全集(增订本):卷十六:王黄华墓碑[M]. 李正民,增订. 太原:山西古籍出版社,2004:394.

[②] 姚奠中. 元好问全集(增订本):卷十七:寄庵先生墓碑[M]. 李正民,增订. 太原:山西古籍出版社,2004:414,415.

[③] 〔金〕赵秉文. 滏水集:卷十一:翰林学士承旨文献党公碑[M]. 长春:吉林出版集团有限责任公司,2005:131.

[④] 〔金〕刘祁. 归潜志:卷五[M]. 崔文印,点校. 北京:中华书局,1983:45.

[⑤] 〔金〕刘祁. 归潜志:卷四[M]. 崔文印,点校. 北京:中华书局,1983:41.

时不是个别现象，而是带有一定普遍性的。

自魏晋尤其是隋唐以来，精通儒学的僧人不在少数，这种现象并非偶然。在三教合一的历史背景下，佛学若想在同儒学的圆融中汲取营养，赢得自身发展，了解儒学甚至精通儒学是基本前提。至于像北宋契嵩那样名动天下，为推动三教合一做出重要贡献的高僧更需具有深厚的儒学修养，否则也无法和众多大儒论辩以维护佛教。这种传统延续到金代，依然出现了一些具有深厚儒学修养的高僧大德：金代中后期禅门领袖万松行秀"儒、释兼备"①；长清灵岩寺住持法宝禅师"六岁依里中王氏居舍学儒典"，"十二岁后为人讲庄老玄言，人皆敬畏"②；定州圆教院僧人崇遐"兼通禅律，至于孔圣老氏之书，亦尝留意，屡有著述，文翰俱奇"③；和公禅师"幼习儒业，甫冠，应经义举"④；释朗秀"精严内典外，五经子史无不究览"⑤；长清灵岩寺妙空禅师"与士大夫对问，必取佛经之合于儒者详言之"⑥。金代这些僧人学习儒典的原因，一方面是中国社会儒术独尊的传统氛围使然，另一方面则是为了同儒者交流以便汲取儒家思想。像和公禅师那样可以应经义之举，像妙空禅师那样可以用儒者的标准拣择佛经，说明他们对儒学的了解和掌握已非泛泛，而是达到了相当水平。因此，金代僧侣中虽未出现北宋契嵩、智圆那样精通儒典的名僧，但他们的儒学水平也不可低估。

与佛家相似，金代一些道教人士，特别是王重阳及其弟子大都具有深厚的儒学与佛教修养。王重阳本人年轻时"始于业儒"⑦，"就科举，工文

---

①〔元〕耶律楚材. 湛然居士文集：卷八：万松老人评唱天童觉和尚颂古从容庵录序[M]. 谢方，点校. 北京：中华书局，1986：191.

②〔金〕翟炳. 长清县灵岩寺宝公禅师塔铭[M]//〔清〕张金吾. 金文最：卷一百十一. 北京：中华书局，1990：1596.

③〔金〕杨乃公. 定州创建圆教院碑[M]//〔清〕张金吾. 金文最：卷七十八. 北京：中华书局，1990：1135.

④〔元〕耶律楚材. 湛然居士文集：卷十三：和公大禅师塔记[M]. 谢方，点校. 北京：中华书局，1986：289.

⑤〔元〕王恽. 秋涧集：卷五十九：碑阴先友记[M]. 长春：吉林出版集团有限责任公司，2005：793.

⑥〔金〕张严老. 长清灵岩寺妙空禅师塔铭[M]//〔清〕张金吾. 金文最：卷一百十. 北京：中华书局，1990：1584.

⑦陈垣. 道家金石略：终南山重阳祖师仙迹记[M]. 陈智超，曾庆瑛，校补. 北京：文物出版社，1988：460.

学"①。他对佛典也颇有研究,曾自述说:"七年风害,悟彻心经无罣碍。"②在王重阳的弟子中,马钰祖上"世业儒","通五经"③;丘处机"明天人之际,助圣贤之教"④。全真道的后继者们也继承了先师儒、释皆通的传统,藏云先生袁从义"通经史百家,旁及释典,亦称该洽"⑤;通真子秦志安"自早岁趣尚高雅,三举进士"⑥;通仙观道人李义之"通庄周、列御寇之学,五经、诸子亦所涉猎"⑦。全真道兴起时,儒、释两教早已卓然而立。作为后来者,全真道欲与儒、释共处甚至与其一争雄长,不处理好与儒、释的关系万难行事。因此,全真道诸位领袖及弟子以通晓儒、释经典为前提,吸收和融摄儒家忠孝仁义等伦理养料,兼以禅家心性之学,熔儒释道于一炉,成全真三教合一之理。正因为如此,任继愈先生认为,"金元时期的全真教把出家修仙与世俗的忠孝仁义相为表里,把道教社会化,实际上是儒教的一个支派","佛道两教相互吸收,道教吸收佛教的东西更多于佛教吸收道教的"⑧。

金代三教合一思潮不仅体现在三教人士个人信仰层面的三教兼修,流传至今的金代文物中也可以发现三教合一思潮的影响。山西浑源金龙峡悬空寺现存三件金代石刻,其中《大定十八年碑》载有《三教之图》,分别叙述了三教之祖释迦牟尼、老子、孔子的生年、父母及出生时的简况⑨。该通碑刻的立石人为西京宣宁县石佛院云水比丘善慈、行满。佛教僧人为儒、释、道三教祖师合立一碑,充分说明三教合一思潮在当时已经非常流行。受此影响,自金代以后,悬空寺设有三教殿,供奉儒、释、道三教鼻

---

① [金]孟攀鳞. 十方重阳万寿宫记[M]//王宗昱. 金元全真教石刻新编. 北京:北京大学出版社,2005:68.
② [金]王重阳. 王重阳集:减字木兰花[M]. 白如祥,辑校. 济南:齐鲁书社,2005:82.
③ [金]马钰. 马钰集:马钰[M]. 赵卫东,辑校. 济南:齐鲁书社,2005:334.
④ [金]丘处机. 丘处机集:胡光谦序[M]. 赵卫东,辑校. 济南:齐鲁书社,2005:1.
⑤ 姚奠中. 元好问全集(增订本):卷三十一:藏云先生袁君墓表[M]. 李正民,增订. 太原:山西古籍出版社,2004:653.
⑥ 姚奠中. 元好问全集(增订本):卷三十一:通真子墓碣铭[M]. 李正民,增订. 太原:山西古籍出版社,2004:647.
⑦ 姚奠中. 元好问全集(增订本):卷三十五:通仙观记[M]. 李正民,增订. 太原:山西古籍出版社,2004:745.
⑧ 任继愈. 中国道教史:序[M]. 上海:上海人民出版社,1990:6.
⑨ 悬空寺大定十八年碑. 全金石刻文辑校[M]. 王新英,辑校. 长春:吉林文史出版社,2012:225.

祖于一堂，在其他大小四十间殿宇中，既供奉佛祖释迦牟尼和诸佛、菩萨，又供奉道教的老子、吕纯阳等神仙，还供奉孔子等儒家代表人物，甚至悬空寺本身亦时而僧居，时而道住，有时还僧、道同住。这些碑刻文字和殿宇施设充分说明，最迟在金大定年间悬空寺已经是一座儒、释、道三教合流的寺院[①]，因而成为金代三教合一思潮的物质和文化表征。

自魏晋至明清，金代是三教合一思潮发展链条上非常重要的一环。与历代一样，三教人士虽人生信仰不同，但毕竟都生长于具有浓厚儒学氛围的中国传统社会。因此，儒教往往成为他们的最初信仰。出家或入道之后，随着人生志趣的变化，各自又对释、道经典多所涉猎。在这个背景下，儒、释、道三教皆通往往成为一些著名宗教领袖的共同特征。这在客观上也推动了三教合一思潮的发展。

四、社会交往层面的三教相亲

儒、释、道之间的个人往来是三教合一的题中应有之义，金代三教人士之间的交往是对此前古风的延续。金代的一些寺院、道观位于高山深谷、环境清幽之地，常常引得士大夫前往游观，而一些名僧高道深厚的文化修养、高尚的生活品格也是吸引士大夫与之交游的重要原因。此外，某些僧、道为求得高官权贵的庇护，也愿意主动结交士大夫阶层。从士大夫的角度看，无论他们身居要津也好，穷困潦倒也好，身在庙堂也好，寄情山林也好，佛、道所提供的超越现实体验的理论体系都为他们思考人生，歇息心灵提供了重要法门。如此，儒家的经世之论、佛道的遁世之风融合在一起，构筑了三教合一历史进程的新景观。

检视金代史料，儒、释、道之间的交往触目皆是。作为金代后期著名高僧，万松行秀与士大夫交游颇多，"与闲闲、屏山二居士互相赞叹，为方外师友"[②]；通玄大师李大方"天质冲远，蝉蜕俗外，出入世典"，学识颇广，因而深得士大夫器重。"一时名士，如竹溪党公世杰、黄山赵公文孺、黄华王公子端，皆以道义缔交于君。大丞相莘国胥公于人物慎许可，

[①] 刘俊喜.悬空寺金代石碑考[M]//陈述.辽金史论集:第四辑.北京:书目文献出版社，1989:356.

[②] 〔元〕王恽.秋涧集:卷四十三:雪庭裕公和尚语录序[M].长春:吉林出版集团有限责任公司，2005:568.

及为君作赞，至有'百世清规'之语。"①士大夫主动与佛、道交游的事例也很多，承安二年（1197）词赋进士冯延登之父冯时"颇知读书，且好与羽人、禅客游"②；天德三年（1151）进士王寂为金代文坛名士，清人英和称"王寂为大定、明昌文苑之冠"③。明昌年间王寂巡行辽东时，曾多次下榻佛寺，因而与僧人交游甚频。同时，王寂与道人亦有往来，延祥观清虚大师程履道因为人宽厚、德望隐然而享有盛誉。王寂"尝与程为方外游。簿书少隙，辄一过焉"④。程履道去世后，王寂应程氏弟子之请，为程履道复建的延祥观作《祁县重修延祥观记》。

三教之间的交往形式多种多样，比较常见的是诗词唱和，如藏云先生袁从义与儒士结好，"礼部闲闲赵公周臣、内翰屏山李公之纯，每见必厚相慰藉，互以诗什为赠"⑤。王重阳在创教的过程中与僧人有大量的诗词往来，如《老僧问生死》《和传长老分茶》《僧净师求修行》《赠僧肇法师》《赠刘蒋村僧定院主》《卜算子·妙觉寺僧索》等⑥。

三教往来，宴乐酬答是重要途径。大定二十九年（1189）九月，马钰在山东时，有庵院名三教堂，"钰与云水僧竺律师、殿试范寿卿相会于郡城之北三教堂，因焚香宴坐，命鄜州道士王大师鼓琴，久之，亦一时之盛会"⑦。范寿卿，榜次不明，但既云"殿试"则必是儒者出身。从《金范寿卿归山操跋石刻》⑧的记载来看，范寿卿可能时任州学正。此次三教堂之会，高道名僧、文人雅士济济一堂，焚香晏坐，金石激越，诗酒互答，诚三教盛事，一时美谈。

---

① 姚奠中. 元好问全集（增订本）：卷三十一：通玄大师李君墓碑[M]. 李正民，增订. 太原：山西古籍出版社，2004：651.

② 姚奠中. 元好问全集（增订本）：卷十九：国子祭酒权刑部尚书内翰冯君神道碑铭[M]. 李正民，增订. 太原：山西古籍出版社，2004：453.

③〔清〕张金吾. 金文最·英和序[M]. 北京：中华书局，1990：2.

④〔金〕王寂. 祁县重修延祥观记[M]//阎凤梧. 全辽金文. 太原：山西古籍出版社，2002：1440.

⑤ 姚奠中. 元好问全集（增订本）：卷三十一：藏云先生袁君墓表[M]. 李正民，增订. 太原：山西古籍出版社，2002：653.

⑥〔金〕王重阳. 王重阳集[M]. 白如祥，辑校. 济南：齐鲁书社，2005：12,20,21,23,31,107.

⑦〔金〕马钰. 琴操归山操[M]//王宗昱. 金元全真教石刻新编. 北京：北京大学出版社，2005：1.

⑧ 范怿. 金范寿卿归山操跋石刻[M]//王宗昱. 金元全真教石刻新编. 北京：北京大学出版社，2005：2.

三教人士之间的交往自然少不了教理上的切磋琢磨，王重阳的诗《答战公问先释后道》《孙公问三教》《问禅道者何》①即是此类。有的三教人士甚至因彼此问难而改宗换派，通真子秦志安即是一例。秦志安儒者出身，四十岁以后信佛，"取方外书读之，以求治心养性之实"，一有疑问则"质诸禅子"，但僧侣的回答往往不能令他满意，"久之，厌其推堕溷漾中而无可征诘也"。于是，"去从道士游"，后遇披云宋公，"略数语即有契，叹曰：'吾得归宿之所矣'"。②一言相契，遂投全真，渐成高道。秦志安的例子可能是个案，但也说明三教人士在讨论教理的过程中，彼此多有裨益，三教之间的频繁交往成为推动三教合一历程的催化剂。

五、金代三教关系的若干特点

　　自佛教传入中国以来，三教之间互相激荡，渐成合一之势。但三教合一的发展历程非常漫长且复杂，在不同时期展现出不同特点。与以往相比，金代的三教关系呈现出下面三个特点。

　　（一）儒、释、道之间的融合更加紧密

　　儒、释、道三教是中华传统文化的主干部分。自魏晋以来，三教之间经过长期磨合建立了你中有我、我中有你、互为补充、共同发展的格局。历史发展到金代，三教之间的关系更加紧密，一个突出表现就是三教彼此认可、互相肯定。李钧是金代乡贡进士，他在《修大云院记》中开篇即阐述了三教合一之理，"释氏以凝寂不昧谓之禅定，老氏以有无一致谓之无为，孔氏以离形去智谓之坐忘。三者户牖虽殊，其揆一也"③。在儒、释、道的融合方面，"新道教"的立场更为积极。王重阳以三教合一为立教基础，"其修持大略以识心见性，除情去欲，忍耻含垢，苦己利人为之

---

① 〔金〕王重阳. 王重阳集[M]. 白如祥,辑校. 济南:齐鲁书社,2005:4,9,11.
② 姚奠中. 元好问全集(增订本):卷三十一:通真子墓碣铭[M]. 李正民,增订. 太原:山西古籍出版社,2004:647,648.
③ 〔金〕李钧. 修大云院记[M]// 国家图书馆善本金石组. 辽金元石刻文献全编:一. 北京:北京图书馆出版社,2003:183.

宗"①，显然借鉴了儒、释两家精义。全真道之所以如此，不仅是他们已经认识到三教在"诱化群生"②方面的高度一致，更因为自身处境使然。全真道作为后来者，一方面需学习儒、释经典以构筑更加坚实的道教理论基础；另一方面，也需以更为积极的态度化解儒、释敌意，以赢得良好的发展环境。从这个角度来看，因为全真道的积极推进，金代三教之间的关系比前代更为紧密。

(二) 三教之间未出现激烈冲突

自佛教传入中国以来，虽然三教合一是总体趋势，但其间的冲突在所难免。在三教之中，儒家要维护自己的正统地位，对佛、道二教大加鞭挞。例如，唐代韩愈以专心维护道统、排斥佛老为己任，直斥"释老之害过于杨墨"③。两宋诸儒对佛老的批评亦不遗余力。孙复曰，"佛老之徒，横乎中国，彼以死生祸福虚无报应为事，千万其端，绐我生民，绝灭仁义以塞天下之耳，屏弃礼乐以涂天下之目"。面对佛老之害，天下之儒应"鸣鼓而攻之"④。李觏更是在《富国策第五》中列出"佛教十害"，极力排佛。二程、张九成、朱熹等人虽与佛老人士有所往来，但这并不妨碍他们对佛老大加挞伐。在儒、释、道的斗争中，文字、理论层面的讨伐尚在其次，出于政权层面的"三武一宗"灭佛对佛教的打击更烈。除了儒家对佛、道的打击外，佛、道之间也曾爆发激烈斗争，北魏太武帝、北周武帝时爆发的两次灭佛事件都与这种斗争密切相关。

与魏晋以来儒家排斥佛老一样，金代也涌动着一股排佛思潮。黄裳榜进士、应奉翰林文字宋九嘉"性不喜佛"⑤，"自言平生有三恨：一恨佛老之说不出于孔氏前，二恨辞学之士多好译经润文，三恨大才而攻异

---

① 陈垣. 道家金石略:广宁通玄太古真人郝宗师道行碑[M]. 陈智超,曾庆瑛,校补. 北京:文物出版社,1988:673.

② [金]丘处机. 丘处机集:神光灿三首[M]. 赵卫东,辑校. 济南:齐鲁书社,2005:71.

③ [唐]韩愈. 韩昌黎文集校注:卷三:与孟尚书书[M]. 马其昶,校注,马茂元,整理. 上海:上海古籍出版社,1986:215.

④ [宋]孙复. 孙明复小集:儒辱[M]//影印文渊阁四库全书:第一〇九〇册. 台北:台湾商务印书馆,1986:176.

⑤ [金]刘祁. 归潜志:卷一[M]. 崔文印,点校. 北京:中华书局,1983:11.

端"①。著名文学家王郁认为"孔氏能兼佛老。佛老为世害"②。金代文学名士刘祁父子一向对佛老敬而远之,刘祁之父刘从益在翰林院时,每与诸儒谈儒佛异同,"相与折难"③。从上述史料看,金代士人阶层存在排斥佛老思潮毋庸置疑,问题是这种思潮是否带有普遍性?对儒、释、道的关系产生了多大影响?从个体层面来看,达官显贵乃至皇家帝室信仰佛道者不在少数,为佛教的生存和发展大声疾呼的儒者也不在少数,而士人排斥佛老的声音却相对微弱。从国家层面来看,三教并用是金代统治集团的一项重要政策。因此,金代虽然也存在排斥佛老思潮,但国家政权并未直接介入佛、道之争,更未出现类似三武一宗的反佛、灭佛极端事件,个别时期颁布的限制佛老禁令都是维护政权秩序所需,并无直接灭裂佛老之意。基于上述原因,金代儒、释、道之间未出现激烈冲突。

(三)在三教之中,儒家一直处于主导地位

三教合一意味着儒、释、道在理论体系上更为接近,在相互关系上更为融洽,但这并不意味着儒、释、道在中国传统社会的地位完全平等。自汉武帝以来,经历代统治者的推崇与诸多大儒的提倡,儒学逐渐成为中国社会不可撼动的主流学说。尽管自魏晋以来三教合一渐成趋势,但未能改变儒家思想的独尊地位。因此,中国传统社会三教合一的本质是佛道在自身发展过程中向儒学的妥协,特别是佛、道向儒家伦理的妥协④。

在中国宗教史、思想史发展的过程中,金代的三教合一思潮由于全真道的加入而显得分外引人注目。王重阳、马钰和丘处机等人大力提倡的三教合一固然有其顺应历史发展的合理性,但未尝不是面对根深蒂固的儒、佛两教的强大压力而采取的权宜之策⑤。实际上,王重阳、马钰等人提倡三教合一是为"新道教"的生存发展服务的,它的最终指归是推动"新道教"居于儒、释之上。因为在他们看来,"儒则博而寡要,道则简而易

---

①〔金〕元好问. 中州集(增订本):卷六,莲社图:元好问小注[M]. 长春:吉林出版集团有限责任公司,2005:209-210.

②〔金〕刘祁. 归潜志:卷三[M]. 崔文印,点校. 北京:中华书局,1983:24.

③〔金〕刘祁. 归潜志:卷九[M]. 崔文印,点校. 北京:中华书局,1983:105.

④孙小金. 论儒学在三教合一中的主导作用[J]. 理论探索,2012(6).

⑤范玉秋. 三教合一与全真道[J]. 管子学刊,2007(3);陈兵. 晚唐以来的三教合一思潮及其现代意义[J]. 四川师范大学学报(社会科学版),2007(4).

行，但清静无为，最上乘法也"①，因而王重阳所谓"吾将来使四海教风为一家"②之"一家"不过是道家而已。因此，在王重阳、马钰等人眼里，三教合一应是道家主导下的三教合一。

在儒、释、道的地位之争中，佛教当然不甘落后。佛教发展到金代，有近千年的深厚历史积淀，足以同儒、道一争高下。万松行秀就认为佛法高于儒说："吾门显诀，何愧于《大学》之篇哉！"③既然佛经不输于儒典，佛教自然不低于儒教。因此，在佛门中人看来，佛家所谓三教归一是"会三圣人理性之学，要终指归佛祖而已"④，即佛家的三教归一当是在佛教主导下的三教归一。

面对佛、道两教的竞争与挑战，儒学究竟能否继续维持自己的独尊地位？儒家是否能够继续主导三教合一的历史进程？对此，金代儒者们给予了肯定的回答。他们坚信，儒家之教远高于佛、道两教。金末的刘祁曾对儒、释、道作了详细比较：

> 予尝观《道藏》书，见其炼石服气以求长生登仙，又书符咒水役使鬼神为人治病除祟，且自立名字、职位云。主管天条而斋醮祈禳，则云能转祸为福。大抵方士之术，其有无谁能知？又观佛书，见谈天堂、地狱、因果、轮回，以为人与禽兽无异。且有千佛万圣，异世殊劫，而以持诵、布施则能生善地。大抵西方之教，其有无亦谁能知？因思吾道，天地日月照明，山河草木蕃息，其间君臣、父子、兄弟、夫妇，礼文粲然，而治国治家焕有条理。赏罚绌陟立见，荣辱生死穷通，互分得失，其明白如此，岂有惑人以不可知之事者哉？而世之愚俗，徒以二氏之诡诞怪异出耳目外，则波靡而从之，而饮食起居日在吾道中而恬不自知，反以为寻常者，良可叹也。⑤

---

①〔金〕马钰. 马钰集：丹阳真人语录[M]. 赵卫东，辑校. 济南：齐鲁书社，2005：242.

② 陈垣. 道家金石略：终南山重阳祖师仙迹记[M]. 陈智超，曾庆瑛，校补. 北京：文物出版社，1988：461.

③〔元〕耶律楚材. 湛然居士文集：序一[M]. 谢方，点校. 北京：中华书局，1986：2.

④〔元〕耶律楚材. 湛然居士文集：卷十四：屏山居士鸣道集序[M]. 谢方，点校. 北京：中华书局，1986：308.

⑤〔金〕刘祁. 归潜志：卷十二[M]. 崔文印，点校. 北京：中华书局，1983：141.

在刘祁看来，佛、道所云前世今世、地狱天堂渺不可知，无可稽考，唯儒家之学修身理政、治国治家、畅晓明白、治绩焕然。因此，尘世中人信佛老而摒儒学是本末倒置，诚为可叹。

与唐宋相同，金代的儒者中嗜佛道者固有其人，如李纯甫、耶律楚材。但值得注意的是，金代儒者对佛教诸说并非一概盲从，正如耶律楚材所言，"吾儒中喜佛乘者固亦多矣，具全信者鲜焉。或信其理而弃其事者，或信其理事而破其因果者，或信经论而诬其神通者，或鄙其持经，或讥其建寺"①。这种对佛教部分理论的汲取与其说是嗜信不如说是哲学意义上的扬弃。在这些儒者眼中，佛、道两教虽有可借鉴之处，但与孔子之学不可同日而语，"于圣人之教也，若饥者之必食，寒者之必衣"②，具有不可替代性，因而儒学的地位远高于佛、道。在三教之中，儒教理所当然应当处于主导地位。

综上所述，金代一方面承袭了魏晋隋唐以来的三教合一思潮，另一方面又呈现出一些新特点。这些新特点丰富和发展了三教合一思潮的内在取向与外在理路，从而构筑了中国社会思想史的新景观。

---

① [元]耶律楚材. 湛然居士文集：卷十三：楞严外解序[M]. 谢方，点校. 北京：中华书局，1986：272.

② 姚奠中. 元好问全集(增订本)：卷三十五：清真观记[M]. 李正民，增订. 太原：山西古籍出版社，2004：743.

第五章
金代佛教文学、艺术与佛经刊刻

在中国文学艺术史上，佛教文学艺术占有非常重要的地位。这一方面是因为历代僧尼创作了一批具有很高水准的文学艺术作品；另一方面还因为佛教精神长期浸润着世俗世界，从而令一些文人雅士的文学艺术作品打上了鲜明的佛教烙印。可以说，自佛教传入中国以来，佛教文学艺术就与中国整体的文学艺术同体并流、互相渗透。不注意到这一点，就无法看清中国佛教的全貌，当然也就无法看清中国文学艺术的全貌。

同此前历代一样，金代佛教文学艺术也取得了新成就，涉及佛教的诗歌、石刻、书法绘画及佛教建筑等都得到了一定程度的发展。

第一节 金代佛教文学

佛教文学在中国文学史上占有不可或缺的特殊地位。仅以唐代僧诗数量为例，《全唐诗》共收一百一十五位僧人诗作两千八百余首，《全唐诗外编》《全唐诗补编》又辑录了一百三十余位僧人诗作一千七百余首[1]，总计辑得僧诗四千五百首以上，足见唐代僧诗数量之多。以文学艺术水平而论，唐之齐己，唐末五代之贯休，北宋之道潜、惠洪都以禅味深远的意境

---

[1] 李舜臣. 20世纪以来僧诗文献研究综述[J]. 文学遗产,2013(5).

创造、直白洗练的表现手法、数量众多的诗作成果丰富了中国诗歌艺术史。由于共同的创作旨趣和相似的文化背景，僧侣诗人在某些特殊时期还形成了相似的创作风格，进而影响了一个时期的诗歌创作方向，如唐代之大历诗僧、宋初之"九僧"都以禅意浓郁、幽深玄远的禅诗享誉文坛。金代佛教文学艺术创作虽无唐宋之盛，但亦有可圈可点之处。

一、金代僧人的文学创作

金代佛教文学的体裁有诗词、碑刻、小说和散文等多种形式。从现存文献情况看，金代僧人的文学创作主要集中在诗歌、碑铭两个方面。就诗歌而论，流传下来的数量极为有限，《金诗纪事》收金代僧侣诗歌44首，而《全辽金诗》则仅有25首，均未及半百之数。由此推测，即使考虑文献散佚、诗歌无传等特殊情况，金代僧人创作的诗歌也应当有限，故而我们只能通过这些数量有限的相关作品一窥金代僧侣诗的概貌。

目前尚未发现有金代僧侣的诗集传世，但从历史文献来看，金代确有一些僧人有个人文集或诗集，如性英有《木庵集》；清凉宏相禅师"所著文集三：曰《归乐》，曰《退休》，曰《清凉》，并录一卷，传诸方"[①]；火山莹禅师"自幼日有诗名河东"，"归寂后，客有示其集者"[②]。一些僧人的诗作或诗集因具有高超的文学水准而大受赞赏，元好问赞清凉宏相"诗则清而圆，有晚唐以来风调，其深入理窟，七纵八横，则又于近世诗僧不多见也"[③]；灵岩惠才禅师"诗格亦朴劲"[④]。箕和尚传世诗作仅《元夕怀京都》一首，诗云："一灯明处万灯明，天上人间不夜城。前日惠林洪觉范，雪窗孤坐听猿声。"该诗将佛家意趣与京都景象有机结合，出玄禅，

[①] 姚奠中. 元好问全集(增订本)：卷三十一：清凉相禅师墓铭[M]. 李正民,增订. 太原：山西古籍出版社,2004:639.

[②] 〔金〕元好问. 中州集：卷五：读火山莹禅师诗卷[M]. 长春：吉林出版集团有限责任公司,2005:158.

[③] 姚奠中. 元好问全集(增订本)：卷三十一：清凉相禅师墓铭[M]. 李正民,增订. 太原：山西古籍出版社,2004:639.

[④] 〔金〕惠才. 释惠才灵岩寺诗刻[M]// 国家图书馆善本金石组. 辽金元石刻文献全编：一. 北京：北京图书馆出版社,2003:643.

入红尘，别成一番滋味，"甚为时人所称"①。

金代一些僧人为提高佛学修养，常杖锡远游，寻访高僧，时而以诗偈互斗机锋。这些即兴之作虽然不是完全意义上的诗歌，但其深奥的佛理、幽远的意境、优美的文字常令人齿颊含香。王山觉体问禅于南京法云时，因雨入室，法云有雨落何处之问，觉体答曰："一夜落花雨，满城流水香。"②济州普照禅寺智照禅师与沇上皓公禅会时，皓公出偈云："枯木生花。"智照对曰："寒灰发焰。"③这些机锋文字虽不能以诗目之，但其贴切的语境、余味无穷的禅机远超一般诗作，当是金代僧诗创作的特殊表现形式。

从目前流传下来的僧诗看，金代僧人的诗歌创作大致围绕以下几个主题展开：一是颂扬佛祖，阐发佛理，如普明《达摩西归像赞》，虚明教享《达摩西归像赞》《顿悟呈颂》，佛光道悟《顿悟吟颂》等④。二是临终偈、颂，如法云《临终书颂》、知慧《临终咐嘱众僧》、智照《辞世偈》、中观《示寂作颂》⑤。这类颂、偈的特点前文已作阐述，大多以总结学法体悟、临终看淡生死、交代生平行藏为主。三是歌咏风物，如闻悟《福严禅院钟识》、空相禅师《明月山大明禅院颂》、香岩可上人《题比阳道边僧舍》⑥。四是唱酬应和。这类诗在金代僧诗中比较常见，如开山和尚《赠孟宗献颂》、万松行秀《和友人》、净宇《赠张武卿》⑦。这类唱和诗，唱和对象多数是文人士大夫。但也有特殊的一类，即应制诗。这类诗歌一般是僧人侍从皇帝游临山寺时应诏创作，如明昌五年（1194）释重玉侍显宗游龙泉寺，并作诗一首，诗云："一林黄叶万山秋，銮仗参陪结胜游。怪

---

① 〔金〕元好问. 中州集：卷五：访箕和尚岘山[M]. 长春：吉林出版集团有限责任公司，2005：165.

② 〔金〕边元勋. 王山十方圆明禅院第二代体公禅师塔铭碑[M]//王新英. 金代石刻辑校. 长春：吉林人民出版社，2009：37.

③ 〔金〕赵渢. 济州普照禅寺照公禅师塔铭[M]//〔清〕张金吾. 金文最：卷一百十一. 北京：中华书局，1990：1592.

④ 分别参见：陈衍. 金诗纪事：卷十二[M]. 王庆生，增订. 上海：上海古籍出版社，2003：402，403，404.

⑤ 分别参见：陈衍. 金诗纪事：卷十二[M]. 王庆生，增订. 上海：上海古籍出版社，2003：390，393，404.

⑥ 分别参见：陈衍. 金诗纪事：卷十二[M]. 王庆生，增订. 上海：上海古籍出版社，2003：391，392，396.

⑦ 分别参见：陈衍. 金诗纪事：卷十二[M]. 王庆生，增订. 上海：上海古籍出版社，2003：391，395，400.

石斓蝙蹲玉虎，老松盘屈卧苍虬。俯临绝壑安禅室，汛落危崖泻瀑流。可笑红尘奔走者，几人于此暂心休？"[1]该诗前六句描写山色之美，结尾两句发禅者幽思，全诗并无太多艺术特色，不过平平之作而已。相比于释重玉的这首应制诗，万松行秀的《龙山迎驾诗》则高出一筹。据耶律楚材记载，万松行秀住持仰山栖隐寺时，"章庙秋猎于山"，主事者要求万松行秀奉献珍玩以进章宗，万松严词拒绝，斥之曰："富有四海，贵为一人，岂需我曹之珍货也哉！且君子爱人也以德，岂可以此瑕颣贻君主乎？因手录偈一章，诣行宫进之。"万松行秀以手录之偈代替珍玩之贡，章宗不但没有责备，反而大加称赏，"翌日，章庙入山行香，屡垂顾问，仍御书诗一章遗之"[2]。万松手录之偈何以能让章宗天颜大开？这还要从万松手偈的内容谈起。《全辽金诗》记该偈云："莲宫特作内宫修，圣境欢迎圣驾游。雨过水声琴泛耳，云开山色锦蒙头。成汤狩野恢天网，吕尚渔矶浸月钩。试问风光甚时节，黄金世界菊花秋。"[3]该诗的内容一为描摹山景，极言山林秋色之美。这一层与释重玉侍显宗游山寺诗无异。另外一层内容则隐含对章宗的赞颂、对自己的夸赏。金章宗这次参访栖隐寺并非专程，而是乘秋山之机而来。在万松行秀的手偈中，他把章宗的这次秋山活动比作"成汤狩野"，暗含以章宗比成汤之意，明显是对章宗的颂扬。同时，万松行秀也未忘记褒奖自己，所谓"吕尚渔矶浸月钩"未尝不是把自己比喻为隐居渭水、把竿钓鱼的姜子牙，更深层次的含义未尝不是以周西伯出猎，得姜太公于渭水之畔的故事希冀自己也能得到章宗的垂青。面对这种不露痕迹的赞颂和自荐，章宗看后大为称赏当在情理之中。

在金代僧人的诗歌创作史上，性英的诗歌成就引人注目。性英，字粹中，号木庵，其生平事迹主要载于元好问《木庵诗集序》。据该文介绍，性英早年业儒，"弱冠作举子"。后来"从外家辽东，与高博州仲常游"。高仲常即辽阳人高宪。元好问《中州集》卷五有传，言其天资颖悟，博学强识。泰和三年（1203）乙科登第，此后释褐博州防御判官。因此，元好

---

[1]〔金〕释重玉. 从显宗皇帝幸龙泉寺应制诗[M]// 梅宁华. 北京辽金史迹图志：下. 北京：北京燕山出版社，2003：293.

[2]〔元〕耶律楚材. 湛然居士文集：卷十三：释氏新闻序[M]. 谢方，点校. 北京：中华书局，1986：276，277.

[3]〔金〕释行秀. 龙山迎驾诗[M]// 阎凤梧，康金声. 全辽金诗. 太原：山西古籍出版社，1999：1682.

问在《木庵诗集序》中称高宪为高博州。性英进入佛门与高宪有直接关系，"且因仲常得僧服"。此后不久，金廷南渡，性英居于洛西之子盖山，与辛敬之、赵宜之、刘景玄诗歌唱酬往来。三人之中，辛敬之即辛愿，自号女几野人、溪南诗老，以五言诗见长，深得杜少陵句法。刘祁《归潜志》卷二、元好问《中州集》卷五皆有推赏之句。赵宜之即赵元，其诗见于《中州集》卷五。刘景玄名昂霄，别字季房，以臧否人物、谈玄说禅名垂一时，其诗见于《中州集》卷七。此"三君子皆诗人，上人与相往还，故诗道益进"①。

性英出世后，住持洛阳龙门宝应寺、嵩山少林寺，金亡后又住仰山栖隐寺。性英的晚年当在大都归义寺度过②。性英一生与文学翰墨之士诗歌唱酬，"境用人胜，思与神遇，故能游戏翰墨道场，而透脱丛林窠臼，于蔬笋中别为无味之味，皎然所谓'情性之外不知有文字'者"③。性英的诗歌作品后来集为《木庵诗集》，元好问为之作序。可惜该诗集今已遗佚，其诗作流传到现在的只有三首：

其一，为刘祁《归潜志》所录《仰山性英粹中》：

二陆归来乐有真，一堂栖隐静无尘。
诗书足以教稚子，鸡黍犹能劳故人。
瑟瑟松风三径晚，蒙蒙细雨满城春。
因君益觉行踪拙，又为浮名系此身。④

其二，为《元好问全集》所收《七夕感兴》：

轻河如练月如舟，花满人间乞巧楼。
野老家风依旧拙，蒲团又度一年秋。⑤

其三，为《中州启札》所收《次韵子玉兄》：

---

① 姚奠中. 元好问全集(增订本)：卷三十七：木庵诗集序[M]. 李正民，增订. 太原：山西古籍出版社，2004：773.

② 王树林. 金末诗僧性英考论[J]. 南通大学学报(社会科学版)，2010(5).

③ 姚奠中. 元好问全集(增订本)：卷三十七：木庵诗集序[M]. 李正民，增订. 太原：山西古籍出版社，2004：773.

④ [金]刘祁. 归潜志：卷十四[M]. 崔文印，点校. 北京：中华书局，1983：177.

⑤ 姚奠中. 元好问全集(增订本)：卷三十七：木庵诗集序[M]. 李正民，增订. 太原：山西古籍出版社，2004：773.

> 墙残雪清半融春，白发又随时节新。
> 老矣久无题柱志，悠哉空有卧云身。
> 逢人开口需防错，对景吟诗莫厌频。
> 风月不知谁是主，料应都付与闲人。①

从现存金元文集分析，性英还有一些未能流传下来的诗作，当代学者将其归纳为《山堂》《梅花》《田舍》《送元裕之》《送行》《寄段诚之》《与王鹗唱酬诗》《和双溪月波引清商六调韵》《横翠楼》《王内翰写真赞》《跋任龙岩乌夜啼帖》②等。此外，性英还有《双溪小稿跋》《与海云长老》两篇文字。据《顺天府志》记载，性英还曾为福圣寺撰重修碑记。③

从《仰山性英粹中诗》《七夕感兴》《次韵子玉兄》三首诗作来看，性英诗作的风格应以平实为主，至于其文学成就，仅凭三首遗诗未敢过誉。不过，金元诸家对性英诗作的评价却非常高。元好问与性英交好，两人多有诗歌唱和，如《元好问全集》所收《寄英禅师》《怀粹中》《寄英上人》《赋粹中师竹拂子》④。这些诗作展现了元好问与性英的深厚交谊，如元好问在《寄英上人》中云"乍贤乍佞谁为我，同病同忧只有君"，在《寄英禅师》中说"前时得君诗，失喜忘朝餐。想君亦念我，登楼望青山"，又在《龙门杂诗》中云"不见木庵师，胸中满泥尘。西窗一握手，大笑倾冠巾"，可见两人相知之深、相交之厚。在频繁的诗歌唱和往来过程中，元好问对性英的诗作大为称赏，当读到性英《山堂夜岑寂》《梅花》二诗后，元好问欣然赞曰："爱君《山堂》句，深靖如幽兰。爱君《梅花》咏，入手如弹丸。诗僧第一代，无愧百年间。"⑤元好问视性英为百年诗僧第一代，足见评价之高。

性英与金代文坛巨擘赵秉文相交甚厚。赵秉文虽是儒者出身，但"本

---

① 王树林. 金末诗僧性英考论[J]. 南通大学学报:社会科学版,2010(5).
② 王树林. 金末诗僧性英考论[J]. 南通大学学报:社会科学版,2010(5).
③〔清〕缪荃孙. 顺天府志:卷七[M]. 北京:北京大学出版社,1983:41.
④ 分别参见:姚奠中. 元好问全集(增订本):卷二[M]. 李正民,增订. 太原:山西古籍出版社,2004:53;姚奠中. 元好问全集(增订本):卷七[M]. 李正民,增订. 太原:山西古籍出版社,2004:150;姚奠中. 元好问全集(增订本):卷九[M]. 李正民,增订. 太原:山西古籍出版社,2004:220;姚奠中. 元好问全集(增订本):卷十一[M]. 李正民,增订. 太原:山西古籍出版社,2004:279.
⑤ 姚奠中. 元好问全集(增订本):卷三十七:木庵诗集序[M]. 李正民,增订. 太原:山西古籍出版社,2004:773.

喜佛学",晚年自择其文,削去涉及佛老之文者为一编,名曰《滏水集》,"然其为(佛老)二家所作文,并其葛藤诗句另作一编,号《闲闲外集》。以书与少林寺长老英粹中,使刊之"①。古人极重文名,以赵秉文在金代文坛的地位,将自己的涉佛文集托于性英刊行,足见两人情谊之厚、信任之深。赵秉文对性英的诗作赞赏有加,性英住持宝应寺时,"有《山堂夜岑寂》及《梅花》等篇传之京师。闲闲赵公、内相杨公、屏山李公及雷、李、刘、王诸公,相与推激,至以不见颜色为恨"②。看来性英住持宝应寺时,赵秉文对性英只见其诗,未见其人,尚未定交,因而才以"不见颜色为恨"。但此后,性英就与赵秉文有了诗歌往来。《滏水集》卷四收赵秉文诗一首,题曰《同英粹中赋梅》,诗云:"寒梅雪中春,高节自一奇。人间无此花,风月恐未宜。不为爱冷艳,不为惜幽姿。爱此骨中香,花余嗅空枝。影斜清浅处,香度黄昏时。可使饥无食,不可无吾诗。"③此诗既以《同英粹中赋梅》为题,可知性英与赵秉文已结方外之交,且已有诗歌唱和。从该诗的内容来看,赵氏一反前人窠臼,不赞梅花之冷艳,不颂梅花之幽姿,而专唱梅花高节,赵氏咏梅的更深含义还在于以花拟人,借花喻人,"人间无此花,风月恐未宜",在某种程度上正是对超然物外、离俗脱尘的性英的赞赏。由此可见,性英与赵氏相知甚深。正大年间,性英住持少林寺时,因"倦于应接,思欲退席"。赵秉文得知后作疏挽留,疏文中评价性英"诗有晚唐风骨"④。赵秉文在金代中后期堪为文坛盟主,以赵氏学问造诣之深,对性英赞誉若此,可知性英的诗歌确实超乎寻常。

金朝灭亡后,性英入元,与金代遗老及元初名士相唱和,深得诸人赞誉。元代著名理学家、诗人刘因在《横翠楼赋》中写道:"燕赵诸公多以歌诗道其美。记之者有陵川之雄文,咏之者有木庵之绝唱。"⑤诗题所言横

---

① 〔金〕刘祁. 归潜志:卷九[M]. 崔文印,点校. 北京:中华书局,1983:106.

② 姚奠中. 元好问全集(增订本):卷三十七:木庵诗集序[M]. 李正民,增订. 太原:山西古籍出版社,2004:773.

③ 〔金〕赵秉文. 滏水集:卷四:同英粹中赋梅[M]. 长春:吉林出版集团有限责任公司,2005:50.

④ 姚奠中. 元好问全集(增订本):卷三十七:木庵诗集序[M]. 李正民,增订. 太原:山西古籍出版社,2004:773.

⑤ 〔元〕刘因. 静修续集:卷二:横翠楼赋[M]//影印文渊阁四库全书:第一一九八册. 台北:台湾商务印书馆,1986:675.

翠楼在今天河北保定，以"宏丽杰出，俯瞰闾阎，驰怀游目"[1]著称，相传建于元朝初年，是保定上谷八景之一，以"横翠朝晖"蜚声燕赵，文人雅士多有咏题。而性英之咏题被刘因誉为"绝唱"，可见其文之美。王恽对性英诗作亦赞赏有加。据王恽记载，"总管萧君，出示承旨内翰写真，木庵师题赞其上"[2]。性英为写真像题赞的具体诗句今已不传，但王恽对性英题赞给予高度评价，"木庵诗笔唐文畅，心印多从吏部传。豹管一窥连璧句，月窗慵展碧云篇"[3]。元代诸儒虽与性英多有诗交，但评性英诗文及其生平最切者莫过于魏初。他在《木庵塔疏》中写道：

> 木庵上人百年耆旧，一代宗师。有承平恺悌之遗风，无蔬笋葛藤之习气。接迹于赵礼部、李屏山之后，定交于雷御史、元遗山之间。字如东晋而不凡，诗似晚唐而能雅。秋风杖锡，遂驾鹤而不归。白草冈原，尚勒铭而未了。丛林四海，生死一心。不独昌黎已摛文于李观，会如郭伉能买石于施卿。[4]

在这篇疏文中，魏初视性英为"百年耆旧，一代宗师"，谓性英之文"有承平恺悌之遗风，无蔬笋葛藤之习气"，"字如东晋而不凡，诗似晚唐而能雅"。性英事迹不见于禅宗灯录，亦少见于诸家诗谱，这可能是性英诗作经金末元初战火之后散佚四方，以至于后世未能窥其全貌。尽管如此，我们从上述金元文士对性英诗作的高度评价中仍能遥想诗僧当年的飞扬文采。

金代僧人的文学作品除了诗作外，还有一些碑铭文字，如光林寺西堂

---

[1]〔元〕刘因．静修续集：卷二：横翠楼赋[M]//影印文渊阁四库全书：第一一九八册．台北：台湾商务印书馆．1986：674．

[2]〔元〕王恽．秋涧集：卷六十六：王内翰写真赞[M]．长春：吉林出版集团有限责任公司，2005：870．

[3]〔元〕王恽．秋涧集：卷十六：跋王内翰与木庵唱酬诗轴[M]．长春：吉林出版集团有限责任公司，2005：200．

[4]〔元〕魏初．青崖集：卷五：木庵塔疏[M]//影印文渊阁四库全书：第一一九八册．台北：台湾商务印书馆，1986：783．

老人广明《宝严大师塔铭志》[①]、沙门惠彻《朔州广福寺新迁葬记》[②]等，但总体上数量不多。上述文学作品主要分两类：一类为关涉寺院、殿宇、佛像的记事文字，如释大絅《观音院碑》、释道琇《嵩顶重修峻极禅院记》、释嗣敏《重修福昌大殿记》、释自觉《怀州明月山大明禅院记》[③]。这类文字以记述寺院、殿宇创立的前后经过为主要内容，无非是叙主僧募化志愿之坚，信众捐资助力之多，事毕寺院殿宇之伟。另一类为记述僧人事迹的文字，如释正观《灵岩寺云禅师塔铭》、释觉聪《三泉寺英上人禅师塔记》、释善珍《中都右街紫金寺故僧行臻灵塔记》[④]等。这类文字以记述僧人学法经历为主，兼及住持道场、兴修寺院、传人法嗣等方面的情况。

二、文人士大夫的涉佛诗作

中国佛教文学的发展，就创作主体来看，一方面得益于高僧大德，另一方面得益于文人士大夫。后者在文学创作过程中以禅入文、以文阐禅，在诗文与禅理高度融合的过程中不断创造着佛教文学的新境界。以金代为例，赵秉文、李纯甫、耶律楚材这些深谙佛理的文人墨客继承魏晋以来的佛教文学传统，创作了大量涉佛文学作品，从而丰富了金代文学样式，推动了金代文学发展。

关于文人与金代佛教文学，先哲时贤所论已多[⑤]。就金代文人涉佛创作的体裁看，以诗歌、碑铭居多。两者相较，诗歌更能代表金代文人涉佛文学作品的层次和水平，因而我们以涉佛诗歌为切入点，对金代文人的涉佛作品展开研究。

诗歌是中国文学瑰宝。长期以来，诗与禅之间就有着千丝万缕的联

[①]〔金〕光林寺西堂老人广明. 宝严大师塔铭志[M]//王新英. 金代石刻辑校. 长春:吉林人民出版社,2009:132.

[②]〔金〕沙门惠彻. 朔州广福寺新迁葬记[M]//王新英. 金代石刻辑校. 长春:吉林人民出版社,2009:248.

[③]分别参见:〔清〕张金吾. 金文最:卷八十五[M]. 北京:中华书局,1990:1242;〔清〕张金吾. 金文最:卷三十五[M]. 北京:中华书局,1990:507;〔清〕张金吾. 金文最:卷三十五[M]. 北京:中华书局,1990:509;阎凤梧. 全辽金文[M]. 太原:山西古籍出版社,2002:1665.

[④]〔清〕张金吾. 金文最:卷一百十二[M]. 北京:中华书局,1990:1609,1613,1617.

[⑤]学术界对元好问、赵秉文、耶律楚材等人的涉佛作品多有所论，尤以刘达科先生著述最为系统,参见:刘达科. 佛禅与金朝文学[M]. 镇江:江苏大学出版社,2010.

系。元好问的"诗为禅客添花锦,禅是诗家切玉刀"[1],精妙地描述了诗与禅之间的互动关系。在中国诗歌史上,大抵诗名知著者多有涉佛之作,唐代大诗人王维即以"诗佛"著称。金代著名诗家,如元好问、赵秉文等亦创作了大量涉佛诗歌。这些诗歌大致可分为三类。

(一)咏僧诗

僧人是佛家三宝之一。对于世俗社会的芸芸众生而言,"佛"既杳不可追,"法"亦渺不可及,唯"僧"作为"佛"的现实映像和"法"的具体化身而受到充分关注。因此,从文学史的角度看,僧人往往成为历代文人的吟咏对象,金代亦然。元好问、耶律楚材、赵秉文等人都留下了相当数量的咏僧诗,这些诗歌的主旨多为表达与僧侣的方外之情。如前文所述,元好问与性英禅师相交甚厚,故有《寄英禅师,师时住龙门宝应寺》《寄英上人》《夜宿秋香亭有怀木庵英上人》等诗。他在《夜宿秋香亭有怀木庵英上人》中写道:"兄弟论交四十年,相从旬日却无缘。"[2]深切表达了其与性英相知日久却无缘常聚的深深遗憾。

耶律楚材是万松行秀门下,金代著名佛教居士。他与佛教界关系深厚,与高僧大德的诗歌唱酬也很多,载于《湛然居士文集》的《和百拙禅师韵》《寄云中卧佛寺照老》《寄平阳净名院润老》《过清源谢汾水禅师见访》《和竹林一禅师韵》等都属此类。这些诗作寄托着耶律楚材对高僧大德的深深敬意和无限眷恋。他在《寄平阳净名院润老》中写道:"昔年平水便相寻,握手临风话素心。刻烛赋成无字句,按徽弹彻没弦琴。风来远渡晚潮急,雨过寒塘秋水深。此乐莫教儿辈觉,又成公案满丛林。"[3]在这首诗中,耶律楚材回忆了与润老相识、相交的过程,"风来晚渡""雨过寒塘"的文学意象投射出两人友情中淡淡的禅家趣味。万松行秀是耶律楚材的授业恩师,据统计,《湛然居士文集》中涉及耶律楚材与万松行秀关系

---

[1] 姚奠中. 元好问全集(增订本):卷十四:答俊书记学诗[M]. 李正民,增订. 太原:山西古籍出版社,2004:354.

[2] 姚奠中. 元好问全集(增订本):卷十[M]. 李正民,增订. 太原:山西古籍出版社,2004:228.

[3] 〔元〕耶律楚材. 湛然居士文集:卷二:寄平阳净名院润老[M]. 谢方,点校. 北京:中华书局,1986:33.

的诗歌有14首,文章有4篇①。即使耶律楚材在随成吉思汗西征期间对恩师也念念不忘,他在《蒲华城梦万松老人》的序中写道:"辛巳闰月,蒲华城梦万松老人,法语谆谆,觉而犹见其髣髴,作诗以寄。"此次梦见万松行秀之后,耶律楚材题笔赋诗:"华亭仿佛旧时舟,又见吾师钓直钩。只道梦中重作梦,不知愁底更添愁。曾参活句垂青眼,未得生侯已白头。撇下尘嚣归去好,谁能骑鹤上扬州。"②全诗以思念万松行秀为主题,"只道梦中重作梦,不知愁底更添愁"感念尤深。在耶律楚材看来,万里之外梦中见师,虽不可与现实中的相见同日而语,但犹可略解念师之情,哪知此梦惊觉之后,思念之愁更深。耶律楚材一向以万松行秀法嗣自居,他创作的这些诗歌既有文人士大夫"一日为师,终身为父"的世俗情怀,也渗透着师恩佛恩两难忘的禅门情感。

在金代士大夫中,赵秉文对佛教的态度与众不同。李纯甫、元好问、耶律楚材等人对佛教的好感和崇信是直白、毫不掩饰的。李纯甫为弘扬佛教甚至不惜遭受儒学人士的围攻,而赵秉文对佛教的态度则有首尾两端之感。一方面,他从内心深处崇信佛教;另一方面,迫于世俗的压力,又不敢公开宣扬自己对佛法的敬仰,以致晚年自纂文集时将涉佛文字另作一编。受他对佛教态度的影响,赵秉文的涉佛诗作不像元好问、耶律楚材那样表现出炽热的个人情感,而大多平淡、宁静。例如,他在《和上方僧》中写道:"石润云生衲,崖倾月照禅。晒衣横竹锡,洗钵落岩泉。但见山花发,幽居不记年。"③诗中描绘了僧人山居的宁静图景,虽然字里行间也渗透着对禅居生活的向往,但并无炽热的感情表达。

(二) 咏寺诗

与咏僧诗相比,流传至今的咏寺诗数量更多。金代一些寺院建于高山秀水之间,林修竹茂,草盛花繁,辉煌的殿宇香烟缭绕,钟鼓齐鸣,与佛家极乐之境暗合。目睹此情此景,久历红尘、身心俱疲的士大夫们不能不心生感慨,对佛国境界的向往、对仕途冷暖的回味、对人生无常的感叹融

---

① 孟广耀. 论耶律楚材的佛教思想:兼释他的"以佛治心,以儒治国"的济世方针[J]. 内蒙古社会科学,1981(6).

② 〔元〕耶律楚材. 湛然居士文集:卷六:蒲华城梦万松老人[M]. 谢方,点校. 北京:中华书局,1986:126.

③ 〔金〕赵秉文. 滏水集:卷五:和上方僧[M]. 长春:吉林出版集团有限责任公司,2005:59.

合在一起，于是一首首咏寺诗见于笔端。这些咏寺诗极力描绘山寺的清幽空寂，如赵之杰《题济源龙潭寺》云："树围修竹竹围庵，庵下泓然碧一潭。极目荷花半秋色，小横图上看江南。"[①]该诗读来如在南国。赵沨《晚宿山寺》云："松门明月佛前灯，庵在孤云最上层。犬吠一山秋意静，敲门时有夜归僧。"[②]该诗意境不在贾岛之下。徐守谦《海会寺诗·幽》云："俗事纷纷厌宦游，山林劝我早归休。野花影里禅房静，乱石丛中竹径幽。雨印莓苔滑腊屐，云昏香火灿层楼。晚晴僧话浑无事，茶罢吟余坐听鸠。"[③]这些诗句出神入化地描摹出深山古刹的幽深旷远，清静肃穆，反衬出作者为俗务所累，不得不随波逐流的自责与无奈，从而引发对禅居生活的无限向往。

金代寺院就数量和规模来说，虽不能与同一时期的南宋相提并论，但个别寺院在社会上仍有很大影响，如嵩山少林寺、洛阳白马寺、西京大华严寺、泽州青莲寺和长清灵岩寺等都是历史悠久且闻名海内的重要寺院。入金后，这些寺院经多次修缮、重建或增建，规模更加宏大，景色更加优美，因而吸引了无数文人士大夫前往观赏。登临游观之余，留下优美的诗篇以资纪念，如杨野《重游灵岩有感并序》云：

涧深泉漱玉，林古树参天。阶砌封苍藓，阑门锁粉墙。幽奇言莫尽，工巧画难传。突兀五花殿，泓澄双鹤泉。僧寮依地势，丈室极天元。楼阁相绵亘，斋厨尽洁蠲。檐楹焕金碧，户牖晦云烟。龟吐源流净，鸡鸣盗意悛。松杉千古老，花卉四时鲜。峻岭朝阳透，阴崖夏雪坚。虎行犹栈阁，蛇路尚蜿蜒。塔影侵辽汉，钟声彻广川。园亭随上下，池沼任方圆。势远沧溟接，形高岱岳骈。秋来凉气早，春至暖风先。四绝名居首，三齐景最偏。[④]

---

①〔金〕赵之杰. 题济源龙潭寺[M]//阎凤梧,康金声. 全辽金诗. 太原:山西古籍出版社,1999:1171.

②〔金〕赵沨. 晚宿山寺[M]//阎凤梧,康金声. 全辽金诗. 太原:山西古籍出版社,1999:1223.

③〔金〕徐守谦. 海会寺诗:幽[M]//阎凤梧,康金声. 全辽金诗. 太原:山西古籍出版社,1999:2107.

④〔金〕杨野. 重游灵岩有感并序[M]//阎凤梧,康金声. 全辽金诗. 太原:山西古籍出版社,1999:382-383.

这首诗的作者杨野曾于皇统五年（1145）留宿灵岩，初睹胜境。大定二十三年（1183）秋，因捕蝗再宿灵岩，旧地重游，乃提笔成三十韵。该诗不惜笔墨，极力铺陈，历数灵岩之幽、风景之美，对灵岩寺之深泉、古木、佛殿、花卉、钟塔一一描摹，读来令人有身临其境之感。

金代一些咏寺诗不仅描摹寺院的清幽恬静，有的还借景抒情，表达对世事无常、人生如梦的慨叹。寺院有兴废，人世有穷通，面对百毁千劫、历尽沧桑的古老寺院，联系自身的宦海沉浮，士大夫们岂能不发无常之叹？赵秉文《金河寺》题诗云："万里南风双老鬓，百年心事一沙鸥。王侯蚁蝼俱尘土，一笑从来万事休。"[①]在赵秉文看来，红尘世界，王侯将相以其高位显爵引得无数人趋之若鹜，但最终也不过像卑微的蝼蚁一样归于尘土而已。卢天赐《题寄居僧寺壁二首》云："当年门外客如云，投刺纷纷恐后闻。今日羁怀寄僧舍，灞陵谁识旧将军。""野寺重来感慨多，其如冷暖世情何。相看不改旧时态，惟有亭亭窣堵坡。"[②]诗人昔日任职地方时，宾客盈门，慕名来谒者络绎不绝，而今失意后寄居山寺，整日门前冷落，鞍马稀疏，只有矗立的佛塔依旧与诗人不改旧时之态，"相看不改旧时态，惟有亭亭窣堵坡"与李白"相看两不厌，唯有敬亭山"有异曲同工之妙，隐隐透露出横遭冷遇、寂寞凄凉的现实处境。在乱世之中，宁静幽远的寺院"有洗心经，传灯录，坐忘篇"[③]，不能不引起士大夫对佛教空灵世界的向往。因此，这些士大夫所作的咏寺诗就不单单是对寺院幽美环境的赞叹，而更多地引发出士大夫对现实生活的无奈和对世外桃源生活的美好憧憬。王寂《醉落魄》有句曰："璠瑜不怕经三火。莲花未信淤泥涴。而今笑看浮生破。禅榻茶烟，随分与他过。"[④]《感皇恩》有句云："天地一浮萍，人生如寄。画饼功名竟何益。"[⑤]完颜璹《西江月》有句云："一百八般佛事，二十四考中书。山林城市等区区。著甚由来自苦。过寺谈些般若，逢花倒个葫芦。少时伶俐老来愚。万事安于所遇。"[⑥]这些

---

① 〔金〕赵秉文. 滏水集：卷七：金河寺[M]. 长春：吉林出版集团有限责任公司，2005：79.
② 〔金〕卢天锡. 题寄居僧寺壁二首[M]//阎凤梧，康金声. 全辽金诗. 太原：山西古籍出版社，1999：1872.
③ 〔金〕赵元. 行香子[M]//唐圭璋. 全金元词. 北京：中华书局，1979：58.
④ 〔金〕王寂. 醉落魄[M]//唐圭璋. 全金元词. 北京：中华书局，1979：34.
⑤ 〔金〕王寂. 感皇恩[M]//唐圭璋. 全金元词. 北京：中华书局，1979：35.
⑥ 完颜璹. 西江月[M]//唐圭璋. 全金元词. 北京：中华书局，1979：45，46.

文人墨客目睹寺院兴衰,回想宦海沉浮,内心怎能不波澜起伏,于是写下这些否定功名利禄、向往烟霞生活的诗词。

(三) 禅理诗

禅宗之立,以其"教外别传,不立文字"为本,以心传心、以心印心是禅宗的重要特征,也是禅宗与其他佛门宗派的重要区别。文字与禅家本无缘分,但中国诗歌所具有的暗示性、象征性的表现手法,以及人人心中所有、人人笔下所无的写作特征却与禅宗心心相印、心意相会的特质相契合,非常适于表达禅机佛理。因此,金代的咏禅诗往往以"不离文字"之形式实现"不在文字"之宗旨,虚实结合,体用结合,呈现出"万虑洗然,深入空寂,荡元气于笔端,寄妙理于言外"[1]的佛禅境界。李纯甫、元好问等人将精湛的文学造诣与高深的禅机佛理相结合,创作了很多既有文学志趣,又富于佛禅境界的诗歌。这类诗歌或征引佛禅典故,或嵌入佛禅意境,或借用佛禅词汇,目的在于以诗歌的形式颂佛阐道,弘扬佛法。在金代诗人中,耶律楚材创作的禅诗独树一帜,《洞山五位颂》《和百拙禅师韵》《寄云中卧佛寺照老》等诗禅味浓郁。其他如完颜璹、赵秉文、王寂等人也都有咏禅诗。承安进士王彧笃信佛教,自号照了居士。在他的诗文中,禅理诗占了相当一部分,且成就非凡,其《禅颂三首》或可代表他的禅理诗风。

其一
昧已全抛大事忧,为渠刚揽等闲愁。
桑榆晚景多无子,针芥人身岂易投。
其二
闲日构来忙日用,此生迷却再生休。
鼻头捩转从今始,看作回程火里牛。
其三
吾身非我底为情,说著尘劳特地惊。

---

[1] 姚奠中.元好问全集(增订本):卷三十七:陶然集诗序[M].李正民,增订.太原:山西古籍出版社,2004:772.

第五章 金代佛教文学、艺术与佛经刊刻

五九尽时山更好，涧泉云鸟自春声。①

在这些诗中，王彧充分阐释了佛教空寂虚幻的观念。在佛教看来，世间一切事物的实体、自性都不存在，它们"依识所变，非别实有"②。因此，《般若波罗蜜多心经》谓"五蕴皆空"，《大智度论》谓"诸行无常"，《金刚经》谓"一切有为法，如梦幻泡影，如露亦如电"。在佛教的观念中，世间万物既然皆因缘而生、因缘而灭、随缘聚散、了无常住，那么芸芸众生也就不必执着于"有"。具体到人生，富贵若浮云，繁华似烟尘，成功与失败、穷困与通达、富贵与贫贱都不具备恒常的意义。上至帝王将相，下至贩夫走卒，无不处在轮回之中，因而没有必要因追求片刻的人生欢愉而奔波劳碌，蝇营狗苟，所以照了居士在这首禅理诗中一再咏叹人生空幻之情。

与王彧禅理诗主旨相似的还有金世宗完颜雍的《减字木兰花》：

但能了净。万法因缘何足问。日月无为。十二时中更勿疑。
常须自在。识取从来无罣碍。佛佛心心。佛若休心也是。尘③

这首《减字木兰花》是金世宗存世的唯一词作，本为赐玄悟玉禅师而作。该词主要阐述佛家"色空"与道家"无为"之理。据说"世宗尝以手心书'非心非佛'字示禅师，故及之"④。完颜雍的这首词作重在阐发空虚与无为之理，并无多么高深的禅法，在文学上也没有突出特色。值得玩味的是，完颜雍作为一位封建君主，如此熟知佛理并能以文字的形式加以阐发，可见其汉化程度之深。

金代类似的禅理诗还有一些，如董文甫《秋夜》"见即如无炉上雪，淡而有味水中盐。齐行定慧千灯焰，净识乾坤一镜奁"⑤。全诗大量借用

---

① 〔金〕元好问. 中州集: 卷九: 禅颂三首[M]. 长春: 吉林出版集团有限责任公司, 2005: 324. "其一""其二""其三"为本书作者所加。
② 成唯识论校释: 卷七[M]. 〔唐〕玄奘, 译. 韩廷杰, 校释. 北京: 中华书局, 1998: 492.
③ 〔金〕完颜雍. 减字木兰花[M]// 唐圭璋. 全金元词. 北京: 中华书局, 1979: 27.
④ 〔清〕沈雄. 古今词话: 金世宗与玄悟唱和[M]. 孙克强, 刘军政, 校注/导读. 上海: 上海古籍出版社, 2009: 57.
⑤ 〔金〕董文甫. 秋夜[M]// 阎凤梧, 康金声. 全辽金诗. 太原: 山西古籍出版社, 1999: 900.

佛教词汇，阐扬禅宗明心见性、顿见真如的修习之法。卢启臣《和赵元发、刘师鲁葛藤韵》："乳兔生长角，麈汤结厚冰。木终成假佛，发不碍真僧。莫认指为月，须明火是灯。拈花微笑处，只记老胡曾。"①诗题中的"葛藤"为禅林用语，意谓如同葛藤蔓延交错，容易遮蔽自然界之真相一样，文字、语言虽欲用来解释禅理，反倒遮蔽禅理。在这首诗中，作者借用丹霞烧佛、佛祖拈花等禅宗公案，阐发不应拘泥成规、重在明心见性的禅家思想。

第二节 金代佛教艺术

以石窟、寺塔、造像、书法绘画及乐舞为主要内容的佛教艺术是中国佛教史、中国艺术史不可分割的重要组成部分，敦煌石窟、乐山大佛、房山石经、赞呗音乐已经成为中国佛教、中国艺术的象征之一。承接前代佛教艺术的发展，金代佛教艺术也取得了一定成就。

一、经幢

幢是梵文"Dhvaja"的意译，音译"驮缚若"。根据材质的不同，分为石幢、绸布质幢等类型②，这里探讨的幢是指石幢。石幢根据制作目的及放置地点等的不同，可分为经幢、墓幢两大类。

石幢作为一种特殊的佛教石刻，近年来引起了学术界的普遍关注，涌现出一大批颇有见地的研究成果③。学术界普遍认为，石经幢的建造始于唐初④，目前能见到的年代最早的经幢是唐仪凤元年（676）陀罗尼经

---

① 〔金〕卢启臣. 和赵元发、刘师鲁葛藤韵[M]//阎凤梧,康金声. 全辽金诗. 太原:山西古籍出版社,1802.

② 任继愈. 佛教大辞典:"幢"条[M]. 南京:凤凰出版社,2002:1321.

③ 关于经幢的研究成果,以学术论文为主。专著方面,参见:刘淑芬. 灭罪与度亡:佛顶尊胜陀罗尼经幢之研究[M]. 上海:上海古籍出版社,2008;张明悟. 辽金经幢研究[M]. 北京:中国科学技术出版社,2013.

④ 伊葆力. 金代碑石丛稿[M]. 郑州:中州古籍出版社,2004:83.

幢[①]。现存金代经幢以天会九年（1131）经幢为最早，该幢现存于北京市宣武区陶然亭慈悲庵[②]。由于金代经幢散见于古籍记载及考古发现之中，其确切数量很难统计。

（一）金代经幢的形制

经幢的形制包括经幢的高度、形状、材质和结构等内容。从高度来看，建于明昌五年（1194）的李之才经幢仅高20厘米，建于明昌七年（1196）的门头沟区清水镇佛顶尊胜陀罗尼经幢高40厘米。50厘米至100厘米的经幢数量较多，如建于正隆元年（1156）的度公幢高56厘米[③]，李公直天会十二年（1134）经幢高约60厘米，中都天宫院法师幢高73厘米，庞公兴特建经幢通高90厘米[④]，少府少监王公幢高62厘米，故忠显校尉茹公佛顶心陁罗尼幢高92.5厘米[⑤]。100厘米至200厘米的经幢相对较少，北京门头沟区龙泉镇武德将军幢高140厘米[⑥]，朝阳市双塔区泰和三年（1203）石幢高109厘米，杨宗彦梵幢通高150厘米[⑦]，北京市宣武区陶然亭慈悲庵天会九年（1131）经幢高199厘米[⑧]。幢高两米以上者，有获鹿县龙泉寺进公寿塔幢，通高2.65米[⑨]。1992年，辽宁省朝阳县联合乡金墓出土了一座通高2.4米的经幢[⑩]。在现存金代经幢中，10米以上高度的极少，目前阅读所及，仅有建于皇统年间的宝砥石幢高10米[⑪]，河北省卢龙县大定十一年（1171）重修的大佛顶尊胜陀罗尼经幢高10米[⑫]。严格地说，上述关于金代石幢的若干实例，如少府少监王公幢、武德将军幢、杨

[①] 吴梦麟,张永强. 金中都梵汉合璧二幢考[M]// 辽宁省辽金契丹女真史研究会. 辽金历史与考古:第二辑. 沈阳:辽宁教育出版社,2010:405.

[②] 全金石刻文辑校[M]. 王新英,辑校. 长春:吉林文史出版社,2012:7.

[③] 梅宁华. 北京辽金史迹图志:下[M]. 北京:北京燕山出版社,2003:94.

[④] 王新英. 金代石刻辑校[M]. 长春:吉林人民出版社,2009:115,116,131.

[⑤] 金石刻文辑校[M]. 王新英,辑校. 长春:吉林文史出版社,2012:84,87.

[⑥] 梅宁华. 北京辽金史迹图志:下[M]. 北京:北京燕山出版社,2003:95.

[⑦] 王新英. 金代石刻辑校[M]. 长春:吉林人民出版社,2009:136,141.

[⑧] 全金石刻文辑校[M]. 王新英,辑校. 长春:吉林文史出版社,2012:7.

[⑨] 孙启祥. 获鹿龙泉寺文物调查记[J]. 文物春秋,1990(3).

[⑩] 辽宁省朝阳县文物管理所. 辽宁朝阳县联合乡金墓[J]. 华夏考古,1996(3).

[⑪] 吴影. 石幢金顶[M]// 中国俭,刘焕民. 中国考古集成:华北卷:金元:一. 哈尔滨:哈尔滨出版社,1998:440.

[⑫] 毕丹紫玉. 卢龙县大佛顶尊胜陀罗尼经幢考[J]. 文物春秋,2012(4).

宗彦梵幢应属墓幢，而宝砥石幢、卢龙县幢应属经幢。

不同历史时期经幢的高度有所不同。有学者经过研究认为，唐代经幢刚出现时，高度大都在两三米以下，中唐以后高度多为四五米，五代以后经幢高度相对增加，至北宋时经幢规模愈趋高大[①]。金代宝砥石幢、卢龙经幢均高达10米，这也验证了有关学者关于北宋以后经幢规模愈趋高大的研究结论。

历代经幢的形状有八面体、六面体和四面体之分，而以八面体居多。河北邢台开元寺现存晚唐以前所立残幢一座，幢身断面呈十六角形[②]，但如此形状的经幢目前仅报道一例，在中国古代经幢中不具有代表性。目前发现的金代经幢绝大部分为八面体，如智矩如来心破地狱真言幢、李之才经幢、承安四年（1199）经幢、玉田县醋务都监大公墓幢[③]等都呈八面体。极少数经幢为六面体或四面体，如于1992年辽宁省朝阳县联合乡金墓出土的一件石经幢呈六面柱体[④]，藏于河北省阳原县文物保管所的一座佛顶心陀罗尼幢亦呈六棱形[⑤]。呈四面体的有北京市门头沟区清水镇佛顶尊胜陀罗尼经幢、山东省曲阜市息陬乡东终吉石经幢[⑥]。

石幢用料一般就地取材，因而用料上有比较明显的区域特征。目前，在辽宁地区发现的金代经幢多数为砂岩材质。例如，1979年，凌源县五家乡出土的中都天宫院法师幢为红色砂岩质，义县出土的庞公兴特建经幢为青砂石质；1988年，朝阳市发现的泰和三年（1203）经幢为绿砂岩质[⑦]；1992年，朝阳县联合乡出土的金代经幢为灰砂岩雕制[⑧]；1990年，喀左县发现的金大定二十五年（1185）经幢为褐砂岩质[⑨]。目前，在北京地区发现的金代经幢多数为汉白玉材质。例如，现存于北京地区的度公幢、武德将军幢、蔡公直幢、马行贵幢[⑩]、天会九年（1131）经幢、少府少监王公

---

① 刘淑芬. 灭罪与度亡：佛顶尊胜陀罗尼经幢之研究[M]. 上海：上海古籍出版社，2008：60.
② 刘慧达. 河北邢台地上文物调查记[J]. 文物，1963(5).
③ 全金石刻文辑校[M]. 王新英，辑校. 长春：吉林文史出版社，2012：225，370，407，509.
④ 辽宁省朝阳县文物管理所. 辽宁朝阳县联合乡金墓[J]. 华夏考古，1996(3).
⑤ 全金石刻文辑校[M]. 王新英，辑校. 长春：吉林文史出版社，2012：84.
⑥ 全金石刻文辑校[M]. 王新英，辑校. 长春：吉林文史出版社，2012：382，395.
⑦ 王新英. 金代石刻辑校[M]. 长春：吉林人民出版社，2009：116，131，141.
⑧ 辽宁省朝阳县文物管理所. 辽宁朝阳县联合乡金墓[J]. 华夏考古，1996(3).
⑨ 王新英. 金代石刻辑校[M]. 长春：吉林人民出版社，2009：129.
⑩ 梅宁华. 北京辽金史迹图志：下[M]. 北京：北京燕山出版社，2003：94，95，103，108.

幢、智矩如来心破地狱真言幢、李之才经幢、承安四年（1199）经幢、王婆婆墓幢都为汉白玉材质[1]。个别经幢也有例外，如北京市门头沟区清水镇佛顶尊胜陀罗尼经幢为青石材质[2]。辽宁、北京地区的经幢材质之所以有如此差异，与辽宁、北京地区出产的石材种类密切相关。辽宁大地构造在位置上处于中朝准地台北缘，全省90%以上的地区位于中朝准地台内[3]。这一区域经过漫长演变，在地质构成上砂岩众多。以今天的葫芦岛地区为例，从中元古代至中生代在沉积的约20000米沉积地层中，砂岩类约占20%，石英砂岩、长石砂岩、岩屑杂砂岩和石英杂砂岩比较常见[4]。因此，从地质条件看，辽宁地区更具砂岩资源，所以辽宁地区发现的金代经幢大都以砂岩为石材。北京地区一向以盛产汉白玉著称，北京房山大石窝镇更是华北地区著名的汉白玉产地。汉白玉素以洁白无瑕、庄严肃穆著称，象征品质高洁、雍容华贵，历代多用其作为装饰材料，因而金中都以汉白玉雕琢经幢来祭天地、敬鬼神、事先祖。

经幢的结构一般分为幢座、幢身和幢顶三部分，但具体到每一座经幢，其结构则有所不同。1992年，辽宁省朝阳县联合乡金墓出土的一座经幢，基座分为两层，下层底座横截面呈六边形，上层基座横截面呈六角形。幢身分为两节，幢顶为一圆形覆莲盖，上托火珠式宝顶[5]。宝砥石经幢幢座未见报道，幢身分为六层，幢顶安鎏金葫芦形如意宝珠[6]。获鹿龙泉寺保存的三座金代经幢，其结构分为幢基四层，幢顶四层，幢身一层[7]。正定隆兴寺金代广惠大师经幢，幢座分三层，幢身分三级，幢顶现已丢失，无法确知原貌[8]。从上述有详细报道的经幢结构来看，基底的结构从两层到四层、幢身从一层到六层、幢顶从一层到四层不等，究其原因，可能和立幢者的财力、被追荐者的身份地位、建造技术等因素有关。

---

[1] 全金石刻文辑校[M]．王新英，辑校．长春：吉林文史出版社，2012：7，87，225，370，407，426．

[2] 全金石刻文辑校[M]．王新英，辑校．长春：吉林文史出版社，2012：382．

[3] 方如恒．辽宁地质构造基本特征[J]．辽宁地质，1985(3)．

[4] 和政军．辽宁锦西地区中元古代：中生代砂岩构造背景的探讨[J]．沉积学报，1989(2)．

[5] 辽宁省朝阳县文物管理所．辽宁朝阳县联合乡金墓[J]．华夏考古，1996(3)．

[6] 吴影．石幢金顶[M]//中国俭，刘焕民．中国考古集成：华北卷：金元：一．哈尔滨：哈尔滨出版社，1998：440．

[7] 孙启祥．获鹿龙泉寺文物调查记[J]．文物春秋，1990(3)．

[8] 刘友恒．隆兴寺内的两座经幢[J]．文物春秋，1997(3)．

(二) 立幢目的

金代经幢上一般都刻写各类经咒，这些经咒被认为具有超凡功能，因而立幢目的也就与追荐父祖、祈福消灾紧密联系在一起。

1.追荐亡过亲人

亲人圆寂以后，为表达怀念之情，同时也为赎救亲人生前过恶，在世者往往立幢刻经。《庞公兴特建经幢》即云立幢目的在于"消除无切之障罪，可报父母深恩"[1]；《喀左顾杖子村大定二十五年经幢》讲明立幢目的在于"唯□之母早生天界，永为远记"[2]；《杨宗彦梵幢记》在记述建幢原委时说："欲明其思念存其孝敬，不若建以梵幢□□姓名为之久传，不亦宜乎。"[3]至于追荐超度的对象，有的是追荐父亲，如南王村佛顶尊胜陀罗尼经幢即孝子张惠为其父张福所立[4]，涿州固安县太平乡郝家务经幢乃孝男韩珪为亡父所建[5]。有的是追荐母亲，如喀左顾杖子村大定二十五年（1185）经幢即为酬报母恩所立[6]，北京云居寺明昌二年（1191）所立经幢为"涿州奉先县怀玉村树西□□□为先亡老娘建"[7]。有的是追荐父母两人，如《□□寿建陁罗尼顶幢》属后世子孙为亡过父母所建[8]，涿州固安县太平乡礼让里的一座经幢为当地进义校尉纪宗为亡父纪兴吉、亡母马氏所建[9]。有的是夫妻健在一方为亡故的另一方所建，如杨聚墓幢是健在妻

---

[1] 佚名.庞公兴特建经幢[M]//王新英.金代石刻辑校.长春:吉林人民出版社,2009:131.
[2] 佚名.喀左顾杖子村大定二十五年经幢[M]//王新英.金代石刻辑校.长春:吉林人民出版社,2009:129,130.
[3] 佚名.杨宗彦梵幢记[M]//王新英.金代石刻辑校.长春:吉林人民出版社,2009:138.
[4] 董惟明.佛顶尊胜陀罗尼[M]//国家图书馆善本金石组.辽金元石刻文献全编:二.北京:北京图书馆出版社,2003:918.
[5] 佚名.韩珪建顶幢记[M]//梅宁华.北京辽金史迹图志:下.北京:北京燕山出版社,2003:306.
[6] 佚名.喀左顾杖子村大定二十五年经幢[M]//王新英.金代石刻辑校.长春:吉林人民出版社,2009:129,130.
[7] 佚名.为先亡老娘造陀罗尼幢[M]//梅宁华.北京辽金史迹图志:下.北京:北京燕山出版社,2003:311.
[8] 佚名.□□寿建陁罗尼顶幢[M]//国家图书馆善本金石组.辽金元石刻文献全编:二.北京:北京图书馆出版社,2003:814.
[9] 佚名.纪宗建经幢记[M]//国家图书馆善本金石组.辽金元石刻文献全编:二.北京:北京图书馆出版社,2003:819.

子尹氏为"上报先亡翁婆深恩,次酬近化夫主素愿"①所建。还有的经幢是健在者为父母以外的其他亲属所建。据《陶斋藏石记》记载,涿州范阳县孝义乡的一座顶幢是当地居民刘瘦儿为伯伯②所建,涿州司候司内坊方宝曾经"与祖父立顶幢一座"③,中都大兴府安次县惠化乡的一座经幢属张恕为亡兄所建④。

2. 为健在父母祈福

金代与父母有关的经幢,一般都是追荐亡故父母的,但偶尔也有为健在父母立幢者,如"中都大兴府涿州定兴县容城乡韩村人氏王进今为见在父母王庆母阿李预先建顶磴一坐"⑤,立幢目的是为父母祈福延寿、祛病消灾,以尽孝子之心。又如易州涞水县"孝男彦璋念父寿高八十有七岁,身体犹建,耳目尚明,故孔圣有言曰:父母之年不可不知,一则一喜,一则一惧。预备不虞,以发敬心,特命良工建斯寿塔,伏愿生者延生,亡者入圣"⑥。

3. 为自身祈福

《艾宏建顶幢》云:"大金国中都南涿州范阳县东北仁和乡莲心村里艾宏建立。今为自身,预先命前建立石匣一坐并磴。"⑦《金正隆二年经幢》云"大金国蔚州灵仙县孝范乡范家庄李家疃预建法幢"⑧,以为僧众祈福。《照公寿塔铭》详细记述了僧人圆照为自己预建寿幢的原委。圆照十八岁出家,三十二岁时遇恩受具,四十八岁时"在县请做管内监寺",其间"常住功德,颇有增羨夸,管领寺凤,了无遗失",可谓尽职尽责。有

---

① 佚名. 杨聚墓幢[M]//国家图书馆善本金石组. 辽金元石刻文献全编:二. 北京:北京图书馆出版社,2003:919.

② 佚名. 刘瘦儿建顶幢[M]//梅宁华. 北京辽金史迹图志:下. 北京:北京燕山出版社,2003:310.

③ 佚名. 涿州司候司内坊方宝建顶幢[M]//梅宁华. 北京辽金史迹图志:下. 北京:北京燕山出版社,2003:314.

④ 吴梦麟,张永强. 金中都梵汉合璧二幢考[M]//辽宁省辽金契丹女真史研究会. 辽金历史与考古:第二辑. 沈阳:辽宁教育出版社,2010:399,400.

⑤ 佚名. 东韩村经幢[M]//国家图书馆善本金石组. 辽金元石刻文献全编:二. 北京:北京图书馆出版社,2003:887,888.

⑥ 郑阿财.《佛顶心大陀罗尼经》在汉字文化圈的传布[J]. 敦煌学辑刊,2015(3).

⑦ 佚名. 艾宏建顶幢[M]//国家图书馆善本金石组. 辽金元石刻文献全编:二. 北京:北京图书馆出版社,2003:820.

⑧ 佚名. 金正隆二年经幢[M]//国家图书馆善本金石组. 辽金元石刻文献全编:三. 北京:北京图书馆出版社,2003:929.

感于圆照的功德，僧众拟为圆照建寿幢"以为先备"，而圆照自己也有感于"人之处世，生死大事知所不免。吾年几乎知命，拟建寿幢为身洛记"①，乃请门人戒才为寿幢作序。《大金易州延庆寺昶公法师寿塔记》云，思昶法师读习经业，深通奥旨，"方以六旬自思人生何定，终不免最后一朝。遂竭诚预造寿塔一坐，置于白马义井院西南隅，终为后代轨矣"②。

在目前存世的金代经幢中，绝大多数是生者为死者立幢，类似上述几则史料所记，生者为自己立幢的实例较少，这可能和经幢更多地用来追荐死者有关。

4.追荐亡僧

在存世的金代经幢中，追荐亡僧的经幢占相当大比例。一些僧人圆寂后，其门人或俗世亲属感念亡僧功德，因而为其建幢超度，如昭祥大师善亿圆寂后，"有门人安德等，遂于归山之前万金岭之东，再卜窀宅，厚而葬之。仅命倕匠砻云根刻神咒者，庶恢饶益，务尽孝思故也"③。僧人法选圆寂后，"张坊村李公直奉为亡师叔特建此陀罗尼塔一坐"④。中都天宫院法师即缘圆寂后，门人俗侄崇宝大德等于皇统七年（1147）为之建幢⑤。

经幢最初问世时，主要功能在于灭罪度亡，后来逐渐发展出祈福消灾、报恩延寿等功能。从金代的情况看，经幢兼具上述几种功能，而以超度亡人为主。

（三）经幢上的文字

从文字种类看，金代经幢上的文字包括汉字、梵文两类，汉字一般用于书写经文、铭记等，梵文皆用于书写经咒。有的经幢只使用汉字书写，有的经幢则梵、汉兼用。经幢上的文字内容大致可分为以下几类：

---

①〔金〕戒才.照公寿塔铭[M]//梅宁华.北京辽金史迹图志:下.北京:北京燕山出版社，2003:98.

②郑阿财.《佛顶心大陀罗尼经》在汉字文化圈的传布[J].敦煌学辑刊，2015(3).

③〔金〕释宝安.住持龙潭昭庆二院昭祥大师亿公幢铭[M]//〔清〕张金吾.金文最:卷一百十二.北京:中华书局，1990:1612.

④〔金〕李公直.李公直建天会十二年幢[M]//王新英.金代石刻辑校.长春:吉林人民出版社，2009:115.

⑤〔金〕崇宝大德.中都天宫院法师幢记[M]//王新英.金代石刻辑校.长春:吉林人民出版社，2009:117.

1.镌刻经咒

严格地讲，经幢追荐亡人、祈福消灾等功能是通过经咒来实现的，因而经咒应当是经幢上最主要的文字。就金代情况来看，经幢上的经文分为三种：

第一，仅刻《佛顶尊胜陀罗尼经》者。《佛顶尊胜陀罗尼经》是密宗经典之一。据当代学者研究，《佛顶尊胜陀罗尼经》传入中国的时间为唐仪凤元年（676），译成汉语的时间为仪凤四年（679）[1]。该经传入中国不久，即以其神力广大及受持简便的特点而大为流行。传至金代，金人对这部佛经的神异深信不疑，金代大安年间的一座经幢上就明确记述"夫尊胜陁罗尼者，是诸佛之秘要，救众生之本源。遇之则七逆重罪咸得消□，持之则三途恶业尽得除灭。开生天路，示菩提相，功之最大可称也"[2]。金代蔚州大定十一年（1171）的佛顶尊胜陀罗尼经幢亦有"伏闻此陁罗尼者，同元天地，升□无穷妙果。蠲恶道，弃□□，赖此功德无边。上通三界，下达九泉"[3]的记载。由于世人坚信佛顶尊胜陀罗尼经的神力，所以在经幢上镌刻该经的情况非常普遍，如真定府获鹿县琛公和尚经幢、真定府都僧录广惠大师舍利经幢、真定府华严寺通鉴大师真言幢、蔚州灵仙县孝范乡范家庄正隆二年（1157）经幢、蔚州灵仙县崇德乡大定十一年（1171）经幢镌刻的都是《佛顶尊胜陀罗尼经》[4]。

第二，《佛顶尊胜陀罗尼经》与他经并刻者。现藏于通州市文物管理所的通州延庆寺大定三年（1163）经幢，以梵文刻写《佛顶尊胜陀罗尼经》《智炬如来心破地狱真言》[5]。需要说明的是，类似的例子在金代经幢中非常罕见。这与唐宋时期《佛顶尊胜陀罗尼经》与其他经咒并刻于一

---

[1] 李彦,张映莹.《佛顶尊胜陀罗尼经》及经幢[J].文物世界,2007(5).

[2] 佚名.金大安元年经幢[M]//国家图书馆善本金石组.辽金元石刻文献全编:三.北京:北京图书馆出版社,2003:932.

[3] 佚名.金大定十一年经幢[M]//国家图书馆善本金石组.辽金元石刻文献全编:三.北京:北京图书馆出版社,2003:930.

[4] 国家图书馆善本金石组.辽金元石刻文献全编:三[M].北京:北京图书馆出版社,2003:219,224,237,929,930.

[5] 佚名.通州延庆寺经幢[M]//梅宁华.北京辽金史迹图志:下.北京:北京燕山出版社,2003:306.

石的情况截然不同[①]，其原因有待进一步探讨。

第三，镌刻《佛顶尊胜陀罗尼经》以外之经咒者。在金代经幢中，除《佛顶尊胜陀罗尼经》之外，其他一些经咒也常常在镌刻之列，如李之才经幢镌刻《一切如来随心陀罗尼经》，玉田县醋务都监大公墓幢镌刻梵文《归命同大悲心陀罗尼经》[②]。另外，大凡镌刻《佛顶尊胜陀罗尼经》以外经咒的，有一个突出现象：往往同时镌刻两种以上经咒，如涿州范阳县孝义乡东冯村王顺等人所立真言幢分别镌刻"生天真言""破地狱真言""十俱胝佛母心尼真言"[③]。北京陶然亭天会九年（1131）经幢刻有"观音菩萨甘露陁罗尼""智炬如来心破地狱陁罗尼""净法界陁罗尼"[④]。大兴府涿州定兴县容城乡东韩村经幢正书"大准提陁罗尼经咒""破地狱真言""生西方真言"[⑤]。喀左顾杖子村大定二十五年（1185）经幢刻有"破无间地狱真言""金刚顶三界真言"及另外一种因字迹漫漶无法辨识的真言[⑥]。

上述经幢所刻经咒，"破地狱真言""生天真言"占有重要地位。佛教认为，凡业障深重者死后将堕入地狱，不得往生净土，即所谓"行恶则有地狱长苦，修善则有天宫永乐"[⑦]，而念诵、书写"破地狱真言"可感诸佛放威神之光，进而获佛陀加持，解脱诸苦。在此基础上，若能往生天界，更是佛教信徒的无上心愿，而念诵、抄写诸"生天真言"即是往生净土的方便法门。基于上述原因，金代以超度亡人为主的墓幢往往镌刻这类经咒。

2.镌刻立幢记

金代有些经幢上镌刻的文字非常简单，如北京辽金城垣博物馆收藏的智炬如来心破地狱真言幢仅刻逝者、立幢人、书丹人，以及刻石人的姓

[①] 唐宋时期《佛顶尊胜陀罗尼经》与其他经咒并刻于一石的情况，参见：刘淑芬. 灭罪与度亡：佛顶尊胜陀罗尼经幢之研究[M]. 上海：上海古籍出版社，2008：73-77.

[②] 全金石刻文辑校[M]. 王新英,辑校. 长春：吉林文史出版社，2012：370,509.

[③] 佚名. 东冯村王顺等真言幢题名[M]//国家图书馆善本金石组. 辽金元石刻文献全编：一. 北京：北京图书馆出版社，2003：22.

[④] 佚名. 慈悲庵石幢[M]//国家图书馆善本金石组. 辽金元石刻文献全编：二. 北京：北京图书馆出版社，2003：508.

[⑤] 佚名. 东韩村经幢[M]//国家图书馆善本金石组. 辽金元石刻文献全编：二. 北京：北京图书馆出版社，2003：887.

[⑥] 佚名. 喀左顾杖子村大定二十五年经幢[M]//王新英. 金代石刻辑校. 长春：吉林人民出版社，2009：130.

[⑦] 〔梁〕释慧皎. 高僧传：卷一：魏吴建业建初寺康僧会传[M]. 汤用彤,校证. 汤一玄,整理. 北京：中华书局，1992：17.

名、立石时间等信息[①]，但同时也有一大批经幢上刻有完整的立幢记，从而为我们了解立幢原委提供了可能。从文字结构看，这些立幢记包括以下几方面内容：

第一，额题。一些金代经幢没有额题，如蔡公直幢[②]、马行贵幢[③]、慈悲庵石幢[④]。镌刻有额题的，其额题的内容一般包括亡者生前的籍贯、姓氏，如王婆婆墓幢额题为"大金中都大兴府蓟州平谷县故王婆婆墓幢记"[⑤]。如果亡者生前有官职，其官职也可能出现在额题中，如茹公幢的额题为"故忠显校尉茹公佛顶心陁罗尼幢记"，王公幢的额题为"少府少监王公幢铭"[⑥]。有些亡者生前为僧尼，他们的经幢额题一般包括生前所在寺院名称与亡者的师德号、法号、寺职等，如圆智幢的额题为"大金国义州圆果寺前寺主讲经沙门圆智幢"[⑦]。度公幢的额题略作简化，只记"当寺故禅人度公幢铭"[⑧]。当然，上述所言仅是金代经幢额题的一般情况，具体到不同的经幢，其额题构成会有所变化。

第二，亡者生平及立幢经过。如果亡者为僧人，一般会记述僧人籍贯，以及出家、学法、弘法的经历，所获师德号、造幢原委。如果亡者生前是平民，一般会记其籍贯、生平事迹、家庭成员情况、造幢原委等。如果亡者生前是官员，则还记其仕宦经历、为官政绩等。

第三，立幢者题名。立幢者姓名一般都会镌刻在立幢记的末尾。题名者人数多少不一。题名多者，有时甚至是全家题名，类似一个家庭成员名册或者小型家谱，如庞公兴特建经幢的题名就包括男、孙、重孙三代共十

[①] 全金石刻文辑校[M]. 王新英,辑校. 长春:吉林文史出版社,2012:225.
[②] 全金石刻文辑校[M]. 王新英,辑校. 长春:吉林文史出版社,2012:268.
[③] 梅宁华. 北京辽金史迹图志:下[M]. 北京:北京燕山出版社,2003:108;梅宁华. 北京辽金史迹图志:上[M]. 北京:北京燕山出版社,2003:260,261.
[④] 佚名. 慈悲庵石幢[M]//国家图书馆善本金石组. 辽金元石刻文献全编:二[M]. 北京:北京图书馆出版社,2003:508.
[⑤] 全金石刻文辑校[M]. 王新英,辑校. 长春:吉林文史出版社,2012:426.
[⑥] 全金石刻文辑校[M]. 王新英,辑校. 长春:吉林文史出版社,2012:84,87.
[⑦] 佚名. 义州圆果寺前寺主讲经沙门圆智幢[M]//王新英. 金代石刻辑校. 长春:吉林人民出版社,2009:127.
[⑧] 佚名. 当寺故禅人度公幢铭[M]//梅宁华. 北京辽金史迹图志:下. 北京:北京燕山出版社,2003:94.

余人①，东冯村王顺等真言幢题名包括王顺夫妻及其儿孙辈二十余人②。

第四，撰文、书丹、刊石者姓名及立幢时间。

(四) 经幢装饰图案

存世的金代经幢有很大一部分装饰简单，甚至幢身没有一丝纹饰。其他一些有装饰的经幢，其装饰图案以莲花、狮子、龙或佛像较为常见。

在中国传统文化中，莲花以"出淤泥而不染"的高贵品质广受赞誉。莲花这一形象在佛教中也占有重要地位，佛陀就曾以"我为沙门，处于浊世，当如莲华，不为泥污"③告诫弟子。实际上，按照佛经的说法，佛陀出世伊始就与莲花有不解之缘，因而释迦牟尼传法时的座位被称为"莲花座"，其坐势称为"莲花坐势"，其所居之地被称为"莲花藏世界"。受这些因素的影响，在佛教雕刻中，莲花成为应用范围较广的装饰图案之一。除莲花外，狮子在佛教雕刻图案中也占有一席之地。在佛教中，威猛勇武的狮子被看作佛教护法者。狮子虽非中国的原生物种，但随着中外文化的交流，早在先秦时期中国人对狮子就有所了解。两汉之际，狮子的形象和佛教大体于同一时期传入中国④，后来逐渐发展成为具有浓郁中国色彩的狮子文化。狮子以驱邪纳祥、护卫平安、展示力量等多种形象出现在佛教建筑中。龙是中国神话传说中的动物，以其地位尊贵而被视作最高神圣物的代表，常用来装饰与帝王、皇室有关的服饰和器具等。古代印度传说中的"龙"本为人面蛇尾的半神，佛教出现后，龙成为佛教的重要护法⑤。

以莲花、狮子、龙、佛像为主题的装饰图案在金代经幢上时有出现，只不过组合方式或简或繁而已。北京市宣武区慈悲庵天会九年（1131）经幢幢身只有八面间错浅浮雕四尊佛像，门头沟区清水镇一座金代经幢只有一面幢身刻阴线界格雕莲花图案⑥。2007年，许昌市文峰路金墓出土的一

---

① 王新英. 金代石刻辑校[M]. 长春:吉林人民出版社,2009:131,132.

② 佚名. 东冯村王顺等真言幢题名[M]//国家图书馆善本金石组. 辽金元石刻文献全编:一. 北京:北京图书馆出版社,2003:22.

③ 四十二章经:第二十九章:正观敌色[M]. 尚荣,译注. 北京:中华书局,2010:59.

④ 刘自兵. 佛教东传与中国的狮子文化[J]. 东南文化,2008(3).

⑤ 湛如. 印度古代与佛教中龙的传说、形象与描述[J]. 文学与文化,2013(1);许惠利. 佛教中的龙[J]. 法音,1988(2).

⑥ 全金石刻文辑校[M]. 王新英,辑校. 长春:吉林文史出版社,2012:7,382.

座金代经幢只在幢座上雕有双层覆莲[①]。装饰略显繁复的经幢一般都刻有两种以上装饰图案。1992年，辽宁省朝阳县联合乡金墓出土的一件石经幢，刻有浮雕狮首和不同形态的莲花[②]；1993年，山西省离石县马茂庄金墓出土的一件金代经幢亦以浮雕狮首及莲花为饰[③]；现存于北京市通州区文物管理所的马行贵幢，幢身首面阴刻莲花纹与礼佛图[④]。上述经幢形体较小，因而装饰上也比较简单，而一些大型经幢的装饰则比较繁杂。正定隆兴寺金大定二十年（1180）经幢原高613.5厘米，最下长为135厘米、宽为115厘米的长方形土衬石，其上的八角形须弥座下涩之上雕宝装覆莲瓣一周，束腰八面各雕一乘云坐像。二层幢座之八面，四面雕狮首，四面平素。三层幢座亦作八角形，每面浮雕一蹲坐式力士，上身袒露，下身着裙，双足外撇，双臂或撑于膝或托举向上，披帛绕臂上扬，一副剽悍威武之态。第三层幢座上置圆形双层仰莲座，每一莲瓣上均雕一莲朵。从幢身来看，幢身第三级为矮柱，仍为八面，每面均于长方形龛内雕立式菩萨一尊。三级幢身之间均饰八角形宝盖和圆形仰莲座。第一级宝盖八角处浮雕兽首衔环，下垂带结。二级幢身上部的宝盖八面皆饰作山石形长方龛，每龛内均雕有不同姿势的坐像二身，当系佛教故事。第三级幢身之上部现已缺失，但据1957年所绘图纸可知，其上尚有宝盖一层和由仰莲、覆钵、宝珠组成的幢顶[⑤]。隆兴寺金代经幢雕刻细致、造型精美、装饰繁复，堪称金代经幢艺术的精品。现存于河北省卢龙县的金代佛顶尊胜陀罗尼经幢高10米，幢体巨大，幢座为八角形须弥座，幢座最下层8个立面，每面雕两组缠枝莲花，顶上覆莲纹；二层每面雕一组两只猛兽。中心的石柱分上下两层，上雕佛教人物、经变故事等，外围立8根仰面盘龙石柱。8个立面各雕姿态不同的飞天，有的手托玉瓶，收集甘露；有的舒展双臂，翩翩起舞；有的手捧花束，洒向大地。幢身共分6层，逐层收分。各层衔接处设仰莲石托、幢盖或幢檐，每层的形制略有不同。石托为双层仰莲，每层16瓣，莲瓣肥厚[⑥]。这座经幢造型雄伟、石雕精细、结构合理，具有极高

[①] 许昌市文物工作队. 许昌文峰路金墓发掘简报[J]. 中原文物,2010(1).
[②] 辽宁省朝阳县文物管理所. 辽宁朝阳联合乡金墓[J]. 华夏考古,1996(3).
[③] 商彤流,王金元. 离石马茂庄发现一座金墓[J]. 文物季刊,1994(1).
[④] 全金石刻文辑校[M]. 王新英,辑校. 长春:吉林文史出版社,2012:333.
[⑤] 刘友恒. 隆兴寺内的两座经幢[J]. 文物春秋,1997(3).
[⑥] 毕丹紫玉. 卢龙县大佛顶尊胜陀罗尼经幢考[J]. 文物春秋,2012(4).

的艺术价值，为我们研究金代经幢艺术提供了不可多得的范本。

二、佛教造像及石窟艺术

佛教诞生之初并无偶像崇拜。释迦牟尼涅槃之际，曾告诫弟子世间一切都是不安败坏之相，故不应执着于"相"，而应以戒为师，一心求道。因此，在佛教产生后的相当长时期内，佛教并无偶像崇拜，直到公元1世纪前后才大量出现早期佛像[1]。佛教传入中国以后，弘法僧侣为扩大佛教影响，常常借佛像"方便说法"，佛像由此成为佛教传播及佛教艺术中不可缺少的重要组成部分，佛教遂得"像教"之名。

中国佛教造像艺术历史悠久，各种材质的佛教造像异常丰富，金代佛教造像为中国佛教造像宝库增添了新的光彩。河北省正定县文物保管所藏有一件承安三年（1198）摹刻的"隆兴寺大悲阁铜铸千手观音像"刻石。此刻石为青石质，高91厘米，宽62厘米，刻石正面上部线刻千手观音立像及善财、龙女二胁侍，观音像脸形方圆，面有三目，头戴高宝冠。上身天衣斜披，下身着裙，腰系带且于腿间垂下，裙褶稠密繁复，稍作夸张。披帛自身外侧飘下，项、胸、股部饰璎珞。善财是一位饱经风霜的长者形象，头戴幞头，面部沧桑，颌下垂须。龙女则呈贵妇形象，体态丰腴，头戴华冠，身着长裙[2]。这方金代摹刻观音刻石虽然体量有限，未能体现观音宝像的庄严气势，但线条流畅、结构合理，对我们研究金代佛像艺术具有一定借鉴意义。山西博物院收藏的一尊金代石刻菩萨头像，整体上为一尊制作精美的少女形象。菩萨束挽高发髻，神态温婉恬静，两道长眉下双眼微启，除双耳垂作适当夸张外，其余部分极为写实。这尊头像采用了圆雕、浮雕、透雕等多种雕刻技法，尤其运用了纯熟的线刻技法来表现菩萨的五官特征与发髻纹理。这尊菩萨造像在承袭唐宋造像艺术的同时，使菩萨面部表情独具特色。以往菩萨造像大都将其塑为中年贵妇形象，而这尊菩萨像则将其雕塑成美丽、平和、温婉的少女形象，给人以轻松欢愉之美[3]。

随着佛教的发展，金代重建、新建了一些佛教寺院，这些寺院大都塑

---

[1] 金申. 印度佛像的起源[J]. 东方收藏，2010（1）；刘凤君，彭云. 佛教与"像教"艺术[J]. 山东大学学报（哲学社会科学版），1999（4）.

[2] 杜平，王巧莲. 一方金代摹刻的隆兴寺千手观音刻石[J]. 文物春秋，2003（6）.

[3] 武静. 山西博物院藏金代石刻菩萨头像造型艺术[J]. 包装世界，2010（6）.

有金碧辉煌、高大庄严的佛像。朱弁记载当年西京大普恩寺重塑殿堂佛像的情况时说，"为诸佛萨埵，而天龙八部合爪掌围绕，皆选于名笔；为五百尊者，而侍卫供献，各有仪物，皆塑于善工。睟容庄穆，梵相奇古。慈悯利生之意，若登于眉宇；秘密拔苦之言，若出于舌端。有来瞻者，莫不钦肃，五体投地，一心同声。视此幻身，如在龙华会上百宝光明中，其为饶益，至矣大矣，不可得而思议矣"[①]。朱弁笔下的西京大普恩寺即今大同善化寺，虽然自金代至今，经历代修缮，寺内建筑及佛像都有所变化，但仍有一些佛像、壁画等保持了金代雕塑艺术原貌。其中，该寺目前所存二十四诸天像被学术界认定为金代雕塑艺术的杰作。有学者对该组塑像进行了详细解析，认为二十四诸天像在整体轮廓上追求简洁，细节线条和层次关系处理不追求飘逸洒脱，而是比较严谨工整，意在突出塑像整体的庄严气势。在造型特色上，这组塑像采取随势塑形的技法，以突出彩塑的核心与精髓，把动态和内心的平静融为一体[②]。

与善化寺二十四诸天像一样，山西境内其他寺院的现存金代雕塑也为我们考察金代造像艺术提供了难得的实物样本。据媒体报道，山西朔州崇福寺弥陀殿内保存着我国寺院中最大、最完整的金代泥塑"弥陀佛"。这尊塑像高9米，身后背光高14米，图案呈草叶纹，边沿为焰光。浮塑的十三尊伎乐姿态各异，凌空欲飞，体现了金代雕塑艺术的精美。绛县太阴寺存有三尊金代彩塑佛像。这三尊佛像虽然由于佛头被盗等因素已无法窥其原貌，但从佛像体态、衣饰等方面仍能看出这组雕塑作品在艺术手法上明显受到中原文化的影响，代表了金代雕塑艺术的样式与风格[③]。

由于历史变迁，能保存到今天的金代佛教造像寥寥无几，以致我们无法对金代佛教造像做更加深入细致的研究。但是，通过上述几例，我们依然能够感知金代佛教造像艺术的风采。

石窟艺术最早诞生于古代印度。随着佛教的传入，石窟艺术也一并传入中国，大同云冈石窟、洛阳龙门石窟、敦煌莫高窟都是具有卓越艺术成就的中国著名古代石窟。石窟艺术发展到金代，虽未开凿出新的大型石窟，但从文献记载及考古发现的情况来看，石窟艺术并未戛然而止，而是

---

① 〔宋〕朱弁. 西京大普恩寺重修大殿碑[M]//〔清〕张金吾. 金文最：卷六十五. 北京：中华书局，1990：949.

② 陈智勇. 因型造势、随势塑形：善化寺二十四诸天彩塑造型艺术特点[J]. 美术研究，2013(1).

③ 刘变琴，刘卓. 太阴寺金代雕塑艺术[J]. 文物世界，2010(2).

得到延续和发展。这突出地表现为以下两个方面：

第一，云冈石窟得到重修。云冈石窟位于今天山西省大同市西16公里武周山南麓，始凿于北魏，唐初又有续建，金代进行了大规模整修。据史料记载，天辅年间金军攻陷西京时，宗翰便下令保护石窟。又因"河流近寺，恐致侵啮，委烟火司差夫三千人改拨河道"。在官方采取措施保护石窟之后，民间的维修活动也相继展开。辽亡前后，"盗贼群起，寺遭焚劫，灵岩栋宇，扫地无遗"。鉴于石窟遭到战火破坏的严重局面，皇统初年，四众请禀惠法师住持当寺，欲图修复，"师既驻锡，即为化缘。富者乐施其财，贫者愿输其力，于是重修灵岩大阁九楹，门楼四所，香厨客次之纲常住寺位，凡三十楹，轮奂一新"。皇统年间的这次维修活动除上述复建工程外，还有一处新建工程，"又创石垣五百余步，屋之以瓦二百余楹"。云冈石窟的这次维修，于"皇统三年二月起工，六年七月落成，约费钱二千万，自是，山门气象奂然复完矣"[①]，可谓耗时颇长、投资巨大、效果良好，应是云冈石窟历史上一次重大维护，为保护这座珍贵的石窟艺术宝库发挥了重要作用。

第二，在西北地区新建了一些中小型洞窟。金代的石窟艺术并未仅仅停留在对遗存石窟的修复与维护上，而是在此基础上还开凿了若干新洞窟。从目前考古发现的情况看，这些洞窟基本集中在西北地区，主要有下列几处：

（一）合水安定寺石窟

安定寺石窟位于甘肃省合水县太平乡平定川龙王庙沟内2000多米的小溪南岸。因平定川人烟稀少、风沙掩埋等原因，长期以来未能发现，直至1989年才由当地文化部门做了简单清理，又于2006年由麦积山石窟艺术研究所做了一次全面系统的调查，安定寺石窟的面貌方被世人所知[②]。

这次调查，在甬道右壁上部发现了开凿石窟题记：

华池寨主管汉蕃本门人马巡检李大夫先于阜昌二年/自发虔

[①]〔元〕熊梦祥.析津志辑佚[M].北京图书馆善本组,辑.北京:北京古籍出版社,1983:83,84.

[②]董广强,魏文斌.甘肃合水安定寺石窟调查简报[J].敦煌研究,2010(4).（以下关于安定寺石窟的资料全部出自该文）

心请到延长县青石匠王志并女夫冯渊杨琪/打造石空（窟）佛像一堂内有菩萨南壁罗汉未了有李/大夫男李世雄等请到僧德忍良朋住持本院僧事/请到王志女孙冯祐等打造菩萨罗汉了并愿各人生身/父母速生佛界见存者增添福寿/大金大定戊戌十八年八月初三日/住持僧德忍良朋子王胃/敦武校尉主管华池寨本门汉蕃人马巡检李世雄/弟敦武校尉李世能敦武校尉李世保李世昇李世皐/次弟敦武校尉李世成李世用李世乾李世渊/青石匠冯祐李琮/童行德德留住马僧韩僧/四官人并房氏管菩萨愿合家□□。

安定寺石窟开凿题记的发现意义重大。首先，它为我们确定安定寺石窟的开凿年代提供了准确依据。根据题记所载"大金大定戊戌十八年八月初三日"，即金世宗大定十八年（1178）八月初三日，可以确定该窟开凿于金代中叶的世宗时期。其次，题记比较详尽地介绍了安定寺的开凿缘起及具体过程。从题记记载的情况看，安定寺石窟的开凿经过两个时期。先是阜昌二年（1131），由华池寨主管汉蕃本门人马巡检李大夫邀请延长县青石匠王志等人打造石佛像一堂，后又于大定十八年（1178），由李大夫之子李世雄请到僧人德忍、良朋等邀请石匠续凿石窟。最后，从题记中"请到僧德忍、良朋住持本院僧事"的记载及调查所见窟前散见有柱础石、板瓦、筒瓦、铺路条石等情况看，安定寺石窟前应建有僧寺。

2006年的考古调查，探明了安定寺石窟的基本结构。由实地调查得知，石窟形制为前廊后室。前廊平面为横长方形，平顶，前部由二方形廊柱分割，形成三开间；后室平面略呈纵方形，平顶，中心设方形佛坛。整个洞窟的造像题材主要有三世十方诸佛、八大菩萨、十地菩萨。这些造像虽然由于风化严重或人为破坏等原因大多已经残损不堪，但从现存造像情况分析，这些造像在雕像题材等与陕北地区其他宋金石窟具有较强一致性。

金代国祚仅有百余年，且经济水平有限，加之中国石窟艺术的高潮期已经过去，因而这一时期开凿的石窟很少。由此，安定寺石窟作为有明确纪年、有完整结构的金代石窟显得更加珍贵。

（二）富县石泓寺石窟第○二窟

石泓寺石窟又名川子河石窟，位于陕西省富县西直罗乡的大白山上。石窟坐北朝南，依崖凿石而成。1985年10月，陕西省考古研究所对石泓寺石窟进行了勘察，获取了该石窟的详细资料[①]。石泓寺石窟现存洞窟10个，其中"第○二窟"为主。该窟第6龛左上方题刻"皇统元年六月廿三日"，第29龛下方题刻"皇统四年三月日"，第6龛左上方题刻"贞元元年"，窟西南方形柱上题刻"皇统八年五月初二日"，窟东南方形石柱上题刻"贞元二年正月初九王信记"。这些题刻证明该窟确属金代石窟，其开凿年代约在熙宗、海陵两朝。

从现有研究情况看，"第○二窟"洞窟平面呈方形，高5.4米，宽10.3米，进深10.7米。窟室中央凿成方形石佛坛，坛基高0.80米，坛基四角有四根石柱连接窟顶。前壁开门，窟顶为平顶，顶上雕饰华丽，有唐草、花卉及几何形图案。中央坛基释迦牟尼佛头顶上方窟顶被雕成六角形藻井，藻井周围刻小坐佛和菩萨，并镌刻有"释迦如来，香花供养"等字样。

石泓寺"第○二窟"的佛教造像颇具特色。据统计，该窟大小造像共3274尊。中央坛基上主像为一佛二弟子二菩萨，均为圆雕，石柱及壁龛为浮雕和千佛，整个画面给人以严谨整齐和一丝不苟之感。同为金代石窟，石泓寺石窟比安定寺石窟具有更重要的佛教艺术价值。这一方面是因为石泓寺石窟保存得更完整；另一方面是因为石泓寺石窟在造像、雕刻方面的艺术成就更为突出。对此，考古学者曾经给予高度评价。负安志认为，石泓寺金代石窟造像一方面继承了唐宋传统，另一方面吸收了一定的契丹、汉等民族的艺术特色，进而取得了新成就。以"第○二窟"内的罗汉造像为例，这些造像多呈半倚坐姿势，神态自在适意，形象富有个性。衣纹和坐石的雕刻刀法块面分明，犷爽有力，简练而概括。再如，"第○二窟"石柱上下龛和四壁上下龛内的游戏座式菩萨都是比较完美的雕刻作品。菩萨一般作为佛的胁侍，而这些游戏座式菩萨都为龛内独立的雕像，它们分别为左舒相、右舒相或游戏座式，头戴花宝冠，满挂璎珞，腰姿婀娜，脚踏莲花，自由自在。雕工们把它们刻画得气质高贵潇洒，形态优雅大方，

[①] 负安志.陕西富县石窟寺勘察报告[J].文博，1986(6).（以下关于该石窟的具体材料均出自该报告）

衣饰及衬物的美也很突出。须弥座的莲台和方形台基都较好地衬托出雕像的优美、精妙。更为别致的是，从台座下垂的罗衣锦带或披帛恍如一练清泉直泻入座下的水涡图案之中。一足下垂踏莲花，一腿弯曲落在台座上，身姿斜倚。这种处理手法打破了呆板的"观音坐莲台"结构，为整个造像增添了动感和生气[①]。这些雕像的雕刻手法达到了较高的艺术水平，石泓寺不愧为金代造像艺术的瑰宝。

（三）合水县李家庄石窟第一窟

李家庄石窟位于甘肃省合水县太白乡的一处崖壁上，现存三个窟龛。2006年，麦积山石窟艺术研究所对该处石窟做了详细调查[②]。调查发现，第一窟佛龛外右侧竖向阴刻楷书发愿文5行30字，"施主王立男赵/僧舍净财打释/迦佛一尊/石匠胡秀/大定十六年四月二十九日"，从而可以确定该窟于金世宗大定年间开凿。从位置上看，该窟位于崖壁北侧，窟内佛龛高0.8米，宽0.58米，进深0.14米。龛下部残损较为严重，龛内石雕一坐佛，残高0.64米，风化剥蚀严重，仅依稀可辨左手施说法印。

（四）甘泉金代瘗窟

甘泉金代瘗窟位于陕西省甘泉县雨岔乡李巴圪村境内。1984年6月，陕西省考古研究所和甘泉县文化局文化馆对其进行联合调查[③]。根据调查中发现的金代题记及宋金墓葬群，考古工作者推断此处瘗窟约开凿于金代。就瘗窟形制来看，似一座仿二层木构楼阁建筑，结构上分前廊、门道和窟室三部分。窟门凿于前廊的正中。门两侧的石壁上各开一龛，内雕造像。主尊为释迦牟尼佛，两侧为二弟子、二菩萨、二供养人，上部雕二飞天。左侧龛主尊为天尊，主尊两侧为二胁侍、二童子，均身着长袍，腰束长带，足蹬圆鞋。窟室以两壁雕刻的石柱为界，可分作前、中、后三室。整个窟室内的雕刻技法比较一致，均为浅浮雕上加阴线刻，线条粗犷，花卉图案的雕琢稍显精细。窟室的中、后两室发现多具棺木，经过鉴定，共

---

① 负安志. 论富县石泓寺、松树沟金元石刻造像的年代及其特征[J]. 文博，1986(6).
② 臧全红，董广强. 甘肃省合水县几处晚期石窟调查简报[J]. 敦煌研究，2009(5).（以下引用的李家庄石窟资料皆出自该文）
③ 张燕，李安福. 陕西甘泉金代瘗窟清理简报[J]. 文物，1989(5).（以下所引瘗窟资料皆出自该文）

有22个成年个体，其中男性8具，女性14具。

在现存古代石窟中，以安葬骨灰或尸骨为主要功能的瘗窟非常少见。甘泉这座瘗窟是目前已经发现的第一座金代瘗窟。该窟在造像题材上既有佛教罗汉、菩萨、飞天等形象，又有道教天尊形象，生动地反映出金代的佛道合流趋势。同时，也反映出佛教思想对金代葬俗的深刻影响。

（五）须弥山石窟第72号窟

须弥山石窟位于宁夏回族自治区固原县西北50公里处的须弥山东麓，始创于北魏时期，中经西魏、北周、隋、唐的连续营造，最终发展成为一座颇具规模的石窟寺。须弥山石窟有大小洞窟132个，其中第72窟东壁南侧阴刻大定年间题记，可断定该窟为金代重建[①]。

（六）吉县挂甲山石窟金代浅浮雕

吉县挂甲山石窟是山西省省级文物保护单位，保存着雕刻于北周、隋、金三个时期的佛教雕像。其中，金代雕像为两铺浅浮雕佛教图像，分别描绘佛陀及弟子、菩萨、金刚力士的形象。有研究者认为，这些佛教图像"深受宋辽金时期绘画技法影响，兼有浮雕和绘画风格"[②]。

除上述金代石窟，于1980年5月在大连市新金县双塔镇和尚帽山南坡石崖上还发现一组摩崖造像。这组造像中间的一块石崖上阴刻"大定三年七月造六尊僧义选匠人李□□记"字样，因而断定该组摩崖造像应为金代大定年间雕凿。这组造像原为18尊，其中1尊遭人为毁损，因而现存17尊。这17尊造像1尊无佛龛，1尊为桃形龛，其余15尊龛均为下方顶圆弧形。从造像形态来看，1尊为圆脸，拱手静坐，身着右搭襟的衣服。1尊无龛造像，雕刻粗糙，线刻。1尊桃形龛，造像头部被打掉。其余14尊全是长方圆脸，光头，身着右搭襟宽袖袈裟。造像姿态不一，有的手持念珠，有的双手扶膝结跏趺坐，有的右手放在腿上，有的结跏趺坐在仰莲上，有的手持物件，当为罗汉像。这组摩崖造像面部圆润丰满，高鼻大耳，衣纹采用阴阳线浅刻的手法，显得粗犷有力，古朴大方。目前，全国极

[①] 温玉成.中国石窟与文化艺术[M].上海:上海人民美术出版社,1993:181,184.;林芝.须弥山石窟史略[J].固原师专学报,1996(4).

[②] 李秋红.吉县挂甲山金代浅浮雕佛教图像分析[J].文物世界,2016(3).

少发现金代摩崖造像，这些造像对于研究金代佛教艺术具有重要参考价值①。

从现存考古发现的情况看，金代开凿的石窟数量有限，而且主要集中在西北地区，这可能和西北地区适宜的地质环境、悠久的石窟建造历史有关。通过已经发表的考古报告，我们发现金代石窟在建筑手法、造像艺术等方面与唐宋时期的石窟艺术有很多相似之处。这意味着金代石窟在艺术上更注重对前代的借鉴和继承，而金代佛教造像特有的简练造型、内敛气质、素雅做工、雍容体态则奠定了它在中国艺术史上的地位②。

三、佛塔

"塔"从梵文而来，有"窣堵波""窣都波""薮斗婆""浮屠""浮图"等多种音译，亦有"大冢""方坟""高显"等多种意译③。据传，最早的佛塔是佛教徒为追念佛陀而建的。佛教传入中国以后，佛塔也逐渐在中国流行开来，原有的印度式佛塔与中国建筑文化相结合后，形成了楼阁式佛塔。中国佛塔主要用来供奉圣者、大师的舍利，以及佛经和佛像等，以此表现四众对佛教的崇信，并祈求佛陀的庇护。金人对此有清晰论述：

> 是伽蓝之典，虽崇饰尊严，穷极壮丽，必有窣堵波以耀人之观。仰使一切见闻兴发善心，普生归向以是因缘，故建塔者或诸佛生处、或得道处、或转法轮、或般涅槃，及十方如来一切若门、若牙、若顶上骨、若身中诸舍利，以至袈裟、匙钵、澡瓶、锡杖加上所说，自然时出光明以昭异相，使众生恭敬超登菩提，当知此功德不可思议，其为利益莫大于此。④

自魏晋迄于宋金，经过长期发展，佛塔建筑已成为佛教艺术的一个重要门类。就金代的情况看，由于佛教的流行，信徒们也重修或新建了数量可观、形式多样的佛塔，如荣河县胡壁堡镇崇圣禅院"兰君因僧澄江葬于

---

① 许明纲. 大连市新金县发现金代摩崖造像[J]. 考古，1988(1).
② 刘振刚. 陕北与陇东金代佛教造像研究[M]. 兰州：甘肃教育出版社，2019：345-347.
③ 任继愈. 佛教大辞典："塔"条[M]. 南京：凤凰出版社，2002：1147，1148.
④〔金〕王庭圭. 锦州安昌县永和村东讲院重修舍利塔碑铭[M]//王新英. 金代石刻辑校. 长春：吉林人民出版社，2009：26.

顶骨，缘尽难兴，永济等就甘棠重建起塔十三层，高一百六十尺"①。彰德府安阳县灵岩寺旧有隋代砖塔一座，因"历年久远，砖形脱落。本寺住持照庆、照鬐，广募缘，请置度。二里白露村朱祥、申氏，捐舍资财，创建石塔一座，三丈五尺"②。洛阳东白马寺及其木塔在宋金战争中毁于战火，"寺遂与浮图俱废，唯留余址"。大定十五年（1175）前后，彦公大士四方化缘，发心重建，"因塔之旧，剪除荒堙，重建砖浮图一十三层，高一百六十尺"③。汾州平遥县慈相寺旧有寺塔毁于宋金战火后，天会年间，"有僧宝量、仲英，相与起塔于旧址"④。这些史料说明金代建塔活动比较频繁。遗憾的是，由于年代久远、人为毁坏等原因，能确认并保留到今天的金代佛塔寥寥无几，而且有些塔由于后世屡次修葺，即使塔体能够保留到今天也无法确认塔身及装饰是否为金代原貌，这为我们研究金代佛塔艺术带来了巨大障碍。因此，我们只能根据有限的史籍记载和考古资料，撮其要者，对金代佛塔艺术作简单描述。

（一）正定临济寺澄灵塔

正定临济寺澄灵塔又称青塔，是佛教临济宗创始人义玄禅师的舍利塔。根据《真定十方临济慧照玄公大宗师道行碑铭》的记载，唐懿宗咸通八年（867）义玄圆寂后，其徒将义玄舍利分而为二，"一塔于魏府，一塔于镇阳。诏谥曰慧照禅师，扁其塔曰澄灵，子孙相继主之"，此即澄灵塔之由来。在宋金战争中，"寺为焦土，唯塔独存，岿然于瓦砾中"。金代中叶，世宗敕令重修澄灵塔。"大定二十三年，世宗夜梦师乞徙塔于净域，遣使视之，果为粪坏芜秽所拥。使还以闻，世宗命官吏率高行师德董其役，距故址进二十步树砖浮图九级，藏舍利焉"⑤。据考古工作者考证，

---

① 〔金〕释智彦. 荣河县胡壁堡镇崇圣禅院塔记[M]// 阎凤梧. 全辽金文. 太原：山西古籍出版社，2002：1706.
② 佚名. 彰德府安阳县灵泉寺覆釜峰新建石塔碑[M]// 〔清〕张金吾. 金文最：卷八十五. 北京：中华书局，1990：1251.
③ 〔金〕李中孚. 重修白马寺释迦舍利塔碑[M]// 〔清〕张金吾. 金文最：卷七十一. 北京：中华书局，1990：1042，1043.
④ 〔金〕安泰. 汾州平遥县慈相寺修造记[M]// 阎凤梧. 全辽金文. 太原：山西古籍出版社，2002：1991.
⑤ 刘友恒，李季婷.《真定十方临济寺慧照玄公大宗师道行碑铭》浅谈[J]. 文物春秋，2007（5）.

现存之澄灵塔即为当时所建①。

现存澄灵塔为一座八角九层实心密檐佛塔，通高33米。该塔有上、下两层台基。台基上建束腰须弥基座，座上砖雕出平座和栏杆，须弥座上以巨大砖制莲瓣三层承托塔身。塔身第一层较高，四正面砖雕拱形假门，南面正门门楣上嵌篆书石匾"唐临济惠照澄灵塔"一方，四侧面设花棂假窗。塔刹由刹座、覆钵、铁质相轮、仰月、宝珠组成。此塔轮廓线较直，表面装饰华丽。在建筑技术上，第二、第六层采用45°斜栱。这些都充分体现了金代密檐塔的突出风格②。从塔身的整个结构来看，该塔虽雄伟不足，但小巧清秀有余，可称现存金代佛塔中的精品。

(二) 正定天宁寺灵霄塔

正定天宁寺灵霄塔俗称木塔，位于河北正定县城天宁寺内。1982年，河北省古建队为修缮该塔而进行勘测时发现了塔基地宫，在地宫内出土两件石函刻铭，其一铭文为"自唐代宗朝起寺建塔，至宋庆历五年重修。又至大金皇统元年再建宝塔一座，时正隆六年十月二十八日藏佛牙舍利塔铭"③，从而可以确认该塔与金代有关。据考古工作者研究，灵霄塔的"塔身下三层砖构部分是宋代在唐残塔基础上重建的，木构部分为金皇统元年再建的结果"④。从塔身结构来看，该塔为八角九层楼阁式建筑，四层以下为砖造，五层以上为木构，实测高度为41米⑤。该塔塔室内自四层以上设一根塔心柱以稳定塔身。四个正面各层皆有券门，檐下均施单杪四铺作斗拱。同时，自第一层至第九层，外部轮廓逐层内收，给人以敦实坚固、沉稳大气之感。

(三) 沁阳天宁寺三圣塔

沁阳天宁寺三圣塔位于河南省沁阳县城内东南隅的天宁寺旧址上，今寺已废，唯塔尚存。自1963年以来，河南省及沁阳县文物部门对三圣塔

---

① 刘友恒,李秀婷. 正定临济寺澄灵塔上的三方刻石[J]. 文物春秋,2005(2).
② 王运华. 临济寺澄灵塔与临济宗[J]. 文物春秋,1995(4).
③ 河北省古建队灵霄塔勘测组. 正定天宁寺灵霄塔地宫发掘[J]. 古建园林技术,1984(2).
④ 刘友恒,樊子林. 河北正定天宁寺凌霄塔地宫出土文物[J]. 文物,1991(6).
⑤ 该塔高度为刘友恒、樊子林《河北正定天宁寺凌霄塔地宫出土文物》一文提供的数据。另有资料记载,该塔高约36米,参见:张驭寰. 佛教寺塔[M]. 北京:宗教文化出版社,2007:217.

进行过多次调查，在调查中发现石刻题记两则，其一云"塔始建于唐，重修于金"；其二又有大定十一年（1171）六月一日的刻石，名曰"怀州天宁寺万寿禅院创建三圣塔记"，详记金代重修三圣塔始末。该塔虽然曾于清嘉庆年间重修，但考古学界仍将其定为金塔[①]。根据杨宝顺、邓宏里的考察，三圣塔为十三层叠涩密檐砖塔，塔高33米，由基座、塔身和塔顶三部分组成。三圣塔的外部结构是在庞大的基座上安置塔身。塔身外观叠涩出檐十三层，各层的叠涩密檐上为两层砖厚平出，为檐之最大宽度，再上以反叠涩砌法回收，但每层退幅较大，层数又少，所以坡度平缓[②]。这种外部结构令塔身轮廓秀丽，沉稳大方。就塔内结构看，有以下三个特点：一是采用砖木混合结构，基座外观为石块抱砌，而内里则采用木骨；二是各层竖井道及平行洞道均南北向转折，但剖面及平面又不对称；三是全塔竖井道与其连通的平行洞道各为十个。虽然各竖井道和平行道的高度、长度、方位不尽相同，但井道的总高度与平行洞道的总长度正好相等，各为25.2米。三圣塔的这种内部结构保证了佛塔各部分的体量平衡，增强了塔身的刚性，同时佛塔也更为美观。从三圣塔的整体结构看，既有唐代佛塔的余韵，又有富于时代特征的新创造，对于我们研究金代佛塔结构具有重要参考意义。

（四）白马寺齐云塔

白马寺齐云塔金代称"释迦舍利塔"。据专家考证，该塔自清代康熙、雍正以来始称齐云塔[③]。因塔身呈四方形，又称"金方塔"。齐云塔坐落于今洛阳白马寺东南不远处。该塔始建于五代前后，北宋末年毁于战火，金大定十五年（1175）由彦公大士发愿重修。齐云塔为方形密檐十三层砖塔，通高25米左右[④]，塔平面为四方形，塔底为正方形束腰须弥座，塔内中空，在第一层塔檐下面砌出普拍枋与一斗三升斗拱，各层塔檐的第一层小砖之下皆饰以菱角牙子。与其他金代佛塔相比，齐云塔的一个重要特点是外形柔媚。该塔自第六层起逐层内收，从远处眺望，塔身两侧连同

[①] 杨宝顺，邓宏里. 河南沁阳金代三圣塔调查报告[J]. 中原文物，1983（1）；梁思成. 中国建筑史[M]. 天津：百花文艺出版社，1998：214.

[②] 杨宝顺，邓宏里. 河南沁阳金代三圣塔调查报告[J]. 中原文物，1983（1）.

[③] 徐金星. 关于齐云塔的几个问题[J]. 中原文物，1985（4）.

[④] 另一说为35米，参见：徐勇. 洛阳白马寺齐云塔[J]. 历史教学，1991（4）.

塔顶构成一个完美的抛物线，显得挺拔秀丽，线条柔美，在金代佛塔中具有较高的审美价值。

（五）平遥慈相寺塔

平遥慈相寺塔坐落于山西省平遥县洪善镇慈相寺大殿之后，本为北宋庆历年间僧人道靖所建，后毁于北宋末年，金天会年间由慈相寺僧人宝量、仲英重建而成。现存慈相寺塔为八角九层，通高48.2米。塔身自下而上，每层高度逐层递减，因而显得轮廓柔和。出檐与平座均采用叠涩和反叠涩的制作方法，出檐为八层叠涩，平座为六层叠涩[①]。

有确切纪年又能保存到今天的金代佛塔为数不多，上述几座塔在一定程度上代表了金代佛塔的建筑样式和艺术水平。这些金代佛塔以密檐塔为主，在结构上一般都是置须弥座于台基之上，塔身雕刻假窗，顶部则安有塔刹，整体结构严谨，各部分比例匀称，既有唐宋及辽塔的遗风，又不乏新的创造，是中国古代佛教建筑艺术史上的宝贵财富。

四、佛教书画

佛教书画既是中国书画艺术的一个门类，又是佛教艺术的重要分支。历代中国书画家中从来不乏僧侣的踪迹，世俗书画家们也不时创作出佛教题材作品。佛教书画艺术发展到金代，涌现出了性英、归义、义藏等一批僧侣书画家。与此同时，赵秉文、党怀英、任询等金代名士也创作了一大批涉佛书画作品，从而将中国佛教书画艺术推向了一个新阶段。

（一）佛教书法

从文献记载的情况看，金代僧人中不乏精通书法者。金末元初的性英以诗歌闻名于当世，书法亦为时人称道。著名文士刘秉忠曾赋诗赞其书艺："书法都归篆意圆，木庵别有笔中天。一家楷式由来妙，半世功名非偶然。我欲穷源仓颉上，谁能得趣鲁公前。鳌山成道宁无日，更为挑灯续

[①] 郭步艇. 平遥慈相寺勘察报告[J]. 文物季刊, 1990(1).

断篇。"①除性英外,其他僧侣中善书者亦不乏其人,如长清灵岩寺妙空禅师"又能书,大字得颜抑气质"②,释德务"颇工字画","释玄悟,能诗善书"③,祖玄"书写字字有规式"④。《定县志》记载了中山天宁寺内一则大定石刻,该石刻对一位僧人的书法大加赞赏:"宗上人示师晚年墨迹,疏而无间,密而有余。肥而不刺肉,瘦不露骨。观者如对影想见其人矣。"⑤可惜上述诸僧的真迹今已大多无传,好在留存至今的一些金代石刻保存了若干僧人的书法作品,可以帮助我们一睹金代僧人的真迹。中国国家图书馆现存皇统三年(1143)书《义井寺公和尚塔铭》拓本,书者为僧人了性。该僧生平不详,但观其所写《义井寺公和尚塔铭》,全文正书,字里行间疏朗敦厚,劲健朴直,得颜、柳之妙⑥。济南长清灵岩寺现存皇统九年(1149)刊刻的《寂照禅师塔铭》一通。该碑额题"寂照禅师塔铭"由僧人义诏采用小篆书写,字如铁线,盘曲无碍,劲爽可观。正文则由僧人无闻书丹,全文字体正书,既有欧、虞之风,又有一己之意,其从容厚重,直追晋唐⑦。灵岩寺所存另一通金碑《请涤公开堂疏》,由释义瑄书丹,额题采用篆书,宗法李阳冰,法度严整,正书用笔纵逸,颇见功力⑧。辽宁省辽阳博物馆所藏明昌年间之《胜严寺禅师塔铭》,由沙门善福书,全文正书,侧笔书空,锋颖锐出⑨。陕西户县大安元年(1209)《圭峰草堂诗刻》由释普定书写,该碑以行、草两种书体书写雪岩老人、史奕、田曦《游圭峰草堂诗》,书宗米芾,行书超逸,草书纵放,于古人意境之

---

① [元]刘秉忠. 藏春集:卷三:再观木庵书[M]//影印文渊阁四库全书:第一一九一册. 台北:台湾商务印书馆,1986:662.
② [金]张岩老. 长清灵岩寺妙空禅师塔铭[M]//[清]张金吾. 金文最:卷一百十. 北京:中华书局,1990:1584."抑"疑为"柳"。
③ [明]陶宗仪. 书史会要:卷八[M]. 徐美洁,点校. 杭州:浙江人民美术出版社,2012:234.
④ [金]王庭瑶. 德兴府矾山县圣泉柏山寺故通悟大师玄公塔铭并叙[M]//梅宁华. 北京辽金史迹图志:下. 北京:北京燕山出版社,2003:121.
⑤ 佚名. 蛰窟二字石刻[M]//石刻史料新编:第三辑:第二十四册. 台北:台湾新文丰出版公司,1986:300.
⑥ 伊葆力. 金代书画家史料汇编:释了性[M]. 北京:人民美术出版社,2010:23.
⑦ 伊葆力. 金代书画家史料汇编:释义诏、释无闻[M]. 北京:人民美术出版社,2010:30,31.
⑧ 伊葆力. 金代书画家史料汇编:释义瑄[M]. 北京:人民美术出版社,2010:169,170.
⑨ 伊葆力. 金代书画家史料汇编:释善福[M]. 北京:人民美术出版社,2010:177;王新英. 金代石刻辑校[M]. 长春:吉林人民出版社,2009:135.

外又多几分沉着与舒展①。上述金代僧人的生平事迹皆不见于书画史乘，亦少见于金人文集，可见这些僧人在当时未必是书法大家。但他们留下的姿态各异、犹如百花竞放的碑铭真迹却为我们了解金代僧人书法提供了难得的样本。

除一些僧人致力于书法创作外，金代的一些文学名士也创作了一批佛教题材的书法作品。赵秉文作为金代文坛巨匠，除擅长诗外，在书法领域也用力颇多。《金史》本传谓其"自幼至老未尝一日废书"，"字画则草书尤遒劲。"②他的诗歌、书法，早年"皆法子端，后更学太白、东坡，字兼古今诸家学。及晚年，书大进"③。时人对赵秉文的作品大加称赏，元好问誉之"闲闲公书，如本色头陀，学至无学，横说竖说，无非般若"④，又赞其"草书尤惊绝，殆天机所到，非学能至"⑤。这些评价说明赵秉文的书法尤其是草书已达很高境界。正因为如此，社会各界对赵秉文的书法作品求之若渴。由于赵秉文对佛老之道素有心得，因而他的书法作品中就不可避免地涉及佛教领域。例如，《北京图书馆藏中国历代石刻拓本汇编》就收录了赵秉文《圭峰法语刻石》拓片⑥，其书有力透纸背之感。可惜赵氏书迹传至今日者极为寥寥，幸而邓州市博物馆藏有一件正大七年（1230）赵秉文所书《般若波罗蜜多心经》石刻一通，让我们有机缘一睹赵氏佛教书法的真容。根据相关报道，《般若波罗蜜多心经》石刻宽135厘米，高35厘米，厚5厘米。竖刻行书《般若波罗蜜多心经》24行，行字5—13不等，全文266字。款署4行，30字："右《心经》。老来手腕无力，写不成字，□不可上石，虽宜之错爱，是彰丑拙也。秉文。"石刻左边刻5行、87字题跋："右翰林学士、礼部尚书赵君周臣，为友人大志书也。君心诸佛，了心公案，挈入无□藏中，期不朽于劫外。志俾邓之僧统湛杰刻诸石，庶后世信心者，观兹大法，则了诸心云。大金正大庚寅之七

---

① 伊葆力. 金代书画家史料汇编：释普定[M]. 北京：人民美术出版社，2010：220.
② 〔元〕脱脱，等. 金史：卷一百十：赵秉文传[M]. 北京：中华书局，1975：2428，2429.
③ 〔金〕刘祁. 归潜志：卷一[M]. 崔文印，点校. 北京：中华书局，1983：5.
④ 姚奠中. 元好问全集（增订本）：卷四十：跋国朝名公书[M]. 李正民，增订. 太原：山西古籍出版社，2004：834.
⑤ 姚奠中. 元好问全集（增订本）：卷十七：闲闲公墓铭[M]. 李正民，增订. 太原：山西古籍出版社，2004：404.
⑥ 佚名. 圭峰法语刻石[M]// 北京图书馆金石组. 北京图书馆藏中国历代石刻拓本汇编：第四十七册. 郑州：中州古籍出版社，1989：115.

祀五月望，唐邓帅府知事大志题。武安张宜刊。"根据石刻题跋，可知这幅《般若波罗密多心经》石刻是赵秉文晚年时为唐邓帅府知事大志所题，后由僧统湛杰刻石，武安张宜刊立。赵秉文赠书大志的目的，一方面是希望大志借《心经》之力"了心公案"，"不朽于劫外"；另一方面是希望借此唤醒世人，"庶后世信心者，观兹大法，则了诸心云"。从书法艺术的角度看，此书虽为赵氏晚年作品，赵氏自谦"手腕无力"，"写不成字"，但仍然笔力纵横，书写流畅，章法错落有致，运笔灵动自然，堪称金代写经体的代表作[①]。值得注意的是，赵秉文所书《心经》非此一幅，王恽《秋涧集》有《跋闲闲公草书心经》曰："般若经前后文辞重复，公书之，字字姿态不同。所谓堂堂天阵，临机制变，出奇无穷者也。"[②]前述河南省邓州博物馆收藏的赵氏《般若波罗蜜多心经》为行书作品，而王恽提到的这幅作品为草书，可见这是字体不同的两幅作品。可惜赵氏的草书《心经》今天未能存世，令我们无缘得见飘逸之姿。但由此两幅作品可以推断，由于赵氏出众的书法艺术，加之晚年崇信佛教，"颇以禅语自污"[③]，因而他的涉佛书法作品应该还有更多，仅仅是未见著录罢了。

  金代文人士大夫的佛教书法作品并不仅限于书写佛经。文人雅士为高僧大德名寺大刹撰写的碑铭也是佛教书法的一部分，而且单就存世数量看，这部分涉佛书法作品更多一些。例如，任询，字君谟[④]，号南麓，正隆二年（1157）进士，金代著名书法家，《金史》本传谓其"书为当时第一"[⑤]。时人对任氏书艺亦有评价：元好问谓"任南麓书，如老法家断狱，纲密文峻，不免严而少恩"[⑥]；王恽谓"南麓书在金大定间号称独步"[⑦]，《任君谟表海亭诗跋》谓"当为本朝第一"[⑧]。任南麓为天下推重

---

①许满贵. 金代礼部尚书赵秉文书《般若波罗密多心经》[J]. 东方收藏，2010(11).

②〔元〕王恽. 秋涧集：卷七十二：跋闲闲公草书心经[M]. 长春：吉林出版集团有限责任公司，2005：947.

③〔元〕脱脱，等. 金史：卷一百十：赵秉文传[M]. 北京：中华书局，1975：2429.

④伊葆力. 金代碑石丛稿[M]. 郑州：中州古籍出版社，2004：46-48.

⑤〔元〕脱脱，等. 金史：卷一百二十五：任询传[M]. 北京：中华书局，1975：2719.

⑥姚奠中. 元好问全集（增订本）：卷四十：跋国朝名公书[M]. 李正民，增订. 太原：山西古籍出版社，2004：834.

⑦〔元〕王恽. 秋涧集：卷七十一：跋任南麓所临潜珍阁铭为大阳津张提举彦亨赋：总一百八字：提刑王子勉日曰数珠帖[M]. 长春：吉林出版集团有限责任公司，2005：933.

⑧佚名. 任君谟表海亭诗跋[M]// 〔清〕张金吾. 金文最：卷四十九. 北京：中华书局，1990：715.

如此，自然少不了为佛教寺院、有道高僧题写碑铭，《蓟州玉田县永济务大天宫寺碑》就是他的书法作品。大定十二年（1172），该碑由赵摅撰文，任询书丹。立于今河北省丰润县的原碑已毁，现只余拓片。从拓片来看，碑文以颜体大楷写就，书风劲壮，用笔老到，清代著名金石学家叶昌炽赞该碑书法"突兀奇伟、壁立千仞，亦颇似柳诚悬"①，可称至论。

党怀英，字世杰，号竹溪，谥文献，大定十一年（1171）进士，历官翰林待制、翰林学士承旨等职。党怀英的书法尤其是篆书久为世人称道。元好问谓"党承旨正书八分，闲闲以为百年以来无与比者，篆字则李阳冰以后一人，郭忠恕、徐常侍不论"②；元代著名文士袁桷称"翰林承旨党公篆法妙一时，所书'杏坛'二字，刻于曲阜，蔼然风雩之意，千载一日也"③。党怀英一生书写的佛教碑刻较多，如《日下旧闻考》记载，"北京庆寿寺碑，金党怀英八分书，最妙"④。《元一统志》记载，弘法寺由"翰林侍讲学士党怀英篆额"⑤。奉福寺落成后，"秘书丞骑都尉乔宇记，翰林修撰李著书，承旨党怀英篆"⑥。大永安寺由"金翰林修撰党怀英奉敕书"⑦。党氏保存至今的佛教碑刻作品有《重修天封寺碑》《庆寿寺碑》《灵岩寺田园记》《普照寺照公禅师塔铭》《谷山寺碑》等⑧。这为我们品鉴党氏佛教书法艺术提供了有利条件。在党怀英存世佛教碑刻中，以《重修天封寺碑》《谷山寺碑》最具代表性。《重修天封寺碑》立于大定二十四年（1184），现存于山东省泰安市。该碑由党怀英撰文并书丹，以正楷书写。观其碑刻字体，丰润茂美，自然纯真，落笔厚重，刚柔相济，楷法宗唐学汉，兼颜柳之妙。《谷山寺碑》亦现存于山东省泰安市，为党怀英于泰和

---

① [清]叶昌炽. 语石校注：卷七[M]. 韩锐，校注. 北京：今日中国出版社，1995：719.

② 姚奠中. 元好问全集（增订本）：卷四十：跋国朝名公书[M]. 李正民，增订. 太原：山西古籍出版社，2004：834.

③ [元]袁桷. 清容居士集：卷五十：书党承旨篆杏坛二字后[M]//影印文渊阁四库全书：第一二〇三册. 台北：台湾商务印书馆，1986：662.

④ [清]于敏中，等. 日下旧闻考：卷四十三：城市[M]. 北京：北京古籍出版社，1983：682.

⑤ [元]孛兰肹，等. 元一统志：卷一：中书省统山东西河北之地[M]. 赵万里，校辑. 北京：中华书局，1966：27.

⑥ [元]孛兰肹，等. 元一统志：卷一：中书省统山东西河北之地[M]. 赵万里，校辑. 北京：中华书局，1966：34.

⑦ [元]孛兰肹，等. 元一统志：卷一：中书省统山东西河北之地[M]. 赵万里，校辑. 北京：中华书局，1966：35.

⑧ 王守民. 论金代党怀英书法及其篆书艺术之创新[J]. 赣南师范学院学报，2011（4）.

元年（1201）篆额并书丹。碑额篆书，正文隶书，篆书端庄古朴，点画劲挺，隶书挺拔朴素，疏朗有致，足为金代佛教书法作品之楷模。

除任询、党怀英的佛教书法作品外，正隆五年（1160）进士路伯达山东长清《题灵岩寺诗刻》也值得称赞。该诗于明昌五年（1194）由灵岩寺住持广琛立石，全文正书，书法雄健挺拔，规整方折，率意流畅[①]。此外，见于记载或有涉佛书迹留传于世的还有王竞、赵沨、杨邦基、张汝为、贾少冲等人。上述诸贤的书法作品大致能够代表金代佛教书法的风貌，其特点：一是取材范围较广，佛经、诗句、高僧行状等都可以成为书写对象；二是名家汇集，以性英、党怀英等人为代表的书法大家因缘际会，形成一支实力可观的佛教书法队伍；三是精品不断，前文所述赵秉文之《般若波罗蜜多心经》、党怀英之《谷山寺碑》皆成一代楷模，足可垂范后世。

（二）佛教绘画

佛教绘画是金代佛教艺术的重要组成部分。金代一些僧人善于绘画，元好问就曾赋诗赞扬僧人归义"画出林泉亦可人"[②]。同时，一些文人士大夫也创作了涉及佛教内容的绘画。这些画作形式不同，内容各异，有些收藏在僧宇寺院，如山西省盂县建福院就收藏各种佛教书画354轴[③]。明昌年间，王寂巡行辽东时，留宿宜民县福严院，"饭罢，寺僧出示画十六罗汉像，予观其笔意高远，殆非寻常画师所能到"。王寂留宿懿州宝严寺时，"宝严僧上首溥公出示墨竹四幅"。在咸平府，王寂又于某寺方丈内看到"壁间有著色维摩居士像，其隐几示病，挥犀语道，俱有生意。详其顾盼领略，是必与文殊对谈之际，惜乎两幅之失其一也"[④]。

上述寺院所藏佛教绘画，有些为前代所遗，有些为时人所作。但这些画作未能传世至今，我们无法对画作的水平作准确判断。幸而一些金代寺院壁画保存至今，可以帮助我们一睹金代佛教壁画的真容。岩山寺壁画、

---

① 伊葆力. 金代书画家史料汇编：路伯达[M]. 北京：人民美术出版社，2010：124；全金石刻文辑校[M]. 王新英，辑校. 长春：吉林文史出版社，2012：367.

② 伊葆力. 金代书画家史料汇编：释归义[M]. 北京：人民美术出版社，2010：249.

③ 李裕民，郑关润. 盂县建福院的金代碑刻[J]. 文物季刊，1989(1).

④ 贾敬颜. 五代宋金元人边疆行记十三种疏证稿：王寂《辽东行部志》疏证稿[M]. 北京：中华书局，2004：273，283，306，307.

崇福寺壁画堪称金代佛教壁画艺术的代表。

繁峙县岩山寺原名灵岩院，位于今山西省繁峙县天岩村。根据寺内碑刻推断，该寺应创建于宋元丰至金正隆年间。寺院建成后，元、明、清各代屡有修缮，但文殊殿内的金代壁画并未改绘，因而为我们留下了宝贵的金代寺院壁画样本[①]。根据专家研究，文殊殿壁画各有所表，西壁为佛传故事，该幅壁画以40余处题记逐一标明故事内容，反映出从佛陀诞生到求法、传法的诸多场景；东壁除佛、菩萨外，多为本生故事和经变故事。北壁西隅为航海商船遭难故事，北壁东隅画舍利塔院。

岩山寺壁画在金代艺术史、佛教史上具有重要地位。画面中的楼台亭阁、草木山水设色清丽、层次分明、布局严谨、意境深远，而画中人物或雍容华贵，或秀丽娴静，或追逐嬉戏，或闭目熟眠，姿态各异，生动传神。这些壁画除了讲述佛教故事外，还生动地反映了当时的社会生活。北壁西隅所画航海图展现了宋金时期惊心动魄的远洋生活，而东壁中央绘制的一组宫廷建筑则反映了上层社会的宫廷生活。西壁上绘制的酒楼、街市、行人摊贩形象地表现了当时的市井生活，这对我们了解宋金时期社会生活面貌具有重要参考作用。

关于岩山寺壁画的画师，西壁有墨书题记云："御前承应画匠王逵同画人王遵"，"首□□□□发诚心谥舍净财愿画西壁□诸人名姓如后：□□赵园□□母段氏霍庙韩氏王政高氏博德母冯氏□□母王氏……大定七年前□□二十八日画了灵岩院普□画匠王逵年陆拾捌并小起王辉宋琼福喜润喜。"[②]同时，岩山寺院内东隅有正隆三年（1158）石碑一通，碑末结衔题刻明确记载"御前承应画匠王逵同画人王道"[③]。由此可以判明，岩山寺壁画是画师王逵、王道等人的作品。这两位画师的生平不见载于史籍，但为岩山寺作画的历程则从正隆三年（1158）持续到大定七年（1167），前后达十年之久。他们用自己的艰辛劳动和高超画艺为金代佛教绘画艺术留下了浓重的一笔。

崇福寺位于山西省朔州市，始建于唐高宗麟德二年（665），金熙宗皇

---

① 金维诺. 中国寺观壁画典藏：山西繁峙岩山寺壁画[M]. 石家庄：河北美术出版社，2001：1-11.

② 柴泽俊. 岩山寺文殊殿壁画[J]. 五台山研究，1990(4).

③ 〔金〕张□，〔金〕李□. 繁峙灵岩院水陆记碑[M]// 王新英. 金代石刻辑校. 长春：吉林人民出版社，2009：29.

统三年（1143）增建弥陀殿。该殿为目前国内为数不多的保存完好的金代建筑之一，而弥陀殿内的金代壁画尤为珍贵，其总面积有327平方米之多[①]。

崇福寺弥陀殿壁画以佛教为主题，壁画内容比较单一，皆为说法图。但绘画手法丰富多彩，人物形象栩栩如生。南壁千手千眼十八面观音菩萨演法图画面高达4.68米，气势宏伟。就观音的细部来看，其颈部幻化出大小不同的十八副面孔，大小虽异，神情相若，逐层收窄，呈金字塔形。观音胸前的六只手臂皆成说法手式，层层叠压，每只手手心中各有一眼，每手各执一件法器。观音像左下方有婆薮天微曲身体，扶杖仰望；右下方有吉祥天双手合十，侍立一旁。千手千眼观音大慈大悲，救苦救难，是中国佛教信徒最为尊崇的菩萨之一。在佛教绘画中，由于观音千手千眼之故，层次容易错乱，因而绘画难度很高。弥陀殿的这幅千手千眼观音面容慈祥、构图精美、气势宏大，是古代千手千眼观音演法图的佼佼者。弥陀殿的东、西两壁各画三组说法图（东壁有一组残缺），画面内容为佛陀端坐中间，佛像两侧有二胁侍菩萨身着华美服饰，手捧各种法器侍立。佛像顶部施有飞天，身着长带，曼舞云端。

崇福寺弥陀殿金代壁画虽然在画面内容上比之岩山寺壁画略显单一，但其高超的艺术水平仍然值得肯定。从壁画的整体风格来看，弥陀殿壁画留有浓重的唐代印迹，但仍不乏独特创造。例如，就绘画技法来看，以朱红、石绿为主的画面色调、沥粉贴金的人物修饰大大增强了壁画的立体感和神秘感。就布局来看，虽然画面人物众多，但布局疏朗有序、主次分明、对比强烈，因而弥陀殿壁画是一组具有独特艺术魅力，充分反映金代佛教绘画水平的佳作。

第三节　金代的佛经刊刻

佛教认为，印造刊刻佛经功德无量。《金刚经》《法华经》《维摩诘经》等佛教经典都明确载有书写、传播、受持佛经的功德，因抄写、刊

[①] 赵达. 朔州崇福寺[J]. 五台山研究，1993(1)；金维诺. 中国寺观壁画典藏：山西朔州崇福寺壁画[M]. 石家庄：河北美术出版社，2001:1-11.

第五章　金代佛教文学、艺术与佛经刊刻

刻、念诵佛经而免灾脱厄的事例屡见于佛教史籍。在传播佛经的诸种方式中，刊刻佛经的功德尤大，佛家谓"印施有尽，若书而刻之则无尽"①。因此，自佛教传入中国后，热衷刊刻佛经者历代相承，金代亦然。

一、金代的单刻佛经

在金代佛教信众中，手抄佛经广泛流行，宇文虚中曾写《金刚经》②，王寂曾"手书金银字《金刚经》，受持读诵。以余散施诸善知识，欢喜奉行，成就第一稀有之法"③，华严惠寂"以华严为业，手钞全经"④。由于手抄经书受益范围有限，为广种福田，一些信众采取刻印单本佛经以布施八方的做法。泾州观音院百万和尚"镂版印施《大般若经》数千卷，于先人墓侧，广济僧众，欲报昊天罔极之德也"⑤。章宗之子洪辉病愈后，章宗"印《无量寿经》一万卷报谢"⑥。大定十三年（1173），平阳府洪洞县令耶律承信并妻大氏刻《高王观世音经》；贞元三年（1155），平阳府长命村刘友张氏刻《佛说生天经》⑦。金代的刻经之风也得到考古学印证。20世纪60年代，山西曲沃县广福院发现一批佛经，其中一件为《妙法莲华经岩前记》，总卷数不详，现存5卷，卷一之末题雕版年月"时戊辰岁仲秋月毕手"。根据这批出土文物中其他经卷的雕印时间推断，该段题记中的"戊辰"应为金熙宗皇统八年（1148）。这些文物中还有《成唯识论了义灯钞科文卷中》，卷末题名中有"阜昌丁巳醴州乾明院比丘道溥，愿心劝缘校勘重雕记"字样。阜昌为伪齐年号，"阜昌丁巳"即阜昌八年（1137）。从这些题名来看，上述两件经卷皆为金代雕

---

① 苏轼文集：卷六十六：书楞伽经后[M]．孔凡礼，点校．北京：中华书局，1986：2085，2086．
② [金]元好问．中州集：卷一：予写金刚经与王正道，正道与朱少章复以诗来，辄次二公韵[M]．长春：吉林出版集团有限责任公司，2005：5．
③ [金]王寂．书金刚经后[M]//阎凤梧．全辽金文．太原：山西古籍出版社，2002：1448-1449．
④ 姚奠中．元好问全集(增订本)：卷三十一：华严寂大士墓铭[M]．李正民，增订．太原：山西古籍出版社，2004：640．
⑤ [金]释大䴉．观音院碑[M]//[清]张金吾．金文最：卷八十五．北京：中华书局，1990：1244．
⑥ [元]脱脱，等．金史：卷九十三：章宗诸子传[M]．北京：中华书局，1975：2059．
⑦ 李晋林．金元时期平水刻版印刷考述：上[J]．文献，2001(2)．

印,它从实物角度印证了金代单刻佛经的情况[1]。

二、《赵城金藏》的雕印情况

自佛教传入以来,中国历史上诞生过多部《大藏经》,如《开宝藏》《契丹藏》等。金代国祚虽短,经济发展水平有限,但也曾雕印藏经,此即《赵城金藏》。这部金代藏经全藏采用千字文次第编目,自"天"字起至"几"字止,计682帙,每帙10卷或略有增减,约7000卷。20世纪上半叶发现该藏经时仅存4957卷,此后几经散佚,目前仅存4813卷[2]。因该藏经于20世纪30年代首次发现于赵城县广胜寺,故称《赵城金藏》。

雕印《赵城金藏》是中国出版史、佛教史上的重大事件。20世纪30年代,《赵城金藏》被世人发现以来,学术界对该藏经进行了深入细致的研究,学术界涌现了一大批高水平的研究成果。在现有成果基础上,笔者就几个需要澄清的问题梳理如下:

(一)关于《赵城金藏》的主要募刻人

《赵城金藏》是一部由民间募集资金雕印而成的藏经。该藏经的主要募刻人究竟为谁?对此,学术界看法不一。在相当长的时间里,一些学者认为是金代潞州女子崔法珍。例如,有学者提出《赵城经藏》是由崔法珍首倡募刻的[3],"《金藏》的首倡者是潞州人崔法珍"[4]。即使权威的《佛教大辞典》也认为,"此藏发起募刻者为崔法珍"[5]。学术界之所以得出这个结论,主要是受史料限制。1994—1995年,李际宁在北京图书馆善本部发现了有关崔法珍刊雕《赵城金藏》的两则新史料:其一为《最初敕赐弘教大师雕藏经板院记》;其二为《最初雕造大藏经板》。[6]李际宁据此提出传世文献中"赵沨碑"的碑名应该就是该次发现的《最初敕赐弘教大师雕

---

[1] 赵冬生. 山西曲沃县广福院发现宋金(齐)佛经[J]. 文物,1994(7).
[2] 任继愈. 佛教大辞典:"金解州天宁寺大藏经"条[M]. 南京:凤凰出版社,2002:804.
[3] 孙安邦. 金代河东雕印《大藏经》[J]. 山西文史资料,2000(12).
[4] 李富华,何梅. 汉文佛教大藏经研究[M]. 北京:宗教文化出版社,2003:98.
[5] 任继愈. 佛教大辞典:"金解州天宁寺大藏经"条[M]. 南京:凤凰出版社,2002:804.
[6] 李际宁.《金藏》新资料考[M]// 方广锠. 藏外佛教文献:第三辑. 北京:宗教文化出版社,1997:446-463.

藏经板院记》，从而将《赵城金藏》研究向前大大推进了一步。但由于这两则史料着重描述崔法珍断臂雕藏史事，没有言及他人对雕藏的贡献，从而未能纠正史学界此前对主要募刻者的误断。2003年，运城市博物馆王泽庆发表《解州版〈金藏〉募刻的重要文献——雕藏经主重修大阴寺碑考释》①，该文披露了山西绛县太阴寺藏元代《雕藏经主重修大阴寺碑》（以下简称《雕藏碑》）的详细内容。该碑立于元大德元年（1297），详述了金代募刻大藏经的缘起、经过，明确提出实公律师幼年出家，于潞州长子县收崔法珍为徒，后于金台天宁寺纠徒三千余人雕造大藏经板。大定十六年（1176）实公圆寂之际，瞩众徒续雕经板。崔法珍受师所托，续雕藏经。这通碑刻所载史事清楚表明，首倡募刻《赵城金藏》者为实公律师，最终完成者为崔法珍。《雕藏碑》的发现纠正了因史料不足造成的对《赵城金藏》主要募刻者的误解，明确了实公律师、崔法珍曾经先后主持募刻事业的史实。这通碑文发表后，有些学者据此展开新的研究，得出"《金藏》的雕刻工作，应主要是以'解州天宁寺开雕大藏经板会'名义，由天宁寔公法师和崔法珍大师二人先后主持完成"②的新结论。但是，迄今仍有一些学者认为募刻《赵城金藏》的首倡者是崔法珍，这可能和《雕藏碑》的内容流传不广有关。关于《赵城金藏》主要募刻者的研究再次告诉我们，史料不足是制约金史研究的主要因素，很多金史问题都有待发现更多史料之后才能作出更加准确的分析。

（二）关于雕印《赵城金藏》的起止时间

关于雕印《赵城金藏》的起止时间，主要有几种观点：一种认为从皇统九年（1149）开始，至大定十三年（1173）刻成③；一种认为"约自金皇统八年（1148）刻至大定十三年（1173）"④；一种认为应是天眷二年（1139）至大定十三年（1173）⑤；一种认为约于天眷元年（1138）始刻，

---

① 王泽庆. 解州版《金藏》募刻的重要文献:雕藏经主重修大阴寺碑考释[J]. 文物世界,2003(4).
② 张德光. 关于赵城《金藏》研考中几个问题的商榷[J]. 文物世界,2006(1).
③ 蒋唯心. 金藏雕印始末考[M]//张曼涛. 大藏经研究汇编:上. 台北:大乘文化出版社,1977:223.
④ 朱雅珍. 赵城金藏考[J]. 晋阳学刊,1984(4).
⑤ 李富华.《赵城金藏》研究[J]. 世界宗教研究,1991(4).

大定十三年（1173）刻成[①]；一种认为始刻于皇统九年（1149），雕刻完成于大定十八年（1178）[②]。上述诸说各持一理，莫衷一是，幸而《赵城金藏》册页题记及前述《雕藏碑》的问世为我们解决这一问题提供了线索。

关于雕印藏经的起始时间，《赵城金藏》"日"字帙《大般若经》卷八十二尾跋云：

> 蒲州河津县第四都西毋村，施雕大藏般若经□卷，都维那毋戬、维那王行者，助缘维那等毋尤、薛谨、（人名略）奉为报答龙天八部，四恩三有，法界众生，同成佛果。皇统九年己巳岁。[③]

《赵城金藏》现有140余条施经题记，此条是时间最早的一条，因而题记中"皇统九年"的记载可以帮助我们确定该年即为刻印的起始年代。

关于《赵城金藏》的完成时间，《雕藏碑》明确提到，大定十六年（1176）实公律师圆寂时，将雕印佛经之事托付众徒。这表明直至大定十六年（1176）藏经尚未雕完。因此，"大定十三年雕完说"不能成立。而李际宁新发现的《最初雕造大藏经板》提到"大定十有八年，始印一藏进于朝"。这一史事也得到了《雕藏碑》的确认，"大定十八年，将所雕藏经部失卷目总录板数，表奏朝廷"[④]，从而确认大定十八年（1178）应为藏经雕完时间。因此，雕印《赵城金藏》的起止时间应是自皇统九年（1149）至大定十八年（1178），前后历时30年。

（三）《赵城金藏》在金元时期的补雕与印造

大定十八年（1178），崔法珍将藏经交给朝廷，世宗"仍赐钱千万，泊内阁施钱五百万起运经板。至二十一年至京师，其所进经板凡一十六万八千一百一十三面，为卷六千九百八十"。从现存史料看，崔法珍雕印的

[①] 孙安邦. 金代河东雕印《大藏经》[J]. 山西文史资料，2000（12）.
[②] 咸增强. 当代出版史作中的《金藏》募刻问题[J]. 运城学院学报，2011（4）.
[③] 蒋唯心. 金藏雕印始末考[M]// 张曼涛. 大藏经研究汇编：上. 台北：大乘文化出版社，1977：223.
[④] 李际宁.《金藏》新资料考[M]// 方广锠. 藏外佛教文献：第三辑. 北京：宗教文化出版社，1997：451；王泽庆. 解州版《金藏》募刻的重要文献：雕藏经主重修大阴寺碑考释[J]. 文物世界，2003（4）.

这些经板并不完备。据《最初雕造大藏经板》介绍，大定二十一年（1181），经板运至京师后，世宗"敕命有司选通经沙门道遵等五人教正"[1]。《雕藏碑》也提到经板到京后，云公大师"遵师遗嘱，于新田、翼城、古绛三处，再起作院，补雕藏经板数圆备"[2]。金元之际，澄徽和尚"以补印《藏经》，赐号寂照通悟大禅师"[3]。又据"大朝戊子岁"即正大五年（1228）立石的《山前等路僧尼都提领赐紫觉辩大师源公塔铭》记载，"都城洪法寺补修藏经板，以师为提领，三年雕全，师之力居多焉"[4]。这些史料说明，《赵城金藏》是经多人努力逐渐完善的，并非一蹴而就。补雕的原因，或因崔法珍雕板本身就不完备，或为金元战火对原有经板造成了破坏。因此，入元之后，《赵城金藏》又经大规模的补雕[5]。

《赵城金藏》经板雕成后，于大定十八年（1178）首先印造一藏，世宗敕旨供奉于大圣安寺。这是《赵城金藏》首次整体印刷。此外，金元时期，《赵城金藏》曾多次印刷。据《雕藏碑》记载，泰和二年（1202）前后，云公大师"更向绛县张上村中，构修堂殿，印造藏经"[6]。据《济州普照禅寺照公禅师塔铭》记载，智照大师"闻京师宏法寺有藏教板"，乃"往彼印造之"，"遂至其寺。凡用钱二百万有畸，得金文二全藏以归"[7]。入元后，《赵城金藏》也曾有过印本行世。据有关学者研究，元世祖在位期间曾经印制三十六部大藏经，遣使分赐各地，广胜寺所存《赵城金藏》即是此次所赐[8]。20世纪80年代，中华书局又以《赵城金藏》为底本，编

---

[1] 李际宁.《金藏》新资料考[M]//方广锠.藏外佛教文献：第三辑.北京：宗教文化出版社：1997：451.

[2] 王泽庆.解州版《金藏》募刻的重要文献：雕藏经主重修大阴寺碑考释[J].文物世界，2003（4）.

[3] 姚奠中.元好问全集（增订本）：卷三十一：徽公塔铭[M].李正民，增订.太原：山西古籍出版社，2004：657.

[4] 佚名.觉辩大师源泉公塔铭[M]//石刻史料新编：第三辑：第二十四册.台北：台湾新文丰出版公司，1982：465.

[5] 元朝时期《赵城金藏》的补雕情况，参见：何梅.《赵城金藏》的几个问题[J].中国典籍与文化，2008（3）；李富华，何梅.汉文佛教大藏经研究[M].北京：宗教文化出版社，2003：101-110.

[6] 王泽庆.解州版《金藏》募刻的重要文献：雕藏经主重修大阴寺碑考释[J].文物世界，2003（4）.

[7]〔金〕赵渢.济州普照禅寺照公禅师塔铭[M]//〔清〕张金吾.金文最：卷一百十一.北京：中华书局，1990：1593.

[8] 李富华，何梅.汉文佛教大藏经研究[M].北京：宗教文化出版社，2003：109，110.

辑出版了《中华大藏经》，古老的《赵城金藏》焕发出新的生机。

三、房山云居寺石经的金刻部分

房山云居寺石经亦称房山石经，现存于北京市房山县大房山（亦称石经山），是中国现存规模最大的汉文大藏经之一，也是中国古代石刻艺术的宝库。房山石经最早由隋末唐初幽州沙门静琬刻石，目的在于防止佛经被焚，佛法毁灭。静琬圆寂后，经辽、金、元、明、清历代续刻，共镌刻佛教典籍1100多种，3500余卷，15000余石，分藏于石经山九个洞内和云居寺南塔前的地穴中[①]。1956—1958年，中国佛教协会对房山石经进行了全面调查、发掘和拓印工作，房山石经研究进入了一个新阶段。

房山石经的镌刻是中国佛教史上的大事，更是金代佛教史上的壮举。学术界对房山石经的金刻部分已经开展了非常深入的研究。其中，最重要的成果是归纳总结了金代续刻房山石经的情况。现有研究认为，金代刻经始于天会十年（1132），终于明昌二年（1191）或略晚[②]，而且金代刻经是在辽代基础上延续而行的。具体来说，山西奉圣州保宁寺沙门玄英和俗弟子史君庆撰刻《镌葬藏经总经题字号目录》记述了辽金两代所刻自"覆"字至"八"字佛经二十七帙。在上述经卷中，"景"字的后一部分及自"行"至"八"后十四帙为金天会十年（1132）至天眷三年（1140）涿州知州张玄徵等募刻。金天眷三年（1140）以后，自皇统元年（1141）至皇统九年（1149），刘庆余、玄英及史君庆等续刻了自"刻"字至"多"字，共三十九帙石经。天会至天眷年间（1123—1140），燕京圆福寺沙门见嵩发心造《大瑜伽金刚性海曼殊室利千臂千钵大教王经》十卷。皇统九年（1149）至明昌之初的四十余年间，刘承相夫人韩氏、张守仁、完颜永中等曾刻了自"履"至"息""取""定"共二十帙石经[③]。此外，辽代新撰《一切佛菩萨名号集》等也是金代所刻。总体来看，自天眷三年（1140）直至明昌年间，除刻全小乘四部《阿含经》一百八十三卷，其余多是密教经典，宋译三十帙经，以及中国贤圣集著。刻经仍以《契丹藏》

[①] 北京图书馆金石组,中国佛教图书文物馆石经组. 房山石经题记汇编[M]. 北京：书目文献出版社,1987:前言1.

[②] 黄炳章. 房山石经辽金两代刻经概述[J]. 法音,1987(5).

[③] 杨亦武. 云居寺[M]. 北京：华文出版社,2003:87-89.

为蓝本，石刻款式与辽代通理大师及辽金之际沙门玄英石刻款式相同，唯校勘、书法及镌刻不及远甚①。

金代刻经的储藏地点，"只有燕京圆福寺沙门见嵩所刻《大瑜伽金刚性海曼殊室利千臂千钵大教王经》藏于石经山藏经洞内，其他刻经则均藏于云居寺内的地穴里"②。

房山石经除经文本身具有重要的宗教意义和文化意义外，房山石经题记在金代佛教史上也具有特殊意义。这些经末题记涉及施主姓名、职务、身份、刻经目的、施金数量、刻经条目等，生动地反映了金朝时期的佛教信仰。将这些题记进行归纳分类，能够获得许多重要信息。

（一）从题记看捐刻者的身份

房山石经的金刻部分大多在经末刻有捐刻者姓名、身份等信息，这为我们分析佛教对金代社会的影响提供了有利条件。就捐献者身份来看，有的是官员及眷属，如《魔逆经》的施主为彰信军节度使知涿州军州事张玄徵妻广陵郡夫人高氏③。《诸法最上王经》的捐刻者除前述所记高氏外，还有忠正军节度使同知东京大计事高庆宁④。施刻《八部佛名经》的为金紫崇禄大夫、检校太傅行骠骑大将军知涿州军州事上骑都尉清河县开国侯张企徵、兰陵郡夫人萧张氏、小男庆孙⑤。皇统九年（1149）《佛说长阿含经》的捐刻者有奉国上将军燕京管内都商税点检加护军特封广平县开国侯程献花⑥。有的是僧人，如天会十年（1132）《离垢菩萨所问礼佛法经》的捐刻者有东京广祐寺通微大师⑦，《增壹阿含经》的捐刻者包括上京长庆寺僧人存灵、广时，新城县花严寺妙严大德赐紫尼圆定、中都宝因院故尼宝

---

① 任杰. 略述房山石经概况及其价值[J]. 佛教文化,1989(0).
② 杨亦武. 云居寺[M]. 北京:华文出版社,2003:89.
③ 北京图书馆金石组,中国佛教图书文物馆石经组. 房山石经题记汇编[M]. 北京:书目文献出版社,1987:414.
④ 北京图书馆金石组,中国佛教图书文物馆石经组. 房山石经题记汇编[M]. 北京:书目文献出版社,1987:427.
⑤ 北京图书馆金石组,中国佛教图书文物馆石经组. 房山石经题记汇编[M]. 北京:书目文献出版社,1987:425.
⑥ 北京图书馆金石组,中国佛教图书文物馆石经组. 房山石经题记汇编[M]. 北京:书目文献出版社,1987:497.
⑦ 北京图书馆金石组,中国佛教图书文物馆石经组. 房山石经题记汇编[M]. 北京:书目文献出版社,1987:426.

信、中都南讲院尼圆如、川州咸康县累因寺尼善灵等①众多僧人。有的是普通百姓，在《大智度经论》的捐刻名单中，包括高琮书、张公才、杨忠信、韩公才、高文奴、李永祥等众多人员既不书官职，亦不记地名的捐刻者②，他们应是普通百姓。

就捐刻者的民族成分来看，除汉族人之外，还有一些是女真人、契丹人。《大乘四法经》的捐刻者为斡离也公主，她应当是一位女真人③。《杂阿含经》的捐刻者中有一位是皇伯汉王，学术界已经考证，这位皇伯汉王就是世宗长子完颜永中④。《人本欲生经》的捐刻者为完颜斜鲁虎、金源县君内剌⑤，而《修习般若波罗蜜菩萨观行念诵仪轨》《金刚顶瑜伽他化自在天理趣会普贤修行念诵仪轨》《仁王般若陀罗尼释》等佛教经典的捐刻人耶律氏无疑是一位契丹人⑥。上述捐刻者社会地位、民族成分虽然不同，财力情况也千差万别，但他们都慷慨施财，这从一个侧面说明了金代佛教的普及程度和社会影响力。

（二）从题记看捐刻目的

静琬等人在隋末唐初镌刻石经时，根本目的是鉴于前代灭法惨祸，遂刻经于石，以防止佛经失传。静琬在《镌华严经题记》中有言："未来之世，一切道俗法幢将没，六趣昏冥，人无慧眼，出离难期。每寻斯事，悲恨伤心。今于此山镌鏊华严经一部，永留石室，劫火不焚，使千载之下，惠灯常照，万代之后，法炬〔恒〕明。"⑦显然，静琬刻经并非为个人祈福，而是防止未来法灭。但刻经延续到金代，刻经目的发生了重大转变。

---

①北京图书馆金石组,中国佛教图书文物馆石经组. 房山石经题记汇编[M]. 北京:书目文献出版社,1987:515,516,517.

②北京图书馆金石组,中国佛教图书文物馆石经组. 房山石经题记汇编[M]. 北京:书目文献出版社,1987:456,457,458.

③北京图书馆金石组,中国佛教图书文物馆石经组. 房山石经题记汇编[M]. 北京:书目文献出版社,1987:424.

④黄炳章. 房山石经辽金两代刻经概述[J]. 法音,1987(5).

⑤北京图书馆金石组,中国佛教图书文物馆石经组. 房山石经题记汇编[M]. 北京:书目文献出版社,1987:531.

⑥北京图书馆金石组,中国佛教图书文物馆石经组. 房山石经题记汇编[M]. 北京:书目文献出版社,1987:569,570.

⑦北京图书馆金石组,中国佛教图书文物馆石经组. 房山石经题记汇编[M]. 北京:书目文献出版社,1987:1-2.

从金代刻经题记来看，有的是为亡过父母、妻女、丈夫、先祖祈福。例如，在《佛说长阿含经》的捐刻者中，易州涞水县张宗仁"为亡妻刘氏续造此经一卷"；中都刘大王曹国妃韩氏"为先亡国王并合家眷属法界众生续造此经"[①]。在《增壹阿含经》的捐刻者中间，宛平县刘庆初"为亡过父母造此经碑"；张阿李、张阿杨"各为亡夫，同造此碑"；刘珪"为亡父造此经碑"；皇伯赵王"奉为先皇世宗圣明仁孝皇帝造"[②]。有的是为除自身恶业，如捐刻《佛说出生一切如来法眼编照大力明王经》的燕京刘师言、刘阿孟都为自身恶业，续造此经[③]。有的是为父母祈福，如奉圣州李忠吉捐刻《大乐金刚不空真实三昧耶经般若波罗密多理趣释》是"为见在生身父李世严并母同办此经碑"[④]。有的则没有明确的亲属指向，而是为法界一切众生祈福消灾。这类题记在僧人刻经中尤为常见，如《增壹阿含经》的一则题记为"施主新城县花严寺妙严大德赐紫比丘尼圆定奉为法界众生续办此经一卷"[⑤]，《杂阿含经》的一则题记为"中都宝集寺柔大德奉为法世亡灵见佛闻法造[⑥]，《佛说楼阁正法甘露鼓经》的一则题记为"施主燕京不显名僧为劫房人口法界先亡造此经碑"[⑦]。凡此种种，其祈福对象虽有不同，但其捐刻目的都是为特定个体或大众祈福。这与静琬初刻石经时"为未来佛［法］难时拟充经本"[⑧]的初衷已大相径庭。这种变化说明，金代僧众捐刻石经虽与宗教信仰有关，但更多的则是关乎功利，善男

---

① 北京图书馆金石组，中国佛教图书文物馆石经组. 房山石经题记汇编[M]. 北京：书目文献出版社，1987：499，500.

② 北京图书馆金石组，中国佛教图书文物馆石经组. 房山石经题记汇编[M]. 北京：书目文献出版社，1987：518.

③ 北京图书馆金石组，中国佛教图书文物馆石经组. 房山石经题记汇编[M]. 北京：书目文献出版社，1987：576.

④ 北京图书馆金石组，中国佛教图书文物馆石经组. 房山石经题记汇编[M]. 北京：书目文献出版社，1987：554.

⑤ 北京图书馆金石组，中国佛教图书文物馆石经组. 房山石经题记汇编[M]. 北京：书目文献出版社，1987：515.

⑥ 北京图书馆金石组，中国佛教图书文物馆石经组. 房山石经题记汇编[M]. 北京：书目文献出版社，1987：531.

⑦ 北京图书馆金石组，中国佛教图书文物馆石经组. 房山石经题记汇编[M]. 北京：书目文献出版社，1987：579.

⑧ 北京图书馆金石组，中国佛教图书文物馆石经组. 房山石经题记汇编[M]. 北京：书目文献出版社，1987：2.

信女们希望通过捐刻石经达到追荐先祖、消厄去灾的目的。这种目的虽然有些世俗和功利，但也正是这种世俗与功利在很大程度上促进了佛教的传播，强化了佛教与民众的交流和沟通。

(三) 从题记看金代佛教兴衰

金代是中国佛教发展的一个重要阶段。但是，大金王朝享国的120年间，不同时期佛教发展状况有所区别。例如，本书第二章所述，佛教自金代前期开始大规模进入女真社会，特别是女真上层社会，金代中期得到恢复和发展，金末则逐渐衰败，这一点从信众为刻经布施财物的频次、数量上可以得到验证。例如，《佛说长阿含经》的捐刻题记中就有奉国上将军燕京管内都商税点检程献花皇统九年（1149）五月十五日、五月十六日、五月壬子日，三次有明确时间记载的捐刻记录，其他有记录而无明确时间的还有一条①。这说明，仅刻制《佛说长阿含经》，程献花就进行过四次布施。在《中阿含经》的捐刻题记中，滦州马城县齐陶的捐刻题记更有44条之多②，捐刻者施舍的银钱数量也比较可观。在《杂阿含经》捐刻题记中，有易州王贞"奉为生身父母每年造经碑一厅"③。这部佛经的另一位捐刻人易县县令张莹等更是发愿"每年施钱叁十贯造经碑一十厅，尽至寿终"④。接续不断的捐刻石经，其经济支出应当是一笔不小的数目。布施钱财是信奉佛教的方式之一，这种长年不断的施舍反映了当时社会大众对佛教的虔诚信仰及佛教本身的兴盛。与金代中前期佛教信众踊跃布施的情况相比，大定二十二年（1182）之后，没有一条有明确纪年的捐刻题记。这或许可以理解为大定末年之后，为刻印佛经布施财物的活动可能已经处于停顿状态，至少远远不如金初至大定中前期那样活跃。这预示着金代佛教就要进入衰落阶段。

---

① 北京图书馆金石组，中国佛教图书文物馆石经组. 房山石经题记汇编[M]. 北京：书目文献出版社，1987：497，498.

② 北京图书馆金石组，中国佛教图书文物馆石经组. 房山石经题记汇编[M]. 北京：书目文献出版社，1987：500-514.

③ 北京图书馆金石组，中国佛教图书文物馆石经组. 房山石经题记汇编[M]. 北京：书目文献出版社，1987：525.

④ 北京图书馆金石组，中国佛教图书文物馆石经组. 房山石经题记汇编[M]. 北京：书目文献出版社，1987：526.

主要征引文献

一、史料

[1]〔晋〕陈寿. 三国志［M］. 陈乃乾, 校点. 北京：中华书局, 1959.

[2]〔南朝·宋〕范晔. 后汉书［M］.〔唐〕李贤, 等注. 北京：中华书局, 1965.

[3]〔北齐〕魏收. 魏书［M］. 北京：中华书局, 1974.

[4]〔梁〕慧皎, 等. 高僧传合集［M］. 上海：上海古籍出版社, 1991.

[5]〔梁〕释慧皎. 高僧传［M］. 汤用彤, 校证. 汤一玄, 整理. 北京：中华书局, 1992.

[6]〔梁〕释宝唱. 比丘尼传校注［M］. 王孺童, 校注. 北京：中华书局, 2006.

[7]〔唐〕长孙无忌. 唐律疏议［M］. 刘俊文, 点校. 北京：中华书局, 1983.

[8]〔唐〕道宣. 广弘明集［M］∥影印文渊阁四库全书. 台北：台湾商务印书馆, 1986.

[9]〔唐〕韩愈. 韩昌黎文集校注［M］. 马其昶, 校注. 马茂元, 整理. 上海：上海古籍出版社, 1986.

[10]〔唐〕李林甫, 等. 唐六典［M］. 陈仲夫, 点校. 北京：中华书局, 1992.

[11] 成唯识论校释［M］.〔唐〕玄奘, 译. 韩廷杰, 校释. 北京：中华书局, 1998.

[12]〔唐〕释道世. 法苑珠林校注［M］. 周叔迦, 苏晋仁, 校注. 北京：中华书局, 2003.

[13]〔日〕圆仁. 入唐求法巡礼行记［M］. 顾承甫, 何泉达, 点校. 上

海：上海古籍出版社，1986.
［14］〔后晋〕刘昫，等. 旧唐书［M］. 北京：中华书局，1975.
［15］〔宋〕苏轼. 苏轼文集［M］. 孔凡礼，点校. 北京：中华书局，1986.
［16］〔宋〕张商英. 续清凉传［M］. 上海：商务印书馆，1935.
［17］〔宋〕丁特起. 靖康纪闻（附拾遗）［M］. 台北：广文书局有限公司，1968.
［18］〔宋〕岳珂. 桯史［M］. 吴企明，点校. 北京：中华书局，1981.
［19］〔宋〕李觏. 李觏集［M］. 王国轩，校点. 北京：中华书局，1981.
［20］〔宋〕洪迈. 夷坚志［M］. 何卓，点校. 北京：中华书局，1981.
［21］〔宋〕王栐. 燕翼诒谋录［M］. 诚刚，点校. 北京：中华书局，1981.
［22］〔宋〕庄绰. 鸡肋编［M］. 萧鲁阳，点校. 北京：中华书局，1983.
［23］〔宋〕洪皓. 松漠纪闻［M］. 辽海丛书本. 沈阳：辽沈书社，1985.
［24］〔宋〕朱弁. 风月堂诗话［M］∥影印文渊阁四库全书. 台北：台湾商务印书馆，1986.
［25］〔宋〕宇文懋昭. 大金国志校证［M］. 崔文印，校证. 北京：中华书局，1986.
［26］〔宋〕赞宁. 宋高僧传［M］. 范祥雍，点校. 北京：中华书局，1987.
［27］〔宋〕徐梦莘. 三朝北盟会编［M］. 上海：上海古籍出版社，1987.
［28］〔宋〕确庵，〔宋〕耐庵. 靖康稗史笺证［M］. 崔文印，笺证. 北京：中华书局，1988.
［29］〔宋〕李心传. 建炎以来系年要录［M］. 北京：中华书局，2013.
［30］〔宋〕李焘. 续资治通鉴长编［M］. 上海师范大学古籍整理研究所，华东师范大学古籍整理研究所，点校. 北京：中华书局，1992.
［31］〔宋〕赵彦卫. 云麓漫钞［M］. 傅根清，点校. 北京：中华书局，1996.
［32］〔宋〕李心传. 建炎以来朝野杂记［M］. 徐规，点校. 北京：中华书局，2000.
［33］〔宋〕范成大. 范成大笔记六种［M］. 孔凡礼，点校. 北京：中华书局，2002.
［34］〔宋〕朱弁. 曲洧旧闻［M］. 孔凡礼，点校. 北京：中华书局，

2002.
[35]〔宋〕孙光宪. 北梦琐言［M］. 贾二强，点校. 北京：中华书局，2002.
[36]〔宋〕陆游. 老学庵笔记［M］. 杨立英，校注. 西安：三秦出版社，2003.
[37]〔宋〕王明清. 挥麈录［M］. 上海：上海书店出版社，2009.
[38]〔宋〕圜悟克勤. 碧岩录［M］. 尚之煜，校注. 郑州：中州古籍出版社，2011.
[39]〔宋〕志磐. 佛祖统纪校注［M］. 释道法，校注. 上海：上海古籍出版社，2012.
[40]〔宋〕天童正觉颂古,〔元〕万松行秀评唱. 从容录［M］. 尚之煜，点注. 北京：宗教文化出版社，2013.
[41]〔宋〕赞宁. 大宋僧史略校注［M］. 富世平，校注. 北京：中华书局，2015.
[42]〔宋〕契嵩. 镡津文集［M］. 钟东，江晖，点校. 上海：上海古籍出版社，2016.
[43]〔金〕刘祁. 归潜志［M］. 崔文印，点校. 北京：中华书局，1983.
[44]〔金〕元好问. 续夷坚志［M］. 常振国，点校. 北京：中华书局，1986.
[45]〔金〕王寂. 拙轩集校注［M］. 张怀宇，校注. 西安：三秦出版社，2021.
[46]〔金〕马钰. 马钰集［M］. 赵卫东，辑校. 济南：齐鲁书社，2005.
[47]〔金〕王重阳. 王重阳集［M］. 白如祥，辑校. 济南：齐鲁书社，2005.
[48]〔金〕丘处机. 丘处机集［M］. 赵卫东，辑校. 济南：齐鲁书社，2005.
[49]〔金〕元好问. 中州集［M］. 长春：吉林出版集团有限责任公司，2005.
[50]〔金〕赵秉文. 滏水集［M］. 长春：吉林出版集团有限责任公司，2005.
[51]〔金〕王若虚. 滹南遗老集校注［M］. 胡传志，李定乾，校注. 沈阳：辽海出版社，2006.
[52]〔金〕李俊民. 庄靖集［M］. 太原：山西古籍出版社，2006.
[53]〔元〕袁桷. 清容居士集［M］// 影印文渊阁四库全书. 台北：台湾

商务印书馆，1986.
[54]〔元〕万松行秀. 请益录［M］. 上海：商务印书馆，1925.
[55]〔元〕陶宗仪. 南村辍耕录［M］. 北京：中华书局，1959.
[56]〔元〕孛兰肹，等. 元一统志［M］. 赵万里，校辑. 北京：中华书局，1966.
[57]〔元〕脱脱，等. 金史［M］. 北京：中华书局，1975.
[58]〔元〕脱脱，等. 宋史［M］. 北京：中华书局，1977.
[59]〔元〕耶律楚材. 西游录［M］. 向达，校注. 北京：中华书局，1981.
[60]〔元〕熊梦祥. 析津志辑佚［M］. 北京图书馆善本组，辑. 北京：北京古籍出版社，1983.
[61]〔元〕危素. 危太仆文集续集［M］// 新文丰出版公司编辑部. 元人文集珍本丛刊：第七册. 台北：台湾新文丰出版公司，1985.
[62]〔元〕刘因. 静修集［M］// 影印文渊阁四库全书. 台北：台湾商务印书馆，1986.
[63]〔元〕程钜夫. 雪楼集［M］// 影印文渊阁四库全书. 台北：台湾商务印书馆，1986.
[64]〔元〕刘因. 静修续集［M］// 影印文渊阁四库全书. 台北：台湾商务印书馆，1986.
[65]〔元〕魏初. 青崖集［M］// 影印文渊阁四库全书. 台北：台湾商务印书馆，1986.
[66]〔元〕刘秉忠. 藏春集［M］// 影印文渊阁四库全书. 台北：台湾商务印书馆，1986.
[67]〔元〕耶律楚材. 湛然居士文集［M］. 谢方，点校. 北京：中华书局，1986.
[68]〔元〕马端临. 文献通考［M］. 北京：中华书局，1986.
[69]〔元〕释念常. 佛祖历代通载［M］// 影印文渊阁四库全书. 台北：台湾商务印书馆，1986.
[70]〔元〕释觉岸，〔明〕释幻轮. 释氏稽古略：释氏稽古略续集［M］. 扬州：江苏广陵古籍刻印社，1992.
[71]〔元〕苏天爵. 滋溪文稿［M］. 陈高华，孟繁清，点校. 北京：中华书局，1997.
[72]〔元〕苏天爵. 元文类［M］. 长春：吉林出版集团有限责任公司，2005.

[73]〔元〕王恽. 秋涧集［M］. 长春：吉林出版集团有限责任公司，2005.
[74]〔元〕郝经. 陵川集［M］. 长春：吉林出版集团有限责任公司，2005.
[75]〔元〕德辉. 敕修百丈清规［M］. 李继武，校点. 郑州：中州古籍出版社，2011.
[76]〔元〕赵孟頫. 松雪斋集［M］. 黄天美，点校. 杭州：西泠印社出版社，2012.
[77]〔元〕脱脱，等. 辽史［M］. 北京：中华书局，2016.
[78]〔明〕宋濂，等. 元史［M］. 北京：中华书局，1976.
[79]〔明〕陈邦瞻. 宋史纪事本末［M］. 北京：中华书局，1977.
[80]〔明〕陶宗仪. 书史会要［M］. 徐美洁，点校. 杭州：浙江人民美术出版社，2012.
[81]〔明〕洪应明. 菜根谭［M］. 毛德富，毛曼，注译. 郑州：中州古籍出版社，2014.
[82]〔清〕徐松. 宋会要辑稿［M］. 北京：中华书局，1957.
[83]〔清〕永瑢，等. 四库全书总目［M］. 北京：中华书局，1965.
[84]〔清〕于敏中，等. 日下旧闻考［M］. 北京：北京古籍出版社，1983.
[85]〔清〕朱彝尊. 曝书亭集［M］//影印文渊阁四库全书. 台北：台湾商务印书馆，1986.
[86]〔清〕徐釚. 词苑丛谈［M］//影印文渊阁四库全书. 台北：台湾商务印书馆，1986.
[87]〔清〕赵翼. 廿二史劄记［M］. 北京：中国书店出版社，1987.
[88]〔清〕缪荃孙. 顺天府志［M］. 北京：北京大学出版社，1983.
[89]〔清〕张金吾. 金文最［M］. 北京：中华书局，1990.
[90]〔清〕叶昌炽. 语石校注［M］. 韩锐，校注. 北京：今日中国出版社，1995.
[91]〔清〕吴广成. 西夏书事校证［M］. 龚世俊，等校证. 兰州：甘肃文化出版社，1995.
[92]〔清〕沈雄. 古今词话［M］. 孙克强，刘军政，校注/导读. 上海：上海古籍出版社，2009.
[93]〔清〕马大相. 灵岩寺［M］. 王玉林，赵鹏，点校. 济南：山东人民出版社，2019.
[94]孙勐. 北京佛教石刻［M］. 北京：宗教文化出版社，2012.

[95] 奉使辽金行程录（增订本）[M]. 赵永春, 辑注. 北京: 商务印书馆, 2017.

[96] 〔日〕前田慧云, 〔日〕中野达慧. 续藏经[M]. 上海: 商务印书馆, 1925.

[97] 中华大藏经编辑局. 中华大藏经（汉文部分）[M]. 北京: 中华书局, 1984.

[98] 地藏经: 药师经[M]. 许颖, 译注. 北京: 中华书局, 2009.

[99] 妙法莲华经[M]. 〔后秦〕鸠摩罗什, 译. 李海波, 注译. 郑州: 中州古籍出版社, 2010.

[100] 四十二章经[M]. 尚荣, 译注. 北京: 中华书局, 2010.

[101] 坛经[M]. 尚荣, 译注. 北京: 中华书局, 2010.

[102] 石刻史料新编: 第一辑: 第十八册[M]. 台北: 台湾新文丰出版公司, 1982.

[103] 陈垣. 道家金石略[M]. 陈智超, 曾庆瑛, 校补. 北京: 文物出版社, 1988.

[104] 北京图书馆金石组. 北京图书馆藏中国历代石刻拓本汇编[M]. 郑州: 中州古籍出版社, 1989.

[105] 傅朗云. 金史辑佚[M]. 长春: 吉林文史出版社, 1990.

[106] 沈善洪. 黄宗羲全集: 第六册[M]. 杭州: 浙江古籍出版社, 1992.

[107] 辽代石刻文编[M]. 向南, 辑注. 石家庄: 河北教育出版社, 1995.

[108] 《续修四库全书》编纂委员会. 续修四库全书: 第九〇一册[M]. 上海: 上海古籍出版社, 1995.

[109] 阎凤梧, 康金声. 全辽金诗[M]. 太原: 山西古籍出版社, 1999.

[110] 阎凤梧. 全辽金文[M]. 太原: 山西古籍出版社, 2002.

[111] 庆元条法事类[M]. 戴建国, 点校. 哈尔滨: 黑龙江人民出版社, 2002.

[112] 王晶辰. 辽宁碑志[M]. 沈阳: 辽宁人民出版社, 2002.

[113] 梅宁华. 北京辽金史迹图志[M]. 北京: 北京燕山出版社, 2003.

[114] 陈衍. 金诗纪事[M]. 王庆生, 增订. 上海: 上海古籍出版社, 2003.

[115] 国家图书馆善本金石组. 辽金元石刻文献全编[M]. 北京: 北京图书馆出版社, 2003.

［116］国家图书馆善本金石组．宋代石刻文献全编［M］．北京：北京图书馆出版社，2003．
［117］伊葆力．金代碑石丛稿［M］．郑州：中州古籍出版社，2004．
［118］贾敬颜．五代宋金元人边疆行记十三种疏证稿［M］．北京：中华书局，2004．
［119］姚奠中．元好问全集（增订本）［M］．李正民，增订．太原：山西古籍出版社，2004．
［120］王宗昱．金元全真教石刻新编［M］．北京：北京大学出版社，2005．
［121］上海古籍出版社．宋元笔记小说大观［M］．上海：上海古籍出版社，2007．
［122］朱易安，傅璇琮，等．全宋笔记：第三编：五［M］．郑州：大象出版社，2008．
［123］王新英．金代石刻辑校［M］．长春：吉林人民出版社，2009．
［124］伊葆力．金代书画家史料汇编［M］．北京：人民美术出版社，2010．
［125］辽代石刻文续编［M］．向南，张国庆，李宇峰，辑注．沈阳：辽宁人民出版社，2010．
［126］全金石刻文辑校［M］．王新英，辑校．长春：吉林文史出版社，2012．

二、当代著作

［1］张曼涛．大藏经研究汇编：上［M］．台北：大乘文化出版社，1977．
［2］唐圭璋．全金元词［M］．北京：中华书局，1979．
［3］东北考古与历史编辑委员会．东北考古与历史：第一辑［M］．北京：文物出版社，1982．
［4］薛瑞兆．金代艺文叙录［M］．北京：中华书局，2014．
［5］任继愈．中国佛教史：第一卷［M］．北京：中国社会科学出版社，1985．
［6］何兹全．五十年来汉唐佛教寺院经济研究［M］．北京：北京师范大学出版社，1986．
［7］北京图书馆金石组，中国佛教图书文物馆石经组．房山石经题记汇编［M］．北京：书目文献出版社，1987．
［8］宋德金．金代的社会生活［M］．西安：陕西人民出版社，1988．

［9］陈述．辽金史论集：第四辑［M］．北京：书目文献出版社，1989．
［10］谢重光，白文固．中国僧官制度史［M］．西宁：青海人民出版社，1990．
［11］任继愈．中国道教史［M］．上海：上海人民出版社，1990．
［12］杜继文，魏道儒．中国禅宗通史［M］．南京：江苏古籍出版社，1993．
［13］温玉成．中国石窟与文化艺术［M］．上海：上海人民美术出版社，1993．
［14］李富华．中国古代僧人生活［M］．北京：商务印书馆国际有限公司，1996．
［15］张运华．中国传统佛教仪轨［M］．香港：中华书局（香港）有限公司，1997．
［16］方广锠．藏外佛教文献：第三辑［M］．北京：宗教文化出版社，1997．
［17］孙进己．中国考古集成：东北卷［M］．北京：北京出版社，1997．
［18］梁思成．中国建筑史［M］．北京：百花文艺出版社，1998．
［19］申国俭，刘焕民．中国考古集成：华北卷［M］．哈尔滨：哈尔滨出版社，1998．
［20］陈垣．元西域人华化考［M］．陈智超，导读．上海：上海古籍出版社，2000．
［21］吴松弟．中国人口史：第三卷［M］．上海：复旦大学出版社，2000．
［22］金维诺．中国寺观壁画典藏：山西繁峙岩山寺壁画［M］．石家庄：河北美术出版社，2001．
［23］刘振刚．陕北与陇东金代佛教造像研究［M］．兰州：甘肃教育出版社，2019．
［24］张畅耕．辽金史论集：第六辑［M］．北京：社会科学文献出版社，2001．
［25］任继愈．佛教大辞典［M］．南京：凤凰出版社，2002．
［26］周峰．完颜亮评传［M］．北京：民族出版社，2002．
［27］白文固，赵春娥．中国古代僧尼名籍制度［M］．西宁：青海人民出版社，2002．
［28］游彪．宋代寺院经济史稿［M］．保定：河北大学出版社，2003．
［29］李富华，何梅．汉文佛教大藏经研究［M］．北京：宗教文化出版社，2003．

[30] 杨亦武. 云居寺 [M]. 北京：华文出版社，2003.
[31] 李锡厚，白滨. 辽金西夏史 [M]. 上海：上海人民出版社，2003.
[32] 王建伟，孙丽. 佛家法器 [M]. 天津：天津人民出版社，2004.
[33] 赵琦. 金元之际的儒士与汉文化 [M]. 北京：人民出版社，2004.
[34] 蓝吉富. 禅宗全书 [M]. 北京：北京图书馆出版社，2004.
[35] 王庆生. 金代文学家年谱 [M]. 南京：凤凰出版社，2005.
[36] 北京辽金城垣博物馆. 北京辽金文物研究 [M]. 北京：北京燕山出版社，2005.
[37] 刘长东. 宋代佛教政策论稿 [M]. 成都：四川出版集团巴蜀书社，2005.
[38] 游彪. 宋代特殊群体研究 [M]. 北京：商务印书馆，2006.
[39] 毛忠贤. 中国曹洞宗通史 [M]. 南昌：江西人民出版社，2006.
[40] 朱刚，刘宁. 欧阳修与宋代士大夫：思想史研究：第四辑 [M]. 上海：上海人民出版社，2007.
[41] 张驭寰. 佛教寺塔 [M]. 北京：宗教文化出版社，2007.
[42] 郝兆宽. 逻辑与形而上学：思想史研究：第五辑 [M]. 上海：上海人民出版社，2008.
[43] 张驭寰. 中国佛教寺院建筑讲座 [M]. 北京：当代中国出版社，2008.
[44] 刘淑芬. 灭罪与度亡：佛顶尊胜陀罗尼经幢之研究 [M]. 上海：上海古籍出版社，2008.
[45] 潘桂明. 中国佛教思想史稿：第三卷 [M]. 南京：江苏人民出版社，2009.
[46] 白钢. 希腊与东方：思想史研究：第六辑 [M]. 上海：上海人民出版社，2009.
[47] 孙昌武. 中国佛教文化史 [M]. 北京：中华书局，2010.
[48] 徐威. 北京汉传佛教史 [M]. 北京：宗教文化出版社，2010.
[49] 赖永海. 中国佛教通史：第十卷 [M]. 南京：江苏人民出版社，2010.
[50] 刘达科. 佛禅与金朝文学 [M]. 南京：江苏大学出版社，2010.
[51] 漆侠. 辽宋西夏金代通史：宗教风俗卷 [M]. 北京：人民出版社，2010.
[52] 北京市文物研究所. 鲁谷金代吕氏家族墓葬发掘报告 [M]. 北京：科学出版社，2010.

［53］辽宁省辽金契丹女真史研究会.辽金历史与考古：第二辑［M］.沈阳：辽宁教育出版社，2010.
［54］张国庆.佛教文化与辽代社会［M］.沈阳：辽宁民族出版社，2011.
［55］王德朋.金代商业经济研究［M］.北京：社会科学文献出版社，2011.
［56］李桂枝.辽金科举研究［M］.北京：中央民族大学出版社，2012.
［57］郭朋.中国佛教简史［M］.北京：社会科学文献出版社，2012.
［58］怡学.辽金佛教研究［M］.北京：金城出版社，2012.
［59］黄夏年.辽金元佛教研究［M］.郑州：大象出版社，2012.
［60］张明悟.辽金经幢研究［M］.北京：中国科学技术出版社，2013.

三、论文

［1］孙宏哲.民族融合视域下金代皇族涉佛文学创作［J］.黑龙江民族丛刊，2018（1）.
［2］大同市博物馆.大同金代阎德源墓发掘简报［J］.文物，1978（4）.
［3］李逸友.呼和浩特市万部华严经塔的金代碑铭［J］.考古，1979（4）.
［4］景爱.金代飞天玉雕［J］.学习与探索，1980（1）.
［5］北京市文物工作队.北京大葆台金代遗址发掘简报［J］.考古，1980（5）.
［6］孟广耀.论耶律楚材的佛教思想：兼释他的"以佛治心，以儒治国"的济世方针［J］.内蒙古社会科学，1981（6）.
［7］杨宝顺，邓宏里.河南沁阳金代三圣塔调查报告［J］.中原文物，1983（1）.
［8］杨富斗.山西侯马104号金墓［J］.考古与文物，1983（6）.
［9］河北省古建队灵霄塔勘测组.正定天宁寺灵霄塔地宫发掘［J］.古建园林技术，1984（2）.
［10］邹宝库.辽阳市发现金代《通慧圆明大师塔铭》［J］.考古，1984（2）.
［11］方如恒.辽宁地质构造基本特征［J］.辽宁地质，1985（3）.
［12］徐金星.关于齐云塔的几个问题［J］.中原文物，1985（4）.
［13］刘红宇.长春近郊的金代完颜娄室墓［J］.北方文物，1986（4）.
［14］贠安志.陕西富县石窟寺勘察报告［J］.文博，1986（6）.

［15］贠安志．论富县石泓寺、松树沟金元石刻造像的年代及其特征［J］．文博，1986（6）．

［16］姚双年．韩城、澄城的金代铁钟［J］．文博，1987（3）．

［17］许明纲．大连市新金县发现金代摩崖造像［J］．考古，1988（1）．

［18］北京市海淀区文化文物局．北京市海淀区南辛庄金墓清理简报［J］．文物，1988（7）．

［19］任杰．略述房山石经概况及其价值［J］．佛教文化，1989（创刊号）．

［20］李裕民，郑关润．盂县建福院的金代碑刻［J］．文物季刊，1989（1）．

［21］和政军．辽宁锦西地区中元古代—中生代砂岩构造背景的探讨［J］．沉积学报，1989（2）．

［22］许子荣．《金史》天眷元年以前所称"上京"考辨［J］．学习与探索，1989（2）．

［23］张燕，李安福．陕西甘泉金代瘗窟清理简报［J］．文物，1989（5）．

［24］〔日〕椎名宏雄．宋金元版禅籍逸书目录初稿［J］．（日本）驹泽大学佛教学部论集（第20号），1989．

［25］郭步艇．平遥慈相寺勘察报告［J］．文物季刊，1990（1）．

［26］孙启祥．获鹿龙泉寺文物调查记［J］．文物春秋，1990（3）．

［27］刘浦江．再论《大金国志》的真伪兼评《大金国志校证》［J］．文献，1990（3）．

［28］柴泽俊．岩山寺文殊殿壁画［J］．五台山研究，1990（4）．

［29］徐勇．洛阳白马寺齐云塔［J］．历史教学，1991（4）．

［30］刘友恒，樊子林．河北正定天宁寺凌霄塔地宫出土文物［J］．文物，1991（6）．

［31］范玉琪．金大定邢州开元寺铁钟考［J］．文物春秋，1993（1）．

［32］三门峡市文物工作队．三门峡市崤山西路发现三座古墓［J］．华夏考古，1993（4）．

［33］赵冬生．山西曲沃县广福院发现宋金（齐）佛经［J］．文物，1994（7）．

［34］冯继钦．金代的回鹘人［J］．黑龙江民族丛刊，1995（1）．

［35］王运华．临济寺澄灵塔与临济宗［J］．文物春秋，1995（4）．

［36］陈相伟．吉林省辽金考古综述［J］．北方文物，1995（4）．

[37] 刘浦江. 辽金的佛教政策及其社会影响 [J]. 佛学研究, 1996.
[38] 林芝. 须弥山石窟史略 [J]. 固原师专学报, 1996 (4).
[39] 都兴智. 金代女真人与佛教 [J]. 北方文物, 1997 (3).
[40] 王振芬. 金皇统八年千佛印及其相关问题 [J]. 北方文物, 2000 (2).
[41] 陈春霞, 刘晓东. 金代干支纪年官印研究 [J]. 北方文物, 2000 (2).
[42] 赵云积, 刘俊勇. 辽宁瓦房店市台后村金代铜钱窖藏及有关问题 [J]. 北方文物, 2000 (3).
[43] 白文固. 金代官卖寺观名额和僧道官政策探究 [J]. 中国史研究, 2002 (1).
[44] 王泽庆. 解州版《金藏》募刻的重要文献: 雕藏经主重修大阴寺碑考释 [J]. 文物世界, 2003 (4).
[45] 杜平, 王巧莲. 一方金代摹刻的隆兴寺千手观音刻石 [J]. 文物春秋, 2003 (6).
[46] 程群, 邱秩浩. 万松行秀与金元佛教 [J]. 法音, 2004 (4).
[47] 梁姝丹, 赵振生. 辽宁阜新市发现一座金代墓葬 [J]. 考古, 2004 (9).
[48] 刘友恒, 李秀婷. 正定临济寺澄灵塔上的三方刻石 [J]. 文物春秋, 2005 (2).
[49] 白文固. 唐宋试经剃度制度探究 [J]. 史学月刊, 2005 (8).
[50] 张德光. 关于赵城《金藏》研考中几个问题的商榷 [J]. 文物世界, 2006 (1).
[51] 张驭寰. 陵川龙岩寺金代建筑及金代文物 [J]. 文物, 2007 (3).
[52] 刘友恒, 李秀婷.《真定十方临济慧照玄公大宗师道行碑铭》浅谈 [J]. 文物春秋, 2007 (5).
[53] 李彦, 张映莹.《佛顶尊胜陀罗尼经》及经幢 [J]. 文物世界, 2007 (5).
[54] 汤其领. 汉晋佛寺考论 [J]. 徐州师范大学学报(哲学社会科学版), 2007 (6).
[55] 赵永军, 姜玉珂. 黑龙江地区金墓述略 [J]. 边疆考古研究, 2007 (第六辑).
[56] 李树云.《大金普照禅寺浹公长老灵塔》及金代大同佛教 [J]. 五台山, 2008 (3).

[57] 李辉，冯国栋. 曹洞宗史上阙失的一环：以金朝石刻史料为中心的探讨［J］. 佛学研究，2008.
[58] 刘晓. 万松行秀新考：以《万松舍利塔铭》为中心［J］. 中国史研究，2009（1）.
[59] 臧全红，董广强. 甘肃省合水县几处晚期石窟调查简报［J］. 敦煌研究，2009（5）.
[60] 冯大北. 金代官卖寺观名额考［J］. 史学月刊，2009（10）.
[61] 石刚. 论中古时期中国佛教徒的焚身供养［J］. 首都经济贸易大学学报，2010（1）.
[62] 孙继民. 宁夏宏佛塔所出幡带汉文题记考释［J］. 西夏研究，2010（1）.
[63] 刘变琴，刘卓. 太阴寺金代雕塑艺术［J］. 文物世界，2010（2）.
[64] 董广强，魏文斌. 甘肃合水安定寺石窟调查简报［J］. 敦煌研究，2010（4）.
[65] 韩有成. 读须弥山石窟题刻题记札记［J］. 宁夏师范学院学报，2010（4）.
[66] 陕西省考古研究院. 西安南郊夏殿村金代墓葬发掘简报［J］. 考古与文物，2010（5）.
[67] 王树林. 金末诗僧性英考论［J］. 南通大学学报（社会科学版），2010（5）.
[68] 刘晓. 金元北方云门宗初探：以大圣安寺为中心［J］. 历史研究，2010（6）.
[69] 朱正胜. 宋代试经剃度制度述略［J］. 重庆科技学院学报（社会科学版），2010（8）.
[70] 许满贵. 金代礼部尚书赵秉文书《般若波罗密多心经》［J］. 东方收藏，2010（11）.
[71] 孙勐. 浅谈北京地区金代佛教考古的发现［J］. 北京联合大学学报（人文社会科学版），2011（1）.
[72] 李辉. 金朝临济宗源流考［J］. 世界宗教研究，2011（1）.
[73] 张国庆. 辽代僧尼法号、师德号与"学位"称号考：以石刻文字资料为中心［J］. 民族研究，2011（6）.
[74] 何孝荣. 辽朝燕京佛教述论［J］. 北京联合大学学报（人文社会科学版），2012（1）.
[75] 李伟敏. 北京地区的火葬墓及相关问题研究［J］. 考古，2012（5）.

[76] 陈智勇．因型造势、随势塑形：善化寺二十四诸天彩塑造型艺术特点［J］．美术研究，2013（1）．
[77] 李静杰．陕北宋金石窟题记内容分析［J］．敦煌研究，2013（3）．
[78] 侯慧明．忻州新发现金代七通"佛顶尊胜陀罗尼幢"考论［J］．博物馆研究，2014（2）．
[79] 郑阿财．《佛顶心大陀罗尼经》在汉字文化圈的传布［J］．敦煌学辑刊，2015（3）．
[80] 李秋红．吉县挂甲山金代浅浮雕佛教图像分析［J］．文物世界，2016（3）．
[81] 郭笃凌．泰山谷山寺敕牒碑碑阴文考论［J］．泰山学院学报，2016（2）．
[82] 吕冠南．《全辽金文》补遗八则［J］．江苏大学学报（社会科学版），2017（5）．

金代佛教大事年表

一、本表所记大事以《金史》为主，辅以《佛祖历代通载》《释氏稽古略》所记之事，另以历代碑刻、著述为参照录出。

二、所录资料尽量采录原文，如原文过于烦冗，则适当删减。

三、史料出处标注于文末。

四、无法判明具体时间的史事，以"其他"为题，与上文空一行后，置于每个历史时段的最末。

五、囿于学识、眼界之限，漏记、误记之处敬请方家斧正。

太宗天会元年（1123）
十月，上京庆元寺僧献佛骨，却之。（《金史》卷三，《太宗纪》）

天会四年（1126）
斡离不既破真定，拘籍境内进士试安国寺。（《金史》卷一百二十七，《褚承亮传》）

天会七年（1129）
正月，刘彦宗移文河北已得州县镇，搜索举人。二月一日已前起发赴燕山就试，与免科差。于竹林寺作试院。（《三朝北盟会编》卷九十八，引《燕云录》）

天会八年（1130）

五月，禁私度僧尼及继父继母之男女无相嫁娶。（《金史》卷三，《太宗纪》）

天会九年（1131）

迎请旃檀瑞像到燕京，建水陆会七昼夜，安奉于闵忠寺供养。（《佛祖历代通载》卷二十）

天会十年（1132）

涿州礼宾使王敬儒、妻马氏等施造陀罗尼经，房山石经金代部分开始镌刻。（《房山石经题记汇编》，第405页）

其他：
天会间，纸衣和尚立大头陀教。（《析津志辑佚》，《寺观》）

熙宗皇统二年（1142）

英悼太子生日，诏海惠大师于上京宫侧创造大储庆寺。（《佛祖历代通载》卷二十）

金主以生子肆赦，令燕、云、汴三台普度，凡有师者皆落发。得度者，亡虑三十万。（《松漠纪闻》卷上）

十二月，皇子济安病剧，熙宗与皇后幸佛寺焚香，流涕哀祷。是夜，济安薨。熙宗命工塑其像于储庆寺，与皇后幸寺安置之。（《金史》卷八十，《济安传》）

皇统三年（1143）

二月，西京大石窟寺修复工程启工。（《析津志辑佚》，《寺观》）

其他：
诏海惠清慧二禅师住储庆寺，迎瑞像于本寺积庆阁中供养。（《佛祖

历代通载》卷二十）

皇统五年（1145）
贞懿皇后削发为比丘尼。昭以通慧圆明为号，锡紫衣以褒之。（《金代石刻辑校》，《通慧圆明大师塔铭》）
海慧迁化。帝偕后亲奉舍利，五处立塔。特谥佛觉佑国大禅师。（《佛祖历代通载》卷二十）

皇统六年（1146）
七月，西京大石窟寺修复工程落成。（《析津志辑佚》，《寺观》）

其他：
赐清惠佛智护国大师号，登国师座，特赐金襕大衣及所用珍异。帝后亲奉接足礼。（《佛祖历代通载》卷二十）

皇统九年（1149）
《赵城金藏》开雕。（咸增强：《当代出版史作中的〈金藏〉募刻问题》，《运城学院学报》2011年第4期）

其他：
大圣安寺，皇统初赐名大延圣寺。（《析津志辑佚》，《寺观》）

海陵王天德二年（1150）
废度僧道。（《佛祖历代通载》卷二十）

贞元二年（1154）
九月，西夏请市儒、释书于金，金主许之。（《西夏书事》卷三十六）

贞元三年（1155）

三月，以左丞相张浩、平章政事张晖每见僧法宝必坐其下，失大臣礼，各杖二十。僧法宝妄自尊大，杖二百。（《金史》卷五，《海陵纪》）

十月戊寅，权奉安太庙神主于延寿寺。（《金史》卷五，《海陵纪》）

正隆元年（1156）

二月，海陵御宣华门观迎佛，赐诸寺僧绢五百匹、彩五十段、银五百两。（《金史》卷五，《海陵纪》）

十一月，禁二月八日迎佛。（《金史》卷五，《海陵纪》）

其他：

遐龄益寿禅师示寂，上降旨遣祭，赐白镪三百两，为之建塔树碣。（《北京辽金史迹图志》(下)，《遐龄益寿禅师塔记》）

正隆二年（1157）

十月，命会宁府毁旧宫殿、诸大族宅第及储庆寺，仍夷其址而耕种之。（《金史》卷五，《海陵纪》）

正隆六年（1161）

五月，通慧圆明大师感微疾而逝。（《金代石刻辑校》，《通慧圆明大师塔铭》）

世宗大定元年（1161）

大定初元，奉圣制创建无名额寺院，许令纳钱请额。（《全辽金文》，《新修妙觉寺碑记》）

大定二年（1162）

正月，除迎赛神佛禁令。（《金史》卷六，《世宗纪·上》）

其他：

诏有司，凡天下之都邑、山川若寺若院，而名籍未正额非旧赐者，悉许佐助县官，皆得锡以新命。及四众之人愿祝发求度者，亦如之。（《金文最》卷六十九，《齐东镇行香院碑》）

敕建大庆寿寺成。诏请玄冥禅师颛公开山第一代，敕皇子燕王降香，赐钱二万，沃田二十顷。（《佛祖历代通载》卷二十）

大定三年（1163）
二月，东京僧法通以妖术乱众。（《金史》卷六，《世宗纪·上》）

其他：

命晦堂大师俊公主持中都大延圣寺，内府出重币以赐焉。（《日下旧闻考》卷六十，《城市》）

大延圣寺新堂成，崇五仞，广十筵。轮奂之美，为都城冠。（《析津志辑佚》，《寺观》）

大定五年（1165）
进纳补官，及卖僧、道、尼、女冠度牒，紫、褐衣师号，寺观名额等，悉罢之。庆寿寺、天长观岁给度牒，每道折钱二十万以赐之。（《金史》卷五十，《食货志·五》）

大定六年（1166）
五月，世宗幸华严寺。（《金史》卷六，《世宗纪·上》）

大定七年（1167）
诏改大延圣寺为大圣安寺。（《析津志辑佚》，《寺观》）

大定八年（1168）
十月一日，诏大庆寿寺颛禅师，于东京创清安禅寺，度僧五百员。

（《释氏稽古略》卷四）

大定十年（1170）
建垂庆寺，度尼百人，赐田二百顷。（《释氏稽古略》卷四）

大定十三年（1173）
八月，策试进士于悯忠寺。（《金史》卷二十三，《五行》）
九月，大名府僧李智究等谋反，伏诛。（《金史》卷七，《世宗纪·中》）
其他：
东京垂庆寺起神御殿，寺地偏狭，诏买傍近民地，优与其直，不愿鬻者以官地易之。（《金史》卷六十四，《后妃传·下》）

大定十四年（1174）
四月，诏谕宰臣："闻愚民祈福，多建佛寺，虽已条禁，尚多犯者，宜申约束，无令徒费财用。"（《金史》卷七，《世宗纪·中》）

大定十五年（1175）
二月，有司言东京开觉寺藏睿宗皇帝皂衣展里真容，敕迁本京祖庙奉祀，仍易袍色。（《金史》卷三十三，《礼志·六》）

大定十六年（1176）
正月，涿州固安县颍川陈孝初焚身。陈公里人刘思善、刘密、郝永资、李兴俊四人当公面前各烧一指以作供养。（《全辽金文》，《涿州固安县颍川陈公塔记》）

其他：
重修宝集寺。（《元一统志》卷一）

大定十八年（1178）
三月，禁民间无得创兴寺观。（《金史》卷七，《世宗纪·中》）

其他：
《赵城金藏》雕毕。（咸增强：《当代出版史作中的〈金藏〉募刻问题》）
潞州崔法珍印经一藏进于朝，命圣安寺设坛为法珍受戒为比丘尼。（《顺天府志》卷七）

大定二十年（1180）
正月，敕建仰山栖隐禅寺，命玄冥顗公开山，赐田设会，度僧万人。（《佛祖历代通载》卷二十）

其他：
寺观无名额及无神佛像者悉令除去，听易与俗人居住。其有神佛像者，不忍并毁，特许存留。（《辽金元石刻文献全编》（一），《存留寺碑》）

大定二十一年（1181）
五月，迁圣安寺睿宗皇帝御容于衍庆宫。（《金史》卷三十三，《礼志·六》）

其他：
会有司别锡地重建大延寿寺。（《日下旧闻考》卷六十，《城市》）
崔法珍以《金藏》经板达京师。（《顺天府志》卷七）

大定二十三年（1183）
赐崔法珍紫衣弘教大师。（《顺天府志》卷七）

大定二十四年（1184）

二月，大长公主降钱三百万，建昊天寺。给田百顷，每岁度僧尼十人。（《佛祖历代通载》卷二十）

大定二十六年（1186）

三月，香山寺成，世宗幸其寺，赐名大永安，给田二千亩，粟七千株，钱二万贯。（《金史》卷八，《世宗纪·下》）

八月辛丑，世宗幸仙洞寺。壬寅，幸香林、净名二寺。（《金史》卷八，《世宗纪·下》）

九月甲辰朔，世宗幸盘山上方寺，因遍历中盘、天香、感化诸寺。（《金史》卷八，《世宗纪·下》）

大定二十九年（1189）

六月，章宗幸庆寿寺。（《金史》卷九，《章宗纪·一》）

其他：

章宗初即位，议罢僧道奴婢，诏从完颜襄之言。二税户多放免为良。（《金史》卷九十四，《完颜襄传》）

章宗明昌元年（1190）

正月，禁自披剃为僧、道者。（《金史》卷四十六，《食货志·一》）

六月壬辰，奉皇太后幸庆寿寺。（《金史》卷九，《章宗纪·一》）

六月甲辰，敕僧、道三年一试。（《金史》卷九，《章宗纪·一》）

明昌二年（1191）

二月，敕亲王及三品官之家，毋许僧尼道士出入。（《金史》卷九，《章宗纪·一》）

明昌四年（1193）

三月，章宗幸香山永安寺及玉泉山。（《金史》卷十，《章宗纪·二》）

其他：

诏请万松长老于禁庭升座，帝亲迎礼，亲奉锦绮。后妃、贵戚罗拜拱跪，各施珍爱以奉供养。建普度会施利异常。（《佛祖历代通载》卷二十）

明昌五年（1194）

八月，章宗临幸仰山，赐钱兴建栖隐寺大殿、佛像、经藏。（《顺天府志》卷七）

承安元年（1196）

六月，敕自今长老、大师、大德不限年甲，长老、大师许度弟子三人，大德二人，戒僧年四十以上者度一人。其大定十五年附籍沙弥年六十以上并令受戒，仍不许度弟子。尼、道士、女冠亦如之。（《金史》卷十，《宗章纪·二》）

十一月二十三日，大赦，度僧千员。（《释氏稽古略》卷四）

承安二年（1197）

四月，尚书省奏，比岁北边调度颇多，请降僧道空名度牒紫褐师德号以助军储。上从之。（《金史》卷十，《章宗纪·二》）

其他：

特诏万松住仰山。（《佛祖历代通载》卷二十）

卖度牒、师号、寺观额，复令人入粟补官。（《金史》卷五十，《食货志·五》）

承安三年（1198）

九月，各降补官及德号空敕三百、度牒一千，从两行部指定处，限四月进纳补换。（《金史》卷四十八，《食货志·三》）

其他：
西京饥，诏卖度牒以济之。（《金史》卷五十，《食货志·五》）

承安四年（1199）

二月，章宗御宣华门，观迎佛。（《金史》卷十一，《章宗纪·三》）

泰和二年（1202）

十二月，以皇子晬日，放僧道戒牒三千。（《金史》卷十一，《章宗纪·三》）

其他：
大延寿寺重建工程甫就。（《日下旧闻考》卷六十，《城市》）

泰和五年（1205）

三月，章宗命给米诸寺，自十月十五日至次年正月十五日作糜以食贫民。（《金史》卷十二，《章宗纪·四》）

泰和六年（1206）

张万公上言，乞将僧道度牒、师德号、观院名额并盐引，付山东行部，于五州给卖，纳粟易换。上从之。（《金史》卷九十五，《张万公传》）

金烛和尚焚身。（《金代石刻辑校》，《金烛和尚焚身感应之碑》）

其他：
泰和中，章庙车驾巡幸栖隐寺，御书诗一章，遣使赐钱二百万。（《湛然居士文集》卷十三，《释氏新闻序》）

泰和间，李纯甫撰成《鸣道集说》。(《金代文学家年谱》(上)，第七卷；胡传志：《李纯甫考论》)

卫绍王崇庆元年（1212）
五月，诏卖空名敕牒。(《金史》卷十三，《卫绍王纪》)
赐中都竹林禅寺钱钞二万贯，麦四百石，粟三百石，盐一百袋。(《北京辽金史迹图志》(下)，《中都竹林禅寺第十六代清公和尚塔铭》)

宣宗贞祐元年（1213）
贞祐初，中都围急，粮运道绝，诏奥屯忠孝搜括民间积粟，存两月食用，悉令输官，酬以银钞或僧道戒牒。(《金史》卷一百四，《奥屯忠孝传》)

贞祐三年（1215）
四月，胥鼎乞降空名宣敕一千、紫衣师德号度牒三千，以补军储。诏有司如数亟给之。(《金史》卷一百八，《胥鼎传》)
五月，降空名宣敕、紫衣师德号度牒，以补军储。(《金史》卷十四，《宣宗纪·上》)

贞祐四年（1216）
河东行省胥鼎言：僧道已具师号者，许补买本司官。(《金史》卷五十，《食货志·五》)
耀州僧广惠言，军储不足，凡京府节镇以上僧道官，乞令纳粟百石。防刺郡副纲、威仪等，七十石者乃充，三十月满替。诸监寺十石，周年一代，愿复买者听。诏从之。(《金史》卷五十，《食货志·五》)

兴定三年（1219）
高汝砺奏请僧道官师德号度牒、寺观院额等，并听买之，上从之。(《金史》卷一百七，《高汝砺传》)

元光二年（1223）

万松行秀《万松老人评唱天童觉和尚颂古从容庵录》递送西域。（《从容录》，《〈评唱天童从容庵录〉寄湛然居士书》）

宣宗赐海云印简号通元广慧大师。（《北京佛教石刻》，《海云和尚道行碑》）

哀宗正大元年（1224）

三月，奉安宣宗御容于孝严寺，改孝严寺为兴国感诚寺，设孝严寺都监、同监。（《金史》卷十七，《哀宗纪·上》；《金史》卷五十六，《百官志·二》）

正大七年（1230）

万松行秀撰成《万松老人评唱天童觉和尚拈古请益录》。（《请益录》，《万松老人评唱天童觉和尚拈古请益录序》）

天兴二年（1233）

七月，护卫蒲鲜石鲁负祖宗御容至自汴，敕有司奉安于乾元寺。（《金史》卷十八，《哀宗纪·下》）